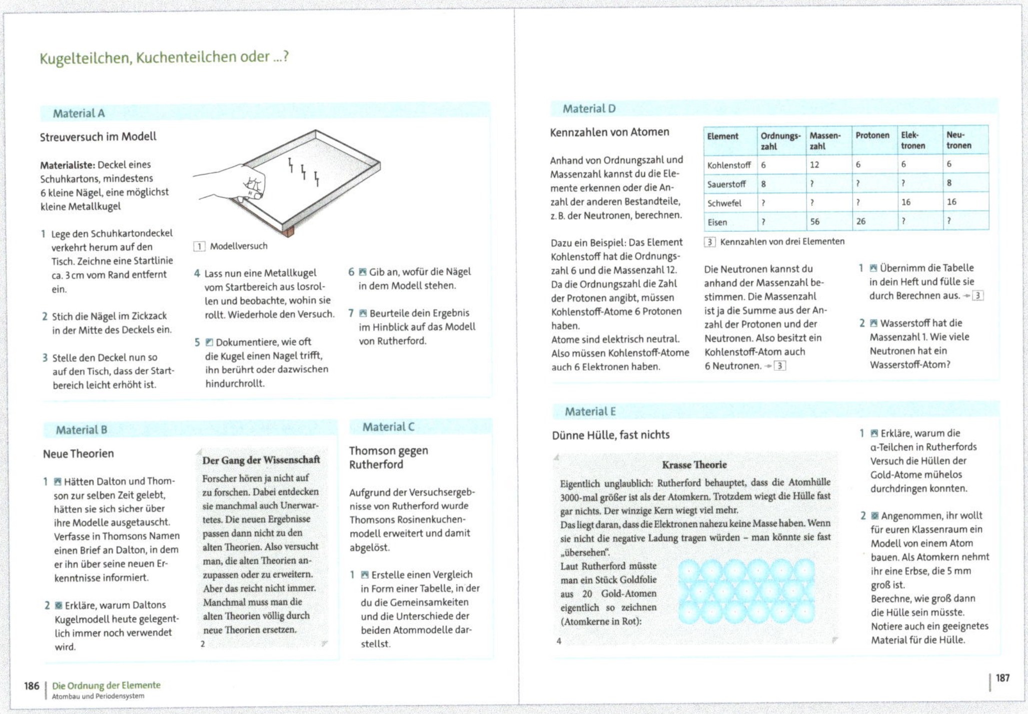

Kugelteilchen, Kuchenteilchen oder ...?

Material A

Streuversuch im Modell

Materialiste: Deckel eines Schuhkartons, mindestens 6 kleine Nägel, eine möglichst kleine Metallkugel

1 Modellversuch

1 Lege den Schuhkartondeckel verkehrt herum auf den Tisch. Zeichne eine Startlinie ca. 3 cm vom Rand entfernt ein.

2 Stich die Nägel im Zickzack in der Mitte des Deckels ein.

3 Stelle den Deckel nun so auf den Tisch, dass der Startbereich leicht erhöht ist.

4 Lass nun eine Metallkugel vom Startbereich aus losrollen und beobachte, wohin sie rollt. Wiederhole den Versuch.

5 Dokumentiere, wie oft die Kugel einen Nagel trifft, ihn berührt oder dazwischen hindurchrollt.

6 Gib an, wofür die Nägel in dem Modell stehen.

7 Beurteile dein Ergebnis im Hinblick auf das Modell von Rutherford.

Material B

Neue Theorien

1 Hätten Dalton und Thomson zur selben Zeit gelebt, hätten sie sich sicher über ihre Modelle ausgetauscht. Verfasse in Thomsons Namen einen Brief an Dalton, in dem er ihn über seine neuen Erkenntnisse informiert.

2 Erkläre, warum Daltons Kugelmodell heute gelegentlich immer noch verwendet wird.

Der Gang der Wissenschaft

Forscher hören ja nicht auf zu forschen. Dabei entdecken sie manchmal auch Unerwartetes. Die neuen Ergebnisse passen dann nicht zu den alten Theorien. Also versucht man, die alten Theorien anzupassen oder zu erweitern. Aber das reicht nicht immer. Manchmal muss man die alten Theorien völlig durch neue Theorien ersetzen.

2

Material C

Thomson gegen Rutherford

Aufgrund der Versuchsergebnisse von Rutherford wurde Thomsons Rosinenkuchenmodell erweitert und damit abgelöst.

1 Erstelle einen Vergleich in Form einer Tabelle, in der du die Gemeinsamkeiten und die Unterschiede der beiden Atommodelle darstellst.

Material D

Kennzahlen von Atomen

Anhand von Ordnungszahl und Massenzahl kannst du die Elemente erkennen oder die Anzahl der anderen Bestandteile, z. B. der Neutronen, berechnen.

Dazu ein Beispiel: Das Element Kohlenstoff hat die Ordnungszahl 6 und die Massenzahl 12. Da die Ordnungszahl die Zahl der Protonen angibt, müssen Kohlenstoff-Atome 6 Protonen haben.
Atome sind elektrisch neutral. Also müssen Kohlenstoff-Atome auch 6 Elektronen haben.

Element	Ordnungszahl	Massenzahl	Protonen	Elektronen	Neutronen
Kohlenstoff	6	12	6	6	6
Sauerstoff	8	?	?	?	8
Schwefel	?	?	?	16	16
Eisen	?	56	26	?	?

3 Kennzahlen von drei Elementen

Die Neutronen kannst du anhand der Massenzahl bestimmen. Die Massenzahl ist ja die Summe aus der Anzahl der Protonen und der Neutronen. Also besitzt ein Kohlenstoff-Atom auch 6 Neutronen. → 3

1 Übernimm die Tabelle in dein Heft und fülle sie durch Berechnen aus. → 3

2 Wasserstoff hat die Massenzahl 1. Wie viele Neutronen hat ein Wasserstoff-Atom?

Material E

Dünne Hülle, fast nichts

Krasse Theorie

Eigentlich unglaublich: Rutherford behauptet, dass die Atomhülle 3000-mal größer ist als der Atomkern. Trotzdem wiegt die Hülle fast gar nichts. Der winzige Kern wiegt viel mehr.
Das liegt daran, dass die Elektronen nahezu keine Masse haben. Wenn sie nicht die negative Ladung tragen würden – man könnte sie fast „übersehen".
Laut Rutherford müsste man ein Stück Goldfolie aus 20 Gold-Atomen eigentlich so zeichnen (Atomkerne in Rot):

4

1 Erkläre, warum die α-Teilchen in Rutherfords Versuch die Hüllen der Gold-Atome mühelos durchdringen konnten.

2 Angenommen, ihr wollt für euren Klassenraum ein Modell von einem Atom bauen. Als Atomkern nehmt ihr eine Erbse, die 5 mm groß ist.
Berechne, wie groß dann die Hülle sein müsste.
Notiere auch ein geeignetes Material für die Hülle.

186 | Die Ordnung der Elemente
Atombau und Periodensystem

187

Materialseiten

... vor allem zum Anwenden und Üben

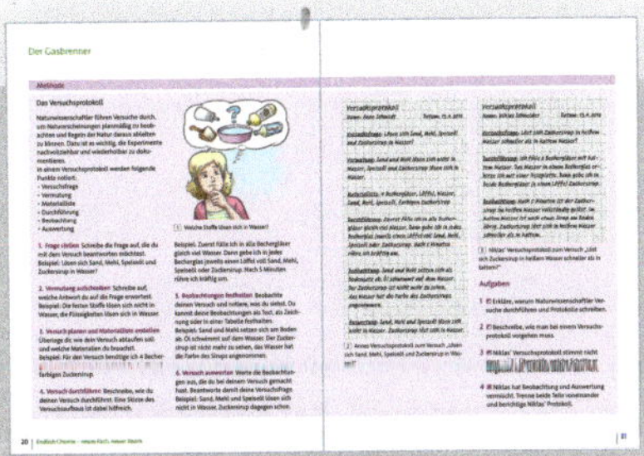

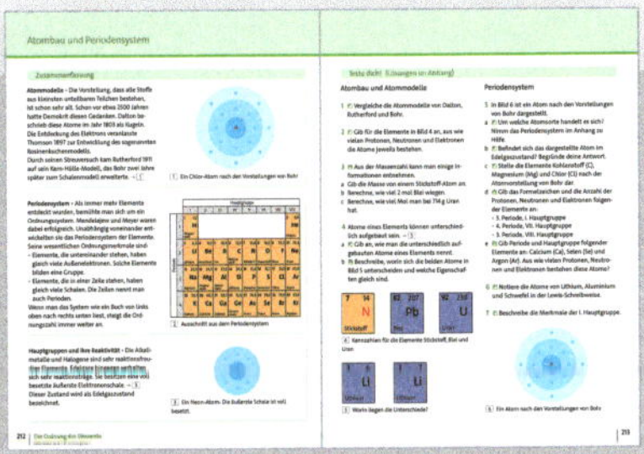

Methodenseiten zeigen Schritt für Schritt an einem Beispiel, wie man eine Arbeitsweise sinnvoll angeht.

Erweitern und Vertiefen-Seiten bieten interessante zusätzliche Texte mit Bildern und Aufgaben.

Die **Zusammenfassung** gibt einen Überblick über die Lerninhalte des Kapitels.

Die Aufgaben der **Teste-dich!-Seiten** helfen dir, dein Wissen selbst einzuschätzen. Die Lösungen der Aufgaben findest du im Anhang.

NORDRHEIN-WESTFALEN

NATUR UND TECHNIK

Chemie

Gesamtband

Cornelsen

NATUR UND TECHNIK
Chemie

Autorinnen und Autoren: Stephanie Corsten, Anita Gutmann, Dr. Stephan Kienast, Carsten Kuck, Carolin Lammers, Martin Löffelhardt, Petra Wlotzka
Mit Beiträgen von: Barbara Barheine, Kurt Becker, Martin Einsiedel, Markus Gaus, Ute Klinkmüller, Reimund Krönert, Christine Kummer, Christian Lauer, Ruth Leidinger, Cornelia Pätzelt, Reinhard Sinterhauf, Peter Slaby
Redaktion: Stefanie Roth
Grafik und Illustration: Laura Carleton, Rainer Götze, Gregor Mecklenburg, Matthias Pflügner, Detlef Seidensticker
Umschlaggestaltung: SOFAROBOTNIK GbR, Augsburg & München
Layout und technische Umsetzung: Typo Concept GmbH, Hannover

Begleitmaterialien zum Lehrwerk:

ISBN 978-3-06-015883-6	Handreichungen für den Unterricht
ISBN 978-3-06-015884-3	Kopiervorlagen
ISBN 978-3-06-015815-7	Gefährdungsbeurteilungen
ISBN 978-3-06-015885-0	Begleitmaterial auf USB-Stick mit Unterrichtsmanager und E-Book online auf cornelsen.de

www.cornelsen.de

Dieses Werk enthält Vorschläge und Anleitungen für Untersuchungen und Experimente.
Vor jedem Experiment sind mögliche Gefahrenquellen zu besprechen.
Beim Experimentieren sind die Richtlinien zur Sicherheit im Unterricht einzuhalten.

1. Auflage, 1. Druck 2020

Alle Drucke dieser Auflage sind inhaltlich unverändert und können im Unterricht nebeneinander verwendet werden.

Druck: Mohn Media Mohndruck, Gütersloh

ISBN 978-3-06-015881-2 (Schülerbuch)
ISBN 978-3-06-015882-9 (E-Book)

PEFC
PEFC/04-31-1033

PEFC zertifiziert
Dieses Produkt stammt aus nachhaltig bewirtschafteten Wäldern und kontrollierten Quellen.

www.pefc.de

Inhaltsverzeichnis

Endlich Chemie – neues Fach, neuer Raum 8

Eine Welt aus Stoffen 28

Kompetenzen aus dem Medienkompetenzrahmen werden auf den mit MK gekennzeichneten Seiten bearbeitet.
Auf den Seiten selbst werden die betreffenden Inhalte ebenfalls mit einem MK gekennzeichnet.

Chemische Reaktionen und Energie 68

Metalle – wertvoll und wichtig 116

Luft und Wasser 144

Elektrische Energie und chemische Prozesse 238

Saure, alkalische und neutrale Lösungen 262

Stoffe als Energieträger 306

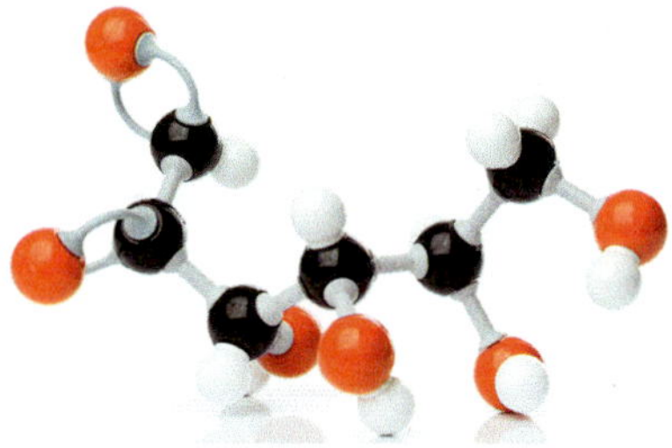

Produkte der Chemie 352

Zum Nachschlagen 378

Endlich Chemie – neues Fach, neuer Raum

Experimentieren ist spannend. Damit es nicht gefährlich wird, gelten bestimmte Regeln. Kennst du sie?

Ein Gasbrenner ist praktisch.
Aber wie wird er bedient?
Und ist er auch sicher?

Was schreibt man in ein
Versuchsprotokoll und wie
zeichnet man Laborgeräte?

Chemie – mitten im Leben

1 Wo steckt hier die Chemie?

Eine Sportlerin fährt mit ihrem Rennrad, trägt dabei Funktionsbekleidung und stillt ihren Durst mit einem Sportgetränk. Was hat das mit Chemie zu tun?

2 Trinkwassersprudler

Chemie in unserem Körper • Unser gesamter Stoffwechsel wird von chemischen Vorgängen bestimmt. Wir beziehen unsere Energie aus chemischen Reaktionen der Nahrung mit dem Sauerstoff, den wir mit der Atemluft aufnehmen. Beim Sport braucht unser Körper besonders viel Energie. Leistungssportler nutzen Sportgetränke zur Flüssigkeitszufuhr und als Energielieferant. In Sportgetränken steckt ebenfalls Chemie. Sie bestehen aus Wasser, Kohlenhydraten und Mineralstoffen und sind häufig mit Zusatzstoffen wie Vitaminen und Aminosäuren versetzt.

Chemie im Alltag • Wir kommen täglich mit Chemie in Berührung – meist, ohne dass es uns bewusst ist. Wir putzen uns die Zähne mit Zahnpasta, die Fluorid enthält. Wir fahren ein Rennrad, das einen Hightech-Carbonrahmen hat. → 1 Unser Wasser versetzen wir selbst mithilfe eines Trinkwassersprudlers mit Kohlensäure. → 2
Auch beim Backen eines Kuchens mit Backpulver oder beim Entkalken der Kaffeemaschine mithilfe von Essigessenz ist Chemie dabei.
Unsere Kleidung steckt ebenfalls voller Chemie. Wir tragen eine mit dem Farbstoff Indigo gefärbte Jeans und Sportbekleidung aus Hightech-Fasern.

Chemie und Technik • Elektrische Geräte wie Smartphones und Tablets verfügen dank chemischer Elemente über leistungsstarke Speicherchips und Akkus sowie Displays aus Flüssigkristallen (LCD). Auch unsere Mobilität ist der Chemie geschuldet. Kein Fahrzeug, ob elektrisch oder mit Benzin betrieben, würde ohne sie auskommen.

Die Chemie spielt in vielen Bereichen unseres Lebens eine wichtige Rolle.

Aufgabe

1 Nenne drei eigene Beispiele aus deinem Alltag, die mit Chemie zu tun haben.

Material A

Chemie ist überall

In Bild 3 siehst du verschiedene Dinge aus dem Alltag.

1 ☒ Erkläre, wie diese Gegenstände mit Chemie zusammenhängen.

3

Material B

Von der Alchemie zur Chemie heute

Bereits seit Jahrhunderten versucht die Menschheit, künstlich Gold und Silber herzustellen. Die sogenannte Alchemie entstand im 1. Jahrhundert n. Chr. in Ägypten. Die Alchemisten hatten als Hauptziel, mithilfe des Steins der Weisen Metalle in Gold oder Silber umzuwandeln. Ein weiteres Ziel war das Erreichen der ewigen Jugend und der Unsterblichkeit. Diese Bemühungen blieben jedoch erfolglos. Viele Alchemisten bezahlten ihre Experimente und Forschungen mit ihrem Leben, weil sie mit explosiven Stoffen arbeiteten oder weil die Goldherstellung misslang und sie deshalb von ihren Herrschern hingerichtet wurden. Jedoch verdanken wir heute den vermeintlichen Goldmachern allerlei Entdeckungen, die sie bei ihren Forschungen zufällig machten. Beispiele dafür sind die Entdeckung des Phosphors, die Herstellung von Porzellan und die Erfindung des Schwarzpulvers. Zudem entwickelten die Alchemisten viele chemische Verfahren wie etwa das Destillieren, das Schmelzen und das Legieren. Diese Verfahren haben heute ihren festen Platz in der Chemie. Die Naturwissenschaft Chemie baut also auf der Alchemie auf, jedoch bleibt die Goldherstellung ein Wunschgedanke.

4

5 Alchemist im Labor

1 ☒ Stelle in einer Tabelle gegenüber, was die Alchemisten erreicht und was sie nicht erreicht haben.

Experimentieren – aber sicher

1 Wichtige Experimentierregeln

Im neuen Unterrichtsfach Chemie kommen viele neue Dinge auf dich zu. Viele spannende Experimente erwarten dich. Um dich und deine Mitschüler dabei zu schützen, gibt es aber einige Regeln zu beachten.

Verhaltensregeln • Da im Fachraum mit allerlei Chemikalien und Geräten gearbeitet wird, ist es wichtig, bestimmte Regeln einzuhalten, um sich keinen unnötigen Gefahren auszusetzen.
Folgende Regeln gelten im Fachraum:
- Nicht essen und trinken!
- Der Fachraum darf nur mit Erlaubnis der Lehrkraft betreten werden.
- Den Anweisungen der Lehrerin oder des Lehrers folgen.
- Den Raum sauber verlassen.

Experimentierregeln • Neben den Verhaltensregeln gibt es zahlreiche Vorschriften, die ein sicheres Experimentieren gewährleisten sollen. → 1

Zehn grundlegende Regeln
1. Die Versuchsanleitung vor dem Experiment genau durchlesen.
2. Die Schutzbrille immer tragen!
3. Lange Haare zusammenbinden.
4. Schals und Halstücher ablegen.
5. Reagenzgläser sollen immer schräg gehalten und nicht auf Personen gerichtet erhitzt werden.
6. Geruchsproben werden nur durch Zufächeln genommen, keine Geschmacksproben!
7. Immer mit kleinen Mengen arbeiten.
8. Stolperfallen vermeiden!
9. Chemikalien werden gesondert entsorgt. Beachte die Anweisungen deiner Lehrkraft.
10. Alle verwendeten Geräte werden nach dem Versuch geputzt und wieder an ihren Aufbewahrungsort gebracht.

Zur eigenen und zur Sicherheit anderer gibt es im Fachraum besondere Regeln zu beachten.

der Not-Aus-Schalter
der Gefahrstoff
das Gefahrenpiktogramm

Sicherheitseinrichtungen • Im Fachraum befinden sich für den Notfall zahlreiche Sicherheitseinrichtungen, die grün markiert sind. → 2 Gelangen Chemikalien ins Auge, findet man am Waschbecken eine Augenbrause. Zur Brandbekämpfung werden eine Löschdecke, Feuerlöscher und Löschsand bereitgestellt. Diese Löschmittel erkennst du an der roten Farbe der Aufbewahrungsorte. Um den Strom und die Gasversorgung zu unterbrechen, gibt es im Raum mehrere rote Not-Aus-Schalter. Diese dürfen im Notfall auch Schülerinnen und Schüler betätigen.

Gefahrstoffe • Chemikalien werden entsprechend ihren Eigenschaften in Gefäßen aus Kunststoff bzw. Glas aufbewahrt. Die Gefäße müssen eindeutig beschriftet sein, sodass sie nicht verwechselt werden. Zusätzlich werden bei einigen Stoffen Gefahrenpiktogramme verwendet. Diese helfen, die Gefahren einzuschätzen und Sicherheitsvorkehrungen zu treffen, z. B. das Tragen von Handschuhen.

Entsorgung • Da entnommene Chemikalienreste verunreinigt sein können, dürfen sie nie zurück in den Behälter gegeben werden. Diese und die Abfallprodukte von Versuchen werden in speziellen Sammelgefäßen entsorgt. → 3 Die Gefäße werden von einem Entsorgungsunternehmen abgeholt. Einige ungefährliche Stoffe dürfen nach Rücksprache mit der Lehrkraft in den Hausmüll oder Ausguss gegeben werden.

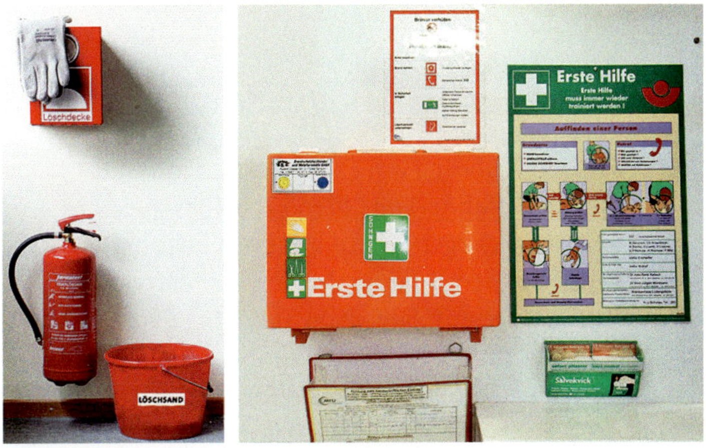

2 Sicherheitseinrichtungen im Fachraum

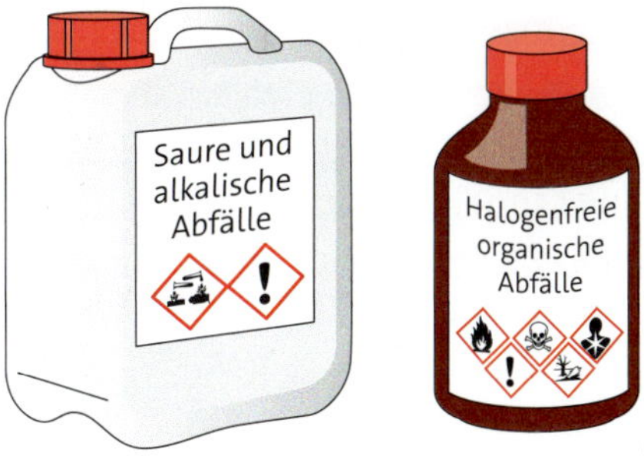

3 Sammelgefäße für Gefahrstoffe im Labor

Gefahrstoffe sind mit Gefahrenpiktogrammen gekennzeichnet. Auf die entsprechende Entsorgung muss man achten.

Aufgaben

1 Nenne Verhaltensregeln im Fachraum.

2 Finde Gründe für die Experimentierregeln.

3 Beschreibe, wie man beim Entsorgen von Chemikalien vorgehen muss.

Experimentieren – aber sicher

Erweitern und Vertiefen

Kennzeichnung von Gefahrstoffen

Bei der Durchführung von Experimenten musst du über die Gefahren von Chemikalien Bescheid wissen. Die wichtigsten Informationen über die Gefahren und den sicheren Umgang mit dem jeweiligen Gefahrstoff findest du auf dem Etikett. → 1 Dort findest du das Gefahrenpiktogramm und die Signalwörter. Zusätzlich sind Gefahrenhinweise, die sogenannten H-Sätze, und Sicherheitshinweise, die sogenannten P-Sätze, angegeben. Auch die Gefahrstoffe im Haushalt werden nach diesem System gekennzeichnet. → 2

Gefahrenpiktogramme • Die neun Gefahrenpiktogramme geben eine schnelle Information über die Hauptgefahr, die von einem Stoff ausgeht. → 3

Signalwörter • Es gibt zwei verschiedene Signalwörter, die sofort über den Gefährdungsgrad eines Stoffs oder eines Stoffgemischs Auskunft geben:
- GEFAHR – für schwerwiegende Gefahrenkategorien
- ACHTUNG – für weniger schwerwiegende Gefahrenkategorien

Gefahrenhinweise und Sicherheitshinweise • Durch die **H**-Sätze (engl. **H**azard: Gefahr) wird angegeben, ob von den Stoffen physikalische Gefahren, Gesundheitsgefahren oder Umweltgefahren ausgehen.
Durch die **P**-Sätze (engl. **P**recautionary: vorbeugend) werden Vorsorgemaßnahmen beim Umgang mit dem Stoff oder Hinweise zu seiner Entsorgung gegeben.

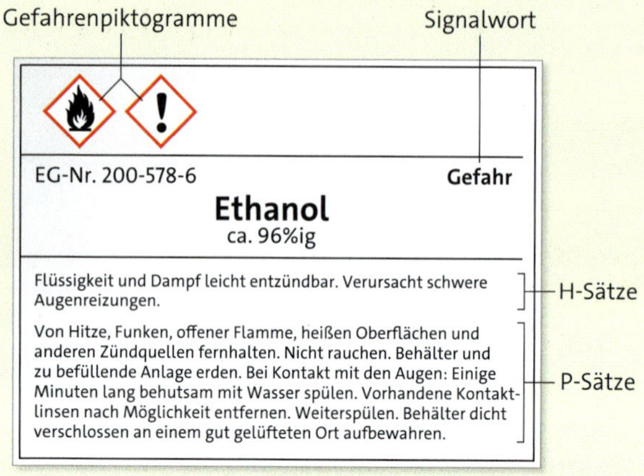

1 Etikett für Ethanol (Spiritus)

2 Gefahrstoffe gibt es auch im Haushalt.

Aufgaben

1 Beschreibe den Nutzen von Gefahrenpiktogrammen.

2 Informiere dich über die Gefahren, die von Brennspiritus ausgehen.

3 Nenne zu drei Piktogrammen jeweils einen Stoff, der dieses Piktogramm trägt. → 3

4 Begründe den P-Satz „Von Zündquellen fernhalten – nicht rauchen" für Brennspiritus.

Gefahren-piktogramm	Die gekennzeichneten Stoffe und Gemische ...	Signalwort
	können sich selbst zersetzen, können explodieren.	Gefahr oder Achtung
	sind entzündbar, können sich selbst erhitzen, entwickeln bei Berührung mit Wasser entzündbare Gase.	Gefahr oder Achtung
	haben eine brandfördernde Wirkung.	Gefahr oder Achtung
	stehen unter Druck (gilt für Gase).	Achtung
	verursachen Verätzungen der Haut und schwere Augenschäden.	Gefahr oder Achtung
	sind giftig, bereits in geringen Mengen lebensgefährlich.	Gefahr
	sind gesundheitsschädlich, verursachen Haut- und/oder Augenreizungen, allergische Reaktionen, Reizungen der Atemwege, Schläfrigkeit und Benommenheit.	Achtung
	können beim Verschlucken und Eindringen in die Atemwege tödlich sein, können Organe schädigen.	Gefahr oder Achtung
	sind giftig für Wasserorganismen.	Achtung

3 Kennzeichnung von Gefahrstoffen mit Piktogrammen

T+: sehr giftig T: giftig	Xn: gesundheitsschädlich Xi: reizend	E: explosionsgefährlich	F+: hoch entzündlich F: leicht entzündlich	C: ätzend	O: brandfördend	N: umweltgefährlich

4 Diese Gefahrenpiktogramme dürfen seit dem 01.06.2015 nicht mehr aufgebracht werden. Du findest sie teilweise noch auf alten Gefäßen.

Experimentieren – aber sicher

Material A

Hier läuft einiges falsch!

1

1 Wer verhält sich im Quadrat B 2 nicht richtig?

2 Gib der Schülerin in C 3 einen Tipp.

3 Übernimm die Tabelle in dein Heft und fülle sie aus.

Quadrat	Fehlverhalten	Sicherheitstipp
A 2, A 3	Wildes Herumrennen	Langsam gehen und auf die Mitschüler achten
C 1	…	…
…	…	…
…	…	…
…	…	…

Material B

Sicher experimentieren

1 Ordne den Lücken (A) bis (O) die richtigen Begriffe zu. Schreibe den Text in dein Heft.

sauber, kaputtem, gebracht, Versuchsanleitung, trinken, Protokoll (2 ×), Stehen, Schutzbrille, essen, Sitzen, Stolperfallen, zusammengebunden, Tisch, gereinigt

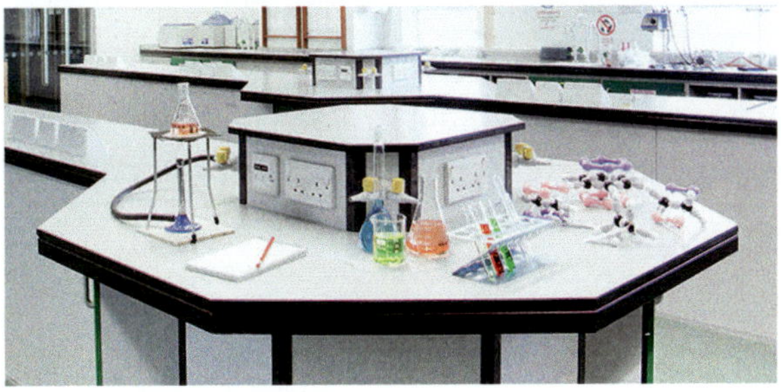

2 Experimentiertisch

Im Chemieunterricht darf man im Fachraum nicht **(A)** und **(B)** und auch keinen Kaugummi kauen. Vor jedem Experiment muss die **(C)** gründlich gelesen werden, um Fehler zu vermeiden. Lange Haare werden zur eigenen Sicherheit immer **(D)**. Bei jedem Experiment muss man eine **(E)** tragen. Mit **(F)** Material darf nicht experimentiert werden. Frage deine Lehrkraft, wo du es entsorgen kannst. Den Experimentiertisch muss man stets **(G)** halten. Am besten teilt man sich den Tisch ein: eine Seite für das Experiment und eine Seite für das **(H)**. Auch die Fluchtwege müssen frei gehalten werden. Schultaschen dürfen keine **(I)** sein. Deshalb verstaut man sie am besten unter dem **(J)**. Experimentiert wird im **(K)**, nicht im **(L)**. Am Ende des Experiments werden alle verwendeten Geräte **(M)** und wieder an ihren Aufbewahrungsort **(N)**. Danach wird das **(O)** angefertigt.

Material C

Gefahrenpiktogramme

Im nebenstehenden Bild siehst du einige Gefahrenpiktogramme.

1 Zeichne die Piktogramme in dein Heft ab.

2 Ordne diesen Gefahrenpiktogrammen die richtige Gefahrenbezeichnung zu.

3 Finde für jedes hier abgebildete Gefahrenpiktogramm ein Beispiel.

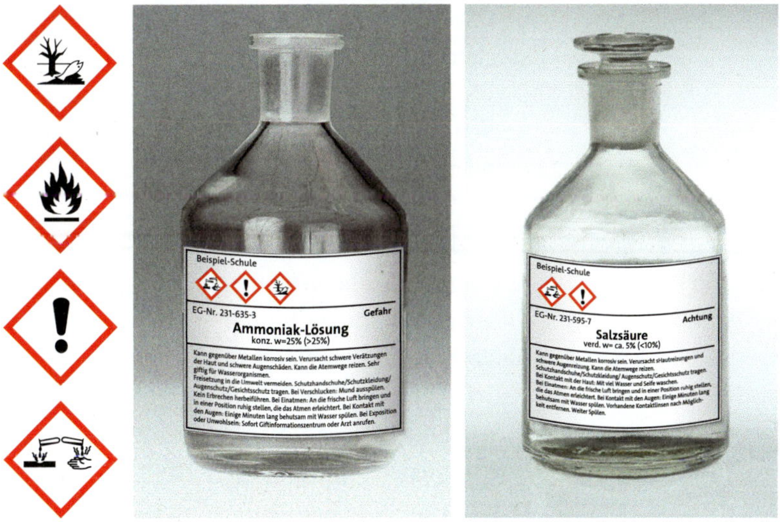

3 Gefahrenpiktogramme

Der Gasbrenner

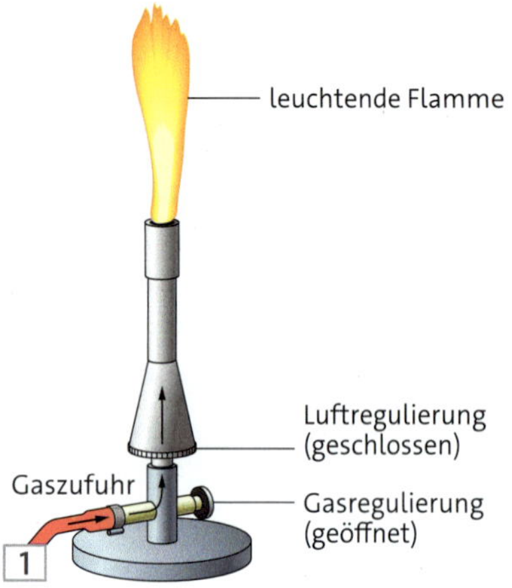

1

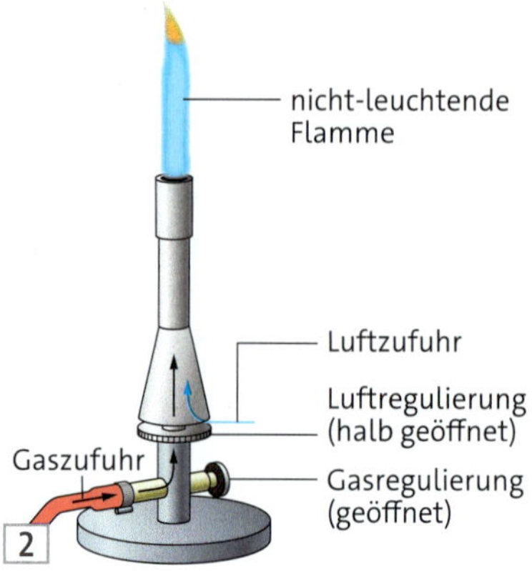

2

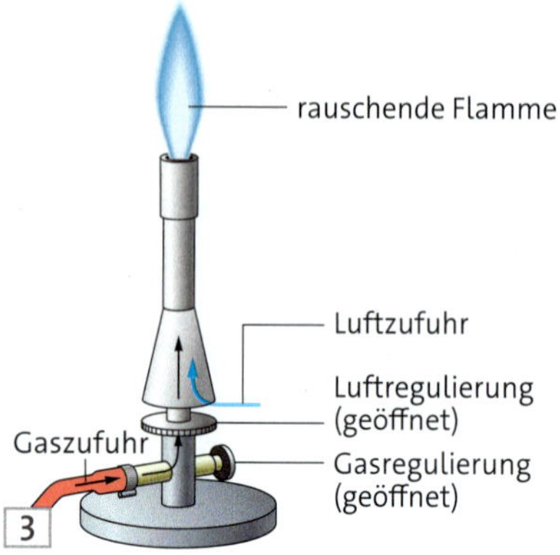

3

Für viele Experimente braucht man hohe Temperaturen von über 1000 °C. Im Labor erreicht man dies mit einem Gasbrenner.

Aufbau • Ein Gasschlauch verbindet den Brenner mit dem Gashahn. Mit zwei Stellschrauben kann man die Gas- und die Luftzufuhr regeln. → 1

4 Eine gute Alternative – der Gastrobrenner

Sicherheitsregeln • Immer Schutzbrille tragen, lange Haare zusammenbinden und Kordeln von Pullovern nach innen stecken. Schals ablegen!

Bedienung • Folgende Punkte sind der Reihe nach durchzuführen:

1. Stellschrauben für Gas- und Luftzufuhr kontrollieren und schließen.
2. Gaszufuhr über einen Schlauch mit dem Gashahn verbinden.
3. Gashahn durch gleichzeitiges Drücken und Drehen öffnen.
4. Streichholzflamme an den Flammenaustritt halten und Stellschraube für Gaszufuhr öffnen. Das ausströmende Gas entzündet sich sofort. Niemals Gas unverbrannt ausströmen lassen.
5. Stellschraube für Luftzufuhr öffnen.

Abstellen • Der Brenner soll in folgender Reihenfolge abgestellt werden: Luftzufuhr schließen, Gaszufuhr schließen, Gashahn schließen, abkühlen lassen und danach abbauen.

Der Gasbrenner wird unter Beachtung von Sicherheitsregeln in festgelegter Reihenfolge von Arbeitsschritten in Betrieb genommen.

Aufgaben

1 ◩ Begründe, warum man bei der Arbeit mit dem Brenner seinen Schal ablegen muss.

2 ☒ Man spricht von leuchtender, nicht leuchtender und rauschender Flamme. Erkläre, wie man die rauschende Flamme einstellen kann.

der Gasbrenner
die Luft- und Gaszufuhr

Material A

Betriebsanleitung für Gasbrenner

1 Schreibe den nebenstehenden Text in dein Heft.
Ersetze die Lücken (A) bis (I) durch die richtigen Begriffe.

Gas, Gashahn (2 ×), Gaszufuhr (2 ×), geschlossen, Luftzufuhr (2 ×), Feuerzeugflamme

Zuerst kontrolliert man, ob die Stellschrauben für die **(A)** und die **(B)** **(C)** sind. Als Nächstes wird der Brenner mithilfe eines Gasschlauchs an den **(D)** angeschlossen. Jetzt wird zunächst der **(E)** geöffnet. Danach wird die **(F)** an den Flammenaustritt gehalten und die **(G)** geöffnet. Sofort entzündet sich das nun ausströmende **(H)**. Zum Abschluss noch die **(I)** öffnen.

5 Anleitung für die Inbetriebnahme eines Gasbrenners

Material B

Vergleich der Brennerflammen

Materialliste: Gasbrenner, 2 Reagenzgläser, Reagenzglasklammer, Stoppuhr, Porzellanschale, Tiegelzange, Magnesiastäbchen, Gastrobrenner

6 Von der leuchtenden zur rauschenden Brennerflamme

1 Nimm den Brenner wie auf der Seite zuvor beschrieben unter Beachtung der Sicherheitsregeln in Betrieb.
a Halte den Boden einer Porzellanschale mithilfe der Tiegelzange für etwa 10 Sekunden in die leuchtende Brennerflamme. Betrachte den Boden der Schale.
b Öffne die Luftzufuhr und wiederhole den Versuch.

Achtung • Öffnung des Reagenzglases nie auf Mitschüler richten!

2 Befülle 2 Reagenzgläser jeweils 2 cm hoch mit Wasser.
a Stoppe, wie lange es bis zum Sieden des Wassers dauert, wenn du das Reagenzglas in die rauschende Flamme hältst.
b Wiederhole den Versuch mit dem zweiten Reagenzglas unter Verwendung der leuchtenden Flamme.
c Bringe das Wasser mit dem Gastrobrenner zum Sieden. Stoppe auch diesmal wieder die Zeit.
d Sortiere die drei Brennerflammen danach, welche am heißesten ist. Begründe deine Antwort.

3 Suche mithilfe eines Magnesiastäbchens die heißeste Stelle in der rauschenden Flamme.
Erkläre dein Vorgehen.

Methode

Das Versuchsprotokoll

Naturwissenschaftler führen Versuche durch, um Naturerscheinungen planmäßig zu beobachten und Regeln der Natur daraus ableiten zu können. Dazu ist es wichtig, die Experimente nachvollziehbar und wiederholbar zu dokumentieren.
In einem Versuchsprotokoll werden folgende Punkte notiert:
- Versuchsfrage
- Vermutung
- Materialliste
- Durchführung
- Beobachtung
- Auswertung

1 Welche Stoffe lösen sich in Wasser?

1. Frage stellen Schreibe die Frage auf, die du mit dem Versuch beantworten möchtest.
Beispiel: Lösen sich Sand, Mehl, Speiseöl und Zuckersirup in Wasser?

2. Vermutung aufschreiben Schreibe auf, welche Antwort du auf die Frage erwartest.
Beispiel: Die festen Stoffe lösen sich nicht in Wasser, die Flüssigkeiten lösen sich in Wasser.

3. Versuch planen und Materialliste erstellen Überlege dir, wie dein Versuch ablaufen soll und welche Materialien du brauchst.
Beispiel: Für den Versuch benötige ich 4 Bechergläser, Löffel, Wasser, Sand, Mehl, Speiseöl und farbigen Zuckersirup.

4. Versuch durchführen Beschreibe, wie du deinen Versuch durchführst. Eine Skizze des Versuchsaufbaus ist dabei hilfreich.
Beispiel: Zuerst fülle ich in alle Bechergläser gleich viel Wasser. Dann gebe ich in jedes Becherglas jeweils einen Löffel voll Sand, Mehl, Speiseöl oder Zuckersirup. Nach 5 Minuten rühre ich kräftig um.

5. Beobachtungen festhalten Beobachte deinen Versuch und notiere, was du siehst. Du kannst deine Beobachtungen als Text, als Zeichnung oder in einer Tabelle festhalten.
Beispiel: Sand und Mehl setzen sich am Boden ab. Öl schwimmt auf dem Wasser. Der Zuckersirup ist nicht mehr zu sehen, das Wasser hat die Farbe des Sirups angenommen.

6. Versuch auswerten Werte die Beobachtungen aus, die du bei deinem Versuch gemacht hast. Beantworte damit deine Versuchsfrage.
Beispiel: Sand, Mehl und Speiseöl lösen sich nicht in Wasser, Zuckersirup dagegen schon.

Versuchsprotokoll

Name: Anne Schmidt Datum: 13.4.2016

Versuchsfrage: Lösen sich Sand, Mehl, Speiseöl und Zuckersirup in Wasser?

Vermutung: Sand und Mehl lösen sich nicht in Wasser, Speiseöl und Zuckersirup lösen sich in Wasser.

Materialliste: 4 Bechergläser, Löffel, Wasser, Sand, Mehl, Speiseöl, farbigen Zuckersirup

Durchführung: Zuerst fülle ich in alle Bechergläser gleich viel Wasser. Dann gebe ich in jedes Becherglas jeweils einen Löffel voll Sand, Mehl, Speiseöl oder Zuckersirup. Nach 5 Minuten rühre ich kräftig um.

Beobachtung: Sand und Mehl setzen sich als Bodensatz ab. Öl schwimmt auf dem Wasser. Der Zuckersirup ist nicht mehr zu sehen, das Wasser hat die Farbe des Zuckersirups angenommen.

Auswertung: Sand, Mehl und Speiseöl lösen sich nicht in Wasser. Zuckersirup löst sich in Wasser.

2 Annes Versuchsprotokoll zum Versuch „Lösen sich Sand, Mehl, Speiseöl und Zuckersirup in Wasser?“

Versuchsprotokoll

Name: Niklas Schneider Datum: 13.4.2016

Versuchsfrage: Löst sich Zuckersirup in heißem Wasser schneller als in kaltem Wasser?

Durchführung: Ich fülle 2 Bechergläser mit kaltem Wasser. Das Wasser in einem Becherglas erhitze ich mit einer Heizplatte. Dann gebe ich in beide Bechergläser je einen Löffel Zuckersirup.

Beobachtung: Nach 5 Minuten ist der Zuckersirup im heißen Wasser vollständig gelöst. Im kalten Wasser ist noch etwas Sirup am Boden übrig. Zuckersirup löst sich in heißem Wasser schneller als in kaltem.

3 Niklas' Versuchsprotokoll zum Versuch „Löst sich Zuckersirup in heißem Wasser schneller als in kaltem?“

Aufgaben

1 Erkläre, warum Naturwissenschaftler Versuche durchführen und Protokolle schreiben.

2 Beschreibe, wie man bei einem Versuchsprotokoll vorgehen muss.

3 Niklas' Versuchsprotokoll stimmt nicht ganz. → 3 Überprüfe, welche Schritte er vergessen hat. Schreibe diese in dein Heft.

4 Niklas hat Beobachtung und Auswertung vermischt. Trenne beide Teile voneinander und berichtige Niklas' Protokoll.

Arbeitsgeräte der Chemie

1 Becherglas, Reagenzgläser, Messzylinder, Rundkolben, Erlenmeyerkolben, Pipette

2 Reagenzglas im Halter mit Klammer

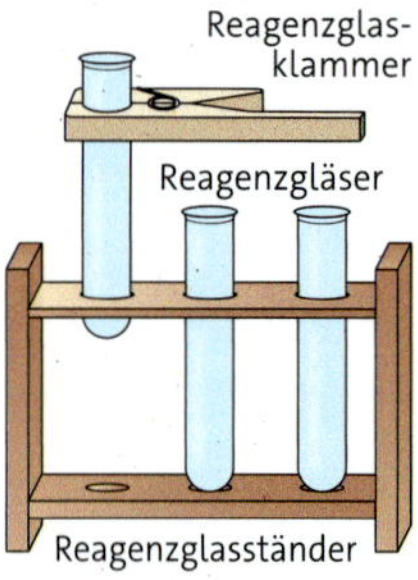

3 Zeichnung eines Reagenzglases im Halter mit Klammer

Für Versuche braucht man die passenden Geräte. Du sollst lernen, wie sie heißen, wie man sie verwendet und wie man sie einfach zeichnen kann.

Arbeiten mit dem Reagenzglas • Sehr häufig verwendet man ein Reagenzglas. Zum Abstellen und Halten des Reagenzglases gibt es Hilfsgeräte: den Reagenglashalter und die Reagenzglasklammer. → 2 3

Glasgefäße und Messen • Neben dem Reagenzglas gibt es eine Reihe weiterer Gefäße für Stoffe: Erlenmeyerkolben, Becherglas, Messzylinder und Pipette. → 1
Erlenmeyerkolben und Becherglas eignen sich, wenn Stoffe gemischt werden sollen. Eine grobe Messskala für Flüssigkeitsmengen ist aufgedruckt. Will man genauere Abmessungen vornehmen, so sollte man einen Messzylinder verwenden.

Will man Flüssigkeiten ganz genau abmessen, so nimmt man eine Pipette. Mit diesem Gerät kann man auf 0,1 ml genau abmessen.
Alle diese Geräte gibt es in verschiedenen Größen.

Erhitzen und Temperaturen messen • Es gibt Versuche, bei denen man Stoffe erhitzen will. Dabei soll dann die Temperatur bestimmt werden.

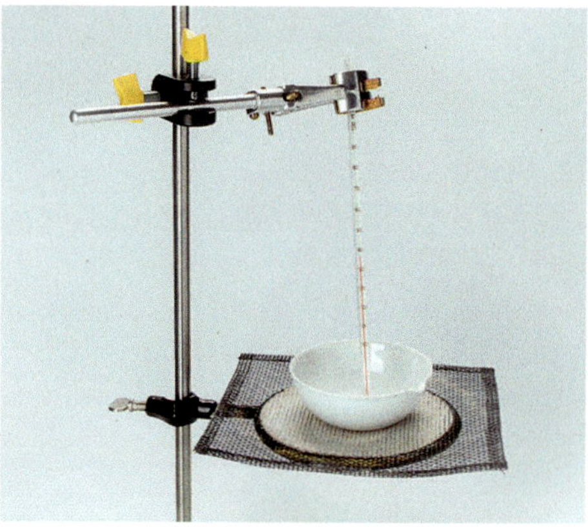

4 Apparatur zum Erhitzen von Stoffen

der **Erlenmeyerkolben**
der **Messzylinder**
die **Pipette**
die **Abdampfschale**

Dazu eignet sich eine Versuchsapparatur wie in Bild 4. Sie besteht aus einem eingespannten Ring (oder Dreifuß) mit Netz, Abdampfschale, Stativ (bestehend aus Fuß, Stativstange, Doppelmuffe und Kolbenhalter) und Thermometer.

Tiegel sind sehr hitzebeständig. Allerdings darf man sie nach dem Erhitzen nicht sofort unter Wasser abspülen, da sie sonst zerbrechen. Einen heißen Tiegel hält man mit der Tiegelzange.

Gase auffangen • Mithilfe eines Kolbenprobers lassen sich Gase auffangen. → 6 7 In Bild 6 wird das Gas Kohlenstoffdioxid aufgefangen. Es entsteht, indem Salzsäure aus dem Tropftrichter auf Calciumcarbonatpulver im Erlenmeyerkolben tropft. Über ein Glasrohr wird das Gas in den Kolbenprober geleitet.

Es gibt für verschiedene Versuche geeignete Geräte.
Bei Versuchszeichnungen werden diese vereinfacht dargestellt.

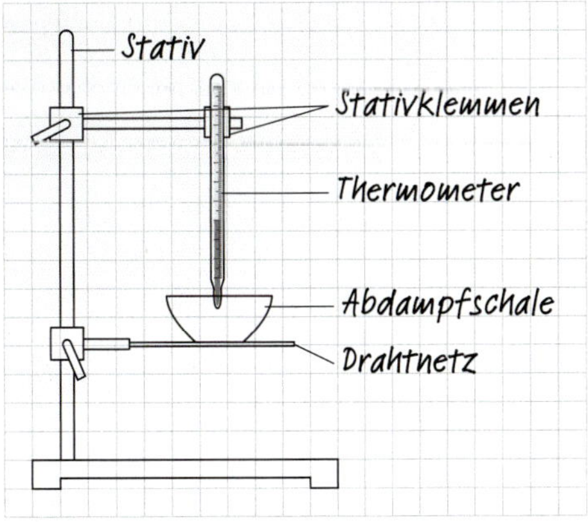

5 Zeichnung von Bild 4

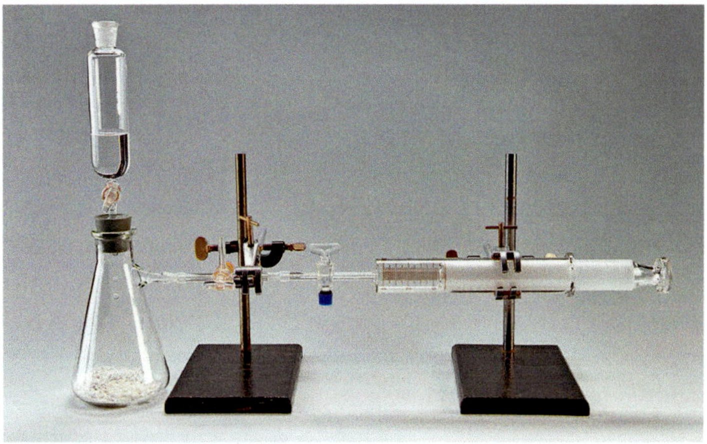

6 Möglicher Versuchsaufbau zum Auffangen von Gasen

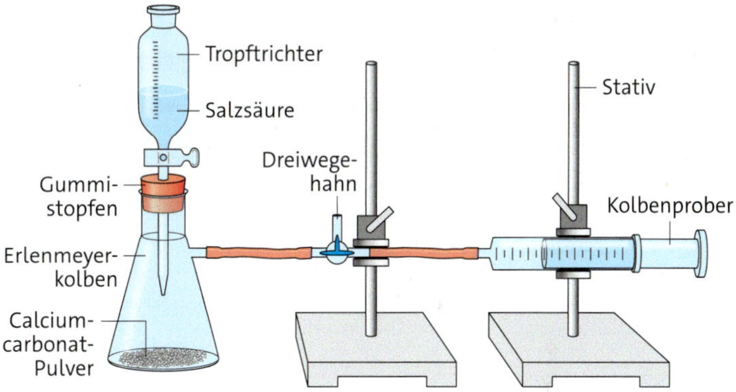

7 Beschriftete Zeichnung von Bild 6

Aufgaben

1 ☑ Erkläre, welche Geräte sich zum Abmessen von Flüssigkeiten eignen.

2 ☑ Nenne die Bauteile, aus denen ein Stativ besteht. Erkläre, wofür das Stativ verwendet wird.

3 ☒ Exakt 10 ml Wasser sollen erhitzt werden, bis das Wasser siedet. Zähle auf, welche Geräte du für diesen Versuch benötigst.

Arbeitsgeräte der Chemie

Material A

Schwenken von Flüssigkeiten

Bei einigen Versuchen ist es notwendig, Flüssigkeiten zu schwenken. Um nichts zu verschütten, muss man geeignete Gefäße nehmen und die richtige Technik anwenden.

Materialliste: Becherglas, Erlenmeyerkolben, Reagenzglas, Tintenpatrone

1 Befülle ein Becherglas zu $\frac{3}{4}$ mit Wasser. Gib 2 Tropfen Tinte hinzu. Schwenke es nach der oberen Methode in Bild 1. Wiederhole den Versuch nach der unteren Methode. → 1 Welche Methode ist geeigneter?

2 Schwenke nacheinander jeweils ein zu $\frac{3}{4}$ gefülltes Becherglas, einen Erlenmeyerkolben und ein Reagenzglas. Welche Gefäße sind zum Schwenken geeignet?

1 Zwei Möglichkeiten, Flüssigkeiten zu schwenken

Material B

Abmessen von Flüssigkeiten

Verschiedene Geräte eignen sich unterschiedlich gut zum Abmessen von Flüssigkeiten. Weiß man, dass 100 ml Wasser 100 g wiegen, kann man dies nutzen, um abgemessene Wassermengen zu überprüfen.

Materialliste: 2 Bechergläser, Erlenmeyerkolben, Messzylinder, Pipette mit Pipettierhilfe, Waage

1 Stelle ein leeres Becherglas auf die Waage und bestimme das Gewicht des Glases. Notiere es.

2 Miss mit einem zweiten Becherglas so genau wie möglich 100 ml Wasser ab und gib es in das Becherglas auf der Waage. Bestimme die Masse des Wassers. Wie viel ml waren es tatsächlich?

3 Wiederhole den Versuch aus Aufgabe 2 nacheinander mit einem Erlenmeyerkolben, einem Messzylinder und einer Pipette.

4 Welches Werkzeug eignet sich am besten zum Abmessen von Flüssigkeiten? Welche sind für präzises Abmessen nicht geeignet?

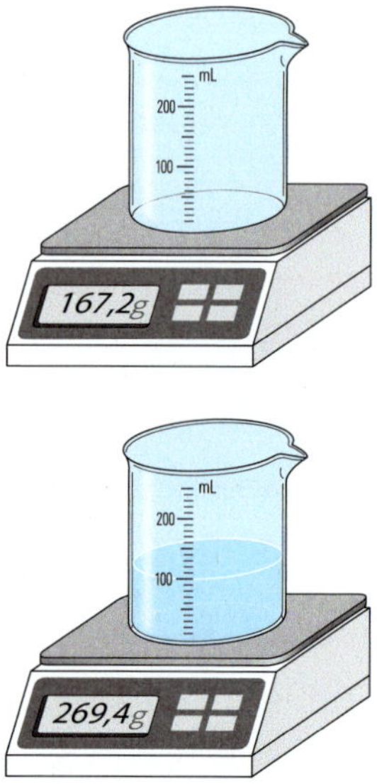

Masse (Wasser): 269,4 g – 167,2 g = 102,2 g
Volumen (Wasser): 102,2 g ≙ 102,2 ml

2 Bestimmung der Menge von Wasser mithilfe einer Waage

Material C

Versuchsaufbauten zeichnen

Zu jedem Versuchsprotokoll gehört eine Zeichnung des Versuchsaufbaus.

1 Zeichne den Versuchsaufbau aus Bild 3. Nutze die vereinfachten Zeichnungen, die du auf den Seiten 22 und 23 kennengelernt hast. Beschrifte anschließend deine Zeichnung.

2 Zeichne den Versuchsaufbau von Bild 4 und beschrifte ihn.

3 Erhitzen einer Flüssigkeit im Reagenzglas

4 Erhitzen eines Stoffs im Wasserbad

Material D

Versuche planen und skizzieren

Für folgenden Versuch sollst du die Planung mithilfe einer Zeichnung machen: Mineralwasser enthält Kohlensäure. Erhitzt man das Mineralwasser, so entweicht die Kohlensäure in Form eines Gases. Dieses Gas soll aufgefangen und die Menge des Gases gemessen werden.

1 Skizze und Beschreibung

a Erstelle eine beschriftete Versuchsskizze.

b Schreibe eine Versuchsanleitung zur Durchführung des Versuchs.

2 Nachdem die Lehrkraft deine Planung gesehen hat, kannst du den Versuch durchführen. Was zeigt der Messzylinder an, nachdem kein Gas mehr entweicht? Kannst du die Ergebnisse erklären?

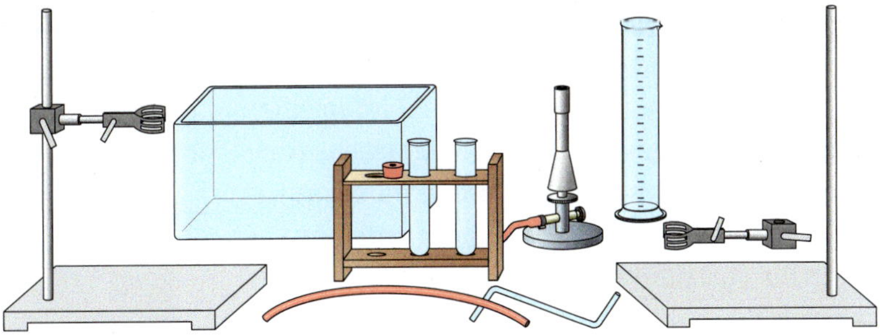

5 Werkzeuge zur Umsetzung des Versuchs

Endlich Chemie – neues Fach, neuer Raum

Zusammenfassung

Verhaltensregeln • Im Fachraum ist es wichtig, einige Regeln zu beachten. Man darf den Fachraum nicht ohne Lehrkraft betreten. Das Essen und Trinken ist in diesen Räumen nicht erlaubt. Speziell beim Experimentieren ist den Anweisungen der Lehrkraft Folge zu leisten. Verschiedene Sicherheitseinrichtungen wie Not-Aus-Knopf oder Feuerlöscher dürfen nur im Notfall bedient werden.
Um Gefahrstoffe schnell einschätzen zu können, gibt es verschiedene Gefahrenpiktogramme.

GHS06
Totenkopf mit gekreuzten Knochen

GHS05
Ätzwirkung

1 Gefahrenpiktogramme für giftige und ätzende Stoffe

Das Versuchsprotokoll • Beim Experimentieren ist es wichtig, dass man im Nachhinein überprüfen kann, was beim jeweiligen Versuch abgelaufen ist. Daher wird das Vorgehen in Form eines Versuchsprotokolls festgehalten. Das Versuchsprotokoll umfasst folgende Punkte:

- Versuchsfrage
- Vermutung
- Materialliste
- Durchführung
- Beobachtung
- Auswertung

Versuchsprotokoll *Datum:*

Versuchsfrage:

Vermutung:

Materialliste:

Durchführung:

Beobachtung:

Auswertung:

2 Die sechs Punkte des Versuchsprotokolls

Der Gasbrenner • Der Gasbrenner ist ein wichtiges Arbeitsmittel. Für den sicheren Umgang ist einiges zu beachten. So müssen lange Haare zusammengebunden werden und es ist eine Schutzbrille zu tragen. Der Brenner wird in einer feststehenden Reihenfolge von Arbeitsschritten in Betrieb genommen. Gearbeitet wird oft mit der rauschenden Flamme, die dann entsteht, wenn die Luftzufuhr geöffnet ist. Die rauschende Flamme ist heißer und rußt nicht.

3 Die rauschende Brennerflamme ist bläulich.

Teste dich! (Lösungen im Anhang)

Sicher experimentieren

1 Nenne mindestens fünf grundlegende Regeln für das Experimentieren im Fachraum.

2 Gib die Bedeutung der Gefahrenpiktogramme in Bild 4 an.

3 Schreibe die in Bild 5 notierte Betriebsanleitung für Gasbrenner in der richtigen Reihenfolge ab.

Arbeitsgeräte der Chemie

4 Mit einigen Glasgeräten kann man Flüssigkeiten abmessen. Sortiere folgende Geräte danach, wie präzise man mit diesen messen kann. Beginne mit dem genauesten Gerät: *Becherglas – Messzylinder – Pipette.*

5 Peter behauptet: „In hoch gelegenen Dörfern im Himalaja kocht Wasser bei niedrigeren Temperaturen als auf Meereshöhe." Erstelle eine beschriftete Versuchsskizze eines Aufbaus, mit dem man die Temperatur bestimmen kann, bei der Wasser kocht.

6 Zum Auffangen von Gasen kann man einen Versuch wie in Bild 6 aufbauen.

a Erstelle eine beschriftete Skizze des Versuchsaufbaus von Bild 6.

b Skizziere einen Versuchsaufbau, mit dem du die Menge an Kohlensäure in verschiedenen Mineralwasserproben vergleichen kannst.

4 Gefahrenpiktogramme

- Gashahn durch gleichzeitiges Drücken und Drehen öffnen.
- Stellschraube für Luftzufuhr öffnen.
- Stellschrauben für Luft- und Gaszufuhr kontrollieren und gegebenenfalls schließen.
- Gaszufuhr über einen Schlauch mit dem Gashahn verbinden.
- Feuerzeugflamme an den Flammenaustritt halten und Stellschraube für Gaszufuhr öffnen.

5 Durcheinandergeratene Betriebsanleitung für Gasbrenner

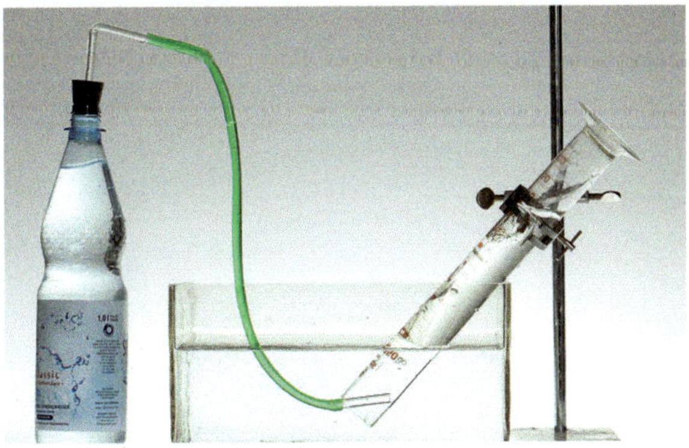

6 Auffangen von Sprudelgas

Eine Welt aus Stoffen

Mehl, Zucker, Pfeffer und Salz – wir können diese Stoffe auch unterscheiden, ohne sie zu probieren.

Ist Milch ein Reinstoff oder ein Stoffgemisch?

Plastik, Aluminium, Eisenblech – im Gelben Sack ist alles gemischt. Wie lässt sich dieses Müllgemisch trennen, damit man die wertvollen Materialien darin wieder nutzen kann?

Nicht verwechseln: Stoff und Gegenstand

1 Ein Steg aus Holz, ein Boot aus Holz, ein Haus aus Holz ...

Der Steg, das Boot oder auch die Bäume auf dem Bild haben eine Gemeinsamkeit: Alle bestehen aus dem gleichen Material – Holz.

Stoffe • Forscher haben einen eigenen Begriff für Materialien: Materialien werden Stoffe genannt.
Aus einem Stoff können verschiedene Gegenstände hergestellt werden. Diese unterscheiden sich in ihrem Verwendungszweck. Der Steg und das Boot sind Beispiele dafür. → 1

Gegenstände bestehen aus Stoffen • Ein Gegenstand muss nicht immer aus dem gleichen Stoff hergestellt sein. So kann man beispielsweise einen Teller aus Porzellan, aus Kunststoff oder aus anderen Stoffen herstellen. → 2
Ein Gegenstand, z. B. ein Auto oder ein Handy, kann auch aus mehreren Stoffen bestehen. → 3

Forscher bezeichnen Materialien mit dem Begriff Stoff.

2 Teller

3 Autoinnenraum

Aufgaben

1 Übernimm die Tabelle in dein Heft. Trage die im Text genannten Stoffe und Gegenstände ein.

Stoff	Gegenstand
?	?

2 Nenne jeweils drei weitere Beispiele für einen Stoff und einen Gegenstand.

der Stoff
der Gegenstand

Material A

Baum Sand Wasser Auto Gold Holz

Tisch Tasse Kette Silber Regal

Luft Buch Papier Schere

Stoff oder Gegenstand?

1 ☒ Sortiere die Begriffe oben nach Stoff und Gegenstand. Trage das Ergebnis in eine Liste oder Tabelle ein.

2 ☒ Erstelle eine eigene Liste mit zehn Begriffen, die entweder Stoffe oder Gegenstände bezeichnen. Tausche die Liste mit einem Mitschüler aus und sortiere die Begriffe anschließend.

3 ☒ Suche fünf Gegenstände, die in dem Raum sind, in dem du dich gerade befindest. Gib an, aus welchem Stoff oder aus welchen Stoffen der jeweilige Gegenstand besteht.

Material B

Gemeinsamkeiten

1 ☒ Nenne Gemeinsamkeiten der Gegenstände auf den Bildern 4 und 5.

2 ☒ Nenne weitere Gegenstände, die aus verschiedenen Stoffen hergestellt werden.

3 ☒ „Ein Glas ist ein Gegenstand, Glas ist ein Stoff." Erläutere diese Aussage.

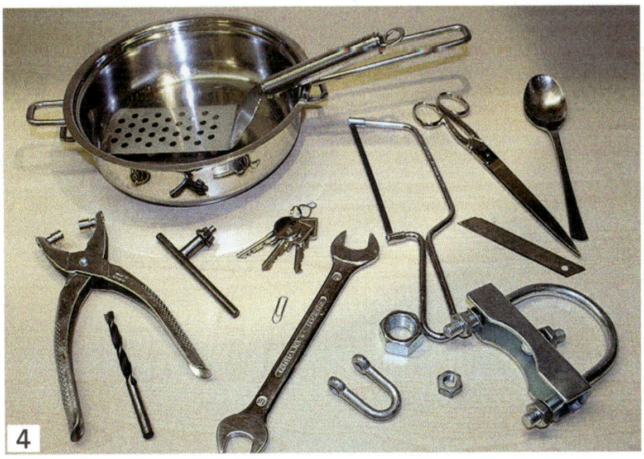
4

5

Erfahrbare Stoffeigenschaften

1 Die zwei Schüler und die Schülerin sollen einen Stoff so beschreiben, dass er eindeutig erkennbar ist.

Es gibt eine riesige Zahl von verschiedenen Stoffen. Häufig ist es schwierig, sie zu unterscheiden, aber manchmal reichen bereits unsere fünf Sinne aus, um sie eindeutig zu beschreiben.

Stoffe beschreiben • Das Aussehen von Stoffen kann man beschreiben. Unser Auge erfasst sofort, ob der Stoff fest, flüssig oder gasförmig ist. Dies wird als Aggregatzustand bezeichnet. Weiterhin nehmen wir die Farbe, den Glanz und die Durchsichtigkeit wahr. Händler von Diamanten und Edelsteinen brauchen einen besonderen Prüfblick. Zur weiteren Unterscheidung kann man den Geruch prüfen. Tausende von Stoffen mit unterschiedlichen, meist angenehmen Gerüchen werden bei Parfüms eingesetzt. Bei einigen Stoffen aus dem Lebensmittelbereich testet man auch den Geschmack.
Aber: Im Labor und in Chemieräumen dürfen Stoffe niemals gekostet werden.
Unser Tastsinn kann die Oberflächenbeschaffenheit prüfen und testen, ob sich der Stoff warm oder kalt anfühlt.
Und schließlich haben Stoffe manchmal einen eigenen Klang. Hersteller von Musikinstrumenten nutzen die Klangunterschiede verschiedener Werkstoffe wie Holz, Messing oder Zinn.
So spielen unsere Sinnesorgane beim Unterscheiden von Stoffen bereits eine große Rolle. Zusätzlich werden eine ganze Reihe von Stoffeigenschaften mit Hilfsmitteln oder Messinstrumenten festgestellt und zur eindeutigen Bestimmung von Stoffen genutzt.

Stoffe beschreibt man durch ihre Eigenschaften. Stoffeigenschaften sind durch unsere Sinne, aber auch durch Messinstrumente erfahrbar.

Aufgabe

1 ☑ Nenne Stoffeigenschaften, die unser Auge unmittelbar erfassen kann.

Material A

Die gute Nase

Unser Geruchssinn kann unterschiedliche Gerüche wahrnehmen. Du weißt zum Beispiel, welchen Duft Schokolade oder eine Zwiebel verströmt.
Hier kannst du dein Duftgedächtnis in einem Geruchsquiz testen.

Materialliste: 12 Filmdöschen oder Salbenkruken (25 ml), Watte, Sonnenblumenöl, Lavendelöl, Eukalyptusöl, Campher, Menthol, Fichtennadelöl, Terpentinöl, Eugenol, Holzessig, Echt Kölnisch Wasser, Backöl Rumaroma, Backöl Vanille, Backöl Bittermandel

Die 12 kleinen Dosen wurden vorbereitend mit einem kleinen ölgetränkten Wattebausch belegt und fortlaufend mit A, B, C usw. beschriftet. In jede Dose wurde je ein Riechstoff (3 Tropfen) hineingegeben.

1 Die Döschen gehen nach der Vorbereitung reihum – von Nase zu Nase.

2 Notiere den Buchstaben der Dose und den Geruch, den du wahrgenommen hast. Benenne anschließend den Stoff. Vergleiche am Ende mit der Lösung deiner Lehrkraft, wie viele der 12 Riechstoffe du erkannt hast.

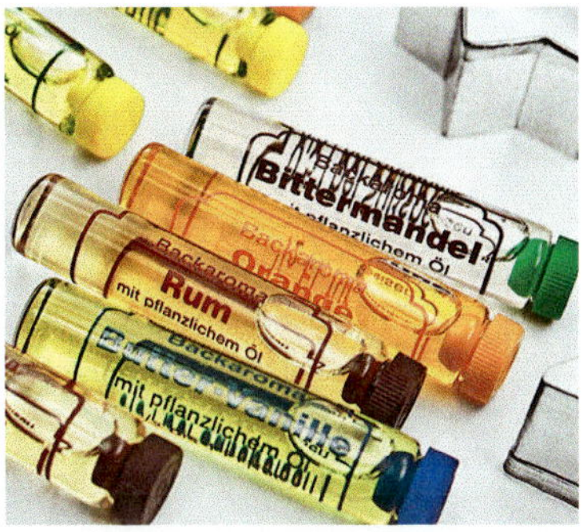

2 Backöle mit charakteristischen Gerüchen

3 Salbenkruken

Material B

Klangunterschiede

Fällt eine Kugel auf die Tischplatte und schlägt hart auf, entsteht ein Geräusch, ein spezieller Klang. Kannst du verschiedene Materialkugeln am Klang unterscheiden?

Materialliste: Augenbinde, Kugeln (etwa gleich groß) aus Glas, Holz, Wachs, Kork, Eisen, Quarz, Blei, Zellstoff, Kunststoff

1 Geht in Zweiergruppen zusammen. Ein Partner verbindet sich die Augen. Der andere lässt aus ungefähr 30 cm Höhe nacheinander eine der Kugeln auf die Tischplatte fallen.
Wenn alle Kugeln getestet sind und die unterschiedlichen Materialien erkannt wurden, werden die Rollen getauscht.

4 Orgelpfeifen – Klangunterschiede bei Holz und Zinn

Messbare Stoffeigenschaften

1 Hausbau

Beim Bau eines Hauses werden wärmeleitende, stromleitende und isolierende Stoffe eingesetzt. Bestimmte Eigenschaften von Stoffen lassen sich messen.

Ritzhärte • Die Härte ist sowohl bei Werkstoffen aus Metall und Kunststoff als auch bei Steinen und Mineralien ein wichtiges Unterscheidungsmerkmal. Sie wird mit verschiedenen Prüfmethoden bestimmt.
Ein Verfahren ist ein Härtetest durch Ritzen. Man benutzt dazu ein 10-teiliges Ritzbesteck mit jeweils unterschiedlich harten Spitzen. Das härteste Ritzwerkzeug ist eine Diamantspitze, die eine Härte von 10 besitzt.

Magnetisierbarkeit • Ein Magnet ist ein Gegenstand, der bestimmte Stoffe anzieht oder abstößt. Magnetisierbare Stoffe wie Eisen, Nickel oder Cobalt werden von Magneten angezogen. Nichtmagnetisierbare Stoffe wie Holz, Gummi, Plastik, Glas oder Porzellan werden nicht von Magneten angezogen.

Elektrische Leitfähigkeit • Einige Stoffe sind in der Lage, elektrischen Strom zu leiten. Dazu gehören Metalle wie Eisen, Kupfer und Aluminium. Sie werden als Leiter bezeichnet. Holz, Gummi, Glas, Plastik und Porzellan dagegen leiten den elektrischen Strom nicht und werden daher Nichtleiter oder Isolatoren genannt. Bei Stromkabeln macht man sich diese Eigenschaft zunutze. Sie bestehen aus Kupfer, einem Leiter, und sind von einem Kunststoffmantel, einem Nichtleiter, umgeben.

Schmelz- und Siedetemperatur • Feste Stoffe werden beim Erhitzen flüssig. Flüssigkeiten verdampfen, wenn sie weiter erhitzt werden. Dies geschieht jeweils bei bestimmten Temperaturen, die für jeden Stoff typisch sind: die Schmelztemperatur (Smp) und die Siedetemperatur (Sdp).

die Magnetisierbarkeit
die Leitfähigkeit
die Schmelztemperatur
die Siedetemperatur
die Dichte

Wärmeleitfähigkeit • Stoffe können Wärme unterschiedlich gut leiten. Diese Eigenschaft nennt man Wärmeleitfähigkeit. Das erfährt man z. B. beim Kochen und Braten: Um sich nicht am heißen Metall zu verbrennen, haben Töpfe und Bratpfannen oft Griffe aus Holz oder Plastik. Ansonsten muss man einen Topflappen benutzen. → 2
Metalle haben eine hohe Wärmeleitfähigkeit. Wolle, Holz, Kunststoffe und Kork besitzen eine geringe Wärmeleitfähigkeit und werden zur Isolation gegen Wärme oder Kälte genutzt.

Rottefähigkeit • Ob Materialien durch Bakterien und Bodenlebewesen zersetzt und abgebaut werden, ist eine wichtige Stoffeigenschaft. Sie entscheidet darüber, ob Stoffe bei der Abfallbeseitigung kompostiert werden können.

Dichte • „Eisen ist schwerer als Holz." Das stimmt so nicht, denn ein Eisenschlüssel ist zum Beispiel leichter als ein großer Holzklotz. → 3
Die Aussage stimmt nur, wenn man die Massen gleich großer Gegenstände vergleicht. Ein Würfel aus Eisen ist schwerer als ein gleich großer Würfel aus Holz. → 4 Man sagt: Eisen hat eine größere Dichte als Holz. Zur Berechnung der Dichte eines Gegenstands muss man den Wert für seine Masse in Gramm (g) durch den Wert für sein Volumen in Kubikzentimetern (cm^3) oder Millilitern (ml) teilen.

$$\text{Dichte} = \frac{\text{Masse}}{\text{Volumen}}$$

2 Topflappen wirken wärmeisolierend.

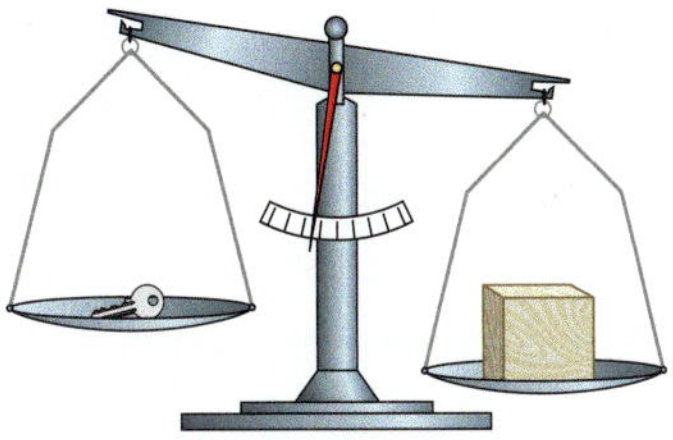

3 Eisen: leichter als Holz?

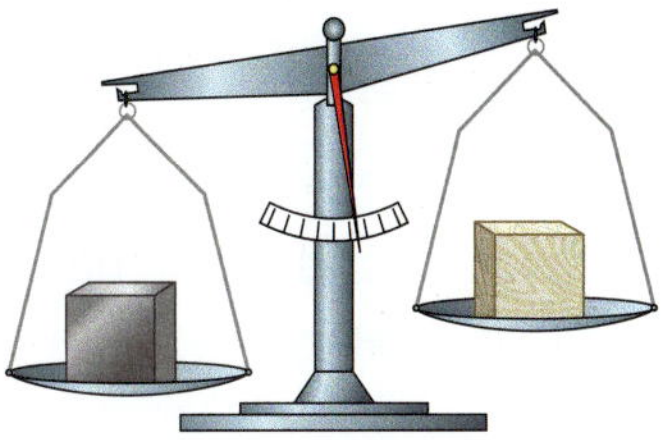

4 Eisen: schwerer als Holz?

Wichtige Stoffeigenschaften sind Aussehen, Geruch, Geschmack, Aggregatzustand, Dichte, Härte, Wärmeleitfähigkeit, elektrische Leitfähigkeit und magnetische Eigenschaften.

Aufgaben

1 Nenne drei mit den Sinnen wahrnehmbare und drei messbare Eigenschaften von Stoffen.

2 Gib an, aufgrund welcher Eigenschaft Holz, Gras und Obstreste zum Kompost gegeben werden können.

3 Gib an, wo in einem Haus wärmeleitende, stromleitende und isolierende Stoffe eingesetzt werden.

Messbare Stoffeigenschaften

Material A

Ritzproben

Bei Materialproben von Kunststoffen, Metallen, Hölzern usw. kannst du mit einem zweiteiligen Ritzwerkzeug die unterschiedlichen Härten testen.

Materialliste: Zahnstocher, Eisennagel, verschiedene Metalle, verschiedene Hölzer, Kunststoffe, Seife, Marienglas, Glas

1 Versuche die verschiedenen Materialproben zu ritzen, zuerst mit dem Zahnstocher, dann mit dem Nagel.

2 Sortiere die getesteten Materialproben in drei Gruppen:
weiche, harte und sehr harte Stoffe.

3 Ob ein Brillant wirklich aus Diamant besteht, kann man schnell prüfen: Man versucht, Glas damit zu ritzen. Erkläre, was das über die Härte von Glas und Diamant aussagt.

1 Hier wird die Härte eines Stoffs überprüft.

Material B

Wärmeleitfähigkeit

Wie gut oder schlecht Stoffe Wärme leiten, ist sowohl beim Hausbau als auch bei Küchengeräten von Bedeutung.
Wie kann man testen, ob und wie stark Holz, Glas, Kunststoff und Eisen die Wärme leiten?

Materialliste: kleine Schüssel, Wasserkocher, Styroporplatte, Stäbe aus Holz, Glas, Eisen, Kunststoff und Aluminium

1 Erhitze Wasser im Wasserkocher. Gieße anschließend die Schüssel zu drei Vierteln voll mit heißem Wasser. Lege den Styropordeckel, in dem sich verschiedene Stäbe befinden, auf den Becher.
Nach ca. 3 Minuten fasst du vorsichtig die Stäbe an.

2 Gib an, welches Material die Wärme gut leitet und welches eher schlecht.

3 Begründe, in welchen Bereichen der Küche die Verwendung von Stoffen mit geringer Wärmeleitfähigkeit sinnvoll ist.

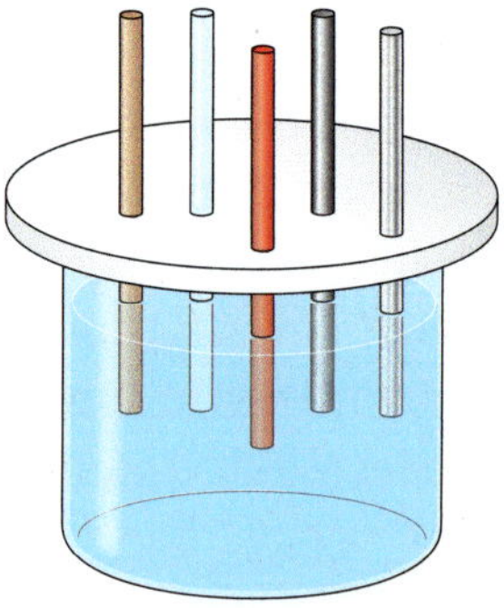

2

Material C

Die Dichte bestimmen

Materialliste: Kubikzentimeterwürfel aus verschiedenen Stoffen (Holz, Eisen, Aluminium, Kupfer, Hartgummi ...), Waage, Becherglas, Pipette, Wasser, Spiritus, Glycerin, Pflanzenöl

1 Überprüfe, ob es sich um Kubikzentimeterwürfel handelt. Miss dazu die Kantenlänge der Würfel aus und berechne das Volumen.

2 Wiege die Würfel auf der Waage und notiere ihre Massen. → 3

3 Stelle das Becherglas auf die Waage und drücke die Tara-Taste. Gib mit der Pipette genau 10 ml Wasser in das Glas. Notiere die Masse in der Tabelle. → 4 Verfahre für die anderen Flüssigkeiten genauso.

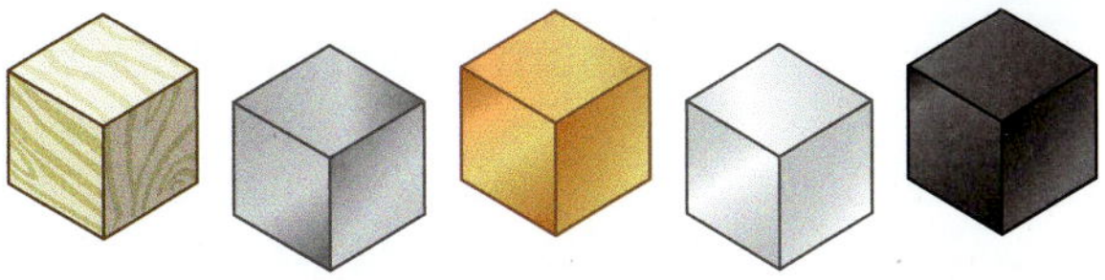

3 Kubikzentimeterwürfel

4 Berechne die Dichte der Feststoffe und der Flüssigkeiten. Trage die Ergebnisse in die Tabelle ein.

Feststoff	Masse	Volumen	Dichte
Eisen	7,9 g	1 cm^3	7,9 $\frac{g}{cm^3}$
...	?	?	?
Flüssigkeit	**Masse**	**Volumen**	**Dichte**
Wasser	10 g	10 ml	1 $\frac{g}{ml}$
...	?	?	?

4 Mustertabelle

Material D

Aus welchem Stoff besteht ein Spitzer?

Materialliste: Messzylinder (20 ml), 2 Metallspitzer (ohne Schneide), Feinwaage

1 Wiege die beiden Spitzer und notiere ihre Masse.

2 Fülle den Messzylinder zur Hälfte mit Wasser. Lies den genauen Füllstand ab und notiere ihn. → 5

3 Lass die Spitzer in das Wasser gleiten und lies den Wasserstand erneut ab. → 5
Berechne das Volumen der beiden Spitzer in ml.

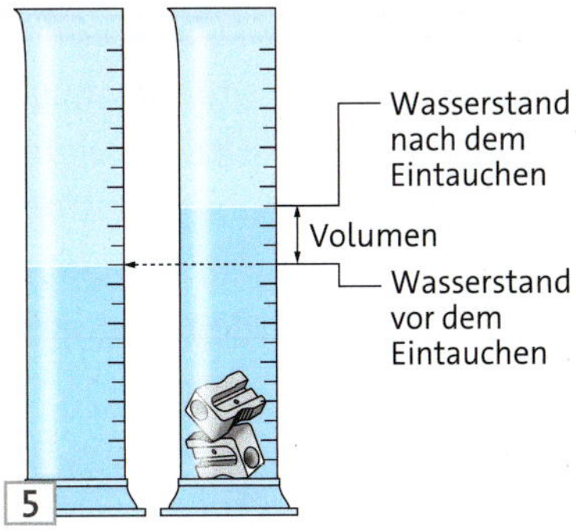

5

4 Berechne die Dichte aus den Werten für Masse und Volumen.

5 Benenne den Stoff, aus dem der Spitzer besteht. → 6

Stoff	Dichte in $\frac{g}{ml}$
Eisen	7,9
Magnesium	1,74
Zink	7,17
Silber	10,49
Aluminium	2,7

6 Dichten verschiedener Stoffe

Messbare Stoffeigenschaften

Methode

Langzeitversuch zum natürlichen Recycling

Manchmal brauchen Naturwissenschaftler viel Geduld beim Experimentieren. Sie bauen Versuche auf, die dann über Tage und Wochen dauern. In der Wetter- und Klimaforschung und bei Versuchen mit Lebewesen laufen Experimente manchmal sogar über Monate oder Jahre.
Hier wird ein Langzeitversuch vorgestellt, bei dem du wochenlang beobachtest und dokumentierst. Du untersuchst, welche Materialien auf dem Kompost vollständig verrotten, also welche Materialien die Natur zurücknimmt und abbaut.

Materialliste: flache, durchsichtige Plastikschälchen mit Deckel (z. B. für Fleischsalat), Blumenerde, Klebeetiketten, briefmarkengroße Materialstücke: Aluminium, Eisen, Kupfer, Papier, Pappe, Kork, Holz, Glas, Porzellan, Gips, verschiedene Kunststoffe, Textilien, Brotrinde, Wachs, Fett, Seife, Schokolade, Wurst, Käse, Speck, Obstschalen

1 Materialien für den Langzeitversuch

1. Versuch aufbauen Lege jeweils ein Materialstück auf den Boden je einer Schale. Fülle die Schale dann randvoll mit Blumenerde, die du mit etwas Wasser anfeuchtest. → 1
Drücke sie gut fest. Verschließe die Dosen gut und halte sie die ganze Zeit über verschlossen. Klebe ein beschriftetes Etikett mit der Materialbezeichnung darauf.

2. Beobachten und Dokumentieren Stelle die Dosen mit dem Boden nach unten in einen Raum mit Zimmertemperatur. Fertige eine Liste mit allen Materialien an, die du testest. Betrachte in der ersten Woche täglich deine Dosen. Ändern die Materialproben ihr Aussehen? Notiere die Veränderungen oder notiere „unverändert". Gib jeweils das Datum deiner Beobachtung an. → 2

Material	Veränderung	Datum
Aluminium	?	?

2 Mustertabelle

In den fünf folgenden Wochen betrachtest du die Materialproben alle zwei Tage.

3. Entsorgen Nach sechs Wochen wird der Versuch beendet. Gib alle verschlossenen Dosen mit ihrem Inhalt in den Hausmüll.

4. Fazit ziehen Notiere unter deiner Tabelle dein Versuchsergebnis. Welche Materialien verrotten vollständig, sodass ihre Abfälle auf dem Kompost entsorgt werden können?

Erweitern und Vertiefen

Rekorde bei Stoffen

3

Du weißt nun einiges über verschiedene Stoffeigenschaften. Im Unterricht hast du es aber nicht immer mit den Rekordträgern unter den Stoffen zu tun. Daher jetzt die Sieger in verschiedenen Kategorien:

Schmelztemperatur • Feste Stoffe werden bei Erwärmung irgendwann flüssig. Rekordhalter dabei ist Tantalhafniumcarbid. Es wird erst bei 4215 °C flüssig. Das ist ungefähr so heiß wie an der Oberfläche der Sonne.
Das andere Extrem in dieser Kategorie ist Wasserstoff. Fester Wasserstoff schmilzt schon bei –259 °C. Dies ist nahe an der tiefstmöglichen Temperatur überhaupt.

Dichte • Der Stoff mit der größten Dichte ist Osmium mit einem Wert von $22{,}6\,\frac{g}{cm^3}$. Wenn du eine Stoffprobe Osmium in der Größe eines Tetrapaks Milch hättest, würde diese 22,6 kg wiegen.
Wissenschaftler haben kürzlich den Feststoff mit der bislang geringsten Dichte hergestellt: einen Schwamm aus Siliciumdioxid mit einer Dichte von $0{,}003\,\frac{g}{cm^3}$.

Elektrische Leitfähigkeit • Der Stoff, der den elektrischen Strom am besten leitet, ist Silber. Knapp dahinter folgt Kupfer. Warum werden dann Elektrokabel aus Kupfer hergestellt und nicht aus Silber? Ganz einfach – Silber ist viel teurer als Kupfer.
Eine äußerst geringe elektrische Leitfähigkeit weist reinstes Wasser auf. Diese ist noch 10 000-mal geringer als die von Leitungswasser, da im Leitungswasser immer Stoffe gelöst sind.

Härte • Der härteste bekannte Stoff ist Diamant. Wegen der extremen Härte nutzt man Diamanten in Bohrköpfen. Sie werden sowohl in Zahnbohrern als auch in Bohrern für die Erdölförderung verwendet.
Geschliffene Diamanten sind wertvoll und dienen als Schmucksteine. Der größte jemals gefundene Diamant wog 621,3 g. Er wurde in mehrere Diamanten aufgetrennt, die nun Teil der britischen Kronjuwelen sind.

4 Diamant – Schmuckstein und Werkzeug

Heißeste Flamme • Die heißeste Flamme erreicht man beim Verbrennen des giftigen Dicyans: bis zu 4800 °C.
Die Flamme aus dem Laborbrenner erreicht dagegen nur etwa 1400 °C, eine Kerzenflamme an der heißesten Stelle bis zu 1000 °C.

Zu jedem Stoff ein Stoffsteckbrief

1 Steckbriefe geben übersichtlich wichtige Eigenschaften an.

Manchmal werden Personen mit Steckbriefen gesucht. Durch die klare Darstellung können dabei alle wichtigen Merkmale übersichtlich aufgelistet werden. Die Merkmale der Stoffe sind die Stoffeigenschaften.

Stoffsteckbriefe • Steckbriefe helfen auch bei Stoffen, die Übersicht zu behalten. Denn auch hier gibt es eine große Vielfalt.
Ein Stoffsteckbrief nennt wichtige Eigenschaften eines Stoffs. Neben dem Aussehen des Stoffs können weitere Eigenschaften aufgeführt werden, z. B. magnetische Eigenschaften, elektrische Leitfähigkeit oder die Dichte eines Stoffs.

Stoffsteckbriefe stellen die wichtigsten Eigenschaften von Stoffen übersichtlich dar.

Aufgaben

1 Nenne mithilfe des Textes vier Punkte, die in einem Stoffsteckbrief aufgeführt werden können.

2 Nenne weitere Punkte, die in einem Stoffsteckbrief genannt werden könnten. Sieh dir dazu auch die vorherigen Seiten durch.

3 Es ist nicht festgelegt, wie viele Punkte ein Stoffsteckbrief aufweisen muss. Nenne Vor- und Nachteile eines besonders umfangreichen Steckbriefs.

4 Recherchiere, um welchen Stoff es sich bei dem rechten Steckbrief in Bild 1 handelt.

Material A

Einen Stoffsteckbrief erstellen

In Bild 2 siehst du eine Kugelsammlung aus verschiedenen Stoffen. Um die Stoffe zu vergleichen und Steckbriefe zu erstellen, untersuchst du die Stoffe systematisch. Manche Stoffeigenschaften kannst du mit deinen Sinnen erkennen, andere durch Experimente ermitteln.

Materialliste: Kugeln aus Holz, Zellstoff, Kork, Bienenwachs, Glas, Alabaster, Quarz, Zinn und Basalt

1 Untersuche und notiere die Farbe, den Glanz, die Durchsichtigkeit und den spezifischen Geruch. Prüfe, ob sich die Kugeln kühl oder warm anfühlen.

2 Prüfe mit einem Magneten die Magnetisierbarkeit der Kugeln.

3 Prüfe die elektrische Leitfähigkeit. Baue dir dazu mit einer Batterie, einer kleinen Lampe und Kabeln einen offenen Stromkreis. Notiere die Ergebnisse.

4 Erstelle einen Stoffsteckbrief zu vier ausgewählten Kugeln deiner Wahl und ordne alle experimentellen Befunde zu.

2 Kugelsammlung aus verschiedenen Stoffen

Material B

Drei Stoffe – zum Verwechseln ähnlich

1 Vergleiche die drei Steckbriefe. Notiere die gemeinsamen Eigenschaften von allen drei Stoffen.

2 Stelle die Unterscheidungsmerkmale der drei Stoffe in einer Tabelle zusammen.

Stoffsteckbrief: Eisen
Farbe: grau
Durchsichtigkeit: undurchsichtig
Glanz: metallisch glänzend
Geruch: keiner
Oberfläche: glatt, fühlt sich kühl an
Elektrische Leitfähigkeit: ja
Magnetisierbarkeit: ja
Verhalten bei Druck: biegsam, verformt sich

Stoffsteckbrief: Hämatit
Farbe: grau
Durchsichtigkeit: undurchsichtig
Glanz: metallisch glänzend
Geruch: keiner
Oberfläche: glatt, fühlt sich kühl an
Elektrische Leitfähigkeit: nein
Magnetisierbarkeit: nein
Verhalten bei Druck: spröde, splittert

Stoffsteckbrief: Graphit
Farbe: grau
Durchsichtigkeit: undurchsichtig
Glanz: metallisch glänzend
Geruch: keiner
Oberfläche: glatt
Elektrische Leitfähigkeit: ja
Magnetisierbarkeit: nein
Verhalten bei Druck: spröde, zerbröselt

Stoffgruppen unterscheiden

1 Woraus besteht dein Mobiltelefon?

Du verwendest es jeden Tag, um mit Freunden in Kontakt zu sein oder im Internet zu surfen. Aber woraus besteht dein Mobiltelefon?

Stoffgruppen • Stoffe mit einer Kombination gemeinsamer Eigenschaften werden in Stoffgruppen zusammengefasst.

2 Metalle werden in verschiedenen Gegenständen verarbeitet.

Metalle • Einige Teile deines Handys bestehen aus Metall. Du erkennst Metalle daran, dass sie an glatten Oberflächen einen spiegelnden Glanz haben, weil sie das Licht reflektieren. → 2 Metalle leiten elektrischen Strom und Wärme. Sie sind meist leicht verformbar. Einige Metalle, z. B. Eisen, sind magnetisierbar. Der Kern unserer Erde besteht zum größten Teil aus Eisen. Weitere häufige Metalle sind Aluminium, Calcium, Magnesium, Natrium und Kalium. Gold, Silber und Platin werden zur Herstellung von Schmuck verwendet. Sie sind sehr beständig und selten und daher sehr wertvoll.

Salze • Salze lassen sich meist gut in Wasser auflösen. Die wässrigen Lösungen leiten den elektrischen Strom. Salzkristalle sind spröde: Sie knirschen beim Zerdrücken auf fester Unterlage und zerbröseln. Du kennst aus der Küche Kochsalz, Soda und Natron. → 3 Salzartige Stoffe kommen auch in einigen Handy-Displays vor und sorgen dafür, dass du ein farbiges Bild siehst.

Steinartige Stoffe • Diese Stoffgruppe ist von der Menge her die größte der Erde. Zu ihr zählen alle Bestandteile unserer Gesteine, z. B. Granit. Auch Glas, Porzellan und Ton gehören zu den steinartigen Stoffen. Diese Stoffe sind spröde und schmelzen erst bei hohen Temperaturen. Sie sind nicht löslich in Wasser und leiten den elektrischen Strom nicht. Die Front deines Handys besteht aus Glas.

die Stoffgruppe
die Metalle
die Salze
die steinartigen Stoffe
die flüchtigen Stoffe

Kunststoffe • Kunststoffe, Baumharz und Bernstein werden in der Hitze weich oder zersetzen sich. In Wasser sind sie meist nicht löslich und den elektrischen Strom leiten sie auch nicht. Die Schutzhülle deines Handys, Teile der SIM-Karte und viele innere Bauteile bestehen aus Kunststoff. → 5

Leichtflüchtige Stoffe • Stoffe mit niedrigen Schmelz- und Siedetemperaturen bezeichnet man als leichtflüchtig. Zu dieser Gruppe zählen die Gase in unserer Luft und leicht verdampfbare Flüssigkeiten wie Spiritus und Essig. Auch leicht schmelzende Feststoffe wie Wachs zählen dazu. Leichtflüchtige Stoffe besitzen eine geringe Härte und sind weder magnetisierbar noch leiten sie den elektrischen Strom.

Weitere Stoffgruppen • Je nachdem, ob man andere gemeinsame Eigenschaften, den Verwendungszweck oder die Herkunft von Stoffen betrachtet, kann man viele weitere Stoffgruppen zusammenstellen. So werden zum Beispiel alle Stoffe, von denen Gefahren ausgehen, als Gefahrstoffe zusammengefasst oder Stoffe natürlichen Ursprungs als Naturstoffe.

Metalle sind verformbar und metallisch glänzend. Sie leiten Wärme und den elektrischen Strom. Andere Stoffgruppen wie Salze, Kunststoffe, steinartige und leichtflüchtige Stoffe besitzen ebenfalls eine Kombination an gemeinsamen Eigenschaften.

3 Soda – ein Salz aus dem Haushalt

4 Granit, Porzellan, Glas

5 Teile deiner SIM-Karte bestehen aus Kunststoff.

Aufgaben

1 ◩ Vergleiche Metalle, Salze und Kunststoffe hinsichtlich der elektrischen Leitfähigkeit.

2 ⊠ Ordne fünf Stoffe in deiner Umgebung den Gefahrstoffen und Naturstoffen zu.

3 ⊠ Für die Einrichtung im Badezimmer werden oft steinartigen Stoffe wie Granit, Porzellan oder Glas verwendet. → 4 Begründe dies.

Stoffgruppen unterscheiden

Material A

Lösliches aus der Küche

Eine ganze Reihe von weißen, kristallinen Stoffen wird in der Küche und im Haushalt verwendet. Finde heraus, was diese Stoffe gemeinsam haben.

Materialliste: Kochsalz, Hirschhornsalz, Natron, Soda, Glaubersalz, Alaun, Zucker, Gabel, 2 Kohleelektroden, Flachbatterie, Krokodilklemmen, Kabel, Lämpchen auf Sockel oder Rotor

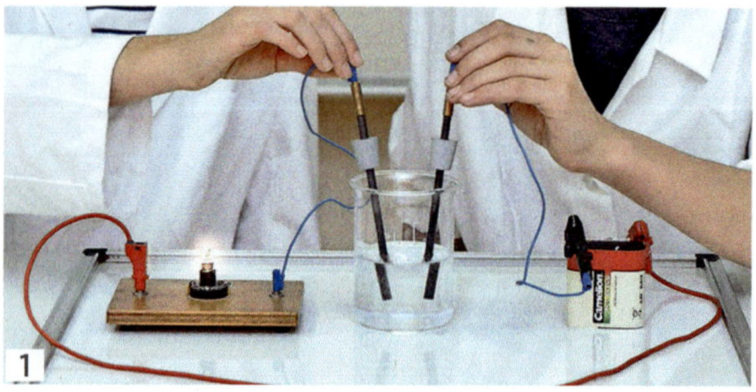

1

1 Löse von jedem Stoff eine Teelöffelportion mit wenig Wasser in einer Petrischale auf und lass die Ansätze tagelang in Ruhe eintrocknen.

2 Zerquetsche wenige Kristalle von einem Stoff mit einem Löffel auf einer harten Unterlage. Beschreibe deine Beobachtung.

3 Baue die Testvorrichtung für die Leitfähigkeitsprüfung zusammen. Löse die Salze durch Umrühren erneut in etwas Wasser auf.

4 Prüfe durch Eintauchen der zwei Kohleelektroden mit wenig Abstand, ob die Lösungen den elektrischen Strom leiten.

5 Begründe, warum Zucker nicht zur Gruppe der Salze gehört.

Material B

Eisen – eines von vielen Metallen

2 Verschiedene Magnete

Eisen und Stahl sind die häufigsten Metallwerkstoffe, die wir um uns herum finden. Eisen ist magnetisierbar. Manchmal versteckt sich dieser Werkstoff unter einer Lackschicht, manchmal unter einer Emaille-Schicht. Mit einem Magneten kannst du auf die Suche gehen.

Materialliste: Stabmagnet oder Türklappenmagnet oder andere Kleinmagnete

1 An welchen Teilen bleibt der Magnet „kleben“? Was ist magnetisierbar? Fertige eine Liste an.

2 Anschließend prüfst du die Magnetisierbarkeit von Möbeln und Geräten oder Geräteteilen im Klassenraum bzw. Fachraum. Fertige auch hier eine Liste der Teile an, die du als magnetisierbar getestet hast.

Material C

Stoffe, Stoffgruppen und ihre Eigenschaften

1 ☒ Übertrage die Tabelle in dein Heft. → 3
Ordne darin folgende Stoffe und Stoffgruppen zu:

Stoffe: Quarz, Acrylglas, Nickel, Kerzenwachs, Kochsalz
Stoffgruppen: Metalle, Salze, Steinartige, Kunststoffe, Leichtflüchtige

Magnetisierbarkeit	**Wasserlöslichkeit**	**Lösung elektrisch leitfähig**	**Härte**	**Schmelztemperatur**	**Spröde/ Biegsam**	**Stoff**	**Stoffgruppe**
ja	nein	wasserunlöslich	hart	sehr hoch	biegsam	?	?
nein	ja	ja	hart	hoch	spröde	?	?
nein	nein	wasserunlöslich	weich	erweicht, zersetzt sich	biegsam	?	?
nein	nein	wasserunlöslich	weich	niedrig	biegsam	?	?
nein	nein	wasserunlöslich	sehr hart	sehr hoch	spröde	?	?

3

Material D

Getränkeverpackungen

Materialliste: Getränkekarton einer H-Milch, Schere, Kleber

Getränkeverpackungen für H-Milch bestehen nicht nur aus einem Stoff, sondern aus drei Schichten verschiedener Stoffe. Die innerste Schicht ist aus Aluminium. Aluminium ist ein leichtes Metall und bildet für Sauerstoff und Licht eine Barriere. Das Getränk in der Verpackung ist länger haltbar, wenn es nicht mit Sauerstoff und Licht in Kontakt kommt. Die mittlere Schicht ist aus stabilem Papier. Die äußerste Schicht ist aus Kunststoff, der das Papier vor Durchnässung von außen schützt.

4

1 Schneide aus einer Getränkeverpackung ein kleines Stück aus. Trenne die Schichten voneinander.

2 ◩ Erstelle eine Skizze vom Aufbau einer Getränkeverpackung. Beschrifte die verschiedenen Schichten und klebe jeweils das passende Stück dazu.

3 ☒ Begründe, warum gerade die genannten Stoffe für die Verpackung verwendet werden. → 4

4 ☒ Nenne weitere Gegenstände, die aus verschiedenen Stoffen bestehen, und begründe die Verwendung der Stoffe anhand ihrer Eigenschaften.

Aggregatzustände von Stoffen

1 Gestein kann sowohl fest (**A**) als auch flüssig sein (**B**).

Steine sind fest, Wasser ist flüssig und Luft ist ein Gas. Aber das ist nicht immer so: In einem Vulkan können Steine flüssig sein, Wasser gefriert im Winter zu Eis und verdunstet bei Sonnenschein zu Wasserdampf.

Aggregatzustände • Stoffe können fest, flüssig oder gasförmig sein. Diese drei Zustandsarten nennen wir die Aggregatzustände. Welchen Aggregatzustand ein Stoff einnimmt, hängt vor allem von der Temperatur ab. Eis schmilzt bei 0 °C zu Wasser. Wasser siedet bei 100 °C, es entsteht Wasserdampf. Dieser Wasserdampf kann wieder zu flüssigem Wasser werden, wenn er an einer kalten Glasscheibe kondensiert. Wasserdampf kann an kalten Tagen auch direkt zum Feststoff werden. → 2 Dieser feste Raureif kann sich auch wieder in Luft auflösen. Wird ein fester Stoff direkt gasförmig, spricht man vom Sublimieren. Wird ein gasförmiger Stoff wiederum fest, nennt man dies Resublimieren.

2 Eichenblatt mit Raureif

Schmelz- und Siedetemperatur • Die Temperatur beim Übergang vom festen in den flüssigen Aggregatzustand heißt Schmelztemperatur. Die Temperatur beim Übergang vom flüssigen in den gasförmigen Zustand heißt Siedetemperatur. Schmelztemperatur und Siedetemperatur hängen von der Art des Stoffs ab: Soll Sauerstoff flüssig werden, so muss man ihn auf −183 °C abkühlen. Daher ist Sauerstoff auch im Winter immer gasförmig.
Eisen bleibt dagegen bis 1536 °C im festen Aggregatzustand. Daher wird ein Gegenstand aus Eisen auch bei größter Hitze im Sommer nie flüssig.

Teilchenmodell • Das Teilchenmodell ist eine Vorstellung zum Aufbau von Stoffen. Wir stellen uns vor, dass alle Stoffe aus einzelnen kleinsten Teilchen bestehen. Diese sind so winzig, dass man sie nicht sehen kann. Mithilfe des Teilchenmodells kann man die Aggregatzustände von Stoffen beschreiben und erklären.

das Sublimieren
das Resublimieren
das Teilchenmodell

Feststoff • Im festen Aggregatzustand halten die kleinsten Teilchen eines Stoffs stark zusammen. Sie liegen dicht an dicht und bewegen sich zitternd an ihren Plätzen. → 3

Flüssigkeit • Wird ein Stoff erwärmt, bewegen sich die kleinsten Teilchen stärker. Ihr Zusammenhalt wird schwächer. Bei Erreichen der Schmelztemperatur wird der Stoff flüssig. Die Teilchen haben nun keine festen Plätze mehr und bewegen sich gegeneinander.

Gas • Bei noch höherer Temperatur bewegen sich die Teilchen noch schneller. Bei Erreichen der Siedetemperatur wird der flüssige Stoff gasförmig. Die Teilchen besitzen keinen Zusammenhalt mehr und verteilen sich im Raum.

Stoffe können fest, flüssig oder gasförmig sein. Der Aggregatzustand eines Stoffs hängt vor allem von der Temperatur ab. Die Aggregatzustände und ihre Übergänge sind mithilfe des Teilchenmodells erklärbar.

Aufgaben

1 Nenne die drei Aggregatzustände.

2 Beschreibe mithilfe von Bild 3 folgende Vorgänge mit den Fachbegriffen: Nasse Wäsche trocknet; Brille beschlägt; Wasserpfütze gefriert; Morgentau bildet sich; Eiszapfen „verschwindet“; Schokolade wird im Sonnenlicht weich.

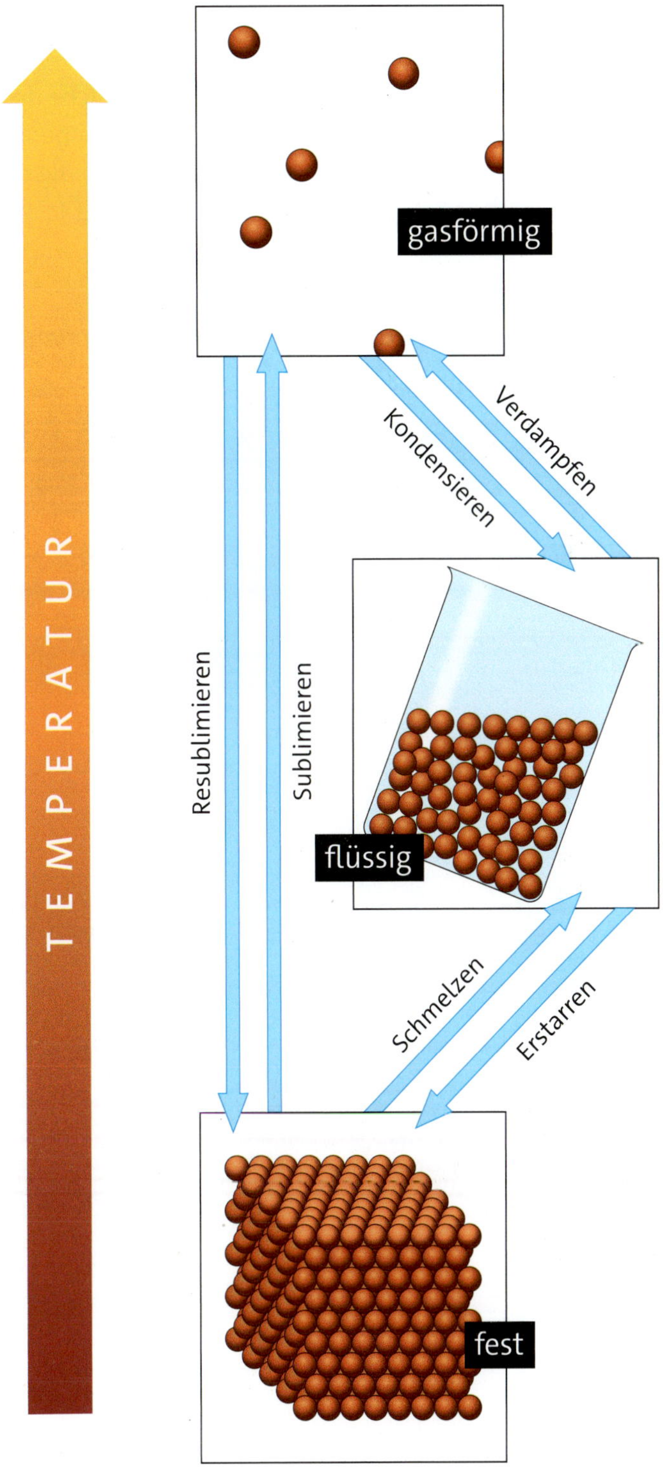

3 Die Übergänge zwischen den drei Aggregatzuständen

Aggregatzustände von Stoffen

Material A

Aggregatzustände verschiedener Stoffe

1 ☒ Lies ab, welche der Stoffe bei Zimmertemperatur (20 °C) fest, flüssig oder gasförmig sind. → 1

2 ☒ Nenne die Stoffe, die bei:
a 150 °C flüssig sind.
b 80 °C gasförmig sind.
c 100 °C fest sind.

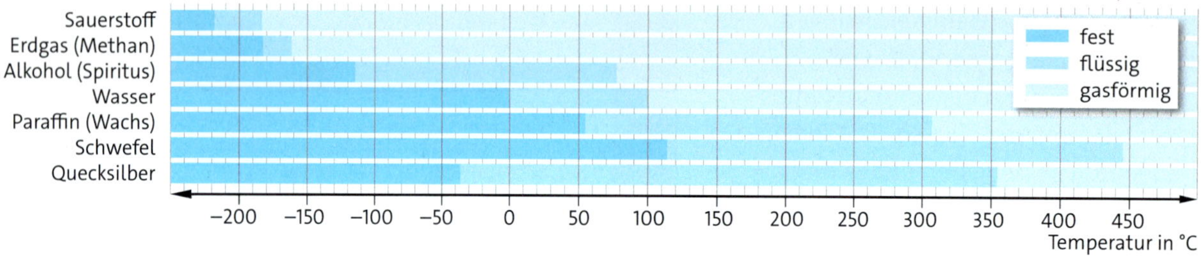

1 Aggregatzustände bei verschiedenen Temperaturen

Material B

Schmelz- und Siedetemperaturen

Die Tabelle in Bild 2 ist etwas durcheinandergeraten.

Stoff	Aggregatzustand bei Raumtemperatur	Schmelztemperatur / Siedetemperatur
Aluminium 	flüssig	−272 °C / −269 °C
	fest	−114,5 °C / 78 °C
	gasförmig	660 °C / 2 743 °C

2

1 ☒ Erstelle eine neue Tabelle in deinem Heft und ordne den Stoffen die richtigen Aggregatzustände, Schmelz- und Siedetemperaturen zu.

2 MK ☒ Erweitere deine Tabelle durch die folgenden Stoffe: Blei, Eisen, Gold, Heizöl, Kupfer, Kochsalz, Zink.
Recherchiere die Schmelz- und Siedetemperaturen der Stoffe im Internet oder im Anhang des Buches.

3 Füge in deine Tabelle auch Abbildungen der Stoffe oder Abbildungen von Gegenständen aus den jeweiligen Stoffen ein.

Material C

Schmelztemperaturen bestimmen

Materialliste: Heizplatte, Stativ mit Muffe und Klemme, Reagenzglashalter, Becherglas (250 ml), 3 Reagenzgläser, Thermometer, Spatel, Margarine, Schokolade, Paraffin

1 Baue den Versuch wie in der Zeichnung auf. → 3 Gib dann nacheinander Margarine, Schokolade und Gelatinepulver in jeweils ein Reagenzglas. Stelle das jeweilige Reagenzglas in das kalte Wasserbad und erhitze es vorsichtig. Sobald dein Stoff schmilzt, notierst du diese Schmelztemperatur.

2 Notiere deine Ergebnisse in einer Tabelle.

3 Du hast ein Teelicht und ein Thermometer. Beschreibe, wie du damit die Schmelztemperatur von Wachs bestimmen kannst.

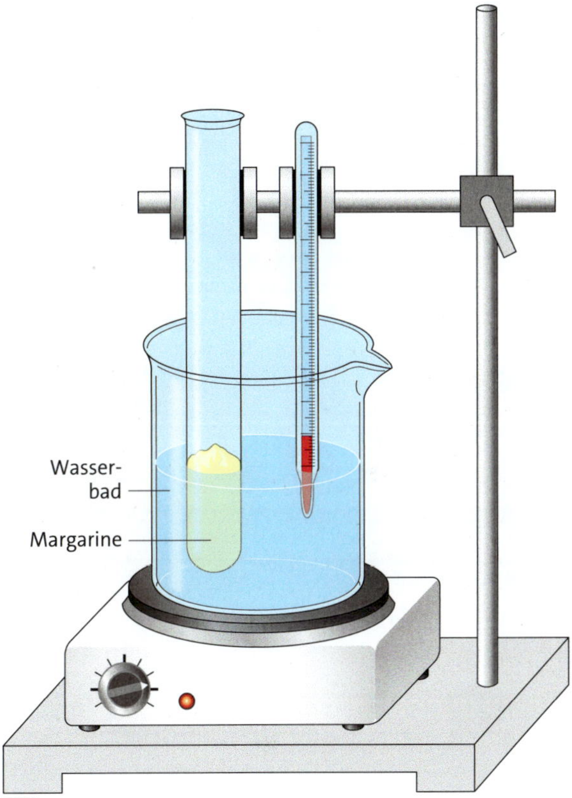

3

Material D

Die Kerze genauer betrachtet

Bei einer brennenden Kerze ist Wachs in allen drei Aggregatzuständen vorhanden.

1 Beschreibe für das Wachs die Übergänge zwischen den Aggregatzuständen mit den passenden Fachbegriffen.

2 Erläutere, was bei den Übergängen der Aggregatzustände mit den kleinsten Wachsteilchen geschieht.

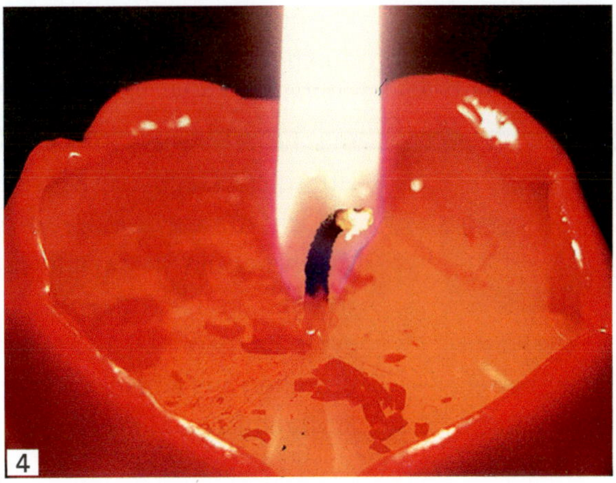
4

Reinstoffe und Stoffgemische

1 Müsli mit Früchten und Nüssen

2 Die Plastikflasche besteht aus PET, einem Reinstoff.

Schon beim Frühstück begegnen dir Stoffgemische, z. B. dein Müsli. Es besteht meist aus Haferflocken, Früchten, Nüssen und Joghurt.

Stoffgemische und Reinstoffe • Bei Müsli handelt es sich um ein Stoffgemisch. → 1 Wer zum Beispiel keine Rosinen mag, kann das Stoffgemisch durch Auslesen der Rosinen leicht trennen. Es gibt viele andere Stoffgemische, z. B. Apfelsaft, Milch, Suppe. Um solche Gemische zu trennen, braucht man andere Trennverfahren. Wenn sich ein Stoff nicht weiter auftrennen lässt, handelt es sich um einen Reinstoff. → 2 Reinstoffe bestehen aus einem einzigen Stoff, Stoffgemische aus mehreren. → 3

Hausmüll – ein Gemenge • Auch unser Hausmüll ist ein Stoffgemisch, ein Gemenge aus festen Stoffen.
Er besteht aus verschiedenen Stoffen wie Glas, Papier, Kunststoff und Metall. Wir trennen diese Stoffe und sammeln sie in unterschiedlichen Abfalltonnen. Die Müllabfuhr bringt diese dann zu Recyclinganlagen. Dort werden diese Wertstoffe aufbereitet und zu neuen Produkten verarbeitet.

Arten von Gemischen • Nicht nur das Müsli, sondern auch die meisten Stoffe in der Natur kommen als Gemische vor. Daher hat man Gemische nach bestimmten Merkmalen geordnet. Zunächst werden alle Gemische in homogene und heterogene Gemische unterteilt.

das Stoffgemisch
der Reinstoff
homogen
heterogen

Homogene Gemische • Bei homogenen, einheitlichen aussehenden Gemischen sind die einzelnen Bestandteile nicht zu erkennen – auch nicht unter dem Mikroskop. Ein Beispiel dafür ist eine Salzlösung (Salzwasser). Sie sieht an jeder Stelle gleich aus. → 4
Wer schon einmal Meerwasser in den Mund bekommen hat, konnte schmecken, dass ein zweiter Stoff, das Salz, darin gelöst ist.

Heterogene Gemische • Bei heterogenen, uneinheitlichen Gemischen sind verschieden aussehende Bereiche oder Phasen erkennbar. Bei Gartenerde oder Granit kann man mit bloßem Auge verschiedene Bestandteile erkennen. → 5 Bei Verbrennungen entstehen Stoffe, die als Rauch in der Luft zu sehen sind. Die festen Bestandteile des Rauchs sind gut sichtbar, die gasförmigen nicht.

Stoffgemische bestehen aus mindestens zwei Reinstoffen. Stoffe, die sich nicht mehr trennen lassen, sind Reinstoffe.

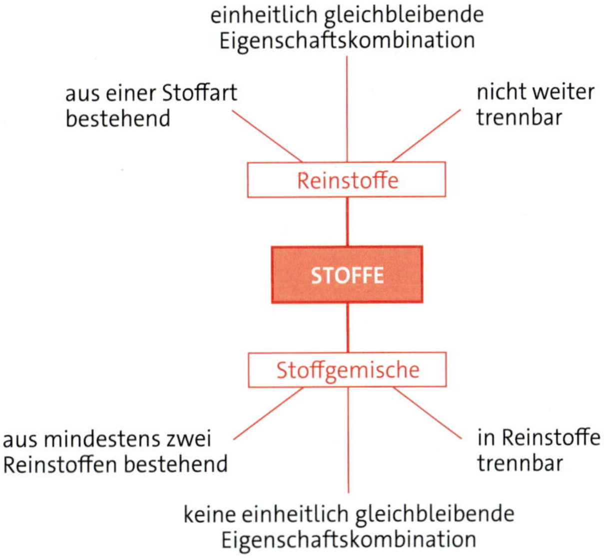

3 Einteilung der Stoffe

4 Meerwasser – ein homogenes Gemisch

5 Granit – ein heterogenes Gemisch

Aufgaben

1 ☒ Ordne zu, ob es sich bei den Beispielen um Reinstoffe oder Stoffgemische handelt: Milch, Mineralwasser, Apfelsaft, Müll, Waschpulver, Eisenpulver.

2 ☒ Nenne jeweils zwei Reinstoffe und Stoffgemische aus der Küche.

Reinstoffe und Stoffgemische

Erweitern und Vertiefen

Stoffgemische im Teilchenmodell

Stoffgemische unterscheiden • Stoffe bestehen aus kleinsten Teilchen von unterschiedlicher Größe. Beim Mischen von Stoffen verteilen sich die kleineren Stoffteilchen des einen Stoffs zwischen den größeren Stoffteilchen des anderen Stoffs.
Gemische werden nach den Aggregatzuständen ihrer Bestandteile unterteilt. → 1
Stoffgemische, in denen Feststoffe in einer Flüssigkeit schweben, nennt man Suspensionen. Eine Emulsion dagegen ist ein Stoffgemisch, bei dem in Wasser fein verteilte Fetttröpfchen enthalten sind. → 2

Name	Aggregatzustände	Beispiel
Lösung	Feststoff in Flüssigkeit	Salzwasser
Suspension	Feststoff in Flüssigkeit	Schmutzwasser
Emulsion	Flüssigkeit in Flüssigkeit	Essig-Öl-Salatsauce
Rauch	Feststoff in Gas	Kaminabgase
Nebel	Flüssigkeit in Gas	Wolke

1 Arten von Gemischen

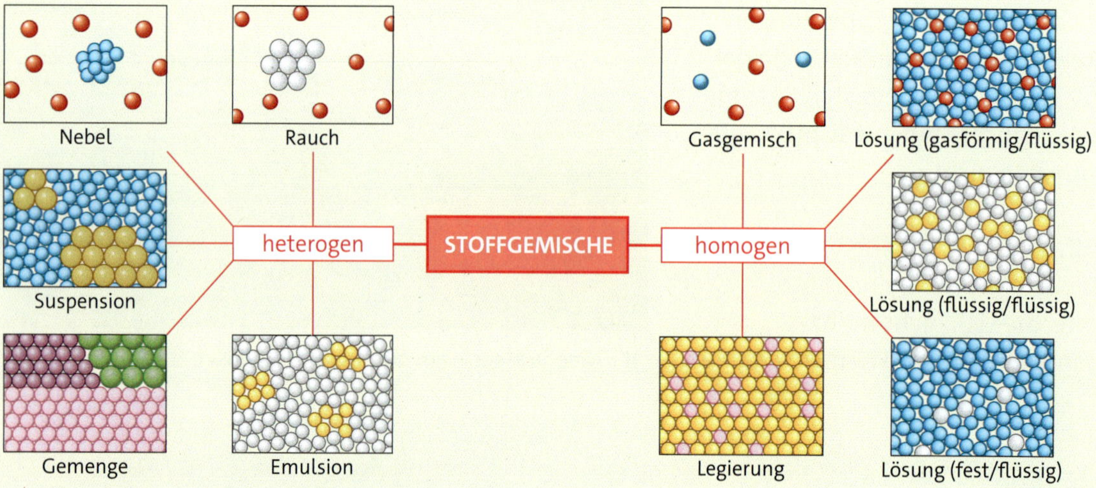

2 Verschiedene Stoffgemische im Teilchenmodell

Aufgaben

1 Nenne jeweils ein Beispiel für eine Lösung und eine Suspension. Erkläre den Unterschied zwischen Lösung und Suspension mit dem Teilchenmodell. → 2

2 Begründe mit dem Teilchenmodell, warum Nebel ein heterogenes Gemisch ist. → 2

3 Beschreibe an einem Beispiel, wie man eine Emulsion herstellt.

Erweitern und Vertiefen

Da bewegt sich was

Die Bewegung der Teilchen kann man nicht sehen. Dafür sind sie viel zu klein. Indirekt kann man die Teilchenbewegung aber doch beobachten.

Die Beobachtungen des Mr Brown • Im Jahr 1827 machte der schottische Biologe Robert Brown eine Entdeckung. Er beobachtete unter dem Mikroskop, dass sich Blütenpollen in einem Wassertropfen ständig ein wenig hin- und herbewegen. Erklären konnte er diese Bewegungen nicht.
Später machte man ähnliche Beobachtungen, z. B. bei Fetttröpfchen in Milch oder bei feinem Aluminiumstaub in Wasser. Diese Bewegungen nennt man brownsche Bewegung.

Ursache der brownschen Bewegung • Heute weiß man, dass sich zum Beispiel die Wasserteilchen in einem Wassertropfen ständig chaotisch hin- und herbewegen. Dabei stoßen sie immer wieder an das größere Pollenkorn. Dieses wird auf diese Weise zufällig in verschiedene Richtungen bewegt. → 3

Diffusion • Angenommen, man gibt Zucker in eine Tasse Tee, rührt aber den Tee nicht um, sondern lässt ihn völlig ruhig stehen. Dann schmeckt nach einiger Zeit dennoch der ganze Tee süß. Die Zuckerteilchen haben sich selbstständig im ganzen Tee verteilt.
Diese selbstständige Verteilung von Teilchen nennt man Diffusion. Auch ihre Ursache liegt in der ständigen Bewegung der Teilchen. Diffusionen spielen in der Natur eine große Rolle, zum Beispiel wenn Wasser allmählich in Pflanzenwurzeln eindringt oder wenn sich Stoffe in unseren Körperzellen verteilen.
Wie schnell die Diffusion erfolgt, hängt vom Aggregatzustand und der Temperatur der Stoffe ab: Je höher die Temperatur, desto schneller die Diffusion.

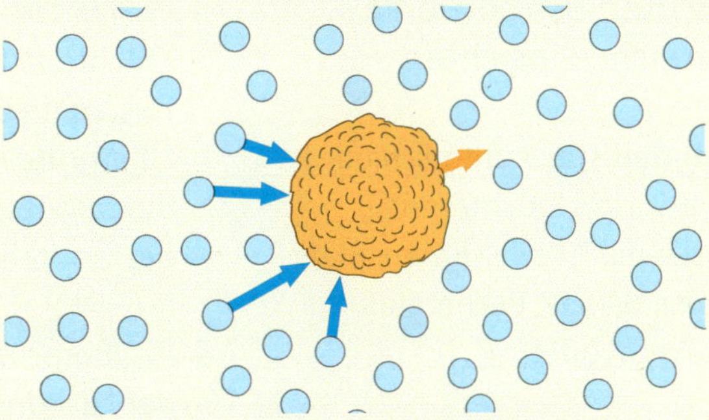

3 Pollenkorn (orange) wird durch Zusammenstöße mit Wasserteilchen (blau) bewegt.

Die brownsche Bewegung wird durch die Bewegung der kleineren Teilchen in einer Flüssigkeit verursacht. Die Durchmischung verschiedener Stoffe durch Bewegung ihrer Teilchen heißt Diffusion.

Aufgaben

1 Nenne die Ursache der Diffusion.

2 Schichte Kirsch- und Bananensaft in einem Glas ganz vorsichtig übereinander. Lass es einen Tag lang völlig ruhig stehen und beschreibe dann die Beobachtungen.

3 „Pflanzen nehmen Nährstoffe aus dem Boden durch Diffusion auf." Erkläre.

Reinstoffe und Stoffgemische

Material A

Früchtemüsli sortieren – hilfreiche Einsichten

Materialliste: 3 unterschiedliche Sorten Früchtemüsli, Pinzetten, 7 Petrischalen, Blatt Papier, Waage, Becherglas (500 ml), Löffel

1 Schütte das Früchtemüsli in ein Becherglas und durchmische es mit einem Löffel.

2 Wiege 100 g der Früchtemüslimischung ab und gib sie auf ein Blatt Papier.

3 Sortiere die Früchte aus der Müslimischung aus und ordne sie jeweils einer Petrischale zu.

4 Schätze, wie viel Gramm Früchte sich in deiner Müslimischung befinden. Überprüfe deine Schätzung durch Wiegen der Fruchtbestandteile.

5 Überprüfe, ob du die auf der Packung genannten Früchte wiedergefunden hast.

6 Notiere, welche Früchte du besonders häufig findest. Stelle eine Vermutung an, warum diese häufig vorkommen.

7 Würdest du das untersuchte Früchtemüsli kaufen? Begründe deine Entscheidung.

1 Früchtemüslipackung

Material B

Kakao unter Beobachtung

Materialliste: Kakaopulver, Salz, Zucker, Milch, Wasser, Becherglas (250 ml), Messzylinder, Esslöffel

1 Miss 150 ml Milch ab und gib sie in das Becherglas.

2 Füge 3 Esslöffel Kakaopulver zu der Milch und verrühre die Mischung.

3 Beobachte, was mit der Mischung geschieht. Beschreibe deine Beobachtung.

4 Wiederhole das Experiment jeweils mit Salz, Zucker und Wasser.

5 Benenne die Arten der Stoffgemische, die du hergestellt hast. Begründe deine Entscheidung.

2 Eine heiße Schokolade – ein Stoffgemisch

Material C

Granit untersuchen

3 Granitsteine

Wenn du wissen willst, wie bestimmte Geräte oder Spielzeuge aufgebaut sind, schaust du sie dir zunächst genau an. Danach nimmst du sie möglicherweise auseinander und zerlegst sie. So lernst du die Bestandteile bis ins kleinste Detail kennen.
Genauso machst du es mit dem Granitstein. → 3

Materialliste: Granitstein, Lupe, Mörser aus Gusseisen, Stofftasche, Hammer, Löffel, Zahnstocher, Klebestreifen

1 Nimm den Granitstein in die Hand und schau ihn dir genau an, benutze eine Lupe. Schätze ein, aus wie vielen verschiedenen Mineralien der Stein aufgebaut ist.

2 Lege den Granitstein in den Mörser und zerstoße ihn zu kleinen Krümeln. Alternativ kannst du den Stein auch in einer Stofftasche mit einem Hammer zerschlagen. Schütze deine Augen vor herumfliegenden Splittern mit einer Schutzbrille!

3 Nimm eine Löffelportion der Gesteinskrümel und sortiere das Material auf der Tischplatte mit einem Zahnstocher. Suche für Glimmer, Feldspat und Quarz jeweils einen besonders schönen, einheitlichen Kristall heraus.

4 Lege von jeder Mineralsorte ein oder zwei Splitter auf ein Blatt Papier, überklebe sie mit Klarsichtfilm und beschrifte das Mineral an der Seite.

Glimmer: blättrige schwarze oder silbrige, stark glänzende Kristalle

Feldspat: rötliche oder hautfarbene Kristalle, die nicht blättrig, sondern körnig sind

Quarz: weißliche oder glasig durchsichtige Kristalle, die nicht besonders glänzen

4 Zwei verschiedene Granitsorten mit Zuordnung der Bestandteile Quarz, Feldspat und Glimmer

Stoffe lösen sich in Wasser

1 Salzgarten

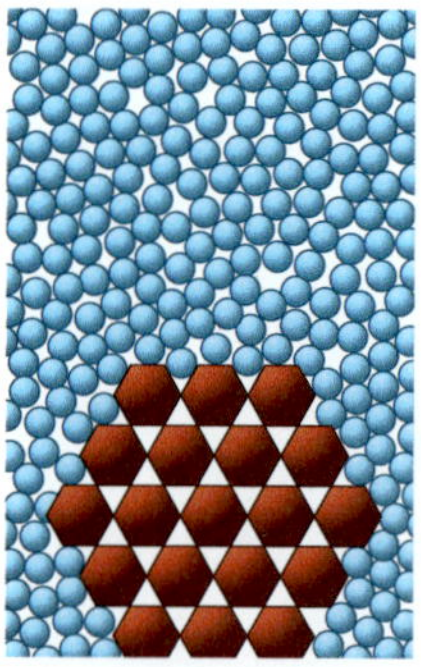

2 Zucker vor dem Lösen in Wasser

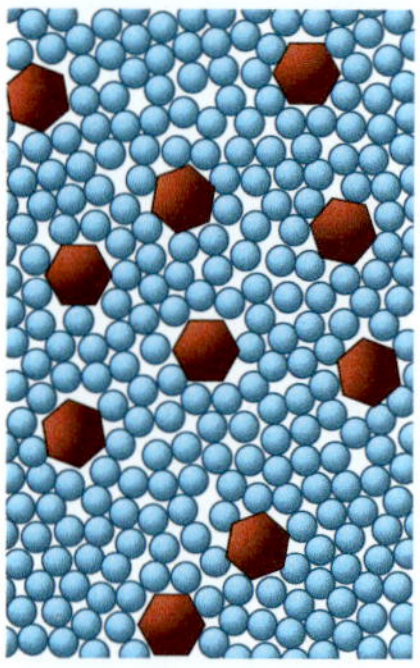

3 Zucker nach dem Lösen in Wasser

In Salzgärten wird in flachen Becken Kochsalz aus Meerwasser gewonnen. Gibt man das Kochsalz später wieder in Wasser, löst es sich erneut. Was geschieht dabei mit dem Salz?

Der Lösevorgang • Im Salzkristall hängen die kleinsten Teilchen eng und fest zusammen. Beim Lösen in Wasser werden sie von den Wasserteilchen angestoßen und weggerissen. Sie schwimmen dann zwischen den Wasserteilchen herum.
Das Wasser schmeckt nun salzig. Daran sieht man, dass die kleinsten Teilchen beim Lösen nicht verloren oder kaputtgegangen sind. Wir können sie nur nicht sehen, weil sie zu klein sind. Erst wenn das Wasser verdunstet, sieht man die gelösten Stoffe wieder als Kristalle.
Auch Gase, z. B. Kohlenstoffdioxid, können in Wasser gelöst werden. So wird Sprudelwasser hergestellt.

Lösungsmittel • Lösungsmittel sind Flüssigkeiten, die andere Stoffe feinst möglich in sich verteilen. Es handelt sich nicht immer um Wasser. Stoffe können in einem Lösungsmittel leicht oder schwer löslich sein. Die Löslichkeit wird durch die Temperatur des Lösungsmittels beeinflusst.
Viele Aromastoffe lösen sich besser in Öl oder Alkohol. Sie werden daher für die Verwendung in Parfüms oder anderen Kosmetika durch Lösen in Alkohol oder Öl gewonnen.

Löslichkeit • Gibt man Salz in Wasser oder Zucker in den Tee, so lässt sich nur eine begrenzte Menge im Wasser oder Tee lösen. Ist die Grenze erreicht, so setzt sich der Zucker oder das Salz als Bodensatz ab. Eine solche Lösung bezeichnet man als gesättigt.

Lösen und Schmelzen • Lösen und Schmelzen sind verschiedene Vorgänge. Wenn ein Stoff schmilzt, entsteht eine Flüssigkeit. Das ist aber kein Lösevorgang, da kein anderer Stoff in der Flüssigkeit gelöst ist.

Feststoffe, Flüssigkeiten oder Gase lösen sich in Wasser. Die Löslichkeit ist abhängig vom gelösten Stoff, dem Lösungsmittel und der Temperatur.

Aufgabe

1 ☒ Beschreibe, wie man eine gesättigte Lösung herstellt.

der **Lösevorgang**
das **Lösungsmittel**
die **Löslichkeit**
der **Bodensatz**
gesättigt

Material A

Löslichkeit im Test

Materialliste: Kochsalz, Gips, Kalk, 3 Bechergläser (250 ml), Spatellöffel, Rührstab, Wasserkocher

1 Gib jeweils 100 ml kaltes Wasser in ein Becherglas und füge löffelweise Kochsalz hinzu. Rühre gut um. Zähle die Löffel des gelösten Stoffs.

2 Wiederhole das Experiment mit Gips und Kalk.

3 ☒ Teile die Stoffe in leicht oder schwer löslich ein.

4 Wiederhole das Experiment mit siedendem Wasser aus dem Wasserkocher.
☒ Beschreibe deine Beobachtungen.

4

Material B

Eine Grenze beim Lösen?

Du sollst herausfinden, wo beim Lösen von Salz in Wasser die „Grenze" ist. Diese Grenze ist erreicht, wenn trotz des Rührens noch ein Bodensatz Salz ungelöst liegen bleibt.

Materialliste: Becherglas (250 ml), Salz, Rührstab, Löffel, Waage

Wiege einen Löffel Salz. Gib dann 100 ml Wasser in das Becherglas. Gib nun Löffel für Löffel Salz ins Wasser. Zähle die Löffel und rühre um, bis alles Salz gelöst ist.

1 ☒ Berechne das Gewicht an Salz, das sich gerade noch im Wasser löst.

2 Betrachte Bild 5.
a ☐ Erläutere, was für ein Zusammenhang dargestellt ist.
b ☐ Lies ab, wie viel Zucker sich bei 80 °C in 100 ml Wasser löst.
c ☒ Berechne, wie viel Zucker man in einer Kanne mit 500 ml Tee bei 60 °C lösen könnte.

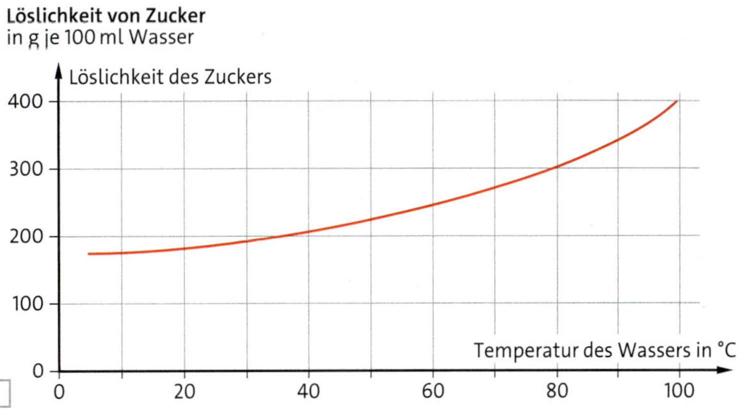

5

Trennverfahren

1 Minztee

Aroma- und Wirkstoffe aus Pflanzen nutzen wir, um einen wohlschmeckenden Tee zuzubereiten. Um diese Stoffe zu gewinnen, nutzt der Chemiker Trennverfahren.

Sieben und Filtrieren • Beim Sieben von Feststoffgemischen kann man die verschiedenen Teilchengrößen nutzen. So gewinnt man zum Beispiel Kieselsteine verschiedener Größe oder trennt die groben Bestandteile aus dem Kompost ab.
Suspensionen aus Flüssigkeiten und feineren Feststoffen werden mithilfe eines Filters voneinander getrennt. Dazu faltest du einen Rundfilter zu einem Viertelkreis und platzierst ihn dann in einem Trichter. → 4 Anschließend gibst du das Stoffgemisch in den Trichter. Die Feststoffe bleiben als Rückstand im Filter, die Flüssigkeit fließt durch den Filter und landet als Filtrat im Auffanggefäß. Je nach Größe der Festbestandteile verwendet man Filter mit geeigneter Porengröße. Filter sind Siebe für ganz kleine Teilchen.

2 Filtrieren von Kaffee

Sedimentieren und Dekantieren • Suspensionen aus Flüssigkeiten und groben Feststoffen kannst du trennen, indem du das Gemisch einfach stehen lässt. Die Feststoffe setzen sich auf dem Boden des Gefäßes ab. Diesen Bodensatz nennt man Sediment und den Vorgang Sedimentieren. → 3
Dann gießt du die überstehende Flüssigkeit einfach ab. Man sagt auch: Man dekantiert die Flüssigkeit. Auf diese Weise kannst du Schlamm und Erde von Wasser trennen. Die unterschiedlichen Dichten der Bestandteile lassen sie unterschiedlich sinken.

Eindampfen • Lösungen aus Flüssigkeiten und Feststoffen, z. B. Salzwasser, können nur durch Eindampfen getrennt werden. → 5
Der gelöste Feststoff Salz wird abgetrennt, indem man das Wasser verdampfen lässt. Wasser hat eine viel niedrigere Siedetemperatur als Salz.

Destillation • Beim technischen Verfahren der Destillation von Rotwein zu Brandwein nutzt man die unterschiedlichen Siedetemperaturen von Alkohol und Wasser. Dabei kommt es zu einem stufenweisen Verdampfen und Kondensieren der verschiedenen Flüssigkeiten. Der Kondensationsvorgang wird durch eine Wasserkühlung verstärkt.

das Sedimentieren
das Dekantieren
die Destillation
die Extraktion
die Adsorption

Extrahieren • Viele Stoffe sind gut wasserlöslich, andere sind schlecht in Wasser löslich. Sie lösen sich besser in Alkohol, Öl oder Benzin. Mit dem richtigen Lösungsmittel kann man also einen Stoff aus einem Gemisch herauslösen. Zahlreiche Aromastoffe werden durch dieses Verfahren, die Extraktion, gewonnen. → 1

Adsorption • Mit Bentonit oder Aktivkohle können Farbstoffe, Geruchsstoffe oder Schadstoffe aus Lösungen entfernt werden. Die Stoffe lagern sich dabei an die Kohle- und Bentonitoberfläche an. Bentonit ist als Katzenstreu im Einsatz. Aktivkohle ist eine Holzkohle mit einer stark vergrößerten Oberfläche. Sie wird als Filter in der Trinkwasseraufbereitung genutzt, um Schadstoffe aus dem Wasser zu entfernen.

Stoffgemische lassen sich durch unterschiedliche Verfahren in ihre Bestandteile trennen. Diese Trennverfahren nutzen die Eigenschaften der Stoffe wie Dichte, Löslichkeit, Korngröße oder Siedetemperaturen.

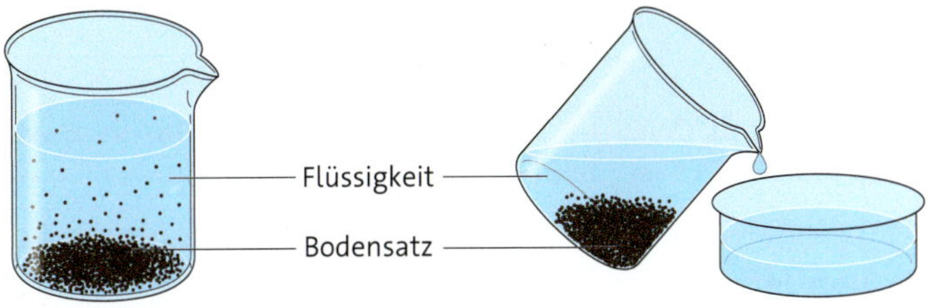

3 Sedimentieren und Dekantieren

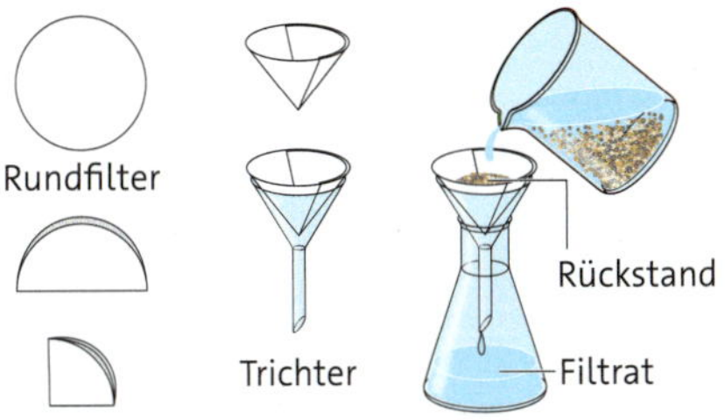

4 Stofftrennung durch Filtern

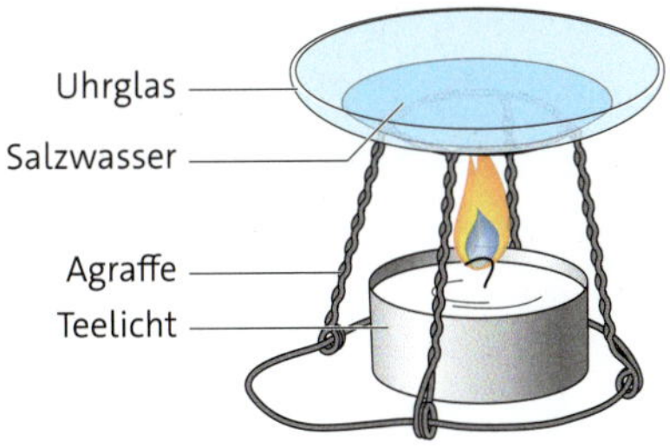

5 Stofftrennung durch Eindampfen

6 Eine Destillerie

Aufgaben

1 Trinkwasser aus Meerwasser:

a ☒ Beschreibe ein Verfahren, wie du aus Meerwasser Trinkwasser gewinnen kannst.

b ☒ Gib an, welche Stoffeigenschaft du bei dem Verfahren nutzt.

2 ☒ In der Parfümherstellung werden zahlreiche Aromastoffe aus Pflanzen verwendet. Benenne und beschreibe ein Verfahren zu ihrer Gewinnung.

Trennverfahren

Material A

Alkohol aus Rotwein

Materialliste: Rotwein, Siedesteinchen, Reagenzglasklammer, kleines Reagenzglas, gewinkeltes Glasrohr, durchbohrter Stopfen, Porzellanschälchen, Teelicht

Achtung • Die aufgefangene Flüssigkeit ist leicht entzündlich!

1 Fülle das Reagenzglas zu etwa einem Drittel mit Rotwein und gib zwei Siedesteinchen hinzu.

2 Verschließe das Reagenzglas mit dem Stopfen und stecke das Glasrohr hinein.

3 Befestige das Reagenzglas an einer Reagenzglasklammer und stelle ein Porzellanschälchen unter die Öffnung des Glasrohrs.

4 Erhitze nun den Rotwein. → 1 Beobachte die Vorgänge im Reagenzglas und in dem seitlichen Glasrohr. Stoppe die Erhitzung, wenn sich wenige Tropfen Flüssigkeit im Porzellanschälchen gesammelt haben.

5 Beobachtung und Ergebnis:
a Beschreibe die Farbe und und den Geruch des Destillats.

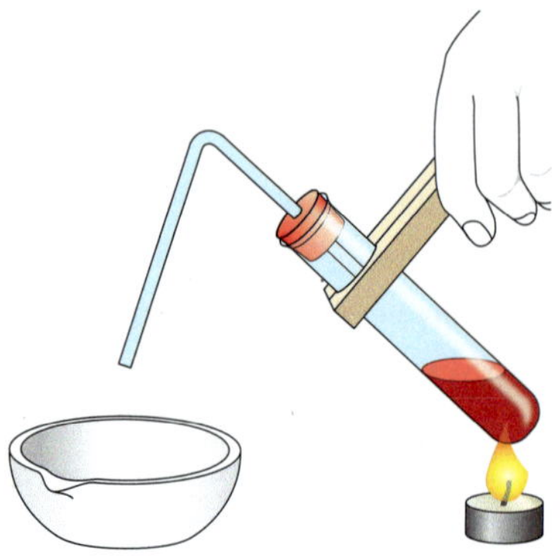

1 Destillation von Rotwein

b Gib an, um welchen Stoff es sich handelt und wie du das überprüfen könntest.

6 Erläutere, welche Stoffeigenschaft man bei der Destillation zur Trennung nutzt.

Material B

Wasser aus Halbfettmargarine

Materialliste: Halbfettmargarine, Backmargarine, Reagenzglas, Becherglas (500 ml), Wasserkocher, Spatel, Salz

1 Gib etwa 50 g Halbfettmargarine mit dem Spatel in ein weites Reagenzglas. Stelle das Reagenzglas in ein Becherglas mit heißem Wasser. Lass die Halbfettmargarine schmelzen.

2 Gib dann eine Spatelspitze Kochsalz hinzu und schüttle einmal gut durch. Kochsalz dient hier als Trennmittel. Lass das Glas anschließend wieder ruhig im heißen Wasser stehen.

3 Führe denselben Versuch mit Backmargarine durch.

4 Betrachte die ölige Phase und die wässrige Phase. Miss mit dem Lineal die Höhe der beiden Schichten.

2 Halbfett- und Backmargarine

5 Benenne die Stoffeigenschaft, die für die Schichtung verantwortlich ist.

6 Erkläre, was sich beim Schmelzen abgespielt hat.

Material C

Extraktion und Papierchromatographie

1 Extrahieren von Blattgrün

Ein aufwendigeres Trennverfahren ist das Extrahieren. Dabei wird ein Stoff aus einem Stoffgemisch herausgelöst.

Materialliste: Becherglas, Salat- und Spinatblätter, Reibschale mit Pistill, Sand, Spiritus, Stativ mit Stativring, Trichter, Filterpapier

a Zerkleinere die Blätter mit der Hand und zerreibe sie gründlich mit etwas Sand und Spiritus in einer Reibschale. → 3

b Filtriere danach den Inhalt der Reibschale.

c Erkläre die Verfärbung des Spiritus.

3 Reibschale und Pistill

d Auch im Alltag wird extrahiert. Gib an, wobei es sich um Extraktionen handelt:

Kartoffeln kochen, Tee kochen, Kaffee kochen, Eier kochen

2 Reinstoff oder Stoffgemisch?

Die Papierchromatographie ist ein Trennverfahren, das mithilfe von Filterpapier und einem Lösungsmittel Farbstoffe in ihre Bestandteile auftrennt.
Dabei nutzt man die Anhaftung der Stoffe an das Trägermaterial sowie ihre Löslichkeit in der mobilen Phase, in unserem Fall Spiritus.
In dem Versuch wird der grüne Blattfarbstoff aufgetrennt. Diesen Farbstoff nennt man auch Chlorophyll.
Chlorophyll wird in den Pflanzen zur Fotosynthese genutzt.

Teste mit folgendem Experiment, ob es sich bei dem in Versuch 1 extrahierten Farbstoff um einen Reinstoff oder ein Stoffgemisch handelt.

Materialliste: Filterpapier, Petrischale, Spiritus

a Fülle den gefärbten Spiritus in die Petrischale

b Lege einen Rundfilter mit Loch auf die Schale.

c Durch das Loch steckst du einen zusammengerollten Rundfilter als „Docht“. → 4

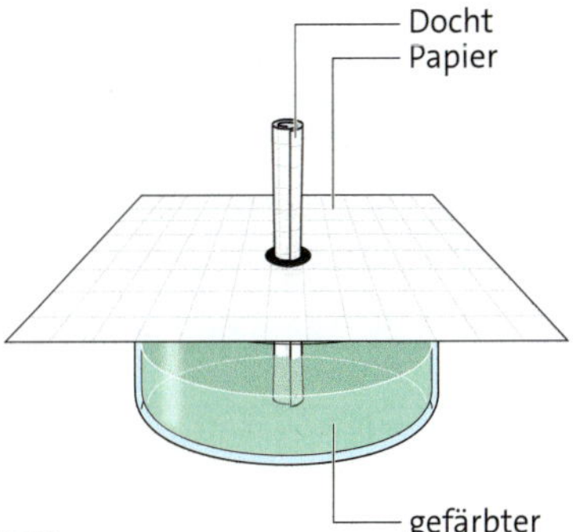

4

5

d Lass den Aufbau einige Minuten stehen und beobachte.

e Begründe, ob es sich bei dem extrahierten Farbstoff um einen Reinstoff oder ein Stoffgemisch handelt.

Abfall – ein Wertstoffgemisch

1 Der Gelbe Sack und die Gelbe Tonne – eine Fülle an Wertstoffen

Einige Abfälle, die wir im Haushalt trennen, bedürfen noch einer weiteren Trennung. In Gelben Säcken und Gelben Tonnen werden zum Beispiel Abfälle aus Kunststoffen, Metallen und Verbundstoffen gesammelt. Wie gewinnt man aus dem Abfallgemisch die einzelnen Wertstoffe?

Wertstoffe • Die umweltverträgliche Beseitigung aller Abfälle ist gesetzlich geregelt. Verkaufsverpackungen aus Glas, Papier, Kunststoff und Metall gehören zu den Wertstoffen. Wertstoffe werden wieder in den Produktionskreislauf zurückgeführt und können somit wiederverwertet werden. Auch Verbundstoffe wie Tetrapaks, bei denen mehrere Stoffe miteinander verbunden sind, zählen zu diesen Wertstoffen. Viele Verkaufsverpackungen, die Wertstoffe sind, tragen den Grünen Punkt. → 2 Die Hersteller sind eigentlich verpflichtet, Verpackungen zurückzunehmen. Da sie das nicht leisten können, haben sie diese Aufgabe an Abfallunternehmen abgegeben. Die Abfallunternehmen kümmern sich um die Wiederverwertung. Die Kosten trägt der Verbraucher, da die Verwertungskosten auf den Verkaufspreis jeder Ware aufgeschlagen werden.

2 Der Grüne Punkt

Was ist eigentlich Restmüll? • Abfälle, die nicht wiederverwertbar sind, gehören in die Restmülltonne. Zum Restmüll zählen zum Beispiel Windeln, leere Kugelschreiber und Zahnbürsten. Der Restmüll wird gesondert erfasst und in der Müllverbrennungsanlage verbrannt.

Sortieren, sortieren, sortieren • Eine möglichst saubere und getrennte Sortierung direkt im Haushalt ist notwendig, um besonders viel von unserem

der **Wertstoff**
der **Restmüll**
die **Müllsortieranlage**

Haushaltsabfall zu recyceln. Nach der getrennten Sammlung bringen Müllfahrzeuge die Wertstoffe zu Müllsortieranlagen und den Restmüll zu Müllverbrennungsanlagen. Auch ein großer Teil des Mülls aus den Wertstofftonnen oder Gelben Säcken wird verbrannt.

Müllsortieranlage • In der Müllsortieranlage werden die Gelben Säcke maschinell aufgerissen und der Müll über Transportbänder befördert. Über verschiedene Förderbänder werden die einzelnen Wertstoffe getrennt erfasst. → 3

Trennverfahren • Zur Trennung der einzelnen Wertstoffe werden in der Müllsortieranlage verschiedene Verfahren angewandt. Magnetabscheider ziehen Metalle wie Eisen aus dem Stoffgemisch. Ein sogenannter Windsichter trennt die übrigen, nicht magnetischen Metalle durch Luftstrom nach ihrem Gewicht. Verbundstoffe wie Tetrapaks werden mechanisch in ihre Bestandteile Papier, Plastik und Aluminium zerlegt. Infrarotscanner unterscheiden die verschiedenen Kunststoffarten, z. B. Joghurtbecher, Ketchup- oder Shampooflaschen. Alle Wertstoffe werden sauber und getrennt erfasst. Ein geringer Anteil nicht wiederverwertbarer Stoffe wird als Restmüll entsorgt.

Abfallvermeidung • Es ist wichtig, Abfälle dem Wertstoffkreislauf zuzuführen, damit diese wiederverwertet werden können. Das sauber getrennte Erfassen und Recyceln ist jedoch aufwendig, kosten- und arbeitsintensiv. Daher sollte jeder Einzelne umweltbewusst handeln und Abfälle vermeiden, wo immer es möglich ist: Mehrwegprodukte und langlebige Produkte kaufen.

3 Transportbänder in der Müllsortieranlage

In einer Müllsortieranlage werden die einzelnen Wertstoffe voneinander getrennt, um sie anschließend wiederverwerten zu können. Verschiedene Trennverfahren werden dafür genutzt.

Aufgaben

1 Nenne Abfälle, die bei dir selbst als Restmüll anfallen.

2 Erkläre die Notwendigkeit, Wertstoffe möglichst sauber getrennt voneinander zu sammeln.

3 Beschreibe den technischen Ablauf in einer Müllsortieranlage.

Abfall – ein Wertstoffgemisch

Material A

Mülltrennung im Versuch

Stellt in großen Bechergläsern „Müllgemische“ her: viele Stückchen von Papier, Radiergummi, Büroklammern, Steine, Holz, Sand, Sägespäne ...

1 Notiert in einer Tabelle, welche Eigenschaften die verschiedenen Stoffe jeweils haben.

2 Überlegt euch verschiedene Trennmethoden. Trennt die Müllgemische.

Material B

Einen Windsichter bauen

Materialliste: Handschuhe, große PET-Flasche, Schere, Netz aus Kunststoff, Klebestreifen, Föhn, Müllgemisch

Achtung • Scharfe Kanten!

Entferne von der PET-Flasche den oberen und den unteren Teil. Du erhältst ein Kunststoffrohr. Decke das untere Ende mit dem Kunststoffnetz ab und klebe das Netz fest. Fülle etwas Müllgemisch ein.

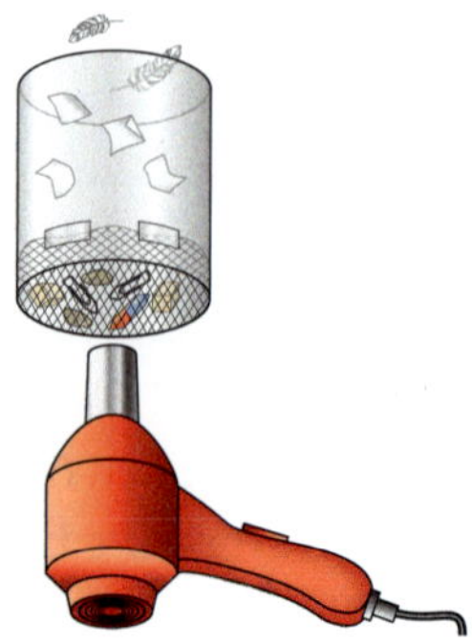

1 Selbst gebauter Windsichter

1 Beschreibe, was du beim Einschalten des Föhns beobachten kannst.

2 Erkläre, wie der Windsichter funktioniert.

Material C

Schwimm-Sink-Trennung

Bevor die verschiedenen Kunststoffsorten in unserem Müll wiederverwertet werden können, müssen sie voneinander getrennt werden.

Kunststoff	Dichte
PE (Polyethylen), z. B. Tintenpatronen	$0{,}92 \frac{g}{ml}$
PS (Polystyrol), z. B. Joghurtbecher	$1{,}04 \frac{g}{ml}$
PET (Polyethylenterephthalat), z. B. Trinkflaschen	$1{,}38 \frac{g}{ml}$

2 Kunststoffe und ihre Dichten

Materialliste: Kunststoffabfälle aus PE, PS und PET, Schere, Seitenschneider, Becherglas, Löffel, Sieb, Salz, Papiertücher

1 Zerkleinere die Gegenstände aus Kunststoff und vermische alles. Gib das Gemisch in ein Becherglas mit Wasser. Rühre um. → 3

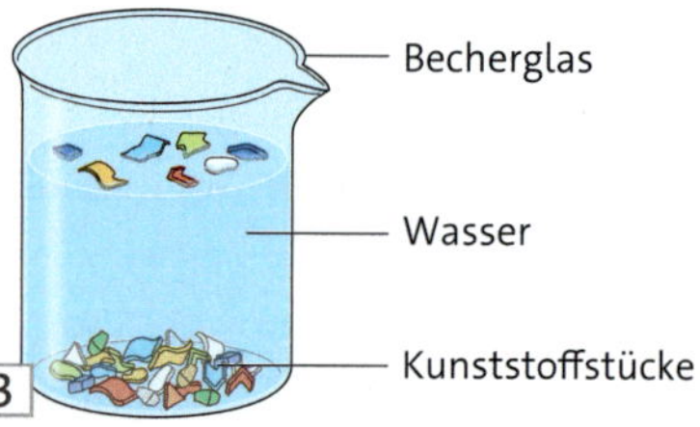

3

2 Entferne die oben schwimmende Schicht mit dem Löffel und lege alles auf ein Tuch.

3 Füge löffelweise Salz in das Becherglas und rühre um. Schöpfe wieder die oberste Schicht ab und lege alles auf ein weiteres Papiertuch.

4 Trenne mit dem Sieb die verbliebenen Kunststoffstücke von der Salzlösung.

5 Erkläre, wie die Schwimm-Sink-Trennung funktioniert.

Material D

Klassenausflug zu einer Müllsortieranlage

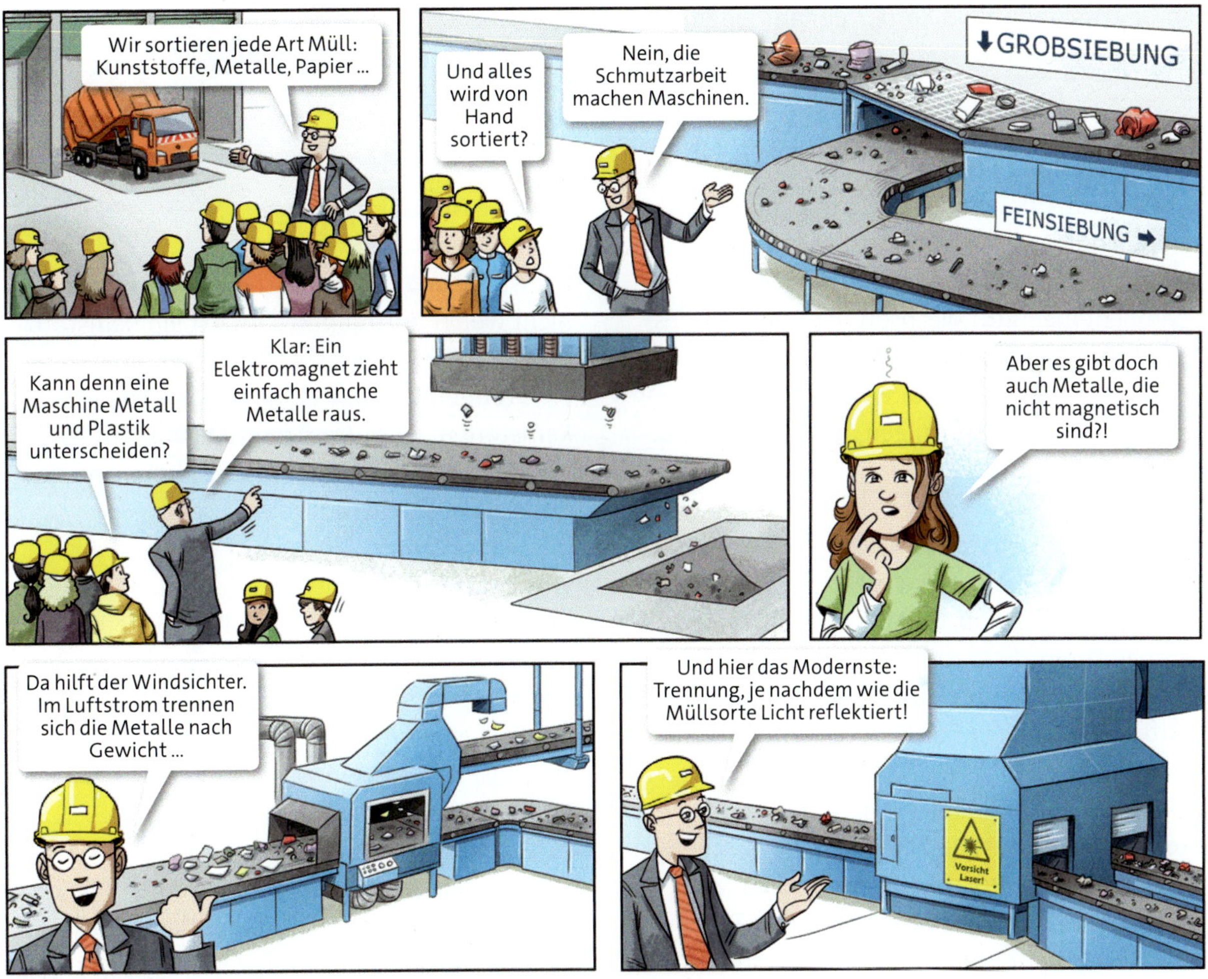

4 In der Müllsortieranlage

1 ◪ Nenne Müllsorten, die in der Anlage angeliefert werden.

2 ◩ Erkläre die Funktion von zwei Teilen der Anlage.

3 ☒ Erläutere, weshalb Müllvermeidung für die Umwelt so wichtig ist.

Zusammenfassung

Stoffe und Gegenstände • Das Material, aus dem ein Gegenstand besteht, nennt man Stoff. Ein Gegenstand ist ein Körper, der aus einem bestimmten Stoff besteht.

Aggregatzustand • Stoffe sind bei Zimmertemperatur fest, flüssig oder gasförmig. Zur Veranschaulichung der Aggregatzustände wird das Teilchenmodell verwendet. Bei Erreichen der Schmelztemperatur wechselt der Stoff vom festen in den flüssigen Aggregatzustand. Bei Erreichen der Siedetemperatur wechselt der Stoff vom flüssigen in den gasförmigen Aggregatzustand.

Eigenschaften der Stoffe • Wichtige Eigenschaften der Stoffe sind das Aussehen, der Geruch, der Aggregatzustand, die Schmelz- und Siedetemperaturen, die Leitfähigkeit von Wärme und Strom, die Dichte, die Magnetisierbarkeit und die Härte. Sie können in Steckbriefen erfasst werden.

Stoffgruppen • Metalle haben einen typischen Glanz, leiten elektrischen Strom und Wärme und sind meistens gut verformbar. Salze und steinartige Stoffe sind dagegen meist spröde. Die wässrigen Lösungen der Salze sind elektrisch leitend. Steinartige Stoffe und Kunststoffe leiten den Strom nicht. Kunststoffe lassen sich häufig beim Erwärmen verformen.

1 Münzen sind aus Metall.

2 Müll ist ein Stoffgemisch.

Reinstoffe und Stoffgemische • Ein Stoff, der sich nicht weiter auftrennen lässt, ist ein Reinstoff. Kupfer, Eisen und Wasser sind Reinstoffe. Ein Stoffgemisch besteht aus mindestens zwei Reinstoffen. → 2 Stoffgemische lassen sich in homogene und heterogene Gemische einteilen.

Wasserlöslichkeit • Viele Stoffe sind in Wasser löslich. Die Teilchen (z. B. von Feststoffen) werden dabei von den Wasserteilchen angestoßen und weggerissen. Sie schwimmen dann einzeln im Wasser herum. Auch Gase oder andere Flüssigkeiten können sich in Wasser lösen.

Trennverfahren • Durch Trennverfahren wie Filtrieren, Dekantieren, Sedimentieren und Eindampfen kann ein Stoffgemisch in seine Bestandteile zerlegt werden.

Mülltrennung • Unser Hausmüll ist ein Stoffgemisch. Im Gelben Sack und der Gelben Tonne werden Abfälle aus Kunststoffen, Metallen und Verbundstoffen gesammelt. In der Müllsortieranlage wendet man verschiedene Trennverfahren an, um die einzelnen Wertstoffe zu trennen, z. B. Windsichter und Magnetabscheider.

Teste dich! (Lösungen im Anhang)

Stoffe und ihre Eigenschaften

1 Backformen können aus Eisen, Glas, Silikon oder Papier sein. → 3

a Ordne die Stoffe nach den Stoffgruppen Metall, steinartiger Stoff, Kunststoff und Naturstoff.

b Begründe mithilfe der Stoffeigenschaften, warum Kuchenformen aus diesen Stoffen zum Kuchenbacken geeignet sind.

3 Backformen aus Eisen, Silikon, Glas und Papier

2 Nenne Stoffeigenschaften, die du

a mit den Sinnen erkennen kannst.

b mit Experimentieren bestimmst.

c Wähle drei der genannten Stoffeigenschaften aus Aufgabenteil b und beschreibe, wie du vorgehen musst, um sie zu bestimmen.

Aggregatzustände

3 Benenne folgende Vorgänge mit den richtigen Fachbegriffen:
- Wasserdampf wird an einer kalten Scheibe wieder zu flüssigem Wasser.
- Fett wird beim Erhitzen flüssig.
- Wasser wird zu Wasserdampf.
- Das Gas Wasserstoff wird beim Einfüllen in eine Druckgasflasche flüssig.
- Schokolade zerfließt in der Sonne.
- Ein Eiswürfel wird in der Sonne zu Wasser und anschließend gasförmig.

4 Es ist ein kalter Wintertag mit −10 °C. Bei deinem Einkauf ist das Olivenöl in der Tasche fest geworden, das Sonnenblumenöl ist noch flüssig und die Margarine sehr fest. Zu Hause zeigt das Thermometer 20 °C an. Beide Öle sind jetzt flüssig und die Margarine streichweich. Auf den warmen Kachelofen gestellt, wird auch die Margarine im Becher flüssig.
Gib an, in welchem Bereich die Schmelztemperaturen der drei Stoffe liegen.

Reinstoff und Stoffgemisch

5 Erläutere die Begriffe Reinstoff und Stoffgemisch.

6 Nenne jeweils zwei homogene und zwei heterogene Stoffgemische.

Stofftrennung

7 Nenne das passende Trennverfahren:

a Orangensaft mit Fruchtfleisch

b Salzwasser – Salz und Wasser

c Rotwein – Alkohol und Wasser

8 In der Tabelle ist einiges durcheinandergeraten. Übernimm die Tabelle korrigiert in dein Heft. → 4

Trennverfahren in der Müllsortieranlage	
Windsichter	Trennung von Eisen und anderen Metallen
Magnetabscheider	Trennung von verschiedenen Kunststoffen
Schwimm-Sink-Anlage	Trennung von leichten und schweren Bestandteilen

4

Chemische Reaktionen und Energie

Holz kann brennen – wenn man es entzündet. Worauf kommt es an, wenn man ein Lagerfeuer entzünden will?

Beim Backen sind wir auf chemische Reaktionen angewiesen.

Chemische Reaktionen finden auch da statt, wo man es nicht auf den ersten Blick sieht.

Drei Dinge braucht das Feuer

1 Was braucht ein Feuer?

Seit Urzeiten nutzt der Mensch das Feuer. Es verbreitet Wärme und Licht und hilft bei der Zubereitung von Nahrung. Ein Feuer zu entzünden ist aber nicht immer einfach. Nicht jedes Material kann brennen und manchmal geht ein schon brennendes Feuer wieder aus. Welche Bedingungen braucht ein Feuer?

Geschichtlicher Rückblick • Man nimmt an, dass unsere Vorfahren zuerst nur durch Blitzeinschläge und glühende Lava an Feuer kamen. Mit der Zeit konnte der Mensch Techniken entwickeln, um selbst Feuer zu entzünden. Bei einer dieser Techniken wurde ein Feuerstein gegen eine Markasit-Knolle geschlagen. → 2 Dabei entstehen Funken, die einen sogenannten Zunderschwamm entzünden. Das ist ein besonderer Baumpilz, der mit Urin getränkt und dann getrocknet wurde.

2 Feuerstein (oben) und Markasit (unten)

Feuer machen heute • Die heutigen Feuerzeuge haben z. B. ein Reibrad, bei dem ein Funke das ausströmende Gas entzündet, oder einen glühenden Draht, dessen Hitze eine Kerze entzünden kann.
Eine Zündquelle neben dem Feuerzeug sind die Streichhölzer. Das sind Holzstäbchen mit einem Zündkopf. Durch Reiben des Zündkopfs an einer groben Reibefläche entzündet sich das Streichholz.

Brennstoff • Damit ein Feuer entstehen kann, muss ein brennbarer Stoff vorhanden sein. Holz, Kohle, Öl und Gas sind solche Stoffe. Aber auch Kunststoffe und sogar Metalle können brennen. Bei einer Verbrennung entstehen aus den Brennstoffen andere Stoffe. Außerdem entstehen Wärme und Licht.

Sauerstoff • Bläst man in ein Feuer, lodert es auf. Woran liegt das? Die Luft ist ein Gasgemisch, das Sauerstoff enthält. Ohne Sauerstoff gibt es keine Verbrennung und das Feuer erlischt.

Zündtemperatur • Ein brennbarer Stoff und Sauerstoff sind alleine nicht ausreichend, damit ein Feuer entsteht. Ein Stapel Holz kann beispielsweise über Jahre an der Luft gelagert werden, ohne dass er anfängt zu brennen. Ein brennbarer Stoff entzündet sich erst bei einer bestimmten Temperatur von selbst. Diese nennt man Zündtemperatur. Jeder Stoff hat eine eigene Zündtemperatur. → 4

die Zündtemperatur
die Flammtemperatur
der Zerteilungsgrad
das Produkt
das Edukt

Flammtemperatur • Von Flammtemperatur spricht man, wenn ein Stoff verdampft und sich dieses Dampf-Luft-Gemisch mit einer Zündquelle entzünden lässt. Die Flammtemperatur von Benzin liegt deutlich unter der Raumtemperatur. Daher sind Benzindämpfe so gefährlich. Ein Funke genügt, um die Dämpfe zu entzünden.

Zerteilungsgrad • Je kleiner zerteilt der Brennstoff ist, umso besser brennt er. Das fein zerteilte Holz hat eine größere Oberfläche, die einen besseren Kontakt mit dem benötigten Sauerstoff ermöglicht. Dieses Phänomen wird unter dem Begriff Zerteilungsgrad zusammengefasst.

Verbrennung • Verbrennungen sind Reaktionen der Brennstoffe mit Sauerstoff. Brennstoffe wie Holz, Kohle, Öl und Gas enthalten viel Kohlenstoff. Kohlenstoff reagiert mit dem Sauerstoff der Luft zu Kohlenstoffdioxid.
Aus den Ausgangsstoffen Kohlenstoff und Sauerstoff entsteht bei diesem Verbrennungsvorgang Kohlenstoffdioxid.
Die entstehenden Stoffe nennt man Produkte, die Ausgangsstoffe Edukte. Aus den Edukten entstehen neue Stoffe mit anderen Eigenschaften.

Um ein Feuer zu entzünden, benötigt man einen Brennstoff, ausreichend Sauerstoff sowie die entsprechende Zündtemperatur. Zusätzlich ist der Zerteilungsgrad von Bedeutung.

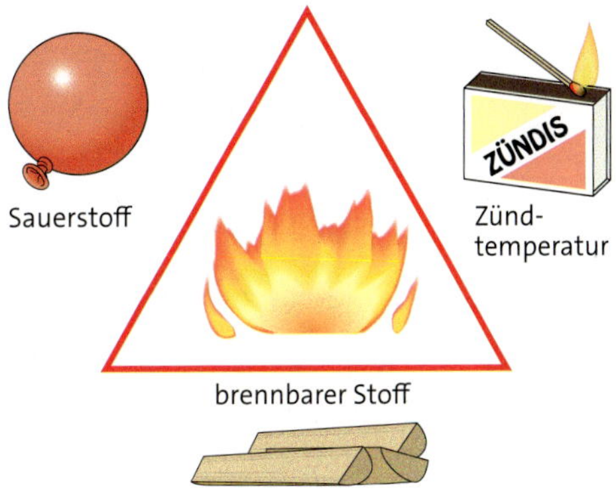

3 Das Verbrennungsdreieck

weißer Phosphor	34 °C
Zeitungspapier	175 °C
Schwefel	250 °C
Stroh	280 °C
Holzkohle	300 °C
Zucker	410 °C

4 Zündtemperaturen verschiedener Stoffe

Aufgaben

1 Nenne drei verschiedene Brennstoffe.

2 Benenne die Bedingungen, die erfüllt sein müssen, damit ein Feuer brennt.

3 Fett in einer Pfanne beginnt zu brennen, wenn es zu stark erhitzt wird. Begründe dies.

4 Ein Stapel gepresstes Zeitungspapier glüht nur am Rand, ein Haufen Papierschnipsel brennt dagegen flackernd. Erkläre diesen Vorgang mit dem Zerteilungsgrad.

Drei Dinge braucht das Feuer

Material A

Kerzentod

Materialliste: 3 Bechergläser (250, 500, 1000 ml), 3 Teelichter oder Kerzen, Stoppuhr, feuerfeste Unterlage, Streichhölzer

1 Stelle drei Teelichter auf eine feuerfeste Unterlage.

2 Entzünde ein Teelicht.

3 Stülpe das 250-ml-Becherglas darüber und starte die Stoppuhr. Notiere deine Beobachtungen.

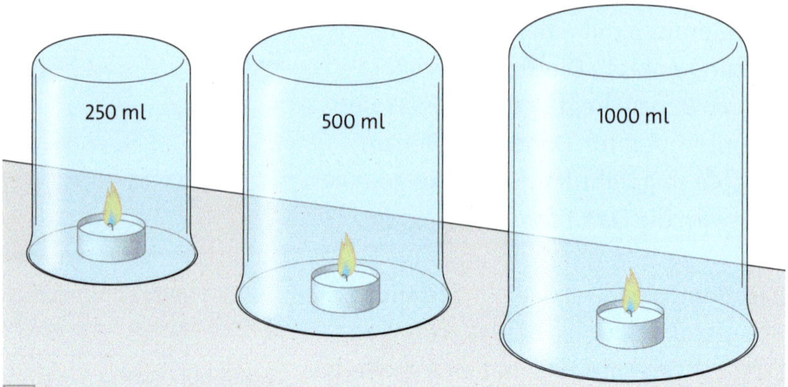

1

4 Wiederhole den Versuch mit den anderen Kerzen und Bechergläsern.

5 Vergleiche deine Beobachtungen und erkläre die Unterschiede.

Material B

Die heiße Strecke

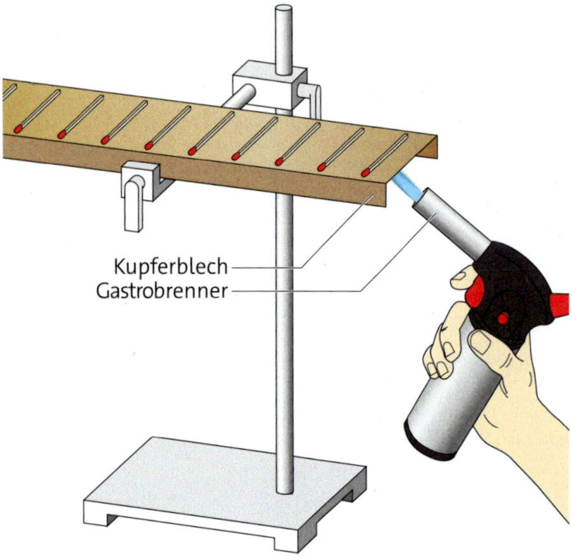

2 Versuchsaufbau

Materialliste: Stativmaterial, Kupferblech (abgekantet), Gastrobrenner, Streichhölzer

1 Befestige das Kupferblech am Stativ.

2 Reihe mehrere Streichhölzer auf dem Kupferblech in daumenbreiten Abständen hintereinander auf.

3 Die Lehrkraft erhitzt nun das Kupferblech an einer Seite von unten. → 2

4 Beschreibe deine Beobachtung.

5 Erkläre deine Beobachtung.

Material C

Eisen brennt

Materialliste: Eisennagel, Eisenwolle, Streichhölzer, Flachbatterie, Tiegelzange, Abdampfschale

1 Versuche zunächst, den Eisennagel und anschließend die Eisenwolle mit einem Streichholz in der Abdampfschale zu entzünden.

2 ◩ Vergleiche deine Beobachtungen. Erkläre die unterschiedliche Brennbarkeit.

3 Schaffst du es, die Eisenwolle mit einer Flachbatterie zu entzünden? Probiere es aus.

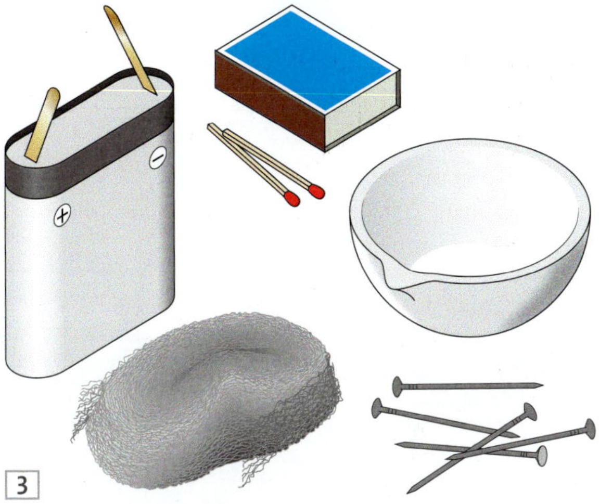

3

Material D

Lehrerversuch: Feuerwolke

Materialliste: Bärlappsporen, Trinkhalm mit Knickgelenk, Kerze

Achtung • Den folgenden Versuch führt deine Lehrkraft als Demonstrationsversuch durch! Versuch im Abzug durchführen!

1 Es wird eine kleine Portion Bärlappsporen in das abgewinkelte Stück des Trinkhalms gefüllt. Danach wird die Kerze entzündet.

2 Das geknickte Trinkhalmende wird nahe an die Kerzenflamme geführt. Man bläst nun kräftig durch das lange Stück des Trinkhalms die Sporen in die Flamme.

3 ⊠ Erkläre deine Beobachtung.

4 Versuchsaufbau

Feuer ist gefährlich

1 Löscheinsatz der Feuerwehr

Wohnungs- und Hausbrände stellen für die Menschen schon immer eine besondere Gefahr dar. Ganze Dörfer und Städte wurden schon Opfer der Flammen. Vor allem Waldbrände breiten sich unkontrolliert aus. In unseren Dörfern und Städten gibt es Spezialisten für die Brandbekämpfung, die Feuerwehren.

Gefahren des Feuers • Bei einem Brand geht die Gefahr nicht nur von der hohen Temperatur aus. Besonders gefährlich sind die entstehenden Rauchgase, weil sie neben Kohlenstoffdioxid viele giftige Verbrennungsprodukte enthalten. Selbst bei kleinen Bränden können sich giftige Rauchschwaden ausbreiten. Menschen, die diesen Rauch einatmen, können ersticken.

Brandbekämpfung • Ein Feuer kann nur entstehen und weiterbrennen, wenn ein brennbarer Stoff, ausreichend Sauerstoff und die entsprechende Zündtemperatur vorhanden sind. Dieses Wissen nutzt man bei der Auswahl der Löschmittel, um Brände zu löschen.

Um Waldbrände zu bekämpfen, schlägt man Schneisen in den Wald. So wird dem Feuer der Brennstoff entzogen.

Mit einer Löschdecke oder dem Schaumlöscher wird die Luftzufuhr unterbunden. Dem Feuer wird also der Sauerstoff entzogen.

Beim Löschen von Feuer mit Wasser wird die Temperatur gesenkt. Die nötige Zündtemperatur wird nicht mehr erreicht und das Feuer erlischt.

die Rauchgase
die Brandbekämpfung
die Brandursache

Brände vermeiden • Die Feuerwehr rückt in Deutschland pro Jahr bei etwa 180 000 echten Bränden aus. Wohnungs- und Hausbrände sind dabei besonders gefährlich. Die Brandursachen können sehr unterschiedlich sein. → 2 Oft spielt Unachtsamkeit eine Rolle. So führen vergessene brennende Kerzen und offene Feuer häufig zu Bränden. Auch defekte Elektrogeräte oder überlastete Stromkabel gehören zu den häufigsten Brandursachen. → 3 4 Es entstehen Schwelbrände. Viele dieser Brände ließen sich durch Achtsamkeit vermeiden. Rauchmelder sind Frühwarnsysteme und für Wohnungen vorgeschrieben. → 5 Sie helfen, einen Brand frühzeitig zu entdecken, die Feuerwehr zu alarmieren und so den Schaden zu begrenzen.

Aufgrund der hohen Temperaturen und der giftigen Rauchgase ist Feuer gefährlich. Um einen Brand zu bekämpfen, kann man den Brennstoff entfernen, die Luftzufuhr unterbinden oder die Temperatur senken.

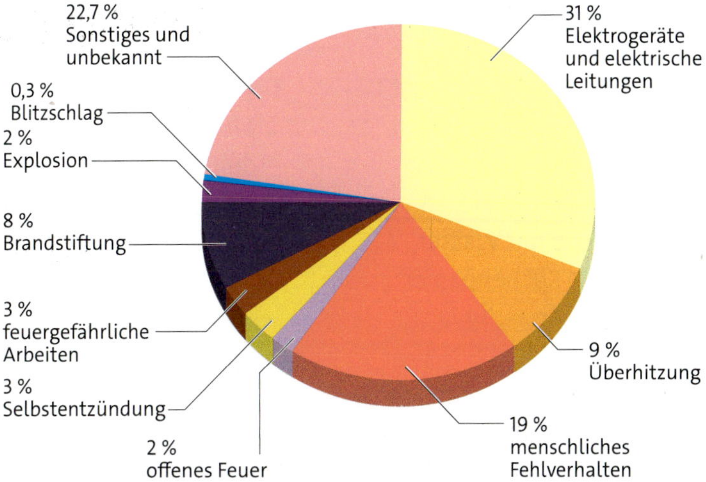

2 Brandursachenstatistik in Deutschland für das Jahr 2016

3 Brandursache: defekter Haartrockner

4 Kabelbrand

Aufgaben

1 ☒ Beschreibe und erkläre, was passiert, wenn du einen Eimer Wasser in ein Lagerfeuer schüttest.

2 ☒ Begründe, warum man bei einem Zimmerbrand die Fenster und Türen schließen sollte.

3 ☒ Beschreibe das Diagramm in Bild 2.

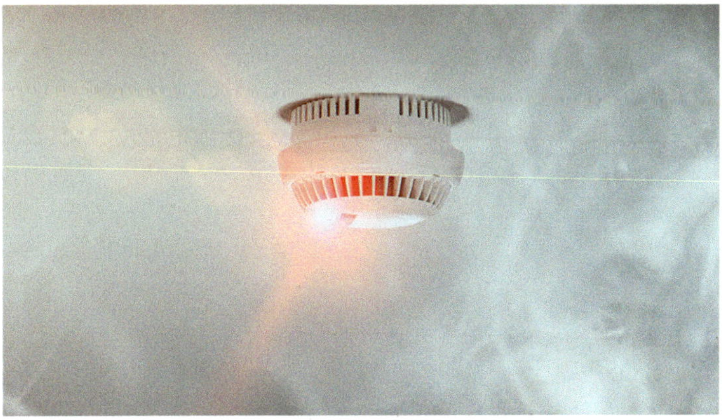

5 Rauchmelder können Leben retten.

Feuer ist gefährlich

Material A

Was tun, wenn's brennt?

Materialliste: feuerfeste Unterlage, Tonschale, Sand, Spritzflasche mit Wasser, festes Tuch, Küchenpapier, Stabfeuerzeug → 1

1 Lege ein Blatt Küchenpapier in die Tonschale mit Sand.

2 Überlege dir verschiedene Methoden, mit denen du das brennende Papier löschen könntest.

3 Zünde das Papier an und probiere die Löschmethoden aus.

1 Materialien

4 Notiere in der Tabelle, wie du jeweils vorgehst und ob die Löschmethode funktioniert. → 2

Löschmittel	?
So gehe ich vor:	?
Welche Bedingung für die Verbrennung entfällt?	?
Methode funktioniert?	?

2 Mustertabelle

Material B

Feuerkiller

3 Versuchsaufbau

Materialliste: großes Becherglas, Mineralwasser in der Glasflasche, passender Stopfen mit kurzem Glasrohr, ca. 50 cm langes Schlauchstück, Teelicht, Stabfeuerzeug, Zucker, Spatel

1 Befestige den Schlauch am Glasrohr des Stopfens.

2 Öffne die Mineralwasserflasche und gieße etwa ein Drittel Wasser ab. Verschließe die Flasche mit dem Stopfen.

3 Stelle das Teelicht in das Becherglas und entzünde es mit dem Stabfeuerzeug.

4 Schüttle die Flasche leicht und leite das entweichende Gas mit dem Schlauch in das Becherglas. → 3
Tipp: Halte den Schlauch dabei an den Rand des Becherglases möglichst weit nach unten.

5 Beobachte, was geschieht. Erkläre deine Beobachtung.

6 Gib nun etwas Zucker zum Mineralwasser und wiederhole den Versuch.
Erkläre deine Beobachtung.

Material C

Löschmethoden

Ein Feuer braucht drei Bedingungen: einen brennbaren Stoff, genügend Sauerstoff und die jeweilige Zündtemperatur. Dies sind die drei Ecken des Verbrennungsdreiecks. Um ein Feuer zu löschen oder um es zu vermeiden, reicht es aus, eine Ecke zu entfernen.

1 ☒ Beschreibe die Löschmethoden A–F und nenne jeweils die Bedingung, die dem Feuer entzogen wird. Erstelle eine Tabelle.

Löschmethode	Entzogene Bedingung
?	?
?	?

Material D

Mieter bei Fettbrand verletzt

Köln. Am Dienstagabend kam es nahe des Doms zu einer Fettexplosion, bei der ein junger Mann Verletzungen an den Händen erlitt. Brandmeisterin Annie Bohm: Fett niemals mit Wasser löschen! Nach Angaben der Feuerwehr war in der Küche eine Pfanne mit Speiseöl wegen Überhitzung in Brand geraten. Der Mann versuchte, das entzündete Fett mit Wasser zu löschen. Dabei verdunstete das Wasser sofort und riss heiße Fetttröpfchen mit in die Luft. Es kam zur Explosion und der Mann zog sich Brandverletzungen an den Händen zu.

4

Fettbrände

1 ☒ Lies dir den Zeitungsausschnitt durch. Gib ihn mit eigenen Worten wieder.

2 ☒ Beschreibe, was passiert, wenn man brennendes Fett mit Wasser löscht. Welche Löschmethode bietet sich bei einem Fettbrand an?

Feuer ist gefährlich

Methode

Richtiges Verhalten bei Bränden

Bei einem Brand muss man schnell handeln, aber Panik und Hektik müssen vermieden werden, denn sie helfen keinem Betroffenen. Deshalb musst du Ruhe bewahren und folgende Schritte beachten:

1. **Brand melden** Den Feuermelder betätigen und telefonisch die Feuerwehr informieren. → 2A 1

2. **Löschversuch unternehmen** Bei einem kleinen Brand mit dem geeigneten Löschmittel versuchen, den Brand zu löschen. → 2B 2C Ist dies nicht möglich, den Brandort verlassen und dabei Fenster und Türen schließen.

3. **In Sicherheit bringen** Das Gebäude über gekennzeichnete Fluchtwege verlassen und eine Sammelstelle aufsuchen. → 2D 2E 2F Dabei gefährdete Personen warnen und hilflose oder verletzte Personen mitnehmen. Verletzten durch Erste-Hilfe-Maßnahmen helfen. → 2G Es darf kein Aufzug benutzt werden.

NOTRUF 112

Wer meldet den Brand?
Du nennst deinen Namen.

Wo ist der Brand?
Du nennst den Brandort, am besten mit genauer Adresse.

Was brennt?
Du benennst den Brand.

Wie ist die jetzige Situation?
Du beschreibst kurz die Situation.

Wie viele Personen sind verletzt?
Du nennst die Anzahl von verletzten Personen und welche Verletzungen sie haben.

Warten.
Die Feuerwehr gibt weitere Anweisungen.

1 Notruf bei der Feuerwehr

Aufgaben

1 Übe mit einem Partner die telefonische Meldung eines Brandes bei der Feuerwehr.

2 Halte in deiner Schule nach Warn- und Hinweisschildern Ausschau. → 2 Notiere ihren Fundort und überlege, warum sie an dieser Stelle angebracht sind.

A Feuermelder	B Feuerlöscher	C Löschwasserschlauch	D Fluchtweg	E Richtungsangabe	F Sammelstelle	G Erste-Hilfe-Kasten

2 Warn- und Hinweisschilder

Erweitern und Vertiefen

Umgang mit dem Feuerlöscher

Feuerlöscher • Mit Feuerlöschern kann man kleinere Brände bekämpfen. Ein Feuerlöscher besteht aus einer Metallflasche, die mit einem Löschmittel gefüllt ist. Um ihn zu benutzen, muss man die gelbe Sicherheitslasche herausziehen und mit der Faust auf den roten Knopf schlagen.
Danach richtet man den Schlauch auf das Feuer und betätigt die Löschpistole.

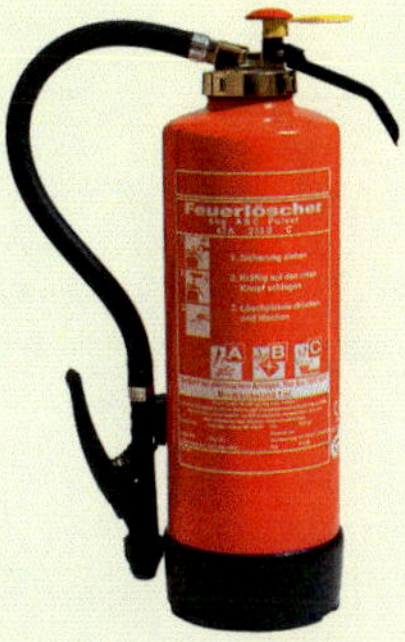

3 Feuerlöscher

Richtig löschen • Beim Löschen mit dem Feuerlöscher sollte man einige Dinge beachten:
- Brände immer in Windrichtung löschen
- Flächenbrände von vorne und von unten ablöschen
- Ausreichend Feuerlöscher gleichzeitig einsetzen, nicht nacheinander
- Glutnester mit Wasser ablöschen und bewachen, um Wiederentzündung zu vermeiden
- Gebrauchte Feuerlöscher nicht mehr aufhängen, sondern wieder befüllen lassen

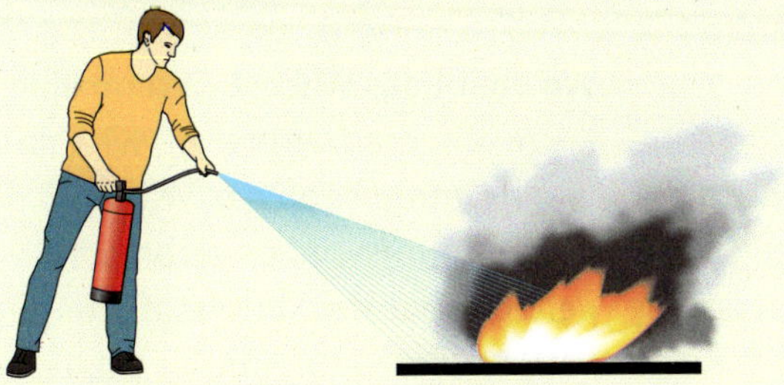

4 Richtiges Ausrichten beim Löschen

Brandklassen • Es gibt verschiedene Löschmittel, die für unterschiedliche Brände geeignet sind. Um diese zu unterscheiden und das richtige Löschmittel zuordnen zu können, werden sie in Brandklassen eingeteilt. → 5

Brandklasse	Definition	Beispiel	Löschmittel
	Brände fester, unter Flammenbildung und Glut brennbarer Stoffe	Holz, Kohle, Papier	Pulver, Schaum, Wasser
	Brände flüssiger und schmelzender Stoffe	Benzin, Alkohol, Kunststoffe	Kohlenstoffdioxid, Pulver, Schaum
	Brände gasförmiger Stoffe	Erdgas, Propan, Wasserstoff	Kohlenstoffdioxid, Pulver
	Brände von Metallen	Aluminium, Magnesium, Natrium	Pulver für Metallbrände, Salze
	Brände von Wachsen und Speisefetten	Speisefett, Speiseöl, Wachs	Pulver für Fettbrände

5 Brandklassen

Aufgaben

1 ☒ Nenne jeweils ein geeignetes Löschmittel für brennendes Papier, Wachs und Benzin.

2 ☒ Begründe, welchen Brandklassen ein Pkw-Brand zugeordnet wird.

Die Kerze – eine kleine Gasfabrik

1 Kerzen auf einem Markt

2 Kerzenflamme

Kerzen aus Bienenwachs und Talg sind in fast allen Kulturen bekannt. Bis in die heutige Zeit verbreiten sie Licht und eine besondere Atmosphäre.

3 Römische Öllampe

Ein anspruchsvolles Produkt • Kerzen sind neben Fett- und Öllampen die ersten Lichtquellen, die man auch in geschlossenen Räumen nutzen konnte. Über viele Jahrhunderte war das Handwerk des Kerzenmachers sehr angesehen. Er stellte ein anspruchsvolles Produkt her. Seine Kerzen mussten bei gleichmäßiger Flamme dauerhaft brennen, ohne zu viel Ruß zu entwickeln. Jede Kerze besteht aus Wachs und einem Docht. Das Kerzenwachs moderner Kerzen besteht hauptsächlich aus Paraffin und der Docht aus geflochtenen Baumwollfäden. Der Docht ist so geflochten, dass sich seine Spitze beim Brennen krümmt. Dadurch wird die Rußbildung verringert.

Die Kerze – eine Gasfabrik • Wird der Docht einer Kerze entzündet, so schmilzt das feste Wachs in der Nähe der Flamme. Es bildet sich eine kleine Pfütze aus flüssigem Wachs um den Docht. Das flüssige Wachs steigt im Docht nach oben und verdampft an der Spitze. Das gasförmige Wachs brennt. An einer Kerze brennt also nicht der Docht, sondern das Wachs. Der Docht hat die Aufgabe, das Wachs wie in einem Aufzug nach oben zu bringen und an seiner Spitze zu verteilen.

Wo bleibt das Wachs? • Wenn eine Kerze längere Zeit brennt, wird das Wachs immer weniger. Während der Verbrennung wird es verbraucht, genauso wie der Sauerstoff aus der Luft. Bei der Verbrennung entstehen dafür neue Stoffe: Kohlenstoffdioxid und Wasser.

das Paraffin
der Flammenkern
der Flammenmantel
der Flammensaum

Die Kerzenflamme • Paraffin ist ein brennbarer Stoff, der Kohlenstoff enthält. Wird die Kerze angezündet, verbrennt das Paraffin mit dem Sauerstoff aus der Luft.
Im unteren Bereich der Kerzenflamme, genauer gesagt um den Docht herum, befindet sich der Flammenkern. Dieser Bereich ist dunkler und enthält das durch die Hitze der Verbrennung gasförmig gewordene Paraffin.

Unvollständige Verbrennung • Über dem Flammenkern befindet sich der leuchtend gelbe Bereich, der Flammenmantel. Dort ist nicht ausreichend Sauerstoff vorhanden, sodass der Kohlenstoff unvollständig verbrennt und sich viel Ruß bildet.

Vollständige Verbrennung • Um den Flammenmantel herum befindet sich an der Außenseite der Kerzenflamme der Flammensaum. Dort ist ausreichend Sauerstoff vorhanden und die Verbrennung kann vollständig stattfinden. Dies ist ebenfalls unterhalb des Flammenkerns, in der blauen Zone, der Fall. In beiden Bereichen verbrennt das Paraffin vollständig zu Kohlenstoffdioxid und Wasser. Es entsteht kaum Ruß.

Eine Kerze ist eine kleine Gasfabrik. Das gasförmige Paraffin verbrennt unter Verbrauch von Sauerstoff. Bei der Verbrennung entstehen Kohlenstoffdioxid und Wasser. Im Flammensaum verbrennt das Paraffin vollständig, im Flammenmantel dagegen unvollständig.

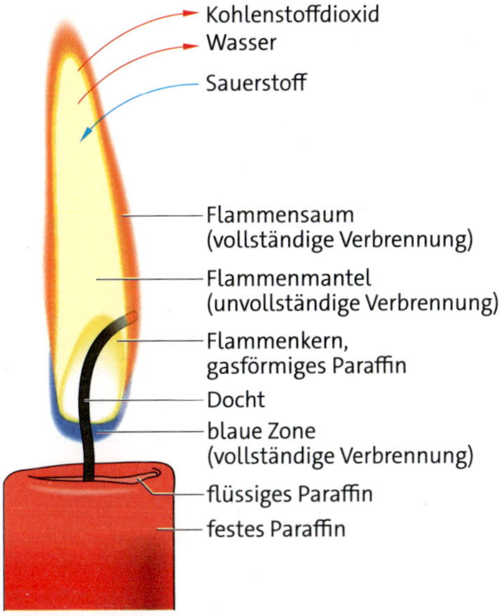

4 Zonen einer Kerzenflamme

Aufgaben

1 ◩ Nenne die Stoffe, die beim Abbrennen der Kerze entstehen.

2 Die Kerzenflamme und ihre verschiedenen Zonen:
a ◩ Zeichne das Bild der Kerzenflamme mit ihren verschiedenen Zonen farbig in dein Heft und beschrifte es.
b ☒ Erkläre die Vorgänge in den Zonen.

3 ☒ Erkläre den Unterschied zwischen einer vollständigen und einer unvollständigen Verbrennung.

4 ☒ Erkläre folgende Aussage: „Der Docht der Kerze ist ein Wachsvergaser.“

Die Kerze – eine kleine Gasfabrik

Material A

Flammenzonen

Die Flammenzonen einer Kerze kannst du mit einem Holzstäbchen einfach unterscheiden.

Materialliste: Stumpenkerze, Streichhölzer, Holzstäbchen (Cocktailspieße)

1 Entzünde die Kerze.

2 Fasse das Holzstäbchen an beiden Enden an und führe es waagerecht durch die dickste Stelle der Flamme. → 1 Drehe das Holzstäbchen dabei gleichmäßig, sodass es nicht anbrennt und die Flamme ruhig bleibt.

3 Nimm das Holzstäbchen wieder aus der Flamme.

4 Beschreibe, was du auf dem Stäbchen erkennen kannst.

5 Erkläre deine Beobachtung.

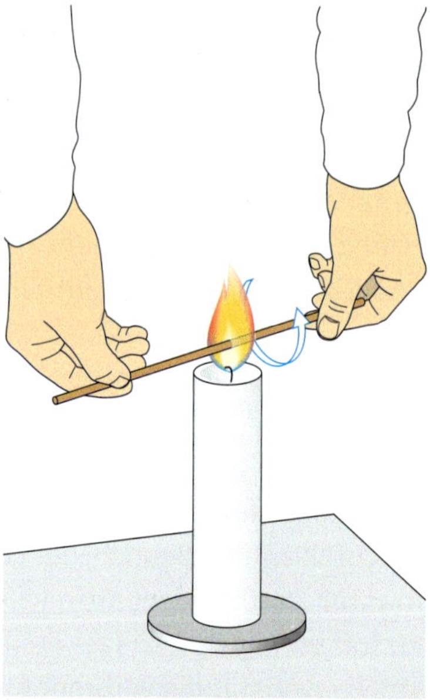

1 Holzspieß und Kerze

Material B

Paraffingas entzünden

Materialliste: Stumpenkerze, Streichhölzer

1 Entzünde die Kerze.

2 Entzünde das Streichholz. Lösche die Kerze durch leichtes und nicht zu heftiges Pusten.

3 Nähere sofort, nachdem du die Kerze ausgepustet hast, langsam das brennende Streichholz von oben dem Docht an. → 2

4 Beschreibe deine Beobachtung.

5 Erkläre deine Beobachtung.

6 Erkläre, warum du beim Auspusten der Kerze nicht zu stark pusten darfst.

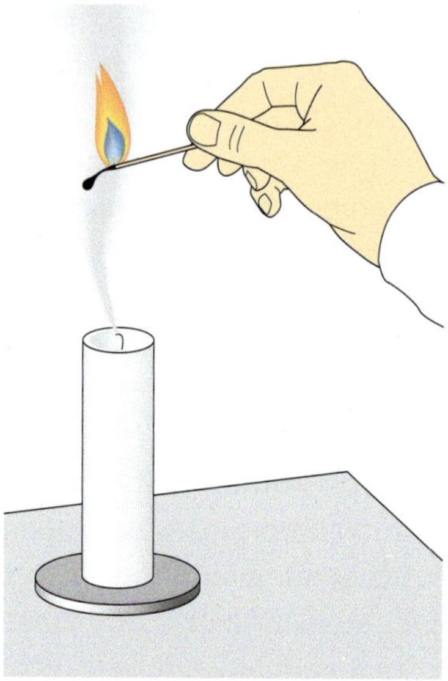

2 Nähere das Streichholz von oben dem Docht an.

Material C

3 Paraffingas ausleiten

Paraffingas ausleiten

Materialliste: Kerze, Tiegelzange, kleines Becherglas, gewinkeltes Glasrohr (6 cm/6 cm), Streichhölzer

1 Entzünde die Kerze.

2 Halte das Glasrohr mit der Tiegelzange in die Kerzenflamme. Die Öffnung des Röhrchens muss dabei genau im Kern der Flamme sein. Die andere Öffnung endet im Becherglas. → 3

3 Im Becherglas bildet sich weißer Nebel. Lege das Röhrchen zur Seite, wenn der Nebel ein Drittel des Glases füllt.

4 Entzünde ein Streichholz und lass es in das Becherglas fallen. → 3

5 Beschreibe deine Beobachtung.

6 Erkläre deine Beobachtung.

Material D

Lehrerversuch: Paraffin brennt ohne Docht

Achtung • Den folgenden Versuch führt deine Lehrkraft als Demonstrationsversuch durch.

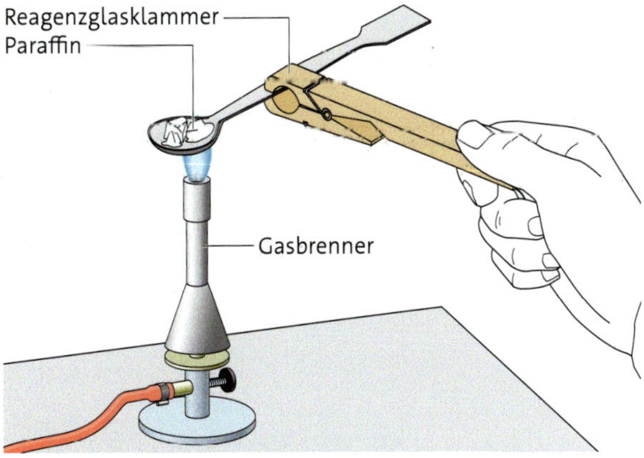

4 Paraffin wird erhitzt.

Materialliste: Kerzenwachs (Paraffin), Reagenzglasklammer, Löffel, Gasbrenner, feuerfeste Unterlage

1 Ein etwa erbsengroßer Paraffinkrümel wird auf den Löffel gelegt.

2 Der Löffel wird mit dem Reagenzglashalter über der rauschenden Flamme des Gasbrenners erhitzt. → 4

3 Beobachte, was während und nach dem Erhitzen mit dem Paraffin passiert.
Notiere deine Beobachtungen.

4 Sarah sagt: „Bei einer Kerze brennt der Docht."
Nimm zu ihrer Aussage Stellung.

Die Kerze – eine kleine Gasfabrik

Material E

Glasglocke über der Kerze

Materialliste: Stumpenkerze, Becherglas, Streichhölzer, Watesmopapier

1 Entzünde die Kerze.

2 Halte das Becherglas einige Sekunden über die Kerzenflamme. Der untere Rand des Becherglases sollte dabei auf Höhe der Flammenspitze sein. → 1

3 Beschreibe deine Beobachtung.

4 Welches Verbrennungsprodukt hast du nachgewiesen? Überprüfe das Verbrennungsprodukt mit Watesmopapier.

1 Versuchsaufbau

Material F

Kalkwasserprobe

Materialliste: Teelicht, Marmeladenglas mit Deckel, Holzspieß, Stabfeuerzeug, Pipette, Kalkwasser

1 Stelle das Teelicht in das offene Marmeladenglas und entzünde es mit dem Stabfeuerzeug. → 2

2 Verschließe das Glas mit dem Deckel. Lass es, nachdem das Teelicht erloschen ist, 1 Minute lang ruhig stehen.

3 Drehe anschließend den Deckel auf und hole das Teelicht mit dem Holzspieß aus dem Glas heraus. → 3 Achte darauf, dass du den Holzspieß seitlich in das Wachs stichst und die Kerze senkrecht herausziehst.

4 Gib eine Pipette Kalkwasser in das Glas und schwenke es. → 4

5 Beschreibe deine Beobachtung.

6 Welches Verbrennungsprodukt hast du nachgewiesen?

Tipp:
Mit klarem Kalkwasser kann man Kohlenstoffdioxid nachweisen. Bei Kontakt mit Kohlenstoffdioxid wird das Kalkwasser trüb.

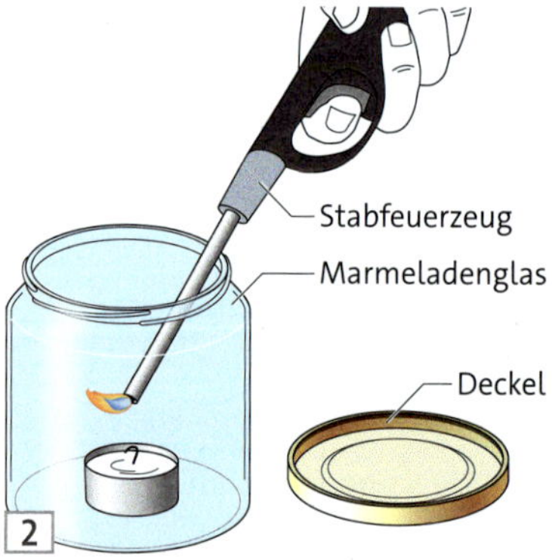

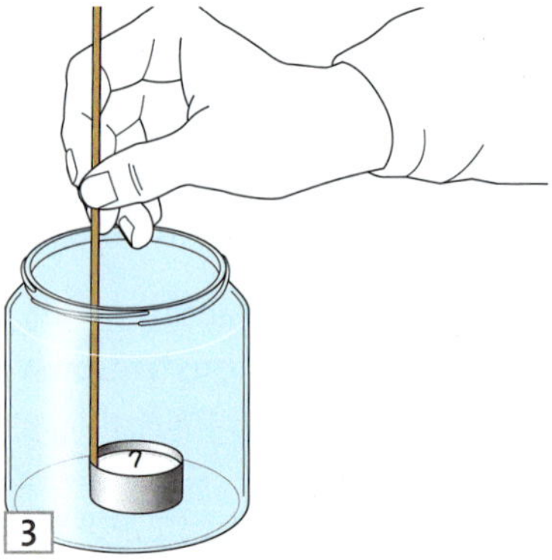

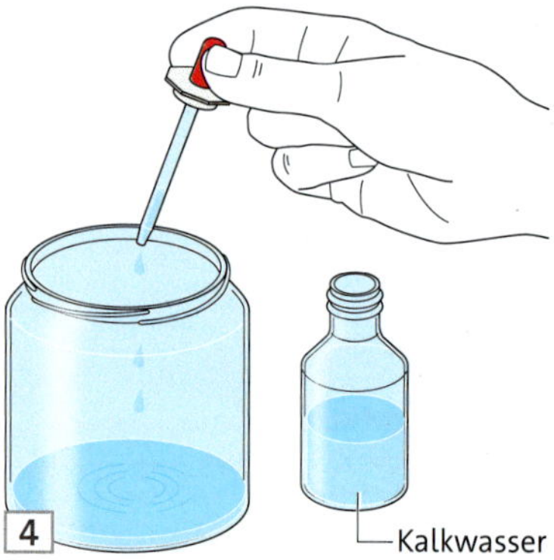

Material G

Der Docht als Wachsaufzug

Materialliste: Glasschale oder Becherglas, langes Stück Docht, Lebensmittelfarbe, Wasser, Pipette

1 Gib etwa 10 ml Wasser in das Becherglas und färbe es mit der Lebensmittelfarbe ein. → 5

2 Tauche das untere Ende des Dochts in die gefärbte Flüssigkeit. → 6

3 Beschreibe deine Beobachtungen.

4 Welche Aufgabe erfüllt der Docht bei einer Kerze? Erläutere.

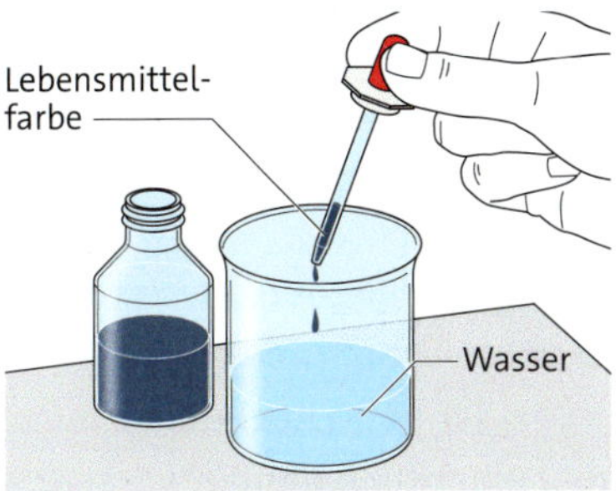

5 Wasser färben

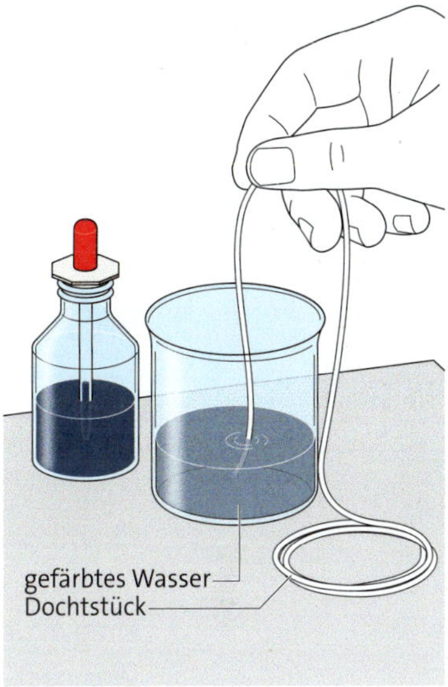

6 Docht eintauchen

Material H

Blick in die Kerzenflamme

Materialliste: Stumpenkerze, Streichhölzer, feuerfeste Unterlage, Kupferdrahtnetz, Tiegelzange

1 Stelle die Kerze auf eine feuerfeste Unterlage und zünde sie an. Lass sie mit ruhiger Flamme brennen.

2 Halte das Kupferdrahtnetz mit der Tiegelzange:
a einen Zentimeter über der Flamme
b genau über die Flamme
c in den Flammensaum oben
d mittig in den Flammenmantel
e etwas über den Flammenkern
f in die Spitze des Flammenkerns
g mittig in den Flammenkern

3 Beschreibe und erläutere deine Beobachtungen.

4 Neben Kohlenstoffdioxid und Wasser entsteht noch ein weiterer Stoff bei Verbrennungen.
a Benenne den Stoff und gib an, unter welchen Bedingungen er entsteht.
b Gib an, in welcher Zone er entsteht.

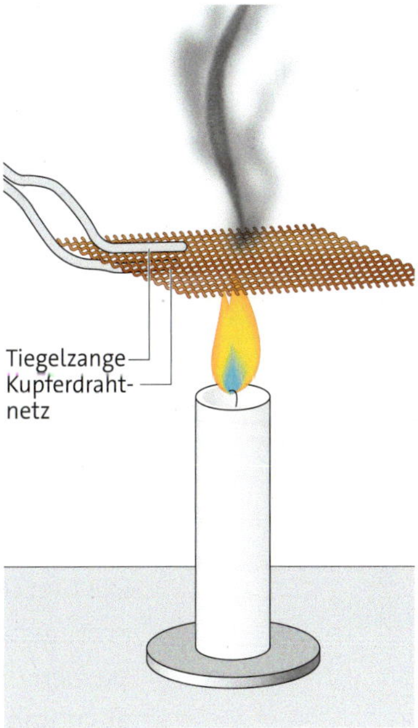

7 Versuchsaufbau

Chemische Reaktionen im Alltag

1 Eine brennende Wunderkerze

2 Stoffumwandlung beim Pfannkuchen

Chemische Reaktionen begegnen dir überall – egal ob beim Abbrennen einer Wunderkerze oder beim Kochen. Was passiert dabei eigentlich genau?

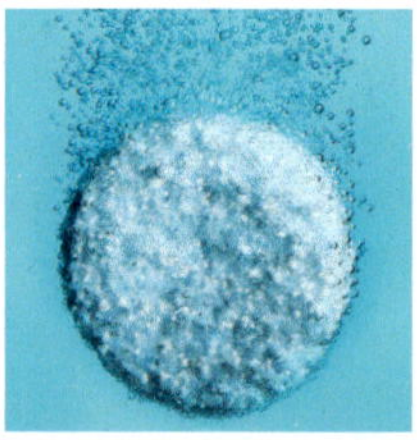

3 Gasentwicklung einer Brausetablette

Im Alltag • Zum Frühstück bereitet man sich Pfannkuchen zu, abends lässt man auf einer Party Wunderkerzen brennen und am nächsten Morgen löst man eine Brausetablette in Wasser. Bei diesen Vorgängen werden chemische Reaktionen beschrieben. Aber was genau ist eine chemische Reaktion?

Neue Stoffe • Chemische Reaktionen sind Vorgänge, bei denen eine Stoffumwandlung stattfindet. Wunderkerzen bestehen unter anderem aus Eisen- und Aluminiumpulver. Diese Edukte werden gezündet und es findet eine chemische Reaktion statt. Die Metallteilchen verbrennen und erzeugen leuchtende Funken. Zurück bleiben die Reaktionsprodukte: die abgebrannte Wunderkerze, Aschekrümel und Verbrennungsgase.

Andere Stoffeigenschaften • Die Reaktionsprodukte nach einer chemischen Reaktion haben andere Stoffeigenschaften als die Edukte. Die abgebrannte Wunderkerze kann man nicht noch mal entzünden. Es entstehen stechend riechende Gase, wo vorher nur feste Stoffe waren. Ein anderes Beispiel beim Verbrennen von Eisenwolle: Dort, wo vorher feste, grau glänzende Eisenwolle war, ist nun bröselige, fast pulvrige schwarze Eisenwolle. → 4C

Energieumsatz • Bei chemischen Reaktionen wird immer auch Energie umgesetzt. Wunderkerzen leuchten hell beim Abbrennen, weil Energie in Form von Licht frei wird. Dabei werden auch große Mengen an Wärme frei, weshalb man auch nach dem Abbrennen aufpassen muss, dass man sich nicht an ihnen verbrennt.

Merkmale chemischer Reaktionen • Chemische Reaktionen lassen sich anhand bestimmter Merkmale erkennen:

die chemische Reaktion
die Oxidation
die Reaktionsgleichung

1. Es entstehen neue Stoffe mit anderen Eigenschaften. Diese Eigenschaften sieht man zum Beispiel am Aufglühen, am Farbumschlag oder an der Gasentwicklung. → 3 4B
2. Es wird Energie umgesetzt.

An diesen beiden Merkmalen kann man eine chemische Reaktion auch von der Herstellung und Trennung eines Stoffgemischs unterscheiden. Dort entsteht kein neuer Stoff und es wird nichts heißer oder kälter.

Oxidation • Die chemische Reaktion eines Stoffs mit Sauerstoff ist eine Oxidation, die neu entstehenden Stoffe nennt man Oxide.
Bei der Verbrennung findet eine schnelle Oxidation statt: Das Eisen der Eisenwolle reagiert mit Sauerstoff und es entsteht schwarzes Eisenoxid. Eine langsame Oxidation ist zum Beispiel das Rosten von Eisennägeln, bei dem das Eisen langsam mit dem Sauerstoff aus der Luft zu rotem Eisenoxid reagiert.

Reaktionsgleichung • In der Chemie benutzt man eine Reaktionsgleichung, um eine chemische Reaktion zu veranschaulichen. → 5
Beispiel: Die Edukte Eisen und Sauerstoff reagieren miteinander zu dem Reaktionsprodukt Eisenoxid.

Chemische Reaktionen sind Stoffumwandlungen, bei denen neue Stoffe entstehen. Zum Notieren und Vereinfachen verwendet man eine Reaktionsgleichung.

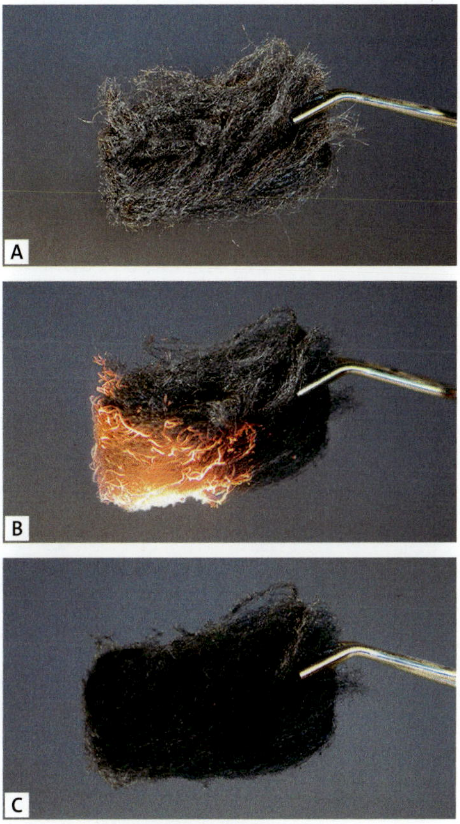

4 Eisenwolle vor (oben), während (Mitte) und nach (unten) der Verbrennung

5
Eisen + Sauerstoff → Eisenoxid
Der Pfeil (→) steht für „reagieren zu“.

Aufgaben

1 Nenne verschiedene chemische Reaktionen aus dem Alltag und beschreibe die Anzeichen der chemischen Reaktionen.

2 Beschreibe die Stoffumwandlung bei der Zubereitung von Pfannkuchen.

Chemische Reaktionen im Alltag

Material A

Brennende Streichhölzer

Materialliste: Schachtel Streichhölzer, feuerfeste Unterlage

1 Reibe ein Streichholz an der Reibefläche der Schachtel. Lass das Streichholz abbrennen. → 1 Wenn es zu heiß wird, lege es schnell auf eine feuerfeste Unterlage. Notiere deine Beobachtungen.

2 Schau dir das verbrannte Streichholz genau an und bestimme seine Farbe. Zerreibe es danach zwischen den Fingern. Was passiert? Vergleiche mit einem unbenutzten Streichholz.

3 Entscheide, ob eine Stoffumwandlung eingetreten ist. Benenne gegebenenfalls das passende Merkmal für chemische Reaktionen.

1 Nach dem Brennen

Material B

Glühende Leuchtstäbe

Leuchtstäbe enthalten innen ein Glasröhrchen mit einer Flüssigkeit. Um das Glasröhrchen herum ist aber noch eine zweite Flüssigkeit vorhanden.
Beim Knicken des Leuchtstabs bricht das Glasröhrchen, sodass die Stoffe in den beiden Flüssigkeiten miteinander in Kontakt kommen. Dabei wird Energie als Licht frei.

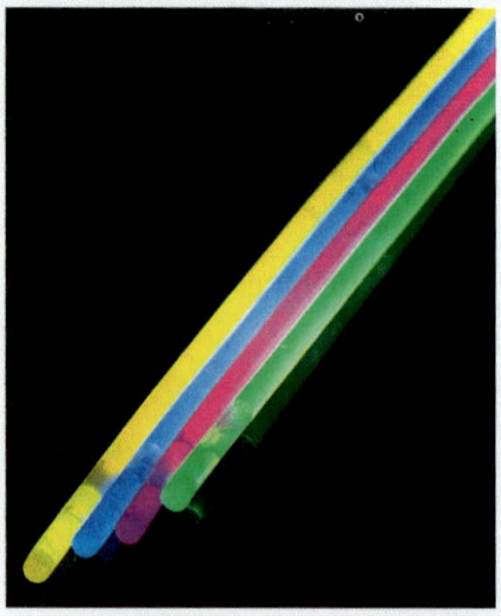

2 Leuchtstäbe

Knicke einen Leuchtstab in der Mitte des Stabs. Bewege oder drehe den Leuchtstab langsam hin und her. Was beobachtest du?

1 Entscheide, ob in Leuchtstäben chemische Reaktionen stattfinden.

Material C

Langsame Reaktionen?

Materialliste: Reagenzglas, Speiseessig (5%ig), Eierschale

3 Eierschale in Essig

1 Fülle ein Reagenzglas einen Zentimeter mit 5%igem Speiseessig. Gib ein Stück Eierschale hinzu.

a Schau dir die Eierschale genau an. Notiere die Eigenschaften.

b Nenne Beobachtungen, die für chemische Reaktionen typisch sind.

c Lass deinen Versuch 1–2 Tage stehen. Überprüfe dann, ob eine Stoffumwandlung stattgefunden hat.

2 In einem Becherglas liegt ein mit Wasser angefeuchteter Watteknäuel (Ø 2 cm). Ein metallisch glänzender neuer Eisennagel wird über die Öffnung gelegt. Hat sich nach 2 Tagen etwas verändert? Erläutere.

Material D

Chemische Reaktion – ja oder nein?

Materialliste: Schaschlikspieß, 4 Reagenzgläser, Reagenzglasklammer, Becherglas, Marmor, Muschel, Speiseessig (5%ig), Zuckerwürfel, Kochsalz, Gasbrenner

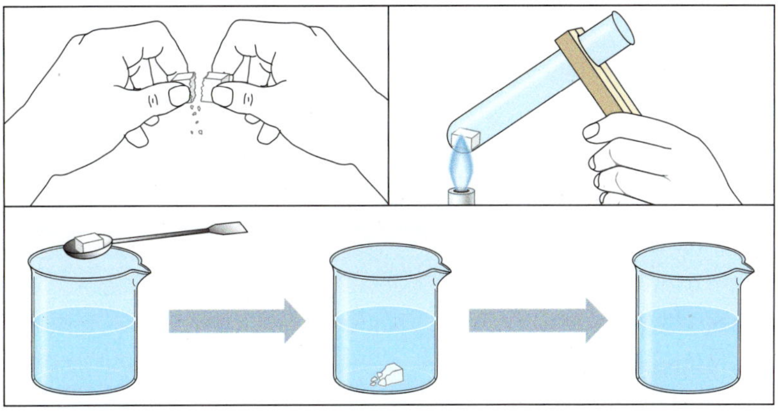

4 Zucker bei verschiedenen Vorgängen – wo findet eine Stoffumwandlung statt?

1 Führe folgende Versuche durch und notiere deine Beobachtungen. Entscheide jeweils, ob eine chemische Reaktion stattgefunden hat. Erläutere auch, welche Merkmale von chemischen Reaktionen zu beobachten sind.

a Zerbrich einen Schaschlikspieß.
b Halte einen Schaschlikspieß in die Brennerflamme und entzünde ihn.
c Gib etwas Wasser in ein Reagenzglas und füge ein Stück Marmor oder Muschel hinzu.
d Gib etwas Speiseessig (5%ig) in ein Reagenzglas und füge ein Stück Marmor oder Muschel hinzu.
e Löse ein Stück Würfelzucker mit Wasser im Becherglas auf.
f Erhitze etwas Zucker im Reagenzglas vorsichtig in der Brennerflamme.
g Erhitze etwas Kochsalz im Reagenzglas vorsichtig in der Brennerflamme.

Material E

Gips reagiert mit Wasser

Materialliste: Gipspulver, Joghurtbecher, Löffel, Schale mit Blumenerde, Wasser

5 Spurensicherung

1 Gib etwas Gipspulver in einen leeren Joghurtbecher. Gieße ein wenig Wasser vorsichtig hinzu und verrühre alles sacht mit einem Löffel zu einem Brei. Verwende nicht zu viel Wasser. Umfasse den Becher mit der Hand. Notiere deine Beobachtungen und beschreibe dann die Stoffumwandlung genauer.

2 Gips wird bei der Spurensicherung verwendet, um Reifenspuren oder Fußabdrücke zu sichern. → 5 Wenn du den Abdruck deines Schuhs in einer Schale mit feuchter Blumenerde sichern willst, dann musst du einfach den flüssigen Gipsbrei in den Abdruck geben und trocknen lassen.

Chemische Reaktion – was passiert da?

1 Modellbau mit einfachen Materialien

Chemische Reaktionen kann man mit Modellen begreifbar machen.

Modelle • Es gibt Dinge, die man nicht so einfach verstehen kann. Bei solchen Schwierigkeiten machen sich Wissenschaftler Modelle. Modelle vereinfachen den Sachverhalt sehr, damit die Thematik anschaulicher wird. Auch chemische Reaktionen kann man mit Modellen verständlich machen. → 1

Teilchen • Alle Stoffe – egal, in welchem Zustand (fest, flüssig oder gasförmig) – sind aus kleinsten Teilchen aufgebaut. Bei der Darstellung dieser Teilchen benutzt man häufig Kugeln, aber auch Quader oder Zylinder sind möglich.
So würde man sich z. B. das Metall Kupfer aus sehr vielen einzelnen Kupferteilchen vorstellen, die eng aneinanderliegen. → 2 Aluminium würde nach dem Teilchenmodell aus sehr vielen Aluminiumteilchen bestehen, die sich gegenseitig berühren. → 3

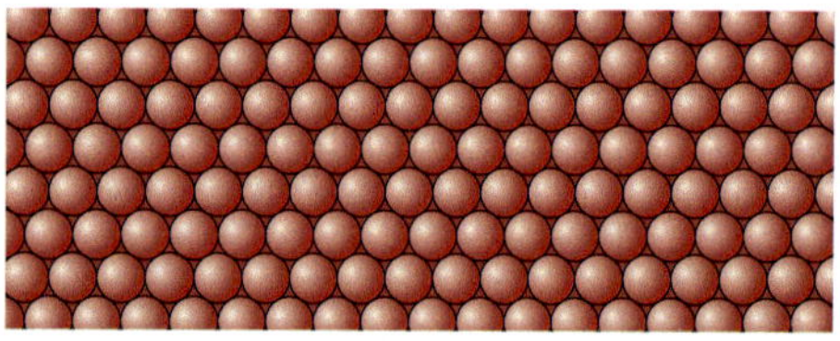

2 Kupfer, als Teilchenmodell dargestellt

3 Aluminium, als Teilchenmodell dargestellt

Da Kupfer ein anderer Stoff als Aluminium ist, würde man diesen Unterschied in Farbe, Form oder Größe der Teilchen darstellen.
Stoffe können auch aus Verbindungen von Teilchen bestehen, z. B. das Gas rechts in Bild 5.
Modelle kann man durch unterschiedliche Materialien darstellen. Playmaiskörner, Legosteine, Knete oder Murmeln sind gute Baumaterialien. → 1

das Modell

Neu angeordnet • Zwei Stoffe, nämlich die Ausgangsstoffe A und B, gehen eine chemische Reaktion ein. Jeder Ausgangsstoff besteht aus sehr vielen kleinsten Teilchen. Bei der chemischen Reaktion passiert nun Folgendes: Die Teilchen der Stoffe A und B gehen nicht verloren, sondern verändern nur ihre Anordnung. Auf diese Weise bilden sie das Reaktionsprodukt. Die Teilchen werden also nur umgruppiert. → 4 5

Gesetz der Massenerhaltung • Bei einer chemischen Reaktion gehen weder Teilchen verloren noch kommen welche neu hinzu. Daher bleibt auch die Masse der Teilchen gleich. Das lässt sich am Beispiel der Reaktion von Eisen und Schwefel klarmachen: Lässt man 32 Gramm Schwefel mit 56 Gramm Eisen reagieren, so bekommt man 88 Gramm Eisensulfid heraus. Natürlich muss man dabei beachten, dass man alle Produkte und alle Edukte mitwiegt. Wenn beispielsweise eine Kerze verbrennt, braucht es Luftsauerstoff und es entstehen Gase, die in die Luft entweichen. Daher muss man die Gase auffangen und mitwiegen. Es gilt: Die Masse der Produkte ist in einem geschlossenen System gleich der Masse der Edukte.

Bei chemischen Reaktionen werden die Teilchen der Ausgangsstoffe neu als Reaktionsprodukt angeordnet. Dabei gehen weder Teilchen verloren noch kommen welche neu hinzu.

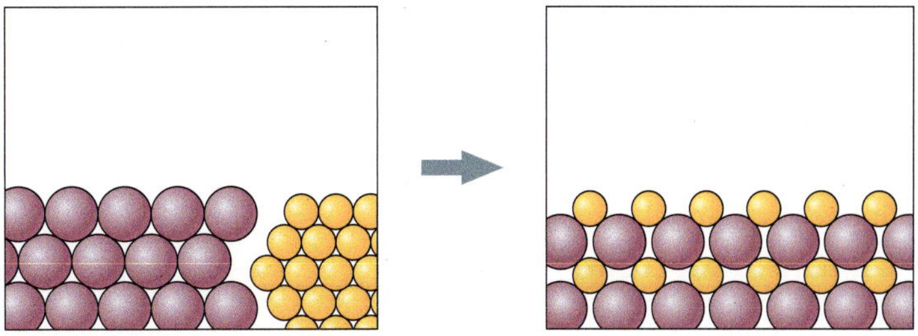

4 Feststoff + Feststoff → Feststoff

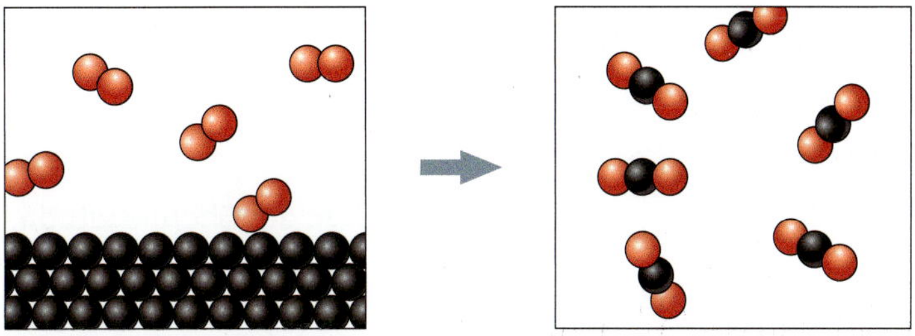

5 Gas + Feststoff → Gas

Aufgaben

1 ☐ Alle Stoffe bestehen aus Teilchen. Erläutere und zeichne ein mögliches Teilchenmodell des Metalls Silber.

2 ☐ Zeichne ein Teilchenmodell für die chemische Reaktion von Eisen und Schwefel.

3 ☐ Beschreibe das Gesetz der Massenerhaltung.

4 ☐ Für jeden Liter Benzin produziert ein Auto 2,3 kg Kohlenstoffdioxid. Berechne, wie viel CO_2 ein Auto produziert, wenn es in einem Jahr 30 000 km fährt und 6 Liter auf 100 km verbraucht.

Chemische Reaktion – was passiert da?

Material A

Chemische Reaktionen

Hier geht es um chemische Reaktionen. Dabei entstehen neue Stoffe.

Bei chemischen Reaktionen entsteht immer mindestens ein Reaktionsprodukt, also ein neuer Stoff. Dafür ein Beispiel:
Man lässt Eisenpulver mit Schwefelpulver reagieren. Nach Zufuhr von Wärme glühen die beteiligten Stoffe auf, die Reaktion findet statt und danach ist ein neuer Stoff entstanden: Eisensulfid. Dies ist viel mehr als nur eine Änderung des Aggregatzustands.

1 Baue mit Playmaiskörnern, Legosteinen oder Knete die Reaktion von Eisen und Schwefel zu Eisensulfid nach.

2 Welches Merkmal von chemischen Reaktionen kann man beobachten, wenn Eisen und Schwefel miteinander reagieren? → 1

3 In der Chemie gilt das „Gesetz der Massenerhaltung“. Es besagt, dass alle Reaktionsprodukte zusammen genauso viel wiegen wie alle Edukte zusammen.

a Gib an, wie viel Eisensulfid entsteht, wenn 28 g Eisen mit 16 g Schwefel reagieren.

b Zeige an einem selbst gebauten Beispiel im Teilchenmodell, weshalb das Gesetz der Massenerhaltung gelten muss.

c Wenn eine Kerze brennt, ist sie nachher „weg“. Erläutere, weshalb das Gesetz der Massenerhaltung trotzdem auch hier gilt.

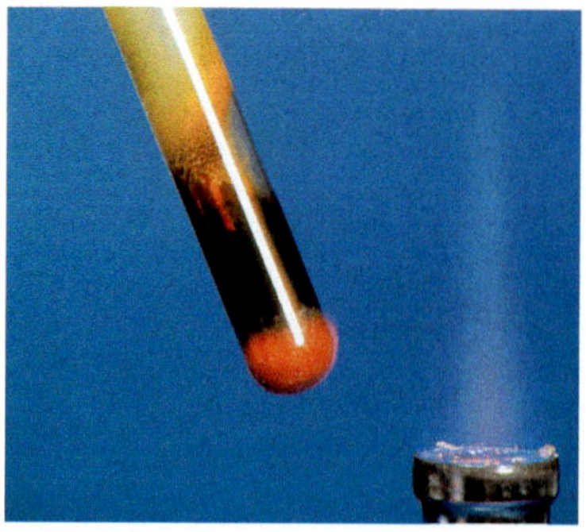

1 Reaktion von Eisen und Schwefel

Material B

Im geschlossenen System

2 Versuchsaufbau

Materialliste: Becherglas, Waage, Reagenzglas, Luftballon, Streichholz, Gasbrenner

Baue den Versuch wie in Bild 2 auf. Dazu musst du zuerst ein Streichholz in ein Reagenzglas geben und die Öffnung mit einem Luftballon verschließen.
Auf der Waage musst du das Reagenzglas von der vorderen Seite erhitzen, sodass die Flamme nur die Spitze mit dem Streichholz erreicht.

1 Erkläre deine Beobachtungen.

Material C

Verbrennung von Eisenwolle

Materialliste: Eisenwolle, Digitalwaage, Porzellanschale, Streichhölzer, Tiegelzange

Lege ein kleines Büschel Eisenwolle in die Porzellanschale. Wiege die Schale mit der Wolle und notiere das Gewicht. Zünde die Eisenwolle mithilfe der Streichhölzer an. Achte darauf, dass das gesamte Büschel durchglüht. Wiege es erneut.

1 ◩ Erstelle ein Versuchsprotokoll.

2 ⊠ Begründe, warum die Gewichtszunahme nicht dem Gesetz der Erhaltung der Masse widerspricht.

3 ⊠ Erkläre, warum das Reaktionsprodukt schwerer ist als der Ausgangsstoff.

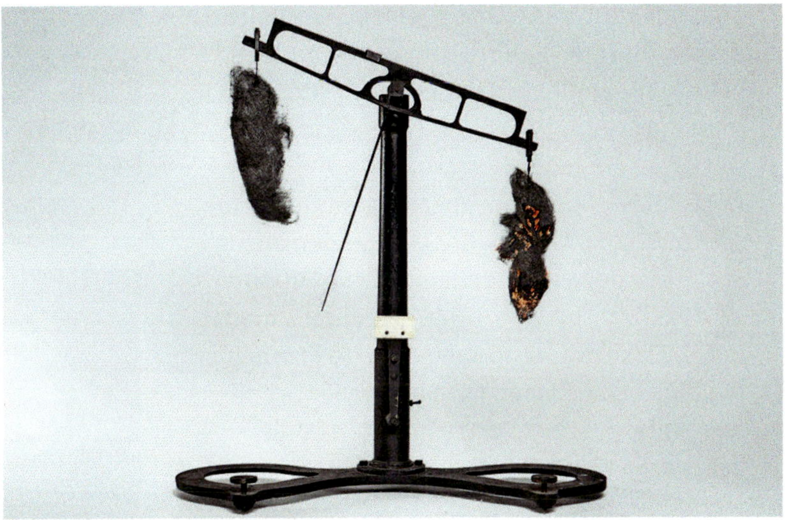

3 Eisenwolle wiegt nach dem Brennen mehr.

Material D

Gesetz der konstanten Massenverhältnisse

Masse Kupfer	Masse Kupfersulfid	Masse Schwefel	Masse Kupfer zu Schwefel
100 mg	148 mg	48 mg	?
201 mg	297 mg	96 mg	?
300 mg	446 mg	146 mg	?
402 mg	591 mg	189 mg	?
499 mg	740 mg	241 mg	?
600 mg	892 mg	292 mg	?

4 Hier reagierte jeweils eine Portion Kupfer mit Schwefel zu Kupfersulfid.

Bild 4 zeigt die Ergebnisse einer Versuchsreihe. Dabei reagierte jeweils Kupfer mit Schwefel.

1 ◩ Berechne das Verhältnis der Massen, indem du die Masse des Kupfersulfids durch die Masse des Schwefels teilst.

2 ⊠ Erkläre das Verhältnis der Massen von Kupfer zu Schwefel aller Versuche.

Chemische Reaktion – was passiert da?

Erweitern und Vertiefen

Vorstellungen von den Stoffen

Demokrit • Schon lange macht man sich Gedanken darüber, wie unsere Welt aufgebaut ist. Demokrit (460–370 v. Chr.) kam bereits zu dem Ergebnis, dass alle Stoffe aus kleinsten Teilchen aufgebaut sind, die sich nicht weiter zerlegen lassen. Er nannte sie Atome (griech. atomos: unteilbar). → 1 2

Aristoteles • Nach dem griechischen Gelehrten Aristoteles (384–322 v. Chr.) bestanden alle Stoffe aus den vier Grundelementen Feuer, Wasser, Luft und Erde. → 3 Die unterschiedlichen Erscheinungsformen erklärte er durch die unterschiedlichen Anteile der vier Grundelemente. In seiner Vorstellung gab es die Existenz der kleinsten Teilchen nicht.

Alchemisten • Die Alchemisten (ab dem 1. Jahrhundert n. Chr.) gingen ebenfalls von den vier Grundelementen aus. In ihrer Theorie gab es eine Urmaterie, aus der alle Stoffe hergestellt werden konnten. Elemente konnten demnach durch den Wechsel ihrer Grundeigenschaften ineinander übergehen. So versuchten sie, aus unedlen Metallen wie Quecksilber und Blei Gold herzustellen. Sie führten Geheimsymbole ein, um ihre Aufzeichnungen zu schützen. → 8

Robert Boyle und Antoine Laurent de Lavoisier • Boyle (1627–1692) zweifelte an der Alchemie und nahm an, dass es eine Vielzahl an Elementen geben müsse. → 4 Lavoisier (1743–1794) bestätigte dies durch die Zerlegung von Wasser in die Elemente Wasserstoff und Sauerstoff. → 5

1 Demokrit

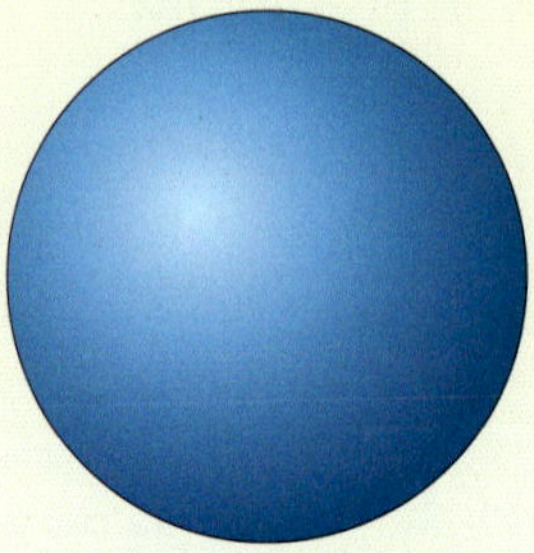

2 Das Atommodell nach Demokrit

3 Luft, Feuer, Wasser und Erde wurden als die vier Grundelemente betrachtet.

4 Boyle

5 Lavoisier

6 John Dalton (1766–1844)

Daltons Atommodell • Der englische Chemiker John Dalton entwickelte Anfang des 19. Jahrhunderts sein Modell zum Aufbau der Stoffe. Dalton ging ebenfalls wie Demokrit davon aus, dass alle Stoffe aus kleinsten unteilbaren Teilchen, den Atomen, aufgebaut sind. → 2
Diese stellte er sich als kleine, massive Kugeln vor. Die Teilchen der gleichen Atomsorte seien demnach gleich groß, gleich schwer und verfügten über die gleichen Eigenschaften. Die Atome unterschiedlicher Atomsorten unterscheiden sich daher in Größe und Masse.

Dalton und chemische Reaktionen • Dalton ging außerdem davon aus, dass bei chemischen Reaktionen die Atomanzahl gleich bleibt, das heißt, es kommen weder neue Atome hinzu noch gehen welche verloren.
Es findet nur eine Umgruppierung der Atome in einem bestimmten Zahlenverhältnis statt. Dies lässt sich am Beispiel der Reaktion von Zink und Schwefel zeigen. → 7

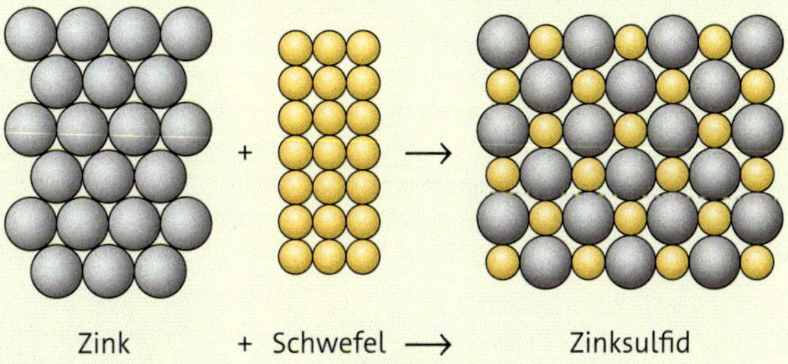

7 Modellvorstellung zur Reaktion von Zink und Schwefel

Chemische Symbole • Für die unterschiedlichen Atomsorten erfand Dalton Symbole. → 8
Diese bestanden aus einem Kreis, der je nach Atomsorte durch Punkte, Linien und Buchstaben ergänzt war. Jöns Jakob Berzelius führte 1814 die gebräuchlichen Elementsymbole ein.

Alchemisten	☉	☿	♄	♃
Dalton	G	◯	L	T
Berzelius	Au	Hg	Pb	Sn

8 Geheimsymbole und Elementsymbole

Aufgaben

1 Erläutere, wie sich die Vorstellung von den Stoffen im Laufe der Zeit gewandelt hat.

2 Beschreibe Daltons Vorstellung von den Stoffen.

3 Erkläre folgende Aussage mit Daltons Atommodell: „Bei chemischen Reaktionen bleibt die Masse der Teilchen gleich.“

Was ist eigentlich Energie?

1 Lageenergie

2 Bewegungsenergie

3 Spannenergie

Bei chemischen Reaktionen wird Energie umgesetzt, aber was ist eigentlich Energie?
Ein Bungeespringer hilft uns, diese Frage zu beantworten.

Energieformen • Energie tritt in verschiedenen Formen auf. Die verschiedenen Energieformen kann man sich gut anhand des Bungeespringers verdeutlichen.
Für seinen Sprung begibt er sich zunächst in ausreichende Höhe, z. B. auf ein hohes Gebäude oder einen Kran. Der Bungeespringer besitzt nun Lageenergie. → 1
Sobald er von der Plattform springt, bewegt er sich Richtung Boden. → 2
Sich bewegende Personen oder Gegenstände besitzen Bewegungsenergie.
Am Ende seines Sprungs wird das Bungeeseil gespannt und der Springer dadurch aufgefangen. Das gespannte Seil besitzt Spannenergie. → 3

Energieumwandlungen • Die verschiedenen Energieformen sind ineinander umwandelbar.
Beim Sprung von der Plattform wandelt sich die Lageenergie des Bungeespringers in Bewegungsenergie um. Die Bewegungsenergie wandelt sich wiederum in Spannenergie des Seils um.
Auch beim Tennisspielen wird Bewegungsenergie in Spannenergie umgewandelt. → 4

Energie verschwindet nicht • Wenn ein fallender Stein nach dem Aufschlag am Boden liegt, so ist die Energie scheinbar verschwunden. Aber nur scheinbar! Wenn man nämlich die Aufschlagstelle mit einer Wärmebildkamera filmt, sieht man, dass sich der Boden erwärmt hat. Die Bewegungsenergie wurde in Wärmeenergie (thermische Energie) umgewandelt. Wärme ist also auch eine Energieform.

die Lageenergie
die Bewegungsenergie
die Spannenergie
die Wärmeenergie
die chemische Energie

Energiespeicherung • Man kann Energie auch speichern. Dazu eignen sich die verschiedenen Energieformen unterschiedlich gut. Wärme ist eine Energieform, die sich nur sehr schlecht speichern lässt: Wenn man heißes Wasser in einem Becher aufbewahrt, ist es nach einer Stunde wieder kalt. Auch eine Thermoskanne kann die Abkühlung nicht sehr lange verhindern. Nach einem Tag ist auch darin der heiße Tee kalt geworden.
Sehr gut lässt sich Energie dagegen in Form von Lageenergie speichern. Wenn etwas in der Höhe liegt, kann es dort jahrelang bleiben und mit ihm die gespeicherte Energie. Beispielsweise ist in hoch gelegenen Stauseen sehr viel Energie gespeichert. → 5

Chemische Energie • Auch in Form von chemischer Energie lässt sich Energie speichern. Holz kann jahrelang gelagert werden. Sobald man es verbrennt, liefert die chemische Reaktion große Mengen an Wärme- und Lichtenergie. In unserer Nahrung ist ebenfalls chemische Energie gespeichert, die wir durch die Verdauung nutzen können.

Energie tritt in verschiedenen Formen auf, z. B. als Lage-, Bewegungs- oder Spannenergie. Auch Wärme ist eine Energieform.
Die einzelnen Energieformen sind ineinander umwandelbar.
Energie kann gespeichert werden.

4 Hier wird Bewegungsenergie in Spannenergie umgewandelt.

5 Ein Stausee speichert große Mengen Energie.

Aufgaben

1 ☒ Nenne drei Energieformen und überlege dir jeweils ein Beispiel aus dem Alltag, wo diese Form auftritt.

2 ☒ Nenne die Energieformen, die bei einem Tennisspiel auftreten.

3 ☒ Ein Stausee ist ein guter Energiespeicher. Begründe dies.

Was ist eigentlich Energie?

Material A

1 Auf dem Skihang ist viel los!

Energieformen

Auf dem Bild kann man viele verschiedene Energieformen erkennen.

1 Übertrage die Tabelle in dein Heft und fülle sie aus.

Energieform	Zu finden in
Lageenergie	A3
Spannenergie	...
...	...
...	...
...	...
...	...

2 Gib für drei der von dir entdeckten Energieformen an, in welche Energieform sie umgewandelt werden.

3 Erläutere, was aus der elektrischen Energie wird, die den Skilift antreibt.

Material B

2 Alltagsgegenstände mit Energiespeicher

Energiespeicher

In vielen Alltagsgegenständen wird Energie gespeichert.

1 Lege eine Mind-Map an: Trage dort die verschiedenen Energieformen und die Beispiele von Bild 2 ein. → 3

2 Ergänze die Mind-Map mit weiteren Gegenständen aus deinem Alltag, die ebenfalls Energie gespeichert haben.

3 Bewerte die Energiespeicher danach, wie gut sich die in ihnen enthaltene Energie speichern lässt.

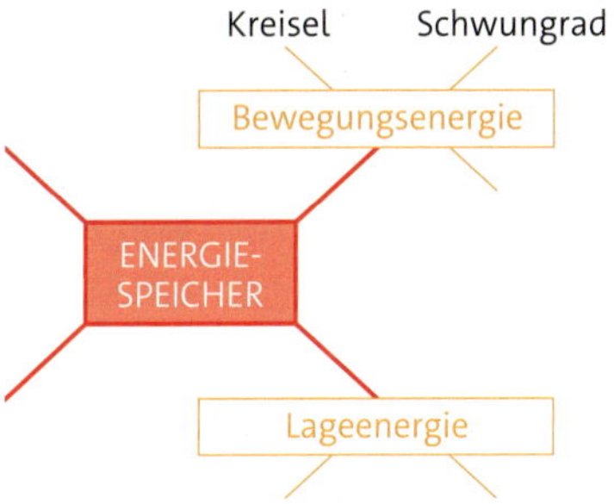

3 Beginn einer Mind-Map

Material C

Wasser warm schütteln

Materialliste: Reagenzglas, Stopfen, Taschentuch, Thermometer, Stoppuhr

1 Fülle 5 ml Wasser in ein Reagenzglas mit Stopfen und miss die Temperatur. Schüttle das Reagenzglas für 30 s heftig und miss erneut die Temperatur. Wiederhole den Versuch mit 60 s und 90 s Schütteln.

2 Berechne jeweils, um wie viel Grad sich das Wasser erwärmt hat.

3 Gib an, woher die hinzugekommene Wärmeenergie stammt.

4 Erstelle ein Zeit-Temperatur-Diagramm. Führe das Diagramm fort und ermittle, wie lange man schütteln müsste, um 43 °C zu erreichen.

4 Wasser wird warm geschüttelt (Taschentuch als Isolation).

Let’s start – die Aktivierungsenergie

1 Auch eine Kettenreaktion braucht einen Auslöser.

Ein Streichholz kann jahrelang aufbewahrt werden, ohne dass es sich entzündet. Was braucht es, damit es anfängt zu brennen?

Wege der Entzündung • Man kann ein Streichholz auf viele verschiedene Arten entzünden: durch das Reiben an der Zündfläche oder das Halten in eine Flamme. Genauso gut wird es aber auf einer heißen Oberfläche oder mit einer Lupe zum Brennen gebracht. Das zeigt, dass die Energieform keine Rolle spielt, es muss nicht Wärmeenergie sein.

Aktivierungsenergie • Um eine chemische Reaktion zu starten, muss oft von außen Energie zugeführt werden. Diese Energie nennt man Aktivierungsenergie. Verschiedene chemische Reaktionen benötigen unterschiedlich viel Aktivierungsenergie. So reicht bei einem Streichholz schon die Reibungswärme, um den Streichholzkopf zu entzünden. Eine Wunderkerze dagegen muss man schon einige Zeit in eine Flamme halten, damit sie anfängt zu brennen. Es gibt sogar Reaktionen, für die die Zimmertemperatur oder das Tageslicht ausreichen.

Die meisten Reaktionen laufen nach der Zugabe von Aktivierungsenergie von alleine weiter ab. In Bild 2 schiebt das Mädchen das Auto den Berg hoch. Oben angekommen rollt das Auto von alleine den Berg hinunter. Ähnlich verhalten sich die Ausgangsstoffe bei vielen chemischen Reaktionen. Wenn genug Energie (Aktivierungsenergie) zugeführt wurde, kann die Reaktion von alleine zu Ende laufen.

2 Aktivierungsenergie am „Bergmodell“

Chemische Reaktionen starten erst nach Zufuhr von Aktivierungsenergie.

Aufgaben

1 ☑ Formuliere eine Definition für die Aktivierungsenergie.

2 ☒ Begründe, ob auch Knallerbsenexplosionen auf die Zufuhr von Aktivierungsenergie angewiesen sind.

3 ☒ Wähle drei bisher bekannte Versuche aus. Gib an, wie die Aktivierungsenergie dort zugeführt wird.

Material A

Aktivieren durch Reiben

Materialliste: Streichholz, Streichholzschachtel

Entzünde ein Streichholz an der Reibefläche der Streichholzschachtel. Probiere schnelles und langsames, druckvolles und druckloses Reiben.

1 Erkläre, welchen Unterschied es macht, wenn man langsam oder mit wenig Druck reibt.

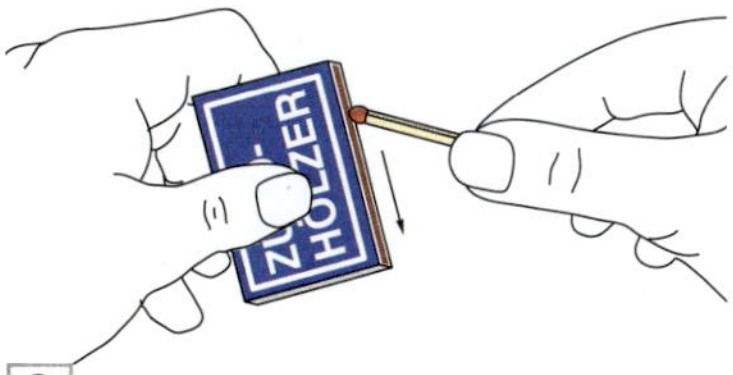

3

Material B

Aktivieren durch Wärme

Materialliste: Streichhölzer, Gasbrenner, Reagenzglas, Reagenzglasklammer

Halte das Reagenzglas etwa 30 Sekunden in die rauschende Flamme. Nimm es aus der Flamme und halte sofort ein Streichholz an das heiße Glas.

1 Erkläre, was passiert, wenn man das Reagenzglas nicht lange genug in die Flamme hält.

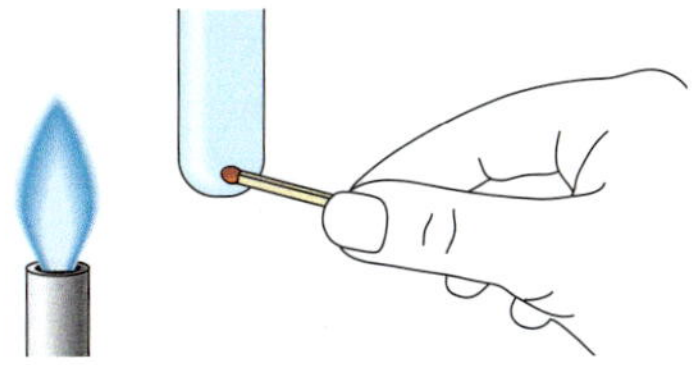

4

Material C

Aktivieren durch die Wärme einer Flamme

Materialliste: Streichhölzer, Wunderkerze

Versuche eine Wunderkerze mit einem Streichholz zu entzünden.

1 Würde man die Wunderkerze auch mit einem heißen Reagenzglas anzünden können? Begründe mithilfe deiner Beobachtungen.

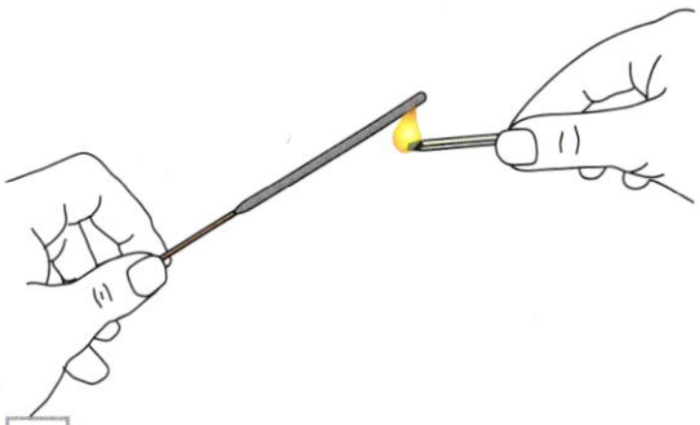

5

Material D

Aktivieren durch Strom

Materialliste: Eisenwolle, Tiegelzange, Flachbatterie

Nimm die Eisenwolle mit der Tiegelzange und halte sie so, dass sie beide Pole der Batterie gleichzeitig berührt.

1 Begründe, ob das Aktivieren auch mit einer leeren Batterie möglich ist.

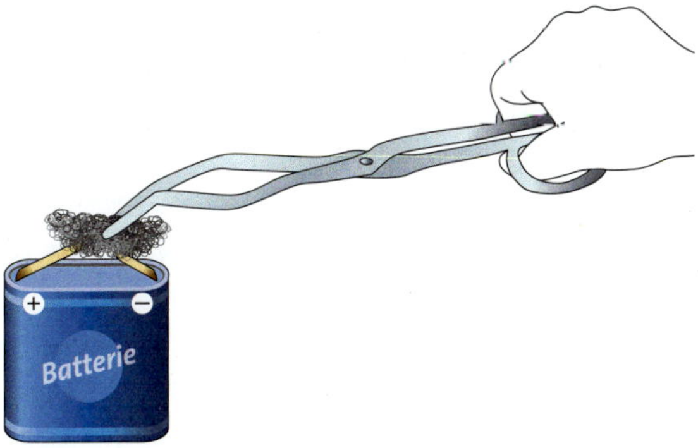

6

Viele Reaktionen setzen Energie frei

1 Kaminfeuer

Im Ofen brennt ein wärmendes Feuer. Was hat das mit chemischer Energie zu tun?

Energiefreisetzung • Bei vielen chemischen Reaktionen geht es gar nicht darum, dass ein bestimmter Stoff entsteht. Wichtig ist bei diesen Reaktionen nur eins: Chemische Energie wird in andere Energieformen umgewandelt. Meist handelt es sich dabei um thermische Energie.
Seit Tausenden von Jahren macht man sich zunutze, dass beim Brennen Energie frei wird. Schon die Steinzeitmenschen nutzten die frei werdende thermische Energie zum Heizen und Kochen. Später wurde Kohle verbrannt, um mit der thermischen Energie Dampfmaschinen anzutreiben. Und auch heute verbrennen wir noch Kohle, Gas, Öl und Holz. Wir verwenden die thermische Energie, um Kraftwerke zu betreiben, Fahrzeuge anzutreiben oder Häuser zu heizen.

Speicherung • Der Brennstoff enthält in den beschriebenen Fällen immer Kohlenstoff. Er wird in Pflanzen bei der Fotosynthese aus dem Kohlenstoffdioxid der Luft hergestellt. Dabei gibt die Pflanze Sauerstoff ab. Die Energie für diese Reaktion kommt von der Sonne. Nur bei Lichteinstrahlung kann die Pflanze diese chemische Reaktion aufrechterhalten und wachsen.

Kohlenstoffdioxid • Der Brennstoff reagiert beim Brennen immer mit Sauerstoff. Als Reaktionsprodukt des Kohlenstoffs entsteht Kohlenstoffdioxid. Dieses Gas ist eigentlich harmlos: farblos, geruchlos und ungiftig. Es ist aber der Hauptverursacher des Klimawandels. 2014 lag sein Ausstoß weltweit bei 36 Milliarden Tonnen. Das entspricht dem Gewicht von über 7 Milliarden Elefanten. Die chemische Energie ist in Brennstoff und Sauerstoff gespeichert. Viele Brennstoffe sind Millionen von Jahren alt. Daran kann man sehen, dass sich chemische Energie sehr gut speichern lässt.

In Stoffen kann chemische Energie gespeichert sein. Wenn diese bei Verbrennungen umgewandelt wird, entsteht meist Kohlenstoffdioxid.

Exotherme Reaktionen • Solche Reaktionen, bei denen Energie frei wird, bezeichnet man als exotherme Reaktionen. Dieser Fachbegriff kommt, wie so viele Begriffe in den Naturwissenschaften, aus dem Griechischen. Das Wort „exo“ heißt übersetzt „außen“.

das Energiediagramm
exotherm

Den Begriff „thermo" kennst du bestimmt aus Wörtern wie Thermometer oder Thermoskanne. Er lässt sich mit „Wärme" übersetzen. Exotherm bedeutet also „Wärme nach außen", obwohl es eigentlich egal ist, ob die Energie als Wärme, Licht oder Strom frei wird.

Energiediagramme • In Diagrammen lässt sich zeigen, wie sich der Energiegehalt während der chemischen Reaktion verändert. → 2 Dazu wird die Reaktionszeit auf der *x*-Achse und die Energie auf der *y*-Achse aufgetragen. Betrachten wir das Brennen eines Streichholzes: Am Anfang ist viel Energie in den Stoffen gespeichert. Der Energiegehalt ist hoch.
Um die Reaktion zu starten, muss man Aktivierungsenergie hinzufügen, das heißt der Energiegehalt des Systems steigt. Sobald das Streichholz brennt, wird Energie als Licht und Wärme an die Umwelt abgegeben. Die Energie des Systems nimmt ab.
Am Ende der Reaktion steckt weniger chemische Energie in den Produkten.
Es gibt neben den Verbrennungen noch andere Reaktionen, bei denen Energie frei wird.
Bei Batterien nutzen wir die Umwandlung von chemischer Energie in elektrische Energie.
Bei Leuchtstäben wandelt sich chemische Energie in Lichtenergie um. → 3

Reaktionen, bei denen Energie frei wird, nennt man exotherme Reaktionen.

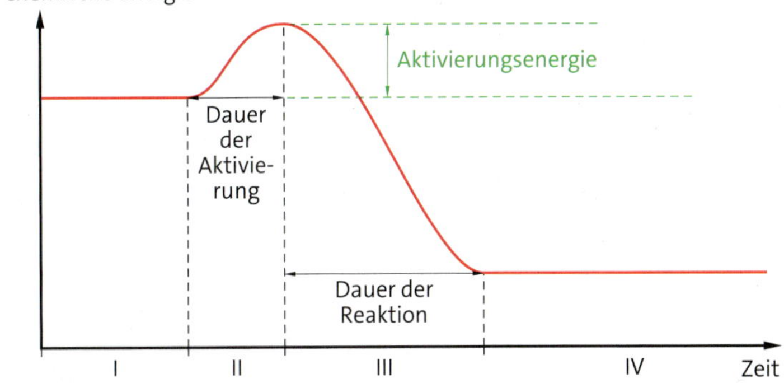

2 Energiediagramm mit eingezeichneter Aktivierungsenergie

3 Leuchtstäbe

Aufgaben

1 Nenne zwei Beispiele für exotherme Reaktionen.

2 Ordne den Phasen I – IV in Bild 2 folgende Vorgänge beim Abbrennen eines Streichholzes zu: *Reiben des Holzes an der Zündfläche – Streichholz vor der Reaktion – das Streichholz hat gebrannt – das Streichholz brennt.*

3 „Die Wärme eines Feuers kommt von der Sonne." Nimm Stellung zu dieser Aussage.

Viele Reaktionen setzen Energie frei

Material A

Die Energiefreisetzung messen

Das Brennen von Streichhölzern ist eine exotherme chemische Reaktion. Wovon hängt es ab, wie viel Energie frei wird?

Materialliste: Streichhölzer, Teelichthülle, Tiegelzange, Abdampfschale, Thermometer, Waage, Messzylinder

1 Fülle 5 ml Wasser in die Hülle eines Teelichts und miss die Temperatur. Lass dann ein halbes Streichholz unter der Teelichthülle brennen und miss erneut die Temperatur. Berechne, um wie viel Grad sich das Wasser erwärmt hat. Wiederhole den Versuch, nimm aber diesmal 10 ml Wasser. Was kannst du feststellen?

2 Fülle 5 ml Wasser in die Hülle eines Teelichts und miss die Temperatur.

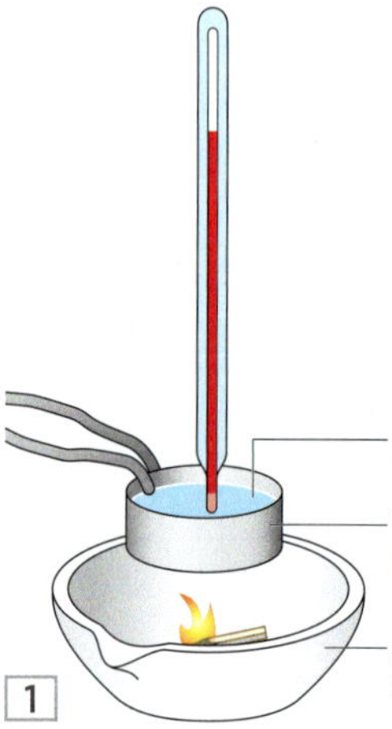

1

Lass zweimal ein halbes Streichholz unter der Teelichthülle brennen und miss erneut die Temperatur. Berechne, um wie viel Grad sich das Wasser erwärmt hat. Was fällt dir auf?

3 Wiege ein Streichholz. Erwärme anschließend mit dem Streichholz 5 ml Wasser in der Teelichthülle. Ermittle, wie stark sich das Wasser erwärmt hat. Wiege das Streichholz erneut. Sage voraus, wie viel Gramm Holz brennen müssten, um das Wasser zum Kochen zu bringen.

Material B

Zwei Feststoffe reagieren miteinander

Materialliste: Becherglas (100 ml), Thermometer, Glasstab, feste Citronensäure, Soda (Natriumcarbonat Decahydrat), Uhr mit Sekundenzeiger

1 Fülle 10 g Citronensäure in das Becherglas und miss die Temperatur.

2 Schichte 10 g Soda darüber und rühre gleichmäßig um. Lies dabei alle 15 Sekunden die Temperatur ab.

3 Notiere deine Beobachtungen in einer Tabelle.

4 Erläutere dein Ergebnis.

5 Erstelle ein Zeit-Temperatur-Diagramm.

2 Versuchsaufbau

Material C

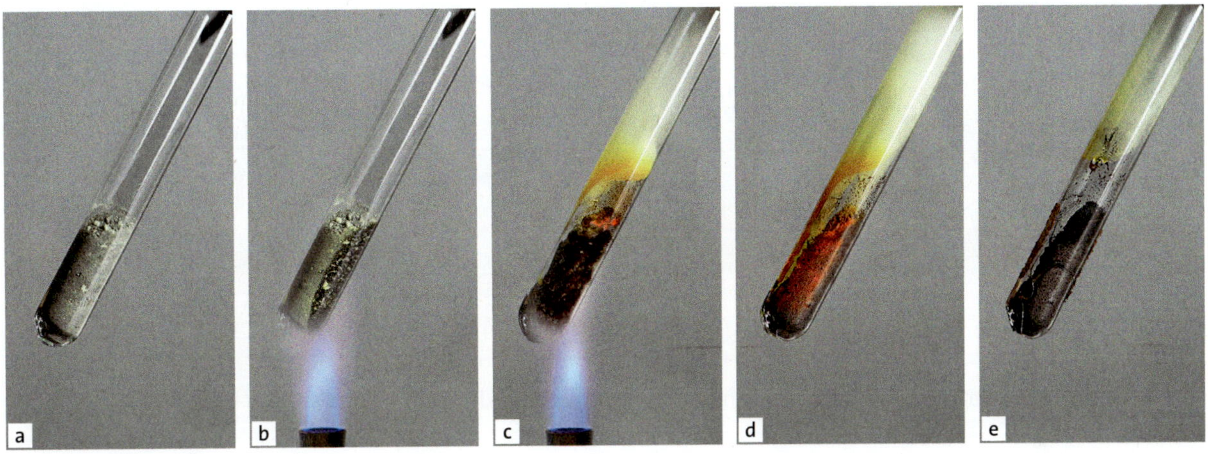

3 Die Reaktion von Eisen und Schwefel

Erstellen eines Energiediagramms

In einem Reagenzglas befand sich ein Gemisch aus Eisenpulver und Schwefelpulver. → 3a Nach 6 Sekunden wurde ein Gasbrenner unter das Reagenzglas gestellt. → 3b Weitere 18 Sekunden später sah man, wie das Gemisch aufglühte. → 3c Der Gasbrenner wurde augenblicklich entfernt. In den folgenden 36 Sekunden war zu sehen, dass das Gemisch durchglühte. → 3d Es wurde dabei so heiß, dass das Reagenzglas zersprang. Das letzte Foto der Reihe zeigt das Reagenzglas am Ende der Reaktion. Zu diesem Zeitpunkt waren insgesamt 54 Sekunden vergangen. → 3e

1 Bild 4 zeigt ein noch nicht ausgefülltes Energiediagramm.

a ☒ Zeichne ein solches Diagramm in dein Heft. Hinweis: 1 cm entspricht auf der *x*-Achse 6 Sekunden. Die *y*-Achse wird nicht skaliert.

b ☒ Beschrifte das Diagramm, indem du bei den einzelnen Phasen angibst, was zu dieser Zeit abgelaufen ist.

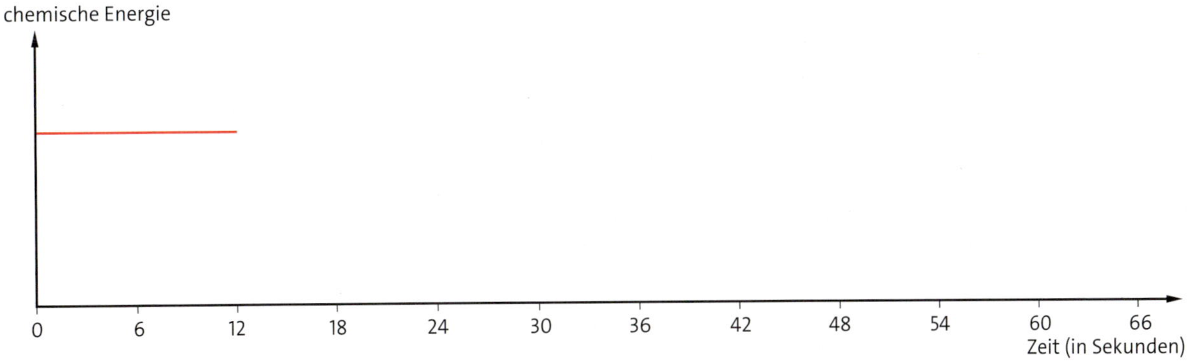

4 Hier soll die Reaktion von Eisen und Schwefel als Energiediagramm dargestellt werden.

Manche Reaktionen brauchen Energie

1 Bariumhydroxid und Ammoniumthiocyanat reagieren miteinander – und dabei wird es kalt.

Das Gegenteil von Energie „abgeben“ ist Energie „aufnehmen“. Gibt es auch ein Gegenteil von „exotherm“?

Exotherm und endotherm • Bei exothermen Reaktionen wird Energie freigesetzt. Je länger solche Reaktionen verlaufen, desto heißer kann es zum Beispiel im Reagenzglas werden. Es gibt dann mehr thermische Energie im Reagenzglas. Wie wäre das bei einer umgekehrten Reaktion? Es würde im Reagenzglas kälter werden. Denn die Stoffe, die dort reagieren, würden thermische Energie aufnehmen. Solche Reaktionen gibt es tatsächlich. Man nennt sie endotherme Reaktionen. Bild 1 ist dafür ein Beispiel.

Laden und Entladen • Der Akku im Handy gibt Energie ab. Denn im Akku laufen exotherme chemische Reaktionen ab. Das setzt Energie frei – und zwar als elektrische Energie. Beim Aufladen des Akkus ist es umgekehrt. → 2 Dann finden im Akku endotherme Reaktionen statt. Dazu muss man Strom anlegen. Die chemischen Stoffe im Akku nehmen dann Energie auf. Endotherme Reaktionen sind also auf Energiezufuhr angewiesen.

2 Laden des Akkus

Chemische Reaktionen, die nur dann ablaufen, wenn dauernd Energie zugeführt wird, nennt man endotherme Reaktionen.

Aufgaben

1 Nenne zwei Beispiele für endotherme Reaktionen.

2 Zeichne ein Energiediagramm für eine endotherme Reaktion.

3 Beim Brennen eines Streichholzes muss zu Beginn Energie zugeführt werden. Begründe, warum es sich dabei nicht um eine endotherme Reaktion handelt.

Material A

Exotherm oder endotherm?

1 ☒ Ordne die chemischen Reaktionen in den Bildern 3–7 danach, ob sie exotherm oder endotherm sind.
Begründe anschließend deine Entscheidung.

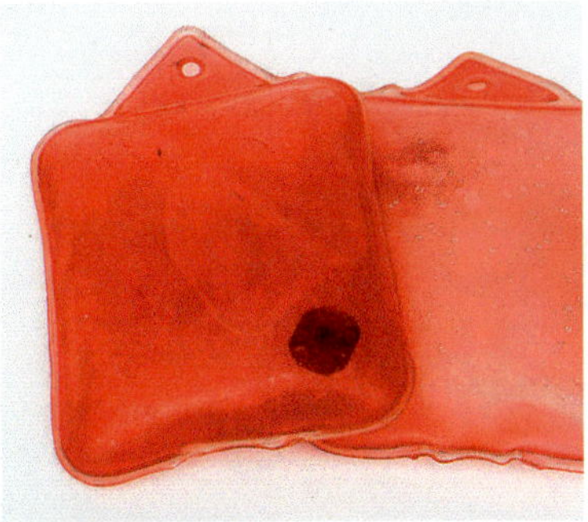

3 Wärmekissen

4 Spiegelei braten

5 Elektroauto an der Ladestation

6 Feuerwerk

7 Brennende Eisenwolle

Material B

Energiesparen durch Recycling

Die Herstellung von Aluminium aus Bodenschätzen erfordert mehrere energieintensive endotherme Reaktionen. Weniger Energie ist notwendig, um altes Aluminium durch Umschmelzen zu recyceln. Das Diagramm in Bild 8 zeigt den jeweiligen Bedarf.

1 ☒ Lies aus dem Diagramm den Energiebedarf für die Bereitstellung von 1 kg Aluminium aus Bodenschätzen und aus recyceltem Aluminium ab.

2 ☒ Der Bedarf an Aluminium liegt in Deutschland bei rund 2 Milliarden kg pro Jahr. Berechne, wie viel Energie sich durch Recycling einsparen ließe.

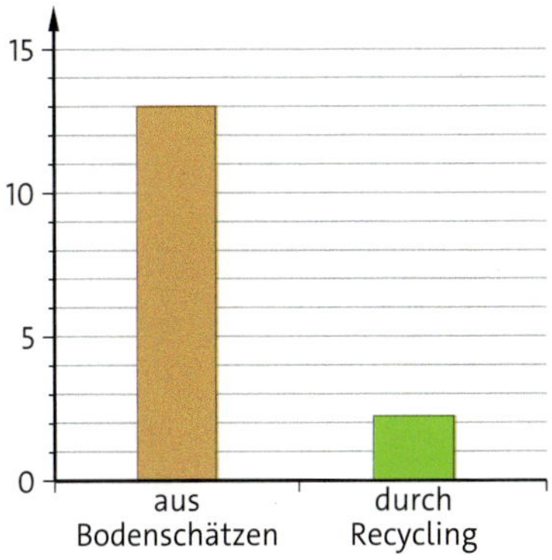

8 Energiebedarf in kWh zur Herstellung von jeweils 1 kg Aluminium

Woher habe ich meine Energie?

1 Unser Körper hat Energie.

Wir stehen auf, bewegen uns oder steigen Treppen hinauf. Dafür muss jeweils Energie umgewandelt werden. Aber wo kommt diese her?

Chemische Energie in uns • Energie entsteht nicht aus dem Nichts. Die Energie in uns kann also nur aus irgendeiner Energieform umgewandelt worden sein. Wie man inzwischen weiß, stammt alle unsere Energie aus chemischer Energie: In unserem Körper laufen ständig chemische Reaktionen ab, die Energie freisetzen.

Zellatmung • Jedem ist klar, dass wir ohne Nahrung und Atmung nicht leben können. Das liegt daran, dass wir unsere Energie aus chemischen Reaktionen der Nahrung mit Teilen der Atemluft beziehen.
Ein Versuch zeigt, welche Stoffe dabei eine Rolle spielen: In frischer Luft wurde der Gehalt an den verschiedenen Luftbestandteilen gemessen. → 3 Danach wurde mehrmals in eine Tüte ein- und ausgeatmet.
Als nun Sensoren zur Messung in die Tüte gesteckt wurden, zeigten sie ganz andere Werte: → 3 Die ausgeatmete Luft enthielt weniger Sauerstoff und mehr Kohlenstoffdioxid.
Dies muss man so deuten: Der eingeatmete Sauerstoff hat in unserem Körper mit Teilen der Nahrung reagiert. Als Reaktionsprodukt ist Kohlenstoffdioxid entstanden und dann ausgeatmet worden.
Diese chemischen Reaktionen, bei denen übrigens auch Wasser entsteht, sind exotherm und werden Zellatmung genannt. → 4 Alle Menschen, Tiere und Pflanzen gewinnen ihre Energie aus diesen Reaktionen.

Unser Körper gewinnt seine nutzbare Energie aus exothermen Reaktionen. Dabei reagieren Teile der Nahrung mit Sauerstoff. Diese Reaktionen nennt man Zellatmung.

Transport im Körper • Der Sauerstoff wird in die Lunge eingeatmet. Die Nahrung kommt nach dem Kauen erst einmal in den Magen. Wie aber kommen Sauerstoff und Nahrungsbestandteile dann z. B. in den Muskel oder in das Gehirn? Denn dort wird ja ständig Energie gebraucht.
Dieses Problem wird mit dem Blutkreislauf gelöst. Sauerstoff und Nahrungsbestandteile gelangen beide in unser Blut: der Sauerstoff über die Lunge, die Nahrungsbestandteile über den Darm. Unser Herz ist der Antrieb für das Blut. Das Blut wird – mit den darin gelösten Bestandteilen – an alle Stellen des Körpers gepumpt. Dort findet dann die Zellatmung statt.

Keuchen beim Sport • Es gibt Momente, in denen man mehr Energie braucht, z. B. beim Sport. Dann muss mehr Zellatmung ablaufen, also mehr an exothermen Reaktionen.
Unser Körper reagiert darauf und passt sich dem neuen Energiebedarf an. Unbewusst gibt unser Gehirn Befehle, die zur Folge haben, dass man schneller atmet, damit mehr Sauerstoff in den Körper kommt. Auch das Herz schlägt dann schneller. Auf diese Weise werden mehr Sauerstoff und mehr Nahrungsbestandteile durch den Körper gepumpt.

Mithilfe von Lunge, Verdauungsorganen und Blutkreislauf schafft es unser Körper, Sauerstoff und Nahrungsbestandteile gleichzeitig an alle Stellen des Körpers zu bringen.

	Frische Luft	Ausgeatmete Luft
Stickstoff	78,08 %	78,08 %
Sauerstoff	20,94 %	17,73 %
Argon	0,93 %	0,93 %
Kohlenstoffdioxid	0,04 %	3,25 %
Sonstige Gase	0,01 %	0,01 %

3 Messwerte zur Zusammensetzung der Luft bei einem Experiment

Nahrung (z. B. Zucker) + Sauerstoff ⟶ Kohlenstoffdioxid + Wasser

4 Reaktionsgleichung der Zellatmung

Aufgaben

1 Nenne die Stoffe, aus deren Reaktion unser Körper seine Energie gewinnt.

2 Nenne die Teile unseres Körpers, die bei der Energieversorgung eine Rolle spielen.

3 Ein Mensch, der gerade gestorben ist, kühlt ziemlich schnell auf die Temperatur der Umgebung ab. Erkläre, wieso der Körper abkühlt.

4 Durch Mund-zu-Mund-Beatmung versucht man, Personen mit Atemstillstand zu retten. Erkläre, wieso dabei die ausgeatmete Luft des Helfers für den Verunglückten lebensrettend sein kann.

Woher habe ich meine Energie?

Material A

Energieumwandlung und Energiebedarf

Je mehr Energie dein Körper umwandelt, desto schneller sind Atmung und Herzschlag.

Miss deine Atemzüge und Herzschläge pro Minute im Sitzen, nach langsamem und nach schnellem Treppensteigen.

1 ◩ Erstelle ein Diagramm aus deinen Messwerten. Erkläre, warum die Ergebnisse ein Hinweis auf unterschiedlich viel Zellatmung in deinem Körper sind.

1 Pulsmessen an der Halsschlagader

Material B

Wie viel Sauerstoff verbrauchen wir?

Materialliste: Stativmaterial, 2 Kolbenprober, Quarzrohr, Drei-Wege-Hahn, Eisenwolle, Gasbrenner, Gummischläuche

Der Sauerstoffgehalt der Luft lässt sich mit der unten gezeigten Apparatur bestimmen.

Baue den Versuch wie in Bild 2 auf. Dann saugst du exakt 100 ml Luft in den rechten Kolbenprober. Nun musst du den Drei-Wege-Hahn so einstellen, dass die Luft in den linken Kolbenprober gepumpt werden kann. Probiere es aus.

Dann wird die Eisenwolle im Quarzrohr mithilfe des Brenners für ca. 30 Sekunden erhitzt. Leite nun die Luft viermal zwischen den Kolben hin und her.

1 ◩ Wie viel Gas befindet sich nach dem Versuch im Kolbenprober? Erkläre, was mit dem „fehlenden" Gas passiert ist. Gib den Sauerstoffgehalt der Luft an, den du ermitteln konntest. Erstelle ein Versuchsprotokoll.

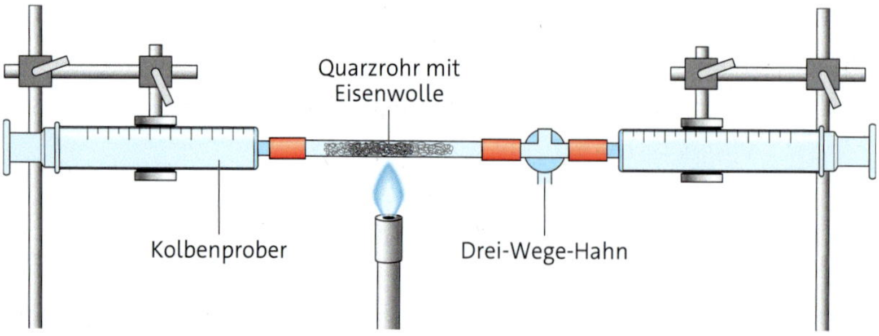

2 In dieser Apparatur kann Sauerstoff mit Eisenwolle reagieren.

2 ⊠ Atme dreimal in eine Plastiktüte ein und aus. Achte dabei darauf, dass du immer wieder die Luft aus der Tüte einatmest. Sauge anschließend den Inhalt der Tüte in die Apparatur. Wie viel Sauerstoff enthält die geatmete Luft?
Wenn du das Volumen der geatmeten Luft in der Tüte bestimmst (*Tipp:* mit Wasser und Messzylinder), kannst du deinen Sauerstoffverbrauch berechnen. Stelle Hochrechnungen an, wie viel Sauerstoff du in der Minute, in einer Stunde und am Tag verbrauchst.

Material C

Energiegehalt von Lebensmitteln

Zum Erwärmen von Wasser ist Energie notwendig. Um 1 ml Wasser um 1 Grad zu erwärmen, braucht man 4,2 Joule.

Materialliste: Korken, Alufolie, Stopfnadel, Feuerzeug, Konservendose, Erdnussflip, Thermometer, Waage, Holzhalterung

1 ◪ Berechne, wie viel Energie für folgende Erwärmungen von Wasser notwendig sind:
- 100 ml um 1 Grad
- 1 ml um 20 Grad
- 20 ml um 15 Grad
- 53 ml um 3,5 Grad

2 ⊠ Umwickle einen Korken mit Alufolie und stecke eine Stopfnadel in den Korken. Spieße nun einen Erdnussflip auf wie in Bild 3 gezeigt. Fülle 100 ml Wasser in eine Konservendose und miss die Temperatur. Entzünde den Flip und erhitze mit dem brennenden Flip das Wasser. → 4
Miss die Temperatur des erwärmten Wassers. Berechne, wie viel Energie durch die exotherme Reaktion des Verbrennens des Flips in das Wasser ging.

3 ⊠ Wiederhole den Versuch. Wiege diesmal jedoch den Flip vorher und nachher. In wie viel Gramm Flip steckt die ermittelte Energiemenge? Berechne, wie viel chemische Energie in 100 g Flip enthalten sind.

4 ⊠ Vergleiche den von dir ermittelten Energiegehalt in 100 g Flip mit dem auf der Verpackung angegebenen Wert. Nenne Gründe, warum dein Wert geringer ist.

Mindestens haltbar bis: / Best before: / A consommer de préférence avant le: / Da consumarsi preferibilmente entro:

Durchschnittliche Nährwertangaben / Average nutrition information / Valeurs nutritionnelles moyennes / Valori nutrizionali medi	100 g	% RM* / 30 g % RI* / 30 g % AR* / 30 g % AR* / 30 g
Energie / energy / énergie / energia	2 094 kJ / 500 kcal	7 % 8 %
Fett / fat / graisses / grassi davon gesättigte Fettsäuren / of which saturates / dont acides gras saturés / di cui acidi grassi saturi	24 g 4,0 g	10 % 6 %
Kohlenhydrate / carbohydrate / glucides / carboidrati davon Zucker / of which sugars / dont sucres / di cui zuccheri	56 g 2,3 g	7 % < 1 %
Ballaststoffe / fibre / fibres alimentaires / fibre	4,1 g	-
Eiweiß / protein / protéines / proteine	13 g	8 %
Salz / salt / sel / sale	2,0 g	10 %

* (D) Referenzmenge für einen durchschnittlichen Erwachsenen (8 400 kJ / 2 000 kcal). Packung enthält 8-9 Portionen à 30 g.
(GB) Reference intake of an average adult (8 400 kJ / 2 000 kcal). Package contains 8-9 portions à 30 g.
(F) Apport de référence pour un adulte-type (8 400 kJ / 2 000 kcal). Paquet contenant 8-9 portions à 30 g.
(I) Assunzioni di riferimento (AR) di un adulto medio (8 400 kJ / 2 000 kcal). La confezione contiene 8-9 porzioni da 30 g.

5 Energiegehalt von Erdnussflips light

5 ⊠ Ermittle die Energiegehalte von normalen Erdnussflips und von Erdnussflips light. Vergleiche die Werte. Nimm Stellung zu der Werbeaussage „30 % weniger Fett".

3 Halterung für Erdnussflips

4 Versuchsanordnung zur Bestimmung des Energiegehalts

Wie kommt die Energie in die Nahrung?

1 Obstbäume liefern uns Nahrung. Und sie haben die typische Farbe der Pflanzen: Grün.

In unserer Nahrung ist chemische Energie gespeichert. Doch wo kommt diese her?

Fotosynthese • Energie entsteht nicht aus dem Nichts. Daher stellt sich die Frage, aus welcher Energieform sich die chemische Energie in Nahrungsmitteln umgewandelt hat.
Sie stammt aus einer endothermen chemischen Reaktion. Aus Kohlenstoffdioxid und Wasser entstehen dabei Zucker und Sauerstoff. Die dafür nötige Energie liefert das Sonnenlicht. Diese bedeutende endotherme chemische Reaktion nennt man Fotosynthese.

Die Rolle der Pflanzen • Egal, ob man Äpfel direkt vom Baum, Nudeln aus der Fabrik oder Hühnereier vom Bauernhof isst: Im Endeffekt haben alle Nahrungsmittel ihren Ursprung in Pflanzen. Daher ist die Sonne die Energiequelle, aus der alle Lebewesen ihre Energie beziehen.
Alle Lebewesen, egal ob Mensch, Tier oder Pflanze, gewinnen ihre Energie durch die exotherme Reaktion der Zellatmung. Die endotherme Reaktion der Fotosynthese können aber nur Pflanzen durchführen. Nur sie haben den grünen Farbstoff Chlorophyll, der dafür notwendig ist.

Pflanzen können in einer endothermen Reaktion die Strahlungsenergie der Sonne in chemische Energie umwandeln. Diese Reaktion nennt man Fotosynthese.

Aufgaben

1 ◪ Nenne Ausgangsstoffe und Reaktionsprodukte der Fotosynthese.

2 ⊠ Begründe, warum man auf Grünflächen in der Stadt nicht verzichten sollte.

Material A

Licht oder Wärme?

Die Energie für die Fotosynthese kommt vom Licht der Sonne.

Oder kommt sie vielleicht von der Wärmeenergie der Sonne?

Beantworte die Frage, indem du einen Versuch mit schnell wachsender Kresse durchführst.

1 ◩ Notiere die Bedingungen, unter denen du mehrere Keimansätze wachsen lassen willst.

2 ◩ Formuliere Hypothesen für die einzelnen Keimansätze.

3 ⊠ Notiere eine Materialliste und erstelle eine Versuchsdurchführung. Nutze die Materialvorschläge. → 2 Lass diese von deiner Lehrkraft kontrollieren.

4 ⊠ Führe den Versuch durch und notiere deine Beobachtungen in einer Tabelle.

5 ⊠ Werte deine Ergebnisse aus und überprüfe deine ursprünglichen Hypothesen.

Kressesamen schwarze Abdeckkappen
durchsichtige Abdeckkappen Dünger
Glasschälchen
Kühlschrank Leitungswasser
Watte
Erde Petrischalen Lampe

2 Materialvorschläge für die Keimversuche

Material B

Ergänzung oder Gegenteil?

Lisa sagt: „Fotosynthese und Zellatmung sind das Gegenteil." Tom antwortet: „Ich finde, dass sie sich toll ergänzen."

1 ◩ Beschreibe das in Bild 3 gezeigte Schema mit eigenen Worten.

2 ⊠ Begründe, ob du Lisa oder Tom zustimmen würdest.

3 ⊠ Erkläre, warum die Energie in einem Hühnerei letztlich von Pflanzen stammt.

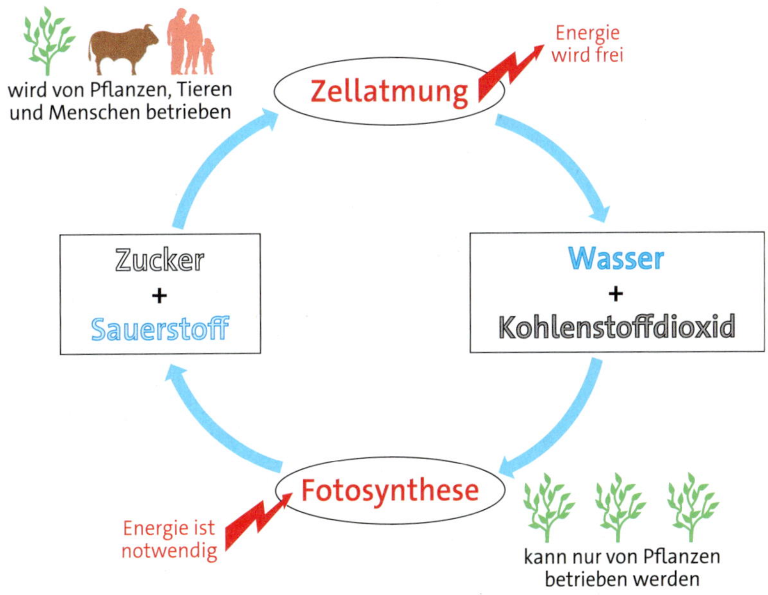

3 Zusammenhang von Zellatmung und Fotosynthese

Zusammenfassung

Feuer entzünden ... • Um ein Feuer zu entzünden, müssen drei Bedingungen erfüllt sein: Man braucht einen brennbaren Stoff, genügend Sauerstoff und die Zündtemperatur des brennbaren Stoffs muss überschritten sein.

... und bekämpfen • Um einen Brand zu bekämpfen, kann man den Brennstoff entfernen, die Luftzufuhr unterbrechen oder die Temperatur senken.

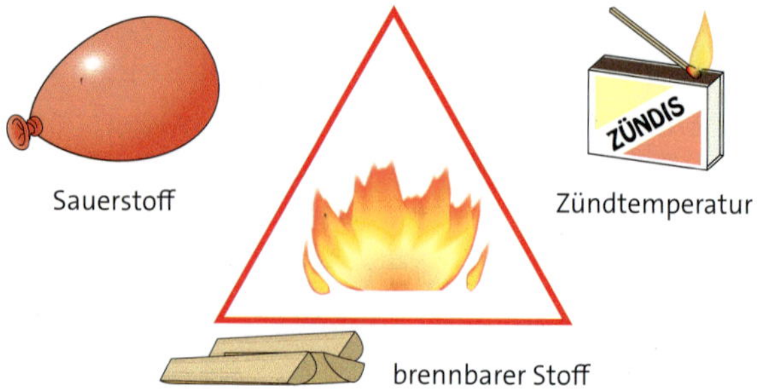

1 Verbrennungsdreieck

2 Brennstoff entziehen

3 Sauerstoffzufuhr unterbinden

4 Abkühlen mit Wasser

Chemische Reaktion • Bei chemischen Reaktionen entstehen aus den Edukten neue Stoffe, die Reaktionsprodukte. Es findet also eine Stoffumwandlung statt. Dabei kann man zum Beispiel ein Aufglühen, einen Farbumschlag oder eine Gasentwicklung beobachten.
Viele chemische Reaktionen starten nur nach Zufuhr von Aktivierungsenergie. Diese wird meist in Form von Wärme zugeführt.

Darstellung im Modell • Reaktionen lassen sich mit Modellen veranschaulichen. Da alle Stoffe aus kleinsten Teilchen bestehen, verwendet man oft ein sogenanntes Teilchenmodell. Dabei werden die Teilchen z. B. als Kugeln in verschiedenen Farben und Größen dargestellt. Bei einer Reaktion geht kein Teilchen verloren und keines wird neu gebildet. Die Teilchen ordnen sich nur neu an.

Energie • Bei chemischen Reaktionen wird immer Energie umgewandelt. Wenn Energie freigesetzt wird, spricht man von einer exothermen Reaktion. Meist wird die chemische Energie dabei in Wärmeenergie umgewandelt. Reaktionen, die nur ablaufen, wenn man ständig Energie zuführt, nennt man endotherme Reaktionen.

5 Feststoff + Flüssigkeit → Gas (in der Wirklichkeit)

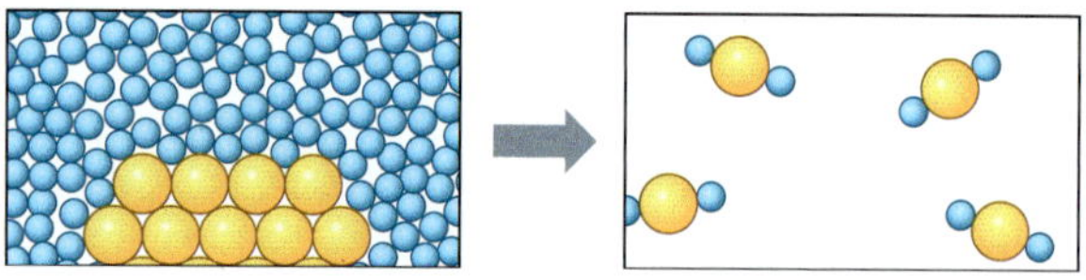

6 Feststoff + Flüssigkeit → Gas (im Modell)

Teste dich! (Lösungen im Anhang)

Bedingungen für ein Feuer

1 Der Junge in Bild 7 hat eine Bedingung für ein Feuer nicht berücksichtigt.

a ◪ Nenne die vergessene Bedingung.

b ⊠ Beschreibe, wie man vorgehen muss, um ein Lagerfeuer zu entzünden.

7 Warum klappt es nicht?

2 ⊠ Ein Eisennagel brennt nicht, Eisenwolle dagegen schon. → 8 Erkläre dies.

8

Merkmale chemischer Reaktionen

3 Die A-Jugend des Fußballvereins veranstaltet einen Rundenabschluss mit Lagerfeuer. Es wird ein großer Haufen an Holz verbrannt. Die Reaktionsgleichung dazu ist aber etwas durcheinandergeraten:

Asche + Holz ⟶ Sauerstoff + Kohlenstoffdioxid

a ⊠ Korrigiere die Reaktionsgleichung.

b ◪ Welche Merkmale von chemischen Reaktionen lassen sich dabei beobachten? Erläutere.

c ⊠ Für den Hunger werden Würste gegrillt und Stockbrot gebacken. Begründe, ob es sich hierbei um chemische Reaktionen handelt.

9 Eine chemische Reaktion auf dem Grill?

Chemische Reaktionen und Energie

4 Damit ein Benzinmotor funktioniert, braucht er eine sogenannte Zündkerze, die Funken erzeugt.

a ⊠ Begründe, warum man für die Verbrennung von Benzin einen Zündfunken braucht.

b ⊠ Gib zwei weitere Wege an, wie man Benzin noch zum Brennen bringen könnte.

5 Wenn man bei einem Wärmekissen ein Metallplättchen im Innern knickt, heizt sich das Kissen für eine Weile auf und wird schließlich fest. → 10 Grund dafür ist, dass im Innern eine chemische Reaktion in Gang gesetzt wird.

a ◪ Entscheide, ob es sich um eine exotherme oder endotherme Reaktion handelt.

b ⊠ Wie bezeichnet man das Knicken des Plättchens aus reaktionsenergetischer Sicht?

c ⊠ Zeichne das Energiediagramm dieser chemischen Reaktion.

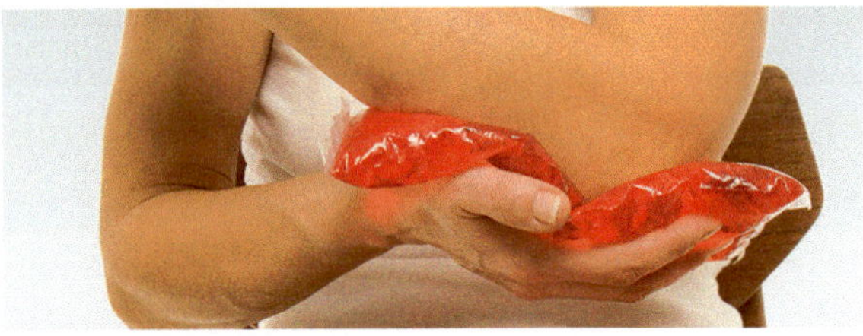

10 Wärmekissen

Metalle – wertvoll und wichtig

Sind Metalle spröde oder biegsam?

Woher stammen die Rohstoffe für Metalle?

Woraus besteht Stahl?

Was genau sind Metalle?

1 Sind Metalle grundsätzlich hart, stabil und glänzend?

Ein Blick in die Geschichtsbücher zeigt: Metalle waren immer sehr wichtig. Es gab ganze Zeitalter, die nach Metallen benannt wurden.

Wenn du dich in deiner Umgebung umschaust, werden dir viele Stoffe auffallen: Kunststoffe, Holz, Metalle ... Metalle spielen in der Chemie eine wichtige Rolle. Was ist typisch für diese Stoffgruppe?

Verformbarkeit • Alle Metalle sind verformbar. Das kannst du leicht feststellen, wenn du einen dünnen Draht in eine bestimmte Form bringen willst. Sogar dicke Stahlträger können sich durch große Krafteinwirkung verbiegen. Dabei zerbrechen die Metalle nicht so einfach.

Elektrische Leitfähigkeit • Metalle leiten sehr gut den elektrische Strom. Auch einige andere Stoffe können den Strom leiten, aber Metalle sind die Spitzenreiter unter den Stromleitern.

Wärmeleitfähigkeit • Sicherlich haben sich viele schon einmal den Finger an einem heißen Kochtopf aus Metall verbrannt. Metalle leiten nämlich auch Wärme hervorragend.

Metallischer Glanz • Metalle haben eine glänzende Oberfläche. Allerdings kann dieser Glanz auch sehr schnell wieder verschwinden, wenn das Metall chemisch reagiert.
Für die Schmuckherstellung sind daher überwiegend Gold und Silber interessant, da sie sehr beständig sind. Besonders Gold ist aufgrund seiner Farbe und seines seltenen Vorkommens ein begehrtes Metall.

Metalle bilden eine Stoffgruppe. Alle Stoffe in dieser Stoffgruppe haben mehrere gleiche Eigenschaften.

das Leichtmetall
das Schwermetall
das Edelmetall
das unedle Metall

Es gibt aber auch eine Reihe von Unterschieden zwischen den Metallen:

Magnetismus • Nur wenige Metalle sind magnetisierbar, nämlich nur Eisen, Cobalt und Nickel. Die anderen Metalle lassen sich von einem Magneten nicht anziehen.

Härte • Manche Metalle sind so weich, dass man sie mit einem Fingernagel ritzen kann. Dazu gehört Blei. Daher verwendete man es früher gerne beim Dachausbau. Es lässt sich leicht in die entsprechende Form schneiden und biegen. → 2

Schmelztemperatur • Die Schmelztemperaturen der Metalle sind sehr unterschiedlich. Ein einziges Metall ist sogar schon bei Raumtemperatur flüssig: Quecksilber.

Leicht- und Schwermetalle • Auch die Dichte ist sehr unterschiedlich. Man unterscheidet Leichtmetalle, z. B. Aluminium, und Schwermetalle, z. B. Blei.

Edelmetalle und unedle Metalle • Einige Metalle, z. B. Gold, gehen normalerweise keine chemischen Reaktionen ein. Sie bleiben für immer unverändert. Solche Metalle nennt man Edelmetalle.
Andere Metalle können mit einer Reihe von Stoffen reagieren. Dabei verändern sie sich. Beispielsweise verschwindet dann der Metallglanz. Eisen ist ein Beispiel für diese unedlen Metalle, denn Eisen kann rosten.

2 Abdichtung eines Schornsteins mit Blei

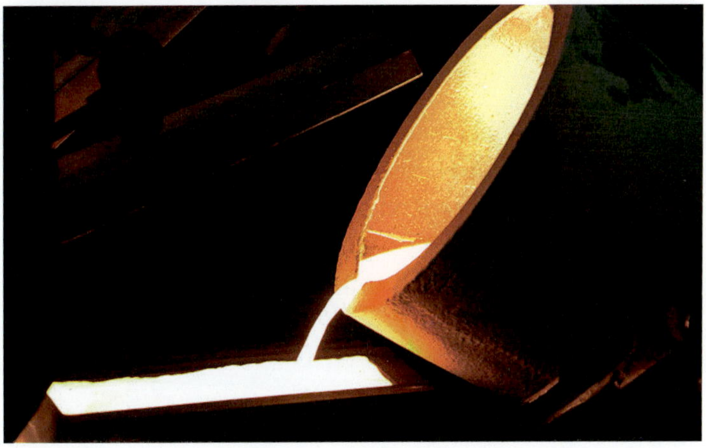

3 Aluminium ist oberhalb von 660 °C flüssig.

Aufgaben

1 Nenne die gemeinsamen Eigenschaften der Stoffgruppe der Metalle.

2 Nenne die magnetisierbaren Metalle.

3 Erkläre, warum Gold ein begehrtes Material für die Schmuckherstellung ist.

Was genau sind Metalle?

Material A

„Bleigießen“ an Silvester

Weil Bleiverbindungen giftig sind, verwendet man heute Alternativen zu Blei. Ein geeignetes Ersatzmetall beim ursprünglichen Bleigießen ist Zinn. An Silvester ist es beliebt, aus den dabei entstehenden Formen die Zukunft „vorherzusagen“.

Materialliste: Kerze, großer Löffel, Zinngranulat, Becherglas mit Wasser

1 Gib auf den Löffel einen halben Teelöffel Zinn. Halte den Löffel über eine brennende Kerze.

2 Wenn sich eine gelbliche Haut gebildet hat, gießt du das Zinn in das Wasser.

3 ☒ Informiere dich bei einem kommerziellen Bleigieß-Set über die Zusammensetzung des „Bleis“, das dort verwendet wurde.

4 ☒ Beim Abschrecken von Zinn in Wasser ändert sich der Aggregatzustand. Stelle in einem Comic aus mehreren Bildern auf Teilchenebene dar, was dabei geschieht.

1 Erhitzen von Zinn

2 Abschrecken in Wasser

Material B

Ermittlung der Schmelztemperatur von Zinn

Mit einem Versuchsaufbau wie in Bild 4 kannst du die Schmelztemperatur von Zinn überprüfen.

Materialliste: Teelicht, Löffel, Thermometer, Zinn, Stativ, Erhöhung für Teelicht

Zinn	232 °C
Blei	327 °C
Zink	420 °C
Aluminium	660 °C
Kupfer	1085 °C
Eisen	1538 °C

3 Schmelztemperaturen

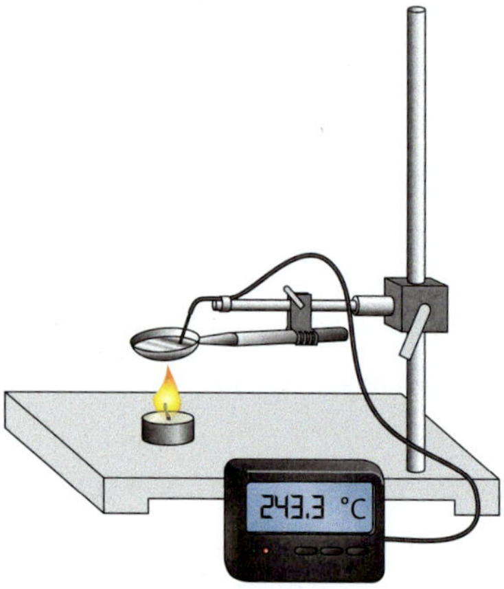

4 Versuchsaufbau zur Messung der Schmelztemperatur

1 Baue den Versuch auf und überprüfe die Schmelztemperatur von Zinn.

2 ☒ Begründe, warum dieser Versuchsaufbau nur bei Zinn, Zink und Blei funktioniert.

Material C

Welche Münzen sind magnetisch?

Materialliste: Cent- und Euromünzen, Magnet

1 Untersuche, welche Münzen magnetisierbar sind, also von einem Magneten angezogen werden.
Erstelle eine Tabelle mit deinen Ergebnissen. → 5

2 Ergänze in deiner Tabelle zu jeder Münze die enthaltenen Metalle. → 6

3 Nur zwei der enthaltenen Metalle sind magnetisierbar. Welche? Begründe deine Entscheidung.

Münze	Magnetisierbar?	Enthaltene Metalle
1 Cent	?	?
2 Cent	?	?
5 Cent	?	?
...	...	...

5 Mustertabelle

Metalle in Geldmünzen

Die rötlichen Cent-Stücke bestehen aus Eisen mit einem Überzug aus Kupfer.

Die goldglänzenden Cent-Stücke bestehen aus einem Schmelzgemisch aus Kupfer, Aluminium, Zink und Zinn.

Der innere Teil der 1-Euro-Münze besteht aus einem Schmelzgemisch aus Kupfer und Nickel. Der äußere Teil enthält zusätzlich Zink. Bei der 2-Euro-Münze ist es umgekehrt.

6

Material D

Nicht die Finger verbrennen!

Materialliste: Metallstreifen aus Aluminium, Kupfer und Eisen, Silberlöffel, Glasstab, Brenner

Achtung • Verbrennungsgefahr!

1 Fünf Schülerinnen und Schüler erhalten jeweils einen Gegenstand von einer Sorte.

2 Haltet die Spitzen der Gegenstände gleichzeitig in die Flamme. Der Abstand von den Fingern zur Materialspitze sollte bei allen gleich sein. Achtet darauf, dass ihr die Gegenstände rechtzeitig weglegt, bevor sie zu heiß werden.

3 Dokumentiere, in welcher Reihenfolge die Gegenstände heiß werden.

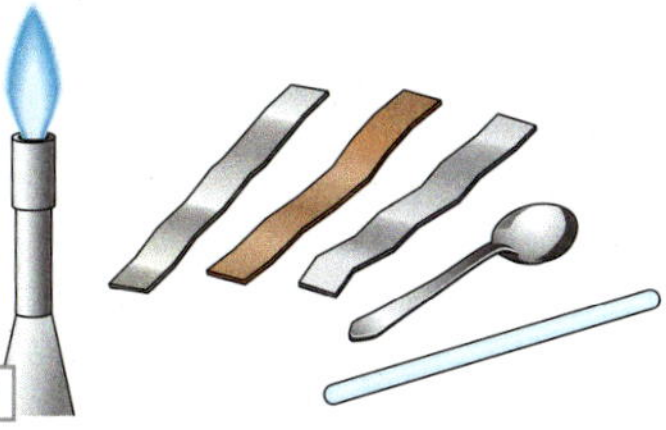

7

4 Kochtöpfe werden aus Aluminium, Kupfer und Eisen (Cromargan) hergestellt, nicht aber aus Silber. Begründe.

Man findet eigentlich nur Erze

1 Hier wird kein Eisen abgebaut, sondern Eisenerz.

2 Hämatit (Eisenoxid)

Es gibt nur wenige Metalle, die auf der Erde in ihrer reinen Form vorkommen. Dazu gehören die Edelmetalle Gold, Silber und Platin. Der weitaus größere Teil der Metalle liegt in Form von Erzen vor.

Oxide und Sulfide • Viele Metalle reagieren leicht mit Sauerstoff. Die Verbindungen, die sich bei diesen Oxidationen bilden, heißen Metalloxide, z. B.:

Eisen + Sauerstoff ⟶ Eisenoxid

Neben Sauerstoff reagieren Metalle auch mit Schwefel. Bei dieser Reaktion entstehen Metallsulfide, z. B.:

Kupfer + Schwefel ⟶ Kupfersulfid

Erze • Die meisten Metalle liegen in der Erde als Metallverbindungen vor. Wenn diese Metallverbindungen wirtschaftlich genutzt werden, nennt man sie Erze.

Erze als Schmuck • Erze sehen ganz anders aus als die Metalle. Kupferoxid beispielsweise ist nicht kupferrot, sondern schwarz.

Manche Erze werden auch als Schmuck genutzt, z. B. polierter Hämatit (ein Eisenoxid) oder Malachit (eine Kupferverbindung). → 2 3

Erze als Rohstoff • Aus den Erzen kann man die Metalle gewinnen. Daher werden zum Beispiel Eisenoxide in riesigen Mengen in Bergwerken abgebaut. → 1

Oft ist dies mit erheblichen Folgen für die Umwelt verbunden, z. B. Wasserverschmutzung und Abholzung. Auch der Transport und die Aufarbeitung der Erze kann die Umwelt belasten. Ob sich der Abbau einer Lagerstätte lohnt, hängt vor allem vom Metallgehalt ab. Bei einem wertvollen Metall wie Kupfer kann sich der Abbau schon ab einem Kupfergehalt von 1 Prozent lohnen.

das Erz
die Reduktion
das Reduktionsmittel
die Redoxreaktion

Wie kommt man nun aber vom Erz zum Metall, also zum Beispiel vom Kupferoxid zum reinen Kupfer?

Reduktion • Wenn Kupferoxid Sauerstoff abgibt, entsteht reines Kupfer.

Kupferoxid → Kupfer + Sauerstoff

Kupferoxid ist bei dieser Reaktion ein Sauerstoffgeber. Dieser Vorgang wird Reduktion genannt.
Um diesen Prozess ablaufen zu lassen, wird ein Reaktionspartner benötigt, der mit dem Sauerstoff des Kupferoxids reagiert und diesen aufnimmt. Dieser Sauerstoffnehmer wird als Reduktionsmittel bezeichnet. Er hat ein größeres Bindungsbestreben zu Sauerstoff als Kupfer.

Redoxreaktion • Holzkohle bietet sich für diese Reaktion an. Der Kohlenstoff aus der Holzkohle verbindet sich mit dem Sauerstoff. Er ist das Reduktionsmittel. Kohlenstoff wird dabei zu Kohlenstoffdioxid oxidiert. → 4
Da Oxidation und Reduktion gleichzeitig ablaufen, spricht man auch von einer Reduktions-Oxidations-Reaktion, kurz Redoxreaktion. → 5

Viele wichtige Metalle kommen in der Natur nur als Erze vor. Die Metalle gewinnt man z. B. durch Reduktion bestimmter Erze.

3 Malachit (roh und poliert) ist eine Kupferverbindung.

4 Reaktion von Kupferoxid mit Kohlenstoff – dargestellt mit Playmais

Aufgaben

1 Nenne drei Metalle, die in der Natur in reiner Form vorkommen.

2 Erläutere, was man unter einem Erz versteht.

3 Erkläre die Begriffe Oxidation, Reduktion und Redoxreaktion.

4 Du willst reines Eisen gewinnen. Gelingt dir das durch feines Zerreiben von Eisenoxid? Erkläre.

Kupferoxid (Sauerstoffgeber)	+	Kohlenstoff (Sauerstoffnehmer)	→	Kupfer	+	Kohlenstoffdioxid

5

Man findet eigentlich nur Erze

Material A

Kupferoxid und Kohlenstoff

Materialliste: Kupferblech, Aktivkohle, Brenner, Tiegelzange, feuerfeste Unterlage

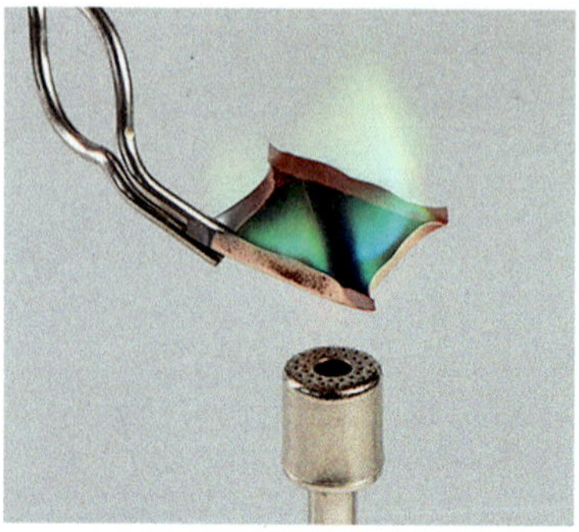

1 Kupferwanne mit Aktivkohle

1 Schneide dir ein Kupferblechquadrat mit der Kantenlänge 5 cm zurecht. Biege die Ränder nach oben.
Halte die entstandene Kupferwanne in die Brennerflamme, bis das Blech schwarz ist. Lass die Form abkühlen.

2 Bedecke den Boden der Wanne mit Aktivkohle. Halte dann die Wannenform wieder in die Flamme. → 1 Lass die Wanne abkühlen, ohne zu wackeln. Nach dem Abkühlen entsorgst du die Aktivkohle.

3 Beschreibe deine Beobachtungen bei allen Teilen des Versuchs.

4 Formuliere Vermutungen, welche Reaktionen hier abgelaufen sein könnten. Erstelle dazu auch die Reaktionsschemata.

5 Begründe, ob Kupfer oder Kohlenstoff ein größeres Bestreben hat, sich mit Sauerstoff zu verbinden.

Material B

Gewinnung von Silber aus Silberoxid

Silber kommt in der Natur sowohl in reiner Form als auch in Verbindungen vor.

2 Reines Silbernugget aus der Natur

Materialliste: Reagenzglas, Silberoxid, Spatel, Brenner, Reagenzglasklammer

1 Gib 2–3 Spatel Silberoxid in das Reagenzglas. Spanne es schräg in ein Stativ ein. Erhitze es und halte einen glimmenden Span in die Öffnung.

3 Silberoxid erhitzen

2 Erstelle eine Wortgleichung für den Vorgang.

3 Vergleiche die Reaktion mit der Reduktion von Kupferoxid. Nenne die Unterschiede. Formuliere eine Vermutung, warum dies so ist.

4 Begründe, ob es sich um eine Reduktion handelt. Verwende in deiner Begründung den Begriff Sauerstoffgeber.

5 Entscheide, ob es sich beim Erhitzen von Silberoxid um eine exotherme oder endotherme Reaktion handelt.

Erweitern und Vertiefen

Reaktionen vorher und nachher

Chemiker benutzen oft Modelle, um chemische Vorgänge zu beschreiben und zu verdeutlichen. Um die kleinen Teilchen der unterschiedlichen Stoffe darzustellen, kann man Kugeln nutzen.

Bild 4 beschreibt die Reaktion von Kupfer und Sauerstoff im Modell. Es verbinden sich jeweils zwei Kupferteilchen mit einem Sauerstoffteilchen. Es entsteht Kupferoxid.

In Bild 5 ist die Reaktion von Kupferoxid mit Kohlenstoff dargestellt. Bei dieser Reaktion binden sich an ein Kohlenstoffteilchen zwei Sauerstoffteilchen. Dabei entstehen festes Kupfer und gasförmiges Kohlenstoffdioxid.

Betrachtet man die beiden Beispiele genauer und zählt die Teilchen vor und nach der Reaktion, so kann man Folgendes feststellen: Vor und nach der Reaktion ist die Anzahl der Teilchen exakt gleich. Bei chemischen Reaktionen ändern sich die Bindungen zwischen den Teilchen, die Anzahl bleibt allerdings gleich.

Aufgaben

1 Betrachte die Reaktion von Kohlenstoff und Sauerstoff. → 6 Vergleiche die Anzahl der Teilchen vor und nach der Reaktion.

2 Formuliere einen Merksatz für die Teilchenanzahl bei chemischen Reaktionen.

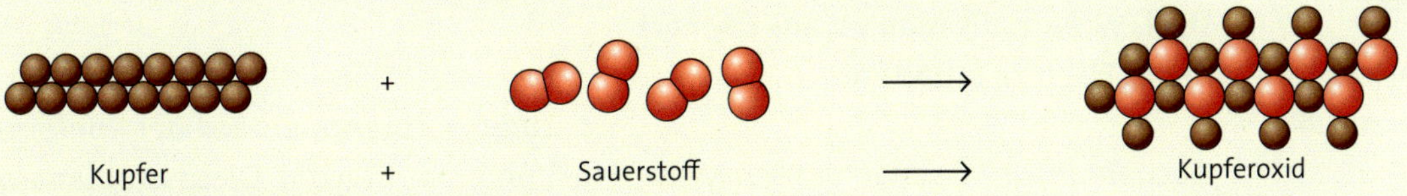

4 Reaktion von Kupfer und Sauerstoff

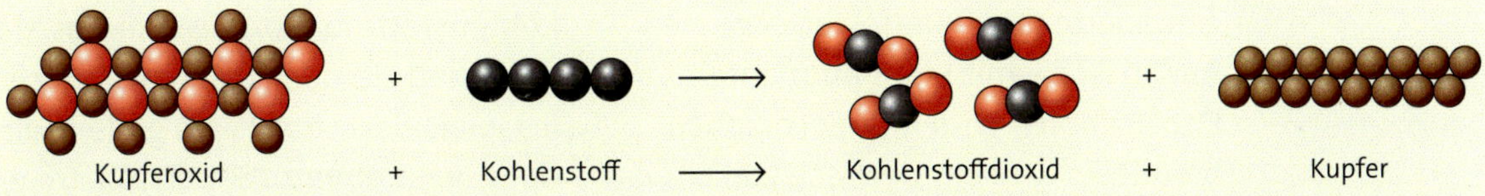

5 Reaktion von Kupferoxid mit Kohlenstoff

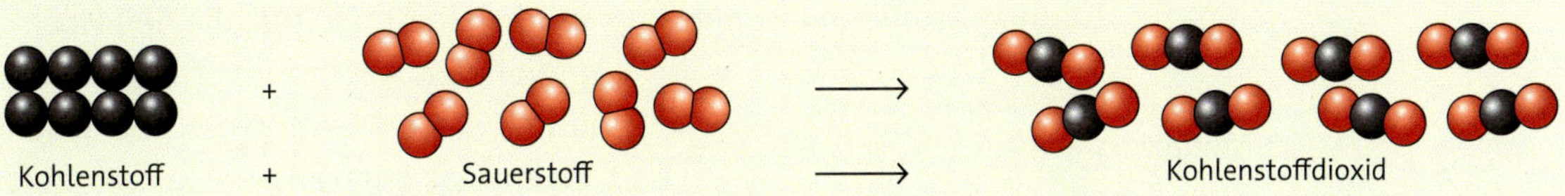

6 Reaktion von Kohlenstoff und Sauerstoff

Eisen aus dem Hochofen

1 Modell eines antiken Rennofens

2 Hochofen von heute

3 Pyrit – ein Eisenerz

Die Gewinnung von Eisen hat eine mehr als 2000 Jahre alte Tradition. Bereits die Römer gewannen Eisen mithilfe eines Rennofens. Heute findet die Eisengewinnung mit dem Hochofen statt. Wie schafft man es, aus Eisenerz reines Eisen zu erhalten?

Hochofen • Um Eisen in großen Mengen zu gewinnen, wird ein Hochofen benötigt. Im Prinzip ist das eine riesige gemauerte und feuerfeste Röhre. Außen ist sie mit Stahl ummantelt. Der Hochofen wird immer von oben befüllt. Es wird ein Gemisch von Eisenerz und Zusatzstoffen eingefüllt. Die Zusatzstoffe, z. B. Kalk und Sand, dienen dazu, störende Stoffe im Eisenerz zu binden. Abwechselnd wird auch immer eine Schicht Koks zugefügt. Dabei handelt es sich um eine aufbereitete Kohle, die annähernd aus reinem Kohlenstoff besteht.

Redoxreaktion • Bei hohen Temperaturen verbrennt ein Teil der Kohle zu Kohlenstoffdioxid. Dieses Kohlenstoffdioxid reagiert mit weiterem Kohlenstoff zu Kohlenstoffmonooxid. → 4 Kohlenstoffmonooxid ist ein Gas, das giftig und ziemlich reaktionsfähig ist. Beispielsweise hat es ein großes Bindungsbestreben zu Sauerstoff. Es entzieht dem Eisenoxid den Sauerstoff. → 5 Bei dieser Redoxreaktion wird viel Energie frei, die den Hochofen heizt. Außerdem erhält man durch diese Reaktion das gewünschte Eisen. Das entstehende Kohlenstoffdioxid ist gasförmig und entweicht nach oben.

4 Kohlenstoff + Kohlenstoffdioxid → Kohlenstoffmonooxid

5 Kohlenstoffmonooxid + Eisenoxid → Kohlenstoffdioxid + Eisen

der Hochofen
der Koks
das Kohlenstoffmonooxid
die Schlacke
das Thermitverfahren

Reaktionsprodukte • Das flüssige Eisen sammelt sich unten im Hochofen. Darüber schwimmt die leichtere Schlacke. Sie ist aus den Zusatzstoffen und aus anderen Stoffen im Eisenerz entstanden.

Das Roheisen wird abgelassen und zur Bearbeitung weitertransportiert. Roheisen ist sehr spröde und wird deshalb meist noch zu Stahl weiterverarbeitet. Auch die Schlacke wird entfernt und zu Schotter oder Zement aufbereitet. Die heißen Abgase nutzt man zum Anheizen von Luft, die dann mit Druck in den unteren Teil des Hochofens geblasen wird.

Im Hochofen wird Eisenoxid durch Zugabe von Kohlenstoff zu Eisen reduziert. Dabei wird Kohlenstoff zu Kohlenstoffdioxid oxidiert.

Thermitverfahren • Einen „Hochofen im Kleinen" nutzt man beim Verschweißen von Bahnschienen. → 6 Dabei wird flüssiges Eisen zwischen zwei Schienenstücke gegossen. Dadurch entsteht eine glatte Nahtstelle. Um das flüssige Eisen zu erhalten, wird eine stark exotherme Reaktion gestartet. Man entzündet mit einem Zündstab ein Gemisch aus Eisenoxid und Aluminiumgrieß. Außerdem fügt man die Metalle Vanadium und Mangan hinzu. Das erhöht die Belastbarkeit der Nahtstelle.

Das Eisenoxid wird durch Aluminium reduziert. Dabei wird viel Energie frei. Das Eisen schmilzt und fließt in die Form zwischen den Schienen.

6 Thermitschweißen von Schienen

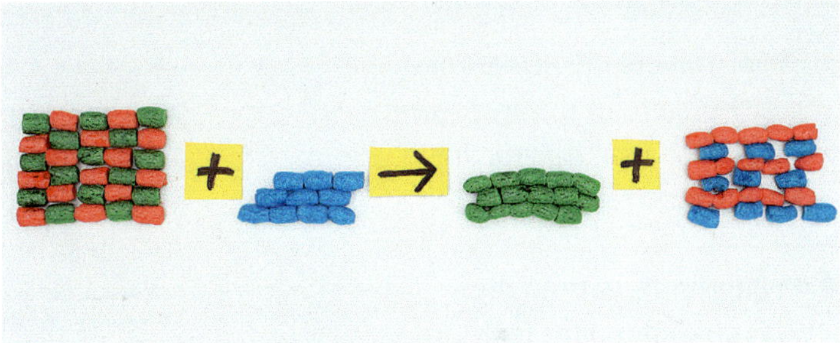

7 Thermitreaktion – dargestellt mit Playmais

Aufgaben

1 ☑ Nenne das Reduktionsmittel, mit dem Eisenoxid im Hochofen reduziert wird.

2 ☒ Erkläre, weshalb in den Hochofen durch seitliche Düsen ständig große Mengen Luft eingeblasen werden.

3 ☒ Man braucht 1,6 t Eisenerz und 0,6 t Koks, um 1,0 t Eisen herzustellen. Bei einer chemischen Reaktion geht aber nichts verloren. Erkläre.

Eisen aus dem Hochofen

Material A

Den Hochofen verstehen

An den Vorgängen im Hochofen sind eine Reihe von Stoffen beteiligt. Lies dazu den Text. → 1

1 Erkläre, warum sich das Eisen unten im Hochofen ansammelt.

2 Beschreibe mit eigenen Worten, wie man aus Eisenerz Eisen gewinnt.

3 Formuliere die Reaktionsgleichungen für die zwei wesentlichen Reaktionen, die im Hochofen stattfinden.

4 Begründe, warum die Wasserkühlung im Text rechts nicht erwähnt wird.

5 Nenne die Aufgaben der Zusatzstoffe bei der Eisenherstellung.

6 „Die Schlacke schützt das Eisen vor Oxidation." Erkläre, was damit gemeint ist.

7 Jeder Hochofenbetreiber strebt einen möglichst hohen Gewinn an. Notiere Vorschläge, mit welchen Maßnahmen man dies erreichen könnte.

Rein und Raus beim Hochofen

In den Hochofen kommen:
- Eisenerz (= Eisenoxid mit verschiedenen Verunreinigungen)
- Zusatzstoffe (= Kalk, Sand und weitere Stoffe)
- Koks (= Kohlenstoff) als Reduktionsmittel
- Luft (= Stickstoff, Sauerstoff und andere Gase)

Aus dem Hochofen kommen:
- Roheisen (Eisen mit einem Anteil an Kohlenstoff und anderen Stoffen, z. B. Silicium)
- Schlacke (= Calciumoxid, Siliciumdioxid und andere Oxide)
- Gichtgase (Kohlenstoffdioxid, Stickstoff u. a.)

1

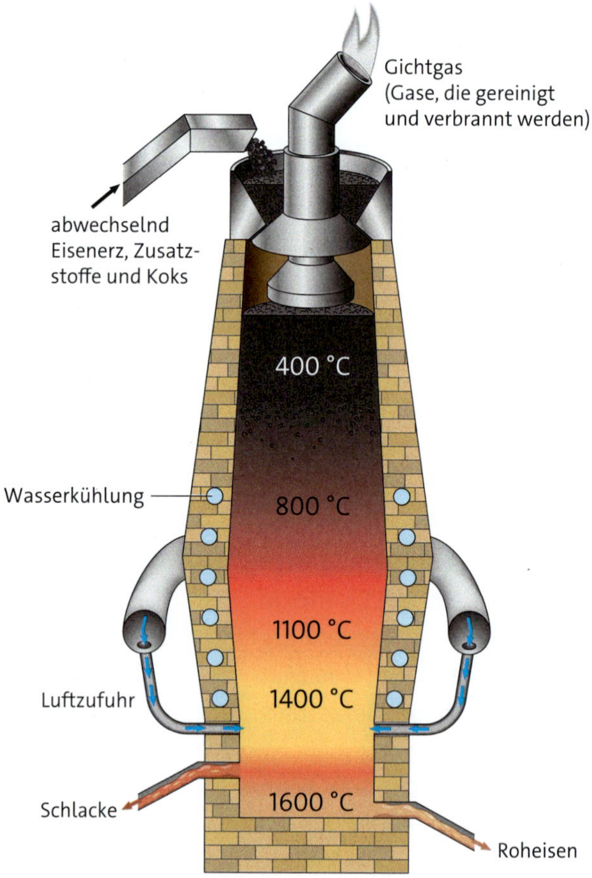

2 Schema des Hochofens

Erweitern und Vertiefen

Eisengewinnung durch Direktreduktion

Alternative zum Hochofen • Im Hochofenprozess wird viel Energie benötigt. Außerdem ist die Stahlindustrie mit 6 Prozent am Kohlenstoffdioxid-Ausstoß beteiligt. Eine Alternative zum Hochofen ist die Direktreduktion.

Verfahren der Direktreduktion • Bei der Direktreduktion wird Eisenoxid anstatt mit Koks mit Wasserstoff und Kohlenstoffmonooxid reduziert. Diese Gase werden aus einem Gasgemisch aus Erdgas, Kohlenstoffdioxid und Wasserdampf gewonnen. Die Eisenoxid-Pellets werden mit dem Gasgemisch in Eisenschwamm umgewandelt, der weiterverarbeitet werden kann. → 3 4

Vorteile der Direktreduktion • Die Prozesse laufen im Gegensatz zum Hochofen bei deutlich geringeren Temperaturen ab. Der klassische Hochofen muss immer laufen. Ihn herunterzufahren, kostet Zeit und somit auch Geld. Bei der Direktreduktion kann der Ofen relativ kurzfristig stillgelegt werden, zum Beispiel um Reparaturen oder Wartungen durchzuführen.

Nachteile der Direktreduktion • Der Wasserstoff für die Direktreduktion wird noch aus Erdgas erzeugt. Dies erfordert hohe Umwandlungskosten. Soll Stahl komplett ohne Kohlenstoffdioxid-Ausstoß produziert werden, müssten für die Erzeugung des Wasserstoffs ausschließlich erneuerbare Energien eingesetzt werden. Dies erfordert jedoch derzeit noch sehr hohe Kosten.

3 Eisenoxid-Pellets

4 Eisenschwamm

5 Eisenoxid + Wasserstoff ⟶ Eisen + Wasser

Aufgaben

1 ◩ Nenne die Vor- und Nachteile der Direktreduktion.

2 ◼ Stelle in einer Abbildung die beiden Möglichkeiten der Roheisengewinnung gegenüber. Nenne dabei die Ausgangsstoffe, welche Reaktionen ablaufen und welche Stoffe entstehen.

Edle und unedle Metalle

1 Ein vergoldeter Türgriff

2 Ein Türgriff aus Eisen

Manche Metalle behalten ihren Glanz über lange Zeit, andere hingegen sehen schnell matt oder gar rostig aus. Woher kommt dieser Unterschied?

Edle Metalle • Metalle, die kein oder nur ein geringes Bestreben haben, mit anderen Stoffen zu reagieren, werden als edle Metalle bezeichnet. Sie behalten ihren Glanz und ihr Aussehen. Bekannte edle Metalle sind Gold, Silber und Platin. Auch Quecksilber ist ein relativ edles Metall. Seine glänzende Oberfläche bleibt bei Kontakt mit Luft nahezu unverändert.

3 Von ganz unedel bis ganz edel

Unedle Metalle • Metalle, die ein großes Bestreben haben, sich mit anderen Stoffen zu verbinden, bezeichnet man als unedle Metalle. Sie verlieren zum Beispiel schnell ihren Metallglanz. Bekannte unedle Metalle sind Aluminium, Eisen und Blei. Unedle Metalle kann man auch daran erkennen, dass sie mit Säuren reagieren. Dabei wird Wasserstoff freigesetzt.

Oxidierte Oberfläche • Aluminium ist ein sehr unedles Metall. Es hat ein sehr großes Bestreben, sich mit dem Sauerstoff der Luft zu verbinden. Allerdings ist diese Oxidschicht des Aluminiums so dünn, dass man sie nicht sehen kann. Sie bildet eine stabile und geschlossene Oberfläche. Durch sie ist das darunterliegende Aluminium vor weiterer Oxidation geschützt.

Metalle können in edle und unedle Metalle eingeteilt werden. Unedle Metalle haben ein großes Bestreben, mit anderen Stoffen zu reagieren. Edle Metalle reagieren dagegen kaum mit anderen Stoffen.

Aufgaben

1 Nenne die Verbindungen, die entstehen, wenn Aluminium, Blei oder Eisen mit dem Sauerstoff der Luft reagieren.

2 Sortiere die im Text genannten Metalle von edel nach unedel.

das edle Metall
das unedle Metall

Material A

Reaktion unedler Metalle mit Säure

Materialliste: Magnesium, Spatel, verdünnte Salzsäure ⟨!⟩, Reagenzgläser

4 Magnesium, Zink und Kupfer in Salzsäure

1 Gib eine Spatelspitze Magnesiumgranulat oder ein Stück Magnesiumband in ein Reagenzglas.

2 Gieße 1,5 cm hoch verdünnte Salzsäure hinzu.

3 ◩ Beschreibe deine Beobachtung.

4 ⊠ Begründe, warum du Metallgegenstände generell nicht mit Essig reinigen solltest.

5 ◩ In Bild 4 siehst du Magnesium, Zink und Kupfer jeweils in einem Reagenzglas mit Salzsäure.
Beschreibe die Unterschiede bei den drei Metallen und ihrer Reaktion mit Salzsäure.

Material B

Mit Strategie erfolgreich experimentieren

Aus Silberoxid, Kupferoxid und Eisenoxid sollen die reinen Metalle zurückgewonnen werden. Als Hilfsstoff steht dir Kohlenstoff zur Verfügung. Du darfst Kohlenstoff aber nur einmal einsetzen. Nachdem du ein Metall gewonnen hast, steht es dir als Reinstoff für weitere Experimente zur Verfügung.

1 ⊠ Plane eine Versuchsreihe, mit der du alle Metalle gewinnen kannst. Dokumentiere deine Planung in Form eines Protokolls.

2 ⊠ Diskutiere deine Planung mit einem Partner und einigt euch auf eine gemeinsame Vorgehensweise.

3 ⊠ Formuliere die Wortgleichungen für die abgelaufenen Reaktionen.

5

Metalle sind gefährdet

1 Der Eiserne Steg in Frankfurt

Der Eiserne Steg in Frankfurt ist eine Eisenbrücke über den Main. Regelmäßig sind hier Teams beschäftigt, die rostigen Stellen auszubessern und zu streichen. Warum ist dieser Arbeitsaufwand notwendig?

Korrosion • Unter Korrosion versteht man die chemische Zersetzung von Metallen. Dabei entstehen neue Stoffe mit anderen Eigenschaften. Die Korrosion des Eisens wird als Rosten bezeichnet.

Bedingungen des Rostens • Eisen rostet unter Anwesenheit von Sauerstoff und Wasser. Rost entsteht, wenn sich Wasserteilchen zwischen den Eisenoxid-Teilchen einlagern. Es handelt sich also um ein wasserhaltiges Eisenoxid. Rost bildet eine poröse Oberfläche. Dadurch kann verstärkt Feuchtigkeit und Sauerstoff an die betroffenen Stellen gelangen und der Rost breitet sich aus. Andere Metalle oxidieren auch. Es entstehen dabei aber Oberflächen, die sehr kompakt sind. Dadurch wird das Metall geschützt.

Korrosionsschutz • Um die Korrosion von Metalloberflächen zu verhindern, kann man die Oberfläche mit einem korrosionsbeständigen Metall überziehen. Auch Lackieren oder Ölen kommen in Frage.

Unedle Metalle korrodieren. Bei Eisen nennt man diesen Vorgang Rosten. Dies kann durch Überziehen der Metalloberfläche mit einer Schutzschicht verhindert werden.

Aufgaben

1 Nenne vier Gegenstände, die rosten können.

2 Das Rosten von Eisen ist eine Oxidation. Erstelle die Wortgleichung für diesen Vorgang.

die Korrosion
das Rosten
der Korrosionsschutz

Material A

Unedle Metalle korrodieren

Jährlich entstehen weltweit durch Umwelteinflüsse Korrosionsschäden in Milliardenhöhe. Betroffen ist auch die Schifffahrt. → 2 Beim Korrodieren verändern sich die Materialeigenschaften der Metalle. In einem Versuch kannst du selbst testen, wovon es abhängt, dass ein Metall korrodiert.

2 Rostendes Schiff

Materialliste: Reagenzgläser, Reagenzglasständer, Eisennagel, Zinknagel, Aluminiumnagel, Wasser, Salz

1 Baue den Versuch entsprechend Bild 3 auf. Lass den Versuch eine Woche stehen und beobachte, was passiert.

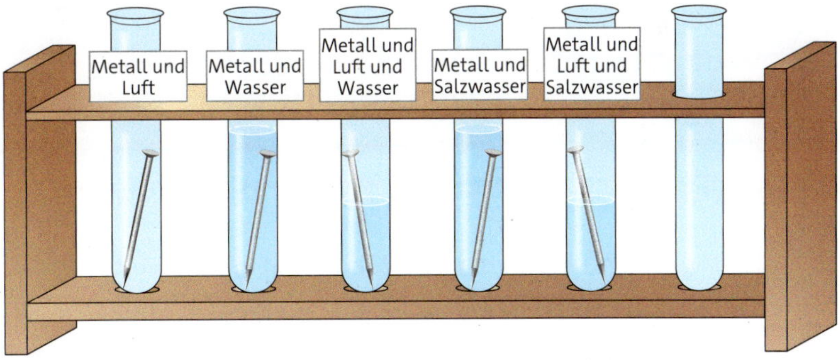

3 Versuchsreihe

2 Beschreibe deine Beobachtungen.

3 Gib an, von welchen Faktoren es abhängt, wie schnell ein Metall korrodiert.

4 Nenne Möglichkeiten, wie du die Nägel vor dem Rosten hättest schützen können.

Material B

Wärmekissen aus Eisen

Materialliste: Becherglas, Spatel, Uhrglas, Thermometer, Eisenpulver, feinkörnige Aktivkohle, Kochsalz, Wasser

Mische 16 g Eisenpulver mit 3 g Aktivkohle. Füge 3 g Kochsalz hinzu und befeuchte es mit 2,5 ml Wasser. Gib die Mischung auf das Uhrglas.

1 Erstelle ein Versuchsprotokoll.

2 Formuliere die Wortgleichung. Die Aktivkohle, das Kochsalz und das Wasser müssen dabei nicht berücksichtigt werden. Sie beschleunigen nur die Reaktion.

3 Begründe, warum sich das Gemisch so stark erwärmt.

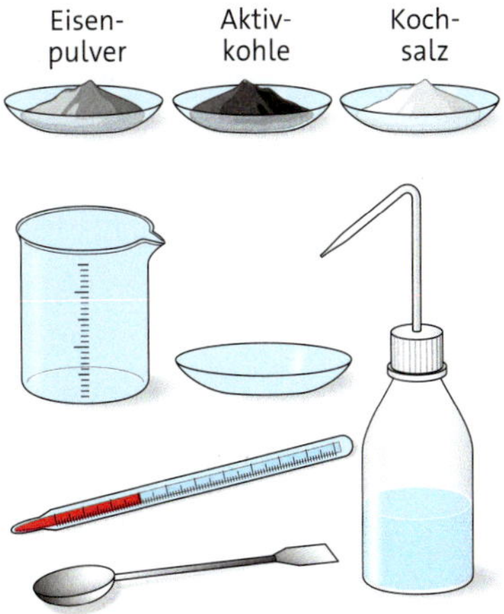

4

Werkstoffe nach Maß

1 Nicht alles, was nach Gold aussieht, ist auch wirklich aus Gold.

Wenn man ein Metall mit einem weiteren Stoff zusammenschmilzt, entstehen Legierungen. Legierungen haben andere, oft sogar bessere Eigenschaften als die reinen Metalle.

Eisenlegierungen • Stahl ist eine Legierung, die überwiegend Eisen enthält, außerdem einen kleinen Anteil Kohlenstoff und noch weitere Elemente, meistens andere Metalle.
Wegen der vielen Kombinationsmöglichkeiten gibt es inzwischen Tausende von Stahlsorten für alle möglichen Anwendungen. Stahl ist bei Weitem der wichtigste metallische Werkstoff und das meiste Eisen wird zu Stahl verarbeitet.
Im Haushalt kommt oft Edelstahl (Chrom-Nickel-Stahl) zum Einsatz. Er rostet nicht und ist sehr hart.

Goldlegierungen • Reines Gold ist wegen seiner Farbe und seiner Beständigkeit als Schmuck sehr beliebt. Allerdings hat reines Gold einen großen Nachteil: Es ist zu weich.
Daher werden dem Gold in der Schmuckindustrie weitere Metalle zugemischt. Durch Zugabe von Silber und Platin entsteht Weißgold. Auch Kupfer kann als Zusatz dienen. Dann entsteht Rotgold. Diese Goldlegierungen sind deutlich härter als reines Gold.
In Goldschmuck wird der Goldanteil mit einem Prägestempel eingestanzt. So besteht 750er-Gold zu 75,0 Prozent aus Gold.
Auch Goldmünzen bestehen nicht unbedingt aus reinem Gold. Die bekannten Krügerrand-Münzen etwa sind aus 917er-Gold gefertigt. Der Rest ist Kupfer – zur Erhöhung der Kratzfestigkeit.

die **Legierung**
der **Stahl**
die **Bronze**
das **Messing**
das **Lötzinn**

Bronze • Bronze ist eine Legierung aus den Metallen Kupfer und Zinn. Bronze ist härter als reines Kupfer. Da sie zudem noch gut zu gießen ist, nutzte der Mensch diese Legierung schon vor 5000 Jahren. Die Bronzezeit ist nach dieser Legierung benannt.
Heute ist Bronze ein beliebter Werkstoff für technische Geräte, Kirchenglocken und Kunstgegenstände.

Messing • Wenn dem Kupfer ein anderes Metall zugefügt wird, nämlich ungefähr 40 Prozent Zink, entsteht Messing. → 3 Diese Legierung sieht sehr ähnlich aus wie Gold, ist aber ganz erheblich preiswerter. Musikinstrumente wie Trompeten oder Saxofone sind oft aus Messing. → 1 Auch Schrauben werden häufig aus Messing hergestellt, weil diese Legierung kaum oxidiert und keine Funken schlägt.

Lötzinn • Wenn man Zinn zum Beispiel mit Blei zusammenschmilzt, erhält man Lötzinn. Diese Legierung schmilzt – je nach Mengenverhältnis der Metalle – schon bei etwa 190 °C. Allerdings ist Blei ein giftiges Schwermetall und sollte daher nicht verwendet werden. Beim Verlöten gibt man etwas geschmolzenes Lötzinn auf zwei Metallteile, die miteinander verbunden werden sollen, und lässt das Lötzinn dann erstarren.

Legierungen sind metallische Stoffgemische. Sie haben andere Eigenschaften als die reinen Metalle.

2 Gold, Silber, Bronze ...

	Kupfer	Messing	Zink
Farbe	rötlich	braun bis goldgelb (je mehr Zink, desto heller)	blassgrau
Schmelztemperatur	1085 °C	1065–902 °C (je mehr Zink, desto niedriger)	420 °C
Dichte	$8{,}9\,\frac{g}{cm^3}$	ca. $8{,}6\,\frac{g}{cm^3}$ (je mehr Zink, desto niedriger)	$7{,}1\,\frac{g}{cm^3}$
Härte (nach Mohs)	3,0	3–4 (je nach Zinkgehalt)	2,5
Stromleitfähigkeit	sehr hoch	hoch	weniger hoch

3 Eigenschaften von Kupfer, Messing und Zink

Aufgaben

1 Nenne die wichtigste Eisenlegierung.

2 Gib an, was mit 900er-Gold gemeint ist.

3 Vergleiche die Eigenschaften von Kupfer, Messing und Zink. → 3

Werkstoffe nach Maß

Material A

Beim Gruppenpuzzle mehr erfahren

1 Teilt eure Klasse in die vier Gruppen A, B, C und D ein.

2 Jede Gruppe sucht sich eine interessante Legierung als Thema aus. Tragt in eurer Gruppe möglichst viele Informationen zu eurer Legierung zusammen.

3 Anschließend bildet je ein Mitglied aus Gruppe A, B, C und D eine neue Gruppe.

4 In dieser neuen Gruppe seid ihr die Experten für eure Legierung.
Stellt in der Gruppe eure Legierung vor.

5 Erstellt anschließend in eurem Heft eine Übersicht über die vier Legierungen.
→ 1

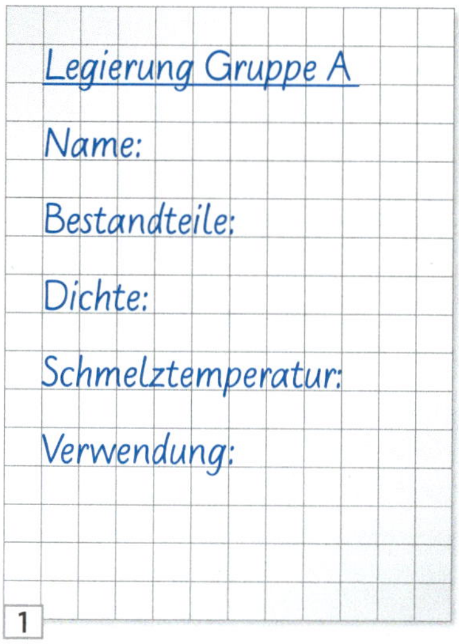

1

Material B

Löten – Metalle verbinden

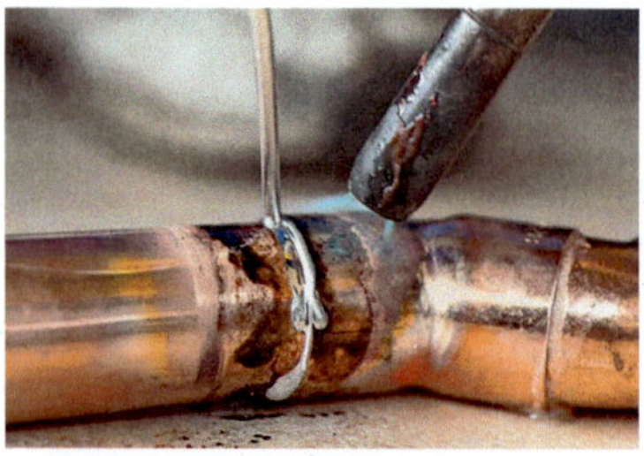
2 Löten eines Kupferrohrs

3 Löten von Schmuck

Um Metallstücke dauerhaft miteinander zu verbinden, wird gelötet. Dabei werden zwei Metallflächen mit einem Metall mit geringer Schmelztemperatur verbunden. Die beiden Metalle verbinden sich zu einer Legierung.

Materialliste: Kupferblech, Stahlwolle, Kupferdraht, Lötzinn, Gastrobrenner, Tiegelzange, feuerfeste Unterlage, Stativmaterial

1 Reinige die Werkstücke mit der Stahlwolle. Es sollte kein Staub oder Fett auf der Oberfläche haften.

2 Spanne das Kupferblech in ein Stativ. Lege dann ein kleines Stück Draht darauf.

3 Erhitze von oben und halte das Lötzinn an den Übergang vom Blech zum Draht.

4 Begründe, warum die Oberfläche staub- und fettfrei sein muss.

5 Informiere dich über die Inhaltsstoffe des Lötzinns.

6 Nenne Gegenstände aus deinem Umfeld, die gelötet wurden.

Material C

Eine goldene Münze?

Kann man rotbraune Kupfermünzen in glänzende Goldmünzen verwandeln?

Materialliste: Spülmittel, Haushaltsessig, Spatel, 2 Bechergläser (100 ml und 250 ml), Dreifuß mit Drahtnetz, Brenner, Tiegelzange, Thermometer, Petrischale, Papiertücher, 2 Kupfermünzen, 0,8 g Zinkpulver, 2,0 g Natriumhydroxid, Wasser

Reinigen der Münzen

Reinige die Kupfermünzen mit etwas Spülmittel und Essig. Sie sollen möglichst blank sein.

Verzinken

Miss 40 ml Wasser in dem kleinen Becherglas ab.
Gib vorsichtig 2,0 g Natriumhydroxid hinzu. Dabei entsteht eine Lauge, die schwere Verätzungen hervorrufen kann. Arbeite also vorsichtig und sauber. Wenn etwas danebengeht, informiere sofort die Lehrkraft.
Gib das Zinkpulver und die sauberen Münzen hinzu.
Erhitze vorsichtig auf 80 °C. Kontrolliere die Temperatur mit dem Thermometer.
Schalte dann den Brenner aus. Decke das Becherglas mit einer Petrischale ab. Lüfte den Raum.
Schütte den Inhalt des Becherglases nach 2 Minuten in das große Becherglas, das zur Hälfte mit Wasser gefüllt ist. Nimm die Münzen mit der Tiegelzange heraus und spüle sie unter fließendem Wasser gründlich ab.
Säubere alle verwendeten Geräte unter fließendem Wasser. Die Lauge kannst du in den Ausguss schütten.

Herstellen der Legierung

Halte die gereinigte Münze für 5–10 Sekunden in die rauschende Brennerflamme. Kühle die Münze unter fließendem Wasser ab.

1 Beschreibe das Aussehen der Münze nach dem Reinigen, nach dem Verzinken und am Ende des Versuchs.

2 Informiere dich im Buch, welche Legierung entstanden sein könnte.

3 Versuche die Vorgänge auf der Münzoberfläche mithilfe des Teilchenmodells zu erklären. Begründe, weshalb hier sicherlich kein Gold entstanden ist.

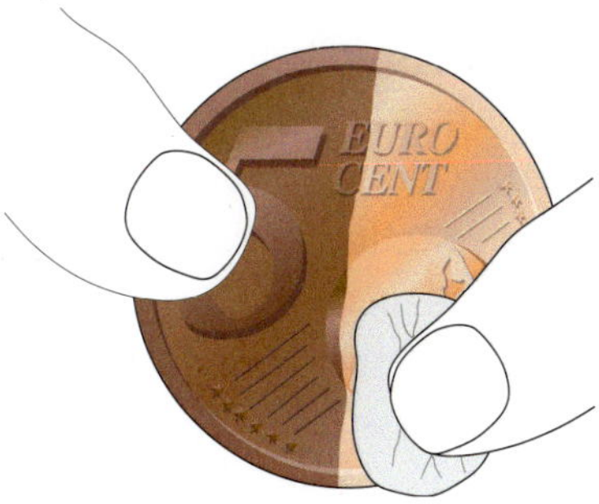

4 Reinigen der Münzen

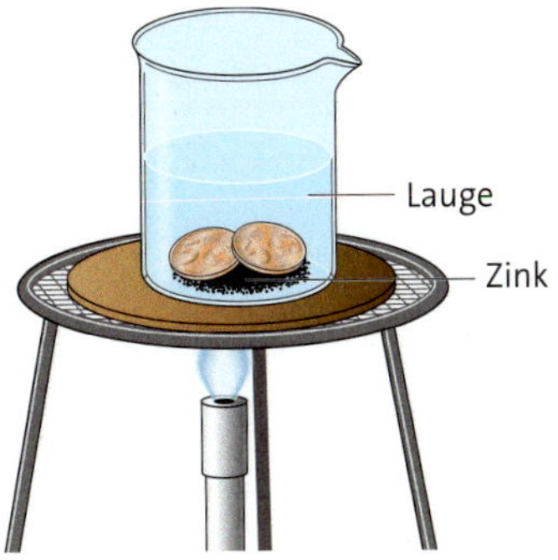

5 Verzinken

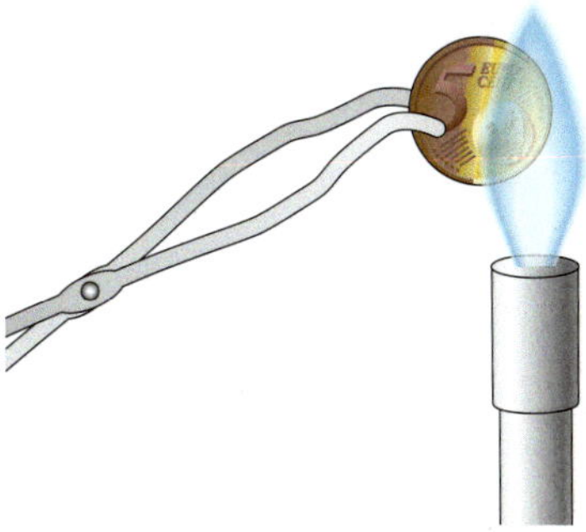

6 Herstellen der Legierung

Werkstoffe nach Maß

Erweitern und Vertiefen

1 Ausbildung an einem Lötgerät

2 Arbeit an einer Fräsmaschine

Berufe im Bereich „Metalle“

Michael, Funda, Fatih und Leni haben ihren Schulabschluss gemacht. Heute ist der erste Tag an der Berufsschule und die vier treffen sich zufällig in der Pause.

Michael: Mensch, ich freu mich, euch zu sehen. Was macht ihr denn hier? Ich dachte, die Schule ist nur für Industriemechaniker gedacht.

Funda: Glaubst du ernsthaft, dass so viele Leute Industriemechaniker lernen? Ich mache die Ausbildung zum CNC-Fräser.

Leni: Als Mädchen?

Funda: Klar. Bei der Berufsberatung habe ich herausgefunden, dass es zum Beispiel wichtig ist, sehr sorgfältig zu sein. Ich programmiere und überwache Fräsmaschinen. Dabei laufen die Vorgänge weitgehend computergesteuert ab. Jetzt in der Ausbildung arbeite ich natürlich auch mit Feile und Bohrer an Metall – es ist ja wichtig, dass ich erst mal die Grundlagen verstanden habe. Nach der Ausbildung würde ich gerne im Luft- oder Raumfahrzeugbereich arbeiten. Und was machst du eigentlich?

Fatih: Meine korrekte Berufsbezeichnung lautet – in drei Jahren, wenn ich fertig bin – Anlagenmechaniker.

Funda: Und das heißt ...?

Fatih: Ich werde später in Unternehmen zum Beispiel große Kessel und Behälter für die Lebensmittelindustrie herstellen und zusammenbauen. Ich kann aber auch in einer Erdölraffinerie arbeiten.
Auf jeden Fall bin ich dafür verantwortlich, dass die Maschinen laufen. Ich muss sie auch warten, also dafür sorgen, dass sie lange funktionieren.

Michael: Das klingt, als ob wir dann Kollegen sein könnten. Ich werde Geräteteile oder Baugruppen für Anlagen herstellen.
Und ich übernehme dann auch Reparatur- und Wartungsaufgaben. Dann werden wir zusammen dafür sorgen, dass im Betrieb alles läuft.

3 Ausbildung zur Industriemechanikerin

4 Goldschmiedin bei der Arbeit

Leni: Und ich werde Goldschmiedin. Mir liegt es, etwas in der Hand zu haben und daraus etwas zu formen und kreativ tätig zu sein.

Funda: Macht ihr denn gar nichts mit dem Computer?

Leni: Doch. Wir können Entwürfe am PC erstellen, aber letztendlich ist der Rest schöne Handarbeit. Vielleicht kann ich dann mal einen kleinen Laden aufmachen. Dann bin ich mein eigener Chef. Seht ihr den Typ dahinten? Der träumt davon, eine eigene Schmiedewerkstatt zu haben. Allerdings lernt er nicht Schmied, sondern das heißt jetzt Metallbauer Fachrichtung Metallgestaltung.

Fatih: Das ist ja auch cool. Macht er dann Ritterrüstungen für die vielen Ritter, die hier so rumlaufen?

Leni: Haha. Nee, er hat gesagt, er kann dann so teure Gartenzäune und Tore machen. Sein Hobby ist aber wohl das Mittelalter – also vielleicht macht er dann doch noch Waffen und Rüstungen.

Funda: Also das ist ja echt interessant, was für Berufe hier so sind. Total unterschiedliche Berufe und trotzdem haben wir alle die gleiche Basis.

5 Und später gibt es dann noch viele Möglichkeiten, sich fortzubilden ...

Aufgaben

1 Nenne die Berufe, die in dem Gespräch erwähnt wurden, und gib kurz ihren Tätigkeitsschwerpunkt an.

2 Erläutere, warum bei einer CNC-Fräserin Sorgfalt genauso wichtig ist wie bei einem Goldschmied.

Verlorenes Metall?

1 Ausgediente Handys

In Elektrogeräten wie Handys sind viele wertvolle Metalle enthalten. Was passiert mit unserem Metallmüll?

Metallrecycling • Ein Großteil des Metallmülls kann wiederverwendet werden. Genaues Aussortieren und Ordnen sind dafür notwendig, da sich die Methoden zur Weiterverarbeitung je nach Metall bzw. Legierung unterscheiden. → 2

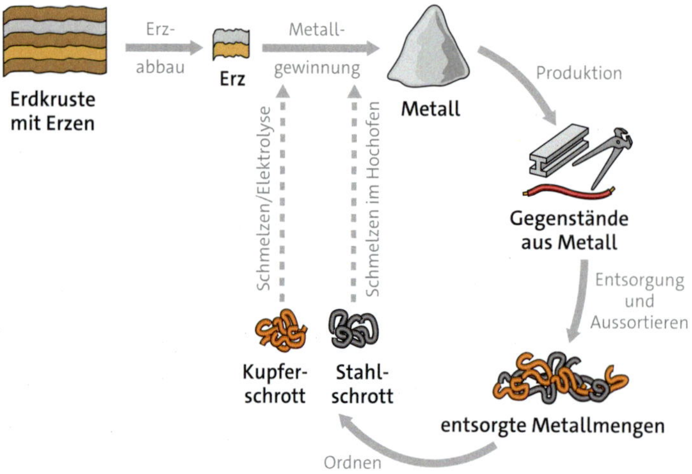

2 Metallrecycling

Stahlschrott kann zur Eisengewinnung wieder eingeschmolzen werden. Kupferschrott wird eingeschmolzen und zu einem Metallblock gegossen, der neben Kupfer noch weitere Metalle enthält. Sie lassen sich in einem weiteren Arbeitsschritt durch die Zufuhr elektrischer Energie voneinander trennen.

Gründe für Metallrecycling • Sowohl der Erzabbau als auch die Verarbeitung zu reinen Metallen sind energieaufwendig und sehr teuer. Metallrecycling verbraucht weniger Energie. Außerdem sind Metalle keine nachwachsenden Rohstoffe und daher nur begrenzt vorhanden. Der Bedarf an Metallen für neue Elektrogeräte wie z. B. Handys steigt und erfordert eine sorgfältige Entsorgung.
Bei Elektrogeräten kommt noch hinzu, dass diese Schadstoffe enthalten können. Daher ist eine ordnungsgemäße Entsorgung umso wichtiger.

Metallmüll kann durch Recycling wiederverwendet werden. Der hohe Bedarf an Metallen erfordert dies.

Aufgaben

1 Beschreibe das Recycling von Metallen.

2 Begründe, warum Elektrogeräte ordnungsgemäß entsorgt werden sollten.

Material A

Recycling von Getränkedosen

Getränkedosen bestehen meist aus Aluminium. Seit 2003 sind Getränkedosen pfandpflichtig. Daher werden nun 98 % der Getränkedosen wiederverwertet.

1 Gib mögliche Gründe an, warum nicht 100 % der Getränkedosen recycelt werden.

2 Vergleiche die Zahlen in der Tabelle miteinander. → 3 Begründe, warum es sinnvoll ist, Aluminium auf jeden Fall zu recyceln.

3 Nenne Alternativen zu Getränkedosen.

4 Lies den Text „Aluminium aus Bauxit". Erkläre, weshalb die Herstellung von neuem Aluminium die Umwelt stark belastet.

Aluminium aus Bauxit

Ausgangsmaterial für neues Aluminium ist Bauxit. Es wird in riesigen Mengen abgebaut, z. B. in Australien. Danach wird es in speziellen Fabriken in Aluminiumoxid umgewandelt. Daraus entsteht dann in einer weiteren Fabrik unter großem Energieverbrauch Aluminium.

	Neu hergestelltes Aluminium	Recyceltes Aluminium
Energiebedarf	13,0 kWh	2,2 kWh
Wasserbedarf	57 l	2 l
CO_2-Ausstoß	200 g	10 g
Abfall	3,7 kg	0,1 kg

3 Umweltauswirkungen der Aluminiumproduktion (pro kg Aluminium)

Material B

So wertvoll ist ein Smartphone

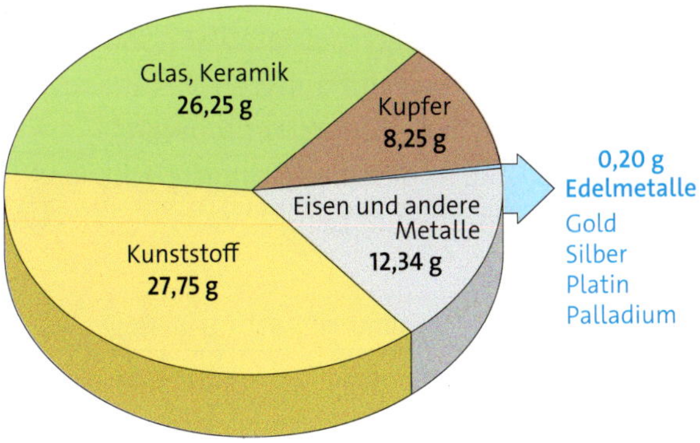

4 Zur Produktion eines Smartphones werden verschiedene Stoffe benötigt.

In Deutschland liegen ca. 85 Millionen Althandys in den Schubladen herum.

1 Berechne, wie viel Kupfer und wie viele Edelmetalle in den Schubladen schlummern.

2 Wie könntest du Menschen überzeugen, ihr altes Smartphone dem Recyclingkreislauf zuzuführen? Gib verschiedene Argumente an.

3 Eine weitere Möglichkeit ist es, das kaputte Smartphone in eine Handyklinik zu geben. Recherchiere im Internet, welche Reparaturen in einer Handyklinik möglich sind.

Metalle – wertvoll und wichtig

Zusammenfassung

Die Stoffgruppe der Metalle • Metalle bilden eine Stoffgruppe. Das kann man an ihren gemeinsamen Eigenschaften erkennen:
Alle Metalle leiten Wärme und den elektrischen Strom gut, sind verformbar und besitzen eine glänzende Oberfläche, wenn sie frisch poliert sind.
Die einzelnen Metalle kann man anhand einiger spezieller Eigenschaften unterscheiden:
Nur Eisen, Cobalt und Nickel sind magnetisch. Härte, Schmelz- und Siedetemperaturen, die Dichte oder zum Beispiel das Bindungsbestreben zu Sauerstoff sind jeweils verschieden.

Eisen aus dem Hochofen • Eisen ist ein sehr wichtiger Rohstoff. Man gewinnt ihn aus Eisenoxid, also aus Eisenerzen. In Hochöfen wird in mehreren Reaktionsschritten das reine Eisen gewonnen. Dazu ist Kohlenstoff nötig, der in Form von Koks in den Hochofen eingefüllt wird.
In der Hitze des Hochofens entsteht zunächst Kohlenstoffmonooxid. Dieses reaktionsfähige Gas entzieht dem Eisenoxid den Sauerstoff:

Kohlenstoffmonooxid + Eisenoxid
→ Kohlenstoffdioxid + Eisen

Gewinnung von Metallen • In der Natur kommen nur Edelmetalle wie Gold, Silber oder Platin in reiner Form vor. Alle anderen Metalle sind Verbindungen mit anderen Stoffen eingegangen. Man nennt diese Verbindungen Erze. Sauerstoff ist ein häufiger Verbindungspartner. Um das reine Metall zu gewinnen, muss diese Reaktion rückgängig gemacht werden.

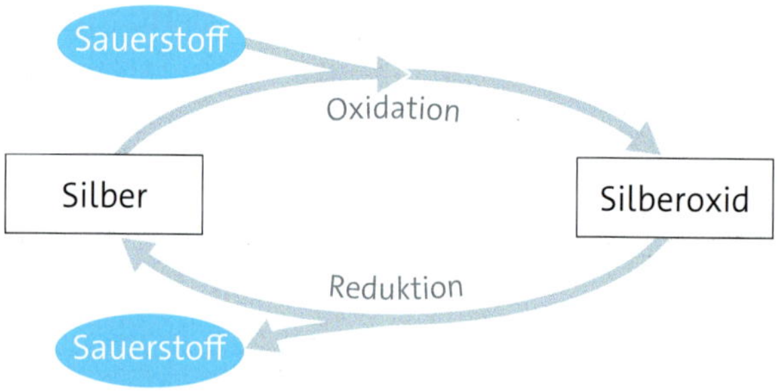

1 Ein Beispiel für Oxidation und Reduktion

Edle und unedle Metalle • Metalle, die ein großes Bestreben haben, mit anderen Stoffen zu reagieren, bezeichnet man als unedle Metalle. Unedle Metalle sind zum Beispiel Magnesium und Aluminium. Edle Metalle, z. B. Silber und Gold, haben dagegen ein geringes Bestreben, mit anderen Stoffen zu reagieren.
Um die chemische Zersetzung von Metallen zu verhindern, überzieht man die Oberflächen mit einem korrosionsbeständigen Metall.

Interessante Legierungen • Metalle lassen sich im flüssigen Zustand mit anderen Metallen zusammenmischen. Dadurch entstehen Legierungen, die andere Eigenschaften als die Ausgangsmetalle haben.

Bestandteil 1	Bestandteil 2	Legierung
Eisen	Kohlenstoff	Stahl
Gold	Silber	Weißgold
Kupfer	Zink	Messing

2 Wichtige Legierungen

Teste dich! (Lösungen im Anhang)

Metalle und Legierungen

1 ☑ Nenne die gemeinsamen Eigenschaften der Metalle.

2 ☒ In einigen Sätzen hat sich der Fehlerteufel eingeschlichen. Übernimm die Sätze korrigiert in dein Heft.
- Legierungen sind Moleküle aus mindestens zwei Metall-Atomen.
- Legierungen haben oft bessere Eigenschaften als die reinen Metalle.
- Stahl ist eine Legierung aus Eisen und Kupfer.
- Stahl ist die wichtigste Legierung weltweit.
- Blei ist die Legierung mit der höchsten Dichte.

3 Edelstahl – vielfältig genutzt

Reduktion und Oxidation

3 ☒ Erkläre am Beispiel des Erzes Malachit und seinen Reaktionen die Begriffe Oxidation, Reduktion und Redoxreaktion.

4 ☑ Zinkoxid kann mit Aluminium reduziert werden. Mit Kupfer funktioniert dies nicht. Erkläre.

5 ☒ Ein Kohlenfeuer erreicht Temperaturen um 1000 °C. Im Hochofen herrschen aber Temperaturen von bis zu 1600 °C. Erkläre, woher diese zusätzliche Energie kommt.

6 ☒ In Bild 4 siehst du einen Versuchsaufbau für das Thermitverfahren. Das Thermitgemisch besteht aus Eisenoxidpulver und Aluminiumgrieß.

a Erkläre die Reaktion, die nach dem Entzünden stattfindet.

b Erkläre, warum dieses Verfahren beim Zusammenfügen von Schienen zum Einsatz kommt.

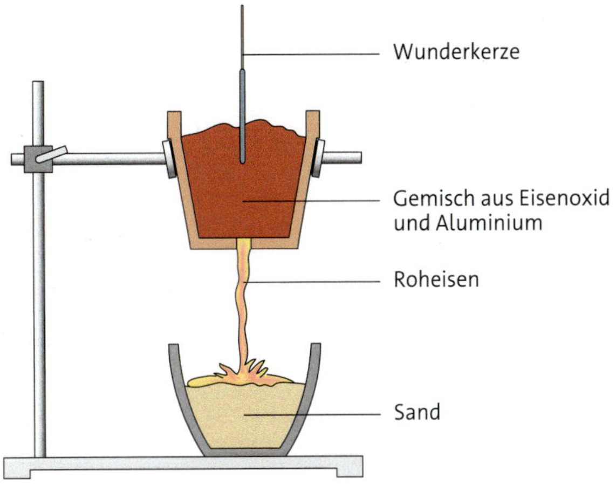

4 Thermitverfahren

Edle und unedle Metalle

7 ☑ Beschreibe, wodurch sich Edelmetalle und unedle Metalle unterscheiden.

8 ☒ Gib die Bedingungen des Rostens an. Erkläre, wie Metalloberflächen vor Korrosion geschützt werden können.

Luft und Wasser

Luft umgibt uns immer und überall. Wir brauchen sie zum Atmen. Wir bewegen uns in ihr, aber wir sehen sie nicht. Was ist eigentlich Luft?

Welche Rolle spielt Wasser in unserem Leben? Ist es unbegrenzt verfügbar?

Was hat der Energieträger Wasserstoff mit Wasser zu tun?

Luft – ein Gemisch

1 Lufthülle der Erde

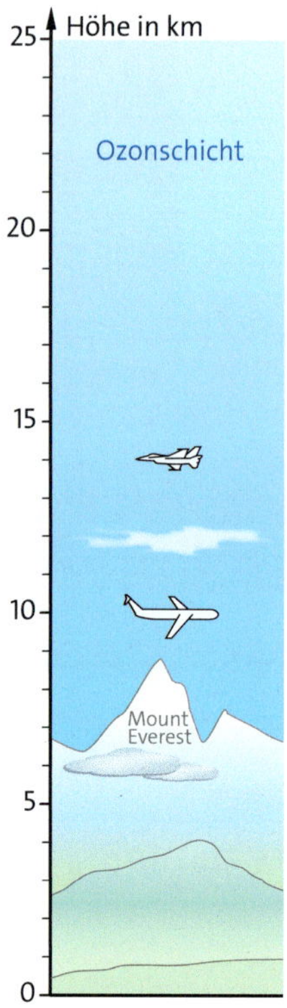

2 Aufbau der Atmosphäre

Unsere Erde ist von einer Lufthülle umgeben. Diese dünne Lufthülle – die Atmosphäre – ermöglicht das Leben auf der Erde. Sie schützt uns vor Strahlung aus dem Weltall und verhindert eine zu starke Abkühlung oder Erwärmung unseres Planeten.

Die Bestandteile der Luft • Luft ist unsichtbar. Trotzdem kann man sie indirekt sehen, z. B. als Luftblase in Wasser. Spüren kann man ihre Bewegung beim Föhnen oder als Wind beim Fahrradfahren.
Luft ist ein Gasgemisch, das zu 78 Prozent aus Stickstoff und zu 21 Prozent aus Sauerstoff besteht. Das heißt, von 100 Litern Luft sind etwa 78 Liter Stickstoff und 21 Liter Sauerstoff. → 4
Außerdem enthält Luft 0,04 Prozent Kohlenstoffdioxid. Die restlichen 0,96 Prozent der Luft bestehen aus Edelgasen. Außerdem enthält Luft Wasserdampf.

Stickstoff • Stickstoff ist mit 78 Prozent Volumenanteil der Hauptbestandteil der Luft. Das Gas ist farb- und geruchlos. Stickstoff unterstützt die Verbrennung nicht. Das bedeutet, dass z. B. eine Kerzenflamme in reinem Stickstoff nicht weiterbrennt, sondern erlischt. Stickstoff wird als Schutzgas beim Verpacken von Lebensmitteln eingesetzt, um die Haltbarkeit zu verlängern. Flüssiger Stickstoff wird als Gefriermittel in Laboren und in der sogenannten „Molekularküche“ verwendet. Seine Siedetemperatur liegt bei –196 °C.

3 Eisherstellung mit flüssigem Stickstoff

der Stickstoff
das Edelgas

Sauerstoff • Ungefähr ein Fünftel der Luft besteht aus Sauerstoff, einem ebenfalls farb- und geruchlosen Gas. Sauerstoff ist nicht brennbar, allerdings kann keine Verbrennung ohne ihn ablaufen. Darüber hinaus wird er zur Atmung von jedem Lebewesen benötigt.

Edelgase • Nur 0,96 Prozent des Luftvolumens besteht aus den Edelgasen Argon, Helium, Neon, Krypton und Xenon. Argon besitzt dabei den größten Volumenanteil. Edelgase sind farb- und geruchlos und brennen nicht. Luftballons und Luftschiffe werden mit Helium gefüllt. Neon wird in Leuchtstoffröhren und Xenon in Autolampen verwendet. Als Schutzgas beim Schweißen ist Argon im Einsatz.

Kohlenstoffdioxid • Das farb- und geruchlose Gas Kohlenstoffdioxid ist zwar ein kleiner, aber auch bedeutender Bestandteil der Luft. Pflanzen stellen mithilfe der Sonnenenergie aus Kohlenstoffdioxid und Wasser bei der Fotosynthese Kohlenhydrate und Sauerstoff her. Den Sauerstoff, den die Pflanzen bei der Fotosynthese in die Luft abgeben, atmen Menschen und Tiere wieder ein. Beim Ausatmen geben Menschen und Tiere Kohlenstoffdioxid und Wasserdampf in die Luft ab.

Wasser • Luft enthält Wasserdampf, der ebenfalls unsichtbar ist. Der Anteil des Wasserdampfs in der Luft ergibt die Luftfeuchte. Eine Luftfeuchtigkeit von unter 40 Prozent wird als trockene Luft bezeichnet.

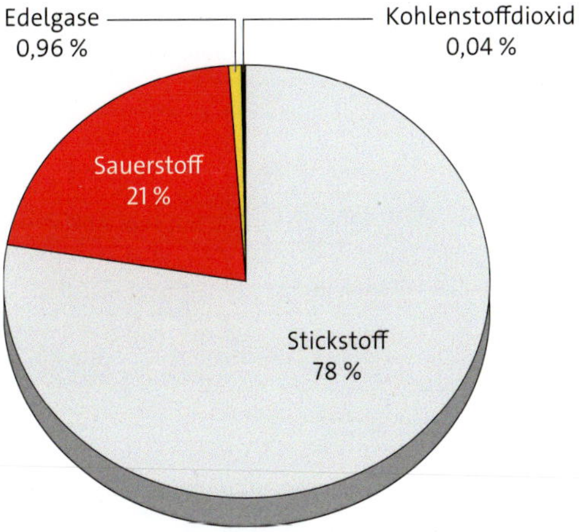

4 Hauptbestandteile von trockener Luft

5 Schutzgasschweißen

Luft ist ein Stoffgemisch. Ihre Hauptbestandteile sind Stickstoff und Sauerstoff.

Aufgaben

1 Gib die Bestandteile der Luft an und nenne zu jedem Bestandteil eine Eigenschaft.

2 Gib den Bestandteil der Luft an, der für die Verbrennung notwendig ist.

3 Beschreibe, was mit einer Flamme geschieht, wenn sie in Stickstoff getaucht wird.

Luft – ein Gemisch

Material A

Struktur-Lege-Technik

1 Begriffe rund um das Thema „Luft“

1 ☒ Bildet Zweiergruppen und schaut euch die Begriffskärtchen links an. Bringt gemeinsam die aufgeführten Begriffe in einen sinnvollen Zusammenhang. Zeichnet diese Struktur in eure Hefte bzw. in eure Ordner.

2 ☒ Erstellt für die fünf fett gedruckten Begriffe jeweils einen kurzen Infotext.

Material B

Atemluft untersuchen

Ständig atmest du Luft ein und wieder aus. Unterscheiden sich eingeatmete und ausgeatmete Luft voneinander? Mit folgenden Informationen kannst du das herausfinden:

Kohlenstoffdioxid trübt Kalkwasser. Sauerstoff und Stickstoff machen das nicht.

Materialliste: Marmeladenglas mit Deckel, Trinkhalm, Kalkwasser, Pipette

1 Atme durch den Trinkhalm in das umgedrehte Marmeladenglas aus. → 2A Verschließe das noch umgedrehte Glas sofort mit dem Deckel. Warte 20 Sekunden.

2 Drehe das Glas um. Öffne den Deckel und gib vorsichtig Kalkwasser in das Glas. → 2B Verschließe das Glas wieder und schüttle es. → 2C
☒ Beschreibe deine Beobachtung.

3 Führe das Experiment mit normaler Luft im Glas durch.
☒ Beschreibe deine Beobachtung.

4 ☒ Vergleiche und erläutere deine Ergebnisse.

2 Versuchsaufbau

Erweitern und Vertiefen

Unsichtbares sichtbar machen

Nachweismethoden • Die Bestandteile der Luft sind nicht sichtbar. Um festzustellen, welche Stoffe in der Luft vorhanden sind, setzt man chemische Nachweisverfahren ein. Mit einer Nachweisreaktion kann man feststellen, ob ein bestimmter Stoff in einem Stoffgemisch vorhanden ist. Der Stoff ist aufgrund einer nur für ihn charakteristischen Eigenschaft nachweisbar.

Nachweis von Sauerstoff • Sauerstoff ist für eine Verbrennung notwendig. Stoffe verbrennen in reinem Sauerstoff besser als in Luft. Diese Beobachtung nutzt man, um reinen Sauerstoff nachzuweisen.
Ein Holzspan, der nur glimmt, flammt in reinem Sauerstoff auf. → 3 Dies bezeichnet man als Glimmspanprobe.

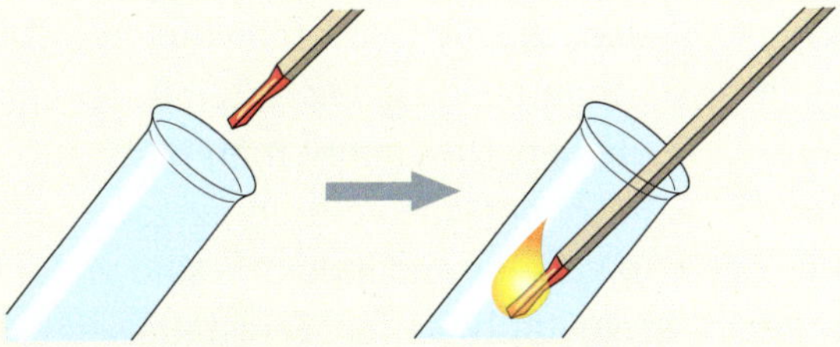

3 Glimmspanprobe

Nachweis von Kohlenstoffdioxid • Das Gas Kohlenstoffdioxid weist man durch Einleiten in Kalkwasser nach. Kalkwasser ist eine gesättigte Kalklösung. Leitet man Kohlenstoffdioxid in Kalkwasser ein, entsteht eine milchig-trübe Flüssigkeit und es bildet sich ein weißer Feststoff: Kalk.

4 Wassernachweis

Nachweis von Wasser • Luft enthält auch Wasser. Es wird aber nur sichtbar, wenn es als Nebel in die Luft geht oder an kalten Oberflächen kondensiert.
Wasser kann man nachweisen, wenn man es mit dem Stoff Kupfersulfat in Kontakt bringt. Wasserfreies Kupfersulfat ist ein weißes Pulver. Bei Kontakt mit dem Wasser in der Luft färbt sich Kupfersulfat blau. → 4 Chemiker verwenden Watesmopapier, um Wasser nachzuweisen. Dieses enthält Kupfersulfat und färbt sich bei der Anwesenheit von Wasser dunkelblau.

Aufgaben

1 ☒ Beschreibe eine Nachweismethode, mit der du feststellen kannst, ob bei einer Verbrennung Kohlenstoffdioxid entsteht.

2 ☒ An einer kalten Fensterscheibe kondensiert eine farblose Flüssigkeit. Beschreibe, wie du die Vermutung, dass es Wasser ist, überprüfen kannst.

Luftverschmutzung

1 Eine Ursache von Luftverschmutzung ist die Verbrennung fossiler Brennstoffe.

2 Schutzmaske zum Filtern von Luftschadstoffen

Durch Verkehr, Industrie und Landwirtschaft gelangen weitere Stoffe in die Luft. Welche Auswirkungen haben diese Stoffe?

Schadstoffe in der Luft • Luftverschmutzung ist nicht nur ein lokales Problem. Schadstoffe, die in einem Land verursacht werden, gelangen in die Atmosphäre und können andernorts zu schlechter Luftqualität führen. Bei der Verbrennung fossiler Brennstoffe im Verkehr, in der Industrie, bei der Stromerzeugung und in Haushalten werden Staub, Ruß oder Rauch freigesetzt. → 1 Darüber hinaus entstehen Abgase wie Kohlenstoffdioxid, Kohlenstoffmonooxid, Schwefeloxide und Stickoxide.

Ruß • Wenn im Verbrennungsraum zu wenig Sauerstoff vorhanden ist, entstehen winzig kleine Rußpartikel. An diese Partikel können sich weitere Verbrennungsschadstoffe anlagern. Der Ruß im Abgas kann menschliche Zellen schädigen und zu Krebs führen. Besonders viel Ruß entsteht in Dieselmotoren.

Feinstaub • In unserer Luft gibt es Partikel, die nicht sofort zu Boden sinken, sondern eine gewisse Zeit in der Luft bleiben. Dies nennt man Feinstaub. Besonders die Verbrennungsvorgänge in Verkehr und Industrie sind große Feinstaubquellen. Feinstaub setzt sich in unserer Lunge fest und kann kaum wieder abgehustet werden.

Stickoxide • Bei hohen Temperaturen und Sauerstoffüberschuss reagieren Sauerstoff und Stickstoff im Verbrennungsraum eines Motors zu Stickstoffmonooxid, Stickstoffdioxid und anderen Stickstoffoxiden („Stickoxide"). Stickoxide reizen die Atemwege und können die Blutgefäße verengen.

der **Feinstaub**
die **Stickoxide**

Ozon • Die natürliche Ozonschicht in der Atmosphäre schützt uns vor gefährlicher Ultraviolettstrahlung der Sonne. Bei intensiver Sonneneinstrahlung kann aus Stickoxiden in Bodennähe Ozon entstehen. Dieses bodennahe Ozon reizt die Schleimhäute und Atemwege und beeinträchtigt unsere Leistungsfähigkeit.

Kohlenstoffmonooxid • Bei der unvollständigen Verbrennung von fossilen Brennstoffen entsteht Kohlenstoffmonooxid. Dieses farb- und geruchlose Gas stört im Blut die Aufnahme von Sauerstoff. Geringe Mengen führen zu Kopfschmerzen, Schwindel und Übelkeit. In hohen Konzentrationen führt das Gas zum Erstickungstod.

Kohlenstoffdioxid • Bei der vollständigen Verbrennung von fossilen Brennstoffen entsteht Kohlenstoffdioxid. Die starke Zunahme von Kohlenstoffdioxid in der Atmosphäre trägt zur Erwärmung der Erde bei (zusätzlicher Treibhauseffekt). Ein Klimawandel mit weltweiten Auswirkungen ist die Folge.

Gegenmaßnahmen • Um Schadstoffe zu vermeiden, werden z. B. Filter in Industrieanlagen, in Autos und in Heizungen eingebaut. Ein Ziel ist auch, zunehmend Verbrennungsmotoren durch Elektromotoren zu ersetzen. Von der EU wurden Grenzwerte für Luftschadstoffe festgelegt, die durch Luftmessstationen regelmäßig kontrolliert werden.

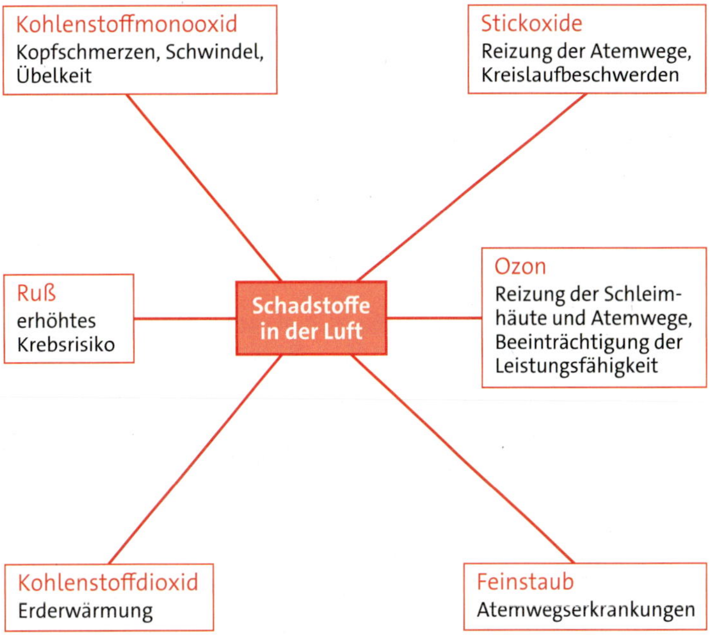

3 Schadstoffe in der Luft und ihre Folgen

Es gibt bereits Fahrverbote für bestimmte Fahrzeuge, um den Schadstoffausstoß zu verringern. → 4 In Städten mit extremer Luftverschmutzung versuchen die Menschen, sich mit Atemschutzmasken zu schützen. → 2

4 Fahreinschränkung für Lkws

Luftverschmutzung ist ein weltweites Problem. Schadstoffe haben Auswirkungen auf das Klima und die Gesundheit.

Aufgaben

1 Nenne vier Schadstoffe und gib an, warum es sich um einen Schadstoff handelt.

2 Beschreibe Gegenmaßnahmen zur Verringerung der Luftverschmutzung.

Luftverschmutzung

Material A

Feinstaub in Zahlen

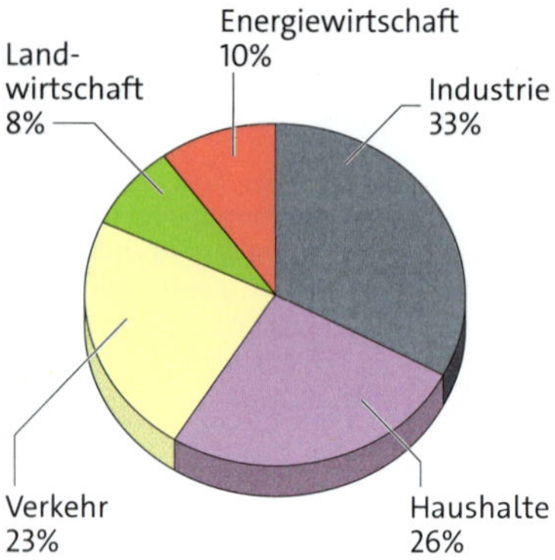

1 Feinstaubverursacher ($PM_{2,5}$) im Jahr 2015

1 Mit einem Kreisdiagramm können Anteile oder Verhältnisse dargestellt werden.
⊠ Beschreibe das dargestellte Diagramm. → 1

2 Ein Säulendiagramm eignet sich, um Größen miteinander zu vergleichen und Unterschiede aufzuzeigen.

a ⊠ Zeichne ein Säulendiagramm für den Gesamtstaubausstoß. Entnimm die Daten aus der Tabelle. → 2

b ⊠ Beschreibe das Diagramm.

c ⊠ Erläutere den Begriff „Gesamtstaub".

Jahr	Feinstaubausstoß ($PM_{2,5}$)
1995	195 Tsd. t
2000	160 Tsd. t
2005	132 Tsd. t
2010	117 Tsd. t
2015	100 Tsd. t

2 Feinstaubausstoß in tausend Tonnen (Tsd. t)

Material B

Im Jahr 2015 wurden deutschlandweit rund 3500 Menschen mit einer Vergiftung durch Kohlenstoffmonooxid in Krankenhäusern behandelt. Viele vergifteten sich, weil sie drinnen grillten. So hatten drei Jugendliche den Grill in die Garage gebracht, als es draußen zu kalt wurde. Ihre Eltern fanden sie dort – bewusstlos. Zwei der Jugendlichen kamen zum Glück schon an der frischen Luft wieder zu sich, der dritte erst auf der Toxikologischen Intensivstation der Technischen Universität München. Selbst in gelüfteten Räumen kann bei unvollständiger Verbrennung von Kohle die Konzentration an Kohlenstoffmonooxid so hoch werden, dass es zu Todesfällen kommt!

3

4

5

Vergiftung durch Kohlenstoffmonooxid

1 ⊠ Begründe, warum es beim Grillen in geschlossenen Räumen zu einer Vergiftung durch Kohlenstoffmonooxid kommen kann. → 3 4
Entwickle die Wortgleichung der chemischen Reaktion für diese unvollständige Verbrennung.

2 ⊠ Begründe, warum bei der Shisha-Pfeife die gleiche Vergiftungsgefahr wie beim Grillen auftreten kann. → 5

Material C

Messung von Schadstoffen in der Luft

1 Gib an, welche Luftschadstoffe an den bundesweit eingerichteten Messstationen gemessen werden. → 6

2 Gib an, wo Emissionen und Immissionen gemessen werden. → 6 – 8
Begründe, dass die Messwerte verschieden sind.

3 Die Immission von Stickstoffoxiden (NO_x) ist zu verschiedenen Uhrzeiten nicht immer gleich groß. → 9

a Werte die Messreihe in einem Diagramm aus.

b Lies ab, wann die Belastung durch Stickstoffoxide besonders niedrig / hoch ist.

c Vermute, wie es zu den besonders hohen Werten kommt.

d Ergänze im Diagramm eine Kurve, wie du sie für einen Sonntag erwarten würdest. Erkläre ihren Verlauf.

In Deutschland wird die Belastung unserer Luft regelmäßig kontrolliert. Die Abgase, die beim Autofahren aus dem Auspuff kommen, verteilen sich sehr schnell in der Luft. Daher gibt es zwei verschiedene Messungen der Luftschadstoffe:
- Die Emission (der „Ausstoß") wird direkt am Auspuff gemessen.
- Die Immission (die „Aufnahme") wird am Straßenrand gemessen.

Die Fahrzeughersteller müssen die Einhaltung von Grenzwerten für ihre Autos garantieren. Seit dem 1. September 2017 dürfen Diesel-Pkws nicht mehr als 80 Milligramm Stickstoffoxide pro Kilometer ausstoßen. Die Emissionen werden oft auf einem Prüfstand gemessen. Die Immissionen werden an Messstationen im gesamten Bundesgebiet mehrmals täglich gemessen. Schon kurz nach einer Messung kann man sich im Internet über die Belastungen durch Feinstaub, Stickstoffdioxid (NO_2), Ozon (O_3), Kohlenstoffmonooxid (CO) und Schwefeldioxid (SO_2) informieren. Feinstaub besteht aus winzigen Körnchen (weniger als ein hundertstel Millimeter Durchmesser), die für uns unsichtbar sind. Er entsteht zum Beispiel durch den „Abrieb" von Reifen und Bremsen oder beim Betreiben von Dieselmotoren.

6

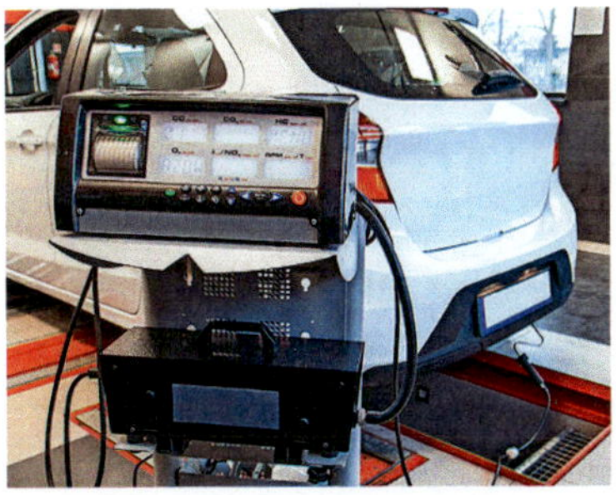

7 Emissionsmessung

8 Immissionsmessung

Uhrzeit	0	1	2	3	4	5	6	7	8	9	10	11
NO_x in $\frac{mg}{m^3}$	27	26	25	26	28	35	42	44	40	35	33	30

Uhrzeit	12	13	14	15	16	17	18	19	20	21	22	23
NO_x in $\frac{mg}{m^3}$	29	30	32	35	39	42	43	42	40	37	35	31

9 Immission an einer Messstation: Stickstoffoxide (NO_x) pro Kubikmeter Luft an einem Wochentag

Kohlenstoffdioxid und Treibhauseffekt

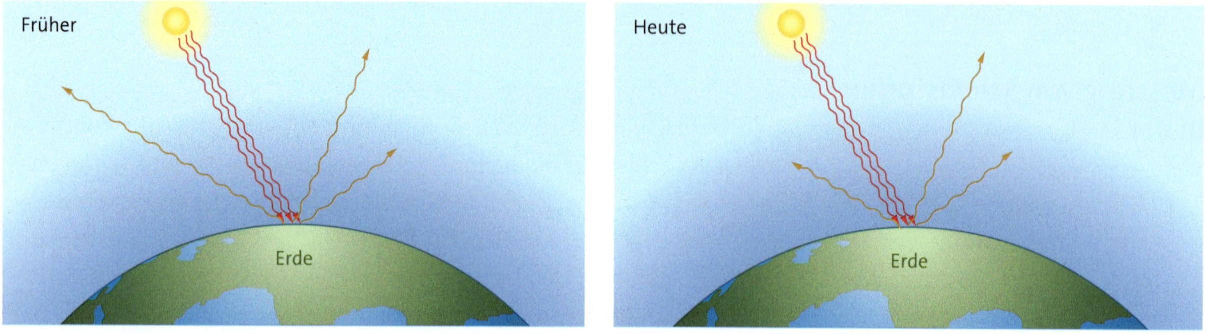

1 Was mit der Wärmestrahlung der Sonne geschieht – früher und heute

Jeder hat längst vom Klimawandel gehört. Die Gründe zu verstehen ist aber nicht ganz einfach.

Wärmestrahlung • Es beginnt damit, dass Wärmestrahlung von der Sonne kommt. Man muss wissen, dass es unterschiedliche Arten der Wärmestrahlung gibt. Das kann man sich ähnlich vorstellen wie beim Licht. Es gibt blaues, rotes und grünes Licht – Licht ist also nicht einfach gleich Licht. Wenn Wärmestrahlung auf einen Stoff trifft, gibt es drei Möglichkeiten:

- Die Strahlung geht hindurch: Transmission.
- Die Strahlung wird umgelenkt wie an einem Spiegel: Reflexion.
- Die Strahlung wird von dem Stoff aufgenommen: Absorption.

Bei der Absorption erwärmt sich der Stoff. Dadurch wird er – wie alle erwärmten Stoffe – selbst zum Wärmestrahler. Je wärmer er ist, desto mehr Wärmestrahlung gibt er ab.
Welche der drei Möglichkeiten eintritt, hängt von der Art der Wärmestrahlung und vom Stoff ab, auf den sie trifft.

Die Erde als Treibhaus • Die Wärmestrahlung der Sonne trifft auf die Atmosphäre der Erde. Sie geht dort nahezu ungehindert hindurch und trifft dann auf die Erdoberfläche. Dort wird ein großer Teil der Wärmestrahlung absorbiert. Die Erde wird also wärmer und gibt nun selbst mehr Wärmestrahlung ab – allerdings eine andere Art als die der Sonne.
Weil es eine andere Art der Wärmestrahlung als die der Sonne ist, werden Teile dieser Wärmestrahlung nun von der Erdatmosphäre absorbiert. → 1
Dadurch erwärmt sich die Atmosphäre. Das ist der Treibhauseffekt! Dieser Effekt ist aber natürlich und ermöglicht uns das Leben, wie wir es kennen. Ohne diesen natürlichen Treibhauseffekt wäre es auf der Erde viel zu kalt.
Was nun aber sehr gefährlich ist: Wir verändern die Zusammensetzung der Atmosphäre. Mehr Kohlenstoffdioxid wird in die Atmosphäre gegeben, wodurch mehr Wärmestrahlung absorbiert wird. Als Folge steigt die durchschnittliche Temperatur.

der Treibhauseffekt
die Wärmestrahlung
die Transmission
die Reflexion
die Absorption

Blick in die Vergangenheit • Wissenschaftler haben in der Antarktis Eisbohrkerne gewonnen. Durch Untersuchung des uralten Materials konnten sie den Kohlenstoffdioxidgehalt der letzten 400 000 Jahre ermitteln und auch die Temperatur, die jeweils herrschte. → 2
Es ist festzuhalten, dass der Gehalt an Kohlenstoffdioxid in dieser langen Zeit noch nie so hoch war wie heute!

Folgen • Mögliche Folgen des Klimawandels sind: längere Dürren an manchen Orten, aber auch stärkere Überschwemmungen an anderen Teilen der Erde, heftigere Stürme, Anstieg des Meeresspiegels durch Abschmelzen des Landeises ...

Warum mehr Kohlenstoffdioxid? • Es gibt einen natürlichen Kohlenstoffkreislauf. Wesentliche Faktoren sind dabei Fotosynthese und Zellatmung. Sie halten den Kohlenstoffdioxidgehalt der Atmosphäre eigentlich auf einem recht gleichmäßigen Wert. Viel Kohlenstoff ist aber auch fest gebunden in Kohle, Erdöl und Erdgas. Seit etwa 200 Jahren geben die Menschen durch Verbrennen dieses Kohlenstoffs immer mehr Kohlenstoffdioxid in die Atmosphäre ab. Als Folge steigt der Anteil an Kohlenstoffdioxid in unserer Lufthülle. → 3

Wir erhöhen den Anteil an Kohlenstoffdioxid in der Atmosphäre. Dies hat einen Anstieg der Temperatur zur Folge.

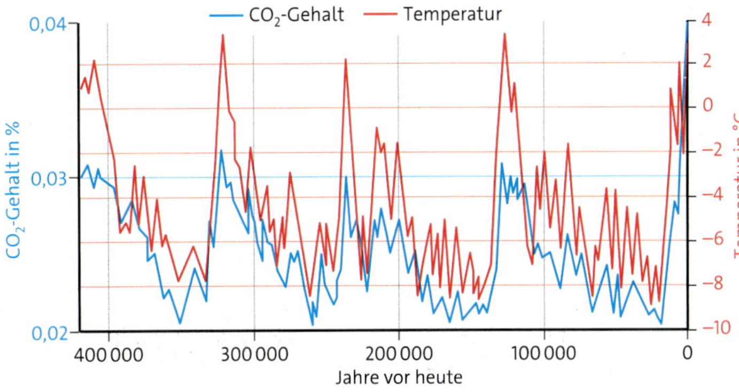

2 Zusammenhang zwischen Kohlenstoffdioxidgehalt und Durchschnittstemperatur in den letzten 400 000 Jahren

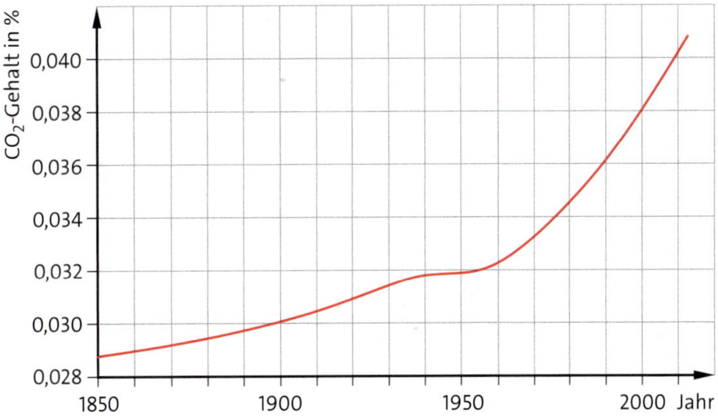

3 Anteil von CO_2 in der Atmosphäre

Aufgaben

1 Gib an, was mit Wärmestrahlung passieren kann, wenn sie auf einen Stoff trifft.

2 Begründe, warum die Wärmestrahlung der Sonne von der Atmosphäre nicht absorbiert wird, die der Erde aber zumindest teilweise.

3 Erläutere die Auswirkungen des CO_2-Anstiegs in der Atmosphäre.

Kohlenstoffdioxid und Treibhauseffekt

Material A

Transmission oder Absorption?

Materialliste: Heizplatte, Glühlampe, Becherglas

1 Versuch zu Transmission und Absorption von Wärmestrahlung

1 Untersuche, wie sich Glas gegenüber Wärmestrahlung verschiedener Strahler verhält.

a Halte deinen Finger 3 cm über eine heiße Herdplatte. Kannst du die Wärmestrahlung spüren? Wiederhole den Versuch, halte aber jetzt den Finger 3 cm über eine heiße Glühlampe.

b Wiederhole die unter a beschriebenen Versuche. Halte aber diesmal eine Schicht Glas zwischen deinen Finger und die Wärmequelle. → 1 Beschreibe deine Beobachtungen.

c Halte ein Becherglas jeweils für 10 Sekunden in 2 cm Abstand über die Wärmequellen. Fasse das Glas dann vorsichtig an. Was stellst du fest?

d Erkläre die Beobachtungen unter Verwendung der Begriffe Transmission und Absorption.

Material B

Modellversuch zum Treibhauseffekt

Untersuche, ob eine Atmosphäre mit viel Kohlenstoffdioxid tatsächlich zu einer Erwärmung führt.

Materialliste: Stativmaterial, Lichtquelle, Glasschale, Wasser, Klarsichtfolie, Thermometer, Styropor, schwarzes Papier, Kohlenstoffdioxid aus Gasflasche

1 Baue den Versuch wie in Bild 2 auf. Ordne den Teilen des Versuchsaufbaus folgende Begriffe zu: Sonne, Wolken, Atmosphäre und Erdboden.

2 Miss 15 Minuten lang alle 60 Sekunden die Temperatur in dem Styroporgefäß, das mit Luft gefüllt ist. Stelle die Messergebnisse tabellarisch und grafisch dar. Du kannst dafür auch ein Tabellenkalkulationsprogramm verwenden.

3 Wiederhole den Versuch. Fülle aber diesmal das Styroporgefäß mit Kohlenstoffdioxid. Trage die Messergebnisse in ein Diagramm ein. Welche Schlussfolgerungen kannst du ziehen?

4 Es gibt andere Treibhausgase, z. B. Methan. Untersuche die Treibhauswirkung dieses Gases.

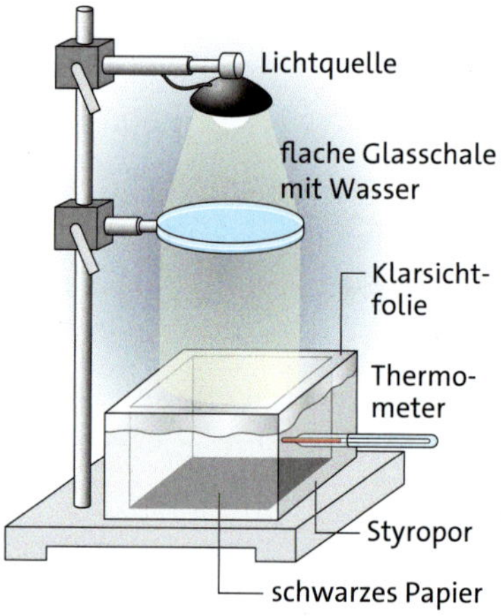

2 Treibhauseffekt simulieren

Material C

Anstieg des Meeresspiegels

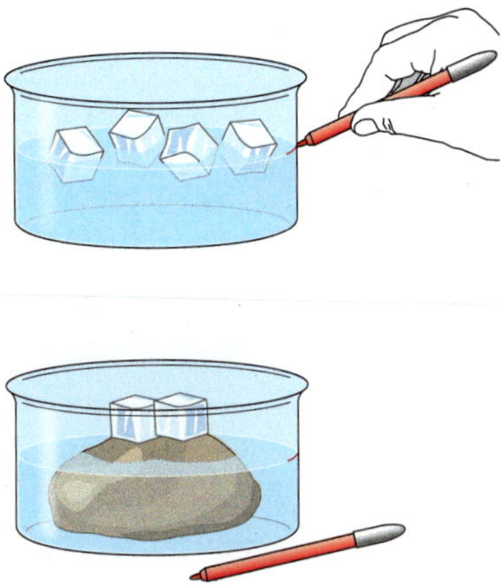

3 Modellversuch zum Abschmelzen des Polareises

Das Eis am Nordpol schwimmt im Wasser, das am Südpol liegt auf dem Festland. Macht das einen Unterschied?

Materialliste: Eiswürfel, Folienschreiber, 2 Glasschalen, Steine, Wasser, Haartrockner

1 Gib 4 Eiswürfel in ein Glas mit Wasser. Markiere den Pegelstand mit einem Folienschreiber. Lass das Eis schmelzen und vergleiche den Pegelstand mit dem zu Beginn.

2 Lege einen Stein in die zweite Glasschale und befülle es anschließend zur Hälfte mit Wasser. Lege nun zwei Eiswürfel auf den Stein. Markiere den Pegelstand. Warte, bis die Eiswürfel geschmolzen sind, oder verwende den Haartrockner. Vergleiche den neuen mit dem alten Pegelstand.

3 Begründe, ob das Schmelzen am Nord- oder am Südpol zu einem Anstieg des Meeresspiegels führt.

Material D

Ich und der Klimawandel

Der Klimawandel lässt sich kaum rückgängig machen. Aber, und das ist wichtig: Jeder hat einen Einfluss darauf, wie stark der Klimawandel sein wird.

1 Übertrage die Tabelle von Bild 4 in dein Heft und fülle sie aus.

2 Ergänze die Tabelle um mehrere Zeilen und trage weitere Tätigkeiten ein. Tausche deine Tabelle mit der deines Tischnachbarn aus. Besprecht eure Lösungsideen.

Tätigkeit	Verstärkt den Klimawandel	Ist ein Beitrag gegen den Klimawandel	Hat keinen Einfluss auf den Klimawandel	Begründung
Abschalten von Stand-by	?	?	?	?
Eine Wanderung unternehmen	?	?	?	?
In den Urlaub fliegen	?	?	?	?
Glühlampen durch LEDs ersetzen	?	?	?	?
Roden von Wäldern	?	?	?	?
Fußball spielen	?	?	?	?

4 Einflüsse auf den Klimawandel

Ohne Wasser kein Leben

1 Wassernutzung für viele alltägliche Zwecke

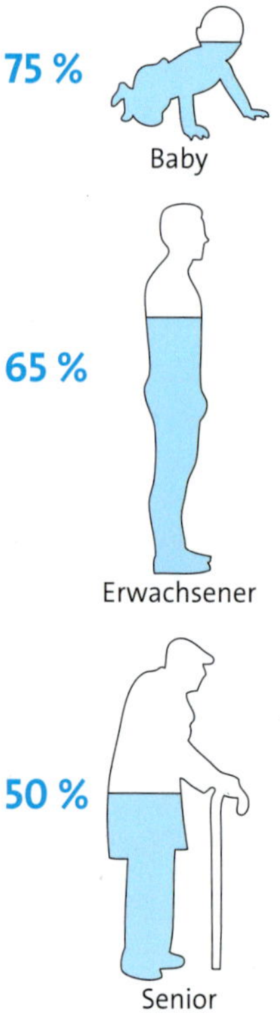

2 Wasseranteil im menschlichen Körper

Wasser spielt in vielen Lebensbereichen eine wichtige Rolle. Pro Tag verbraucht jeder von uns in Deutschland durchschnittlich 121 Liter Trinkwasser allein im Haushalt.

Bedeutung von Wasser • Wir nutzen Wasser nicht nur, um unseren Durst zu stillen. Wir benötigen es auch für die tägliche Hygiene, zum Kochen, Wäschewaschen oder für viele Freizeitbeschäftigungen wie Schwimmen, Surfen oder Skifahren.
Darüber hinaus wird Wasser auch in der Landwirtschaft und in der Industrie zum Herstellen von Lebensmitteln und anderen Produkten wie Kleidung benötigt.

Wasser im Organismus • Der Körper eines Erwachsenen besteht zu 65 Prozent aus Wasser. → 2 Es ist ein wichtiger Bestandteil der Zellen, des Blutes, der Verdauungssäfte und der Tränenflüssigkeit. Wasser dient im Körper als Lösungsmittel, über das Mineralstoffe und Zuckerstoffe aus Nahrungsmitteln aufgenommen werden können. Gleichzeitig ist es auch Transportmittel, um Endprodukte des Stoffwechsels abzutransportieren. Dabei wird Wasser in Form von Schweiß über die Haut oder in Form von Urin über die Nieren ausgeschieden. Zusätzlich wird über den Schweiß die Körpertemperatur reguliert. Wasser ist somit der Wärmeregulator unseres Körpers.

Wasserbedarf • Täglich sollten wir 2 bis 3 Liter Wasser zu uns nehmen – davon 1,5 Liter über Getränke und den Rest über die Nahrung. Dabei richtet sich der Wasserbedarf nach unserer körperlichen Aktivität und Gesundheit. Bei Krankheit oder beim Sport haben wir einen erhöhten Flüssigkeitsbedarf.

Wasserverteilung • Fast drei Viertel der Erdoberfläche sind mit Wasser bedeckt, und dennoch gibt es Wassermangel. Das meiste Wasser ist Salzwasser. Lediglich 3 Prozent des auf der Erde verkommenden Wassers ist Süßwasser und nur ein Drittel davon steht zur Trinkwassergewinnung zur Verfügung. → 3

In Deutschland wird das meiste Trinkwasser aus Quellen, dem Grundwasser oder Seen, z. B. dem Bodensee, gewonnen. Dafür ist aber eine aufwendige Aufbereitung notwendig. In südlichen Ländern wird Trinkwasser oft aus Meerwasser gewonnen. Etwa eine Milliarde Menschen hat keinen Zugang zu sauberem Trinkwasser.

Überleben trotz Eis • Bei den meisten Stoffen gilt: Je tiefer die Temperatur, desto größer die Dichte. Festes Wachs geht deshalb in flüssigem Wachs unter. Bei Wasser stellt man jedoch etwas Faszinierendes fest: Die Dichte nimmt beim Abkühlen zwar zu, aber nur bis zu einer Temperatur von 4 °C. Darunter nimmt die Dichte wieder ab. Dies erklärt, warum Eis leichter ist als flüssiges Wasser und Eiswürfel an der Wasseroberfläche schwimmen. Durch diese Dichteanomalie friert ein See im Winter nur von oben zu und das Eis schwimmt auf dem Wasser. → 4 Am Grund des Sees herrscht eine Temperatur von 4 °C. Dies ermöglicht Fischen zu überwintern. Auch im Sommer herrscht am Grund des Sees eine Temperatur von 4 °C. → 5 Die wärmeren Wasserschichten liegen dabei oben.

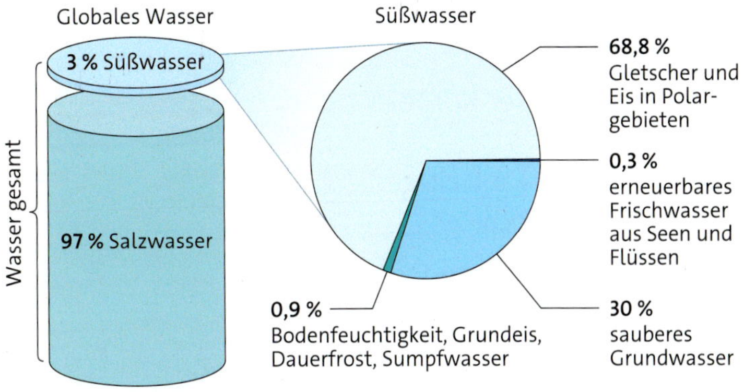

3 Wasserverteilung auf der Erde

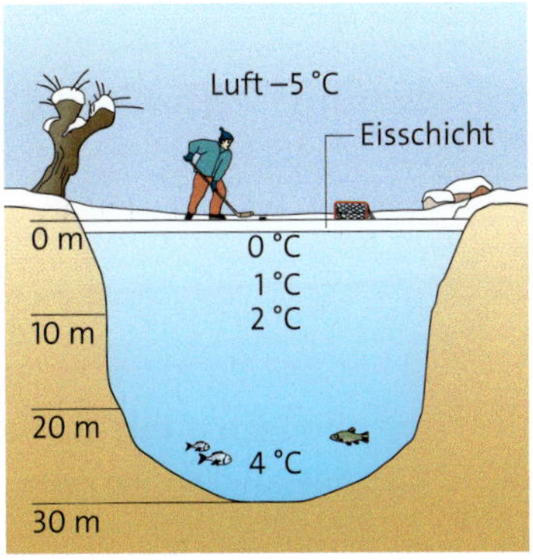

4 See im Winter

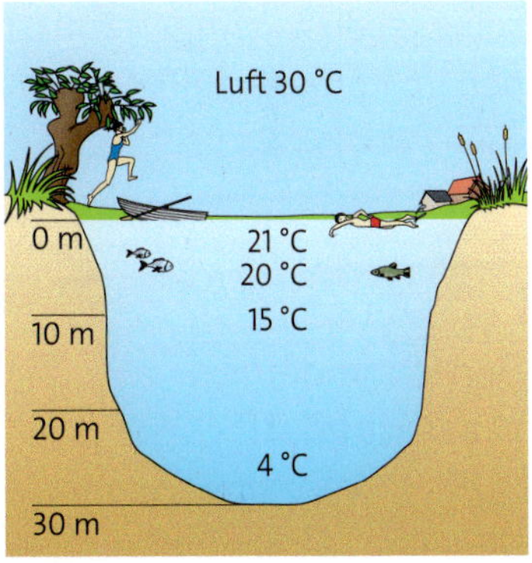

5 See im Sommer

Wasser ist lebensnotwendig und erfüllt vielfältige Funktionen. Nur ein kleiner Teil des Wassers auf der Erde ist Trinkwasser. Wasser hat bei 4 °C die höchste Dichte.

Aufgaben

1 „Wasser ist Leben." Erkläre.

2 Beschreibe die Aufgaben, die Wasser in unserem Körper erfüllt.

3 Erkläre, wie Fische überwintern können.

Ohne Wasser kein Leben

Material A

Wasser und unser Körper

Ohne Flüssigkeit kann ein gesunder Mensch höchstens 3 Tage überleben, ohne Essen kommt er um die 70 Tage aus. Der Wasserhaushalt muss durch Wasserzufuhr und Ausscheidung im Gleichgewicht gehalten werden, damit das Wasser seine lebenswichtigen Funktionen im Körper erfüllen kann.

Begriff		Beschreibung	
1	Wärme-regulator	A	Endprodukte des Stoffwechsels, wie Harnstoff, werden über Wasser in Form von Urin ausgeschieden.
2	Transport-mittel	B	Die verwertbaren Nahrungsbestandteile werden in Wasser gelöst und so in die Zellen aufgenommen.
3	Lösungs-mittel	C	Wasser wird über Schweiß ausgeschieden. Auf der Haut erzeugt Schweiß Verdunstungskälte und kühlt so den Körper.

1 Zuordnung: Aufgaben von Wasser im Körper

1 Ordne die Beschreibungen A–C den Begriffen 1–3 zu.

Material B

Berechne deinen Wasserbedarf

Über den Tag verliert unser Körper Wasser, z. B. über Schweiß, Urin und über die Atmung. Diesen Verlust muss man ausgleichen, indem man genügend trinkt oder wasserhaltige Nahrungsmittel verzehrt. Wie viel Wasser man pro Tag benötigt, hängt von Gewicht, Alter, Umgebungstemperatur, körperlicher Bewegung und dem Gesundheitszustand ab. Bei heißen Temperaturen oder wenn wir Fieber haben, brauchen wir zum Beispiel mehr Wasser. Auch der Salzgehalt in Lebensmitteln spielt eine Rolle. Unser Körper signalisiert dann durch ein Durstgefühl, dass er Wasser benötigt. Aber zu viel trinken in kurzer Zeit kann auch gefährlich sein. Die Nieren können den Wasserhaushalt nicht mehr regulieren und der Körper überwässert. Die Folgen sind Schwindel, Erbrechen bis hin zu Organschäden und Tod.

2 Wie viel sollte man täglich trinken?

1 Pro Tag benötigen wir circa 35 ml Flüssigkeit pro Kilogramm Körpergewicht. Berechne deinen individuellen täglichen Wasserbedarf in Litern, ausgehend von deinem Körpergewicht.

2 Die meisten Menschen trinken im Alltag zu wenig. Überlege dir Möglichkeiten zur Verbesserung.

3 MK Recherchiere zum Thema „Wasservergiftung“ im Internet und fertige einen Merksatz dazu an.

Material C

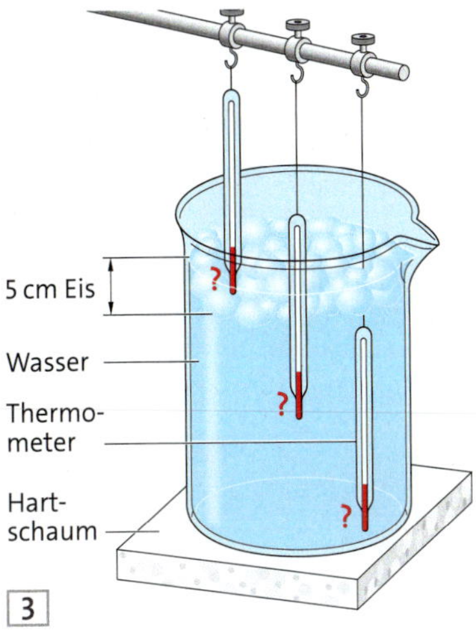

3

Temperaturen unter Eis

Materialliste: Hartschaumplatte, Stativmaterial, großes Becherglas, 3 Thermometer, Eis, Wasser

1 Sieh dir das Bild an. → 3

a ☒ Vermute, wo man die höchste und wo die niedrigste Wassertemperatur misst. Notiere deine Vermutungen.

b Baue den Versuch dann auf.

c ◩ Lies nach ein paar Minuten die Temperaturen an den Thermometern ab und notiere sie.

2 ◩ Vergleiche die Ergebnisse mit deinen Vermutungen.

3 ◩ Beurteile die gemessenen Temperaturen im Hinblick auf das Überwintern von Fischen in Seen.

Material D

4 Dichteanomalie des Wassers

Bei einer Temperaturerhöhung von 0 °C auf 4 °C (A) sich Wasser (B). Wenn es über 4 °C erwärmt wird, (C) es sich wieder (D). Im Vergleich zu anderen Stoffen ist das ein ungewöhnliches Verhalten. Man nennt es deshalb die (E).

Die Dichteanomalie

In Bild 4 ist die Dichteanomalie des Wassers in einem Diagramm skizziert.

1 ◩ Beschreibe das Diagramm.

2 ☒ Notiere den Lückentext in dein Heft. Ergänze die Lücken (A)–(E) mithilfe von Bild 4.

3 ☒ Überlege, ob Wasser in einem Thermometer eingesetzt werden kann. Begründe deine Entscheidung.

Wasser unterwegs

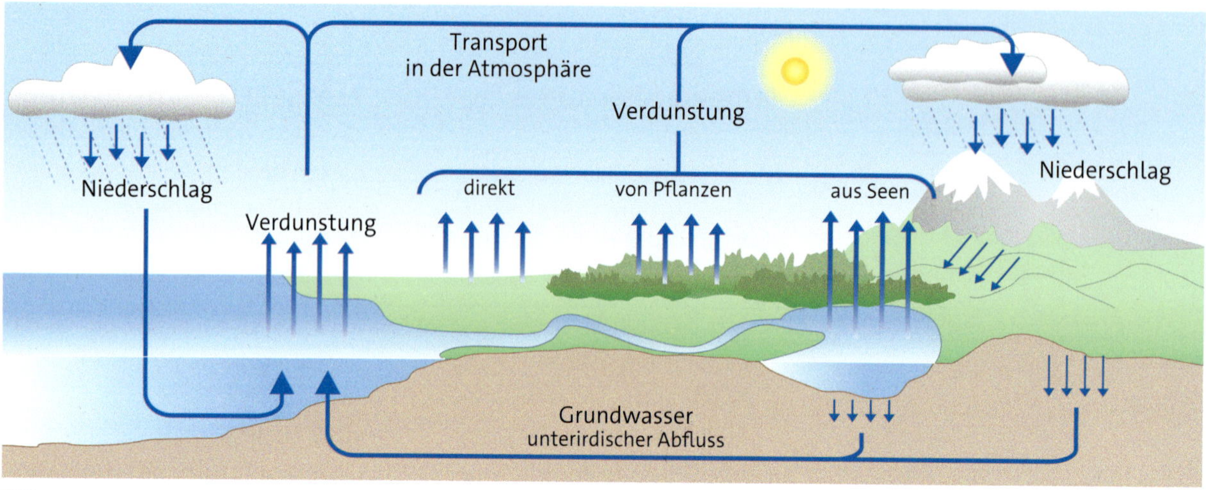

1 Wasserkreislauf

Über schlechtes Wetter wie Regen oder Hagel ärgert man sich häufig. Doch dies ist ein wichtiger Bestandteil des natürlichen Wasserkreislaufs.

Verdunstung und Kondensation • Über den Ozeanen, Seen, Flüssen und dem Land verdunstet Wasser durch die Sonneneinstrahlung. → 1 Auch Pflanzen geben Wasser über ihre Blätter ab, das dann verdunstet. Es steigt als Wasserdampf in die Atmosphäre auf. Dort trifft der Dampf auf kühlere Luftschichten, wodurch er zu Tröpfchen kondensiert. Diese sind dann als Nebel oder Wolken für uns sichtbar und werden durch Wind weitergeleitet.

Niederschlag • Treffen genug Wassertröpfchen in einer Wolke aufeinander, so bilden sich Regentropfen, die als Niederschlag wieder zur Erde fallen. In noch höheren Lagen gefriert der Wasserdampf zu Eiskristallen, die sich zu Schneeflocken oder Hagelkörnern vereinen können und wieder herabfallen. So kann es sein, dass es auch im Sommer kleine Eisbröckchen hagelt.
Der gefallene Niederschlag verdunstet zum Teil wieder. Das erkennt man beispielsweise an austrocknenden Pfützen.

Abfluss und Versickerung • Ein weiterer Teil des Wassers fließt als Oberflächenwasser oberirdisch in Flüsse und Seen. Nur ein Bruchteil davon versickert in der Erde und wird als unterirdischer Abfluss dem Grundwasser zugeführt. → 1 Dieses mündet letztendlich wieder in die Ozeane. So schließt sich der Kreislauf. Es verschwindet kein Wasser, aber es kommt auch keines hinzu.

Unser Wasser befindet sich in ständiger Bewegung in einem natürlichen Kreislauf, der von der Sonne angetrieben wird.

Woher stammt das Trinkwasser? • Trinkwasser kann aus verschiedenen Wasservorkommen gewonnen werden: aus Salzwasser durch Entsalzen, aus Quellen, Oberflächengewässern oder aus Grundwasser.

Oberflächenwasser • Um Trinkwasser aus Quellen, Seen und Flüssen zu gewinnen, wird das Wasser über Rohrleitungen zum Wasserwerk transportiert. → 2 So werden zum Beispiel circa 4 Millionen Menschen mit Wasser aus dem Bodensee versorgt.

Grundwasser • Grundwasser entsteht aus versickerndem Oberflächenwasser. Beim Weg durch die Erdschichten nimmt das Wasser Stoffe wie Kalk, Eisen und Kohlensäure aus dem Boden auf. Gleichzeitig wirkt der Boden als natürlicher Filter, der unerwünschte Stoffe aus dem Sickerwasser zurückhält. Die Trinkwassergewinnung erfolgt durch den Bau eines Brunnens über der wasserführenden Schicht. Zur Wasserförderung werden Pumpen eingesetzt.

Aufbereitung im Wasserwerk • Die zuständigen Wasserwerke versorgen die Verbraucher in Deutschland mit Trinkwasser. Jedoch muss das Wasser einige Qualitätskriterien erfüllen. Es muss frei von Krankheitserregern sein, eine Mindestkonzentration von Mineralstoffen aufweisen, geschmacksneutral und farb- und geruchlos sein. Deutschland besitzt mit die höchsten Qualitätsstandards für Trinkwasser.

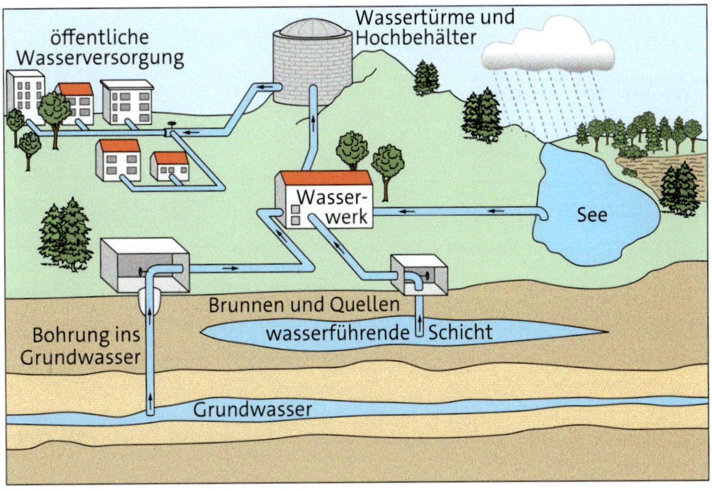

2 Wasserversorgung

3 Wasseranalyse im Labor

Zur Trinkwassergewinnung gibt es verschiedene Möglichkeiten. Wasserwerke bereiten das Wasser nach bestimmten Gütekriterien auf.

Aufgaben

1 ◪ Beschreibe den Wasserkreislauf.

2 ⊠ Beschreibe die Rolle der verschiedenen Aggregatzustände im Wasserkreislauf.

3 ⊠ Nenne Möglichkeiten zur Trinkwassergewinnung.

Wasser unterwegs

Material A

Ein Modell des Wasserkreislaufs bauen

Materialliste: großes Einmachglas, Erde, Sand, Kies, Kressesamen, Wasser, Frischhaltefolie, Gummiband

1 Fülle das Glas mit Kies, Sand und Erde. → 1 Gieße dann kräftig und streue die Kressesamen auf die Erde. Verschließe das Glas zuletzt mit Frischhaltefolie.
Notiere täglich deine Beobachtungen.

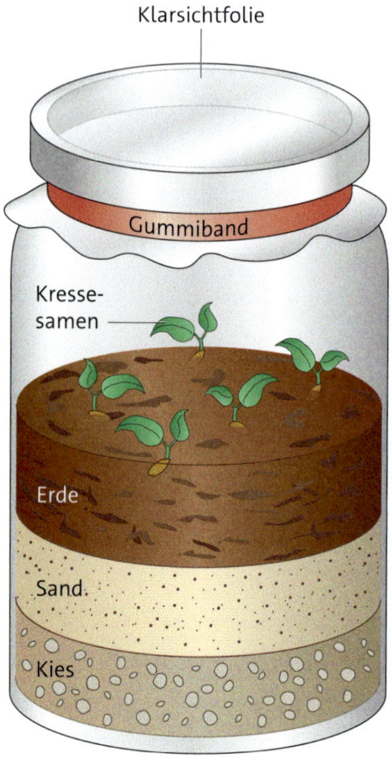

1 Modell des Wasserkreislaufs

Material B

Das Wasserwerk unter der Lupe

In Bild 2 siehst du die verschiedenen Stationen der Trinkwasseraufbereitung vom Rohwasser aus Grundwasser bis hin zum fertigen Trinkwasser.

1 Lies den Text und betrachte Bild 2.
Beschreibe die verschiedenen Stationen im Wasserwerk.

2 Die von Natur aus im Rohwasser enthaltenen Bestandteile sind für uns nicht gesundheitsschädlich.
Begründe, warum das Wasser trotzdem aufbereitet wird.

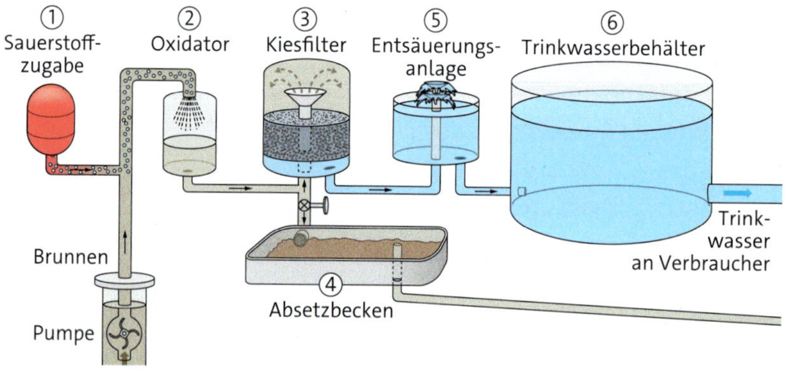

2 Grundwasseraufbereitung im Wasserwerk

Zunächst wird dem Rohwasser Sauerstoff zugeführt (1). Durch den Sauerstoff werden im Oxidator (2) bestimmte Stoffe in unlösliche Stoffe umgewandelt. Diese unlöslichen Bestandteile können anschließend durch einen Filter mit Sand oder Kies aus dem Wasser entfernt werden (3). Dadurch verändert sich sowohl der Geschmack als auch die Färbung des Wassers. Im Absetzbecken (4) werden die ausgeflockten Bestandteile gesammelt und abgeführt. Manchmal enthält das Rohwasser von Natur aus zu viel Kohlensäure und muss dann entsäuert werden (5). In Trinkwasserbehältern (6) wird das fertige Trinkwasser gesammelt, bevor es über Rohrleitungen zum Verbraucher gelangt.

3

Material C

Trinkwassergewinnung aus Salzwasser

In vielen küstennahen Ländern, in denen Trinkwasser knapp ist, wird Trinkwasser aus Meerwasser gewonnen.
Ein mögliches Verfahren ist die Meerwasserentsalzung durch Sonneneinstrahlung. → 4 Hierbei wird das salzhaltige Wasser von der Sonne erwärmt. Das Wasser verdunstet und schlägt sich am Glasdach der Anlage als Kondensat nieder. Das Salz bleibt zurück. Das flüssige Wasser läuft an der Glasscheibe herab und wird in einer Rinne gesammelt.
Dem gewonnenen Wasser müssen noch Mineralsalze zugeführt werden. Für die Meerwasserentsalzung im großen Maß reicht die Sonneneinstrahlung nicht aus. Das Salzwasser muss daher erhitzt werden, was sehr viel Energie erfordert.

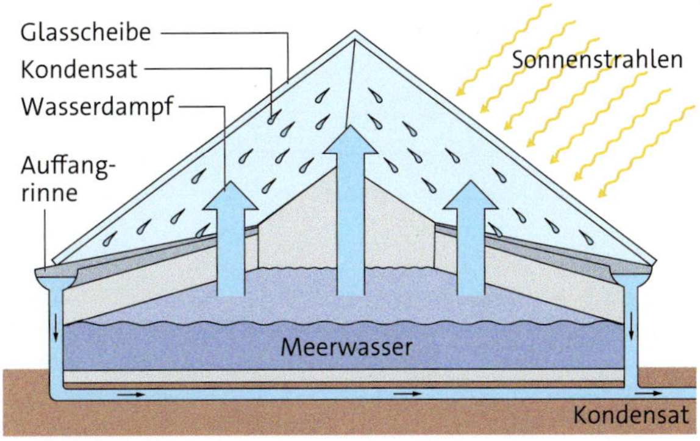

4 Anlage zur Trinkwassergewinnung aus Meerwasser

1 Beschreibe den Aufbau und die Funktion der Anlage zur Trinkwassergewinnung. → 4

2 Erläutere Vor- und Nachteile der Meerwasserentsalzung durch Sonneneinstrahlung.

Material D

Destillation von Salzwasser

Materialliste: Stativmaterial, Brenner, Rundkolben, passender Gummistopfen mit Lochbohrung, Thermometer, Destillationsaufsatz, Liebig-Kühler mit 2 Gummischläuchen, Laborboy, Wasseranschluss, Becherglas, Kochsalzlösung, Siedesteinchen

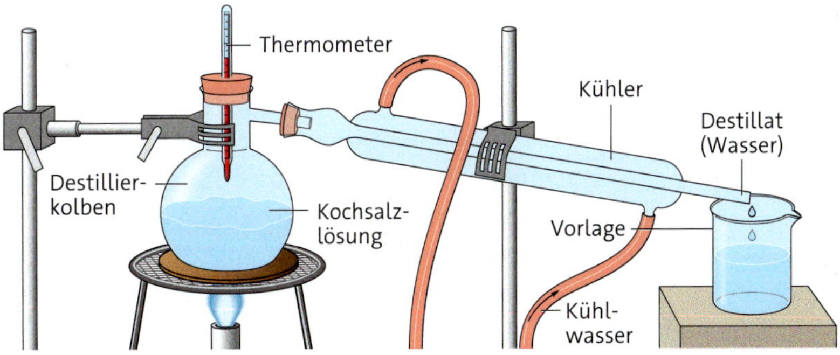

5 Destillationsapparatur im Labor

1 Baue die Apparatur wie in Bild 5 auf. Achte dabei auf die Schräglage des Liebig-Kühlers.

2 Erhitze die Kochsalzlösung bis zum Sieden und beobachte.
Fertige ein Protokoll an.

3 Gib an, welche Eigenschaften der Stoffe Wasser und Salz man sich bei der Destillation zunutze macht.

Wasser in Gefahr

1 Hier war früher Wasser – der Aralsee.

Der Aralsee war einmal der viertgrößte See der Erde. Heute ist der See nahezu ausgetrocknet und hat eine Salzwüste hinterlassen. Eine Hauptursache dafür war der falsche Umgang mit Wasser. Ist unser Wasser in Gefahr?

Wasserverschwendung • In vielen Bereichen wird sehr viel Wasser verbraucht, z. B. bei der aufwendigen Bewässerung in der Landwirtschaft oder bei der künstlichen Erzeugung von Schnee in Skigebieten. Auch in privaten Haushalten wird häufig achtlos mit der Ressource Wasser umgegangen, zum Beispiel durch langes Duschen, häufiges Baden sowie bei der Autowäsche und Rasenbewässerung.

Virtuelles Wasser • Wie viel Wasser jeder Einzelne verbraucht, lässt sich durch den Wasserfußabdruck veranschaulichen. Dieser umfasst auch Wasser, dem wir uns nicht bewusst sind. → 2 Für die Herstellung von Lebensmitteln und Kleidung wird mehr Wasser benötigt, als darin tatsächlich enthalten ist. Für eine Tasse Kaffee werden nicht 150 ml, sondern circa 140 Liter Wasser benötigt. Das meiste Wasser erfordert der Anbau der Kaffeebohnen, hinzu kommen der Transport und die Herstellung der Verpackung. In einer Jeans stecken sogar 11 000 Liter Wasser, was einer Füllung von 80 Badewannen entspricht. Dieses versteckte Wasser, bezeichnet man auch als virtuelles Wasser. Dadurch ist unser Wasserverbrauch erheblich höher als nur der des täglich fließenden Wassers.

Folgen der Wasserverschwendung • Der übermäßige Wasserkonsum lässt den Grundwasserspiegel sinken und Flüsse und Seen schrumpfen. Damit werden Trinkwasservorkommen immer knapper. Ein Beispiel hierfür ist die Austrocknung des Aralsees in Kasachstan und Usbekistan. → 1 Aus einer zuvor fruchtbaren Region hat sich eine Wüste entwickelt, in der keine Landwirtschaft und Fischerei mehr möglich sind.

2 Wasserfußabdruck

das virtuelle Wasser
das Mikroplastik

Wasserverschmutzung • Ein Grund für die Wasserverschmutzung sind zum Beispiel giftige Industrieabfälle, die in Flüssen entsorgt werden. Außerdem wird Wasser durch den Einsatz von Pestiziden und Düngern verschmutzt, die aus der Landwirtschaft ins Grundwasser gelangen. Hinzu kommt die Verschmutzung durch Müll, insbesondere Plastikmüll, der in die Ozeane gelangt. Auch die falsche Entsorgung von Medikamenten in Haushalten kann das Grundwasser belasten. Weitere Verunreinigungen entstehen durch Umweltkatastrophen und Schiffsunglücke. Die größte Ölpest bislang entstand bei der Explosion der Bohrinsel Deepwater Horizon im Jahre 2010, bei der 780 Millionen Liter Rohöl in den Golf von Mexiko flossen. → 3

Folgen der Wasserverschmutzung • Durch die Wasserverschmutzung wird sauberes Trinkwasser immer knapper. In manchen Gebieten auf der Erde ist es kaum mehr verfügbar. Verschmutztes Wasser erhöht das Risiko von Infektionskrankheiten, die oft zum Tod führen. Auch können sich Konflikte und Kriege um Wasserressourcen entwickeln.

Die Tier- und Pflanzenwelt ist durch verunreinigtes Wasser bedroht. Das Absterben von Gewässern nimmt zu. Häufig gelangen kleinste Plastikkügelchen über unser Abwasser in den Wasserkreislauf. → 4 Dieses sogenannte Mikroplastik kann zum Beispiel in Zahnpasta oder wetterfester Kleidung enthalten sein. Fische verwechseln dieses Mikroplastik mit Plankton und nehmen es als Nahrung auf. Sie verhungern dann mit vollem Magen. Das Mikroplastik gelangt damit auch in die Nahrungskette.

3 Ölteppich im Golf von Mexiko (Juli 2010)

4 Mikroplastik auf Finger

Wasser wird durch die Industrie, Landwirtschaft und die Privathaushalte verunreinigt. Die Folgen sind Belastungen für die Umwelt, die Wirtschaft und den Menschen.

Aufgaben

1 Erläutere, in welchen Bereichen Wasser unnötig verbraucht wird.

2 Erkläre den Begriff „virtuelles Wasser".

3 Beschreibe Folgen der Wasserverschwendung und -verschmutzung.

Wasser in Gefahr

Material A

Virtuelles Wasser

Um all die Waren zu produzieren, die wir täglich kaufen, werden durchschnittlich 4000 Liter Wasser pro Kopf und Tag gebraucht. Deutschland zählt damit zu den weltweit zehn größten Importeuren von virtuellem Wasser. In Bild 1 siehst du, wie viel virtuelles Wasser in verschiedenen Produkten steckt.

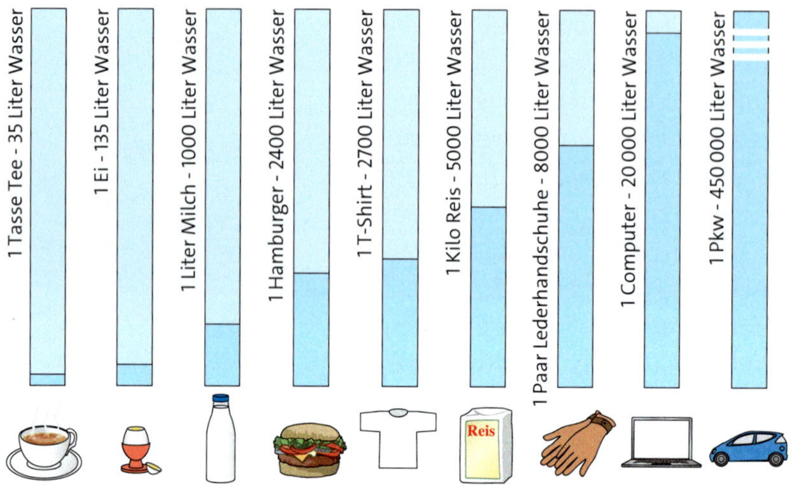

[1] Virtuelles Wasser in verschiedenen Produkten

1 ☑ Vergleiche den virtuellen Wassergehalt eines Eies mit dem eines Hamburgers.

2 ☒ Erkläre, wie es sein kann, dass in 1 Liter Milch 1000 Liter Wasser stecken.

3 ☒ Nenne Möglichkeiten, wie du dazu beitragen kannst, dass dein persönlicher „Wasserfußabdruck" kleiner wird.

Material B

Spanien, Niederlande oder Deutschland?

Die Tomate ist eines der Lieblingsgemüse der Deutschen. Doch nur 10 Prozent stammen aus heimischem Anbau. Der Großteil wird importiert aus Spanien oder den Niederlanden. In Bild 2 siehst du, wie viel Wasser für die Produktion einer Tomate in den drei Ländern nötig ist.

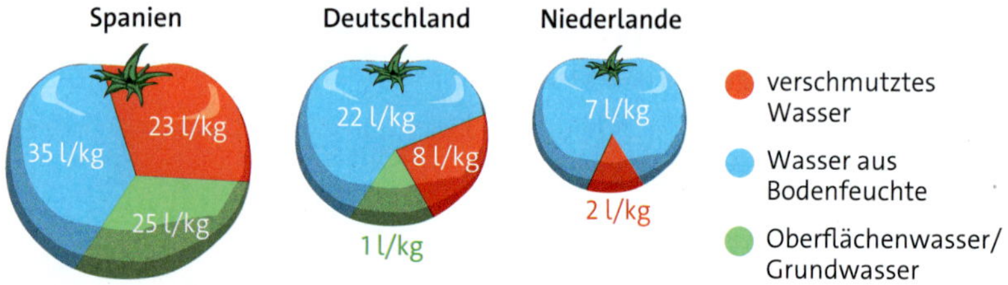

[2] Verschiedene Wasseranteile für die Produktion einer Tomate.

1 Vergleiche die Menge und die Herkunft des Wassers bei den verschiedenen Tomaten. → [2]
☒ Nenne Gründe für die unterschiedliche Verteilung des Wassers.

2 ☒ Für die Tomaten welcher Herkunft würdest du dich beim Kauf entscheiden? Begründe deine Wahl.

Material C

Sparer und Verschwender

In Bild 3 ist der jährliche Wasserverbrauch in verschiedenen Industrieländern aufgezeigt. Dabei gibt es gravierende Unterschiede.

1 Beschreibe das Diagramm. → 3

2 Diskutiert in Gruppen Ursachen für den unterschiedlichen Pro-Kopf-Verbrauch in den Ländern.

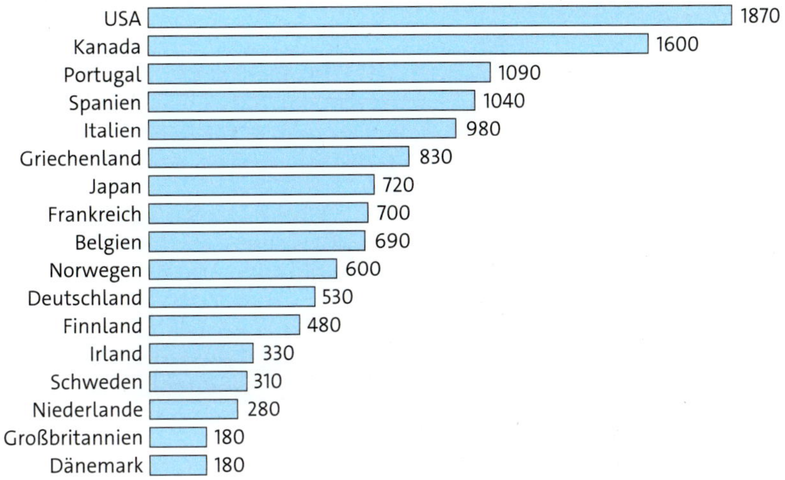

3 Jährlicher Wasserverbrauch in Industrieländern je Einwohner in 1000 Litern

Material D

Konflikte um Wasser

In Äthiopien entsteht derzeit der größte Staudamm Afrikas. Für das Land ist der Bau des „Grand Ethiopian Renaissance Dam" am Blauen Nil ein Großprojekt. Es soll die Armut des Landes bekämpfen, Hochwasser vermeiden und die Wirtschaft durch Stromexporte und ausreichende Bewässerung ankurbeln.
Doch das stromabwärts gelegene Ägypten hat bereits jetzt Angst um die eigene Trinkwasserversorgung. 60 Prozent des Nilwassers in Ägypten stammen aus dem Blauen Nil. Durch die Anlegung und Befüllung des neuen Stausees in Äthiopien befürchten Geologen eine Verringerung der Wassermenge in Ägypten mit verheerenden Folgen für die Landwirtschaft. Der Konflikt um das Nilwasser führt somit auch zu politischen Spannungen zwischen den beiden Ländern.

4

5 Bau des Nil-Staudamms in Äthiopien

6 Geografische Lage des Staudamms

1 Lies den Text. → 4 „Wasser ist Schlüssel zu Krieg und Frieden." – Erkläre diese Aussage.

Aufbereitung von Abwasser

1 Luftbild einer Kläranlage

Täglich verwenden wir sauberes Trinkwasser zum Duschen, Geschirrspülen oder Spülen der Toilette. Doch was passiert danach mit dem schmutzigen Abwasser?

Die Kläranlage • Nachdem das Wasser in unserem Abfluss verschwunden ist, gelangt es unter den Straßen über die Kanalisation zu einer Kläranlage. Dort wird das verschmutzte Wasser wieder zu frischem Wasser aufbereitet. Dazu sind allerdings einige Schritte notwendig.
Der Klärprozess gliedert sich in drei unterschiedliche Reinigungsstufen:

Mechanische Reinigung • Als Erstes wird das Abwasser mithilfe von Rechen, Sandfang und einem Vorklärbecken von grobem Schmutz befreit. Stoffe wie Plastikteile, Essensreste und Toilettenpapier werden dabei ausgesondert, entwässert und zu einer Deponie gebracht oder verbrannt.

Biologische Reinigung • In der biologischen Reinigungsstufe kommen Mikroorganismen in sogenanntem Belebtschlamm zum Einsatz. Die Mikroorganismen zersetzen mithilfe von Sauerstoff organische Verunreinigungen im Wasser. Nach dieser Stufe sind circa 90 Prozent der ursprünglichen Verunreinigungen bereits beseitigt.

Chemische Reinigung • In der sich anschließenden chemischen Reinigungsstufe werden Problemstoffe wie Phosphat mit Flockungsmitteln gebunden und entfernt.
In allen Reinigungsschritten entsteht Schlamm. Dieser wird in sogenannte Faultürme geleitet. Dort bilden sich durch Gärung Biogase, die als Brennstoff eingesetzt werden können. Der übrige Teil der Faulschlämme findet als Dünger Verwendung. Nach diesem Prozess kann das gereinigte Wasser wieder der Umwelt zugeführt werden.

In einer Kläranlage gibt es drei Reinigungsstufen: die mechanische, die biologische und die chemische Reinigung.

Aufgaben

1 Beschreibe die drei Reinigungsstufen im Klärprozess mit eigenen Worten.

2 Erkläre, welche Funktion die Mikroorganismen im Klärprozess haben.

Material A

Wir bauen eine Kläranlage

Materialliste: 4 Joghurtbecher mit jeweils einem Loch im Boden (Bleistiftdicke), Becherglas, (Kaffee-)Filter, Wattepads, Sand, Kies, Aktivkohle, verschmutztes Wasser aus Pfütze, Bach ...

1 Wasche den Sand und den Kies, bis das Wasser klar ist.

2 Decke die Löcher der Joghurtbecher jeweils mit einem Wattepad ab. Fülle anschließend je einen Joghurtbecher zur Hälfte mit Aktivkohle, mit Sand und mit Kies.
Setze den Filter in den vierten Joghurtbecher.

3 Staple nun alle Becher in das Becherglas. → 2 Gieße verschmutztes Wasser oben in den Turm und beobachte. Bewahre einen Rest des verschmutzten Wassers zum späteren Vergleich auf.

4 Schreibe ein Versuchsprotokoll und gehe dabei auf den Zustand des Wassers vor und nach dem Versuch ein.

5 Leite Spülwasser in einem zweiten Versuch durch deine Mini-Kläranlage.

a Beschreibe deine Beobachtung.

b Beschreibe, was passiert, wenn du das Filtrat schüttelst.

2 Modell der Kläranlage

6 Erkläre, warum in den Joghurtbechern unterschiedliche Materialien eingesetzt werden.

Material B

Die Klärstufen im Detail

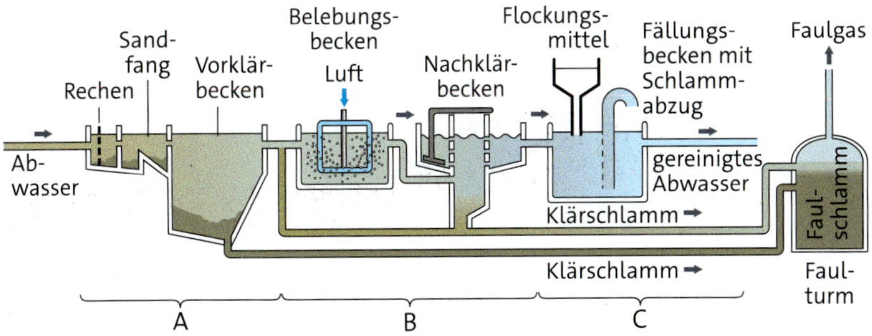

3 Der Klärprozess

In Bild 3 siehst du den Klärprozess schematisch dargestellt.

1 Benenne die drei Klärstufen A, B und C.

2 Informiere dich über die Kläranlage, die für das Abwasser aus deinem Wohnort zuständig ist.

Wasser herstellen und zerlegen

1 Was haben die Gase Wasserstoff und Sauerstoff mit Wasser zu tun?

Jeder weiß, was Wasser ist und kommt täglich damit in Berührung. Doch woraus besteht Wasser eigentlich?

Wasser – eine Verbindung • Die Formel H_2O hast du sicherlich schon einmal gehört oder gelesen. Das Symbol H steht für Wasserstoff und das Symbol O für Sauerstoff. Wasser besteht also aus Wasserstoff und Sauerstoff. Man sagt: Wasser ist eine Verbindung aus Wasserstoff und Sauerstoff. Doch wie können zwei Gase eine Flüssigkeit ergeben?

Wasser herstellen • Es gibt eine Reihe von chemischen Reaktionen, bei denen sich Wasser bildet. Wasser lässt sich aber am einfachsten herstellen, indem man Wasserstoff und Sauerstoff zur Reaktion bringt. Dazu mischt man die beiden Gase im Verhältnis 2 : 1. Beim geringsten Zündfunken explodiert ein solches Knallgasgemisch. Es findet also eine heftige chemische Reaktion statt. Bei dieser Reaktion verbinden sich Sauerstoff und Wasserstoff und es entsteht Wasser.

Synthese • Eine Reaktion, bei der ein neuer Stoff hergestellt wird, nennt man Synthese.
Für die Herstellung von Wasser ergibt sich folgende Reaktionsgleichung:

Wasserstoff + Sauerstoff → Wasser

Wasser lässt sich aus Wasserstoff und Sauerstoff herstellen. Dies nennt man Synthese.

Wasser wieder zerlegen • Wasser zu zerlegen ist nicht so einfach. Man braucht dazu sehr viel Energie oder zusätzliche Stoffe. Mithilfe von elektrischem Strom lässt sich Wasser aufspalten. Dazu braucht man einen Plus- und einen Minuspol und eine Spannung von circa 3 Volt.

die Synthese
die Analyse

Außerdem muss das Wasser ein wenig Säure enthalten, weil es sonst den Strom zu wenig leitet. Der Hofmannsche Apparat ist die passende Apparatur dafür. → 2 Durch die angelegte Spannung wird das Wasser allmählich zersetzt. Dabei lässt sich Folgendes feststellen: An beiden Polen bilden sich Gase, aber am Minuspol ist das Gasvolumen doppelt so groß. Das liegt daran, dass bei der Zerlegung von Wasser doppelt so viel Wasserstoff wie Sauerstoff entsteht.

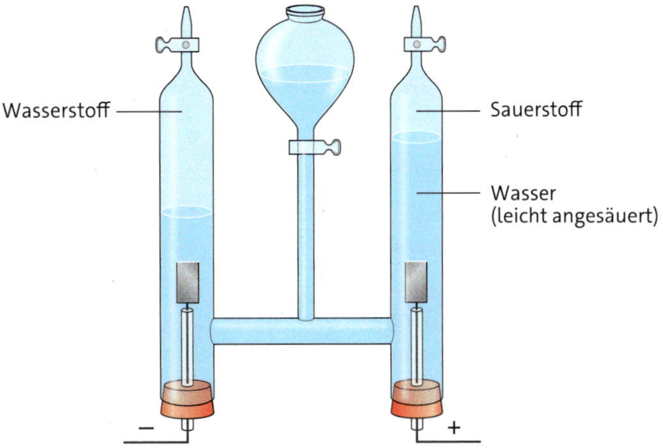

2 Hofmannscher Zersetzungsapparat

Analyse • Wird in einer Reaktion ein Stoff in seine ursprünglichen Bestandteile zerlegt, spricht man von einer Analyse. Die Analyse-Reaktion ist die Umkehrung der Synthese-Reaktion. Für die Zerlegung von Wasser ergibt sich somit folgende Reaktionsgleichung:

Wasser → Wasserstoff + Sauerstoff

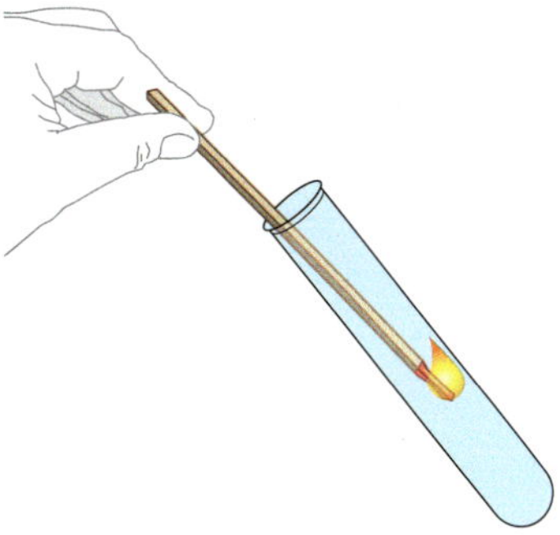
3 Glimmspanprobe

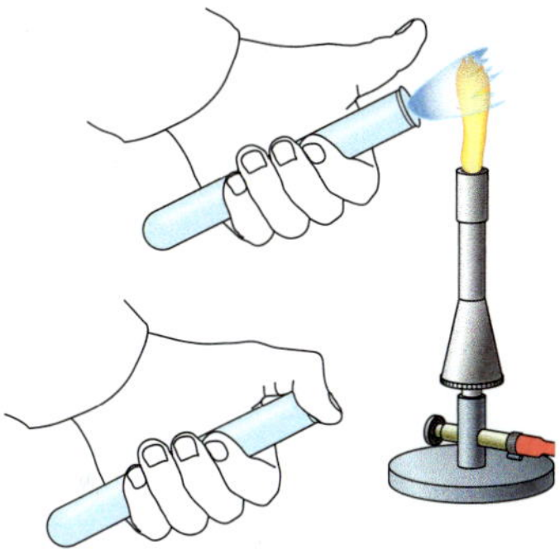
4 Knallgasprobe

Nachweis der Gase • Die in der Wasseranalyse entstehenden Gase kann man in Reagenzgläsern auffangen. Mit dem am Pluspol entstandenen Gas führt man eine Glimmspanprobe durch. → 3 Das Aufleuchten des glimmenden Spans im Reagenzglas ist ein Nachweis für Sauerstoff, da Sauerstoff die Verbrennung fördert.
Mit dem Gas vom Minuspol führt man eine Knallgasprobe durch. → 4 Dazu hält man das Reagenzglas an eine offene Flamme. Ein kurzes Ploppgeräusch gilt als Nachweis für Wasserstoff.

Wasser lässt sich mithilfe von elektrischem Strom in Sauerstoff und Wasserstoff zerlegen. Dies nennt man Analyse.

Aufgaben

1 Nenne die Bestandteile von Wasser.

2 Erkläre die Begriffe Synthese und Analyse am Beispiel von Wasser.

3 Beschreibe die Funktionsweise des Hofmannschen Apparats.

Wasser herstellen und zerlegen

Material A

Zerlegung von Wasser

Was geschieht, wenn man elektrischen Strom durch Wasser leitet, das leicht angesäuert ist?

Materialliste: 2 Nägel, Becherglas, Kabel, Krokodilklemmen, Batterie (4,5 V), verdünnte Schwefelsäure (5%ig, ⚠)

Gib verdünnte Schwefelsäure in das Becherglas. Befestige mit einer Krokodilklemme an jedem Nagel ein Kabel und stelle die Nägel in das Becherglas.

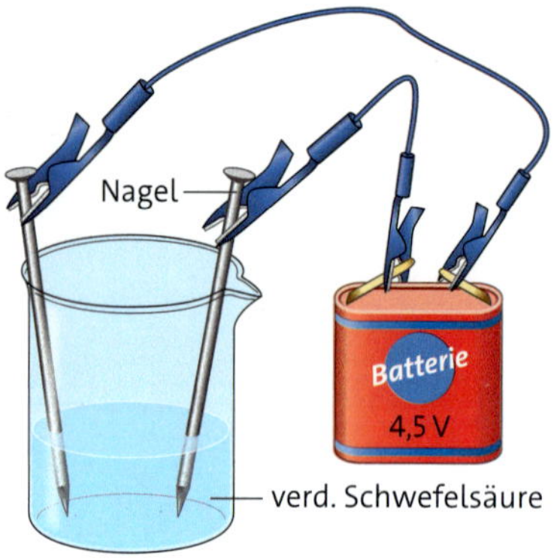

1 Aufbau des Versuchs

Dabei dürfen sich die Nägel nicht berühren. → 1
Verbinde nun die beiden Kabel mit der Batterie und beobachte.

1 ◪ Erstelle ein Versuchsprotokoll. Beschreibe dabei auch, ob die Vorgänge an den beiden Nägeln gleich oder unterschiedlich sind.

2 ⊠ Vergleiche den Aufbau und die Ergebnisse des Versuchs mit der Wasserzersetzung in einem Hofmann-Zersetzungsapparat.

3 ⊠ Schlage vor, wie man die entstehenden Gase auffangen und nachweisen könnte.

Material B

Wasserstoff nachweisen

Wasserstoff ist ein hochentzündliches Gas. Die folgenden Versuche darfst du daher nur mit kleinen Mengen und in Gegenwart der Lehrkraft durchführen!

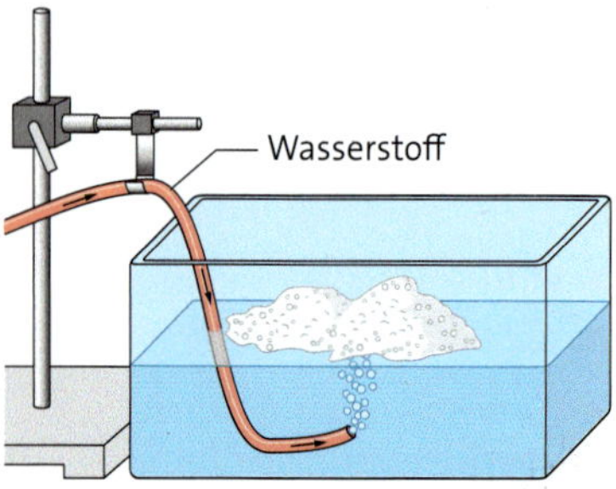

2 Einleiten von Wasserstoff

Materialliste: Reagenzgläser, Brenner, Kunststoffwanne, Seifenwasser, Teelöffel, Wasserstoff ⚠ ⚠ und Sauerstoff ⚠ ⚠ aus Vorratsflaschen

- Lass ein Reagenzglas von der Lehrkraft mit Wasserstoff befüllen. Verschließe es mit dem Daumen. Zieh den Daumen weg und halte das Reagenzglas schnell an eine Brennerflamme. Achte genau auf das auftretende Geräusch.
- Gib etwas Seifenwasser in die Kunststoffwanne. Lass dann Wasserstoff in die Seifenlauge einleiten. → 2 Nimm mit einem Teelöffel einige Schaumblasen und halte sie an die Brennerflamme. Wiederhole den Versuch, lass aber von der Lehrkraft zusätzlich etwas Sauerstoff in das Seifenwasser einleiten.

1 ◪ Beschreibe die Beobachtungen bei den Versuchen.

2 ⊠ Erkläre, welche Rolle die Seifenblasen in dem Versuch spielen.

3 ⊠ Erkläre, warum die Reaktion mit zusätzlichem Sauerstoff heftiger ist.

Die erste Zerlegung von Wasser

Lavoisier • Antoine Laurent de Lavoisier war einer der ersten Chemiker, der sich sehr gute Glasgeräte und Waagen herstellen ließ. Jahrelang experimentierte er mit großer Genauigkeit, wog alle beteiligten Stoffe und protokollierte seine Messwerte. Er lebte von 1743 bis 1794 in Frankreich.

Was bereits bekannt war • Vor Lavoisier waren viele wichtige Fragen der Chemie noch nicht geklärt. Beispielsweise war das Gas Sauerstoff noch nicht bekannt. Man konnte Verbrennungen also noch nicht korrekt verstehen. Man wusste auch noch nicht, dass Wasser eine Verbindung ist.
Immerhin aber wusste man schon, dass es verschiedene Gase gibt, auch eine „brennbare Luft". Außerdem hatte man z. B. mit Metallen viele praktische Erfahrungen gemacht. Die Schmiede wussten seit Jahrtausenden, dass sich Eisen verändert, wenn man es heiß ins Wasser hält. Es wird dadurch gehärtet. Kann heißes Eisen also mit Wasser reagieren?

Das Experiment • Im Jahr 1783 erfuhr Lavoisier, dass der englische Naturwissenschaftler Henry Cavendish Wasser in zwei Gase zerlegt hatte. Lavoisier untersuchte dies genauer: Er ließ Wasserdampf über heiße Eisenstückchen strömen. → 3
Natürlich hatte er das Eisen vorher gewogen. Es wog nach dem Versuch mehr und war auch dunkler geworden. Es war Eisenoxid entstanden. Das Eisen musste sich also mit einem Bestandteil des Wassers verbunden haben.

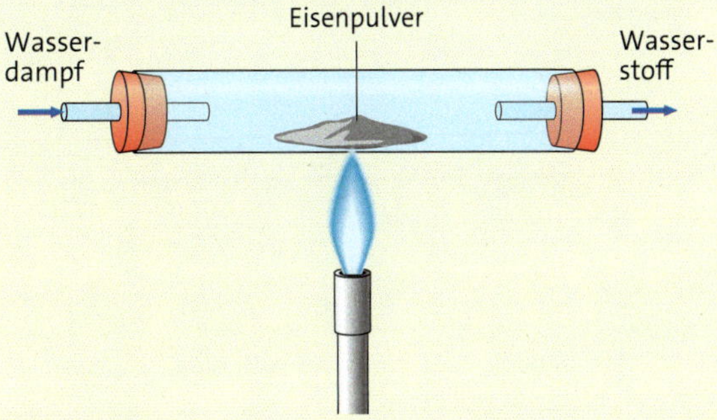

3 Nachbau von Lavoisiers Versuch

Der Wasserstoff • Bei der Reaktion entstand auch ein Gas. → 3 Lavoisier fing es auf und untersuchte es: Es war „brennbare Luft". Lavoisier nannte dieses Gas Wasserstoff, weil er damit Wasser herstellen konnte.

Aufgaben

1 ◩ Lavoisier spaltete Wasser nicht mit elektrischem Strom, sondern mithilfe eines Stoffs. Nenne diesen Stoff.

2 ⊠ Formuliere die Wortgleichung zu Lavoisiers Versuch.

3 ⊠ Immer wenn Lavoisier 10,0 g Eisenstückchen zur Reaktion brachte, wogen sie hinterher 14,2 g. Erkläre diese Massenzunahme.

4 ⊠ Lavoisier wandelte seinen Versuch ab. Er ließ nicht Wasserdampf, sondern Luft über die heißen Eisenstückchen strömen. Auch dabei reagierte das Eisen, wurde dunkler und nahm an Masse zu. Erkläre, welche Reaktion dabei stattgefunden hatte.

Wasserstoff als Energieträger

1 Start einer Rakete

Bei einem Raketenstart sind rund 11 Millionen PS aktiv. Die Energie für diese unvorstellbare Leistung liefert meist eine chemische Reaktion zwischen Wasserstoff und Sauerstoff.

Eigenschaften von Wasserstoff • Zu den möglichen Energieträgern der Zukunft zählt Wasserstoff. Bei Raumtemperatur ist er ein farb-, geruch- und geschmackloses Gas. Wasserstoff ist leichter als Luft, weshalb er früher zum Beispiel als Füllgas in Luftschiffen verwendet wurde. Wasserstoff ist brennbar.

Wasserstoff als Energieträger • Wasserstoff bildet mit Sauerstoff ein explosives Reaktionsgemisch, das sogenannte Knallgas. Bei dieser stark exothermen Reaktion wird sehr viel Energie frei. Das zeigt sich, wenn man einen kleinen Ballon mit Wasserstoff füllt und den Ballon dann – mit sehr viel Sicherheitsabstand – entzündet. → 2

2 Explodierender Wasserstoff

Der Ballon explodiert mit einem lauten Knall. Bei dieser Knallgasreaktion entsteht als Produkt Wasser bzw. Wasserdampf:

Wasserstoff + Sauerstoff → Wasser

Einsatz von Wasserstoff • Die Knallgasreaktion lässt sich in kleinen Mengen kontrollieren, sodass man die frei werdende Energie nutzen kann. So wird Wasserstoff beispielsweise als Raketenantrieb oder in Autos als Benzinersatz verwendet.

Wasserstoff ist durch seine Eigenschaften ein alternativer Treibstoff.

Aufgabe

1 Nenne Eigenschaften von Wasserstoff.

Material A

Wasserstoff – ein Knaller

Materialliste: Stativmaterial, starrer Metalldraht (ca. 20 cm), Streichhölzer, lange Kerze, Standzylinder, Wasserstoff aus der Gasflasche

1 Bohre den Metalldraht von unten in die Kerze, sodass du sie sicher damit halten kannst. Befestige den Standzylinder kopfüber am Stativ. Der Standzylinder wird von deiner Lehrkraft mit Wasserstoff gefüllt. Führe die entzündete Kerze langsam von unten in den Standzylinder und ziehe sie wieder heraus.

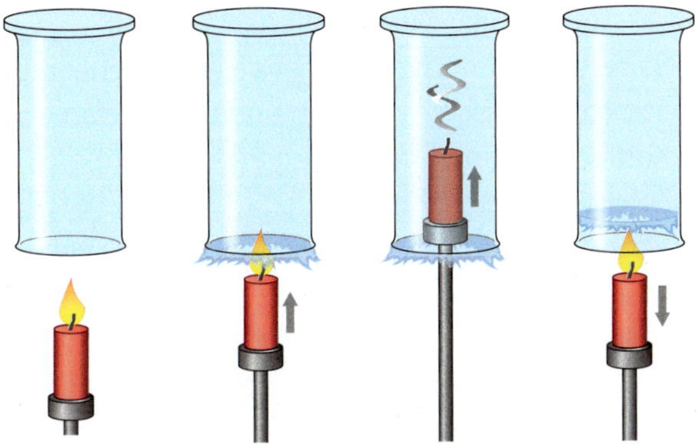

3 Eine Kerze wird in einen mit Wasserstoff gefüllten Standzylinder eingeführt.

2 ☒ Erkläre den Knall, den es beim ersten Einführen der Kerze gibt.

3 ☒ Wasserstoff ist brennbar. Warum geht die Kerze dann aus? Erkläre.

Material B

Wasserstoff im Vergleich

Wasserstoff bietet im Vergleich zu anderen Treibstoffen eine Reihe von Vorteilen. In dem Diagramm siehst du einen Vergleich von Wasserstoff mit anderen Treibstoffen. Bei gleicher Menge: Wie viel Energie liefert jeweils der Treibstoff?

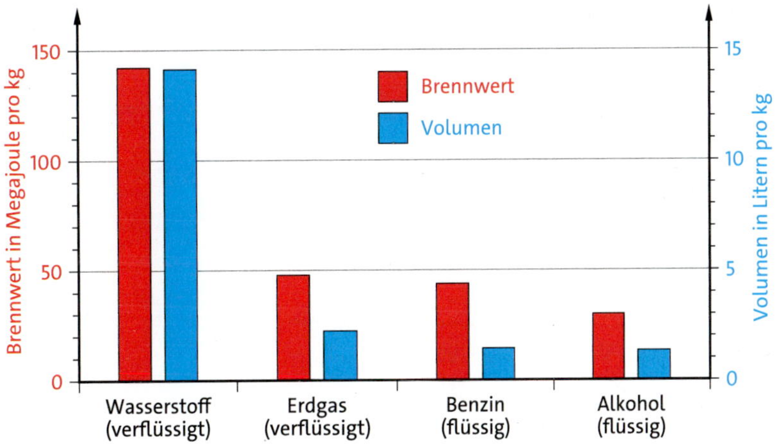

4 Treibstoffe im Vergleich

1 ☒ Beschreibe das Diagramm.

2 ☒ Vergleiche Wasserstoff mit den anderen Treibstoffen. Was fällt dir auf?

3 ☒ Bewerte, ob Wasserstoff insgesamt ein geeigneter Energieträger ist. Gehe dabei auf Vor- und Nachteile der Eigenschaften von Wasserstoff für die Technik ein.

Luft und Wasser

Zusammenfassung

Bestandteile der Luft • Die Luft ist ein Gemisch aus vielen Gasen. → 1 Sie enthält Sauerstoff, Stickstoff, Edelgase und Kohlenstoffdioxid.

- Sauerstoff ist nötig, damit etwas brennen kann.
- Stickstoff erstickt Flammen und Lebewesen.
- Kohlenstoffdioxid benötigen Pflanzen für die Fotosynthese.
- Edelgase sind Helium, Neon, Argon und Xenon.

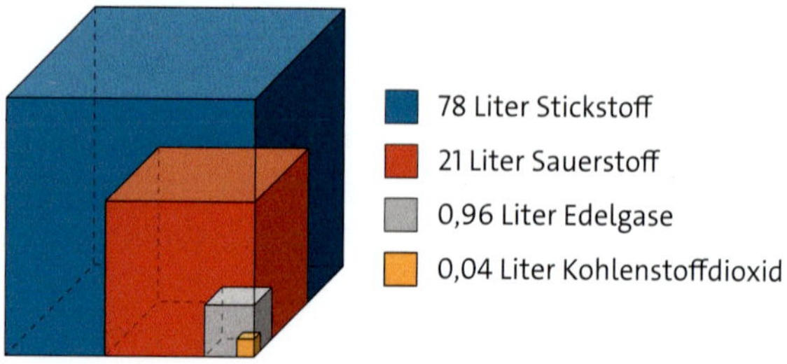

1 Zusammensetzung von 100 Litern Luft

Luftschadstoffe • In der Luft gibt es neben den normalen Bestandteilen auch Schadstoffe. Diese werden überwiegend vom Straßenverkehr, von der Industrie, der Landwirtschaft und den Haushalten verursacht. Dazu zählen neben Ruß und Feinstaub die Gase Ozon, Kohlenstoffmonooxid, Kohlenstoffdioxid und Stickoxide.

2 Luftverschmutzung durch den Straßenverkehr

Bedeutung von Wasser • Wasser ist für Tiere, Pflanzen und Menschen lebensnotwendig. Wir nutzen Wasser vielfältig im Alltag. Für die Herstellung vieler Produkte sind enorme Wassermengen nötig. Dieses unsichtbar enthaltene Wasser bezeichnet man auch als virtuelles Wasser. Wasser ist ein kostbares Gut. Von der gesamten Wassermenge auf der Erde sind 97 Prozent Salzwasser und 3 Prozent Süßwasser. Nur ein geringer Teil des Süßwassers steht als Trinkwasser zur Verfügung. → 3

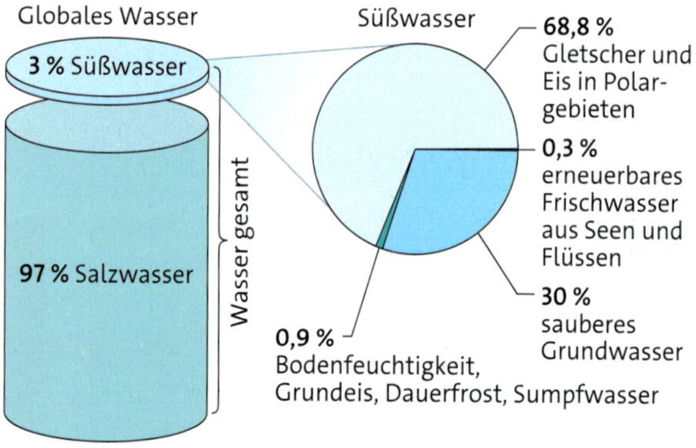

3 Wasserverteilung auf der Erde

Wasser – eine Verbindung • Wasser besteht aus Sauerstoff und Wasserstoff. Wasser lässt sich durch Zufuhr von elektrischer Energie in Sauerstoff und Wasserstoff zerlegen. Die beiden Gase lassen sich nachweisen – Sauerstoff durch die Glimmspanprobe und Wasserstoff durch die Knallgasprobe.

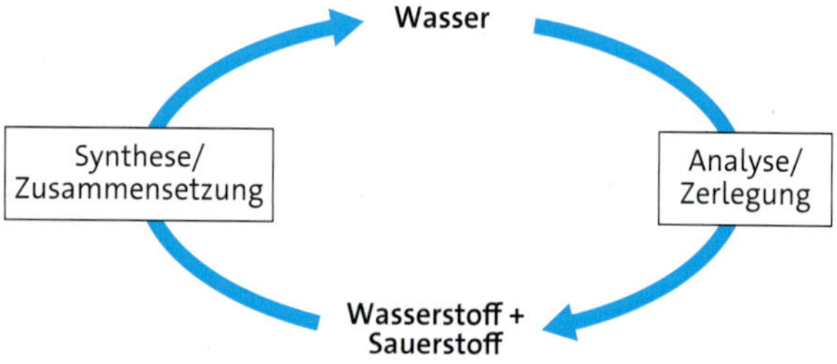

4 Zerlegung und Herstellung von Wasser

Teste dich! (Lösungen im Anhang)

Luft

1 ◪ Nenne die Bestandteile von Luft.

2 ◪ Erläutere, welche Schadstoffe die Luft verschmutzen. Gehe dabei auch auf die Schadstoffquellen und die Folgen der Schadstoffe ein.

3 ◪ Beschreibe, mit welchem Versuch du überprüfen kannst, dass es sich bei einem Gas um Kohlenstoffdioxid handelt.

Kohlenstoffdioxid und Treibhauseffekt

4 Der Treibhauseffekt gilt als eine der größten Herausforderungen der Menschheit im 21. Jahrhundert.

a ◪ Nenne drei zu erwartende Folgen des Klimawandels.

b ◪ Nenne drei Dinge, die du in deinem täglichen Leben tun kannst, um den Klimawandel nicht weiter zu fördern. Begründe die Wirksamkeit deiner gewählten Beispiele.

c ◪ Bild 5 zeigt eine häufig verwendete Darstellung des Treibhauseffekts. Diese enthält aber Fehler. Gib an, was nicht korrekt ist.

Wasser

5 ◪ Ohne Wasser – kein Leben. Erläutere die Rolle, die Wasser in unserem Leben spielt. Gehe dabei auf die Verwendung, unseren Wasserbedarf und die Funktionen im Organismus ein.

6 ◪ Skizziere schematisch den Wasserkreislauf und gib die Aggregatzustandsänderungen mit Pfeilen an.

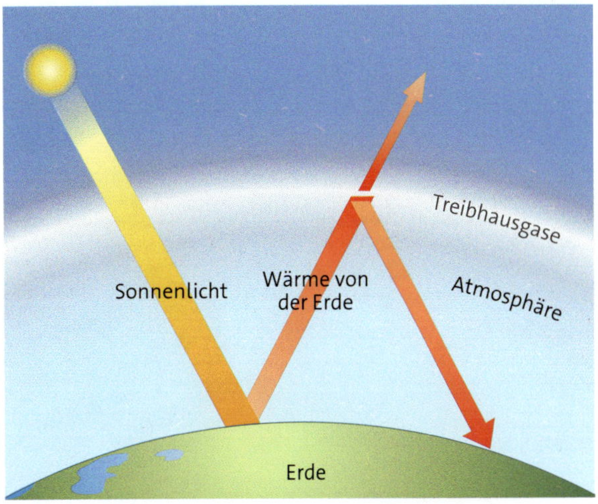

5 Der Treibhauseffekt – eine Zeichnung mit Fehlern

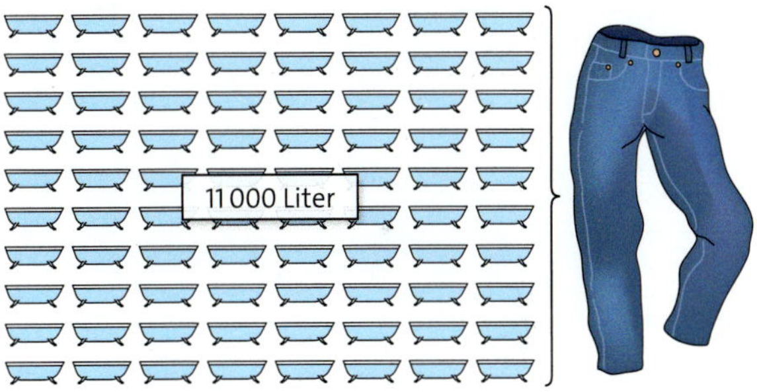

6 Die Jeans – ein durstiges Kleidungsstück

7 ◪ Zähle verschiedene Quellen der Wasserverschmutzung auf und erläutere diese.

8 ◪ Erkläre, wie es sein kann, dass in einer Jeans 11 000 Liter Wasser stecken. → 6

9 ◪ Erläutere, wie sich Wasser zerlegen lässt.

10 ◪ Beschreibe die Nachweismethode für Wasserstoff.

11 ◪ Erkläre, warum sich Wasserstoff als Energieträger eignet.

Die Ordnung der Elemente

Was ist ein chemisches Element?

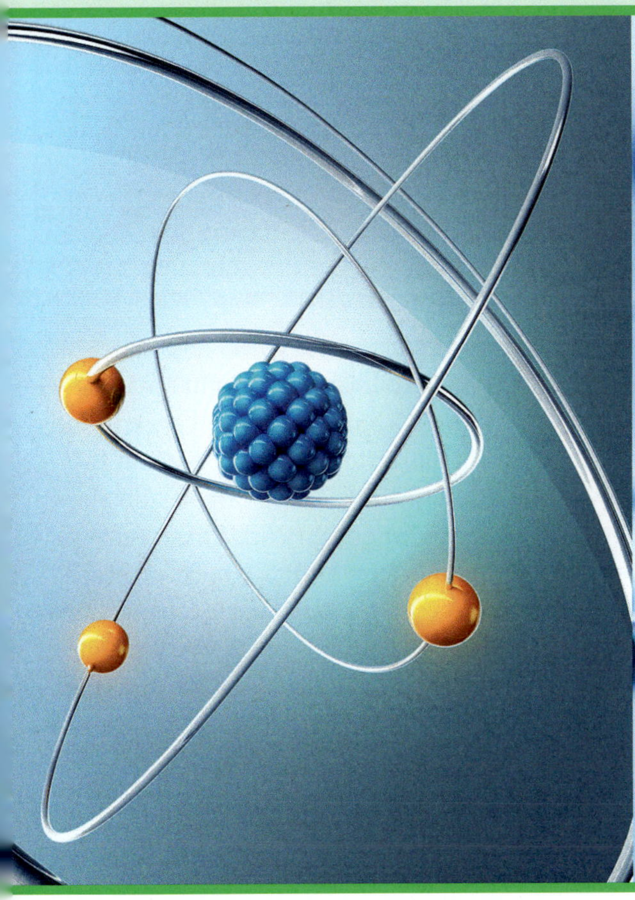

Was ist ein Atom?

Was ist ein Molekül?

Aus was besteht unsere Welt?

1 Gibt es einen Ur-Stoff, aus dem alles besteht?

Woraus besteht unsere Welt? Das fragten sich schon die alten Griechen. Sie meinten, dass alles aus Erde, Wasser, Feuer und Luft bestehen würde.

2 Demokrit

Etwa 400 v. Chr. • Der griechische Philosoph Demokrit hatte eine andere Idee: Angenommen, man teilt ein Blatt Papier immer und immer wieder in der Hälfte – dann kommt bestimmt ein Punkt, an dem man es nicht mehr teilen kann. Diese unteilbaren Teilchen nannte er Atome (griech. atomos: unteilbar). Für ihn bestand die Welt aus winzigen, für das Auge unsichtbaren, unteilbaren Teilchen.

3 Dalton

Im Jahr 1803 • Über 2000 Jahre später griff John Dalton, ein Engländer, die Idee von Demokrit wieder auf. Er stellte sich die Atome als kleine, massive Kugeln vor. Je nach Atomsorte sind sie unterschiedlich groß und unterschiedlich schwer. Dieses Kugelteilchenmodell wird auch heute noch benutzt, z. B. in Modellbaukästen: Dort hat man den Atomsorten Farben gegeben, z. B. Rot für Sauerstoff-Atome oder Grün für Chlor-Atome. Diese Farben sind aber frei erfunden. In Wirklichkeit kann man Atome nicht direkt betrachten.

Nach Dalton sind Atome winzige Kugeln, die sich in Größe und Masse unterscheiden.

Aufgaben

1 Beschreibe, was sich Demokrit unter Atomen vorstellte.

2 Nenne Eigenschaften, in denen sich Atome nach Dalton unterscheiden.

3 „Stickstoff-Atome sind blau." Nimm Stellung zu dieser Aussage.

Material A

Ein Beleg für Daltons Theorie?

Materialliste: 6 Messzylinder (100 ml), Wasser, Erbsen, Linsen, Alkohol (Spiritus ◈ ◈)

1 Gib Alkohol in Messzylinder 1, bis genau 50 ml erreicht sind. Beim Ablesen des Füllstands musst du aufpassen: Dein Auge muss genau auf der Höhe des oberen Rands der Flüssigkeit sein. → 5

2 Messzylinder 2 füllst du mit genau 50 ml Wasser.

3 Schütte nun beide Flüssigkeiten vorsichtig und gleichzeitig in Messzylinder 3. Schwenke vorsichtig um und lies dann ab, wie viel Gemisch sich im Messzylinder befindet.

4 ◩ Nenne das bei diesem Versuch zu erwartende Messergebnis.

5 ⊠ Du hast das Messergebnis mit eigenen Augen gesehen. Versuche, dafür eine Erklärung zu finden oder eine Theorie aufzustellen. Denke auch an mögliche Messfehler.

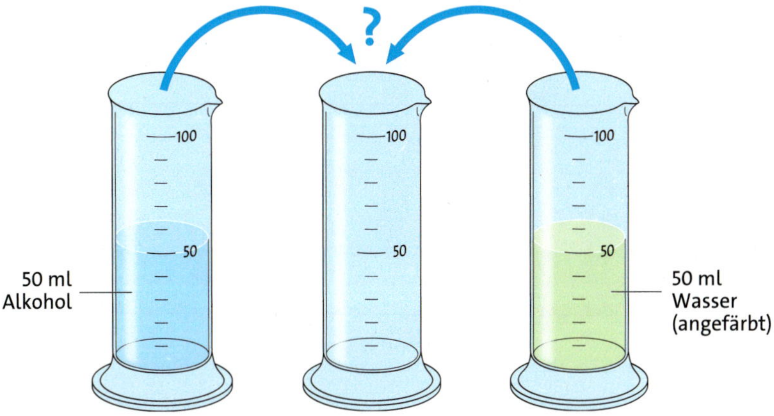

4 Alkohol-Wasser-Versuch

6 Führe jetzt noch einen Modellversuch durch:

a Gib genau 50 ml Erbsen in Messzylinder 4 und 50 ml Linsen in Messzylinder 5. Schütte die abgemessenen Erbsen und Linsen gleichzeitig in Messzylinder 6. Schüttle mehrfach um, indem du den Zylinder quer hältst und die Öffnung mit der Hand verschließt. Lies das Ergebnis ab.

b ⊠ Erkläre, wie sich die Größe der Erbsen und der Linsen auswirkt.

7 ⊠ Erkläre das Ergebnis des Alkohol-Wasser-Versuchs mithilfe des Erbsen-Linsen-Modells.

8 ⊠ Begründe, ob der Alkohol-Wasser-Versuch für oder gegen die Theorie von Dalton spricht.

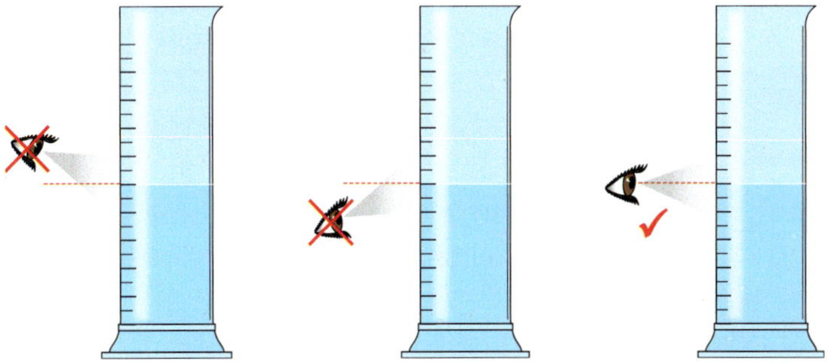

5 Ablesen beim Messzylinder: Man darf nicht von oben oder unten, sondern muss aus gleicher Höhe blicken.

Kugelteilchen, Kuchenteilchen oder ...?

1 Joseph John Thomson stellte sich 1897 Atome noch ähnlich wie einen Rosinenkuchen vor.

Sind Atome einfach nur Kügelchen, die sich je nach Atomsorte unterscheiden? Der britische Physiker Joseph John Thomson stellte etwas fest, das man mit Daltons Atommodell nicht erklären konnte.

2 Thomson

3 Rutherford

Im Jahr 1897 • Thomson entdeckte, dass Atome mit Elektrizität zu tun haben. Weitere Versuche zur Elektrizität passten ebenfalls nicht zu Daltons Kugelteilchenmodell. Es musste etwas in den Atomen geben, das elektrisch negativ geladen ist: die sogenannten Elektronen. Thomsons Gedanke: Die Elektronen stoßen sich gegenseitig ab. Daher müssen sie im Atom verteilt sein wie Rosinen in einem Kuchen. Atome sind aber insgesamt elektrisch neutral. Daher nahm Thomson an, dass es auch eine über das gesamte Atom verteilte positive Ladung gibt.

Nach Thomson haben Atome in ihrem Innern Elektronen und eine gleich große positive Ladung.

Im Jahr 1911 • Nach Dalton und Thomson machte sich auch Ernest Rutherford, ein neuseeländischer Physiker, auf Spurensuche zum Atombau. Er führte den sogenannten Streuversuch durch: Eine dünne Goldfolie wurde mit positiv geladenen α-Teilchen beschossen. → 4
Fast alle α-Teilchen gingen einfach glatt durch die Folie hindurch. Diese α-Teilchen hatten die Gold-Atome der Folie mühelos durchdrungen.
Ein paar α-Teilchen wurden schwach abgelenkt, nur wenige wurden stark abgelenkt. Sie mussten in den Gold-Atomen gegen etwas Massives, positiv Geladenes gestoßen sein.

Kern-Hülle-Modell • Rutherford fasste seine Beobachtungen und Berechnungen als Kern-Hülle-Modell zusammen: Im Innern des Atoms gibt es einen Kern. Er ist zwar winzig, trägt aber die gesamte positive Ladung in Form von sogenannten Protonen und 99,9 Prozent der gesamten Atommasse in sich.

das Kern-Hülle-Modell
das Elektron
das Proton
das Neutron
das Element

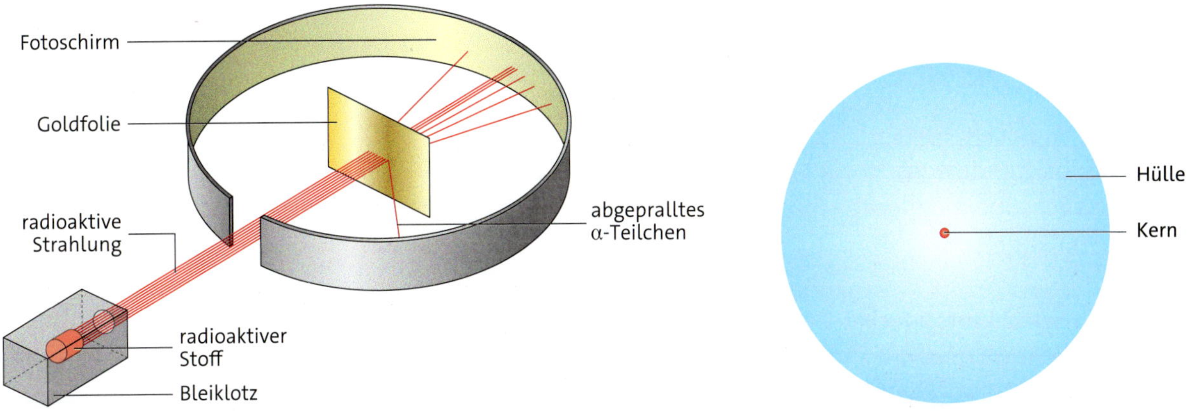

4 Ernest Rutherford führte den berühmten Streuversuch durch und stellte das Kern-Hülle-Modell auf.

Um den Kern herum ist die Atomhülle. Sie ist viel größer als der Kern und beinhaltet alle Elektronen. Die Hülle hat aber fast keine Masse und ist sozusagen „leer“: Denn die Elektronen haben nur eine geringe Masse.

Atome haben einen Kern und eine Hülle. Im Kern sind die Protonen, in der Hülle die Elektronen.

Den Kern genauer untersucht • Atome bestehen also aus Protonen (p^+) im Kern und Elektronen (e^-) in der Hülle. Die Elektronen sind in ständiger Bewegung und stoßen sich – wegen ihrer gleichen Ladung – gegenseitig ab. Doch was hält die positiv geladenen Protonen im Kern zusammen? Die Antwort ist ein weiterer Bestandteil im Kern: die Neutronen (n). Diese sind nicht elektrisch geladen, das heißt neutral. → 5 Anhand dieser drei Bestandteile werden die Atomsorten, auch Elemente genannt, unterschieden.

Kennzahlen von Atomen • Jedes Element hat ein Elementsymbol, eine Ordnungszahl und eine Massenzahl. Die Ordnungszahl gibt die Zahl der Protonen bzw. Elektronen an. Die Massenzahl entspricht der Summe an Protonen und Neutronen. → 6 Da Atome insgesamt neutral sind, ist die Anzahl der Protonen gleich der Anzahl der Elektronen.

Aufgaben

1 ☑ Erkläre, warum Thomson sein Modell Rosinenkuchenmodell nannte.

2 ☒ Erläutere, welche neuen Erkenntnisse zum Atombau Rutherfords Streuversuch lieferte.

3 ☑ Nenne die drei Bestandteile, aus denen Atome aufgebaut sind.

4 ☒ Nenne die Kennzahlen, an denen man Atome unterscheiden kann.

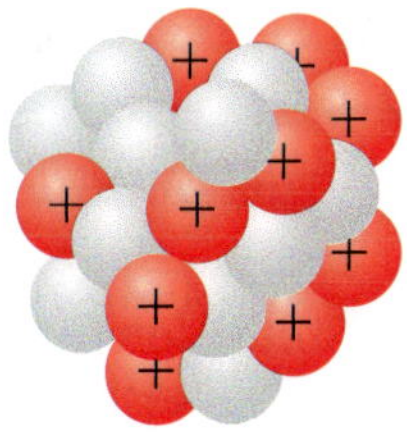

5 Neutronen und Protonen im Atomkern

6 Das Element Sauerstoff

Kugelteilchen, Kuchenteilchen oder ...?

Material A

Streuversuch im Modell

Materialliste: Deckel eines Schuhkartons, mindestens 6 kleine Nägel, eine möglichst kleine Metallkugel

1 Lege den Schuhkartondeckel verkehrt herum auf den Tisch. Zeichne eine Startlinie ca. 3 cm vom Rand entfernt ein.

2 Stich die Nägel im Zickzack in der Mitte des Deckels ein.

3 Stelle den Deckel nun so auf den Tisch, dass der Startbereich leicht erhöht ist.

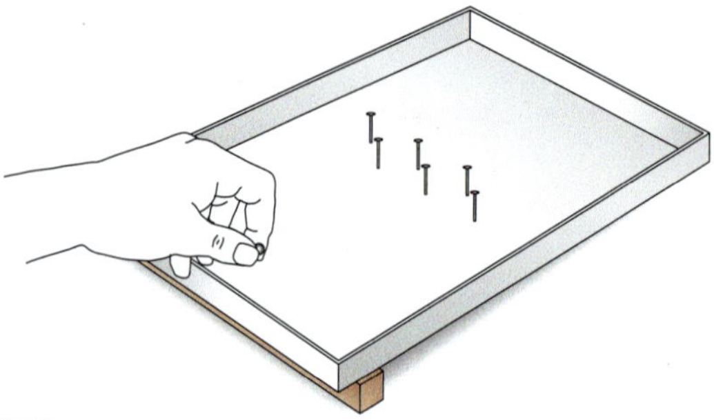

1 Modellversuch

4 Lass nun eine Metallkugel vom Startbereich aus losrollen und beobachte, wohin sie rollt. Wiederhole den Versuch.

5 ☒ Dokumentiere, wie oft die Kugel einen Nagel trifft, ihn berührt oder dazwischen hindurchrollt.

6 ☒ Gib an, wofür die Nägel in dem Modell stehen.

7 ☒ Beurteile dein Ergebnis im Hinblick auf das Modell von Rutherford.

Material B

Neue Theorien

1 ☒ Hätten Dalton und Thomson zur selben Zeit gelebt, hätten sie sich sicher über ihre Modelle ausgetauscht. Verfasse in Thomsons Namen einen Brief an Dalton, in dem er ihn über seine neuen Erkenntnisse informiert.

2 ☒ Erkläre, warum Daltons Kugelmodell heute gelegentlich immer noch verwendet wird.

Der Gang der Wissenschaft

Forscher hören ja nicht auf zu forschen. Dabei entdecken sie manchmal auch Unerwartetes. Die neuen Ergebnisse passen dann nicht zu den alten Theorien. Also versucht man, die alten Theorien anzupassen oder zu erweitern. Aber das reicht nicht immer. Manchmal muss man die alten Theorien völlig durch neue Theorien ersetzen.

2

Material C

Thomson gegen Rutherford

Aufgrund der Versuchsergebnisse von Rutherford wurde Thomsons Rosinenkuchenmodell erweitert und damit abgelöst.

1 ☒ Erstelle einen Vergleich in Form einer Tabelle, in der du die Gemeinsamkeiten und die Unterschiede der beiden Atommodelle darstellst.

Material D

Kennzahlen von Atomen

Anhand von Ordnungszahl und Massenzahl kannst du die Elemente erkennen oder die Anzahl der anderen Bestandteile, z. B. der Neutronen, berechnen.

Dazu ein Beispiel: Das Element Kohlenstoff hat die Ordnungszahl 6 und die Massenzahl 12. Da die Ordnungszahl die Zahl der Protonen angibt, müssen Kohlenstoff-Atome 6 Protonen haben.
Atome sind elektrisch neutral. Also müssen Kohlenstoff-Atome auch 6 Elektronen haben.

Element	Ordnungszahl	Massenzahl	Protonen	Elektronen	Neutronen
Kohlenstoff	6	12	6	6	6
Sauerstoff	8	?	?	?	8
Schwefel	?	?	?	16	16
Eisen	?	56	26	?	?

3 Kennzahlen von drei Elementen

Die Neutronen kannst du anhand der Massenzahl bestimmen. Die Massenzahl ist ja die Summe aus der Anzahl der Protonen und der Neutronen. Also besitzt ein Kohlenstoff-Atom auch 6 Neutronen. → 3

1 Übernimm die Tabelle in dein Heft und fülle sie durch Berechnen aus. → 3

2 Wasserstoff hat die Massenzahl 1. Wie viele Neutronen hat ein Wasserstoff-Atom?

Material E

Dünne Hülle, fast nichts

Krasse Theorie

Eigentlich unglaublich: Rutherford behauptet, dass die Atomhülle 3000-mal größer ist als der Atomkern. Trotzdem wiegt die Hülle fast gar nichts. Der winzige Kern wiegt viel mehr.
Das liegt daran, dass die Elektronen nahezu keine Masse haben. Wenn sie nicht die negative Ladung tragen würden – man könnte sie fast „übersehen".
Laut Rutherford müsste man ein Stück Goldfolie aus 20 Gold-Atomen eigentlich so zeichnen (Atomkerne in Rot):

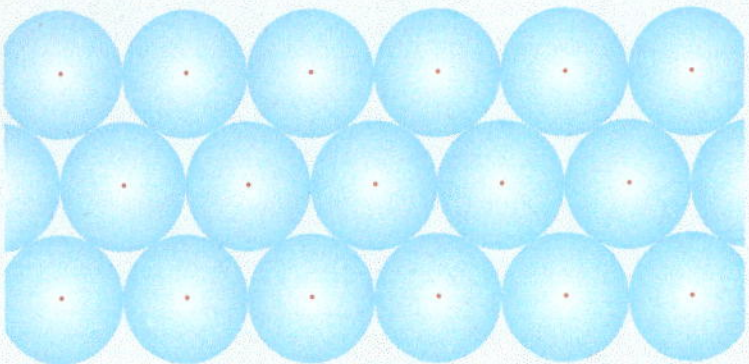

4

1 Erkläre, warum die α-Teilchen in Rutherfords Versuch die Hüllen der Gold-Atome mühelos durchdringen konnten.

2 Angenommen, ihr wollt für euren Klassenraum ein Modell von einem Atom bauen. Als Atomkern nehmt ihr eine Erbse, die 5 mm groß ist.
Berechne, wie groß dann die Hülle sein müsste.
Notiere auch ein geeignetes Material für die Hülle.

Kugelteilchen, Kuchenteilchen oder ...?

Erweitern und Vertiefen

Wie groß sind eigentlich Atome?

Echte Winzlinge • Atome sind wirklich winzig. Sie haben einen Durchmesser von ungefähr 0,000 000 0001 m.

Ein Gedankenexperiment • Da die winzigen Atome schlecht vorstellbar sind, sollst du ein Gedankenexperiment durchführen: Stelle dir vor, du streckst deine Hand aus und jemand legt dir ein Atom in deine Handfläche.
Nun kommt eine tolle Erfindung zum Einsatz: ein Größenverdoppler. Bei jedem Knopfdruck wird das gewünschte Objekt in seiner Größe verdoppelt. Das soll nun mit dir und dem Atom in deiner Handfläche geschehen.
Dieser Vorgang wird so oft wiederholt, bis das Atom in deiner Hand so groß ist wie eine Erbse. Was schätzt du, welche Größe du dann hättest: 200 m, 3 km, 50 km?
Du wärst 100 000 km groß! Das bedeutet, dass die Erde für dich wie ein Fußball wäre. → 1

Mühsam zu zählen • Ein weiterer Vergleich: Ein Fingerhut ist mit Wasser gefüllt. → 2
Stelle dir vor, die Menschheit will die Wasserteilchen in diesem Fingerhut zählen. Alle 7 500 000 000 Menschen zählen mit. Jeder Mensch zählt pro Sekunde ein Teilchen. Wenn die Menschheit nur noch zählen würde – ohne zu essen, ohne zu schlafen oder sonst irgendetwas zu tun: Wie lange würde sie brauchen?
Die Menschheit wäre unfassbar lange beschäftigt, nämlich etwa 30 000 Jahre! Und das nur für die Teilchen in einem Fingerhut voll Wasser.

Nanoteilchen • Vielleicht hast du schon einmal etwas von Nanoteilchen gehört. Dabei handelt es sich um winzige Strukturen, die besondere Eigenschaften aufweisen. Nanoteilchen sind etwa 10-mal so groß wie Atome. Also handelt es sich immer noch um unvorstellbar winzige Strukturen.

1 Ein Riese – mit der Erde als „Fußball“

2 Fingerhut, mit Wasser gefüllt

Erweitern und Vertiefen

Entdeckung der Radioaktivität

Strahlende Stoffe • Rutherfords Streuversuch beruht auf der Entdeckung der radioaktiven Strahlung, zu der auch die α-Teilchen gehören. Die Radioaktivität wurde 1896 vom Physiker Antoine Henri Becquerel durch Zufall beim Experimentieren mit Uranerzen entdeckt. Becquerel untersuchte zunächst die Phosphoreszenz von verschiedenen Mineralien. Unter Phosphoreszenz versteht man die Eigenschaft mancher Stoffe, noch nachzuleuchten, wenn die Einwirkung von Licht oder Röntgenstrahlen schon beendet ist.
Bei seinen Experimenten bemerkte Becquerel, dass Uran auch Spuren auf einer Fotoplatte hinterlässt, wenn es nicht zuvor mit Licht bestrahlt wurde. Daraus schloss er, dass Uransalze von sich aus strahlen.

Die Forscherin Marie Curie • Marie Sklodowska kam 1891 von Polen nach Paris, um dort Mathematik und Physik zu studieren, da in Frankreich das Studieren für Frauen erlaubt war. Nach ihrem Studium begann sie als Doktorandin für Becquerel zu forschen. Ihre Forschung zu strahlenden Substanzen wurde erheblich durch die Entdeckung der Röntgenstrahlung von Wilhelm Conrad Röntgen und die zeitgleiche Entdeckung der radioaktiven Strahlung von Becquerel beeinflusst.
Im Jahr 1895 heiratete sie Pierre Curie. Sie forschte mit ihm gemeinsam in einem selbst eingerichteten Labor in einem Schuppen. Nach einigen Jahren gelang es dem Ehepaar Curie, zwei radioaktive Elemente aus Uranerz zu isolieren. Sie nannten diese Elemente Polonium (lat. polonia: Polen) und Radium (lat. radio: strahlen).
Für ihre Arbeit erhielt Marie Curie 1903 gemeinsam mit ihrem Mann und Becquerel den Nobelpreis für Physik. 1911 folgte der Nobelpreis in Chemie als Anerkennung der Entdeckung des Radiums. Damit war Marie Curie die erste Person, die zweimal mit einem Nobelpreis ausgezeichnet wurde. 1934 starb Marie Curie an Anämie, einer besonderen Form der Blutarmut, im Alter von 67 Jahren.

3 Pierre und Marie Curie im Labor

Aufgaben

1 Beschreibe mit eigenen Worten, wie Becquerel die Radioaktivität entdeckte.

2 Nenne das Element, für dessen Entdeckung Marie Curie den Nobelpreis erhielt.

3 Überlege, was Curies Tod mit ihrer Arbeit zu tun gehabt haben könnte.

Wie viel wiegt ein Atom?

1 Kann man Atome wiegen?

Atome sind unvorstellbar winzig. Dann muss auch ihre Masse sehr klein sein. Kann man Atome wiegen und wie viel wiegen sie?

2 Das Element Lithium

3 Das Element Gold

Atommasse • Man kann aus den Elementkärtchen unter anderem die Massenzahl entnehmen. → 2 3 Die Massenzahl gibt an, wie viel ein Atom wiegt. Bei Lithium sind dies 7 u, bei Gold 197 u. Die Einheit u ist eine sehr kleine Gewichtseinheit: 1 u entspricht 0,00000000000000000000000166 g. Einzelne Atome kann man nicht wie einen Apfel auf die Waage legen und die Masse bestimmen.

Das Mol • Um Stoffportionen wiegen zu können, muss man viele Atome zu einer Stoffportion zusammenfassen. Dies hat man getan und diese Stoffportion 1 Mol genannt. Um 1 Mol eines Stoffs zu erhalten, muss man $6{,}022 \cdot 10^{23}$ (600 Trilliarden) Teilchen dieses Stoffs nehmen.

Molare Masse • Unter der molaren Masse versteht man die Masse von 1 mol Teilchen. Diese entspricht genau der Massenzahl dieser Atomsorte in der Einheit $\frac{g}{mol}$. Das bedeutet, wenn man die Stoffportion von 1 mol Lithium-Atomen hat, so wiegt diese 7 g. → 2 Ein halbes Mol Lithium-Atome wiegt folglich 3,5 g. Umgekehrt lässt sich folgern, dass bei einer Masse 14 g Lithium die Stoffportion von 2 mol vorliegt.

Die Massenzahl gibt an, wie viel u ein Atom wiegt und wie viel Gramm 1 Mol dieser Atome wiegt.
1 Mol ist eine Stoffportion von $6{,}022 \cdot 10^{23}$ Teilchen.

4 1 Mol von verschiedenen Stoffen

Aufgaben

1 Gib an, wie viel ein Gold-Atom und wie viel 1 mol Gold-Atome wiegen.

2 Berechne, wie viel Mol bei 591 g Gold vorliegen.

das Mol
die molare Masse

Material A

Atommasse, Mol und molare Masse

Teste dein Wissen zu den Begriffen Atommasse, Mol und molare Masse. → 5

1 Ordne den Begriffen 1–5 die passenden Beschreibungen A–E zu.

Begriff		Beschreibung	
1	molare Masse	A	sehr kleine Gewichtseinheit, in der die Masse von Atomen angegeben wird
2	Mol	B	Gewichtseinheit für die molare Masse
3	Massenzahl	C	Masse von 1 mol Teilchen des Stoffs
4	Gewichtseinheit u	D	gibt an, wie viel u ein Atom bzw. 1 mol Atome in g wiegen
5	Gewichtseinheit $\frac{g}{mol}$	E	bestimmte Anzahl der Teilchen eines Stoffs, nämlich $6{,}022 \cdot 10^{23}$

5

Material B

Mit Massenzahlen umgehen

Den Zusammenhang zwischen Atommasse, Mol und molarer Masse zu kennen, ist der erste Schritt. Die Anwendung dieser Zusammenhänge ist der nächste Schritt.

1 Gib an, wie viel folgende Stoffe wiegen:
- a 1 Atom Aluminium
- b 1 mol Chrom
- c 4 Natrium-Atome
- d 16 Kohlenstoff-Atome
- e 7 mol Helium
- f 2,5 mol Kohlenstoff
- g 0,2 mol Aluminium
- h 17,3 mol Natrium

2 Gib an, wie viele Teilchen man bei folgenden Massen hat:
- a 12 u Kohlenstoff
- b 69 u Natrium
- c 12 g Helium
- d 81 g Aluminium
- e 208 g Chrom
- f 30 g Kohlenstoff
- g 80,5 g Natrium
- h 21,4 g Helium

3 Gib an, was mehr wiegt:
- a 3 mol Kohlenstoff oder 2 mol Natrium
- b 1000 Chrom-Atome oder 0,2 mol Helium
- c eine Stecknadel oder 1000 000 Chrom-Atome
- d 1 mol Chrom oder 13 mol Helium

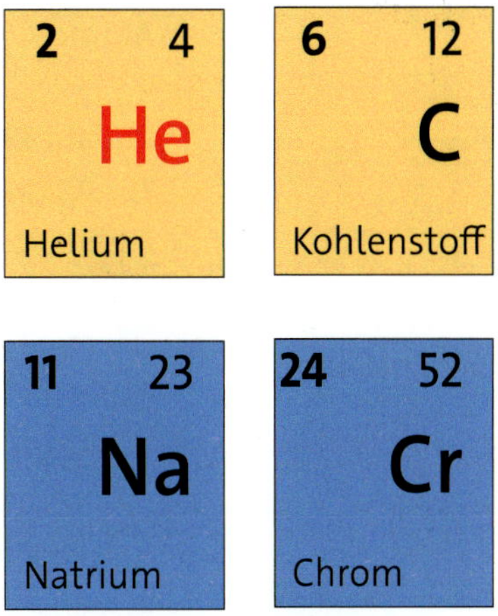

6 Kennzahlen verschiedener Elemente

Die Atomhülle unter die Lupe genommen

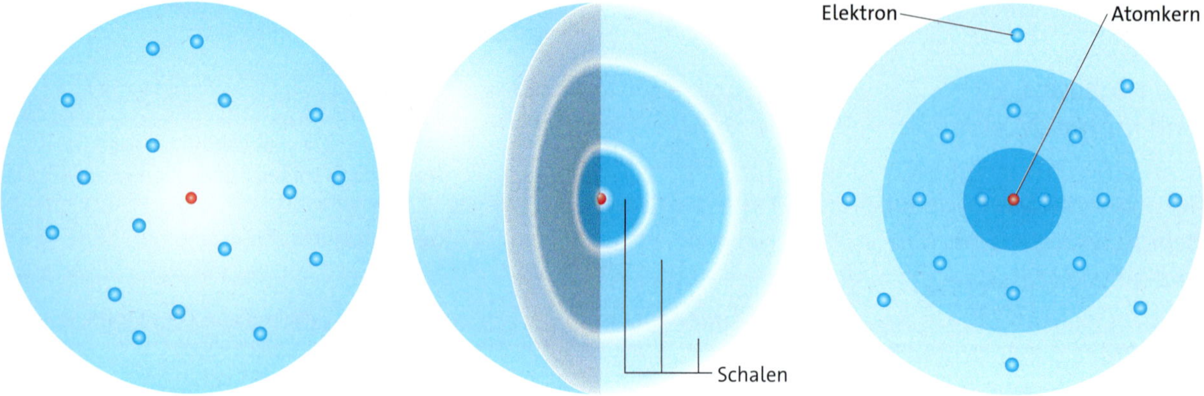

1 Ein Chlor-Atom in den Vorstellungen von Ernest Rutherford (links) und Niels Bohr (Mitte und rechts)

Auch nach Rutherford stand die Forschung nicht still. Niels Bohr, ein Schüler von Ernest Rutherford, schaute sich die Atomhülle genauer an und entwickelte daraus unsere heutige Vorstellung vom Aufbau der Atome.

Im Jahr 1913 • Bohr führte Experimente zur Abspaltung der Elektronen aus einem Atom durch. Dabei stellte er fest, dass man unterschiedlich viel Energie benötigt, um ein Elektron vom Atom zu lösen. Er folgerte, dass sich einige Elektronen näher, andere weiter entfernt vom Kern befinden müssen. Aus diesen Erkenntnissen entwickelte er sein Atommodell, das Schalenmodell:
Gruppen von Elektronen, die sich auf einem ähnlichen Energieniveau befinden, bilden gemeinsam eine Elektronenschale. Diese „Schalen" umgeben den Kern kugelförmig. Dabei sind die darin enthaltenen Elektronen nicht an einem festen Ort, sondern bewegen sich ständig um den Atomkern.

2 Bohr

Schalenbesetzung • Die innerste Schale kann bis zu 2 Elektronen aufnehmen, die 2. und die 3. Schale jeweils bis zu 8 Elektronen. Eine neue Schale wird erst dann angefangen, wenn die vorherige komplett gefüllt ist.
Die Elektronen auf der äußersten Schale bezeichnet man als Außenelektronen. An der für jedes Atom typischen Elektronenverteilung kann man die Elemente unterscheiden.

Die Atomhülle gliedert sich in Schalen. Die innerste Schale kann bis 2, die 2. und 3. jeweils bis 8 Elektronen aufnehmen.

Aufgaben

1 Gib an, wie viele Elektronen auf die einzelnen Schalen passen.

2 Nenne Gemeinsamkeiten und Unterschiede der Atommodelle von Rutherford und Bohr.

das Schalenmodell
die Elektronenschale

Material A

Lückenlos (?)

Im Jahr **(A)** entwarf der dänische Wissenschaftler Niels Bohr eine neue gedankliche Vorstellung vom Aufbau der Atome. Durch die Forschungen von **(B)** wusste er, dass Atome einen winzigen Kern besitzen, in dem sich die gesamte **(C)** Ladung und nahezu die gesamte Masse befindet.

Doch über den Aufbau der Atomhülle war nur bekannt, dass sich darin die **(D)** befinden. Bohr machte sich Gedanken, wie die Atomhülle aufgebaut sein könnte. Er kam zu dem Ergebnis, dass sich die Elektronen in **(E)** bewegen. In die innerste Schale passen **(F)** Elektronen, in die 2. und 3. Schale jeweils **(G)** Elektronen.

Zunächst werden immer die **(H)** Schalen besetzt. Erst wenn diese voll besetzt sind, darf man die äußere Schale auffüllen. Die Elektronen, die sich auf der Außenschale befinden, nennt man **(I)**.

1 ☒ Ergänze die Lücken (A) bis (I). Schreibe den Text in dein Heft.

Material B

Verschiedene Elemente

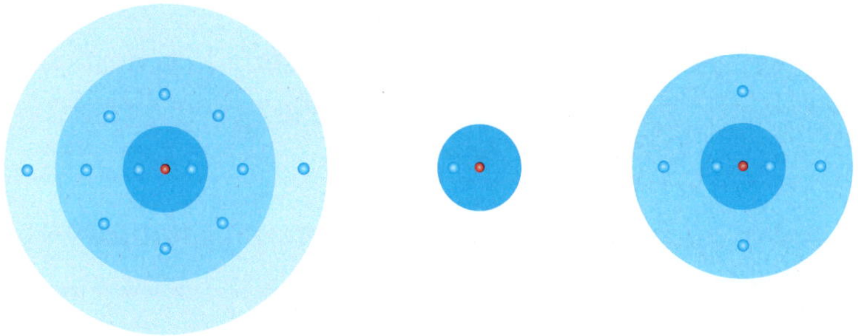

3 Drei Elemente im Schalenmodell

1 ☒ In Bild 3 siehst du Atome von drei verschiedenen Elementen, dargestellt im Schalenmodell nach Niels Bohr. Finde heraus, um welche Elemente es sich handelt. Nutze dazu das Periodensystem am Ende des Buchs.

2 ☒ Zeichne das Schalenmodell für die Elemente Helium, Natrium und Fluor. → 4 Achte auf die Maximalbesetzung der verschiedenen Elektronenschalen.

2 · 4,0 · He · Helium	11 · 23,0 · Na · Natrium	9 · 19,0 · F · Fluor

4 Helium, Natrium und Fluor

Material C

Sprunghaft anders

… Deshalb spaltete ich alle sechs Elektronen von den Kohlenstoff-Atomen ab. Dabei machte ich eine merkwürdige Entdeckung: Um die ersten vier Elektronen abzuspalten, war nicht viel Energie nötig. Für die zwei letzten Elektronen aber brauchte man viel mehr Energie. Das passte nicht zu den Ergebnissen von Rutherford. So kam ich zu meinem Atommodell …

1 ☒ Lies den oben stehenden Brief, den Bohr an eine Kollegin schrieb. Erkläre die Beobachtung, die Bohr machte.

Die Atomhülle unter die Lupe genommen

Methode

Multi-Interview

Eine gute Möglichkeit zum Üben ist das Multi-Interview. Du kannst es hier am Beispiel des Schalenmodells ausprobieren.

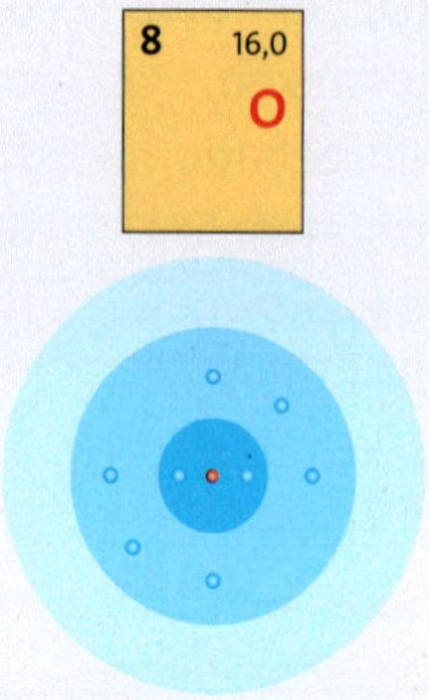

1 Beispiel für eine Multi-Interview-Karte

1. Schritt Falte ein DIN-A4-Papier zur Hälfte und klebe es zusammen.

2. Schritt Wähle dir ein Element aus und schreibe sein Elementsymbol groß auf die Vorderseite des Kärtchens. → 1
Schreibe die Massenzahl des Elements oben rechts, die Ordnungszahl oben links über das Elementsymbol.

3. Schritt Drehe das Kärtchen um und zeichne die ersten drei Schalen des Schalenmodells und einen Kern, in den du Elementsymbol, Massen- und Ordnungszahl schreibst.

4. Schritt Zeichne die Elektronenverteilung zu deinem gewählten Element in die Elektronenschalen ein. Achte dabei auf die maximale Anzahl der Elektronen pro Schale.
Wenn du dir unsicher bist, lass das Ergebnis von der Lehrerin oder dem Lehrer prüfen.

5. Schritt Stehe nun auf, gehe durch das Klassenzimmer und tausche dich in der Klasse mit deinen Klassenkameraden aus. Halte deinem Interviewpartner die Kärtchenvorderseite mit dem Elementsymbol hin. Dein Partner nennt dir die Elektronenverteilung.
Prüfe seine Lösung mit deiner Kärtchenrückseite.

6. Schritt Nun ist es umgekehrt: Du nennst ihm die Elektronenverteilung zu dem Element, das er gewählt hat.

7. Schritt Du kannst die Befragung fortführen, bis du viele von deinen Klassenkameraden interviewt hast.

2

3

Erweitern und Vertiefen

Modell gleich Modell?

Im Alltag • Häufig begegnet man Modellen, z. B. Modellflugzeugen, einem Globus als Modell der Erde oder einem Augenmodell beim Augenarzt. Sie alle bilden die Wirklichkeit verkleinert oder vergrößert ab. Man nennt sie Anschauungsmodelle oder – wenn sie Abläufe verdeutlichen – Funktionsmodelle.

In der Chemie • Die Atommodelle in der Chemie sind keine Abbildungen der Wirklichkeit. Sie sind nur Vorstellungshilfen, um bestimmte Aspekte besser beschreiben und verstehen zu können. Diese sogenannten Gedankenmodelle können als Modellbau oder als Zeichnung vorliegen. → 5 Sie machen etwas Unbeobachtbares für uns vorstellbar, obwohl sie oft nur Teilaspekte der Wirklichkeit aufgreifen.

Ablösung alter Modelle • In diesem Kapitel werden fünf Modelle zum Atombau vorgestellt. Jedes Modell liefert eine neue Grundidee. Außerdem erweitert es das vorherige Modell um dazugewonnene Erkenntnisse. Wenn ein Modell im Widerspruch zu neuen Erkenntnissen steht, wird es erweitert. Eventuell muss man es aber auch komplett verwerfen und durch ein ganz neues Modell ersetzen.

Modelle zur Auswahl • Je nach Phänomen, das man mit einem Modell erklären möchte, kann ein Modell gut oder weniger gut sein. Beispielsweise braucht man Thomsons Rosinenkuchenmodell nicht, um den Alkohol-Wasser-Versuch auf Seite 183 zu erklären. Es bietet sich aber hervorragend an, wenn es um Elektrizität geht.

4 Modellhubschrauber

Aufgaben

1 ◩ Erläutere, was man in der Chemie unter einem Modell versteht.

2 ◪ Erstelle eine Tabelle, in der du Anschauungsmodelle naturwissenschaftlichen Gedankenmodellen gegenüberstellst.

3 ◩ In der Biologie werden oft bewegliche Skelettmodelle eingesetzt, um unseren Körperbau zu verstehen. Um was für eine Art von Modell handelt es sich hierbei?

4 ◪ Erläutere, welche Vor- und Nachteile das Modell in Bezug auf die Wirklichkeit hat. → 5

5 Atommodell aus Metall

Atomsorten und ihre Eigenschaften

1 Schwefel, Kohlenstoff und Kupfer

Es gibt eine Vielzahl von Atomsorten – alle mit unterschiedlichen Eigenschaften.

120 Elemente • Man kennt heute rund 120 Atomsorten, auch Elemente genannt. Sie unterscheiden sich grundsätzlich in der Anzahl ihrer Protonen, Elektronen und Neutronen.
Doch nicht nur die Anzahl der Atombausteine ist unterschiedlich. Auch die Stoffeigenschaften der Elemente zeigen oft große Unterschiede.
Andererseits gibt es aber auch ganze Gruppen von Elementen mit ähnlichen Eigenschaften.
Bevor man sich ein Ordnungssystem für die Elemente überlegt, sollte man sich einen Überblick über ihre Eigenschaften verschaffen, z. B. über Schmelz- und Siedetemperatur, Anzahl der Protonen und Elektronen oder die Anzahl der Außenelektronen.

Es gibt rund 120 Elemente mit unterschiedlichem Atombau und unterschiedlichen Stoffeigenschaften.

2 Quecksilber ist bei Raumtemperatur flüssig.

Aufgaben

1 Auf dieser Seite werden einige der rund 120 Elemente abgebildet. Nenne mindestens drei Elemente.

2 Nenne mithilfe des Textes drei Eigenschaften, in denen sich die Atomsorten unterscheiden können. Überlege dir drei weitere Eigenschaften, an denen man die Atomsorten unterscheiden könnte.

Material A

Atomsteckbriefe und Ordnung bei den Atomen

Auf den Seiten 382–386 findest du Beschreibungen von 18 verschiedenen Atomsorten. Sowohl Informationen zur Anzahl der Atombausteine als auch zu den Eigenschaften des Elements sind dort zu finden.

1 Erstelle eine Tabelle mit:
- der Anzahl der Protonen und Elektronen
- den Siede- und Schmelztemperaturen
- der Anzahl der Außenelektronen

2 Suche selbst nach einer Ordnung in den 18 Elementen:

a Erstelle Atomsteckbriefe nach dem Muster in Bild 3. Achte darauf, dass alle 18 Kärtchen gleich groß sind. *Tipp:* Wenn du die Kärtchen mithilfe eines Textverarbeitungsprogramms erstellst, ist es günstig, mit Textfeldern zu arbeiten und diese dann zu kopieren.

b Schneide die Atomsteckbriefe aus. Überlege dir ein mögliches Ordnungsmerkmal und sortiere die Atomsorten nach diesem Merkmal.

c Zeige einem Mitschüler die nach deinem Merkmal sortierten Atomsteckbriefe. Der Mitschüler soll herausfinden, nach welchem System du die Kärtchen sortiert hast.

d Suche dir einen Partner, der ein anderes Ordnungsmerkmal als du ausgewählt hat. Schafft ihr es, ein System zu entwickeln, das beide Ordnungsmerkmale vereint?

Sauerstoff (O)	
Protonen	*8*
Elektronen	*8*
Außenelektronen	*6*
Massenzahl	*16*
Siedetemperatur	*–183 °C*
Schmelztemperatur	*–218 °C*

3 Steckbrief eines Elements

Material B

Welches Element ist gemeint?

1 Gib mithilfe der Informationen auf den Seiten 382–386 an, welche Elemente in Bild 4 gemeint sind.

2 Erstelle selbst einen unvollständigen Steckbrief. Achte darauf, dass deine Atomsorte nicht zu einfach zu erraten ist. Die Informationen müssen aber eindeutig sein. Suche immer wieder neue Partner. Tauscht eure Rätsel aus.

??? (?)	
Protonen	*10*
Elektronen	*?*
Außenelektronen	*?*
Massenzahl	*?*
Siedetemperatur	*–246 °C*
Schmelztemperatur	*?*

??? (?)	
Protonen	*?*
Elektronen	*?*
Außenelektronen	*?*
Massenzahl	*23*
Siedetemperatur	*?*
Schmelztemperatur	*98 °C*

4 Unvollständige Steckbriefe von zwei Elementen

Isotope – Zwillinge bei Elementen?

1 Zwei Elemente und ihre Kennzahlen

Atome bestehen aus drei Bausteinen: Protonen, Elektronen und Neutronen. Deren Anzahl lässt sich aus Ordnungszahl und Massenzahl ermitteln. Doch manchmal treten dabei verblüffende Werte auf. Wie kann das sein?

Halbe Neutronen? • Aus der Ordnungszahl kann man die Anzahl der Protonen und Elektronen ablesen. Die Massenzahl entspricht der Summe der Teilchen im Kern. Das sind bekanntlich die Protonen und Neutronen. So kann man aus der Differenz von Massenzahl und Ordnungszahl die Anzahl der Protonen bestimmen.
Beim Sauerstoff kommt man auf 8 Neutronen.
Aber was ist bei Chlor los? Hat Chlor dann 18,5 Neutronen: 18 ganze Neutronen und ein halbes Neutron?

Unterschiedliche Neutronenzahl • Halbe Neutronen gibt es nicht. Aber es gibt verschiedene Chlor-Atome. Manche haben 17 Neutronen, andere 19. Atome eines Elements mit unterschiedlicher Neutronenzahl werden als Isotope bezeichnet. Sie haben alle die gleichen chemischen Eigenschaften. Etwa 75 Prozent aller Chlor-Atome haben 17 Neutronen und damit die Massenzahl 35. Die restlichen 25 Prozent haben 19 Neutronen und damit die Massenzahl 37. Berücksichtigt man diese Verteilung, so ergibt sich für die Massenzahl von Chlor ein Mittelwert von 35,5.

Atome eines Elements mit gleicher Protonenzahl und unterschiedlicher Neutronenzahl nennt man Isotope.

Aufgaben

1 Erkläre mit eigenen Worten, was man unter Isotopen versteht.

2 Bei Sauerstoff ist die Massenzahl 16. Begründe, ob es von diesem Element Isotope geben kann.

Material A

Übersicht über Isotope

Es gibt Tabellen, in denen Isotope aufgeführt sind. In Bild 2 kannst du solch eine Tabelle für die ersten fünf Elemente sehen.

1 ◩ Betrachte die Tabelle. Gib an, wie viele Isotope es von den Elementen Wasserstoff (H) und Beryllium (Be) gibt.

2 ☒ Lies aus der Tabelle die Anzahl der Neutronen folgender Isotope ab: ^{8}He, ^{9}B, ^{12}Be.

Protonen	1	2	3	4	5
	H	He	Li	Be	B
Neutronen					
0	^{1}H				
1	^{2}H	^{3}He	^{4}Li	^{5}Be	
2	^{3}H	^{4}He	^{5}Li	^{6}Be	^{7}B
3		^{5}He	^{6}Li	^{7}Be	^{8}B
4		^{6}He	^{7}Li	^{8}Be	^{9}B
5		^{7}He	^{8}Li	^{9}Be	^{10}B
6		^{8}He	^{9}Li	^{10}Be	^{11}B
7		^{9}He	^{10}Li	^{11}Be	^{12}B
8		^{10}He	^{11}Li	^{12}Be	^{13}B
9				^{13}Be	^{14}B
10				^{14}Be	^{15}B
11					^{16}B
12					^{17}B

2 Isotopentabelle der ersten fünf Elemente

Material B

Dem Gemisch auf der Spur

Isotop	Anteil in %
^{196}Hg	0,15
^{198}Hg	10,04
^{199}Hg	16,94
^{200}Hg	23,14
^{201}Hg	13,17
^{202}Hg	29,74
^{204}Hg	6,82

3 Übersicht über Vorkommen der Quecksilberisotope

Die in Elementkarten angegebene Massenzahl ergibt sich aus den Atommassen und dem Verhältnis der natürlich vorkommenden Isotope.

1 Bei Wasserstoff findet man die Massenzahl 1,01. ☒ Gib an, welches Wasserstoffisotop das mit Abstand häufigste ist.

2 Aus der Tabelle kannst du entnehmen, zu welchem Anteil die verschiedenen Isotope des Elements Quecksilber (Hg) vorkommen. → 3 Schlägt man im Periodensystem die Massenzahl nach, so findet man 200,6. ☒ Begründe durch Berechnung, wie man auf diese Zahl kommt.

Das Periodensystem sorgt für Ordnung

Periode (Anzahl der Schalen)	Hauptgruppe (Anzahl der Außenelektronen)							
	I	II	III	IV	V	VI	VII	VIII
1	1 1,0 **H** Wasserstoff							2 4,0 **He** Helium
2	3 6,9 **Li** Lithium	4 9,0 **Be** Beryllium	5 10,8 **B** Bor	6 12,0 **C** Kohlenstoff	7 14,0 **N** Stickstoff	8 16,0 **O** Sauerstoff	9 19,0 **F** Fluor	10 20,2 **Ne** Neon
3	11 23,0 **Na** Natrium	12 24,3 **Mg** Magnesium	13 27,0 **Al** Aluminium	14 28,1 **Si** Silicium	15 31,0 **P** Phosphor	16 32,1 **S** Schwefel	17 35,5 **Cl** Chlor	18 40,0 **Ar** Argon
4	19 39,1 **K** Kalium	20 40,1 **Ca** Calcium	31 69,7 **Ga** Gallium	32 72,6 **Ge** Germanium	33 74,9 **As** Arsen	34 79,0 **Se** Selen	35 79,9 **Br** Brom	36 83,8 **Kr** Krypton

1 Das Periodensystem der Elemente (Ausschnitt)

2 Mendelejew

3 Meyer

Das Periodensystem bringt Ordnung in die Elemente – doch nach welchen Merkmalen oder Regeln ist es aufgebaut?

Mendelejew und Meyer • Die verschiedenen Atomsorten, auch Elemente genannt, lassen sich auf unterschiedliche Art und Weise sortieren. Unabhängig voneinander haben zwei Forscher nahezu zeitgleich diese Ordnungsmerkmale erkannt und umgesetzt. Der Russe Dmitri Mendelejew und der Deutsche Lothar Meyer kamen zum gleichen Ergebnis: dem Periodensystem. Wie sind die beiden bei ihrer Arbeit vorgegangen?

Außenelektronen • Ein Ordnungsmerkmal ist die Anzahl der Außenelektronen. Außenelektronen haben große Auswirkungen auf die Eigenschaften der jeweiligen Elemente. Ein Beispiel sind Lithium, Natrium und Kalium: Alle diese Elemente haben ein Außenelektron, alle drei sind weiche Metalle und alle drei reagieren heftig mit Wasser.

Elementgruppen • Elemente mit der gleichen Anzahl an Außenelektronen werden als Gruppen zusammengefasst. Im Periodensystem sind diese Gruppen so angeordnet, dass sie senkrecht untereinander stehen. Die I. Hauptgruppe (Lithium, Natrium, Kalium, Rubidium und Caesium) nennt man Alkalimetalle. Die Nummer der Gruppe gibt die Anzahl der Außenelektronen an. So haben die Elemente der V. Hauptgruppe alle 5 Außenelektronen. Ein gängiger Begriff für Elemente

das Periodensystem
die Hauptgruppe
die Periode

einer Hauptgruppe ist Elementfamilie. Weitere Elementfamilien sind die Erdalkalimetalle (II. Hauptgruppe), die Halogene (VII. Hauptgruppe) und die Edelgase (VIII. Hauptgruppe).

Protonen und Elektronen • Ein weiteres Ordnungsmerkmal ist die Anzahl der Protonen bzw. Elektronen. Auch dieses Kennzeichen wurde bei der Erstellung des Periodensystems berücksichtigt. Liest man das Periodensystem wie einen Text von links oben nach rechts unten, so steigt die Ordnungszahl, die die Anzahl der Protonen und Elektronen angibt, jeweils um eins an.

Elektronenschalen • Es gibt noch ein weiteres Merkmal, das im Periodensystem berücksichtigt ist: die Anzahl der Elektronenschalen. Diese kann man an den Zeilen, die Perioden genannt werden, ablesen. Atome, die in der ersten Zeile aufgeführt sind, bilden die erste Periode. Diese besitzen eine Elektronenschale. Alle Elemente der zweiten Periode besitzen zwei und die Elemente der dritten Periode drei Elektronenschalen. Die innerste Schale bezeichnet man als K-Schale, die zweite als L-Schale und die dritte als M-Schale.

Voraussagen • Zu Zeiten Mendelejews waren noch nicht alle Elemente entdeckt, die heute bekannt sind. Mendelejew war aber so überzeugt von seinem System, dass er Lücken für Elemente ließ, die noch nicht entdeckt waren. → 4 Ein Beispiel dafür ist das Element Germanium.

	K = 39	Rb = 85	Cs = 133
	Ca = 40	Sr = 87	Ba = 137
	—	?Yt = 88?	?Di = 138?
	Ti = 48?	Zr = 90	Ce = 140?
	V = 51	Nb = 94	—
	Cr = 52	Mo = 96	—
	Mn = 55	—	—
	Fe = 56	Ru = 104	—
	Co = 59	Rh = 104	—
	Ni = 59	Pd = 106	—
Na = 23	Cu = 63	Ag = 108	—
Mg = 24	Zn = 65	Cd = 112	—
Al = 27,3	—	In = 113	—
Si = 28	—	Sn = 118	—
P = 31	As = 75	Sb = 122	—
S = 32	Se = 78	Te = 125?	—
Cl = 35,5	Br = 80	J = 127	—

4 Mendelejews Periodensystem (Ausschnitt)

Das Periodensystem vereint mehrere Ordnungsmerkmale: die Anzahl der Außenelektronen, die Anzahl der Protonen und Elektronen sowie die Anzahl der Elektronenschalen.

Aufgaben

1 Nenne die drei Ordnungsmerkmale des Periodensystems.

2 Nenne drei Elemente, die ähnliche Eigenschaften haben und die im Text nicht genannt werden.

Das Periodensystem sorgt für Ordnung

Material A

Suchen und Finden im Periodensystem

Das Periodensystem berücksichtigt verschiedene Ordnungsmerkmale. Dabei sind die Elemente in Gruppen und Perioden eingeteilt.

1 Nenne die Elementsymbole der folgenden Elemente:
- II. Hauptgruppe und 3. Periode
- VII. Hauptgruppe und 2. Periode
- VIII. Hauptgruppe und 5. Periode
- IV. Hauptgruppe und 4. Periode

2 Gib für folgende Elemente Hauptgruppe und Periode an: Chlor (Cl), Magnesium (Mg), Radon (Rn), Aluminium (Al).

3 Erstelle Elementsteckbriefe. Es sollen das Elementsymbol, die Anzahl der Elektronen und Protonen sowie die Anzahl der Außenelektronen und die Elektronenschalen enthalten sein.
- Das Element steht in der 4. Periode der IV. Hauptgruppe.
- Dieses Element hat die Ordnungszahl 16.
- Die gesuchte Atomsorte hat 14 Elektronen.

Kalium (K)

Protonen 19
Elektronen 19
Außenelektronen 1
Elektronenschalen 4
Massenzahl 39
Siedetemperatur .... 774 °C
Schmelztemperatur .... 63 °C

Interessantes:
typisches Alkalimetall, reagiert heftig mit sehr vielen Stoffen

1 Steckbrief des Elements Kalium

Material B

Informationen gewinnen aus dem PSE

Mithilfe des Periodensystems der Elemente lassen sich viele Informationen gewinnen.

1 Übertrage die Tabelle in dein Heft und fülle mithilfe des Periodensystems die Lücken aus. → 2

Hauptgruppe	Periode	Elementsymbol	Element	Massenzahl	Protonen	Elektronen	Neutronen
II.	3.	...	...	...	...	...	...
...	...	P	...	...	...	...	...
...	...	...	Xenon	...	...	...	...
...	...	...	...	...	9	...	...
...	...	...	...	23	...	...	12
...	...	...	...	...	...	17	...

2

Erweitern und Vertiefen

Elektronen abspalten

Ein Argument für das Schalenmodell • Man kann Elektronen aus Atomen abspalten. Dazu führte Niels Bohr um 1913 Experimente durch. Aus den Ergebnissen dieser Forschungen wurde das Atommodell von Rutherford weiter zum Schalenmodell entwickelt. Bohr stellte nämlich bei seinen Versuchen fest, dass man unterschiedlich viel Energie benötigt, um ein Elektron vom Atom zu lösen. Er folgerte, dass sich einige Elektronen näher, andere dagegen weiter entfernt vom Kern befinden müssen.

Anziehung innerhalb einer Periode • Die Energie, die nötig ist, um ein Elektron von einem Atom zu trennen, nimmt bei den Atomen innerhalb einer Periode zu. Man erklärt das so: Mit steigender Protonenzahl nimmt die Anziehungskraft des Kerns auf die Elektronen in derselben Schale immer mehr zu.

Anziehung innerhalb einer Gruppe • In einer Gruppe nimmt diese Energie von oben nach unten ab. Auch das lässt sich mit dem Schalenmodell erklären: Die weiter unten angeordneten Atome haben mehr Schalen. Dadurch steigt der Abstand ihrer Außenelektronen zum Kern. Durch den größeren Abstand wird die Anziehung des Kerns geringer.

Die Anzahl der Protonen im Kern und der Abstand der Außenelektronen zu diesen Protonen bestimmt die Anziehungskraft des Kerns auf die Außenelektronen.

Aufgaben

1 Beschreibe, wie sich die Anziehung auf die Elektronen innerhalb einer Periode verändert.

2 Nenne und erkläre die zwei Faktoren, die die Anziehung von Elektronen innerhalb eines Atoms bestimmen.

3 Erkläre die Zusammenhänge in dem Diagramm. → 3

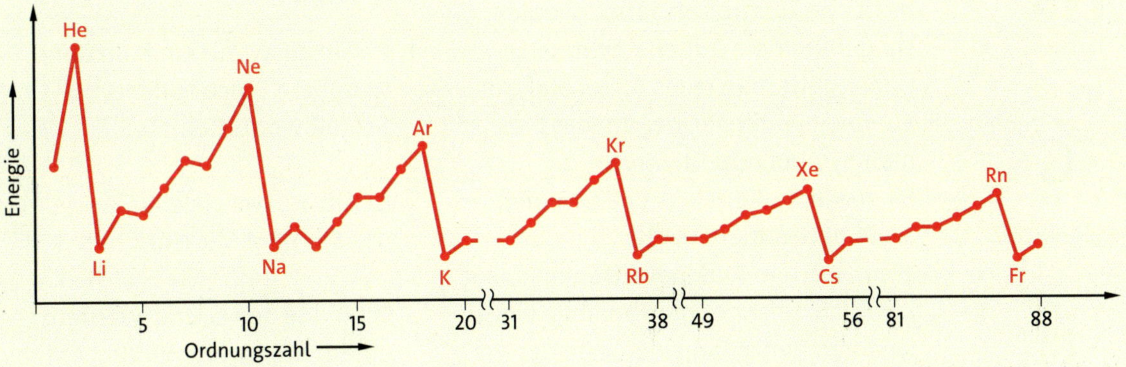

3 Energie zur Abspaltung des jeweils ersten Außenelektrons (bei allen Elementen des Periodensystems)

Beschränkung auf das Wesentliche

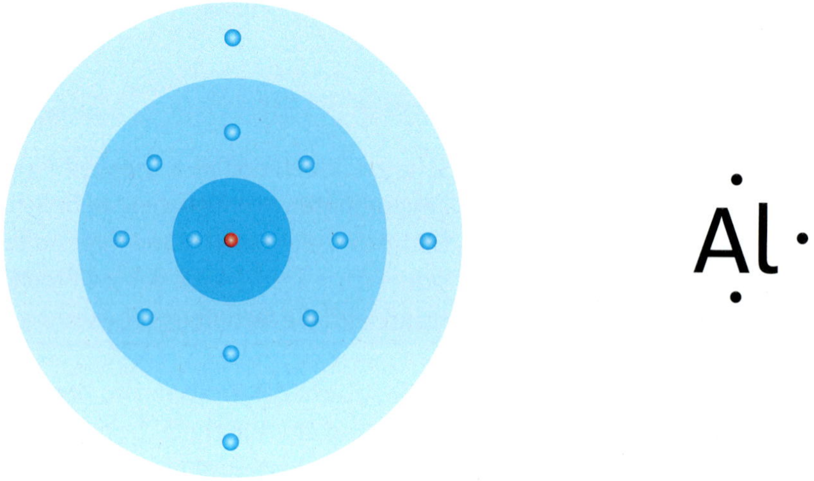

1 Aluminium mit allen seinen Elektronenschalen – Aluminium nur mit seinen Außenelektronen

In der Chemie geht es fast immer nur um die Außenelektronen. Die inneren Elektronenschalen braucht man meistens nicht zu beachten.

Lewis-Schreibweise • Der Amerikaner Gilbert Newton Lewis erkannte früh, dass die Anzahl der Außenelektronen wesentlich für die Eigenschaften von Atomen ist. Auf Basis dieser Erkenntnis entwickelte er eine vereinfachte Schreibweise zum Aufbau der Atomhülle. Entscheidend ist dabei, dass nicht alle Elektronen notiert werden, sondern nur die Außenelektronen. Dabei stellt man jedes Außenelektron als einen Punkt dar, der um das Elementsymbol notiert wird. → 2
Bis zu vier Außenelektronen werden als Punkte notiert. → 3
Wenn weitere Außenelektronen hinzukommen, zeichnet man anstelle eines weiteren Punkts an einer Seite des Elementsymbols einen Strich, als Symbol für ein Elektronenpaar. → 4

2 Natrium

3 Kohlenstoff

4 Stickstoff

Es ist nicht gestattet, einen Strich als Symbol für zwei Elektronen zu notieren, bevor nicht an allen Seiten des Elementsymbols ein Elektron als Punkt markiert worden ist.

Bei der Lewis-Schreibweise werden nur die Außenelektronen notiert. Ein Punkt steht dabei für ein, ein Strich für zwei Außenelektronen.

Aufgaben

1 Gib an, wofür ein Punkt und wofür ein Strich in der Lewis-Schreibweise steht.

2 Gib an, wie viele Außenelektronen das Element Stickstoff hat. → 4

3 Nenne den Grund, weshalb Lewis eine Schreibweise für den Aufbau der Atomhülle entwickelte, bei der man nur die Außenelektronen notiert.

Material A

Die Lewis-Schreibweise lesen

Aus der Lewis-Schreibweise kann man Informationen entnehmen.

1 Erstelle eine Tabelle, aus der man die Anzahl der Außenelektronen der in Bild 5 dargestellten Elemente entnehmen kann.

2 Sortiere die in Bild 5 stehenden Elemente in Gruppen nach ähnlichen Eigenschaften. Benenne die Gruppen, soweit du sie kennst.

3 Spiele das rechts beschriebene Lernspiel mit einem Mitschüler. → 6

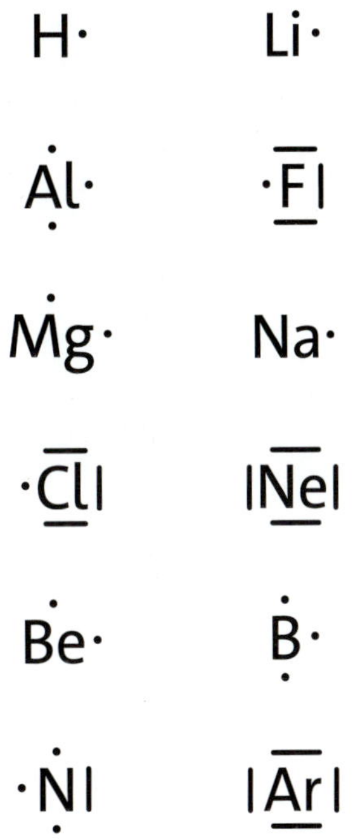

5 Außenelektronen einiger Elemente nach der Schreibweise von Lewis

Die Lewis-Schreibweise als Lernspiel

Lernen macht mehr Spaß mit einem Partner. Man kann auch mit spielerischen Formen erfolgreich sein: Noah sucht sich ein Element aus Bild 5 aus und nennt die Anzahl der Außenelektronen: „Mein Element hat 7 Außenelektronen."
Nun kommen zwei Elemente in Frage: Fluor (F) und Chlor (Cl).
Lisa stellt die passende Frage, um es herauszufinden: „Hat dein Element 2 oder 3 Elektronenschalen?"
Noah antwortet: „3."
Lisa: „Dann ist es Chlor!"
Noah: „Richtig. Jetzt du!"

6

Material B

Die Lewis-Schreibweise anwenden

Es ist hilfreich, wenn man selbst die Elektronenverteilung gemäß der Lewis-Schreibweise notieren kann.

1 Notiere die Elektronenverteilung nach Lewis von folgenden Elementen:

a Schwefel (S), Silicium (Si) und Phosphor (P)

b Barium (Ba), Xenon (Xe) und Iod (I)

2 In Bild 7 ist die Elektronenverteilung des Elements Schwefel abgebildet. Notiere dieses Element nach der Schreibweise von Lewis.

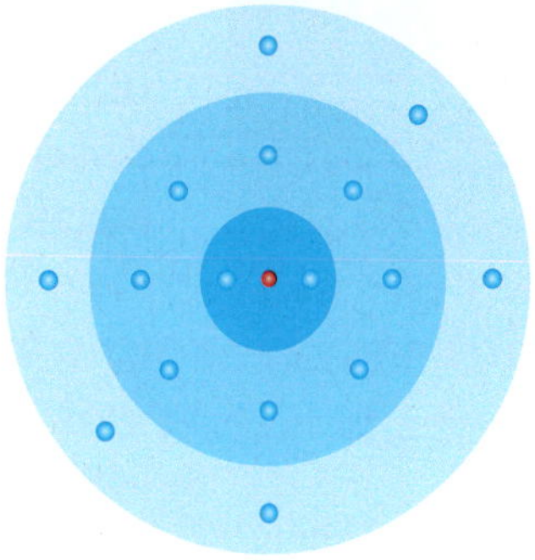

7 Elektronenverteilung nach Bohr

Alkalimetalle

1 Reaktion von Natrium mit Wasser

2 Natrium schneiden mit dem Messer

3 Aufbewahrung von Rubidium in einer Glasampulle

Natrium reagiert heftig mit Wasser. Wie verhalten sich die anderen Elemente der I. Hauptgruppe?

Gemeinsames • Die Elemente der I. Hauptgruppe werden als Alkalimetalle bezeichnet. Sie besitzen ein Elektron auf ihrer äußersten Schale und sind sehr reaktionsfreudig. Alkalimetalle kann man anhand typischer Verfärbungen in der nicht leuchtenden Brennerflamme identifizieren. Aufgrund ihrer geringen Dichte zählen sie zu den Leichtmetallen.

Lithium • Bei Lithium sieht man auf den ersten Blick nicht, dass es ein Metall ist. Es ähnelt einem schwarzen Stein. Daher kommt auch der Name (griech. lithos: Stein). Mit etwas Kraft lässt es sich mit dem Messer schneiden. An der Schnittfläche erkennt man dann den typisch metallischen Glanz. Lithium ist an einer karminroten Flammenfärbung zu erkennen.

Natrium • Natrium lässt sich deutlich leichter schneiden als Lithium. Auch hier ist beim Durchschneiden der metallische Glanz erkennbar. → 2
Im Vergleich zu Lithium läuft die Reaktion von Natrium mit Wasser noch heftiger und schneller ab. → 1
Natrium zeigt eine kräftige gelbe Flammenfärbung.

Kalium • Der Schnitt mit dem Messer geht bei Kalium noch leichter.
Die Reaktion mit Wasser ist noch heftiger als bei Natrium, sodass es spontan zum Entzünden der entstehenden Gase kommen kann.
Kalium zeigt in der Flamme eine rotviolette Färbung.

Rubidium und Caesium • Bei diesen beiden Elementen ist die Reaktion bereits mit einer geringen Wassermenge so heftig, dass diese Stoffe nur in fest verschlossenen Glasampullen aufbewahrt werden können. → 3 Die Reaktion von Caesium mit Wasser ist dabei noch heftiger als die von Rubidium.

Alkalimetalle sind sehr reaktionsfreudig. Ihre Reaktivität nimmt von Lithium zu Caesium zu.

Aufgaben

1 Gib an, welche Elemente zu den Alkalimetallen gehören.

2 Nenne zwei gemeinsame Eigenschaften der Alkalimetalle.

Material A

Flammenfärbung

Materialliste: Brenner, Magnesiastäbchen, verdünnte Salzsäure ⚠, Kaliumchlorid, Natriumchlorid, Lithiumchlorid ⚠, Porzellanschale, Uhrgläser

Bestimmte Elemente zeigen in der Brennerflamme eine typische Farbe. Dafür taucht man ein Magnesiastäbchen in verdünnte Salzsäure und dann in die Stoffprobe. Nun wird das Stäbchen mit der Stoffprobe in die rauschende Brennerflamme gehalten. Danach wird es gereinigt, indem es abwechselnd in die verdünnte Säure und in die Flamme gehalten wird. Dies erfolgt so lange, bis die Flammenfärbung nicht mehr zu sehen ist.

4 Flammenfärbung bei Lithium, Natrium und Kalium

1 Führe den beschriebenen Versuch nacheinander mit folgenden Stoffproben durch: Kaliumchlorid, Lithiumchlorid und Natriumchlorid.
☒ Dokumentiere die Verfärbung der Brennerflamme bei jedem einzelnen Salz.

2 Die Verbindungen bestehen jeweils aus einem Chlorteilchen, das mit einem Kalium-, Lithium- oder Natriumteilchen verbunden ist.
☒ Gib an, welche Teilchen für die Flammenfärbung verantwortlich sind.

Material B

Vorhersagen treffen

1 ☒ Gib an, welche Angaben in die Lücken A, B und C gehören: → 5
A: 17; 39; 64; 118
B: nicht schneidbar – mit dem Messer schneidbar – sehr leicht schneidbar
C: keine Reaktion mit Wasser – heftige Reaktion – explosionsartige Reaktion

Element	Schmelztemperatur (°C)	Härte	Reaktion mit Wasser
Lithium	180	mit dem Messer schwer zu schneiden	sichtbare Reaktion, löst sich langsam auf
Natrium	98	B	heftige Reaktion, schnelles Auflösen
Kalium	63	mit dem Messer leicht zu schneiden	entzündet sich, wenn man es in Wasser gibt
Rubidium	A	weich	explosionsartige Reaktion
Caesium	28	sehr weich	C

5

Halogene

1 Fluor, Chlor, Brom und Iod

Was haben Fluor, Chlor, Brom und Iod gemeinsam?

Gemeinsames • Die Elemente der VII. Hauptgruppe bezeichnet man als Halogene. Sie besitzen 7 Außenelektronen und sind sehr reaktive Elemente. Die Halogene zählen zu den Nichtmetallen.

Fluor • Fluor ist das reaktivste von allen Elementen des Periodensystems. Das Gas reagiert spontan mit nahezu allen Stoffen. Leitet man es zum Beispiel über Holzwolle, Aluminium oder Ziegelsteine, so entflammen diese Stoffe spontan.

Chlor • Chlor ist bei Raumtemperatur ebenfalls gasförmig. Das stechend riechende Gas ist bereits in geringen Mengen giftig. Beim Einatmen reagiert es spontan mit den Lungenbläschen und zerstört diese. Aufgrund der Bakterien abtötenden Wirkung wird Chlor in sehr geringen Konzentrationen dem Wasser in Schwimmbädern zugesetzt. Außerdem besitzt es eine bleichende Wirkung. → 2

2 Bleichwirkung von Chlor

Brom • Brom ist eines der ganz wenigen Elemente, die bei Raumtemperatur flüssig vorliegen. Es ist eine braune, stechend riechende Flüssigkeit, die allerdings bereits bei Raumtemperatur verdunstet. Die bräunlichen Dämpfe sind sehr reaktionsfreudig und giftig.

Iod • Betrachtet man Iod bei Raumtemperatur, so sieht man grauschwarze, glänzende Kristalle. Bei leichter Erwärmung sublimieren diese zu violetten Dämpfen. Auch wenn Iod weitaus weniger reaktionsfreudig ist als die anderen Halogene, so reagiert es dennoch mit vielen Stoffen, z. B. mit Metallen, Gummi oder Kork.

Halogene sind reaktionsfreudige Stoffe. Fluor, Chlor und Brom sind giftig, Iod ist gesundheitsschädlich.

Aufgaben

1 Nenne die Elemente, die zur Familie der Halogene gehören.

2 Sortiere die Halogene nach ihrer Reaktionsfreudigkeit.

3 Gib an, welche Gemeinsamkeit die Halogene bezüglich des Baus ihrer Atomhülle haben.

Material A

Halogene und ihre Eigenschaften

Die Halogene haben ähnliche Eigenschaften. Dennoch unterscheiden sie sich in einigen Dingen.

1 Übertrage die Tabelle in dein Heft und ordne dem jeweiligen Halogen seine typische Eigenschaft zu. → 3

Halogen		Eigenschaft	
1	Fluor	A	bei Raumtemperatur flüssig
2	Chlor	B	geht beim Erwärmen direkt vom festen in den gasförmigen Zustand über
3	Brom	C	extrem reaktionsfreudig, entflammt verschiedene Stoffe spontan
4	Iod	D	tötet Bakterien ab und wird deshalb zur Desinfektion eingesetzt

3 Fluor, Chlor, Brom, Iod mit einigen typischen Eigenschaften

Material B

Chloreinsatz im Schwimmbad – sinnvoll oder gefährlich?

4 Keimfreies Wasser durch Chlor

1 Lies den Text. → 5

a Erkläre, warum es sinnvoll ist, Chlor ins Badewasser öffentlicher Bäder zu geben.

b Nenne Gründe gegen den Einsatz von Chlor in öffentlichen Bädern.

c Erkläre, warum speziell in Hallenbädern die Gefahr durch Chloramine besteht.

Baden im Schwimmbad – Gefahr für die Gesundheit?

Die Betreiber öffentlicher Bäder sind verpflichtet, dafür zu sorgen, dass sich die Badegäste nicht mit gefährlichen Krankheitserregern infizieren. Je größer die Zahl der Badegäste in Schwimmbädern ist, desto größer ist auch die Gefahr, dass Krankheitserreger ins Wasser gelangen.

Die Schwimmbadbetreiber geben daher geringe Mengen von Chlor ins Badewasser. Das giftige Chlor tötet die Krankheitserreger ab.

Manchmal kann man im Schwimmbad einen stechenden Geruch wahrnehmen. Dieser stammt jedoch nicht vom Chlor, das in den verwendeten Konzentrationen geruchlich nicht wahrnehmbar ist. Der stechende Geruch stammt von Verbindungen, die Chlor mit Harnstoff eingegangen ist. Harnstoff gelangt über die Haut oder durch den Urin in das Wasser. Dabei entstehen stechend riechende Chloramine.

Chloramine können die Augen und die Atemwege stark reizen.

Besonders Kinder und Asthmatiker sind anfällig für diese unerwünschten Wirkungen.

5

Edelgase

1 Xenon – Füllgas in modernen Scheinwerfern

Xenon wird als Füllgas in modernen Scheinwerfern eingesetzt. Welche Eigenschaft macht man sich hier zunutze?

Gemeinsames • Die Elemente der VIII. Hauptgruppe bezeichnet man als Edelgase. Ihre herausragende Eigenschaft ist die extreme Reaktionsträgheit. Diese lässt sich mit dem Aufbau ihrer Atomhülle erklären. Die äußerste Schale der Edelgase ist stets voll besetzt. Dies wird als Edelgaszustand bezeichnet, der von allen Atomen angestrebt wird.

2 Bunte Werbung mit Leuchtstoffröhren

Helium • Dieses farb- und geruchlose Gas wird aufgrund seiner Reaktionsträgheit und sehr geringen Dichte als sicheres Füllgas in Luftschiffen verwendet.

Neon • Auch dieses Gas ist ausgesprochen reaktionsträge. Da die ersten Leuchtstoffröhren mit Neon gefüllt waren, bezeichnet man sie heute noch als Neonröhren. → 2 Heute enthalten diese ein Gemisch aus Neon, Argon und Quecksilberdampf.

Argon • Aufgrund seiner Reaktionsträgheit wird Argon beim Schweißen als Schutzgas verwendet. Es verhindert, dass Sauerstoff mit dem flüssigen Stahl in Kontakt kommt.

Krypton • Wird als Füllgas in Glühlampen gegeben. Da es sehr reaktionsträge ist, verhindert es eine Reaktion des Glühdrahts mit anderen Stoffen und sorgt so für eine längere Lebensdauer.

Xenon • Da Xenon ebenfalls nicht mit anderen Stoffen reagiert, wird es in Autoscheinwerfern verwendet. Ähnlich wie Krypton in Glühlampen erhöht es die Lebensdauer der Lampen.

Edelgase sind sehr reaktionsträge. Dies liegt an der voll besetzten äußersten Elektronenschale. Dieser von allen Atomen angestrebte Zustand wird als Edelgaszustand bezeichnet.

Aufgaben

1 Gib für jedes der Edelgase ein Verwendungsbeispiel an.

2 Nenne und erkläre die wichtigste gemeinsame Eigenschaft der Edelgase.

Material A

Edelgase

In der VIII. Hauptgruppe stehen die Edelgase.

1 Zeichne die Atomhüllen der Edelgase in der 1., 2. und 3. Periode nach der Modellvorstellung von Niels Bohr.

2 Nenne die Gemeinsamkeiten, die diese Atomsorten bezüglich ihrer Atomhülle aufweisen.

3 Gib an, was trotz der Gemeinsamkeit der Edelgase eine Besonderheit des Elements Helium in dieser Gruppe ist.

3 Das reaktionsträge Helium wird als Füllgas in Luftballons verwendet.

Material B

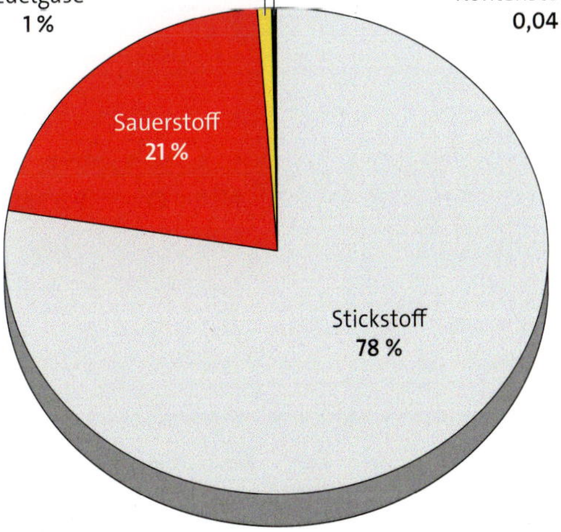

4 Darstellung der Zusammensetzung eines Gasgemischs

Stoff	Anteil an den Edelgasen in der Luft
Argon	99,74 %
Neon	0,2 %
Helium	0,049 %
Krypton	0,01 %
Xenon	0,001 %

5 Anteile der Edelgase in der Luft

Informationen aus Diagrammen und Tabellen entnehmen

Daten lassen sich in Diagrammen oder Tabellen darstellen. → 4 5

1 Gib an, um welches Gasgemisch es sich in Bild 4 handelt.

2 Nenne jeweils Vorteile für die Angabe von Daten in Diagrammform und in Tabellenform.

3 Begründe, warum es nicht sinnvoll ist, die Edelgase im Diagramm von Bild 4 einzeln aufzuführen.

4 Berechne:

a Wie viel Milliliter Edelgase befinden sich in 500 ml Luft (entspricht etwa einem Atemzug)?

b Wie viel Milliliter der einzelnen Edelgase atmet man je Atemzug ein?

Atombau und Periodensystem

Zusammenfassung

Atommodelle • Die Vorstellung, dass alle Stoffe aus kleinsten unteilbaren Teilchen bestehen, ist schon sehr alt. Schon vor etwa 2500 Jahren hatte Demokrit diesen Gedanken. Dalton beschrieb diese Atome im Jahr 1803 als Kugeln. Die Entdeckung des Elektrons veranlasste Thomson 1897 zur Entwicklung des sogenannten Rosinenkuchenmodells.
Durch seinen Streuversuch kam Rutherford 1911 auf sein Kern-Hülle-Modell, das Bohr zwei Jahre später zum Schalenmodell erweiterte. → 1

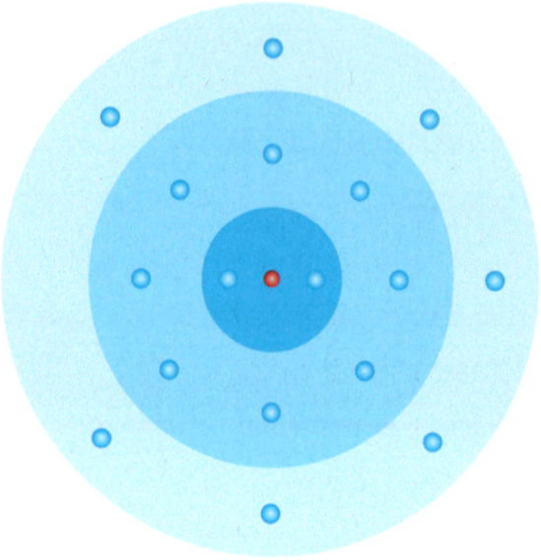

1 Ein Chlor-Atom nach den Vorstellungen von Bohr

Periodensystem • Als immer mehr Elemente entdeckt wurden, bemühte man sich um ein Ordnungssystem. Mendelejew und Meyer waren dabei erfolgreich. Unabhängig voneinander entwickelten sie das Periodensystem der Elemente. Seine wesentlichen Ordnungsmerkmale sind:

- Elemente, die untereinander stehen, haben gleich viele Außenelektronen. Solche Elemente bilden eine Gruppe.
- Elemente, die in einer Zeile stehen, haben gleich viele Schalen. Die Zeilen nennt man auch Perioden.

Wenn man das System wie ein Buch von links oben nach rechts unten liest, steigt die Ordnungszahl immer weiter an.

	Hauptgruppe							
Periode	I	II	III	IV	V	VI	VII	VIII
1	1 1,0 **H** Wasserstoff							2 4,0 **He** Helium
2	3 6,9 **Li** Lithium	4 9,0 **Be** Beryllium	5 10,8 **B** Bor	6 12,0 **C** Kohlenstoff	7 14,0 **N** Stickstoff	8 16,0 **O** Sauerstoff	9 19,0 **F** Fluor	10 20,2 **Ne** Neon
3	11 23,0 **Na** Natrium	12 24,3 **Mg** Magnesium	13 27,0 **Al** Aluminium	14 28,1 **Si** Silicium	15 31,0 **P** Phosphor	16 32,1 **S** Schwefel	17 35,5 **Cl** Chlor	18 40,0 **Ar** Argon
4	19 39,1 **K** Kalium	20 40,1 **Ca** Calcium	31 69,7 **Ga** Gallium	32 72,6 **Ge** Germanium	33 74,9 **As** Arsen	34 79,0 **Se** Selen	35 79,9 **Br** Brom	36 83,8 **Kr** Krypton

2 Ausschnitt aus dem Periodensystem

Hauptgruppen und ihre Reaktivität • Die Alkalimetalle und Halogene sind sehr reaktionsfreudige Elemente. Edelgase hingegen verhalten sich sehr reaktionsträge. Sie besitzen eine voll besetzte äußerste Elektronenschale. → 3
Dieser Zustand wird als Edelgaszustand bezeichnet.

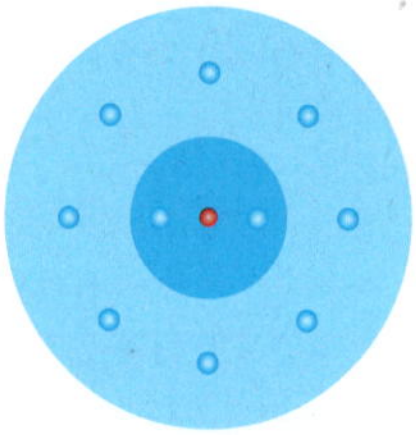

3 Ein Neon-Atom: Die äußerste Schale ist voll besetzt.

Teste dich! (Lösungen im Anhang)

Atombau und Atommodelle

1 Vergleiche die Atommodelle von Dalton, Rutherford und Bohr.

2 Gib für die Elemente in Bild 4 an, aus wie vielen Protonen, Neutronen und Elektronen die Atome jeweils bestehen.

3 Aus der Massenzahl kann man einige Informationen entnehmen.

a Gib die Masse von einem Stickstoff-Atom an.

b Berechne, wie viel 2 mol Blei wiegen.

c Berechne, wie viel Mol man bei 714 g Uran hat.

4 Atome eines Elements können unterschiedlich aufgebaut sein. → 5

a Gib an, wie man die unterschiedlich aufgebauten Atome eines Elements nennt.

b Beschreibe, worin sich die beiden Atome in Bild 5 unterscheiden und welche Eigenschaften gleich sind.

4 Kennzahlen für die Elemente Stickstoff, Blei und Uran

5 Worin liegen die Unterschiede?

Periodensystem

5 In Bild 6 ist ein Atom nach den Vorstellungen von Bohr dargestellt.

a Um welche Atomsorte handelt es sich? Nimm das Periodensystem im Anhang zu Hilfe.

b Befindet sich das dargestellte Atom im Edelgaszustand? Begründe deine Antwort.

c Stelle die Elemente Kohlenstoff (C), Magnesium (Mg) und Chlor (Cl) nach der Atomvorstellung von Bohr dar.

d Gib das Formelzeichen und die Anzahl der Protonen, Neutronen und Elektronen folgender Elemente an:

- 3. Periode, I. Hauptgruppe
- 4. Periode, VII. Hauptgruppe
- 3. Periode, VIII. Hauptgruppe

e Gib Periode und Hauptgruppe folgender Elemente an: Calcium (Ca), Selen (Se) und Argon (Ar). Aus wie vielen Protonen, Neutronen und Elektronen bestehen diese Atome?

6 Notiere die Atome von Lithium, Aluminium und Schwefel in der Lewis-Schreibweise.

7 Beschreibe die Merkmale der I. Hauptgruppe.

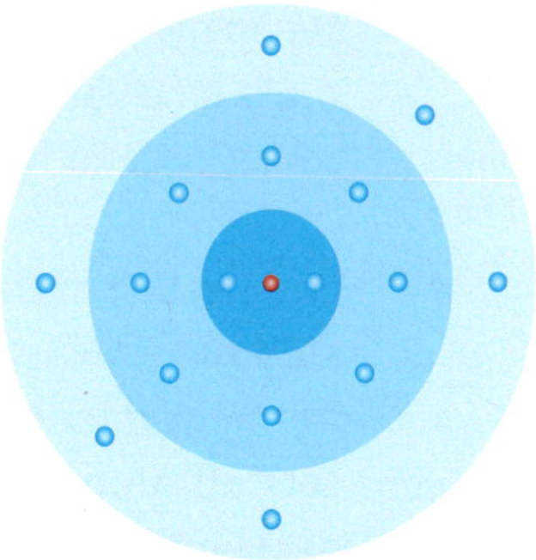

6 Ein Atom nach den Vorstellungen von Bohr

Warum verbinden sich Atome?

1 Brennende Hindenburg, gefüllt mit Wasserstoff

2 Luftschiff heute, gefüllt mit Helium

1937 explodierte das Luftschiff Hindenburg kurz vor seiner Landung. Es war mit explosivem Wasserstoff gefüllt. Heute sind Luftschiffe mit unbrennbarem Helium gefüllt. Wie lassen sich diese sehr unterschiedlichen Eigenschaften der zwei leichtesten Gase erklären?

Edelgase sind reaktionsträge • Helium ist ein Edelgas. Edelgase sind absolut reaktionsträge. Selbst bei starkem Erhitzen, hohem Druck oder mit sehr reaktionsfreudigen Partnern reagieren sie praktisch nicht. Edelgase sind die einzigen Elemente, deren Atome nur voll besetzte Elektronenschalen haben. Wenn diese Elemente nicht reagieren, muss eine volle Außenschale der perfekte Zustand für Atome sein.

Das Streben nach Perfektion • Wasserstoff dagegen ist reaktionsfreudig. Seine Atome verbinden sich mit anderen Wasserstoff-Atomen oder wie beim Brand der Hindenburg mit Sauerstoff-Atomen zu Wasser. → 1 Wie alle Atome mit nicht vollständig aufgefüllten Schalen haben Wasserstoff-Atome das Bestreben, den Edelgaszustand zu erreichen. Bei chemischen Reaktionen finden immer Veränderungen statt, die den beteiligten Atomen volle Außenschalen ermöglichen. Da die Atomkerne bei chemischen Reaktionen aber nicht verändert werden, entstehen dabei auch keine „richtigen" Edelgase. Die Veränderungen finden nur in den Schalen statt.

Bei chemischen Reaktionen erreichen die beteiligten Atome auf verschiedene Arten volle Außenschalen – den Edelgaszustand.

Aufgaben

1 Vergleiche den Atombau von Helium und von Wasserstoff.

2 Erkläre, was sich im Bau der Atome bei chemischen Reaktionen ändert.

Material A

Anwendung des Periodensystems

1 Betrachte im Periodensystem folgende Elemente: Na, Ca, S, N, Cl, O, K, Br, Kr.

a Gib an, wie viele Außenelektronen die einzelnen Element-Atome haben.

b Gib an, wie viele Elektronen jeweils zu einer vollen Elektronenschale fehlen.

c Hätte ein Na-Atom eine volle Außenschale, wenn es ein Außenelektron abgeben würde? Begründe.

2 Nenne die Hauptgruppe, die Periode und das Symbol der Elemente mit folgendem Atombau:
- 2 Schalen, 3 Außenelektronen
- 1 Schale, 2 Außenelektronen
- 3 Schalen, 4 Außenelektronen
- 2 Schalen, 7 Außenelektronen
- 11 Elektronen insgesamt
- 20 Elektronen insgesamt
- 3 Schalen, 7 Außenelektronen

3 Betrachte Bild 3:

a Gib für die dargestellten Atome die Ordnungszahl, die Zahl der Schalen und die Anzahl der Außenelektronen an. → 3

b Gib an, wie viele Außenelektronen den Atomen zu einer vollen Außenschale fehlen.

3 Atome in der Lewis-Schreibweise

Material B

Besonderheit der Edelgase

1 Schreibe den folgenden Text in dein Heft. Ergänze die Lücken A–G mithilfe von Bild 4.

> Wenn man Gase im Modell betrachtet, bemerkt man Unterschiede. Viele Gase wie **(A)**, Sauerstoff oder **(B)** kommen immer als zweiatomige Moleküle vor. Dabei sind jeweils zwei Atome derselben Sorte miteinander **(C)**. Edelgase wie Helium dagegen sind immer **(D)**. Die Edelgas-Atome gehen keine Bindungen ein. Dies liegt daran, dass das Helium-Atom eine **(E)** Außenschale hat und somit **(F)** ist. Wasserstoff-, Sauerstoff- und Stickstoff-Atome haben keine vollständig aufgefüllte äußere Schale. Sie haben das Bestreben, den **(G)** zu erreichen.

2 Sortiere folgende Elemente danach, ob sie einatomig oder zweiatomig vorkommen, und begründe deine Entscheidung: Fluor, Krypton, Argon, Iod.

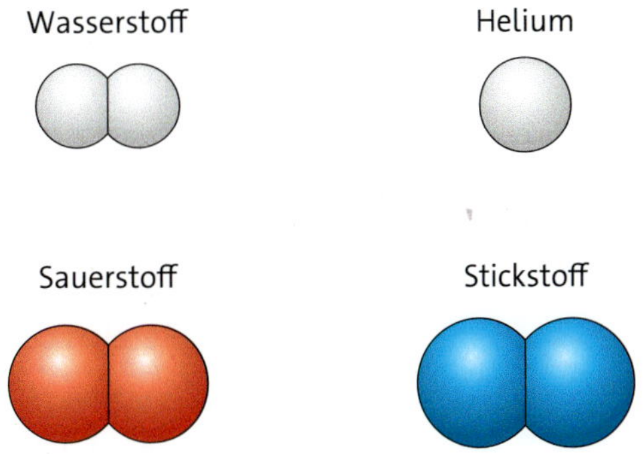

4

Die Elektronenpaarbindung

1 Verschiedene Verbindungen im Modell

Molekülmodelle zeigen uns miteinander verbundene Atome. Was kennzeichnet diese Bindung zwischen den Atomen?

Elektronenpaarbindung • Alle Atome streben nach einer vollen Außenschale. Eine Möglichkeit, dies zu erreichen, ist das Eingehen einer Elektronenpaarbindung. Betrachten wir dazu ein Chlor-Atom: Bei diesem Atom befinden sich auf der äußersten Schale 7 Elektronen. → 2
Um die äußerste Schale mit 8 Elektronen voll zu besetzen, bräuchte es noch ein weiteres Elektron.
Dieses Problem löst sich, wenn mehrere Chlor-Atome aufeinandertreffen. Je zwei Atome nähern sich so weit an, dass sich ein Teil ihrer Schalen überlappt. Von beiden Atomen befindet sich dann je ein Elektron in dem gemeinsamen Bereich beider Atomhüllen. → 3
Durch dieses gemeinsame Elektronenpaar haben nun beide Cl-Atome 8 Elektronen auf der äußersten Schale. Wir sagen: Beide Atome befinden sich jetzt im Edelgaszustand.

Und wie halten sie zusammen? • Das gemeinsame negativ geladene Elektronenpaar zieht jeweils die beiden positiv geladenen Atomkerne an. Dadurch bleiben die zwei Atome miteinander verbunden. Diese Verbindung nennt man wegen des gemeinsamen Elektronenpaars Elektronenpaarbindung. Oft benutzt man auch den Begriff Atombindung, da sich bei dieser Bindung Atome verbinden.

2 Chlor mit Außenelektronen

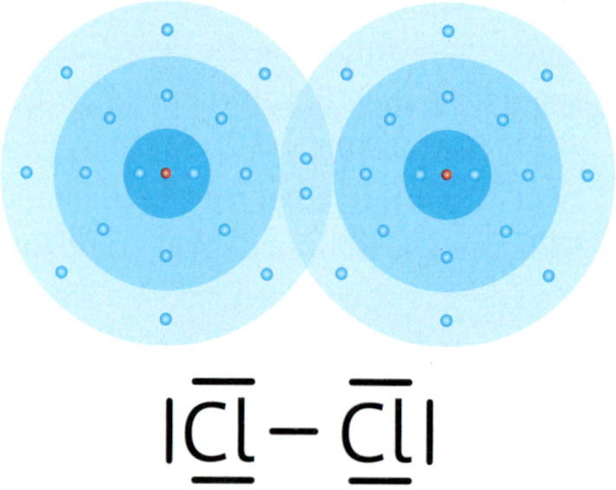

3 Elektronenpaarbindung im Chlormolekül

die Elektronenpaarbindung
die Doppelbindung
die Dreifachbindung

Doppelbindung • Treffen zwei einzelne Sauerstoff-Atome (O) aufeinander, gehen sie miteinander 2 Elektronenpaarbindungen ein. → 6 Dadurch haben die Atome jeweils zwei Elektronen auf der äußersten Schale gemeinsam und erreichen den Edelgaszustand.

Dreifachbindung • Es gibt auch dreifache Elektronenpaarbindungen. Beispielsweise sind zwei Stickstoff-Atome (N) über eine solche Bindung verbunden. → 6

Lewis-Schreibweise • In der Lewis-Schreibweise gibt es für die Elektronenpaarbindung ein Symbol: Ein Strich zwischen zwei Atomen steht für ein gemeinsames Elektronenpaar und damit auch für die Bindung. Doppelbindungen stellt man als Doppelstrich dar, Dreifachbindungen als Dreifachstrich.

Bindigkeit • Je nach Aufbau der Atomhülle brauchen die Atome unterschiedlich viele Elektronenpaarbindungen, um den Edelgaszustand zu erreichen. Die Anzahl der dazu nötigen Bindungen wird als Bindigkeit bezeichnet.

Moleküle • Teilchen aus zwei oder mehreren Atomen, die über Elektronenpaarbindungen verbunden sind, bezeichnet man als Moleküle.

Bei einer Elektronenpaarbindung teilen sich zwei Atome ein, zwei oder drei Elektronenpaare. Dadurch erreichen beide Atome den Edelgaszustand, also eine voll besetzte äußerste Elektronenschale.

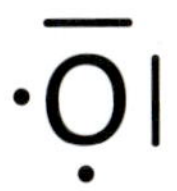

4 Sauerstoff mit Außenelektronen

5 Stickstoff mit Außenelektronen

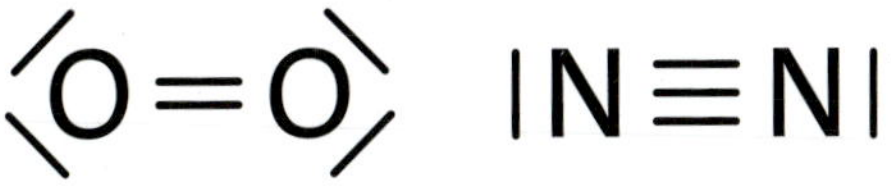

6 Sauerstoff (O_2) und Stickstoff (N_2) in der Lewis-Schreibweise

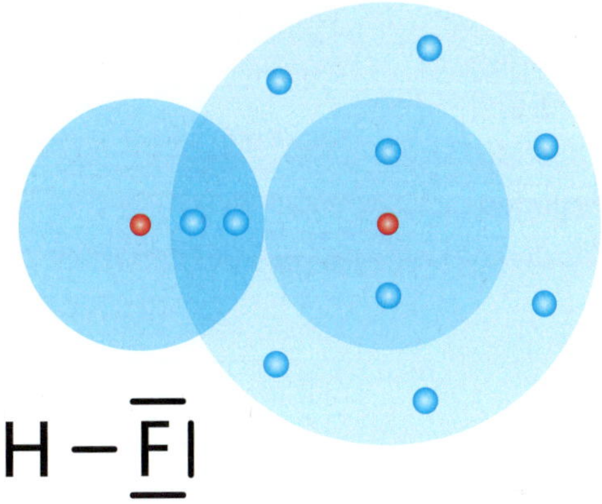

7 Elektronenpaarbindung zwischen Wasserstoff und Fluor

Aufgaben

1 Erläutere, wie man am Aufbau der Atomhülle erkennen kann, ob der angestrebte Edelgaszustand erreicht ist.

2 Erkläre, warum manche Moleküle Zweifach- oder Dreifachbindungen haben.

3 Stelle die Elektronenpaarbindung zwischen zwei Fluor-Atomen in der Lewis-Schreibweise dar.

Die Elektronenpaarbindung

Material A

Anzahl der Bindungen

In der Chemie musst du oft die chemischen Formeln von Verbindungen ermitteln. Dazu ist es wichtig zu wissen, wie viele Elektronenpaarbindungen das Atom eines Elements eingehen kann.

1 ◩ Übernimm die Tabelle von Bild 1 in dein Heft und fülle sie komplett aus. Du kannst auch das Periodensystem zu Hilfe nehmen.

2 ⊠ Kannst du einen Zusammenhang zwischen der Zugehörigkeit zu einer Hauptgruppe und der Anzahl der Bindungen erkennen? Formuliere Sätze wie: „Die Elemente der VII. Hauptgruppe sind alle ..."

Element	Hauptgruppe	Anzahl der Bindungen
Fluor	?	?
Sauerstoff	?	?
Schwefel	?	?
Stickstoff	?	?
Phosphor	?	?
Brom	?	?
Kohlenstoff	?	?
Silicium	?	?
Iod	?	?
Chlor	?	?

1 Zusammenhang zwischen Hauptgruppe und Anzahl der Bindungen

Material B

Chemische Formeln

In chemischen Formeln, z. B. CO_2, stecken viele Informationen. Die Formel CO_2 bedeutet, dass ein Kohlenstoff-Atom mit zwei Sauerstoff-Atomen verbunden ist.
Umgekehrt kann man aus zeichnerischen Darstellungen herauslesen, was die richtige Formel einer Verbindung ist.

1 ⊠ In Bild 2 siehst du die Darstellung einer Verbindung. Gib die Formel der dargestellten Verbindung an.

2 ⊠ Stelle die folgenden Verbindungen im Schalenmodell und in der Lewis-Schreibweise dar:
- HCl
- NH_3
- CO_2
- CH_4

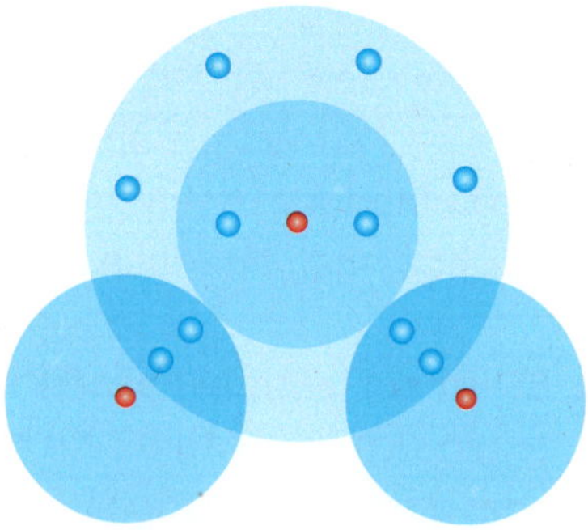

2 Wie lautet die chemische Formel?

Material C

Formeln ermitteln

Wenn man die Zahl der Außenelektronen zweier Elemente kennt, kann man Rückschlüsse auf die Formel ziehen.
Beispiel: Ein Sauerstoff-Atom hat 6 Außenelektronen, ihm fehlen also zwei Elektronen zur vollen Schale. Es braucht also zwei Bindungen. Ein Wasserstoff-Atom braucht für eine volle Schale nur eine Bindung. Deshalb reagieren zwei Wasserstoff-Atome mit einem Sauerstoff-Atom. Die Formel lautet H_2O.

Ammoniak:
NH oder NH_2 oder NH_3 oder NH_4?

Methan:
CH oder CH_2 oder CH_3 oder CH_4?

Chlorwasserstoff:
HCl oder H_2Cl oder H_3Cl oder H_4Cl?

3 Welche Formel stimmt?

1 ☒ In Bild 3 stehen verschiedene Formeln für Verbindungen zur Auswahl. Entscheide dich für die richtige und begründe deine Antwort.

2 ☒ Notiere die Formeln für folgende Stoffe:
- Bromwasserstoff
- Schwefelwasserstoff
- Iodwasserstoff
- Phosphan (Phosphorwasserstoff)
- Chlor
- Siliciumdioxid

Material D

Entstehung von Wasser

Wasserstoff ist ein Gas. Wenn man dieses Gas entzündet, verbrennt es. Es reagiert also mit Sauerstoff. Bei dieser chemischen Reaktion entsteht Wasser.

Im Verhältnis 2 : 1
Wasser hat die Formel H_2O. Das sagt etwas darüber aus, wie Wassermoleküle zusammengesetzt sind. Zur Erzeugung von Wassermolekülen benötigt man doppelt so viele Wasserstoff-Atome wie Sauerstoff-Atome.

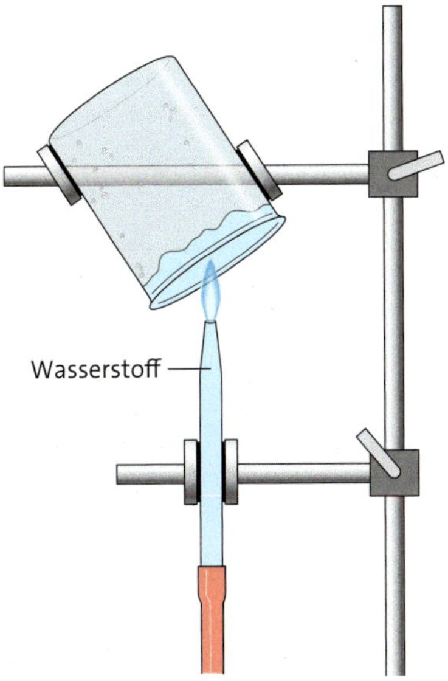

4 Hier verbrennt Wasserstoff. In dem Becherglas sammeln sich Wassertröpfchen.

1 ☒ Welche der folgenden chemischen Formeln für Sauerstoff und Wasserstoff sind richtig? Begründe jeweils deine Antworten.
- O oder O_2 oder O_3
- H oder H_2 oder H_3

2 ☒ Notiere die Reaktionsgleichung für die Verbrennung von Wasserstoff:
- im Schalenmodell
- in der Lewis-Schreibweise
- in der Formelschreibweise

Die Elektronenpaarbindung

Methode

Molekülmodelle aus dem Baukasten

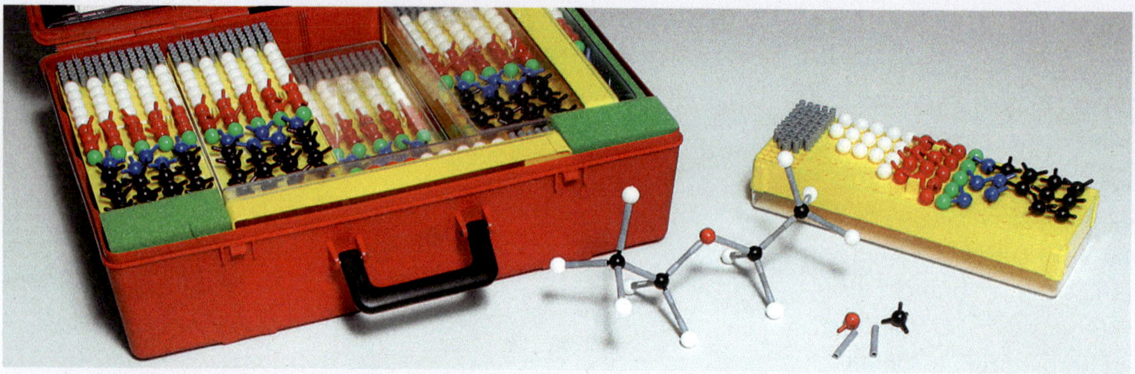

1 Molekülbaukasten

Kugel-Stab-Modell • Die einzelnen Kugeln des Baukastens stellen Atome dar, die zu Molekülmodellen zusammengesteckt werden können. Die Kugeln sind verschiedenfarbig. → 1
Da man Atome nicht sehen kann, sind die Farben dieser Kugeln beliebig gewählt.

- Schwarze Kugeln stehen für Kohlenstoff-Atome. Sie besitzen vier Andockstellen, da Kohlenstoff-Atome vier Außenelektronen besitzen und folglich vier Elektronenpaarbindungen eingehen können.
- Weiße Kugeln stehen für Wasserstoff-Atome. Da Wasserstoff-Atome nur eine Elektronenpaarbindung eingehen, besitzt ihr Modell nur eine Andockstelle.
- Rote Kugeln stehen für Sauerstoff-Atome. Sie haben zwei Andockstellen.

Um die Elektronenpaarbindungen im Molekül deutlich hervorzuheben, werden die Kugeln mit Stäbchen zusammengesteckt. Daher heißt dieses Modell Kugel-Stab-Modell. Ein Stäbchen steht für zwei Elektronen bzw. eine Elektronenpaarbindung.

Andere Modelle • Das Kalottenmodell ist genau wie das Kugel-Stab-Modell ein räumliches Modell, das die Struktur von Molekülen veranschaulicht. Allerdings sind die Elektronenpaarbindungen nicht extra dargestellt. Die einzelnen Kugelausschnitte (Kalotten) werden mit Druckknöpfen verbunden. → 2

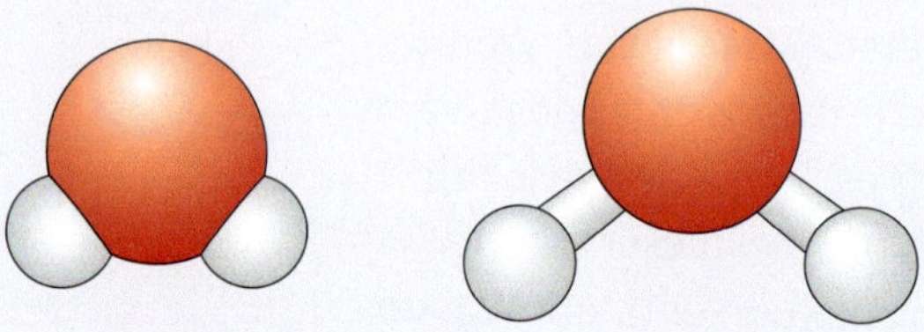

2 Das Wassermolekül – links als Kalottenmodell, rechts als Kugel-Stab-Modell

Aufgaben

1 ◩ Beschreibe das Kugel-Stab-Modell.

2 ◩ Erkläre, was die Stäbchen beim Kugel-Stab-Modell darstellen.

Material E

Modelle erkennen und zeichnen

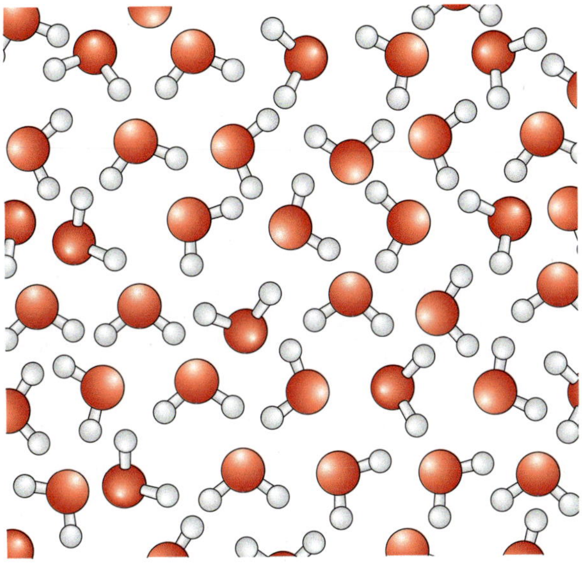

3 Wassermoleküle in Modelldarstellung

1 In Bild 3 siehst du einen winzigen Ausschnitt aus einem Tropfen Wasser in Modelldarstellung.

a Gib an, um welches Modell es sich handelt.

b Zeichne Bild 3 als Kalottenmodell in dein Heft.

c Das Wasser wird nun erhitzt, bis es gasförmig wird. Wie müsstest du die Modelldarstellung in Bild 3 nun verändern? Zeichne sie in dein Heft.

2 Zeichne Chlorwasserstoff (HCl) in der Lewis-Schreibweise, als Kugel-Stab-Modell und als Kalottenmodell in dein Heft

Material F

Digitale Molekülmodelle erstellen

Im Internet gibt es kostenlose Programme, mit denen Moleküle als Modell am Bildschirm dargestellt werden können. → 4

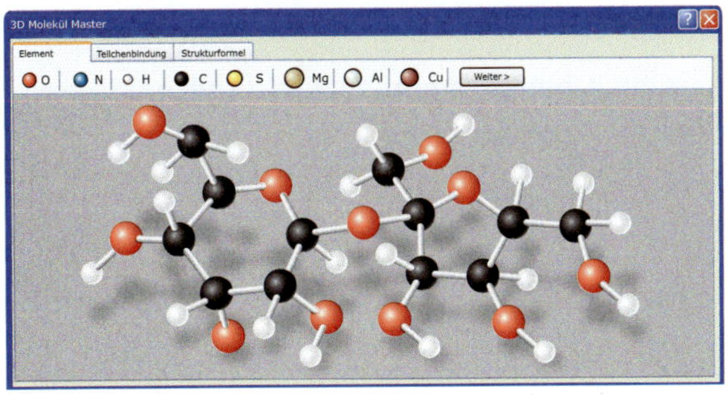

4 Programm zum Erstellen von Molekülmodellen

Mithilfe verschiedener Werkzeuge kann man Molekülmodelle digital erstellen. Sie lassen sich dreidimensional auf dem Monitor anzeigen und sogar drehen und wenden.

1 Besorge dir ein kostenloses Programm zum Erstellen von Molekülen. Erstelle dann die Modelle für folgende Moleküle:
- Wasserstoff (H_2)
- Wasser (H_2O)
- Methan (CH_4)
- Ammoniak (NH_3)

2 Baue die Modelle der Moleküle von Aufgabe 1 mit einem herkömmlichen Molekülbaukasten wie in Bild 1 auf S. 220.

Aus Atomen werden Ionen

1 Natrium reagiert sehr heftig mit Chlor. Dabei entsteht Kochsalz (Natriumchlorid).

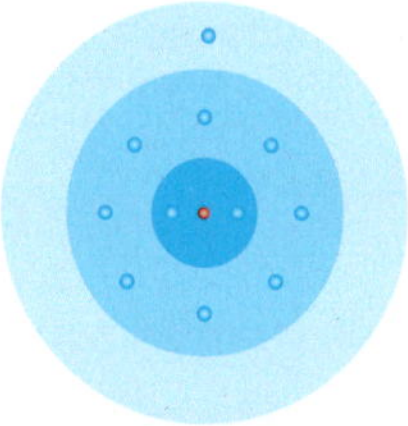

2 Natrium-Atom

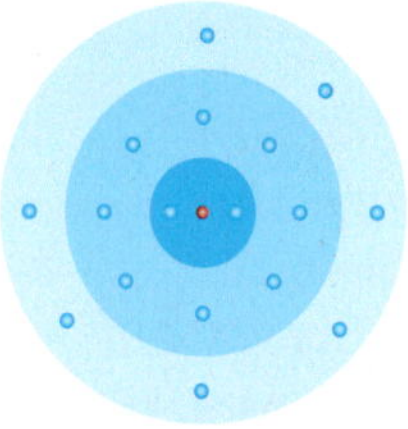

3 Chlor-Atom

Warum reagieren Natrium und Chlor so heftig miteinander?
Um das zu verstehen, muss man sich den Atombau näher ansehen.

Warum sie reagieren • Wenn sich Natrium und Chlor verbinden, versuchen ihre Atome – wie bei anderen Reaktionen auch –, den Edelgaszustand zu erreichen. Da Natrium in seiner Außenschale aber nur ein Elektron hat, kann das nicht durch Elektronenpaarbindungen geschehen.

Übertragung eines Elektrons • Chlor hat ein größeres Bestreben, Elektronen an sich zu ziehen, als Natrium. Wenn sich diese Atome nahekommen, zieht also das Chlor-Atom das Außenelektron des Natrium-Atoms stark an. Diese Anziehung geht so weit, dass das Außenelektron des Natrium-Atoms in die fast volle Außenschale des Chlor-Atoms springt. Die äußere Schale des Chlor-Atoms wird dadurch aufgefüllt und erreicht so den Edelgaszustand. Das Natrium-Atom gibt also sein Außenelektron ab. Die Folge: Die äußere Schale existiert nicht mehr. Dadurch wird die weiter innen liegende – volle (!) – Schale die neue Außenschale. So erreicht auch das Natrium-Atom den Edelgaszustand.

Und andere Salze? • Bei viele anderen Reaktionen funktioniert das genauso. Atome mit wenigen Außenelektronen können dabei immer ihre Außenelektronen abgeben, Atome mit volleren Außenschalen können diese Elektronen aufnehmen. Die dabei entstehenden Stoffe heißen Salze.

Bei Salzbildungen springen alle Außenelektronen eines Atoms vollständig auf die Außenschale des anderen Atoms. So erreichen beide den Edelgaszustand.

das Salz
das Ion
das Kation
das Anion
die Ionenbindung
das Ionengitter

Entstehung von Ionen • Die Natrium-Atome haben nach der Reaktion ein Elektron weniger, die Chlor-Atome ein Elektron mehr. Die Anzahl der Protonen im Kern hat sich aber nicht geändert. Dadurch sind die Teilchen jetzt positiv bzw. negativ geladen. Solche geladenen Teilchen nennt man Ionen. Die positiv geladenen Ionen heißen Kationen, die negativ geladenen Anionen.

Schreibweise • In der Formelschreibweise werden die Ladungen als Hochzahl angegeben. Bild 4 zeigt, wie die Reaktionsgleichung zur Bildung von z. B. Natrium-Ionen aussieht.

Ionengitter • Die positiv und negativ geladenen Ionen ziehen sich gegenseitig an. Die entstehende Bindung wird Ionenbindung genannt. Viele positiv und negativ geladene Ionen lagern sich dabei regelmäßig zusammen: Es entsteht ein Ionengitter. Salzkristalle sind aus solchen Ionengittern aufgebaut. → 6

Durch eine Reaktion mit Elektronenübertragung entstehen positiv und negativ geladene Ionen. Diese ziehen sich gegenseitig an und lagern sich zu einem Ionengitter zusammen.

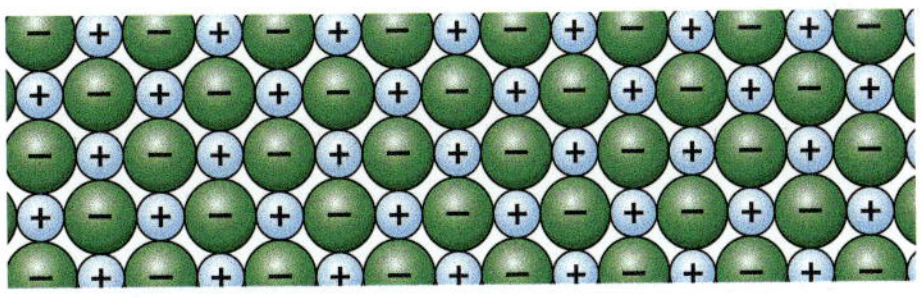

6 Ionengitter

Na	→	Na^+	+	e^-
Natrium-Atom	→	Natrium-Ion	+	ein Elektron

4

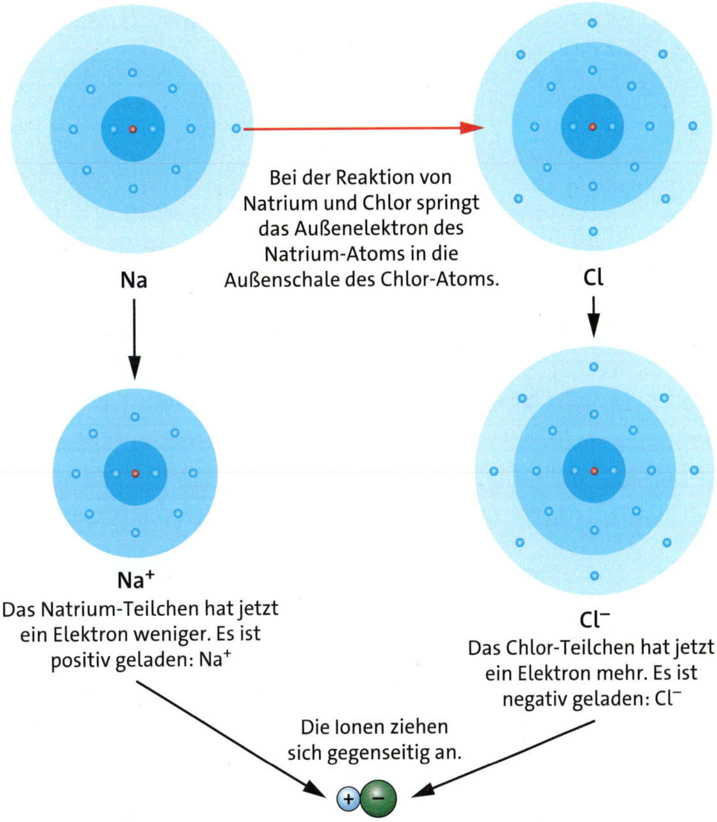

5 Entstehung von Ionen und Ionengittern

Aufgaben

1 ☑ Beschreibe, wie Natrium- und Chlor-Atome bei ihrer Reaktion eine volle Außenschale erhalten.

2 ☒ Erkläre den Unterschied zwischen Atomen und Ionen.

3 ☒ Erkläre den Zusammenhalt eines Salzkristalls.

Aus Atomen werden Ionen

Material A

Wir bauen Ionenmodelle

Bei unseren Modellen zeichnen wir die Elektronen auf Papierstreifen. Jeder Streifen stellt eine Schale dar.

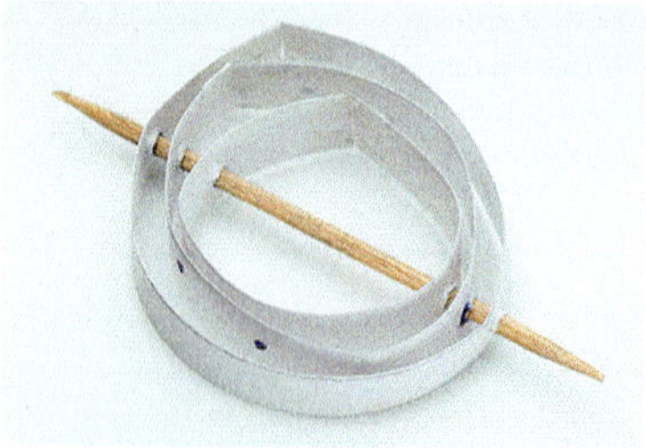

1 Modell eines Natrium-Atoms

Zu ganzen Atomen oder Ionen zusammengebaut werden sie mit Zahnstochern. → 1

1 Schneide aus Papier Streifen von 1 cm Breite mit folgenden Längen aus: je einmal 8 cm, 10 cm und 12 cm. Zeichne dann auf die Streifen die Elektronen des Na-Atoms ein. Stecke (beginnend mit dem kleinsten) die Streifen auf einen Zahnstocher. → 1 Beschrifte dann dein Natrium-Atom wie in Bild 1.

2 Baue jetzt ebenso ein Na^+-Ion. Überlege, wie viele Schalen du brauchst.

3 Baue jetzt Atome und Ionen von Lithium, Fluor und Chlor. Zeichne die Atome und die entsprechenden Ionen auch jeweils nebeneinander ins Heft. Erkläre, weshalb die Ionen den Edelgaszustand erreicht haben.

Material B

Bildung von Salzen

Natrium ist ein Metall, Chlor ein Nichtmetall. Metalle und Nichtmetalle können miteinander zu Salzen reagieren. Denn alle Metall-Atome haben nur wenige Außenelektronen, während alle Nichtmetall-Atome eine fast volle Außenschale haben. Bild 2 zeigt, wie Metalle und Nichtmetalle zu einem Salz reagieren können.

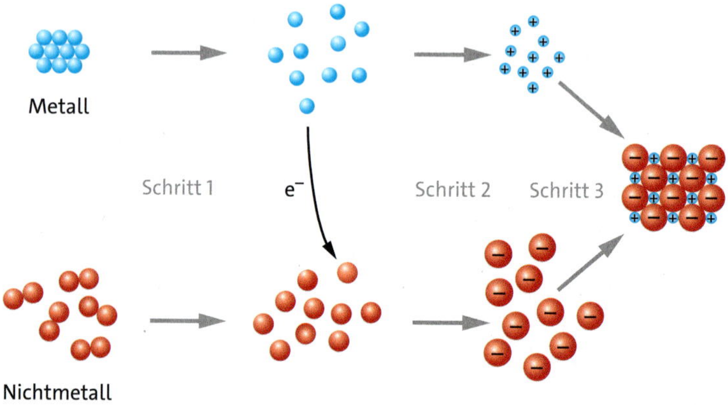

2 Aus einem Metall und einem Nichtmetall entsteht ein Salz.

1 Gib an, wer bei der Ionenbildung Elektronen abgibt und wer sie aufnimmt. In welchem Schritt von Bild 2 geschieht das?

2 Beschreibe und erkläre die drei Schritte. → 2 Verwende die Begriffe Atom, Außenelektron, Edelgaszustand, Ionengitter.

3 Erkläre, in welchem der drei Schritte von Bild 2 bei der Ionenbildung die eigentliche chemische Reaktion geschieht.

Material C

Edelgaszustand durch Ionenbildung

1 Viele Metall-Atome und Nichtmetall-Atome können durch Abgabe oder Aufnahme von Elektronen Ionen bilden. Dabei entstehen verschiedene Salze.

a ◩ Erkläre, wie das Lithium-Atom und das Fluor-Atom in Bild 3 den Edelgaszustand erreichen könnten.

b ⊠ Nenne die Ionen, die sich dabei bilden.

c ⊠ Nenne die Edelgase, die dieselbe Elektronenanordnung wie diese Ionen haben.

2 Die Außenelektronen sind immer entscheidend.

a ◩ Gib die Anzahl der Außenelektronen der folgenden Atome an: Mg, O, F, Al, N.

b ⊠ Gib an, welche Atome von Teil a bei einer Reaktion Elektronen abgeben und welche Atome Elektronen aufnehmen. Wie viele Elektronen werden jeweils abgegeben bzw. aufgenommen? Gib an, welche Ionen entstehen.

c ⊠ Gib an, welche Ionen bei chemischen Reaktionen aus den folgenden Atomen entstehen: K, Br, Ca, S. Verwende die Formelschreibweise.

3 Modell eines Lithium- und eines Fluor-Atoms

Material D

Chemische Namen der Salze

Die Namen vieler Salze setzen sich zusammen aus dem Namen des Metalls, des Nichtmetalls und der Endung -id. Kochsalz, das Salz aus den Elementen Natrium und Chlor, heißt daher Natriumchlorid.

1 ◩ Gib die Namen für die folgenden Salze an:
Salz aus Calcium und Fluor, aus Magnesium und Chlor, aus Kalium und Iod.

Material E

Zusätze in Speisesalz

1 ◩ Speisesalz kann mehrere Zusatzstoffe enthalten:

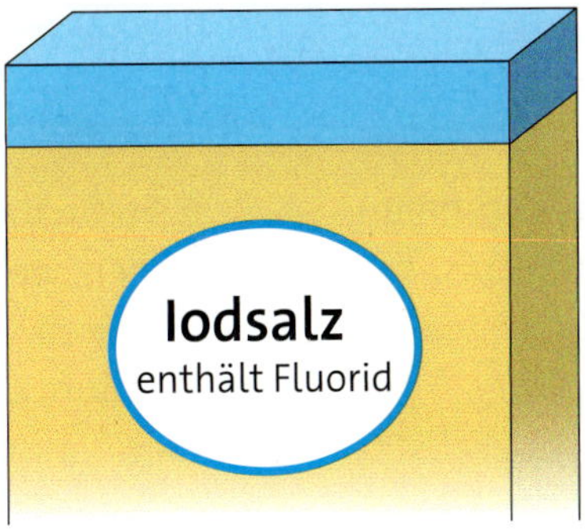

4 Iodsalz aus dem Supermarkt

Kalium- und Natriumfluorid werden zur Vorbeugung von Karies zugesetzt, Iodsalze zur Vorbeugung von Schilddrüsenerkrankungen.

a Gib an, aus welchen Ionen die Fluoridsalze bestehen.

b Bestimme die Ladung der Ionen.

2 ⊠ Das Iod im Iodsalz wird meist in Form von Kaliumiodat zugesetzt. Informiere dich, wie Iodat-Ionen aufgebaut sind.

Aus Atomen werden Ionen

Methode

Formeln von Salzen aufstellen

Formel als Verhältnis der Ionenzahl • Im Ionengitter eines Salzkristalls sind viele Millionen von Ionen fest miteinander verbunden. Ihr Mengenverhältnis ist aber nicht beliebig. Bei der Entstehung von Kochsalz z. B. gibt je ein Natrium-Atom ein Elektron an ein Chlor-Atom ab und bildet so eine Ionengruppe. Somit hat ein Kochsalzkristall gleich viele Na^+- wie Cl^--Ionen. Es besteht also folgendes Mengenverhältnis: Na : Cl = 1 : 1. Die Formel von Kochsalz ist also Na_1Cl_1 oder einfacher NaCl. → 1

Und wenn Ionen mehrfach geladen sind? • Wenn ein Atom mehrere Elektronen abgibt, müssen entsprechend viele oder passende Reaktionspartner da sein. Wenn z. B. Magnesium mit Chlor reagiert, überträgt das Magnesium-Atom seine zwei Außenelektronen an zwei Chlor-Atome. Es entstehen also immer doppelt so viele Cl^-- wie Mg^{2+}-Ionen. Somit ergibt sich folgendes Verhältnis: Mg : Cl = 1 : 2, also die Formel $MgCl_2$. → 2

Ein weiteres Beispiel • Natrium reagiert mit Schwefel. Dabei gibt das Natrium-Atom ein Außenelektron an ein Schwefel-Atom ab. Damit auch das Schwefel-Atom eine volle Außenschale erhält, muss es von einem zweiten Natrium-Atom ein zweites Elektron bekommen. Es ergibt sich dann folgendes Verhältnis: Na : S = 2 : 1, also die Formel Na_2S.

Möglichst einfach • Um Formeln möglichst einfach zu schreiben, wird immer das kleinstmögliche Verhältnis angegeben.

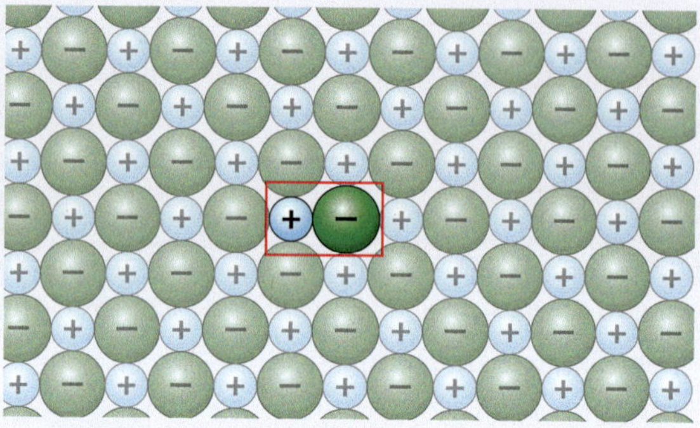

1 Natriumchlorid hat die Formel NaCl.

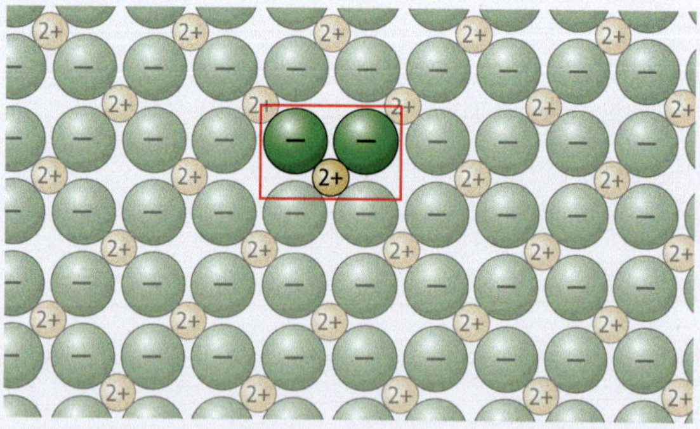

2 Magnesiumchlorid hat die Formel $MgCl_2$.

Aufgaben

1 Beschreibe an einem selbst gewählten Beispiel, wie Formeln von Ionenverbindungen erstellt werden.

2 Stelle die Formeln der Salze auf, die entstehen, wenn folgende Stoffe miteinander reagieren:
- Lithium und Fluor
- Aluminium und Brom
- Magnesium und Schwefel
- Calcium und Chlor

Material F

Flussspat – ein häufiges Mineral

Flussspat ist ein Mineral, das in der Natur häufig vorkommt. Reiner Flussspat ist farblos und transparent. Durch verschiedene Verunreinigung kann er aber fast alle Farben annehmen.

3 Flussspat

4 Roter Flussspat

1 Der chemische Name von Flussspat lautet Calciumfluorid.

a ⊠ Zeichne ein Calcium-Ion und ein Fluorid-Ion in Modellschreibweise.

b ⊠ Gib die Ladung der beiden Ionen an und erstelle die Formel von Calciumfluorid.

Material G

Formeln von Ionenverbindungen

Wenn bei chemischen Reaktionen Ionen entstehen, müssen alle abgegebenen Elektronen vom Reaktionspartner aufgenommen werden. Die Anzahl der Atome bei der Reaktion muss daher passend sein. Einfache Beispiele findest du auf der Methodenseite links. Ein weiteres Beispiel: Wenn Aluminium mit Sauerstoff reagiert, gibt jedes Aluminium-Atom drei Elektronen ab. Jedes Sauerstoff-Atom kann aber nur zwei Elektronen aufnehmen.
Alle Elektronen sind untergebracht, wenn zwei Aluminium-Atome mit drei Sauerstoff-Atomen zu Al_2O_3 reagieren. Um solche Formeln zu ermitteln, kann dir die Darstellung in Bild 5 eine Hilfe sein.

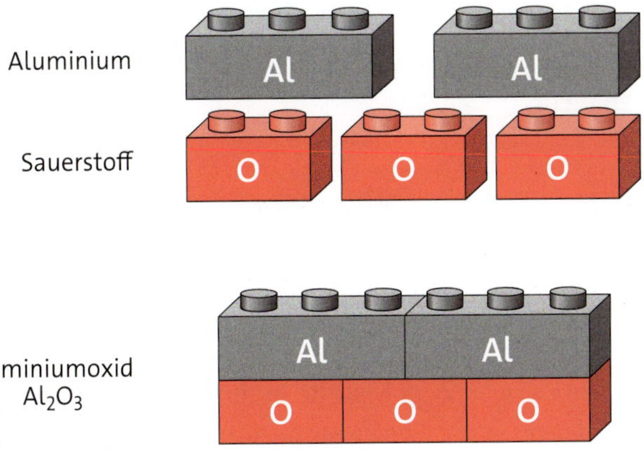

5

1 ⊠ Erstelle die Formel der Ionenverbindungen, die bei der Reaktion folgender Stoffe entstehen:
- Natrium und Brom
- Kalium und Sauerstoff
- Calcium und Brom
- Calcium und Sauerstoff
- Aluminium und Schwefel

Die Eigenschaften der Salze

1 Kristalle von Natriumchlorid (Kochsalz, links), Kupfersulfat (Mitte) und Calciumfluorid (rechts)

Eine ganze Gruppe von Ionenverbindungen wird nach ihrem bekanntesten Mitglied, dem Kochsalz, benannt: die Salze. Was haben sie gemeinsam?

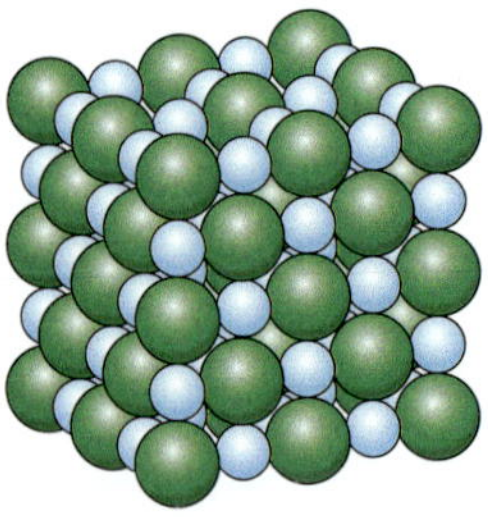

2 Natriumchlorid-Gitter

Hohe Schmelztemperaturen • Alle Salze sind bei Zimmertemperatur fest. Sie schmelzen erst bei Temperaturen von mehreren Hundert Grad:

Lithiumbromid	550 °C
Kaliumchlorid	770 °C
Natriumchlorid (Kochsalz)	800 °C
Natriumfluorid	990 °C
Magnesiumoxid	2800 °C

Löslichkeit in Wasser • Viele Salze lösen sich gut in Wasser. In anderen Lösungsmitteln, z. B. in Benzin oder Spiritus, lösen sie sich dagegen nicht.

Salze bilden Kristalle • Viele Salze bilden Kristalle mit jeweils für sie typischen Formen. Kochsalzkristalle z. B. sind immer würfelförmig. → 1

Salze sind spröde • Salze sind sehr spröde: Die Kristalle zerbrechen schon bei geringem Stoß oder Druck. Das kann man beobachten, wenn man grobes Salz zerreibt und dasselbe auch mit einem Metall versucht, zum Beispiel mit Zinkkörnern.

Elektrische Leitfähigkeit • Hier stellt man Folgendes fest:

- Salzkristalle leiten den elektrischen Strom nicht.
- Geschmolzene oder in Wasser gelöste Salze leiten den elektrischen Strom dagegen gut.

Außer Kochsalz gibt es zahlreiche andere Salze. Diese Stoffgruppe hat eine Reihe gemeinsamer Eigenschaften.

Aufgaben

1 Nenne typische Eigenschaften von Salzen.

2 Erstelle einen Steckbrief der Stoffgruppe Salze.

die Sprödigkeit

Material A

Kochsalz und andere Salze zum Schmelzen bringen

Dieser Versuch gelingt nur, wenn du das Reagenzglas einige Zeit ruhig an die heißeste Stelle des Brenners hältst. → 3

Materialliste: Lupe, Gasbrenner, schwer schmelzbares Reagenzglas, Reagenzglashalter, Porzellanschale, Kochsalz (Natriumchlorid), andere Salze, z. B. Kaliumnitrat, Kaliumchlorid, Natriumsulfat oder Natriumnitrat

Betrachte die Kochsalzkristalle mit einer Lupe.
Versuche dann, 1 cm hoch Kochsalz im Reagenzglas zu schmelzen. Wenn dir das gelingt, gieße das Geschmolzene schnell in die Porzellanschale aus. Wiederhole den Versuch mit einem anderen Salz.

1 Vergleiche die Schmelztemperaturen der Salze.

2 Erläutere, was dieser Versuch über den Zusammenhalt der einzelnen Teilchen der Salzkristalle aussagt.

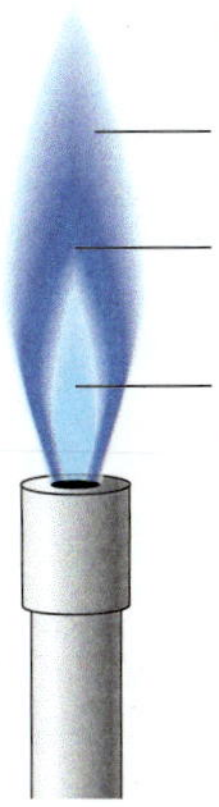

3 Temperaturen im Gasbrenner

3 Begründe, warum die Schmelztemperatur von Kochsalz niedriger ist als die Temperatur der Flamme.

Material B

Salze und elektrische Leitfähigkeit

Bei der elektrischen Leitfähigkeit von Salzen spielt Wasser eine große Rolle.

Materialliste: Bechergläser (100 ml), Spatel, destilliertes Wasser, Kochsalz (Natriumchlorid), andere Salze (z. B. Kaliumchlorid oder Natriumsulfat), Kochsalzkristall, Leitfähigkeitsmessgerät → 4

1 Vergleiche die Leitfähigkeit der Salze.

a Prüfe einen Salzkristall auf elektrische Leitfähigkeit.
b Prüfe auch destilliertes Wasser auf elektrische Leitfähigkeit.
c Löse eine Spatelspitze Salz in ca. 50 ml destilliertem Wasser und prüfe die Salzlösung auf Leitfähigkeit.
d Löse drei weitere Spatelspitzen Kochsalz und prüfe erneut. Erkläre die Beobachtungen.
e Wiederhole die Schritte a–d mit einem anderen Salz.
f Stelle deine Ergebnisse in einer Tabelle zusammen.

4 Prüfung der Leitfähigkeit

Die Eigenschaften der Salze erklären

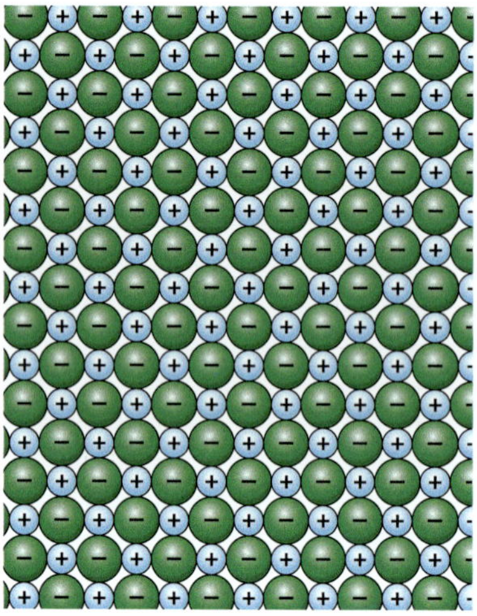

1 Festes Kochsalz

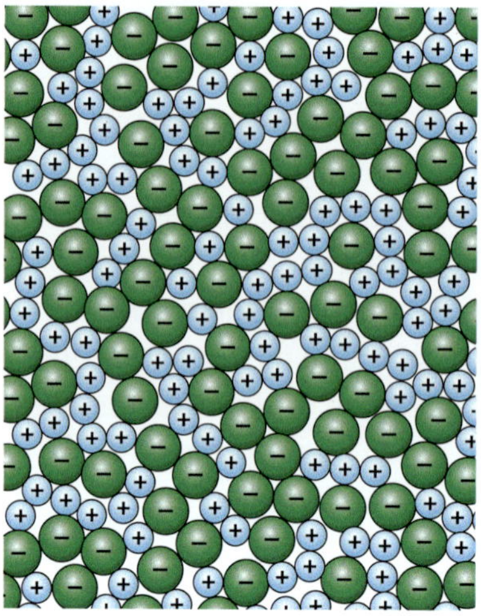

2 Geschmolzenes Kochsalz

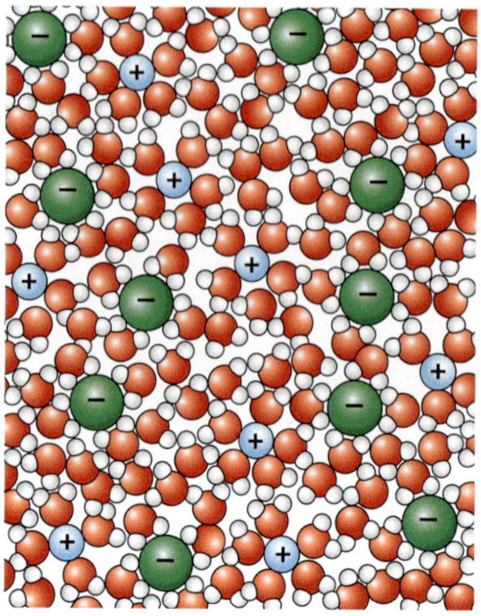

3 In Wasser gelöstes Kochsalz

Du weißt schon, dass Salze gemeinsame Eigenschaften haben. Alle diese Eigenschaften lassen sich mit dem Aufbau der Salze aus Ionen erklären.

Salze haben eine hohe Schmelztemperatur • Salze sind aus Ionengittern von positiven und negativen Ionen aufgebaut. Zwischen den unterschiedlich geladenen Ionen herrschen starke Anziehungskräfte. Um diese Anziehungskräfte zu überwinden, braucht man viel Energie in Form von Wärme. Die Folge: Die Schmelztemperaturen der Salze – und auch ihre Siedetemperaturen – sind sehr hoch.

Salze bilden Kristalle • Zwischen den positiven und negativen Ionen herrschen nach allen Seiten gleich starke Anziehungskräfte. Dadurch ordnen sich Ionen zu einem gleichmäßigen Ionengitter an. Es entsteht ein Kristall, also ein hartes Gebilde mit geraden Flächen, Ecken und Kanten.

Elektrische Leitfähigkeit • Damit ein Stoff den elektrischen Strom leitet, müssen bewegliche geladene Teilchen vorhanden sein. In einem Salzkristall sitzen aber alle Ionen fest in einem Gitter. → 1 Deshalb leiten Kristalle den elektrischen Strom nicht.
Wenn aber das Salz geschmolzen oder in Wasser gelöst ist, sind die Ionen beweglich. → 2 3
Deshalb leiten Salzschmelzen und Salzlösungen den elektrischen Strom.

Die Eigenschaften der Salze kann man mit dem Bau der Salze aus positiven und negativen Ionen erklären.

Aufgaben

1 ☐ Erkläre die typischen Eigenschaften der Salze.

2 ☒ Erkläre, warum Kochsalz erst bei 800 °C schmilzt.

Material A

Salze sind spröde

1 Erläutere, was mit „Sprödigkeit“ gemeint ist. → S. 228

2 Beschreibe Bild 4 und erkläre, warum Salze spröde sind. Was passiert, wenn man mit einem Hammer auf einen Salzkristall schlägt? Beachte dabei die Ladung der Ionen.

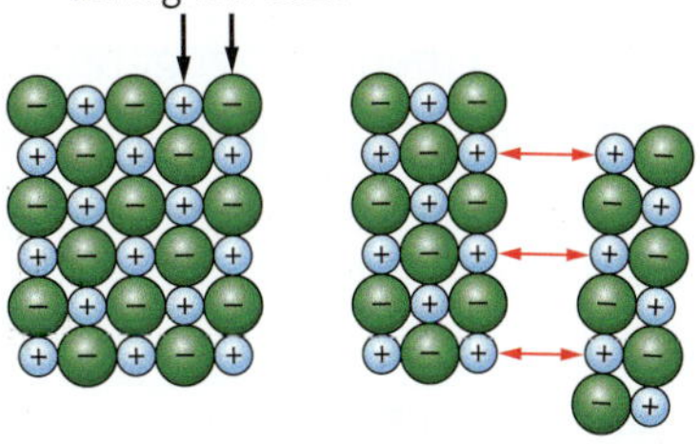

4 Spaltung eines Salzkristalls

Material B

Ionen wandern

Materialliste: Netzgerät, Kabel mit Klemmen, Graphitelektroden, Pipette, Filterpapier, Kaliumnitrat-Lösung, Kupferchlorid, Kaliumpermanganat

Baue den Versuch wie in Bild 5 auf. Tränke das Filterpapier mit Kaliumnitrat-Lösung. Gib jeweils einen Kristall Kupferchlorid und Kaliumpermanganat auf die Startlinie. Lege dann 20–25 V Gleichstrom an. Halte das Filterpapier durch Auftropfen von etwas Wasser ständig feucht.

1 Beschreibe deine Beobachtungen.

2 Erkläre, welche Ionen zu welchem Pol wandern. Erkläre auch, welche Ladung Permanganat-Ionen haben müssen.

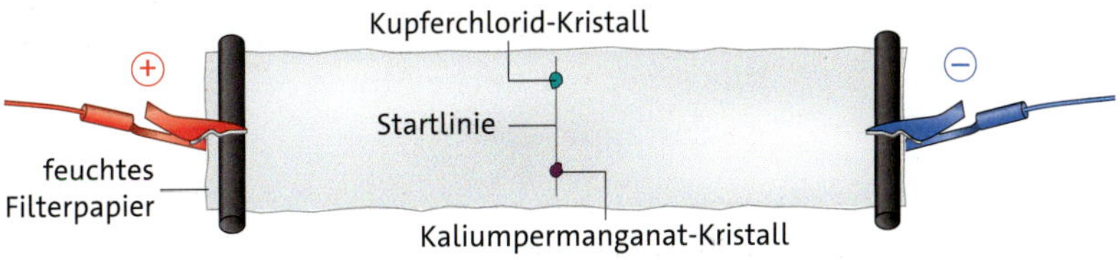

5 Ionen zwischen Plus- und Minuspol

Material C

Die Kristallbildung beobachten

Materialliste: Mikroskop, Teelöffel, Becherglas, Objektträger, Pipette, Kochsalz, Wasser

Löse einen Teelöffel Salz in 10 Teelöffeln heißem Wasser auf. Gib mit der Pipette 1 Tropfen Salzlösung auf den Objektträger. Mikroskopiere den Rand des Tropfens bei schwacher Vergrößerung. Wenn die ersten Kristalle erscheinen, kannst du auch bei mittlerer Vergrößerung mikroskopieren.

1 Beschreibe deine Beobachtungen. Fertige eine Skizze der Kochsalzkristalle an.

2 Beschreibe die Form der Kochsalzkristalle.

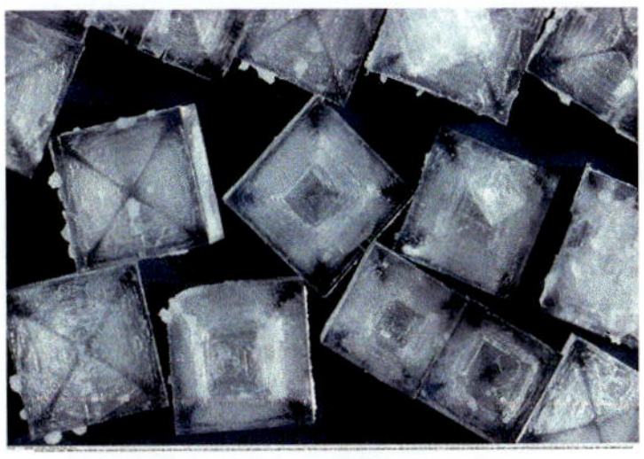

6 Kochsalzkristalle

3 Erkläre die Form der Kochsalzkristalle. Zeichne dazu ein Ionengitter eines Kochsalzkristalls.

Die Metallbindung

1 Aluminiumstäbe

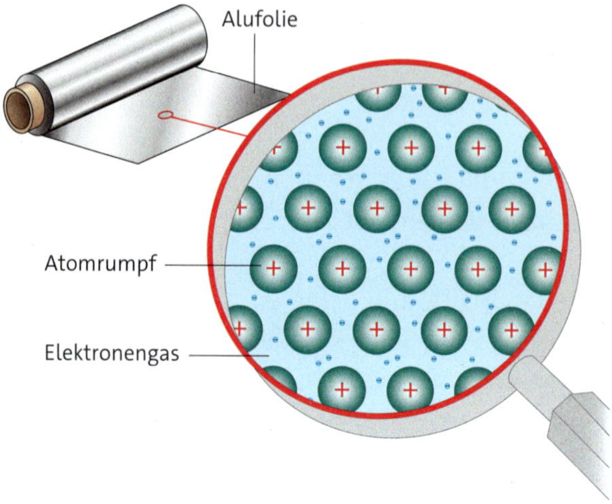

2 Aluminium unter der chemischen Lupe

Bei reinen Metallen sind nur Atome einer Sorte, z. B. nur Aluminium-Atome, miteinander verbunden. Wie erreichen solche Atome den Edelgaszustand?

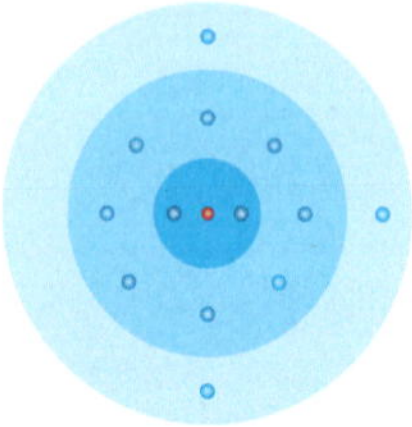

3 Aluminium im Schalenmodell

Ziemlich freie Außenelektronen • Die Außenelektronen der Metall-Atome werden nur schwach vom Kern angezogen. Sie können leicht ihren Aufenthaltsbereich verlassen. Anders als bei der Bildung von Ionen werden die äußeren Elektronen aber nicht an einen Reaktionspartner abgegeben.

4 Atomrumpf und Außenelektronen

Freie Elektronen • Da die Metall-Atome dicht gepackt aneinanderliegen, überschneiden sich die äußeren Schalen der Atome. Dadurch entstehen gemeinsame Aufenthaltsräume. Über diese hinweg können sich die Elektronen frei durch das Metall bewegen. → 2
Die Elektronen in diesen Bereichen bezeichnet man auch als Elektronengas. Die äußeren Elektronen sind also keinem Atom mehr fest zugeordnet. Man sagt: Sie sind delokalisiert.

Atomrumpf • Die inneren Elektronen werden vom Kern stärker angezogen und sind dadurch nicht frei beweglich. Gemeinsam mit dem Kern bilden sie den sogenannten Atomrumpf. Dieser ist aufgrund des Protonenüberschusses positiv geladen. → 4

Metallbindung • Das negative Elektronengas hält die positiven Atomrümpfe durch elektrostatische Anziehungskräfte zusammen.
Diese spezielle Form der Bindung innerhalb eines Metalls nennt man Metallbindung.

In Metallen werden positiv geladene Atomrümpfe von frei beweglichen Elektronen zusammengehalten. Diese Form der Bindung nennt man Metallbindung.

das Metallgitter
das Elektronengas
der Atomrumpf
die Metallbindung

Der Bau bestimmt die Eigenschaften. Die frei beweglichen Elektronen erklären die besonderen Eigenschaften der Metalle:

Verformbarkeit • Die Verformbarkeit der Metalle beruht darauf, dass die im Metallgitter angeordneten Atomrümpfe aneinander vorbeigleiten können. Dabei bleiben sie ständig von Elektronen umgeben und werden auch in ihrer neuen Position fest zusammengehalten. → 5

Elektrische Leitfähigkeit • Im Gegensatz zu den Salzen verfügen Metalle auch im festen Zustand über bewegliche Elektronen. Dadurch können die Elektronen bei einem geschlossenen Stromkreis ungehindert durch das Metall fließen. → 6

Wärmeleitfähigkeit • Wenn man ein Metall erhitzt, wird sowohl dem Atomrumpf als auch den freien Elektronen Energie zugeführt: Die Atomrümpfe schwingen stärker und stoßen die benachbarten Atomrümpfe an. So wird die Wärmeenergie über das ganze Metall weitergegeben.
Auch die freien Elektronen nehmen an der Wärmeleitung teil. Sie nehmen die Energie in Form von zusätzlicher Bewegungsenergie auf und verteilen sie so über das Metall.

Die Eigenschaften der Metalle lassen sich mit frei beweglichen Elektronen und positiv geladenen Atomrümpfen erklären.

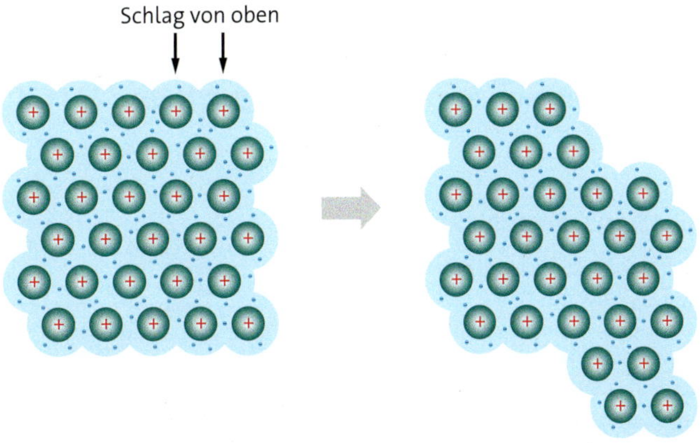

5 Metallkristalle lassen sich bei Druck verbiegen.

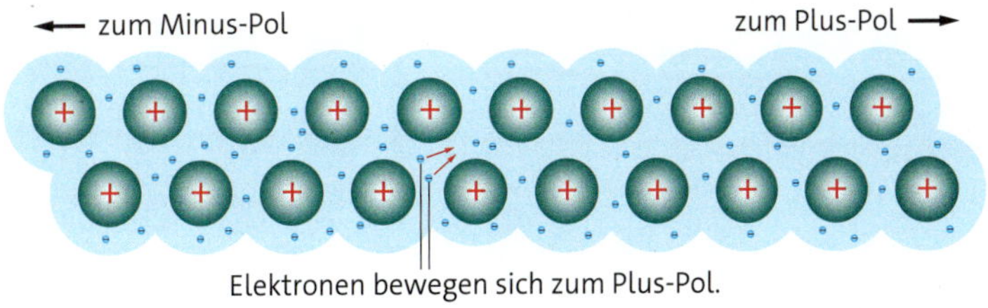

6 Stromfluss in einem Metall bei angelegter Spannung

Aufgaben

1 Stelle Lithium und Natrium wie in Bild 4 mit Atomrumpf und Außenelektronen dar.

2 Zeichne einen Ausschnitt eines Metallgitters von Magnesium. → 2

3 Vergleiche anhand von Bild 5 die Verformbarkeit der Metalle mit der Verformbarkeit der Salze.

4 Begründe, warum Metalle im Gegensatz zu Salzen den elektrischen Strom auch im festen Zustand leiten.

Die Metallbindung

Material A

Metalle lassen sich leicht verbiegen

Im Bild unten siehst du, wie gut ein Metalldraht verarbeitet werden kann. → 1

1 Verarbeitung von Draht zu Schmuck

1 ☒ Nenne die Eigenschaft der Metalle, die diese Verarbeitung ermöglicht, ohne dass der Draht bricht oder beschädigt wird.

2 ☒ Erkläre diese Eigenschaft durch den Aufbau der Metalle. Warum bleibt der Zusammenhalt der Atome im Draht beim Biegen erhalten?

3 ☒ Begründe, warum beim Erhitzen die Biegsamkeit noch erhöht wird.

Material B

Warum leiten Metalle den Strom so gut?

2

Mit folgendem Experiment könnt ihr diese Frage beantworten:
10–15 Schülerinnen und Schüler eurer Klasse stellen sich mit gleichem Abstand in eine Reihe. Es wird nun so schnell wie möglich ein Stift vom ersten links zum letzten rechts durch die Reihe gegeben. Messt die Zeit, bis der Stift beim letzten angekommen ist.
In einem zweiten Versuch bekommt jeder der Teilnehmer einen Stift in die linke Hand. Alle Beteiligten geben ihren Stift nach rechts weiter. Stoppt wieder die benötigte Zeit, bis der letzte einen Stift in der rechten Hand hat.

1 ☒ Erkläre die unterschiedlichen Ergebnisse in den Versuchen.

2 ☒ Gib an, für was die Stifte in dem Versuch stehen.

3 ☒ Begründe, welcher der beiden Versuche den Aufbau der Metalle besser wiedergibt.

4 ☒ Erkläre mit diesem Versuch die gute Leitfähigkeit der Metalle. Verwende Fachbegriffe.

Material C

Elektronen werden gebremst

Materialliste: Messgerät (A), Gleichspannungsquelle (2 V), 4 Kabel, 2 Isolatoren, Glühlampe mit Fassung, 3 Stück Kupferdraht (ca. 1 mm Durchmesser)

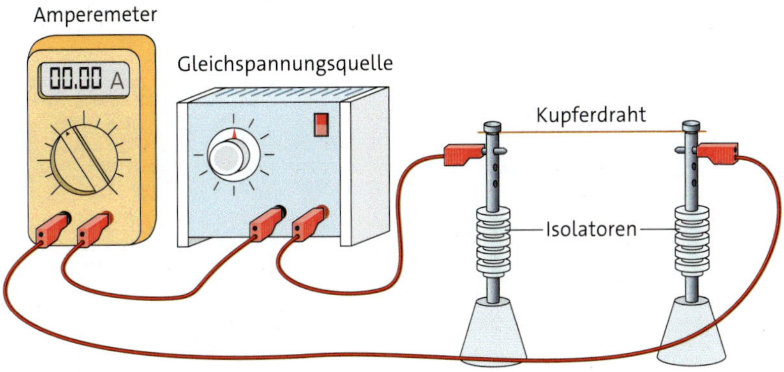

3 Leitfähigkeitsmessung

Baue den Versuch wie in Bild 3 auf. Gib in den Stromkreis:
- Kupferdraht, der mindestens eine Stunde im Gefrierfach war
- Kupferdraht mit Zimmertemperatur

Halte dann ein Feuerzeug unter den zweiten Draht und beobachte weiter.

1 ◪ Protokolliere deine Beobachtungen und formuliere ein Ergebnis.

2 ⊠ Erkläre die Veränderung der Leitfähigkeit.

Material D

Wie „Sand im Getriebe“

Um bei metallischen Werkstoffen eine größere Härte zu erreichen, werden andere Stoffe beigemischt.

1 Betrachte die Bilder 4 und 5:

a ◪ Beschreibe, was passiert, wenn bei einem reinen Metall Druck ausgeübt wird. → 4

b ⊠ In Bild 5 wurde dem Metall ein Fremdatomrumpf zugefügt. Erkläre mithilfe von Bild 5 die Zunahme der Härte bei gleichzeitiger Abnahme der Verformbarkeit.

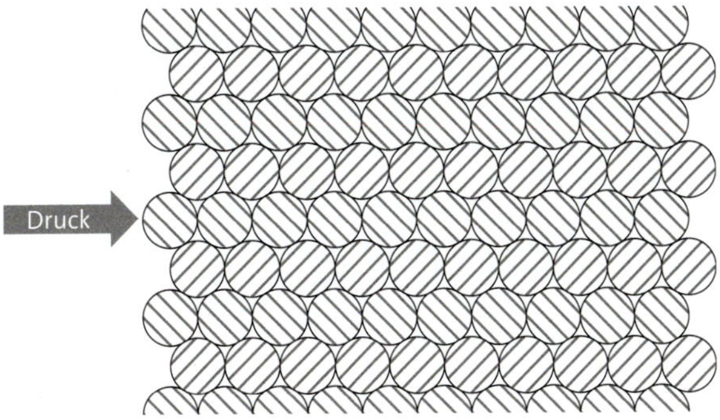

4 Reines Metall (im Kugelmodell)

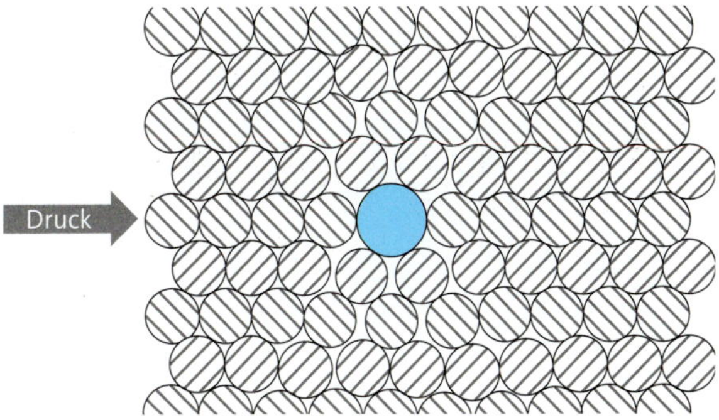

5 Metall mit einem Fremdatom (im Kugelmodell)

Bindungsarten

Zusammenfassung

Bindungen • Grundantrieb der Atome bei Bindungen ist es immer, den Edelgaszustand zu erreichen. Dieser ist dann erreicht, wenn die äußerste Elektronenschale voll besetzt ist.

Es gibt drei Arten von Bindungen, durch die dieser Zustand zu erreichen ist:
- Elektronenpaarbindung
- Ionenbindung
- Metallbindung

	Elektronenpaarbindung	**Ionenbindung**	**Metallbindung**
Modell	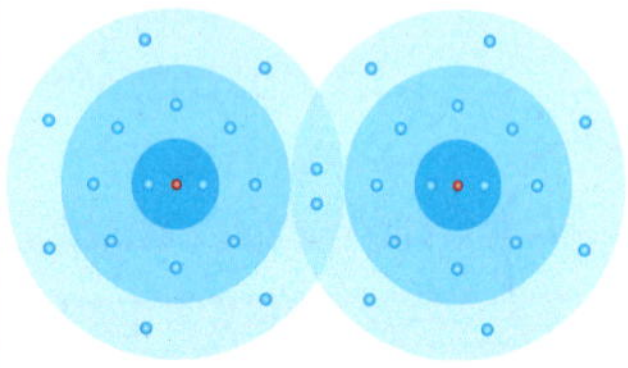	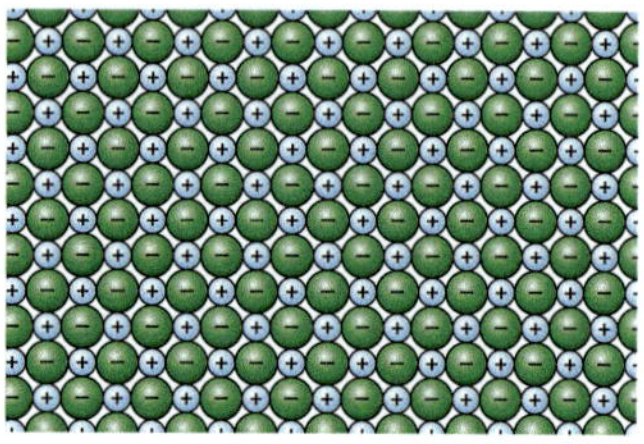	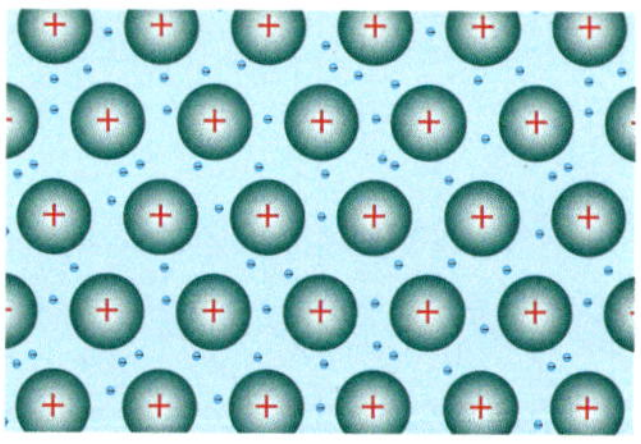
Entstehung	Beide Atome geben jeweils ein Elektron in die gemeinsame Bindung. Dieses Elektronenpaar gehört dann zu beiden Atomkernen. Ein Atom kann bis zu vier solcher Elektronenpaarbindungen eingehen – entweder mit verschiedenen „Partnern“ oder auch bis zu drei Bindungen mit einem „Partner“.	Es kommt vor, dass einem Atom genauso viele Elektronen zum Edelgaszustand fehlen, wie ein Reaktionspartner zu viel zum Edelgaszustand hat. So ein Fall liegt bei Natrium und Chlor vor. Hier gibt das Natrium-Atom ein Elektron an das Chlor-Atom ab. Dadurch entstehen Ionen: positiv geladene Natrium-Teilchen und negativ geladene Chlor-Teilchen. Die unterschiedlich geladenen Ionen ziehen sich an und sind dadurch miteinander verbunden.	Die Metall-Atome ordnen sich in einem dreidimensionalen Gitter an. Dabei geben die Atome jeweils sämtliche Außenelektronen ab. Diese bilden ein sogenanntes Elektronengas, das sich zwischen den Atomen ausbreitet. Die Anziehung der positiv geladenen Atomrümpfe zu den Elektronen im Elektronengas sorgt für den stabilen Zusammenhalt.
Teilchen	Moleküle aus zwei oder mehreren Atomen	positiv und negativ geladene Ionen, die ein Ionengitter bilden	positiv geladene Atomrümpfe und frei bewegliche Elektronen
Beispiele	Wasserstoff, Sauerstoff, Chlor, Wasser, Fluorwasserstoff	Natriumchlorid, Kaliumchlorid, Magnesiumchlorid, Aluminiumoxid	Eisen, Kupfer, Silber, Natrium

1 Übersicht der Bindungsarten

Teste dich! (Lösungen im Anhang)

Elektronenpaarbindung

1 ☒ Erkläre, wie zwei Wasserstoff-Atome durch eine Elektronenpaarbindung den Edelgaszustand erreichen.

2 ☒ Erläutere, wie die Atome eines Moleküls mithilfe einer Elektronenpaarbindung zusammenhalten.

3 ☒ Erkläre am Beispiel von O_2 und N_2, warum manche Atome Doppel- oder Dreifachbindungen eingehen.

4 ☒ Gib folgende Moleküle in Lewis-Schreibweise mit allen Außenelektronen an: H_2O, F_2, HBr, CO_2, C_2H_2.

Ionenbindung

5 ☒ Erläutere, wie bei einer Ionenbindung die beteiligten Atome/Ionen die Edelgasregel erfüllen.

6 ☒ Warum sind die Ionen von Elementen der V. bis VII. Hauptgruppe immer negativ geladen? Erkläre.

7 ☒ Benenne folgende Salze: CaF_2, NaI, KBr, $MgCl_2$.

8 ☒ Übertrage die Tabelle in dein Heft und ergänze die Lücken. → 2

Metallbindung

9 ☒ Wie erreichen Aluminium-Atome in einem Aluminiumstab den Edelgaszustand? Erkläre.

Summenformel	Beteiligte Ionen	Name der Ionenverbindung
$MgCl_2$	Mg^{2+} und Cl^-	Magnesiumchlorid
NaBr	?	Natriumbromid
?	K^+ und O^{2-}	Kaliumoxid
KCl	?	?
?	Ca^{2+} und Br^-	?
?	?	Magnesiumoxid
?	?	Aluminiumchlorid

2 Formeln und Namen von Ionenverbindungen

3 Metalle sind gute Wärmeleiter.

10 ☒ Beschreibe den Zusammenhalt der Metall-Atome.

11 ☒ Erkläre, was „delokalisierte" Elektronen sind.

12 ☒ Metalle sind nicht spröde, sondern lassen sich verformen. Beschreibe, was beim Verformen eines Metalls geschieht.

13 ☒ Erkläre, warum Metalle gute Wärmeleiter sind.

Elektrische Energie und chemische Prozesse

Moderne Kommunikation und die Internetnutzung basieren auf einer zuverlässigen und leistungsstarken Technik mit Stromspeichern. Nur so reißt der Datenstrom nicht ab.

Batterien dienen der mobilen Energieversorgung. Welche Batterien gibt es und wie funktioniert eine Batterie?

Benzin und Diesel haben in naher Zukunft ausgedient. Umwelt und Klima sollen auf Dauer nicht weiter belastet werden und auch die Erdölvorräte sind nur begrenzt. Was ist der Antrieb der Zukunft?

Elektronenübertragung

1 Reaktion von Magnesium mit Kupferoxid

Silbergraues Magnesium reagiert mit schwarzem Kupferoxid. Was genau passiert dabei eigentlich?

Blick auf die Stoffe • Zu erkennen sind die typischen Merkmale für eine chemische Reaktion. Ein heller Blitz weist darauf hin, dass Energie umgesetzt wurde. Deutlich sichtbare Spuren eines rotbraunen Feststoffs zeigen, dass ein neuer Stoff mit anderen Eigenschaften entstanden ist.

Magnesium	+	Kupferoxid	→	Magnesiumoxid	+	Kupfer
Mg	+	CuO	→	MgO	+	Cu

2

Kupfer-Ion	+	Elektronen	→	Kupfer
Cu^{2+}	+	$2\,e^-$	→	Cu

3 Elektronenaufnahme – eine Reduktion

Magnesium	→	Magnesium-Ion	+	Elektronen
Mg	→	Mg^{2+}	+	$2\,e^-$

4 Elektronenabgabe – eine Oxidation

Blick auf die Teilchen • Magnesium ist ein Element. Es besteht aus Magnesium-Atomen. Kupferoxid ist eine Ionenverbindung aus den Elementen Kupfer und Sauerstoff. Zweifach positiv geladene Kupfer-Kationen und zweifach negativ geladene Sauerstoff-Anionen bilden dabei ein Ionengitter. Bei dem im Verlauf der Reaktion entstandenen rotbraunen Feststoff handelt es sich um elementares Kupfer. Die Kupfer-Kationen haben zwei Elektronen aufgenommen. → 3 Diese stammen von den Magnesium-Atomen. → 4 Die so entstandenen zweifach positiv geladenen Magnesium-Kationen bilden mit den noch immer unverändert vorliegenden Sauerstoff-Anionen ein neues Ionengitter. Die Ionenverbindung Magnesiumoxid ist entstanden. → 2

Reduktion – Elektronenaufnahme • Im Verlauf der Reaktion haben Kupfer-Ionen Elektronen aufgenommen. Eine Elektronenaufnahme wird als Reduktion bezeichnet. Die Kupfer-Ionen wurden zu Kupfer-Atomen reduziert.

Oxidation – Elektronenabgabe • Im Verlauf der Reaktion haben Magnesium-Atome Elektronen abgegeben. Eine Elektronenabgabe wird als Oxidation bezeichnet. Die Magnesium-Atome wurden zu Magnesium-Ionen oxidiert.

Redoxreaktion • Elektronenabgabe und -aufnahme laufen stets gekoppelt ab. Man bezeichnet solche Elektronenübertragungsreaktionen daher als Redoxreaktionen.

der Elektronenakzeptor
der Elektronendonator

Donator-Akzeptor-Prinzip • Wird ein Zinkblech in eine Kupfersulfat-Lösung getaucht, so bildet sich auf dem Blech nach einiger Zeit ein rotbrauner Feststoff. Die blaue Farbe der Kupfersulfat-Lösung verblasst. → 5 Auch hier findet eine Elektronenübertragung statt. Wieder nehmen die Kupfer-Ionen Elektronen auf. Die Kupfer-Ionen werden als Elektronenakzeptoren (lat. accipere: annehmen) bezeichnet. Auf der Oberfläche des Blechs werden sie zu Kupfer-Atomen reduziert. Die Zink-Atome geben Elektronen ab und gehen als Zink-Ionen in Lösung. Sie werden als Elektronendonatoren (lat. donare: geben) bezeichnet.

5 Zinkblech in Kupfersulfat-Lösung

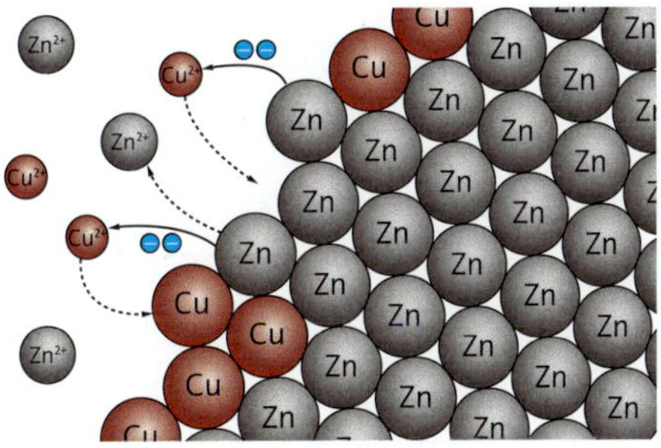

6 Eintauchen eines Zinkblechs in Kupfersulfat-Lösung im Modell

Edel oder unedel • Metall-Atome verschiedener Metalle unterscheiden sich in ihrem Bestreben, Elektronen abzugeben. Je größer das Bestreben zur Elektronenabgabe ist, desto unedler ist das Metall. Die beiden Versuche zeigen, dass Magnesium und Zink unedler sind als Kupfer.

Begriff im Wandel der Zeit • Früher wurden Redoxreaktionen über die Aufnahme bzw. die Abgabe von Sauerstoff definiert. Heute werden Redoxreaktionen über die Abgabe bzw. Aufnahme von Elektronen erklärt.

Bei der Oxidation werden Elektronen abgegeben, bei der Reduktion werden Elektronen aufgenommen. Je unedler das Metall, desto größer ist das Bestreben, Elektronen abzugeben.

Aufgaben

1 Gib an, was man unter Oxidation und Reduktion versteht.

2 Erkläre, warum Oxidation und Reduktion immer gekoppelt ablaufen.

3 Erkläre die Begriffe Elektronenakzeptor und Elektronendonator am Beispiel der Reaktion von Magnesium mit Kupferoxid.

4 Entwickle die Reaktionsgleichungen für die Oxidation und die Reduktion zu dem in Bild 5 dargestellten Versuch.

Elektronenübertagung

Material A

Mir fehlen die Worte – oder auch nicht!

Wird ein Gemisch aus Magnesiumpulver und Kupferoxid mithilfe eines Gasbrenners entzündet, so nehmen die im Kupfer enthaltenen **(A)** zwei Elektronen auf. Es bilden sich Kupfer-Atome.
Die **(B)** stammen von den Magnesium-Atomen. Aus den **(C)** bilden sich durch **(D)** von jeweils zwei Elektronen zweifach **(E)** geladene Magnesium-Kationen. Diese Magnesium-Kationen bilden mit **(F)** ein Ionengitter.
Bei einer Oxidation werden Elektronen **(G)**, bei einer Reduktion Elektronen **(H)**. Das gleichzeitige Ablaufen von Oxidation und Reduktion bezeichnet man als **(I)**.

1 Übertrage den Lückentext in dein Heft und ergänze die Lücken (A)–(F) mithilfe der vorgegebenen Begriffe.

positiv, abgegeben, Kupfer-Kationen, Abgabe, Redoxreaktion, Magnesium-Atome, Elektronen, aufgenommen, Sauerstoff-Anionen

Material B

Die Redoxreihe der Metalle

Wird ein Zinkblech in eine Kupfersalz-Lösung getaucht, dann überzieht sich das Zink mit Kupfer. Die blaue Kupfersulfat-Lösung entfärbt sich. Wird aber ein Kupferblech in eine Zinksulfat-Lösung getaucht, dann ist keine Reaktion zu beobachten. Das liegt daran, dass Zink unedler als Kupfer ist.
Zink-Atome geben leicht Elektronen ab. Sie sind leicht oxidierbar.
Sortiert man die Metalle nach ihrer Oxidierbarkeit erhält man die Redoxreihe der Metalle. → 1

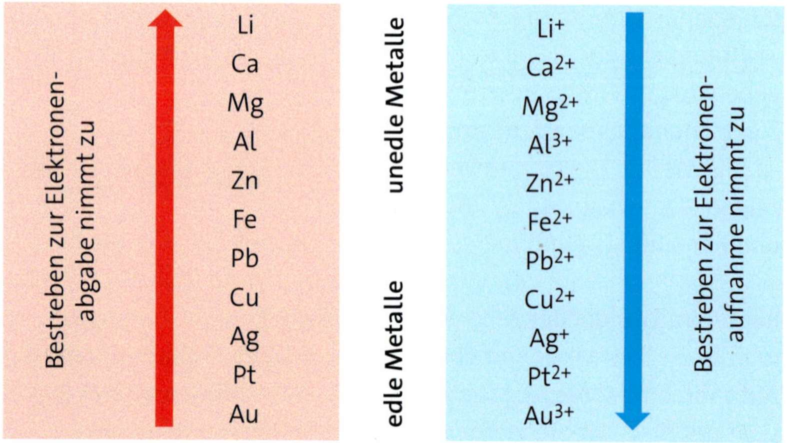

1 Redoxreihe der Metalle

1 Betrachte Bild 1:

a Begründe, warum Magnesium-Atome leicht Elektronen an Kupfer-Kationen abgeben.

b Gib an, an welche Metall-Ionen Kupfer-Atome Elektronen abgeben können.

c Gib an, von welchen Metall-Atomen Aluminium-Ionen Elektronen aufnehmen können.

d Formuliere eigene Aufgaben und tausche sie mit deinem Nachbarn aus.

Material C

Lehrerversuch: Magnesium und Kupferoxid

Materialliste: Gasbrenner, feuerfeste Unterlage, Magnesiumpulver, Kupfer(II)oxid, Spatel

Achtung • Versuch im Abzug durchführen! Nicht direkt in die Flamme schauen!

1 Der Versuch wird nach der Anleitung durchgeführt. → 2

2 Beschreibe die Ausgangsstoffe und die Produkte der Reaktion.

3 Notiere die Reaktionsgleichung und erläutere die Reaktion.

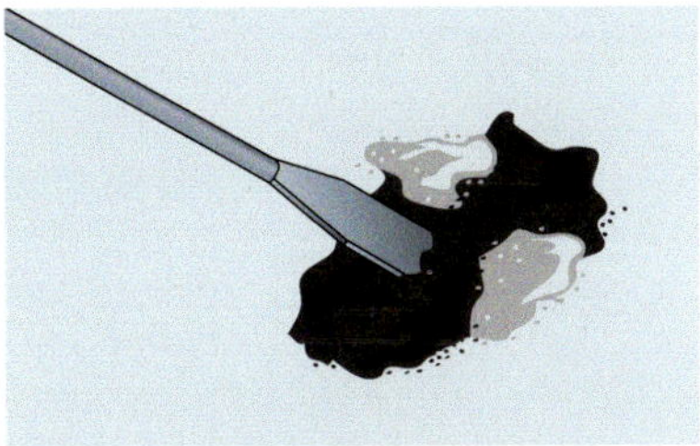

2 ① 0,3 g Magnesiumpulver und 1 g Kupfer(II)oxidpulver werden auf einer feuerfesten Unterlage vermischt.
② Das Feststoffgemisch wird zu einer Strecke ausgezogen. Die Pulverlinie wird an einem Ende mit dem Brenner entzündet.

Material D

Metalle testen

Materialliste: 3 × 3 Bechergläser, jeweils 3 Blechstreifen von Kupfer, Zink und Silber, Schmirgelpapier, Zinkchlorid, Kupfersulfat und Silbernitrat

Deine Lehrkraft hat für dich in Bechergläsern dreimal jeweils die folgenden drei Lösungen vorbereitet: 5%ige Lösungen von Zinkchlorid, Kupfersulfat und Silbernitrat

1 Reinige die Oberflächen der Blechstreifen mithilfe des Schmirgelpapiers.

2 Tauche in die erste Reihe der Bechergläser jeweils einen Kupferblechstreifen, in die zweite einen Zinkblechstreifen und in die dritte einen Silberblechstreifen.

3 Beobachte die drei Versuchsreihen einige Minuten.

4 Fertige eine Tabelle an, aus der ersichtlich wird, welche Metalle und welche Lösungen miteinander reagieren und welche nicht.

5 Erkläre die Beobachtungsergebnisse anhand der Redoxreihe der Metalle.

3 Zinkchloridlösung Kupfersulfatlösung Silbernitratlösung

Vom Froschschenkel zur Batterie

1 Luigi Galvani (1737–1798)

2 Alessandro Volta (1745–1827)

3 Batterien heute

Noch vor weniger als 250 Jahren war elektrische Energie im Alltag der Menschen nicht vorhanden. Heute ist kaum noch jemand ohne kleine elektrische Energiespeicher unterwegs. Was haben Luigi Galvani und Alessandro Volta zu dieser Entwicklung beigetragen?

Vom Froschschenkel • Der italienische Professor der Anatomie und Medizin Luigi Galvani machte im Jahr 1780 durch Zufall eine interessante Entdeckung: Ein Froschschenkelnerv löste Muskelzuckungen aus, als er mit Instrumenten aus Kupfer und Eisen bearbeitet wurde. Galvani selbst konnte dies nicht erklären.

Über eine Säule • Der Physikprofessor Alessandro Volta (Italien) erfuhr 1792 von den „Froschversuchen", forschte ebenfalls und baute im Jahr 1800 die Voltasäule. → 4 Mehrere Kupfer- und Zinkplatten waren in Schichten abwechselnd übereinandergelegt. → 5 Dazwischen lagen mit Salzlösung oder Säure angefeuchtete Textilstücke. An die oberste Zinkplatte und die unterste Kupferplatte montierte er jeweils einen Draht. Nachdem die Drähte zu einem Kreislauf geschlossen wurden, floss ein elektrischer Strom.

Zur heutigen Batterie • Heute gibt es Batterien in den unterschiedlichsten Größen und Formen. → 3 Sehr kleine Batterien, sogenannte Knopfzellen,

4 Historischer Nachbau der Voltasäule

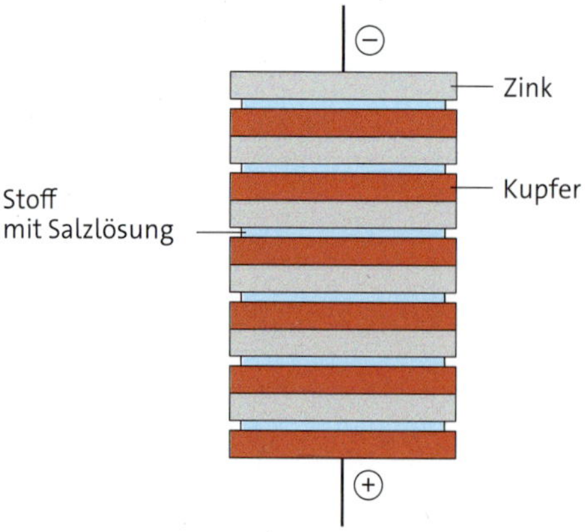

5 Voltasäule (Schema)

die Voltasäule
die Batterie

werden beispielsweise in Uhren oder Hörgeräten eingesetzt. 9-Volt-Block-Batterien sind deutlich größer. → 6 Sie werden z. B. in Rauchmeldern eingesetzt. Im Innern einer 9-Volt-Blockbatterie sind, ähnlich wie bei einer Voltasäule, sechs Einzelbatterien kombiniert. → 7 So ergibt sich die typische Quaderform.

Batterien – genauer betrachtet •
Batterien aus dem Supermarkt haben trotz großer äußerlicher Unterschiede wichtige Gemeinsamkeiten:

- Alle Batterien besitzen zwei Pole: einen Plus- und einen Minuspol.
- Werden diese Pole leitend ohne Verbraucher verbunden, entsteht ein kurzgeschlossener Stromkreis. Die Batterie leert sich dann schnell und wird heiß.
- In einer zerlegten Batterie lassen sich immer zwei Bereiche unterscheiden, die (meistens) durch ein feuchtes Papier- oder Textilstück voneinander abgetrennt werden. Dort laufen Oxidation und Reduktion getrennt voneinander ab.
- Bei undichtem Gehäuse kann austretende Feuchtigkeit das elektrische Gerät beschädigen oder zerstören.
- In einer Batterie wird chemische Energie in elektrische Energie umgewandelt.

Je nach Einsatzort unterscheiden sich Batterien in Größe und Form. Der innere Aufbau ist aber bei allen Batterien sehr ähnlich. In allen Batterien laufen Redoxreaktionen ab.

1,5-Volt-Rundzellen	9-Volt-Blockbatterie	4,5-Volt-Flachbatterie

6 Die Vielfalt der Batterien

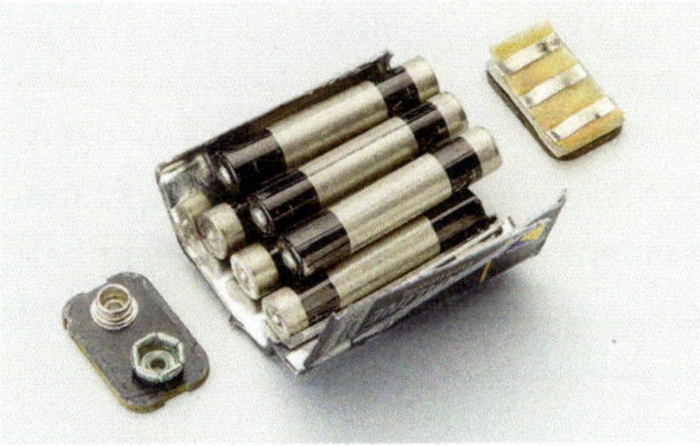

7 Zerlegte 9-Volt Blockbatterie

Aufgaben

1 Batterien und ihr Einsatz:
a Nenne mindestens zwei Batterietypen.
b Ergänze zu jedem Batterietyp zwei Einsatzmöglichkeiten.

2 Begründe, warum in einer Batterie der Ort der Oxidation und der Ort der Reduktion voneinander getrennt werden müssen.

3 Begründe, warum für den Bau einer Voltasäule 5-Cent- und 10-Cent-Münzen, nicht aber 10-Cent- und 20-Cent-Münzen verwendet werden können.

Vom Froschschenkel zur Batterie

Material A

Die etwas andere Batterie

Materialliste: Zitrone, Kupfernagel, Zinknagel, Kabel, Krokodilklemmen, Spannungsmessgerät, Elektromotor

1 Stecke in die Zitrone einen Kupfernagel und an einer anderen Stelle einen Zinknagel. Die Nägel dürfen sich in der Frucht nicht berühren. Verbinde dann die beiden Nägel über zwei Kabel mit einem Spannungsmessgerät.

2 Notiere den vom Spannungsmessgerät angezeigten Wert.

3 Überprüfe, ob du mit deiner Batterie auch einen Elektromotor betreiben kannst.

4 Gib an, wo bei deiner Batterie die beiden Pole sind.

5 Begründe, warum sich die beiden Nägel innerhalb der Zitrone nicht berühren dürfen.

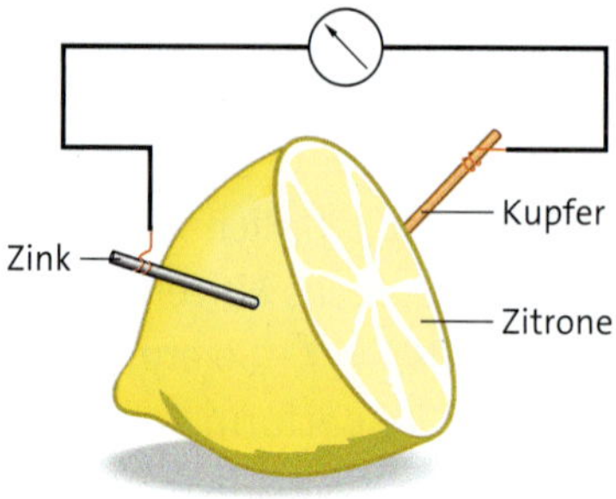

1 Aufbau der Zitronenbatterie

6 Begründe, warum die im Zitronensaft enthaltenen Ionen eine Voraussetzung für das Funktionieren der Batterie sind.

Material B

Knopfzellen im Vergleich

Knopfzellen erhielten ihren Namen durch die typische Bauform, die in Größe und Form einem Knopf ähnelt. Je nach eingesetztem Material unterscheidet man zwischen verschiedenen Typen:

- Lithium-Knopfzellen zeichnen sich durch ihre besonders hohe Lebensdauer und ihre Unempfindlichkeit gegenüber Temperaturschwankungen aus.
- Silberoxid-Knopfzellen können nicht auslaufen. Allerdings ist es kaum möglich, Silberoxid-Knopfzellen ohne einen gewissen Anteil an giftigem Quecksilber herzustellen.
- Alkali-Mangan-Knopfzellen sind vergleichsweise preiswert. Allerdings können diese Knopfzellen unter ungünstigen Bedingungen auch mal auslaufen.
- Zink-Luft-Knopfzellen besitzen eine besonders hohe Energiedichte. Zum Betreiben der Batterie ist allerdings immer der Sauerstoff aus der Luft nötig.

2

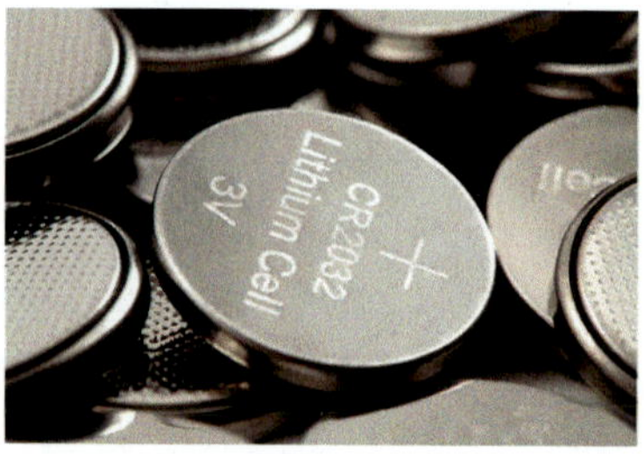

3 Lithium-Knopfzellen

1 Lies den Text. → 2

a Gib an, für welche Anwendung du welchen Knopfzellentyp einsetzen würdest: Spielzeug, LED-Taschenlampen, Armbanduhren, Herzschrittmacher, Computerplatinen, Hörgeräte.

b Begründe deine Zuordnung in Aufgabe 1a.

Das Daniell-Element

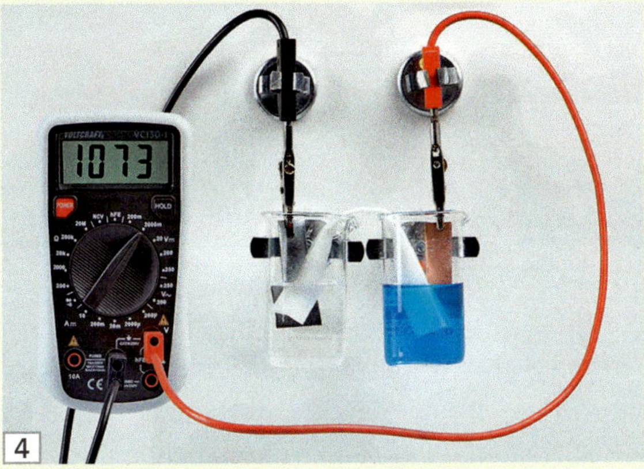

4

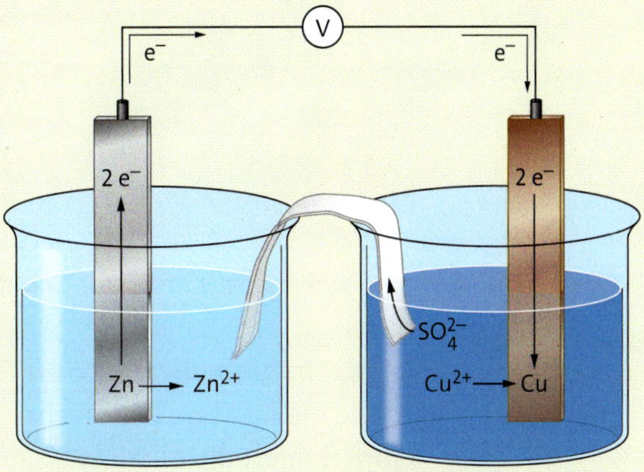

Eine einfache Batterie • Die erste technisch einsetzbare Batterie wurde 1835 von John Frederic Daniell entwickelt. Ihr Aufbau kann in etwas vereinfachter Form im Schullabor nachgestellt werden:
In einem Becherglas taucht ein Zinkblech in eine Zinksulfat-Lösung. In einem zweiten Becherglas taucht ein Kupferblech in eine Kupfersulfat-Lösung. → 4 Beide Lösungen werden durch ein in Kaliumnitrat-Lösung getränktes Filterpapier verbunden. Beim Betreiben der Batterie werden die beiden Metallbleche über Kabel miteinander verbunden.

Wie funktioniert diese Batterie? • Die Zink-Atome (Zn) aus dem Zinkblech geben jeweils zwei Elektronen ab. Es bilden sich zweifach positiv geladene Zink-Ionen (Zn^{2+}).

Zink-Atom	→	Zink-Ion	+	Elektronen
Zn	→	Zn^{2+}	+	$2\,e^-$

Die Elektronen wandern durch die Kabel zum Kupferblech. Die zweifach positiv geladenen Kupfer-Ionen (Cu^{2+}) aus der Kupfersulfat-Lösung nehmen die Elektronen auf. Am Kupferblech bilden sich Kupfer-Atome (Cu).

Kupfer-Ion	+	Elektronen	→	Kupfer-Atom
Cu^{2+}	+	$2\,e^-$	→	Cu

Das Filterpapier dient dazu, den elektrischen Stromkreis zu schließen. Sulfat-Ionen (SO_4^{2-}) wandern durch das Filterpapier aus der Kupfersulfat-Lösung in die Zinksulfat-Lösung und sorgen damit für einen Ladungsausgleich.

Aufgaben

1 ☒ Gib an, welche Teilchen Elektronendonatoren und welche Elektronenakzeptoren sind.

2 ☒ Begründe, welches der beiden verwendeten Metalle das edlere Metall ist.

Die Alkali-Mangan-Batterie

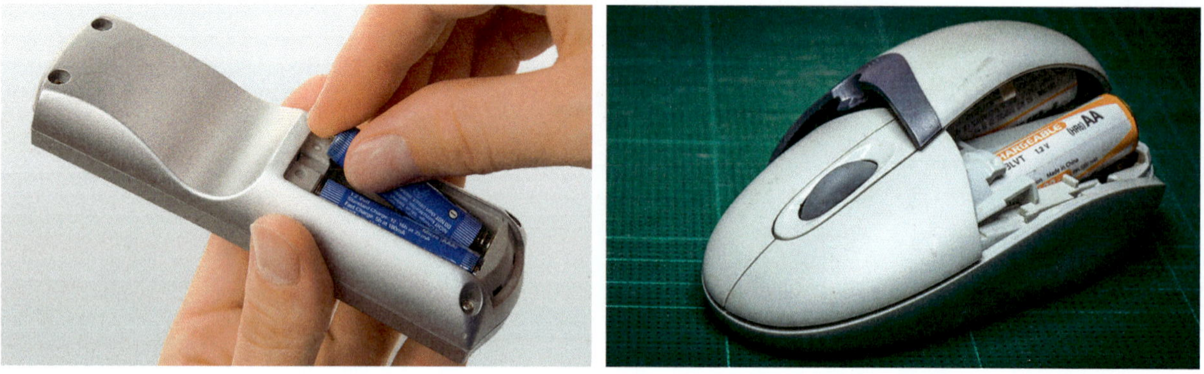

1 Fernbedienungen und Funkmäuse werden meist mit Alkali-Mangan-Batterien betrieben.

Egal, ob Fernbedienung oder Funkmaus, ohne die Alkaline läuft nichts. Wie funktioniert die Alkaline?

Blick auf die Stoffe • In einer Alkali-Mangan-Batterie, kurz auch Alkaline genannt, sind die Stoffe Zink und Mangandioxid enthalten. Bei der Reaktion zwischen diesen beiden Stoffen wird Energie frei. In der Batterie wird die Möglichkeit genutzt, die in Zink und Mangandioxid gespeicherte chemische Energie in elektrische Energie umzuwandeln.

Blick auf die Teilchen • Wird die Batterie in Betrieb genommen, so geben die in ihr enthaltenen Zink-Atome Elektronen ab. → 2 Diese wandern zum ebenfalls in der Batterie enthaltenen Mangandioxid. Sie werden von den darin enthaltenen Mangan-Ionen aufgenommen. → 3 Die Batterie ist so gebaut, dass die Elektronenabgabe und -aufnahme an räumlich getrennten Orten stattfinden. Die Trennung erfolgt durch eine Folie, die für Elektronen undurchlässig ist, einen sogenannten Separator. Die Elektronen können daher nur durch ein Kabel vom einen zum anderen Ort gelangen. So können elektrische Geräte betrieben werden.

$$\mathrm{Zn} \rightarrow \mathrm{Zn^{2+}} + 2\,\mathrm{e^-}$$

2 Elektronenabgabe

$$2\,\mathrm{Mn^{4+}} + 2\,\mathrm{e^-} \rightarrow 2\,\mathrm{Mn^{3+}}$$

3 Elektronenaufnahme

Die Alkali-Mangan-Batterie arbeitet nach dem Donator-Akzeptor-Prinzip. Zink-Atome geben Elektronen ab, Mangan-Ionen nehmen sie auf.

Aufgaben

1 Nenne die beiden Energieformen, die beim Benutzen der Alkali-Mangan-Batterie eine Rolle spielen.

2 Gib an, welche Teilchen beim Benutzen einer Alkaline Elektronendonatoren und welche Elektronenakzeptoren sind.

die Alkali-Mangan-Batterie
die Alkaline
der Separator

Material A

Die Lauge in der Alkaline

Der Name „Alkaline“ stammt von der Kalilauge in der Batterie. Kalilauge enthält Ionen. Diese Ionen schließen den Stromkreis und sorgen so dafür, dass Abgabe und Aufnahme von Elektronen überhaupt erst stattfinden können. Vor allem aus älteren Alkali-Mangan-Batterien kann die Kalilauge auslaufen. Es bildet sich eine weiße, ätzende Substanz. Gelangt diese in ein Elektrogerät, können Metallteile zerstört werden.

1 Nenne die Aufgabe und den Nachteil der Kalilauge in der Alkali-Mangan-Batterie.

2 Begründe, warum in der dargestellten Alkaline der Minuspol am unteren Ende der Batterie ist.

3 Erkläre die Bedeutung des Separators für die Batterie.

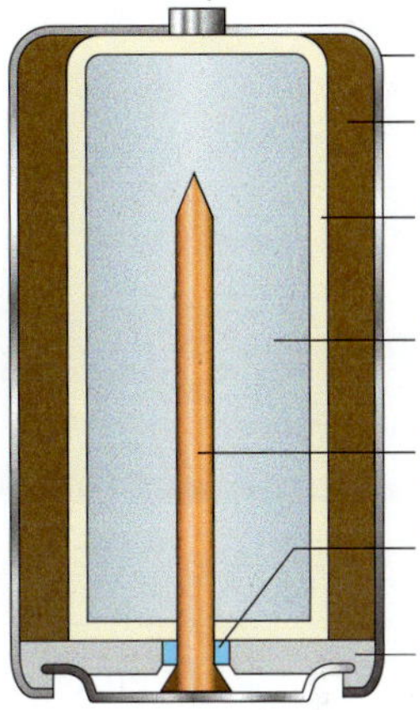

4 Querschnitt einer Alkaline-Batterie

Material B

Energie wird genutzt

Materialliste: Becherglas Kabel, Spannungsmessgerät, Wasser, Mangandioxid, Kohlestab, Zinkblech, Extraktionshülse, Kalilauge (2 %ig)

1 Rühre 7,5 g Mangandioxid mit Wasser zu einem zähflüssigen Brei an.

2 Fülle den Brei in eine Extraktionshülse und stecke einen Kohlestab hinein.

3 Wickle ein Zinkblech um die Hülse und stelle das Ganze in ein Becherglas, das zur Hälfte mit 2 %iger Kalilauge gefüllt ist. Das Zinkblech und der Kohlestab werden mithilfe von Kabeln über ein Spannungsmessgerät verbunden.

4 Notiere den Wert, den das Spannungsmessgerät anzeigt.

5 Gib an, welche Teilchen beim Benutzen einer Alkaline oxidiert und welche reduziert werden.

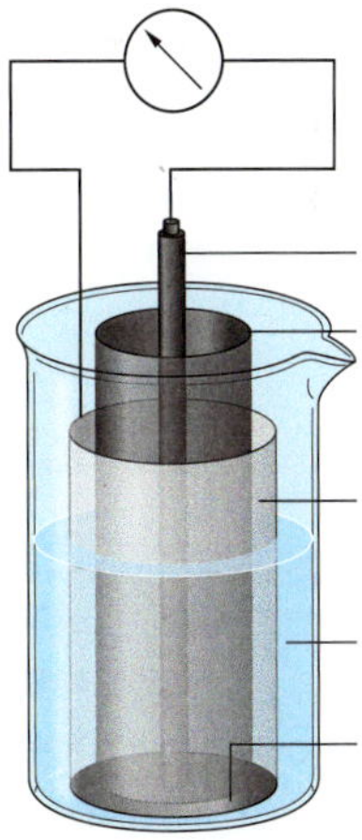

5 Selbst gebaute Alkaline

Die Zink-Luft-Batterie

1 Hörgerät mit Zink-Luft-Batterie

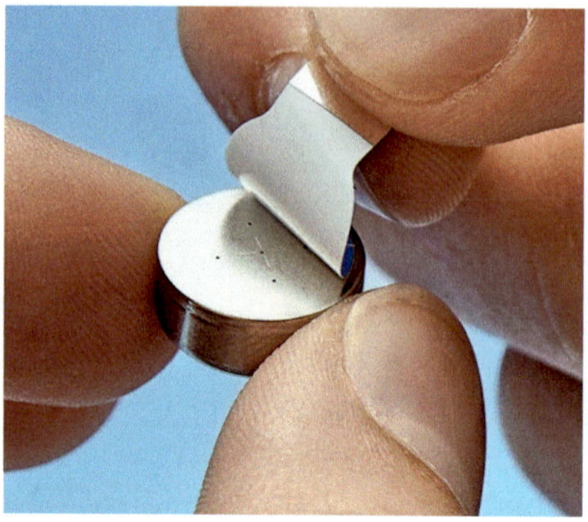

2 Zink-Luft-Batterie mit abziehbarer Folie

Es gibt moderne Hörgeräte, die nur ein paar Millimeter groß sind und kaum auffallen. Wo kommt die Energie her, mit der solche Geräte betrieben werden?

Blick auf die Stoffe • Bei der Reaktion zwischen Zink und Sauerstoff wird Energie freigesetzt und es bildet sich Zinkoxid. In Knopfzellen wird die in Zink und Sauerstoff gespeicherte chemische Energie in elektrische Energie umgewandelt. Zink ist bereits in der Knopfzelle enthalten. Der Sauerstoff stammt aus der Luft. Damit er in die Batterie gelangen kann, muss jede Zink-Luft-Batterie Luftlöcher besitzen. → 2

Blick auf die Teilchen • Im Laufe dieser Reaktion werden Elektronen von Zink-Atomen auf Sauerstoff-Atome übertragen. Es bilden sich Zink-Kationen und Sauerstoff-Anionen. → 3 4 Diese bilden zusammen Zinkoxid. Durch den entsprechenden Versuchsaufbau finden Elektronenabgabe und -aufnahme an räumlich getrennten Orten statt. Die Elektronen können dann nur durch ein Kabel vom einen zum anderen Ort gelangen. So kann z. B. ein Hörgerät betrieben werden.

$$2\,Zn \rightarrow 2\,Zn^{2+} + 4\,e^-$$

3 Elektronenabgabe

$$O_2 + 4\,e^- \rightarrow 2\,O^{2-}$$

4 Elektronenaufnahme

Die Zink-Luft-Batterie arbeitet nach dem Donator-Akzeptor-Prinzip. Zink-Atome geben Elektronen ab, Sauerstoff-Atome nehmen sie auf.

Aufgaben

1 Nenne Geräte, bei denen Batterien möglichst klein sein müssen.

2 Gib an, welche Teilchen beim Benutzen einer Zink-Luft-Batterie Elektronendonatoren und welche Elektronenakzeptoren sind.

Material A

Einblick nehmen

Hier kannst du die Bauteile einer Zink-Luft-Knopfzelle näher kennenlernen.

5 Geöffnete Zink-Luft-Knopfzelle

Materialliste: 2 Zink-Luft-Knopfzellen (ungebraucht und gebraucht), Spitzzange

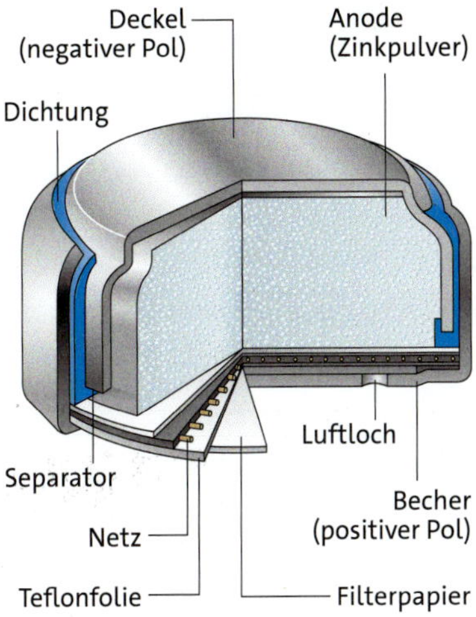

6 Aufbau der Zink-Luft-Knopfzelle

1 Bei beiden Knopfzellen wird der äußere Stahldeckel nach außen gebogen, sodass man die inneren Bestandteile entnehmen und getrennt betrachten kann. → 5

2 Lege die Einzelteile auf ein Blatt Papier und beschrifte sie mithilfe von Bild 6.

3 Gib an, warum Zink-Luft-Batterien auf kleinstem Raum besonders viel Energie speichern können.

4 Erkläre die Bedeutung des Separators für die Batterie.

Material B

Selbst gebaut

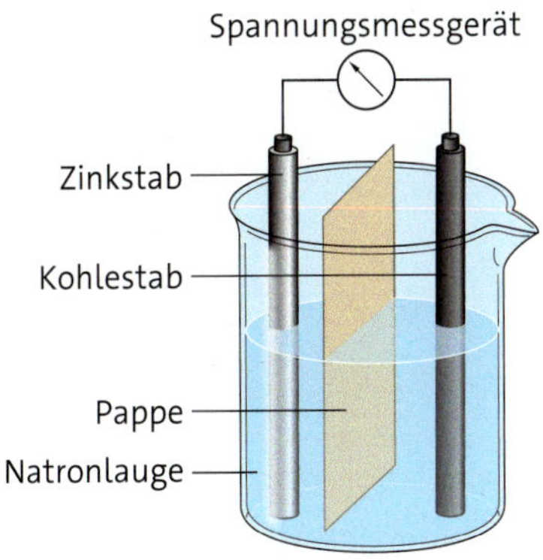

7 Versuchsaufbau

Materialliste: Becherglas (250 ml), Kabel, Zinkstab, Spannungsmessgerät, Kohlestab, Pappe, 10%ige Natronlauge

1 Halte einen Zink- und einen Kohlestab in ein Becherglas. → 7 Stelle ein Stück Pappe so in das Becherglas, dass sich Zink und Kohlestab nicht berühren.

2 Der Zink- und der Kohlestab werden mithilfe von zwei Kabeln über ein Spannungsmessgerät verbunden.

3 Beobachte, was nach Einfüllen von 150 ml der 10 %igen Natronlauge passiert.

4 Gib an, welche Teilchen beim Benutzen einer Zink-Luft-Batterie oxidiert und welche reduziert werden.

Akkumulatoren

1 Laden des Smartphones

2 Lithium-Ionen-Akku

Nur noch 5 Prozent – der Akku im Smartphone muss neu geladen werden. Was bedeutet das eigentlich?

Akku • Akku ist die Kurzbezeichnung für Akkumulator. Dabei handelt es sich um eine Batterie, die mithilfe eines geeigneten Ladegeräts wieder aufgeladen werden kann. → 1 Was dabei geschieht, soll am Beispiel eines Zink-Iod-Akkumulators erklärt werden.

Blick auf die Stoffe • In einem Zink-Iod-Akkumulator sind die Stoffe Zink und Iod enthalten. Beim Entladen reagieren diese Stoffe zu Zinkiodid. Dabei wird Energie frei. Das Besondere an einem Zink-Iod-Akkumulator ist, dass man diese Reaktion umkehren kann, wenn man Energie zuführt. Beim Laden entstehen daher aus Zinkiodid die Stoffe Zink und Iod.

Im Modellexperiment sieht der Ladevorgang des Zink-Iod-Akkus wie folgt aus: Zwei Kohlestäbe werden in eine Zinkiodid-Lösung eingetaucht und mit einem Netzgerät verbunden. → 3 Nach kurzer Zeit bildet sich am Minuspol Zink, ein grauer Feststoff. Zur gleichen Zeit bildet sich am Pluspol rotbraunes Iod. Das Iod sinkt auf den Boden. → 4

Blick auf die Teilchen • Beim Laden des Zink-Iod-Akkumulators wandern die Zink-Ionen (Zn^{2+}) zum Minuspol.

3 Wenn man eine Spannung an eine Zinkiodid-Lösung anlegt, ...

4 ... bilden sich Zink (silbern, links) und Iod (gelb, rechts).

der Akku(mulator)

Dort nehmen sie zwei Elektronen auf. Es bilden sich Zink-Atome. → 5 Gleichzeitig wandern die Iodid-Ionen (I^-) zum Pluspol. Zwei Iodid-Ionen geben jeweils ein Elektron ab und bilden ein Iodmolekül (I_2). → 6 Beim Entladen laufen diese beiden Redoxreaktionen in umgekehrter Richtung ab.

Energieformen • Beim Entladen eines Zink-Iod-Akkumulators wird ein Teil der in Zink und Iod enthaltenen chemischen Energie in elektrische Energie umgewandelt. → 7
So kann z. B. ein Elektromotor betrieben werden. Beim Laden dagegen wird elektrische Energie in chemische Energie umgewandelt. → 8 Für diesen Vorgang kann z. B. ein Netzgerät eingesetzt werden.

Akkumulatortypen • Verschiedene technische Geräte benötigen unterschiedliche Akkumulatoren. Beispielsweise kommen in tragbaren Geräten wie Tablets, Smartphones und Notebooks Lithium-Ionen-Akkumulatoren zum Einsatz. → 2 Zum Starten eines Verbrennungsmotors in Autos werden leistungsstarke Bleiakkumulatoren benötigt.

Beim Entladen eines Akkumulators laufen Redoxreaktionen ab. Es wird chemische Energie in elektrische Energie umgewandelt. Beim Laden laufen die Redoxreaktionen in umgekehrter Richtung ab. Dabei wird elektrische Energie in chemische Energie umgewandelt.

Zink-Ion + Elektronen → Zink-Atom

$$Zn^{2+} + 2\,e^- \rightarrow Zn$$

5 Reduktion von Zink-Ionen beim Laden eines Zink-Iod-Akkumulators

Iodid-Ionen → Iod-Atome + Elektronen

$$2\,I^- \rightarrow I_2 + 2\,e^-$$

6 Oxidation von Iodid-Ionen beim Laden eines Zink-Iod-Akkumulator

7 Energieumwandlung beim Entladen des Zink-Iod-Akkumulators

8 Energieumwandlung beim Laden des Zink-Iod-Akkumulators

Aufgaben

1 ☒ Betrachte den Ladevorgang eines Zink-Iod-Akkumulators. Begründe, warum es sich bei der Bildung von Zink-Atomen um eine Reduktion handelt.

2 ☒ Begründe, warum es sich bei den Iodid-Ionen um Elektronendonatoren handelt.

3 ☒ Entwickle analog zu den Bildern 5 und 6 die Reduktions- und Oxidationsgleichung für das Entladen eines Zink-Iod-Akkumulators.

Akkumulatoren

Material A

Modellversuch

Mit den richtigen Materialien kannst du einen Akku selbst bauen.

Materialliste: U-Rohr, 2 Kohlestäbe, Kabel, Klemmen, zwei durchbohrte Stopfen passend zum U-Rohr, 50 ml 5 %ige Zinkiodid-Lösung, Kleinelektromotor (aus der Solartechnik), Gleichspannungsnetzgerät

1 Baue den Versuch entsprechend der Abbildung auf. → 1

a Aufladen: Stelle am Gleichspannungsnetzgerät für ca. 30 Sekunden eine Spannung von 6 V ein. Schreibe deine Beobachtungen auf.

b Entladen: Ersetze das Gleichspannungsnetzgerät durch den Elektromotor. Schreibe deine Beobachtungen auf.

2 ☒ Erkläre die beim Laden und beim Entladen gemachten Beobachtungen mit eigenen Worten.

3 ☒ Entwickle sowohl zum Ladevorgang als auch zum Entladevorgang die zugehörigen Oxidations- bzw. Reduktionsgleichungen.

4 ☒ Einen Zink-Iod-Akku hat man für den praktischen Einsatz nicht entwickelt. Begründe anhand deiner Beobachtungen aus Teil 1a und 1b.

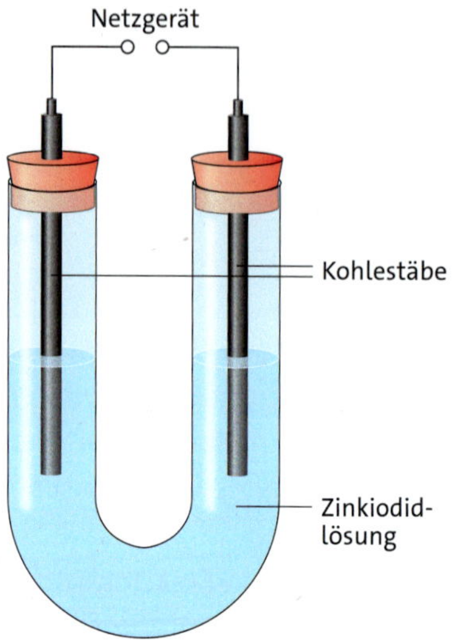

1 Modellversuch zum Zink-Iod-Akkumulator

5 ☒ Begründe: „Der Zink-Iod-Akku ist kein echter Akku." Es fehlt eine wichtige Eigenschaft, wie du sie von Batterien kennst.

Material B

Der Zink-Iod-Akkumulator

1 Übertrage die Tabelle in dein Heft. → 2 Trage die folgenden Aussagen a–j in der richtigen Spalte ein.

Laden eines Zink-Iod-Akkumulators	Entladen eines Zink-Iod-Akkumulators
?	?

2 Tabelle zum Zink-Iod-Akkumulator

a Zn^{2+}-Ionen werden reduziert.
b Elektrische Energie wird in chemische Energie umgewandelt.
c Zn-Atome dienen als Elektronendonator.
d I_2-Moleküle dienen als Elektronenakzeptor.
e Chemische Energie wird in elektrische Energie umgewandelt.
f I^--Ionen werden oxidiert.
g Zn-Atome werden oxidiert.
h I_2-Moleküle werden reduziert.
i I^--Ionen dienen als Elektronendonator.
j Zn^{2+}-Ionen dienen als Elektronenakzeptor.

Bleiakku oder Lithium-Ionen-Akku?

3 Elektroauto an der Ladestation

Zwei Akkus • Elektroautos gelten als Verkehrsmittel der Zukunft. Oft wird in diesem Zusammenhang der Lithium-Ionen-Akku als Energiequelle für die Elektromotoren genannt. Können da nicht auch Bleiakkumulatoren eingesetzt werden, die heute noch in fast jedem Auto als Starterbatterie vorhanden sind?

Daten und Fakten zum Bleiakku • Die Lebensdauer eines Bleiakkus beträgt etwa 4–8 Jahre. Für ein Auto mit einer Reichweite von 150 km würde das Gewicht des benötigten Bleiakkus etwa 900 kg betragen. Aufgrund der robusten Bauweise sind die Sicherheitsrisiken bei Bleiakkus relativ gering. Selbst bei erhöhten Temperaturen kommt es nicht zu einer Selbsterhitzung oder Explosion des Akkus. Obwohl Blei ein giftiges Schwermetall ist und auch die Schwefelsäure zu Umweltschäden führen kann, wird die Umweltverträglichkeit dieser Technologie als durchschnittlich eingestuft. Durch Gelieren der Inhaltsstoffe kann ein unkontrolliertes Austreten der Säure auch bei Zerstörung des Batteriegehäuses verhindert werden.

Daten und Fakten zum Lithium-Akku • Die Lebensdauer eines Lithium-Ionen-Akkus beträgt etwa 10–5 Jahre. Für ein Auto mit einer Reichweite von 150 km würde das Gewicht des benötigten Lithium-Akkus etwa 270 kg betragen. Ein großes Sicherheitsrisiko bei Lithium-Ionen-Akkus ist, dass bei unsachgemäßem Laden des Akkus Wasserstoff (Knallgas) entstehen kann. Außerdem enthalten die Akkus leicht brennbare Lösemittel. Deshalb darf die Temperatur des Akkus ca. 100 °C nicht überschreiten. Der Aufwand zur Überwachung des Akkus durch entsprechende Sensoren ist entsprechend groß. Zudem muss das ganze System gekühlt werden.

	Bleiakku	Lithium-Ionen-Akku
Energiegehalt	niedrig	hoch
Kosten	preiswert	teuer
Umweltverträglichkeit	durchschnittlich	durchschnittlich
grundsätzlich geeignet	ja	ja

4

Aufgaben

1 ☒ Übertrage die Tabelle in dein Heft. → 4
Ergänze die Tabelle um weitere Zeilen: Lebensdauer, Gewicht und Sicherheitsrisiko.

2 ☒ Erläutere, welche Eigenschaften des Akkus für die Elektromobilität besonders wichtig sind.

Ausgedient, aber gefährlich

1 Alte, teilweise ausgelaufene Batterien

Batterien und Akkumulatoren haben eine begrenzte „Lebensdauer". Während Batterien in der Regel nach dem Einmalgebrauch weggeworfen werden, können Akkus je nach Bauweise sogar 1000-mal und mehr wieder aufgeladen und eingesetzt werden. Doch was passiert danach?

Umweltsünden • Noch in den 1970er Jahren wurden verbrauchte Batterien mit dem Hausmüll entsorgt. Zunehmende Meldungen über Verschmutzungen des Bodens in der Nähe von Mülldeponien mit Stoffen wie Quecksilber erforderten gesetzliche Regelungen. Das Trinkwasser in vielen Orten zeigte bedenkliche Schwermetallanteile an, z. B. von Blei.

Das Batteriegesetz • In den 1990er Jahren wurde in der Batterieverordnung festgelegt, dass bestimmte schadstoffhaltige Batterien nicht mehr verkauft werden durften.

Im seit 2009 gültigen Batteriegesetz wurde eine Rücknahmepflicht der Hersteller und des Handels ebenso eingeführt wie ein Pfandsystem für Autobatterien und die Pflicht zum Recycling. Jeder Verbraucher ist zur Abfalltrennung verpflichtet. Für leere Batterien und kaputte Akkus gibt es überall Sammelboxen, dort wo Batterien verkauft werden.

Recycling • Die Wiederverwertung von Wertstoffen aus ausgedienten Altbatterien und Altakkus ist aus zwei Gründen wichtig:

1. Wir vermeiden eine Belastung der Umwelt mit Schadstoffen.
2. Durch Wiederverwendung von Wertstoffen kann der Verbrauch seltener Rohstoffe vermindert werden.

Batterien dürfen nicht im Hausmüll entsorgt werden, da sie giftige Schwermetalle wie Quecksilber oder Blei enthalten können. Hersteller und Händler von Batterien sind verpflichtet, gebrauchte Batterien zurückzunehmen.

Aufgaben

1 ☑ Erläutere, warum die Benutzung von Akkus für die Umwelt besser ist als die Nutzung von Batterien.

2 ☒ Begründe, warum es für Batterien und Akkus ein anderes Recyclingsystem geben muss als für den üblichen Hausmüll.

Material A

Projekt „Batterierecycling“

Supermärkte und andere Stellen, die Batterien verkaufen, sind mit Sammelboxen ausgestattet.

1 Nenne mehrere Gründe, warum alte Batterien zurückgegeben werden müssen.

2 Batterie-Umfrage:

a Entwickelt in der Gruppe einen Fragebogen. Fragt darin:
- welche Batterien in eurem Bekanntenkreis verwendet werden,
- welche Geräte mit den Batterien betrieben werden und
- was mit den Batterien nach ihrem Gebrauch passiert.

b Führt mit diesem Fragebogen eine Umfrage unter Familienangehörigen, Mitschülerinnen und Mitschülern sowie Lehrkräften durch.

c Erstellt in der Gruppe ein Plakat mit euren Ergebnissen und präsentiert diese der Klasse.

d Vergleicht die Umfrageergebnisse. Diskutiert, wo Verbesserungen im Umgang mit Batterien nötig sind.

2 Sammelbehälter für Altbatterien

Material B

Batterierecycling als Kreisprozess

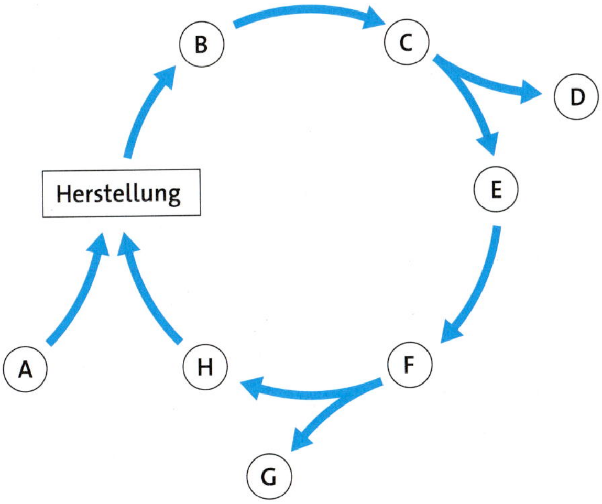

3 Kreisprozess

Damit keine Schadstoffe in die Umwelt gelangen und die Wertstoffe in der Batterie wiederverwendet werden können, ist es wichtig, Batterien dem Recyclingkreislauf zuzuführen.

1 Übertrage den Kreisprozess von Bild 3 in dein Heft und befülle die Lücken (A) bis (H) mit den richtigen Begriffen:

Einkauf, Wiedergewinnung, Sammlung, Nutzung, Deponierung nicht recyclefähiger Altbatterien, Einsatz „frischer“ Rohstoffe, Sortierung, Verlust

2 Begründe, warum Kreisprozesse für das Recycling aller Müllsorten von großer Bedeutung sind.

Brennstoffzellen

1 Wasserstofftankstelle

Schon heute gibt es Autos, die nicht mit Benzin oder Diesel, sondern mit Wasserstoff angetrieben werden. Wie funktioniert das?

Blick auf die Stoffe • Bei der Reaktion zwischen Wasserstoff und Sauerstoff wird Energie freigesetzt (Knallgasprobe). In Wasserstoffautos nutzt man die Möglichkeit, die in Wasserstoff gespeicherte chemische Energie in elektrische Energie umzuwandeln. Mithilfe der elektrischen Energie wird dann ein Elektromotor angetrieben.

$$2\,H_2 \rightarrow 4\,H^+ + 4\,e^-$$

2 Elektronenabgabe

$$O_2 + 4\,e^- \rightarrow 2\,O^{2-}$$

3 Elektronenaufnahme

$$4\,H^+ + 2\,O^{2-} \rightarrow 2\,H_2O$$

4 Entstehung von Wasser

Blick auf die Teilchen • Im Laufe dieser Reaktion werden Elektronen von Wasserstoff-Atomen auf Sauerstoff-Atome übertragen. Dabei müssen Elektronenabgabe und -aufnahme an räumlich getrennten Orten stattfinden. → 2 3 Die Elektronen können dann durch ein Kabel vom einen zum anderen Ort gelangen. So kann z. B. ein Elektromotor angetrieben werden. Gleichzeitig kann dafür gesorgt werden, dass die Wasserstoff-Kationen zu den Sauerstoff-Anionen wandern. Aus den Ionen bildet sich Wasser. → 4 Das Gerät, das die beschriebenen Vorgänge ermöglicht, wird als Brennstoffzelle bezeichnet.

Elektrolyse • Der zum Antreiben eines Wasserstoff-Autos benötigte Wasserstoff kann durch eine Elektrolyse gewonnen werden. Bei diesem Vorgang wird Wasser durch Zufuhr von elektrischer Energie in Wasserstoff und Sauerstoff aufgespalten.

Beim Betreiben eines Autos mit Wasserstoff läuft eine Redoxreaktion ab.

Aufgaben

1 Begründe, warum man bei einem Wasserstoffauto nur Wasserstoff, aber keinen Sauerstoff tanken muss.

2 Erkläre folgenden Werbespruch: „Mit Wasserstoff fahren Sie abgasfrei."

die Brennstoffzelle
die Elektrolyse

Material A

Brennstoffzellen

Im Gegensatz zu einer Batterie oder einem Akkumulator wird einer Brennstoffzelle die benötigte chemische Energie kontinuierlich durch einen Treibstoff zugeführt.
Als Treibstoff kommen nur Stoffe in Frage, in denen viel chemische Energie gespeichert ist. Dazu gehören Alkohole wie Methanol und Ethanol, aber auch Erdgas. Besonders häufig wird Wasserstoff als Treibstoff eingesetzt. → 5

1 ◩ Nenne vier Stoffe, die als Treibstoff für eine Brennstoffzelle in Frage kommen, und begründe, warum sich diese besonders eignen.

2 ⊠ Beschreibe die Vorgänge, die in einer Wasserstoff-Brennstoffzelle ablaufen. → 5

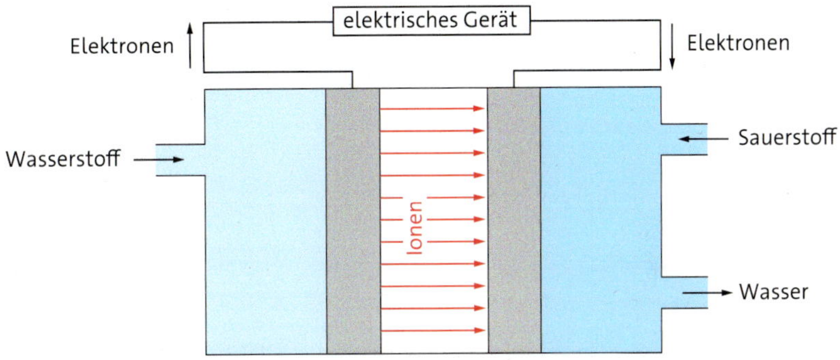

5 Querschnitt einer Wasserstoff-Brennstoffzelle

Material B

Bau einer Brennstoffzelle

Materialliste: Glasschale, 2 Edelstahltopfreiniger, 2 Kabel mit Krokodilklemmen, 9-V-Batterie, kleiner Motor, verdünnte Kalilauge

1 Versuchsteil A:
Gieße etwas verdünnte Kalilauge in die Schale, sodass der Boden bedeckt ist. Lege die Topfreiniger hinein und verbinde sie über die Klemmen mit der Batterie. Die Topfreiniger dürfen sich dabei nicht berühren. Lass den Versuch 3 Minuten laufen. → 6

2 Versuchsteil B:
Ersetze dann die Batterie durch den Motor. → 7
Beschreibe deine Beobachtungen.

3 ⊠ Erkläre deine Beobachtungen. Gehe dabei auch auf die Bläschenbildung ein.

4 ⊠ Formuliere jeweils eine Reaktionsgleichung zu den beiden Versuchsteilen A und B.

5 ⊠ Formuliere eine Hypothese, wie die Laufzeit des Motors im Versuch verlängert werden könnte.

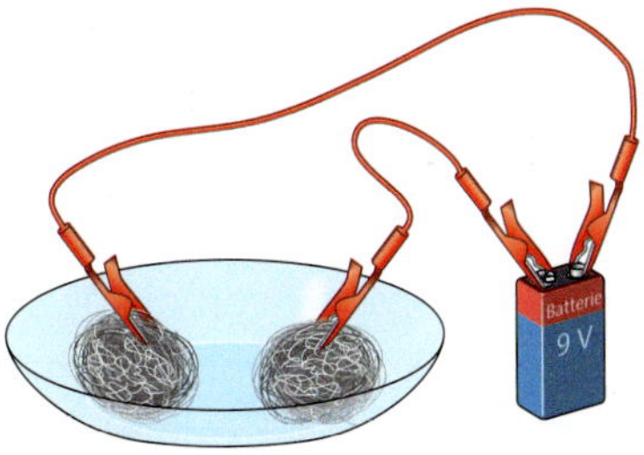

6 Erzeugung von Wasserstoff

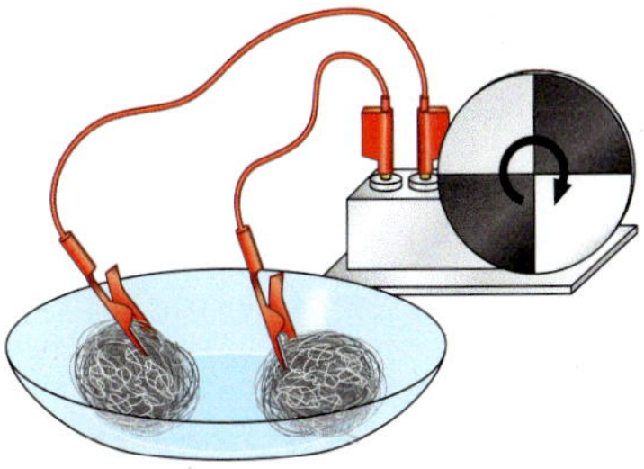

7 Nutzung von Wasserstoff

Elektrische Energie und chemische Prozesse

Zusammenfassung

Elektronenübertragung • Bei Redoxreaktionen findet eine Elektronenübertragung statt. Bei der Oxidation werden Elektronen abgegeben, bei der Reduktion aufgenommen. Atome unedler Metalle geben die Elektronen leichter ab als Atome edler Metalle. Sie sind daher leichter oxidierbar. Sortiert man die Metalle nach ihrer Oxidierbarkeit, erhält man die Redoxreihe der Metalle. → 1

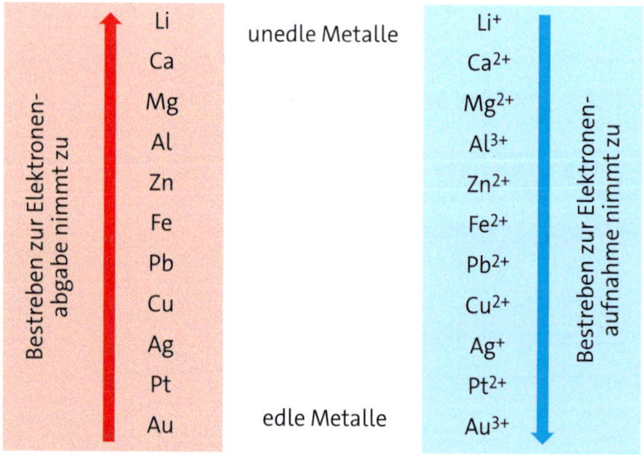

1 Redoxreihe der Metalle

Batterien • Batterien haben chemische Energie gespeichert und wandeln diese in elektrische Energie um. Sie besitzen zwei Pole – einen Plus- und einen Minuspol. Die zwei Pole berühren sich nicht direkt, stehen aber über eine Salzlösung in Verbindung.

Akkumulatoren • Batterien und Akkus sind im Aufbau ähnlich. Im Gegensatz zur Batterie kann man den Akku wieder aufladen: Durch Zufuhr von elektrischer Energie bilden sich die Ausgangsstoffe zurück. Beim Laden eines Akkus wird elektrische Energie in chemische Energie umgewandelt, beim Entladen geschieht dies umgekehrt.

Alkaline • In der Alkali-Mangan-Batterie wird die in Zink und Mangandioxid gespeicherte chemische Energie in elektrische Energie umgewandelt. Zink-Atome geben Elektronen ab. Sie werden als Elektronendonatoren bezeichnet. Mangan-Ionen nehmen Elektronen auf, das heißt, sie sind die Elektronenakzeptoren.

Zink-Luft-Batterie • Hier wird Energie aus der Reaktion von Zink und Sauerstoff zu Zinkoxid gewonnen. Zink ist dabei schon in der Batterie vorhanden. Der Sauerstoff stammt aus der Luft und gelangt durch Luftlöcher in die Batterie.

Brennstoffzellen • In Brennstoffzellen reagiert z. B. Wasserstoff mit Sauerstoff. Die dabei frei werdende Energie kann zum Betreiben von Elektromotoren genutzt werden. Wasserstoffautos sind besonders umweltfreundlich, sie stoßen nur Wasser als Verbrennungsprodukt aus.

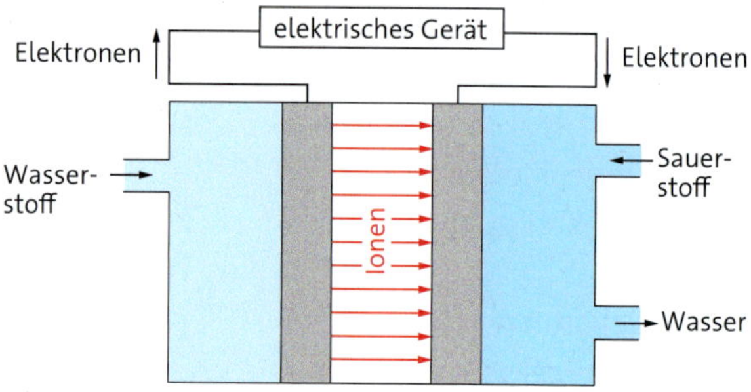

2 Brennstoffzelle (Schema)

Ausgedient, aber gefährlich • Die Abfallprodukte von Akkus und Batterien sind umweltschädlich, aber gleichzeitig Wertstoffe. Durch getrenntes Sammeln und Recycling gelangen sie wieder in den Stoffkreislauf zurück.

Teste dich! (Lösungen im Anhang)

Elektronenübertragung

1 Formuliere einen Merksatz mit den folgenden Begriffen:

um – eine – Elektronenaufnahme – bei – der – handelt – Oxidation – um – eine – Reduktion – und – bei – der – Elektronenabgabe – es – sich

2 Gib mithilfe der Redoxreihe der Metalle an, welche Metall-Atome von Zink-Ionen oxidiert werden können und welche Metall-Ionen Zink-Atome oxidieren können. Begründe.

Batterien und Akkumulatoren

3 Alessandro Volta stapelte in seiner „Säule" runde Platten aus zwei verschiedenen Metallen und in Salzlösung angefeuchtete Textilstücke.

a Gib an, welche beiden Metalle er dabei benutzte.

b Zeichne eine solche „Säule" und beschrifte die einzelnen Bauteile.

c Könnten die verwendeten Metalle auch durch Silber und Zinn ersetzt werden? Begründe deine Antwort.

d Könnten die in Salzlösung angefeuchteten Textilstücke in einem „modernen Nachbau" auch durch Scheiben aus Kunststoff ersetzt werden? Begründe deine Antwort.

4 Schreibe auf, welche grundsätzlichen Bestandteile von Batterien auch in Akkus enthalten sind.

5 Gib an, welche Stoffe in einer Alkaline enthalten sind.

6 Nenne jeweils eine Anwendung für eine Alkaline (AA), für eine Zink-Luft-Knopfzelle sowie für einen Lithium-Akku.

7 Stelle für die Reaktionen in der Zink-Luft-Batterie Gleichungen auf (Wort, Symbol).

8 Erkläre, warum in Herzschrittmachern keine Zink-Luft-Batterien eingesetzt werden.

9 In Bild 3 siehst du einen in seine Bestandteile zerlegten Akku. Erkläre deinen Mitschülern anhand der Beobachtungen die Notwendigkeit der Müllsortierung und des Recyclings von Batterien und Akkus.

3 Akku nach langjährigem Einsatz

Brennstoffzellen

10 Nenne ein Verfahren, mit dem Wasserstoff für die Nutzung als Treibstoff gewonnen werden kann.

11 Erkläre, welche Teilchen bei der Brennstoffzelle Elektronendonatoren und welche Elektronenakzeptoren sind. Gib die Reaktionsgleichungen für die Oxidation und Reduktion an.

Saure, alkalische und neutrale Lösungen

Viele unserer Lebensmittel schmecken sauer. Was sind saure Lösungen?

Laugenbrötchen werden mit Natronlauge gebacken. Sind sie völlig ungefährlich?

Eine Büroklammer schwimmt auf der Wasseroberfläche. Was ist der Grund für die Besonderheiten von Wasser?

Sauer, alkalisch, neutral

1 Beim Reinigen sind wir auf saure, alkalische oder neutrale Lösungen angewiesen.

Schmutz entfernen – das geht mit sauren, alkalischen und neutralen Lösungen. Wo liegt der Unterschied?

Saure Lösungen • Es gibt viele unterschiedliche saure Lösungen, z. B. Salzsäure-Lösung oder Ameisensäure-Lösung. Auch Essig oder Mineralwasser gehören zu den sauren Lösungen. In der Alltagssprache bezeichnet man saure Lösungen meist nur kurz als Säure.

Alle sauren Lösungen haben gemeinsame Eigenschaften. Sie reagieren beispielsweise mit Kalk. Bei dieser Reaktion entstehen Kohlenstoffdioxid, Wasser und ein lösliches Calciumsalz. Aufgrund dieser Reaktion sind saure Reiniger besonders gut geeignet, Kalkflecken in Waschbecken und auf Armaturen zu entfernen.

Außerdem reagieren saure Lösungen mit unedlen Metallen. Bei dieser Reaktion entstehen ebenfalls ein Salz und Wasserstoff.

Stark verdünnt sind saure Lösungen meist ungefährlich. Unverdünnt sind viele saure Lösungen jedoch aufgrund ihrer ätzenden Wirkung sehr gefährlich. Alle sauren Lösungen schmecken sauer. Unverdünnte und gefährliche saure Lösungen darf man aber nicht auf ihren Geschmack testen.

Ebenfalls leiten saure Lösungen den elektrischen Strom. Sie enthalten also frei bewegliche Ionen.

Alkalische Lösungen • Alkalische Lösungen werden auch Laugen genannt. Zu den alkalischen Lösungen gehören z. B. Natronlauge, Kalilauge, Kalkwasser und Ammoniakwasser. Auch alkalische Lösungen haben gemeinsame Eigenschaften:

Alle alkalischen Lösungen sind ätzend und fühlen sich seifig an – es sei denn, sie sind stark verdünnt.

Sie leiten ebenfalls den elektrischen Strom, da sie wie die sauren Lösungen frei bewegliche Ionen enthalten.

die saure Lösung
die alkalische Lösung
die neutrale Lösung
der pH-Wert
der Indikator

pH-Wert • Der pH-Wert gibt an, wie sauer oder alkalisch eine Lösung ist. → 2 Reines Wasser hat einen pH-Wert von 7. Lösungen mit pH = 7 nennt man neutral. Saure Lösungen haben einen pH-Wert kleiner als 7. Je kleiner der pH-Wert wird, desto gefährlicher ist die Lösung. Orangensaft mit einem pH = 4 kann man trinken. Eine saure Lösung mit pH = 0 ist gefährlich und wirkt ätzend.
Alkalische Lösungen haben einen pH-Wert größer als 7. Auch hier gilt: Je weiter der pH-Wert von 7 entfernt ist, desto gefährlicher ist die Lösung. Eine Seifenlauge mit pH = 9 brennt nur ein wenig in den Augen. Eine alkalische Lösung mit pH = 14 ist dagegen äußerst gefährlich und stark ätzend, ganz ähnlich wie eine Säure mit pH = 0.

Indikatoren • Saure und alkalische Lösungen reagieren mit vielen Farbstoffen. Manche Farbstoffe ändern dabei ihre Farbe. Rotkohlsaft ist dafür ein Beispiel. Sein Farbstoff ist im sauren Bereich rot, im schwach alkalischen Bereich blau, im mittleren blaugrün bis grün und im stark alkalischen gelb. Ist die Lösung neutral, so zeigt Rotkohlsaft eine blauviolette Farbe. → 3 Solche Farbstoffe kann man als Indikatoren (= „Anzeiger") für saure, neutrale und alkalische Lösungen nutzen.

Saure und alkalische Lösungen reagieren mit vielen Stoffen, z. B. mit Metallen oder Kalk. Der pH-Wert gibt an, wie sauer oder wie alkalisch eine Lösung ist.

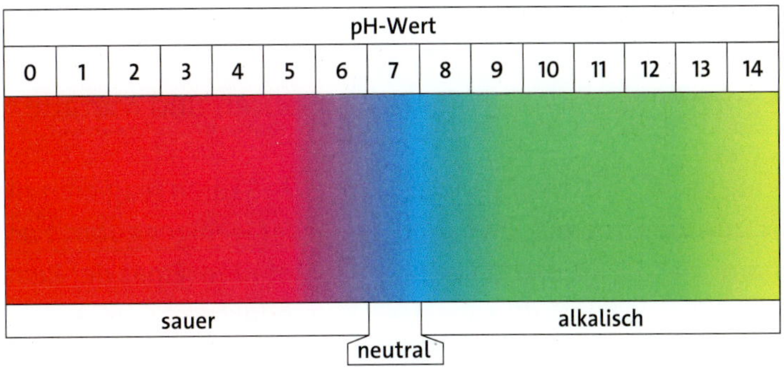

2 Die pH-Wert-Skala (mit der Färbung von Rotkohlsaft)

3 Rotkohlsaft – von pH = 0 (links) bis pH = 14 (rechts)

Aufgaben

1 Nenne Beispiele für saure, alkalische und neutrale Lösungen.

2 Liste gemeinsame Eigenschaften von sauren und alkalischen Lösungen auf.

3 Beschreibe den Nutzen von Indikatoren.

4 Erläutere, was der pH-Wert über eine Lösung aussagt.

Sauer, alkalisch, neutral

Material A

Säuren und Kalk

Kalk findet man häufig in der Natur. Viele Lebewesen bilden nämlich Kalk als Baumaterial. Mit Säuren kannst du Kalk nachweisen: Kalk reagiert mit Säuren – und weil eines der Reaktionsprodukte das Gas Kohlenstoffdioxid ist, stellt man dann ein Aufschäumen fest.

Materialliste: Pipette, säurefeste Unterlage, Eierschalen, Muscheln, Marmor, Kalkstein, Calciumcarbonat, verschiedene Gesteinsproben vom Schulgelände, verdünnte Salzsäure

1 Tropfe mit der Pipette etwas Säure auf die verschiedenen Probestücke.

2 Beobachte genau und notiere deine Ergebnisse.

1 Muschelschalen bestehen aus Kalk.

Material B

Säuren und Metalle

Alle Säuren reagieren mehr oder weniger gut mit unedlen Metallen. Eines der Reaktionsprodukte ist ein Gas.

Materialliste: Pipette, 10 Reagenzgläser, Reagenzglashalter, Gasbrenner, Dreifuß, Abdampfschale, Magnesiumband, Kupferpulver, Eisenpulver, Zinkpulver, verdünnte Schwefelsäure, 25%ige Essigsäure

1 Gib in vier Reagenzgläser jeweils etwas von einem Metall und 1 cm hoch verdünnte Schwefelsäure. Fange das entstehende Gas mit einem Reagenzglas auf und mache die Knallgasprobe. Wiederhole den Versuch mit Essigsäure.
Beobachte und halte die Ergebnisse tabellarisch fest.

2 Ordne die Metalle nach ihrer Reaktionsfähigkeit mit der Säure.

3 Gib nach Ende der Reaktion den flüssigen Rest in die Abdampfschale. Erhitze, bis die Flüssigkeit verdampft ist.
Beschreibe deine Beobachtungen.

Material C

Laugen greifen an

Konzentrierte alkalische Lösungen sind sehr aggressiv gegenüber dem Keratin, aus dem unsere Hornhaut und unsere Haare bestehen.

Materialliste: 2 Reagenzgläser, Pipette, Reagenzglasständer, Reagenzglashalter, Vogelfeder, Haarsträhne, Natronlauge (32%ig)

Achtung • Schutzhandschuhe verwenden!

1 Gib in ein Reagenzglas eine abgetrennte Haarsträhne und in das andere eine Vogelfeder. Dazu gibst du jeweils 10 ml Natronlauge. Beobachte, was passiert.

2 Überlege, warum Abflussreiniger den gleichen Stoff enthält, der in Natronlauge gelöst ist.

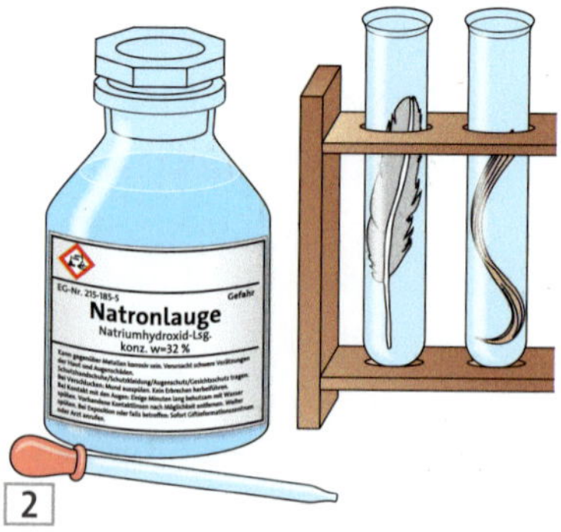

2

Material D

Indikatoren

Manche Indikatoren kann man sich selbst zubereiten.

> **Rotkohlindikator**
>
> Klein geschnittenen Rotkohl mit wenig Wasser kochen. Nach deutlicher Färbung (5 min Kochzeit) die Blätter aus dem Wasser nehmen.

Materialliste: Reagenzgläser, Reagenzglasständer, Pipette, Rotkohlindikator, Universalindikator, Phenolphthalein, Bromthymolblau, Stoffe aus dem Haushalt (Speiseessig (5%ig), Kernseife, WC-Reiniger, Essigreiniger, Spülmaschinentabs) und aus dem Labor (verdünnte Säuren und Laugen)

1 Untersuche die Stoffe aus dem Haushalt und die verdünnten Säuren und Laugen aus dem Labor auf ihren pH-Wert. Benutze dazu den selbst gemachten Rotkohlindikator und die drei anderen Indikatoren.

2 Protokolliere deine Ergebnisse in einer Tabelle.

3 Begründe, warum der pH-Wert von Organgensaft nicht mit einer Bromthymolblau-Lösung bestimmt werden kann.

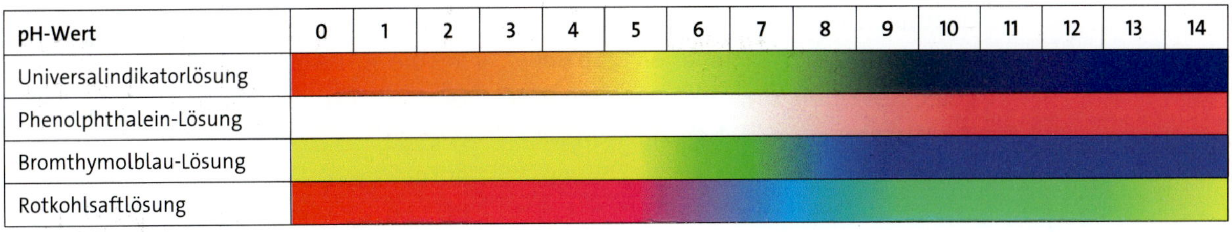

3 Farben von Indikatoren

Material E

pH-Wert und Verdünnung

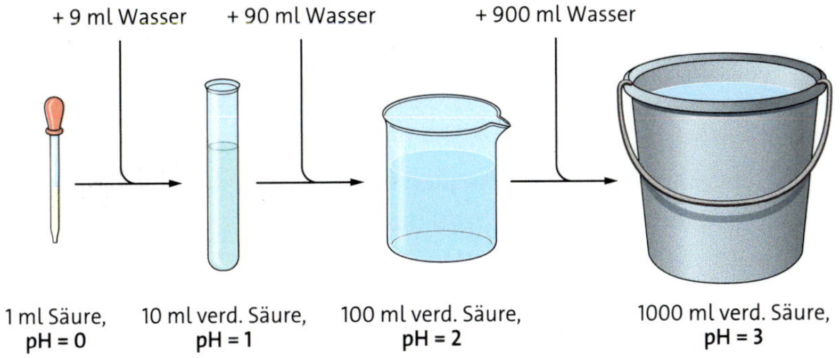

4 Mehrfaches Verdünnen einer Säure

In Bild 4 wird eine Säure immer wieder um den Faktor 10 verdünnt.

1 Beschreibe, wie sich der pH-Wert beim Verdünnen der Säure ändert.

2 Bis zu welchem pH-Wert kannst du die Säure verdünnen? Begründe.

Wasser unter der Lupe

1 Manche Tiere können auf dem Wasser laufen.

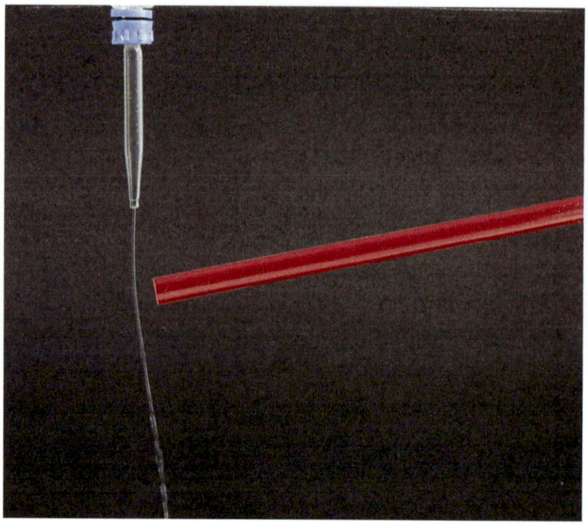

2 Wasser lässt sich im elektrischen Feld umlenken.

Wasserläufer können auf der Wasseroberfläche laufen. Ein Wasserstrahl kann durch einen geriebenen Stab umgelenkt werden. Um diese Eigenschaften des Wassers zu verstehen, müssen wir das Wassermolekül näher anschauen.

Ladungen im Molekül • In Bild 2 wurde ein Kunststoffstab elektrisch aufgeladen. Damit kann man einen Wasserstrahl anziehen. Das zeigt, dass es im Wassermolekül elektrische Ladungen gibt. Wie entstehen diese Ladungen?

Elektronegativität • Im Wassermolekül halten die Sauerstoff- und die Wasserstoff-Atome durch Elektronenpaarbindungen über ein gemeinsames Elektronenpaar zusammen. Die Anziehung innerhalb der Bindung ist aber nicht von beiden Seiten gleich stark. Wie stark Bindungselektronen angezogen werden, wird durch die Elektronegativität (EN) ausgedrückt. → 3

Die Elektronegativität wird als Zahl ohne Einheit angegeben. Fluor-Atomen, die die stärkste Anziehungskraft besitzen, wurde dabei der Wert 4,0 zugewiesen. → 3 Aus Tabelle 3 kann man entnehmen, dass die Elektronegativität von Sauerstoff (EN = 3,5) größer ist als die von Wasserstoff (EN = 2,1).

Unterschiedliche Teilladungen • Durch diese unterschiedlich starke Anziehung sind die Bindungselektronen näher beim Sauerstoff-Atom als beim Wasserstoff-Atom. In Bild 4 sind diese verschobenen Bindungselektronen daher mit Keilen dargestellt. Im Bereich des Sauerstoff-Atoms gibt es durch die Nähe der zusätzlichen Bindungselektronen eine negative Teilladung. Das wird durch δ^- (sprich: Delta minus) ausgedrückt. Bei den Wasserstoff-Atomen sind die Bindungselektronen weiter entfernt – eine positive Teilladung (δ^+) entsteht.

Element	EN
Na	0,9
Si	1,8
H	2,1
C	2,5
N	3,0
Cl	3,0
O	3,5
F	4,0

3 Elektronegativitäten von einigen Elementen

die Elektronegativität
das Dipolmolekül
die Wasserstoffbrücke

Dipolmolekül • Durch den gewinkelten Bau des Wassermoleküls führen seine Teilladungen dazu, dass das gesamte Molekül zwei Pole hat: Man nennt es daher ein Dipolmolekül oder sagt auch: Die Bindungen im Wassermolekül und das ganze Molekül sind polar.

Wasserstoffbrücken • Die verschiedenen Pole benachbarter Wassermoleküle ziehen sich gegenseitig an. → 5 Diese Anziehung zwischen den Molekülen bezeichnet man als Wasserstoffbrücke. Die Wasserstoffbrücken sorgen durch die Anziehung benachbarter Moleküle zur Seite und nach innen sowie die fehlende Anziehung nach oben für die Oberflächenspannung des Wassers. Dies ermöglicht Wasserläufern, auf dem Wasser zu laufen, als hätte es eine Haut. Auch die charakteristische runde Tropfenform kommt dadurch zustande. → 6

Weitere Eigenschaften • Die Wasserstoffbrücken sind auch Ursache für die vergleichsweise hohe Siedetemperatur. Auch die Löslichkeit von Wasser in anderen Stoffen wird durch die Wasserstoffbrücken beeinflusst. So löst sich Wasser am besten in polaren Stoffen, die ebenfalls Wasserstoffbrücken ausbilden können.

Das Wassermolekül hat unterschiedliche Teilladungen. Es ist ein Dipolmolekül. Zwischen den verschiedenen Dipolmolekülen herrschen Anziehungskräfte, die Wasserstoffbrücken.

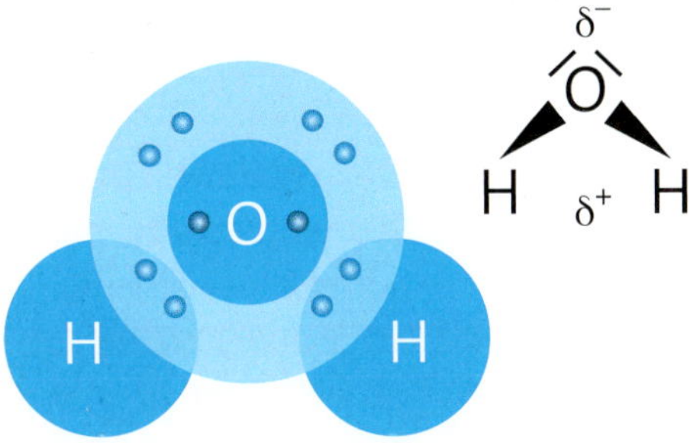

4 Die Bindungen im Wassermolekül

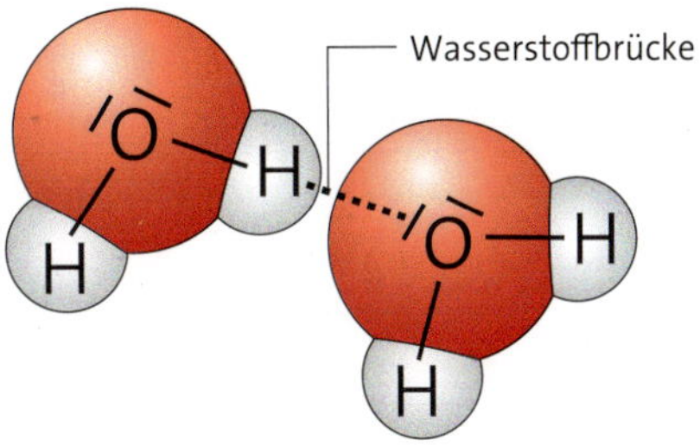

5 Wasserstoffbrücke

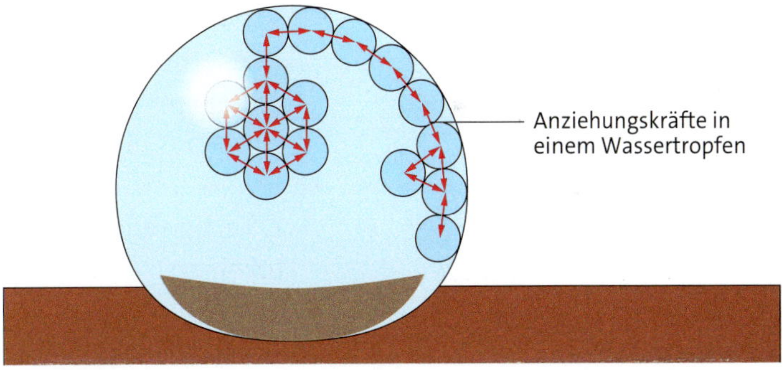

6 Wasserstoffbrücken sorgen für die Tropfenform (Wassermoleküle sind hier als Kugeln dargestellt).

Aufgaben

1 ☒ Wasser ist ein Dipolmolekül. Erkläre.

2 ☒ Erläutere die Entstehung der Oberflächenspannung beim Wasser. Verwende dazu Fachbegriffe.

Wasser unter der Lupe

Material A

Alles klar?

1 ☒ Ordne den Buchstaben (A)–(L) im Text die zugehörigen Begriffe zu. Schreibe den Text in dein Heft.

Bindungselektronen, Dipol, Wasserstoffbrücken, Sauerstoff-Atom, Teilladungen, positiven, Wasserstoff-Atomen, Oberflächenspannung, Verbindung, H_2O, negativen, Elektronegativitäten

Wasser ist eine **(A)**, die aus zwei **(B)** und einem **(C)** besteht. Daher lautet die Summenformel **(D)**. Die beiden Elemente besitzen unterschiedliche **(E)**. Durch diese Differenz entstehen **(F)** im Molekül. Sauerstoff zieht die **(G)** aus der Elektronenpaarbindung näher zu sich. Deshalb gibt es im Bereich des Sauerstoff-Atoms einen **(H)** Pol und im Bereich der Wasserstoff-Atome einen **(I)** Pol. Wasser ist deshalb ein sogenannter **(J)** mit polaren Elektronenpaarbindungen. Zwischen benachbarten Wassermolekülen können sich deshalb **(K)** ausbilden. Das heißt, der positive Pol des einen Moleküls zieht den negativen Pol eines benachbarten Moleküls an und umgekehrt. Wasserstoffbrücken sind die Ursache für die **(L)** des Wassers.

Material B

Dipol oder kein Dipol?

Materialliste: Kunststoffstab, Katzenfell (ersatzweise Mikrofasertuch), Bürette, Waschbenzin (oder ähnliches Alkan)

1 Versuchsteil A:
Reibe mit dem Katzenfell über den Kunststoffstab hin und her, bis du es knistern hörst.
Drehe einen Wasserhahn leicht auf, sodass du einen dünnen Wasserstrahl erhältst. Halte dann den Stab in die Nähe des Wasserstrahls und beobachte, was mit dem Strahl passiert.

2 Versuchsteil B:
Wiederhole den Versuch mit einem Waschbenzinstrahl aus einer Bürette.

3 ☒ Fertige ein Versuchsprotokoll an.

4 ☒ Erkläre das Ergebnis des Versuchsteils A mithilfe der Bilder 1 und 2. Beschreibe auch, was mit dem Stab beim Reiben geschehen ist.

5 ☒ Betrachte das Ergebnis des Versuchsteils B. Erkläre, wie sich Waschbenzin von Wasser unterscheiden muss.

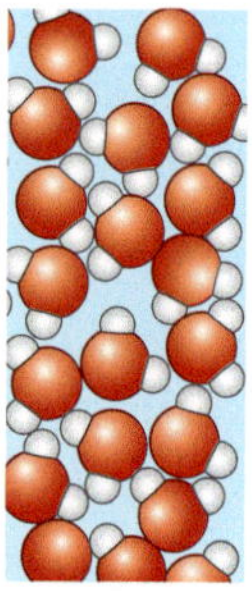

1 Normaler Wasserstrahl

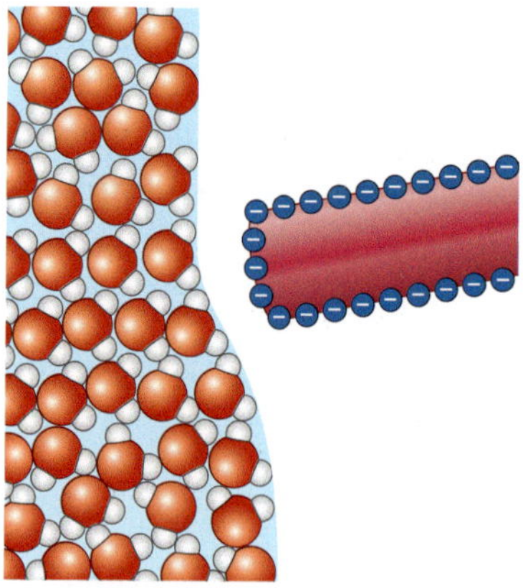

2 Abgelenkter Wasserstrahl

Material C

Hat Wasser eine Haut?

Materialliste: Glasschüssel, Büroklammern, Küchenpapier, Wasser, Spülmittel

Fülle die Glasschüssel halb voll mit Wasser. Versuche, mit dem Küchenpapier die Büroklammern vorsichtig auf die Wasseroberfläche zu legen, sodass sie schwimmen.

1 Betrachte die Büroklammern auf der Wasseroberfläche von der Seite. Beschreibe die Berührungsstellen zwischen den Büroklammern und dem Wasser.

2 Gib nun etwas Spülmittel ins Wasser. Beschreibe, wie sich das Spülmittel auswirkt.

3 Erkläre deine Beobachtungen.

3 Warum zerlaufen die Tropfen nicht?

Materialliste: 1-Cent-Münze, Tropfpipette, Wasser, Speiseöl

Schätze, wie viele Tropfen Wasser auf die Münze passen. Gib mithilfe der Pipette langsam Wassertropfen auf die Münze und zähle sie. Wiederhole danach den Versuch mit Öl.

4 Erkläre deine Beobachtungen. Worin besteht der Unterschied zwischen dem Verhalten von Wasser und dem von Öl?

Material D

Polar oder unpolar?

Je größer die Differenz zwischen den Elektronegativitätswerten zweier Atome ist, desto polarer ist die Bindung.

1 Berechne die Elektronegativitätsdifferenz folgender Bindungen: H–H, H–F, H–Cl, H–Br, H–O, O–O, C–O, C–Cl, C–N. Sortiere die Bindungen anschließend aufsteigend nach ihrer Polarität.

H 2,1							He –
Li 1,0	Be 1,5	B 2,0	C 2,5	N 3,0	O 3,5	F 4,0	Ne –
Na 0,9	Mg 1,2	Al 1,5	Si 1,8	P 2,1	S 2,5	Cl 3,0	Ar –
K 0,8	Ca 1,0	Ga 1,6	Ge 1,8	As 2,0	Se 2,4	Br 2,8	Kr –
Rb 0,8	Sr 1,0	In 1,7	Sn 1,8	Sb 1,9	Te 2,1	I 2,5	Xe –
Cs 0,7	Ba 0,9	Tl 1,8	Pb 1,8	Bi 1,9	Po 2,0	At 2,2	Rn –

4 Elektronegativitätswerte im Periodensystem der Elemente

2 Es gibt Zusammenhänge zwischen den Elektronegativitätswerten der Elemente und ihrem Atombau. Finde diese Zusammenhänge in Tabelle 4 und beschreibe sie.

Wasser löst Salze

1 Im Toten Meer ist viel Salz gelöst.

Wasser ist ein gutes Lösungsmittel. Besonders Salze lösen sich gut in Wasser. Wie lässt sich das erklären?

Ionen treffen auf Wassermoleküle • Kochsalz löst sich problemlos in Wasser, obwohl die zwei Stoffe doch sehr verschieden sind: Salzkristalle bestehen aus Ionengittern, Wasser besteht aus Molekülen mit Elektronenpaarbindungen. Die Wassermoleküle haben allerdings eine wichtige Besonderheit: Sie sind Dipolmoleküle mit positiven und negativen Teilladungen. → 2

Lösevorgang • Was geschieht, wenn ein Salz in Wasser gelöst wird? Die Seiten der Wassermoleküle mit der positiven Teilladung werden von den negativ geladenen Ionen, bei Kochsalz also von den Chlorid-Ionen, angezogen. Die Seite der Wassermoleküle mit der negativen Teilladung wird von den positiven Ionen, bei Kochsalz von den Natrium-Ionen, angezogen. → 4

Wenn Wassermoleküle in ihrer Bewegung an ein passendes Ion stoßen und dann mehrere Wassermoleküle daran „ziehen", wird es aus dem Ionengitter herausgelöst. → 3

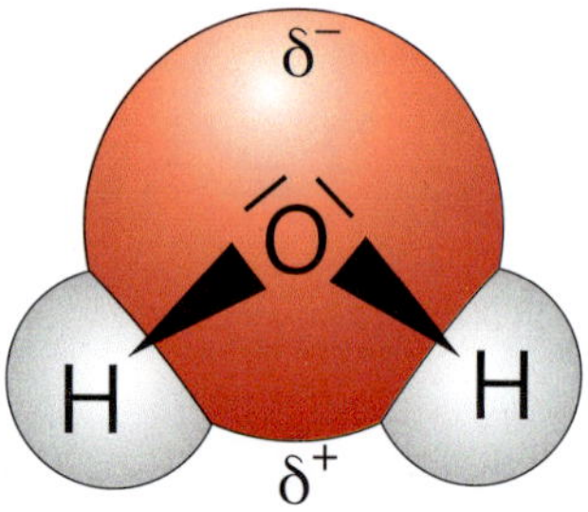

2 Das Dipolmolekül Wasser mit Teilladungen

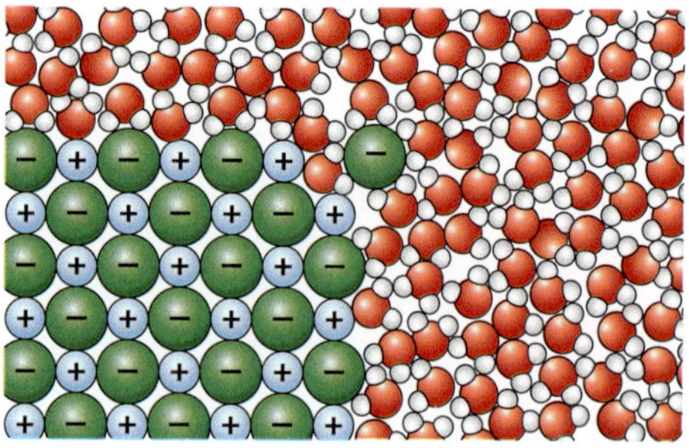

3 Wassermoleküle lösen ein Chlorid-Ion.

die **Hydratation**
die **Hydrathülle**
die **Gitterenergie**
die **Hydratationsenergie**

Hydratation • Wenn ein Ion aus dem Gitter gelöst ist, wird es sofort von weiteren Wassermolekülen umlagert. → 4 Diesen Vorgang nennt man Hydratation. Die durch die Wassermoleküle entstandene „Hydrathülle“ hält die Ionen davon ab, wieder ins Ionengitter zurückgezogen zu werden. Diese dadurch frei beweglichen Ionen sind für die elektrische Leitfähigkeit der Salzlösungen verantwortlich.

Energie beim Lösen von Salzen • Beim Lösen eines Salzes laufen also immer zwei Vorgänge ab: das Herauslösen der Ionen aus dem Ionengitter und die anschließende Hydratation der herausgelösten Ionen. Für das Herauslösen der Ionen aus dem Gitter muss ein gewisser Energiebetrag, die Gitterenergie, aufgewendet werden.
Lagern sich Wassermoleküle um die herausgelösten Ionen, wird Energie frei, die sogenannte Hydratationsenergie. Ist die Hydratationsenergie größer als die Gitterenergie, so wird Energie an die Umgebung abgegeben. Die Lösung erwärmt sich. Ist stattdessen die benötigte Gitterenergie größer als die frei werdende Hydratationsenergie, so kühlt die Lösung ab.

Salze lösen sich in Wasser, weil die zwei Pole des Wassermoleküls die Ionen aus dem Ionengitter herausziehen. Die entstehende Hydrathülle verhindert eine Rückkehr ins Ionengitter.

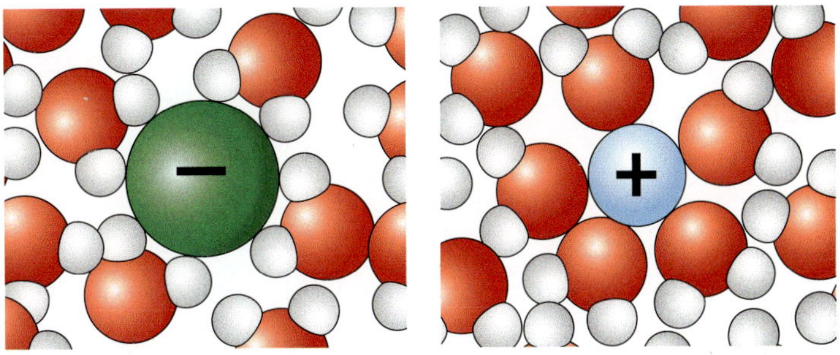

4 Zwei Ionen mit ihrer Hydrathülle

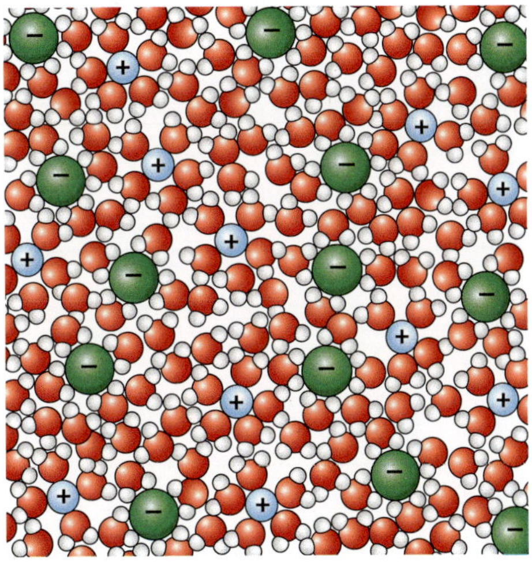

5 In Wasser gelöstes Kochsalz

Aufgaben

1 Beschreibe den Lösevorgang von Kochsalz in Wasser.

2 Erkläre, warum Salzkristalle den elektrischen Strom nicht leiten, Salzlösungen dagegen schon.

3 Erkläre den Begriff Hydrathülle.

4 Begründe, warum der Rückweg ins Ionengitter für die gelösten Ionen unmöglich ist.

Wasser löst Salze

Material A

Wer mit wem?

Die wichtigsten Begriffe zum Lösevorgang von Salzen und ihre Definitionen sind in der Tabelle durcheinandergeraten.

1 ☒ Ordne den Begriffen 1–6 die richtigen Definitionen A–F zu. Schreibe anschließend, nachdem deine Lehrkraft die Zuordnung kontrolliert hat, die Begriffe mit ihren Definitionen in dein Heft.

Begriffe		Definitionen	
1	Dipolmolekül	A	Aufbau eines Salzes aus positiv und negativ geladenen Ionen, die sich durch ihre verschiedenen Ladungen gegenseitig anziehen
2	Hydratation	B	Energie, die benötigt wird, um ein Ion aus seinem Ionengitter herauszulösen
3	Hydratationsenergie	C	Umlagerung eines Ions mit Wassermolekülen nach dem Herauslösen aus dem Gitter
4	Gitterenergie	D	Molekül mit zwei Polen, die durch die Elektronegativitätsdifferenz der verbundenen Atome entstehen
5	Ionengitter	E	Wassermoleküle, die sich wegen ihrer Pole um ein Ion gelagert haben
6	Hydrathülle	F	Energie, die frei wird, wenn gelöste Ionen mit einer Wasserhülle umgeben werden

1

Material B

Salze lösen sich in Wasser

Materialliste: 5 Reagenzgläser, Reagenzglashalter, Thermometer, Spatel, Calciumchlorid ⚠, Ammoniumnitrat ⚠ ⚠, Kaliumchlorid, Kaliumnitrat ⚠, Natriumchlorid, Wasser

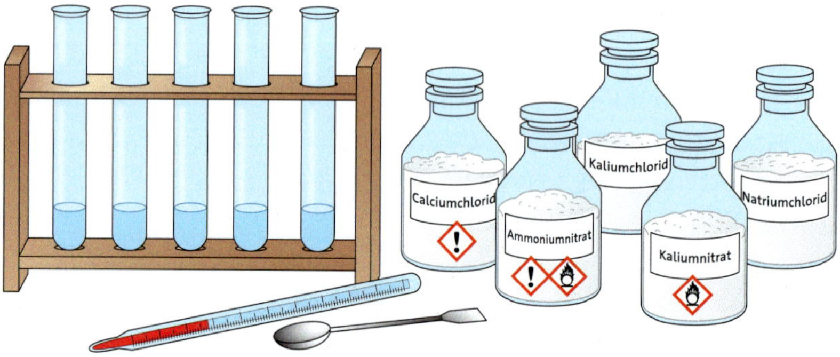

2 Versuchsaufbau

1 Gib in jedes Reagenzglas 3 ml Wasser und je einen Spatel eines der fünf Salze. Schüttle vorsichtig, bis das Salz gelöst ist, und miss dann sofort die Temperatur.

2 ☐ Protokolliere die Temperaturveränderungen in einer Tabelle. Vergleiche deine Werte.

3 ☒ Erkläre deine gemessenen Werte mit den Fachbegriffen Gitterenergie und Hydratationsenergie.

4 ☒ Zeichne den Lösevorgang von Kaliumchlorid in Wasser in mehreren Schritten.

Temperatur steigt beim Lösen: Hydratationsenergie > Gitterenergie

Temperatur sinkt beim Lösen: Hydratationsenergie < Gitterenergie

3

Material C

Wie funktioniert das Streusalz?

Auf Eis befindet sich immer eine sehr dünne Schicht von geschmolzenem Wasser. Dieser „Wasserfilm“ wird auch dann vom Eis nachgebildet, wenn man ihn wegwischt. Wir sagen: „Eis und Wasser sind im Gleichgewicht.“ Wenn nun Salz darauf gestreut wird, löst das Wasser das Salz und die Wassermoleküle lagern sich um die gelösten Ionen (Hydratation).
Ist das Wasser dem Eis-Wasser-Gleichgewicht entzogen, wird neues Wasser gebildet. Dadurch schmilzt das Eis. Dieser Vorgang setzt sich fort, bis alles Salz gelöst ist.
Zudem gefriert die entstandene Salzlösung erst unter –20 °C, da die Salz-Ionen die Gitterbildung beim Eis stören. Zusätze von Calciumchlorid oder Magnesiumchlorid setzen den Gefrierpunkt noch weiter herunter. Diese Salze sind zudem weniger schädlich für die Umwelt.

4

5 Streudienst im Winter

1 Lies den Text: → 4

a ☒ Erkläre das Schmelzen des Eises durch den Lösevorgang von Salz mit einer Zeichnung.

b ☒ Erkläre, welcher Effekt verhindert, dass das aufgetaute Wasser wieder gefriert.

Material D

Wärmer oder kälter?

Die Energie beim Lösevorgang eines Salzes lässt sich auch in Diagrammen darstellen.

1 Ein Salz löst sich in Wasser. Dabei wird es 3 Grad wärmer. Beim Lösen eines anderen Salzes kühlt die Lösung um 4 Grad ab.
☒ Ordne die zwei Lösevorgänge den Energiediagrammen in Bild 6 zu und erkläre deine Zuordnung.

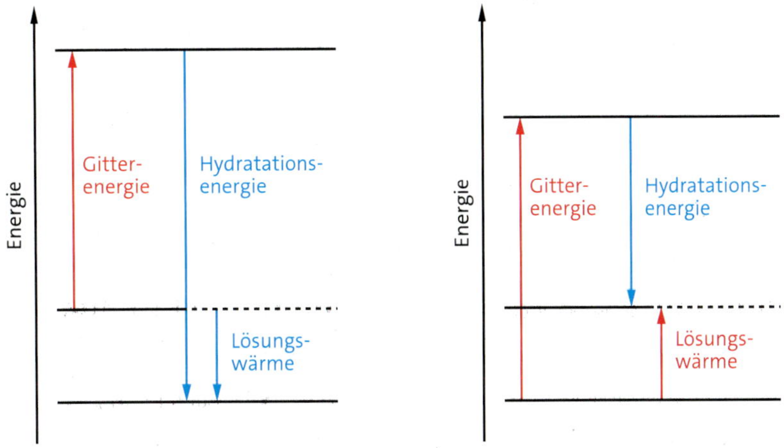

6 Energiediagramme

2 Bei einem weiteren Salz ändert sich die Temperatur beim Lösen praktisch nicht.
☒ Zeichne zu diesem Lösevorgang das passende Energiediagramm.

Die entscheidenden Teilchen

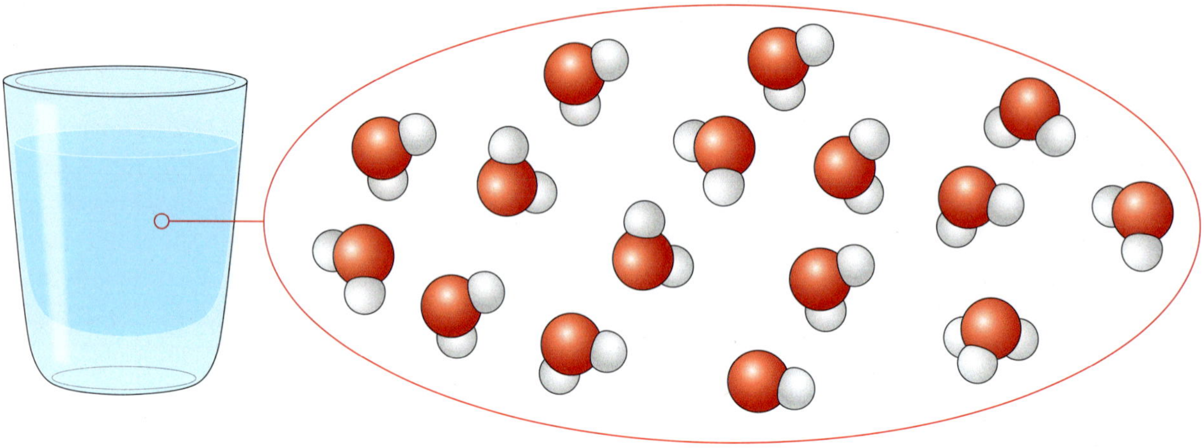

1 Wasser unter der Lupe

Reines Wasser besteht einzig und allein aus neutralen Molekülen. Mit einem empfindlichen Messgerät stellt man in flüssigem Wasser trotzdem einen schwachen Stromfluss fest. Wie ist das möglich?

Ionenentstehung • Im flüssigen Wasser sind die Wasser-Moleküle ständig in Bewegung. Stoßen zwei Moleküle zusammen, so kann es in seltenen Fällen passieren, dass Ionen entstehen. Diese Ionen sind für die elektrische Leitfähigkeit verantwortlich.

OH^--Ion • In einem Wassermolekül liegen zwei polare Elektronenpaarbindungen vor. Bei einem „erfolgreichen" Zusammenstoß zweier Wassermoleküle wird eine dieser Bindungen so gespalten, dass beide Bindungselektronen beim Sauerstoff-Atom bleiben. Unter Abgabe von einem H^+-Teilchen entsteht so aus einem Wassermolekül ein OH^--Ion, auch Hydroxid-Ion genannt. → 2

H_3O^+-Ion • Das abgegebene H^+-Teilchen wird vom anderen Wassermolekül aufgenommen. So entsteht ein H_3O^+-Ion, auch Oxonium-Ion genannt. Da pro OH^--Ion ein H_3O^+-Ion entsteht, ist in reinem Wasser die Anzahl der H_3O^+-Ionen gleich der Anzahl an OH^--Ionen. Deshalb ist Wasser neutral.

Protonenübertragung • Gibt ein Wasserstoff-Atom ein Elektron ab, so bleibt nur noch das Proton aus dem Wasserstoff-Atomkern übrig. Bei dem H^+-Teilchen handelt es sich also um ein Proton. Bei der Reaktion zwischen zwei Wassermolekülen werden demnach Protonen übertragen. → 2

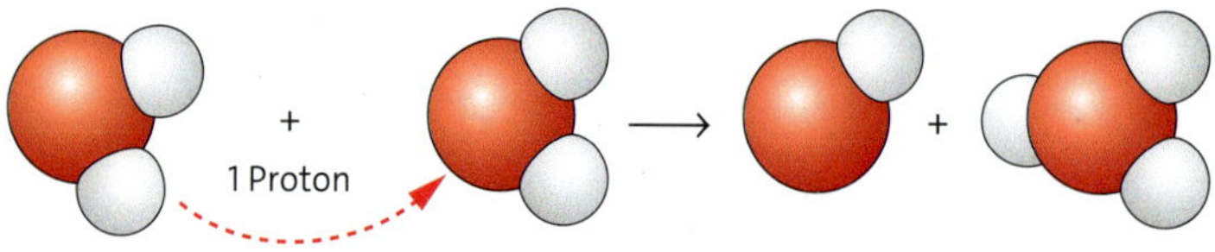

$$H_2O + H_2O \rightarrow OH^- + H_3O^+$$

2 Reaktion zwischen zwei Wassermolekülen

das **Hydroxid-Ion**
das **Oxonium-Ion**
die **Protonenübertragung**
der **Protonendonator**
der **Protonenakzeptor**

Bei der Reaktion zwischen Wassermolekülen entstehen durch die Übertragung von Protonen H_3O^+- und OH^--Ionen. Diese Ionen sind für die schwache elektrische Leitfähigkeit von Wasser verantwortlich.

Protonendonator • Auch beim Einleiten von HCl-Gas in Wasser findet eine Protonenübertragung statt. → 3 Die HCl-Moleküle geben jeweils ein Proton ab. Sie werden als Protonendonatoren (lat. donare: geben) bezeichnet.
Damit befinden sich in der Lösung mehr H_3O^+-Ionen als OH^--Ionen. Der Überschuss an H_3O^+-Ionen ist dafür verantwortlich, dass bei diesem Vorgang eine saure Lösung entsteht.

Protonenakzeptor • Beim Einleiten von NH_3-Gas in Wasser nehmen die NH_3-Moleküle ein Proton von Wassermolekülen auf. → 4
Die NH_3-Moleküle werden als Protonenakzeptoren (lat. accipere: annehmen) bezeichnet. Damit befinden sich in der Lösung mehr OH^--Ionen als H_3O^+-Ionen.
Der Überschuss an OH^--Ionen ist dafür verantwortlich, dass bei diesem Vorgang eine alkalische Lösung entsteht.

Ionen im Gitter • Im Ionengitter von Metallhydroxiden wie Natriumhydroxid (NaOH) sind bereits OH^--Ionen (Hydroxid-Ionen) vorhanden. Beim Lösen von Metallhydroxiden in Wasser entstehen also auch alkalische Lösungen.

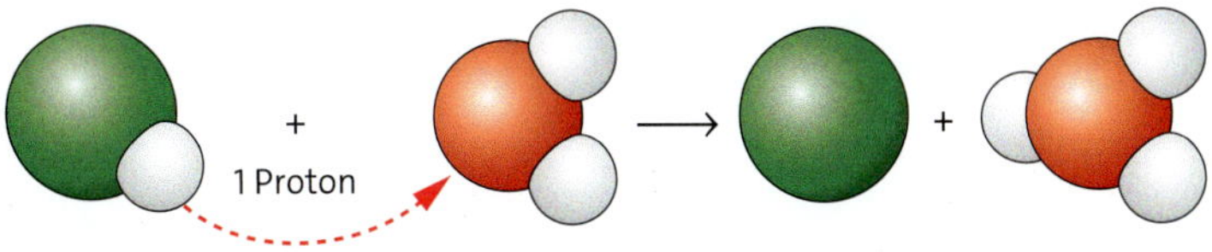

$$HCl + H_2O \rightarrow Cl^- + H_3O^+$$

3 Reaktion zwischen Chlorwasserstoff- und Wassermolekülen

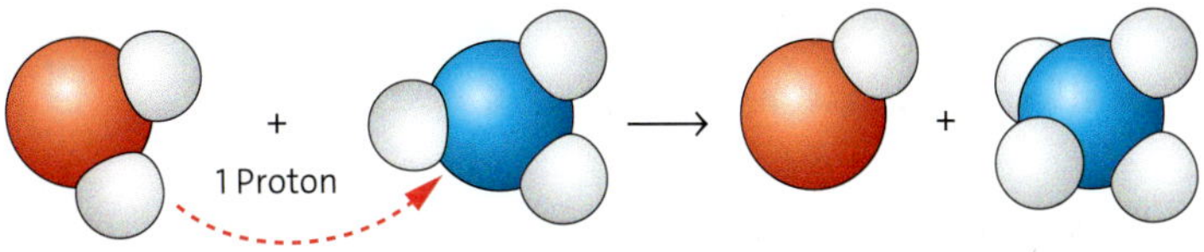

$$H_2O + NH_3 \rightarrow OH^- + NH_4^+$$

4 Reaktion zwischen Ammoniak- und Wassermolekülen

Saure Lösungen enthalten einen Überschuss an H_3O^+-Ionen. Alkalische Lösungen enthalten einen Überschuss an OH^--Ionen.

Aufgaben

1 Erkläre, warum man in Wasser einen schwachen Stromfluss messen kann.

2 Gib an, welche Ionen in sauren und in alkalischen Lösungen im Überschuss vorhanden sind.

3 Erkläre, was man unter einem Protonendonator bzw. einem Protonenakzeptor versteht.

4 „Wassermoleküle können sowohl Protonendonator als auch Protonenakzeptor sein." Bestätige dies mit Reaktionsgleichungen.

Die entscheidenden Teilchen

Material A

Sauer, alkalisch oder neutral?

Gegeben sind die folgenden drei Lösungen:

I wässrige HCl-Lösung
II wässrige NH_3-Lösung
III destilliertes Wasser

1 Ordne den Lösungen I–III die Aussagen A, B und C richtig zu.

2 Ordne den Lösungen I–III die Aussagen a, b und c richtig zu.

A Die Anzahl der H_3O^+-Ionen ist größer als die Anzahl der OH^--Ionen.

B Die Anzahl der H_3O^+-Ionen ist gleich der Anzahl an OH^--Ionen.

C Die Anzahl der H_3O^+-Ionen ist kleiner als die Anzahl an OH^--Ionen.

a Der Universalindikator färbt die Lösung grün.

b Der Universalindikator färbt die Lösung blau.

c Der Universalindikator färbt die Lösung rot.

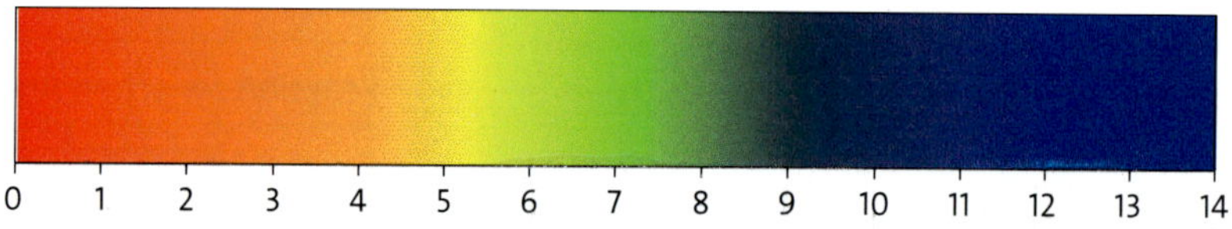

1 Farbverlauf beim Universalindikator

Material B

Kaliumhydroxid/Kalilauge

In Bild 2 siehst du das Ionengitter von Kaliumhydroxid (KOH).

1 Gib an, welche Ladung die Kalium- bzw. die Hydroxid-Ionen besitzen.

2 Begründe mithilfe der Aussage über die Ionenladung, warum im Ionengitter die Zahl an Kalium-Ionen genau so groß ist wie die Zahl an Hydroxid-Ionen.

3 Begründe, warum festes Kaliumhydroxid den elektrischen Strom nicht leitet, während Kalilauge (eine wässrige Kaliumhydroxid-Lösung) dagegen schon.

4 Begründe, warum beim Lösen von Kaliumhydroxid in Wasser eine alkalische Lösung entsteht.

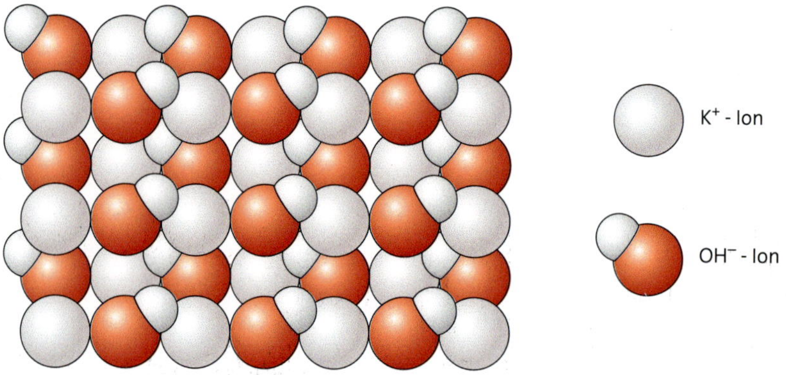

2 Ionengitter Kaliumhydroxid

Material C

Elektrische Leitfähigkeit

Materialliste: Becherglas, 2 Kohleelektroden, 3 Kabel, Amperemeter, Netzgerät (AC), 2 Tropfpipetten, Spatel, Salzsäure (0,1 M), destilliertes Wasser, Natriumhydroxid

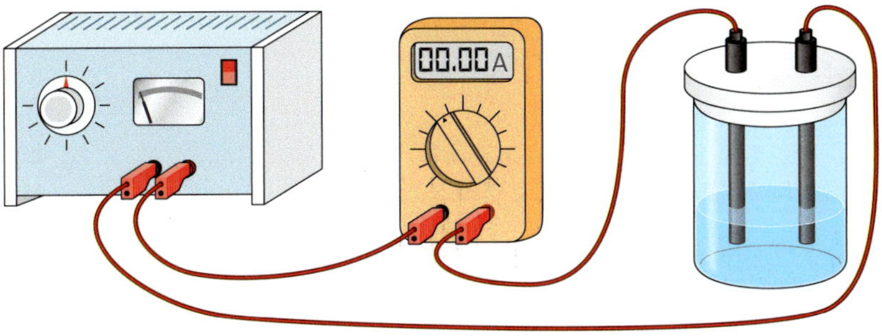

3 Versuchsaufbau

1 Baue den Versuch entsprechend Bild 3 auf. Gib 50 ml Wasser in das Becherglas. Die folgenden drei Versuchsvarianten A–C können nun jeweils durchgeführt werden:

2 Variante A: Schalte das Amperemeter ein. Erhöhe ausgehend von 0 V die anliegende Spannung.

3 Variante B: Lege eine Spannung von 5 V an. Gib tropfenweise Salzsäure zu.

4 Variante C: Lege eine Spannung von 5 V an. Gib mit dem Spatel ein NaOH-Plätzchen in das Becherglas mit Wasser und löse es durch Schwenken.

5 Gib für die Versuchsteile A, B und C an, wie sich die Stromstärke jeweils ändert.

6 Erkläre jeweils die Änderung der Stromstärke.

Material D

Ameisensäure

In Bild 4 siehst du die Strukturformel von Ameisensäure.

1 Gib für alle am Aufbau des Moleküls beteiligten Atome die Elektronegativitätswerte an.

2 Berechne für alle im Molekül auftauchenden Elektronenpaarbindungen die Elektronegativitätsdifferenz.

3 Bei einer EN-Differenz größer als 0,5 spricht man von einer polaren Bindung. Gib für jede der Elektronenpaarbindungen an, ob diese polar oder unpolar ist.

4 Entwickle die Reaktionsgleichung für die Reaktion von Ameisensäure mit Wasser. Begründe, warum bei der Reaktion eine saure Lösung entsteht.

5 Begründe, warum nur eines der beiden H-Atome bei der Reaktion mit Wasser als Proton übertragen werden kann.

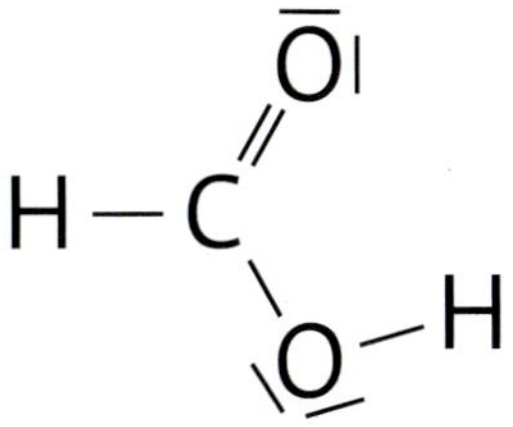

4 Strukturformel der Ameisensäure

Saure Lösungen – Beispiel Salzsäure

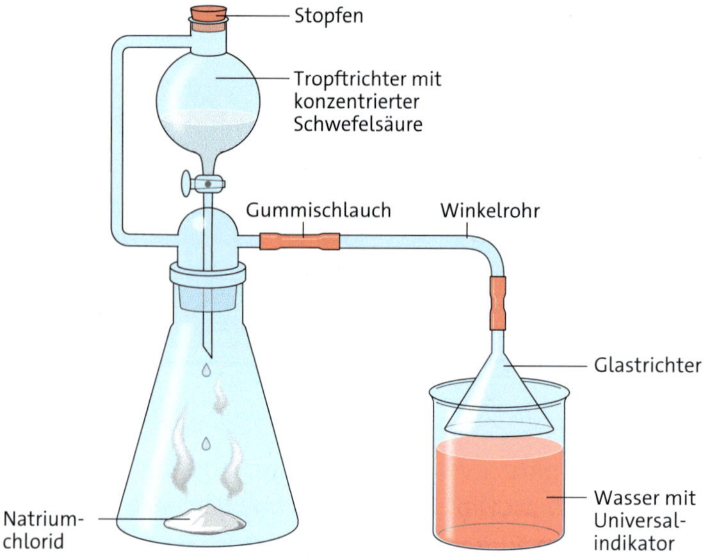

1 Herstellung von Salzsäure aus Kochsalz

Salzsäure kann aus Kochsalz hergestellt werden. Daher leitet sich ihr Name ab.

Herstellung • Wird konzentrierte Schwefelsäure auf Kochsalz getropft, entsteht ein Gas: Chlorwasserstoff mit der Formel HCl. → 1 Es ist farblos und stark ätzend. Wird Chlorwasserstoff in Wasser eingeleitet, dann reagiert es mit Wasser. Bei dieser Reaktion entstehen Oxonium-Ionen und Chlorid-Ionen. → 2 Diese entstandene saure Lösung bezeichnet man als Salzsäure.

„Rauchende" Salzsäure • Konzentrierte Salzsäure wird auch „rauchende" Salzsäure genannt, weil sie über dem offenen Gefäß mit der Luftfeuchtigkeit Nebel bildet.

Bei der Herstellung von konzentrierter Salzsäure können bis zu 400 Liter Chlorwasserstoff mit einem Liter Wasser reagieren.

Eigenschaften • Salzsäure reagiert wie alle Säuren mit Kalk und mit unedlen Metallen. Dabei bilden sich ihre Salze, die Chloride. Weil sie Ionen enthält, leitet Salzsäure den elektrischen Strom. Eine Mischung von konzentrierter Salzsäure mit konzentrierter Salpetersäure wird „Königswasser" genannt. Königswasser reagiert sogar mit Gold, der „Königin der Metalle", und löst es auf.

Vorkommen und Verwendung • In der Natur kommt Salzsäure außer in Vulkanseen vor allem im Magen von Menschen und Wirbeltieren vor. Salzsäure wird in verschiedenen Reinigungsmitteln eingesetzt. In der Industrie ist sie eine der wichtigsten Grundchemikalien.

Salzsäure gehört zu den sauren Lösungen. Sie entsteht, wenn Chlorwasserstoff mit Wasser reagiert.

Chlorwasserstoff	+	Wasser	→	Oxonium-Ion	+	Chlorid-Ion
HCl	+	H_2O	→	H_3O^+	+	Cl^-

2

Aufgaben

1 ☒ Nenne Eigenschaften von Salzsäure.

2 ☒ Erkläre, warum Wasser nach dem Einleiten von Chlorwasserstoffgas den elektrischen Strom leitet.

Material A

3 Der Springbrunnenversuch

Der Springbrunnenversuch

Ein Rundkolben wird mit Chlorwasserstoff gefüllt. Darunter steht ein Gefäß mit Wasser, das mit Universalindikator angefärbt wurde. Beide Gefäße werden durch ein Glasröhrchen mit einem Hahn verbunden.
Wird der Hahn geöffnet, steigt das Wasser nach oben. Sobald ein paar Tropfen Wasser in den Kolben kommen, reagiert Chlorwasserstoff mit dem Wasser. Das Wasser spritzt in den Kolben.

1 Skizziere den Springbrunnenversuch in dein Heft und beschrifte deine Skizze.

2 Gib die Reaktionsgleichung für die Reaktion von Chlorwasserstoff mit Wasser an.

3 Erkläre, warum sich die Farbe des Indikators ändert, sobald Wasser in den Kolben strömt.

Material B

Bildung von Salzen

1 Säure und Metall

Materialliste: Magnesiumband, Zinkgranulat, Kupferpulver, verdünnte Salzsäure, 3 Reagenzgläser, Reagenzglasständer, Pipette, Spatel

a Gib in je ein Reagenzglas 2 cm Säure und 2 cm Magnesiumband, ein Korn Zink bzw. eine Spatelspitze Kupferpulver. Beobachte. Dampfe die Lösungen nach der Reaktion ein.
b Benenne die entstandenen Salze.
c Formuliere die Wort- und Symbolgleichungen zu den ablaufenden Reaktionen.

2 Säure und Metalloxid

Materialliste: Magnesiumoxid, Zinkoxid, Kupferoxid, verdünnte Salzsäure, 3 Reagenzgläser, Reagenzglasständer, Spatel

a Gib in je ein Reagenzglas 2 cm Säure und eine Spatelspitze der Metalloxide. Dampfe die Lösungen nach der Reaktion ein.
b Benenne auch hier die entstandenen Salze.
c Formuliere einen Merksatz, auf welchen verschiedenen Wegen Salze entstehen können.

4 Zink in Salzsäure

Saure Lösungen – Beispiel Schwefelsäure

1 Schwefelsäure ist zur Produktion von Waschmitteln und Düngern nötig.

Schwefelsäure spielt für die Industrie eine wichtige Rolle. Ihre Salze kommen auch im Haushalt und in der Natur vor.

Schwefelsäure • Reine, also 100%ige Schwefelsäure ist eine farblose, ölige Flüssigkeit mit einer hohen Dichte ($1{,}8\,\frac{g}{ml}$). Sie besteht aus H_2SO_4-Molekülen. Konzentrierte Schwefelsäure reagiert sehr heftig mit Wasser. Dabei entstehen H_3O^+-Ionen und HSO_4^--Ionen, sogenannte Hydrogensulfat-Ionen. → 2 Diese können ein weiteres Proton abgeben. Dabei entsteht das Sulfat-Ion (SO_4^{2-}-Ion). → 3 Eine Schwefelsäure-Lösung enthält also H_3O^+-Ionen, Sulfat- und Hydrogensulfat-Ionen.

Eigenschaften • Konzentrierte Schwefelsäure ist stark wasseranziehend. Sie muss gut verschlossen aufbewahrt werden, sonst zieht sie Luftfeuchtigkeit an und verdünnt sich selbst. Viele Stoffe zerstört sie so, dass dabei Wassermoleküle entstehen, mit denen sie dann reagieren kann. Daher ist konzentrierte Schwefelsäure sehr gefährlich.

Vorkommen • Schwefelsäure ist in der Natur kaum zu finden. Die Salze der Schwefelsäure, die Sulfate und Hydrogensulfate, kommen dagegen häufig vor. Ein Beispiel ist Calciumsulfat, das unter dem Namen Gips bekannt ist.

Verwendung • Schwefelsäure wird als Batterieflüssigkeit in Autobatterien eingesetzt. In der chemischen Industrie ist sie eine der wichtigsten Chemikalien zur Produktion von Waschmitteln, Düngemitteln und Farben. → 1 Für die Herstellung von Arzneimitteln, Farbstoffen und Chemiefasern wird sie als Katalysator gebraucht.

Verdünnte Schwefelsäure ist eine saure Lösung. Sie enthält H_3O^+-Ionen.

Schwefelsäure + Wasser → Oxonium-Ion + Hydrogensulfat-Ion

$$H_2SO_4 + H_2O \rightarrow H_3O^+ + HSO_4^-$$

2

Hydrogensulfat-Ion + Wasser → Oxonium-Ion + Sulfat-Ion

$$HSO_4^- + H_2O \rightarrow H_3O^+ + SO_4^{2-}$$

3

Aufgaben

1 ☑ Gib an, welche Ionen in verdünnter Schwefelsäure enthalten sind.

2 ☒ Erkläre, warum reine Schwefelsäure nicht den elektrischen Strom leitet.

die Schwefelsäure
das Hydrogensulfat-Ion
das Sulfat-Ion

Material A

Schwefelsäure auf der Waage

Ein Becherglas mit konzentrierter Schwefelsäure wurde offen auf einer Waage stehen gelassen. → 4 5

1 Erkläre, warum die Masse im Lauf der Zeit zunimmt.

4 Zu Beginn

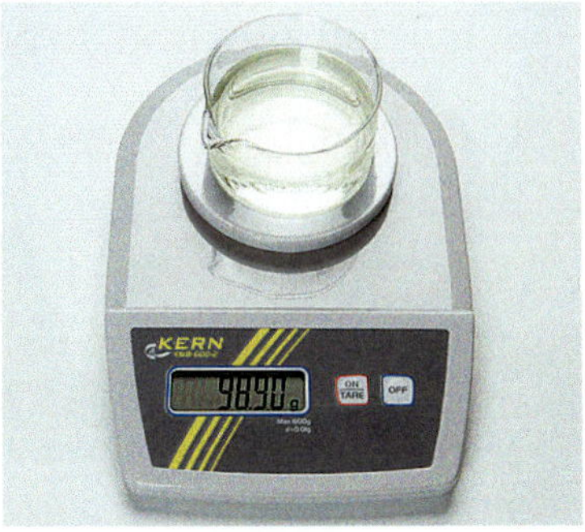

5 Ein Tag später

Material B

Temperaturverlauf beim Verdünnen

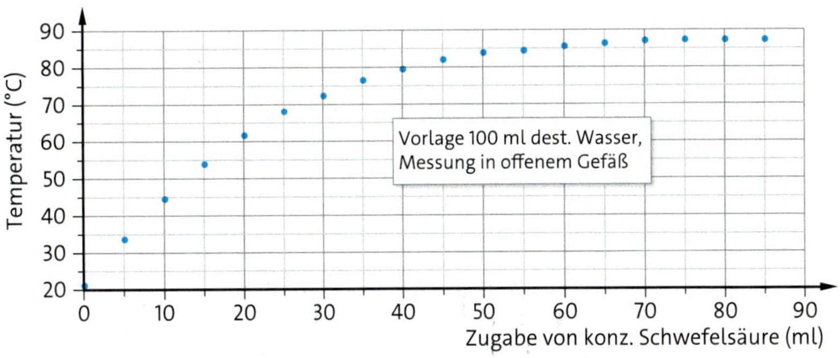

6 Temperaturverlauf bei Zugabe von Schwefelsäure zu Wasser

1 Wenn konzentrierte Schwefelsäure mit Wasser reagiert, wird sehr viel Energie frei. In einem Beispielexperiment wurde Wasser mit vielen kleinen Portionen Schwefelsäure versetzt. Kurz nach der Zugabe von Säure wurde die Temperatur gemessen. → 6
Beschreibe den Verlauf des Graphen in Bild 6.

2 Beim Verdünnen von konzentrierter Schwefelsäure mit Wasser findet eine chemische Reaktion statt. Formuliere die Reaktionsgleichung.

3 Erkläre, warum die Temperaturzunahme bei dem Versuch nicht unendlich weitergeht.

Material C

Wie wirken WC-Reiniger?

Materialliste: saurer WC-Reiniger, Pipette, Spatel, Reagenzglas, Universalindikator

1 Löse eine Spatelspitze WC-Reiniger in Wasser. Untersuche die Lösung mit Universalindikator.

2 Erkläre die Farbänderung des Indikators.

3 Erkläre, wie der Reiniger Kalkablagerungen entfernt.

WC-Reiniger Pulver
Gefahr
Enthält Natriumhydrogensulfat.
Kann gegenüber Metallen korrosiv sein. Verursacht schwere Verätzungen der Haut und Augenschäden.

7 WC-Reiniger-Etikett

Saure Lösungen – Beispiel Schwefelsäure

Erweitern und Vertiefen

Schwefelsäure und ihre Salze

Für Schwefelsäure und ihre Salze gibt es viele nützliche Anwendungen.

Zum Trocknen • Manche Stoffe im Chemielabor würden sofort mit Wasser reagieren. Man muss sie so aufbewahren, dass sie nicht einmal mit Luftfeuchtigkeit in Kontakt kommen. Dabei hilft konzentrierte Schwefelsäure: Ein Exsikkator ist ein verschließbares Glasgefäß. → 1 Unten gibt man konzentrierte Schwefelsäure in das Gefäß. Sie nimmt die Luftfeuchtigkeit auf. Weiter oben ist eine Siebplatte als Abstellfläche für die Stoffe, die trocken gehalten werden sollen.

In Autobatterien • Als Startbatterie für Kraftfahrzeuge nutzt man Bleiakkumulatoren. → 2 Diese enthalten als leitende Flüssigkeit verdünnte Schwefelsäure. Beim Entladen des Bleiakkumulators entstehen Blei-Ionen. Die Schwefelsäure reagiert mit den Blei-Ionen zu Bleisulfat. Deshalb ist die Konzentration der Schwefelsäure ein Maß für den Ladezustand des Bleiakkumulators.

Als Baustoff • Calciumsulfat, besser bekannt als Gips, ist ein wichtiger Baustoff. Er wird zur Herstellung von Wandbauplatten benutzt und ist Grundstoff für Wandputz und Spachtelmassen. In der Medizin wird Gips für die Herstellung des Gipsverbandes verwendet.

Als Abführmittel • Natriumsulfat oder Glaubersalz ist ein Salz, das stark abführend wirkt. In der Medizin wird es daher zur Behandlung von Verstopfungen angewendet. In der Alternativmedizin ist es ein beliebtes Mittel zur Entschlackung, z. B. zu Beginn einer Fastenkur.

Beim Röntgen • In normalen Röntgenbildern ist unser Magen und Darm ziemlich unsichtbar. Das ändert sich, wenn man eine Bariumsulfat-Suspension trinkt. Bariumsulfat ist also ein Röntgenkontrastmittel. → 3 Da Bariumsulfat in Wasser fast unlöslich ist, werden keine gefährlichen Barium-Ionen freigesetzt.

Aufgaben

1 Nenne ein Salz, das in Autobatterien enthalten ist.

2 Erkläre die Funktion des Exsikkators.

3 Erkläre die Rolle von Bariumsulfat beim Röntgen.

1 Exsikkator

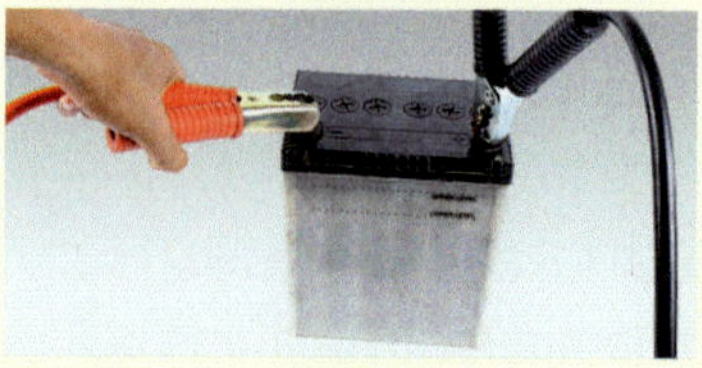

2 Autobatterie

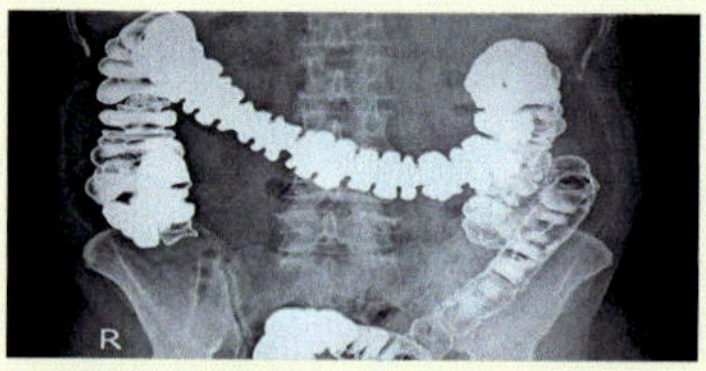

3 Röntgenbild des Dickdarms

Weitere Säuren und ihre Salze

Phosphorsäure • Reine Phosphorsäure (H_3PO_4) ist bei Raumtemperatur fest und wie die Schwefelsäure stark wasseranziehend. Sie wird als 80- bis 85%ige Phosphorsäurelösung verkauft. Verdünnte Phosphorsäure wird zum Entrosten von Metallen und als Rostschutz genutzt. In der Lebensmittelindustrie findet man sie als Säuerungsmittel in Getränken wie z. B. Cola. Die Salze der Phosphorsäure werden als Konservierungsmittel und Antioxidantien genutzt. Sie verhindern, dass Fette ranzig werden oder Wurst und Fleischwaren sich verfärben. Außerdem werden Phosphate als Enthärter in Spülmaschinenmitteln eingesetzt. Der Hauptteil der Phosphate kommt allerdings als Dünger zum Einsatz.

Salpetersäure • Reine Salpetersäure (HNO_3) ist eine farblose Flüssigkeit. Sie zersetzt sich allerdings sehr leicht und hat dann einen gelblichen Farbton. Salpetersäure ist sehr gefährlich. Sie ist stark ätzend und setzt bei vielen Reaktionen giftige Gase frei. In Konzentrationen über 70 Prozent ist sie brandfördernd. Salpetersäure ist Ausgangsstoff für viele wichtige Produkte. Sie wird unter anderem zur Herstellung von Farbstoffen, Lacken, Medikamenten und Explosivstoffen wie Nitroglycerin genutzt. Die Salze der Salpetersäure werden in der Lebensmittelindustrie als Konservierungsmittel zum Pökeln von Wurstwaren verwendet. Außerdem werden sie als Düngemittel eingesetzt.

Kohlensäure • Reine Kohlensäure (H_2CO_3) lässt sich unter normalen Bedingungen nicht herstellen. Eine Kohlensäure-Lösung erhält man, wenn man Kohlenstoffdioxid in Wasser einleitet. Dabei reagiert ein geringer Teil des Kohlenstoffdioxids zu Kohlensäure. Kohlensäure ist in vielen Erfrischungsgetränken enthalten. Die Salze der Kohlensäure sind überall in der Natur zu finden. Besonders Calciumcarbonat, besser bekannt als Kalk, ist weit verbreitet. Kalk wird zur Herstellung von Zement und als Düngemittel eingesetzt. Er ist als Lebensmittelzusatzstoff zugelassen und in Kosmetikartikeln wie zum Beispiel Zahnpasta zu finden.

Aufgaben

1 ◩ Gib an, wozu man die verschiedenen Säuren und ihre Salze nutzt.

2 ⊠ Gib für die Reaktion der drei Säuren mit Wasser jeweils die Reaktionsgleichung an.

Säure	Formel der Säure	Salze	Beispiel für Salz	Formel des Salzes
Phosphorsäure	H_3PO_4	Phosphate	Natriumphosphat	Na_3PO_4
Salpetersäure	HNO_3	Nitrate	Kaliumnitrat (Kalisalpeter)	KNO_3
Kohlensäure	H_2CO_3	Carbonate	Calciumcarbonat (Kalk)	$CaCO_3$

4 Wichtige Säuren und ihre Salze

Alkalische Lösungen

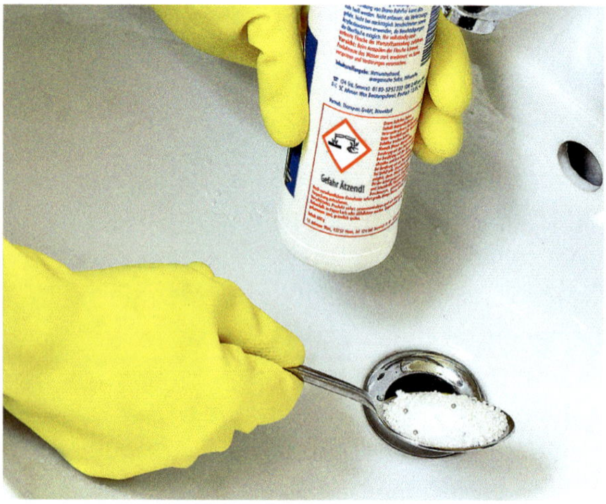

1 Rohrreiniger zersetzen Schmutz.

2 Das Indikatorpapier zeigt eine alkalische Reaktion.

Rohrreiniger zersetzen fettigen Schmutz. Sie sind ätzend und enthalten häufig Natriumhydroxid. Untersucht man sie, stellt man fest, dass sie stark alkalisch reagieren.

Alkalische Lösungen aus Hydroxiden • Löst man feste Hydroxide wie Natriumhydroxid (NaOH) in Wasser, so zeigen diese eine alkalische Reaktion. Es ist eine alkalische Lösung entstanden. → 4 Alkalische Lösungen enthalten einen Überschuss an frei beweglichen Hydroxid-Ionen. → 3 Diese sind für die Färbung des Indikators verantwortlich. → 2

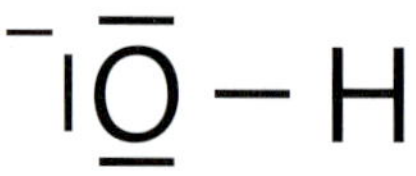

3 Das Hydroxid-Ion

Weitere Herstellungsverfahren • Alkalische Lösungen entstehen auch, wenn man Alkalimetalle oder Erdalkalimetalle mit Wasser reagieren lässt.

	Natriumhydroxid	→	Natrium-Ion	+	Hydroxid-Ion
4	NaOH	→	Na^+	+	OH^-

Diese Reaktion verläuft unterschiedlich stark. Die Alkalimetalle reagieren viel heftiger als die Erdalkalimetalle. Bei den Alkalimetallen reagiert Lithium noch recht langsam. Natrium reagiert schon stärker. Bei Kalium ist die Reaktion sehr heftig.
Alkalische Lösungen lassen sich auch aus den Oxiden der Metalle gewinnen. So lässt sich zum Beispiel Calciumlauge gut aus Calciumoxid und Wasser herstellen. Wenn man alkalische Lösungen eindampft, so erhält man wieder das feste Hydroxid. Das Hydroxid entsteht, weil sich die Ionen aus der Lösung wieder zu einem Ionengitter zusammenlagern. → 5

Verwendung • Hydroxide und alkalische Lösungen sind ätzend. Sie reagieren mit vielen organischen Stoffen und lösen so fetthaltigen Schmutz auf. Deshalb nutzt man sie in Rohrreinigern oder in Backofensprays. Auch Abbeizmittel für alte Farben und Lacke entdas Hydroxid

halten Laugen. Daher heißt der Vorgang auch „Ablaugen“.
Alkalische Lösungen sind auch wichtige Industrierohstoffe. Sie werden zum Beispiel für die Herstellung von Papier und Seife benötigt.

Ammoniak • In manchen Reinigern ist Ammoniak enthalten. Ammoniak ist ein Gas und hat einen typisch stechenden Geruch. Die Formel von Ammoniak lautet NH_3.
Mit Wasser reagiert Ammoniak zu positiv geladenen Ammonium-Ionen und Hydroxid-Ionen:

$$NH_3 + H_2O \rightarrow NH_4^+ + OH^-$$

Bei dieser Reaktion entsteht eine alkalische Lösung. Diese alkalische Lösung nennt man Ammoniakwasser.
Ammoniak bildet Salze. Steht konzentriertes Ammoniakwasser neben konzentrierter Salzsäure, bildet sich ein weißer Feststoff, das Salz Ammoniumchlorid. → 6 7

Weitere Verwendung von Ammoniak • In der Lebensmittelindustrie wird Ammoniak als Säureregulator (E527) genutzt. Das Salz Ammoniumchlorid ist oft in Lakritz als Geschmacksverstärker enthalten. In Salmiakpastillen wirkt es schleimlösend.

Gelöste Hydroxide nennt man alkalische Lösungen oder Laugen. Die Hydroxid-Ionen sind verantwortlich für die Eigenschaften der alkalischen Lösungen.

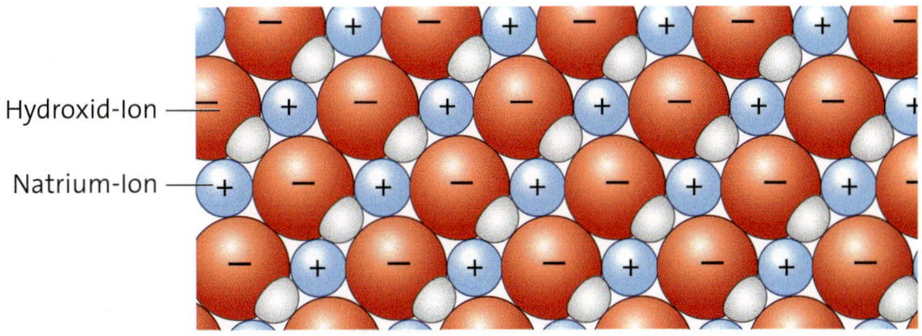

5 Modelldarstellung von festem Natriumhydroxid

6 Konzentrierte Ammoniaklösung und konzentrierte Salzsäure nebeneinander

7

Ammoniak	+	Salzsäure	→	Ammoniumchlorid
NH_3	+	HCl	→	NH_4Cl

Aufgaben

1 Nenne den Bestandteil von Rohrreinigern, der die organischen Rückstände im Abflussrohr angreift.

2 Beschreibe drei Verfahren, mit denen sich alkalische Lösungen herstellen lassen.

3 Erkläre die Begriffe Hydroxid und alkalische Lösung.

4 Erkläre, warum bei der Reaktion von Ammoniak mit Wasser eine alkalische Lösung entsteht.

Alkalische Lösungen

Material A

Alkalische Reiniger

Name des Hydroxids	Name der Lauge	Ionen in der Lösung
Natriumhydroxid/Ätznatron	Natronlauge/Natriumlauge	Na^+, OH^-
Kaliumhydroxid/Ätzkali	Kalilauge/Kaliumlauge	K^+, OH^-
Calciumhydroxid	Kalkwasser/Calciumlauge	Ca^{2+}, 2 OH^-
Bariumhydroxid	Barytwasser/Bariumlauge	Ba^{2+}, 2 OH^-

1 Übersicht über einige Hydroxide und Laugen

Materialliste: 5 Reagenzgläser, Reagenzglashalter, Spatel, Wasserspritzflasche, Universalindikator, Kernseife, Waschlotion, Backofenspray, Schmierseife, Waschmittel

1 Gib jeweils etwas von dem Reinigungsmittel in ein Reagenzglas und löse bzw. verdünne es mit Wasser. Gib in jedes der Reagenzgläser 2 Tropfen Indikatorlösung.

2 Protokolliere deine Beobachtungen.

3 Gib mithilfe der Farbskala des Universalindikators den pH-Wert der Reiniger an.

4 Untersuche die Etiketten der Reinigungsmittel. Gib die alkalischen Bestandteile an.

5 Erkläre, warum Seifenwasser im Auge brennt.

Material B

Rohrreiniger untersuchen

Materialliste: Reagenzgläser, Reagenzglashalter, Pinzette, Spatel, Thermometer, Universalindikator, Rohrreiniger

Achtung • Schutzhandschuhe tragen!

1 Trenne mit der Pinzette die einzelnen Bestandteile des Rohrreinigers. Löse diese dann jeweils in Wasser und gib 2 Tropfen Universalindikator dazu. Protokolliere deine Beobachtungen.

2 Fülle ein Reagenzglas zu etwa einem Drittel mit Wasser und miss die Temperatur. Gib zwei Spatel Rohrreiniger dazu. Beobachte die Temperatur.

3 Gib an, wie sich die Temperatur verändert hat. Welche Schlussfolgerung ziehst du aus dieser Beobachtung?

4 Nenne die Bestandteile des Rohrreinigers, die reinigungsaktiv sind.

5 Betrachte die Gefahrensymbole auf dem Etikett des Rohrreinigers. Erkläre, worauf man beim Umgang mit einem Rohrreiniger achten sollte.

2 Etikett eines Rohrreinigers

Material C

Alkalische Lösungen herstellen

Materialliste: 4 Reagenzgläser, Reagenzglashalter, Reagenzglasklammer, Gasbrenner, Pinzette, Schleifpapier, Spatel, Magnesiumband, Magnesiumoxid, Calcium, Universalindikator

1 Gib 2 cm gut angeschliffenes Magnesiumband im Reagenzglas in 2 ml Wasser. Füge 2 Tropfen Indikator hinzu und beobachte. Erwärme dann das Reagenzglas leicht und beobachte erneut. Wiederhole den Versuch mit ein wenig Magnesiumoxid.

2 Gib in ein Reagenzglas 4 ml Wasser und etwas Indikator. Gib 2 Körnchen Calcium mit der Pinzette hinein und stelle das Reagenzglas in den Halter. Fange das entstehende Gas auf, indem du ein weiteres Reagenzglas mit einer Klammer über das erste Reagenzglas hältst. Mache damit die Knallgasprobe.

3 Vergleiche die Ergebnisse der drei Experimente.

4 Erkläre, warum bei diesen Reaktionen alkalische Lösungen entstehen.

Material D

Trockene Hydroxide

Materialliste: Leitfähigkeitsmessgerät, Becherglas, Uhrglas, Indikatorpapier, Natriumhydroxid-Plätzchen

1 Untersuche ein Natriumhydroxid-Plätzchen auf Leitfähigkeit. Löse es dann in Wasser und miss erneut. Untersuche außerdem ein Natriumhydroxid-Plätzchen zuerst mit trockenem, dann auch mit feuchtem Indikatorpapier.

2 Erkläre deine Beobachtungen.

Material E

Der technische Kalkkreislauf

Calciumhydroxid ist in Kalkmörtel enthalten. Kalkmörtel reagiert beim Hausbau allmählich zu Kalkstein, der die Mauersteine fest verbindet.

1 Bild 3 stellt dar, wie Calciumhydroxid in der Technik gewonnen wird. Erkläre die Zusammenhänge in dem Bild mit Wortgleichungen. Versuche auch Symbolgleichungen zu erstellen.

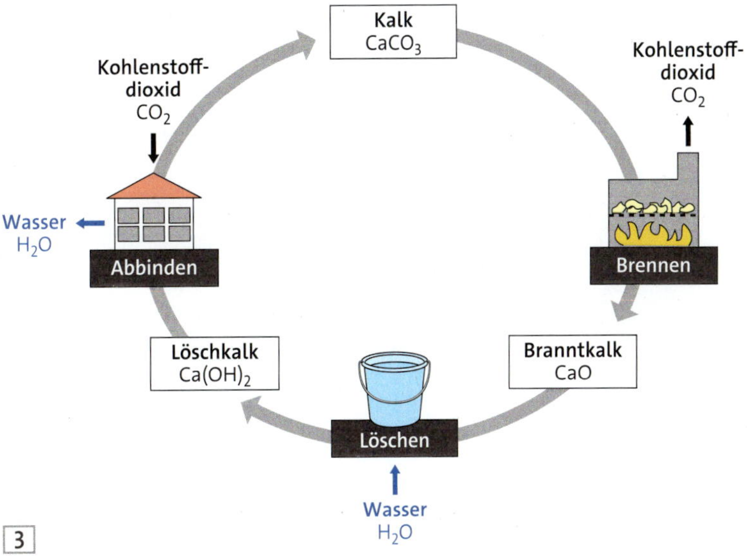

3

Neutralisation

1 Im Klärwerk kommen saure und alkalische Lösungen zusammen.

Unser Abwasser ist oft sauer oder alkalisch. Im Klärwerk muss es daher neutralisiert werden. Denn nur Wasser mit einem neutralen pH-Wert darf in die Umwelt entlassen werden.

Chemisches Farbenspiel • Eine saure Lösung färbt sich nach Zugabe von Universalindikator rot. Bei tropfenweiser Zugabe einer alkalischen Lösung ändert sich die Farbe über Gelb nach Grün und abschließend zu Blau.

2 Zugabe von Natronlauge zu Salzsäure. Die Lösungen enthalten Universalindikator.

Dieser Vorgang ist umkehrbar. Bei Vorgabe einer alkalischen Lösung wird dann entsprechend eine saure Lösung zugetropft.
Mit etwas Geschick kann man die Zugabe der alkalischen bzw. sauren Lösung beim Erreichen der grünen Farbe abbrechen. → 2 Nun ist die Lösung neutral.

Teilchen • Eine saure Lösung enthält einen Überschuss an H_3O^+-Ionen. Bei Zugabe einer alkalischen Lösung reagieren die OH^--Ionen mit den H_3O^+-Ionen. Es entstehen neutrale Wassermoleküle.

$$H_3O^+ + OH^- \rightarrow 2\,H_2O$$

Diese Reaktion wird als Neutralisation bezeichnet. Bei gleicher Anzahl an H_3O^+- und OH^--Ionen entsteht so eine neutrale Lösung.

die Neutralisation

Salzbildung • Nach der Neutralisation von Salzsäure mit Natronlauge kann man den Reaktionsansatz an einem warmen Ort stehen lassen. Nach einiger Zeit bleibt ein weißer Feststoff zurück. → 5 Was ist geschehen? Neben den H_3O^+-Ionen enthält Salzsäure auch noch Cl^--Ionen. In der Natronlauge sind neben den OH^--Ionen noch Na^+-Ionen enthalten.
Werden genau passende Mengen der beiden Lösungen zusammengegeben, so findet innerhalb kürzester Zeit die Neutralisationsreaktion statt. → 3 Zurück bleiben in Wasser verteilte Na^+- und Cl^--Ionen.
Wird dieses Salzwasser eingedampft, kann man das Salz sehen. Die Ionen lagern sich zu einem Ionengitter zusammen. Es bilden sich Salzkristalle. → 4

Saure Lösungen lassen sich durch Zugabe von alkalischen Lösungen neutralisieren. Alkalische Lösungen werden durch Zugabe von sauren Lösungen neutralisiert.
Bei der Neutralisation entstehen Wasser und ein Salz.

Aufgaben

1 Erkläre, was bei einer Neutralisationsreaktion geschieht.

2 Begründe, warum sich beim Eindampfen die Na^+- und Cl^--Ionen zu einem Ionengitter zusammenlagern.

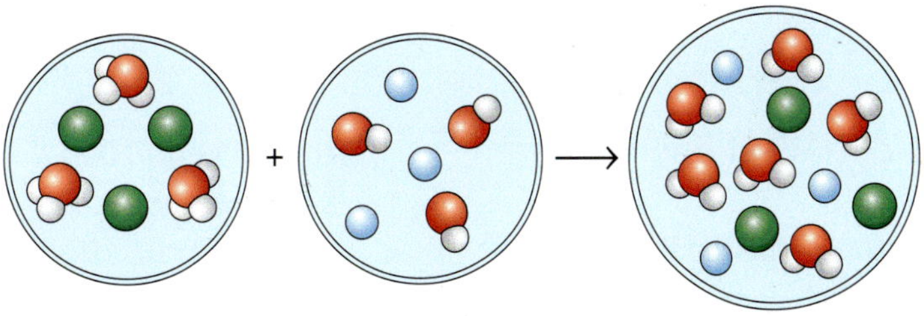

Salzsäure + Natronlauge → neutrale Natriumchlorid-Lösung

$H_3O^+ + Cl^- + Na^+ + OH^- \rightarrow 2\,H_2O + Na^+ + Cl^-$

3

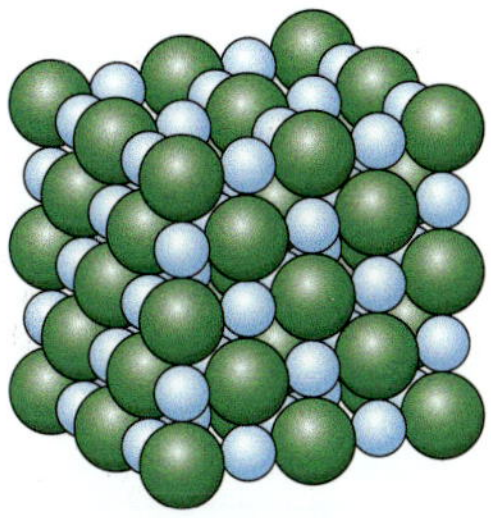

Natrium-Ion + Chlorid-Ion → Natriumchlorid

$Na^+ + Cl^- \rightarrow NaCl$

4

5 Eine Salzlösung nach dem Eindampfen

Neutralisation

Material A

Neutralisationen erklären

1 Erkläre die Reaktion in Bild 1. Verwende dabei die Begriffe „Protonendonator“, „Protonenakzeptor“, „Protonenübertragung“ und „Neutralisation“.

2 Lotte, Pia und Ben diskutieren, wobei es sich um eine Neutralisation handelt. → 2
a Gib an, wer recht hat.
b Begründe deine Meinung.

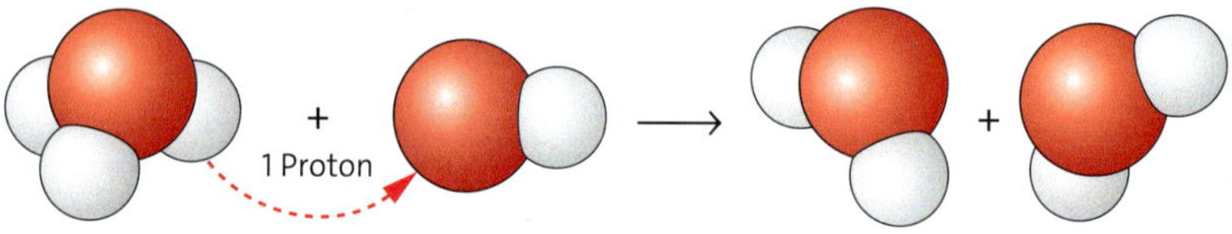

$$H_3O^+ + OH^- \longrightarrow 2\,H_2O$$

1 Neutralisation im Modell

Lotte: Wenn man eine saure und eine alkalische Lösung zusammengibt, hat man eine neutrale Lösung.

Pia: Ich glaube das gilt nur für Salzsäure und Natronlauge.

Ben: Ich denke, das hängt eher damit zusammen, wie viele H_3O^+- und OH^--Ionen in den Lösungen enthalten sind.

2

Material B

Magensäure neutralisieren

Im Magen sorgen bestimmte Drüsen dafür, dass eine saure Lösung abgesondert wird, die für die Verdauung des Speisebreis wichtig ist. Diese Lösung ist der Salzsäure sehr ähnlich. Sie hat bei nüchternem Magen einen pH-Wert von 1, bei vollem Magen einen pH-Wert von 2 bis 4.
Manchmal sondern die Drüsen zu viel Magensäure ab. Es kommt zum unangenehmen Sodbrennen. Dieses schmerzhafte Gefühl kann man durch Einnahme von neutralisierenden Substanzen beseitigen. Die neutralisierende Wirkung von Magentabletten kannst du selbst in einem Versuch testen.

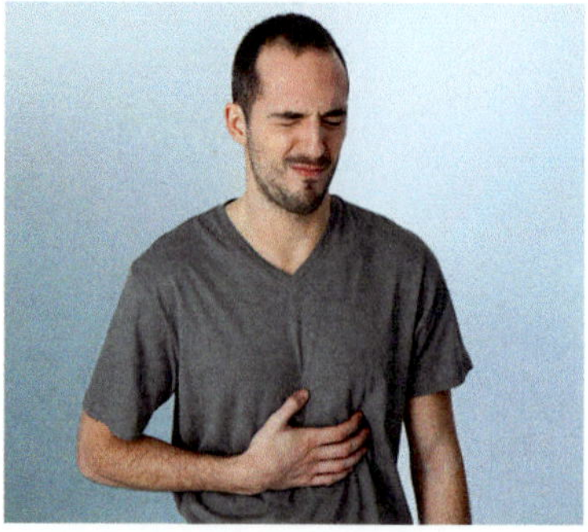

3 Schmerzhaftes Sodbrennen

Materialliste: kleines Becherglas, verdünnte Salzsäure ⟨!⟩, Universalindikator, mehrere Magentabletten (Rennie®, Talcid® oder Riopan®)

1 Fülle verdünnte Salzsäure 1–2 cm hoch in das Becherglas und gib 2 Tropfen Universalindikator dazu. Füge dann eine Magentablette zu, rühre um und beobachte die Flüssigkeit.

2 Erkläre die Wirkung des Medikaments im Magen.

Material C

Salzbildung auf dem Uhrglas

Materialliste: Uhrglas, Tropfpipetten, Salzsäure (1-molar), Natronlauge (1-molar)

1 Gib 2 ml Salzsäure auf das Uhrglas. Ergänze dann tropfenweise 1 ml Natronlauge.

2 Lass das Uhrglas für mehrere Tage an einem möglichst warmen Ort stehen.

3 Notiere und erkläre deine Beobachtungen.

Material D

Lehrerversuch: Salzbildung unter der Lupe

Materialliste: Glasplatte, Unterlage (schwarz), Tropfpipetten, Lupe, rauchende Salzsäure, 40%ige Natronlauge

1 Die Glasplatte wird auf die schwarze Unterlage gelegt.

2 Deine Lehrkraft gibt 1 ml Natronlauge auf die Glasplatte. Daneben gibt sie einige Tropfen Salzsäure, sodass sich die Flüssigkeiten nicht berühren.

3 Beobachte mit der Lupe. Notiere und erkläre deine Beobachtungen.

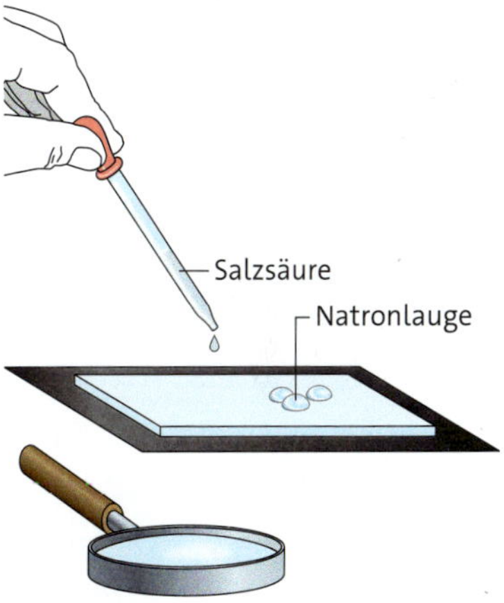

4 Versuchsaufbau

Material E

Rallye zu den Salzen

Bei Neutralisationsreaktionen können viele verschiedene Salze entstehen.

1 Übertrage die Tabelle in dein Heft und ergänze die Lücken. → 5

2 Ergänze weitere Zeilen mit selbst gewählten Beispielen. (Hinweis: Hier kann z. B. das Stichwortverzeichnis des Buches helfen.)

Name des Salzes	Formel des Salzes	Eingesetzte saure Lösung	Säurerest-Anion	Eingesetzte alkalische Lösung	Metall-Kation
Natriumchlorid	NaCl	Salzsäure (HCl)	Cl^-	Natronlauge (NaOH)	Na^+
Kaliumiodid	KI	...	...	Kalilauge (KOH)	K^+
Calciumsulfat	$CaSO_4$	...	...	Calciumlauge ($Ca(OH)_2$)	...
Natriumacetat	...	Essigsäure (CH_3COOH)	...	...	...

5 Salze und ihre Namen

Auf die Konzentration kommt es an

1 Speiseessig

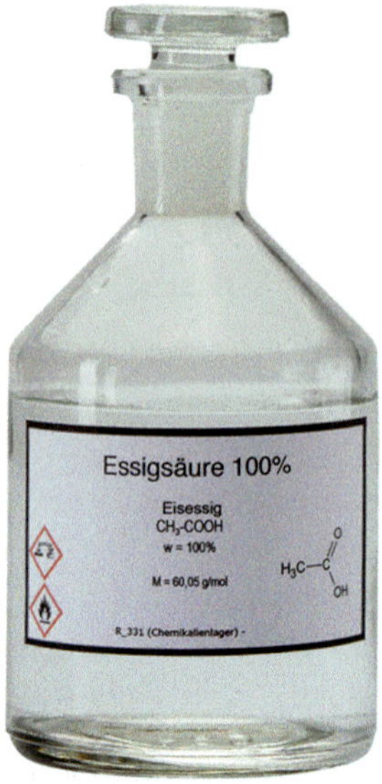

2 Essigsäure im Labor

Ob eine saure oder alkalische Lösung ätzend ist, hängt auch von ihrer Konzentration ab.

Konzentrationsangaben • Die Konzentration gibt an, wie viel von einem Stoff in einer Lösung gelöst ist. Konzentrationen können unterschiedlich angegeben werden. Auf Mineralwasserflaschen findet man häufig eine Gehaltsangabe der gelösten Salze in $\frac{g}{l}$. So bedeutet z. B. die Angabe „Natrium-Ionen: 180 mg“, dass in einem Liter Mineralwasser 0,180 g Natrium-Ionen gelöst sind. Diese Angabe nennt man Massenkonzentration.

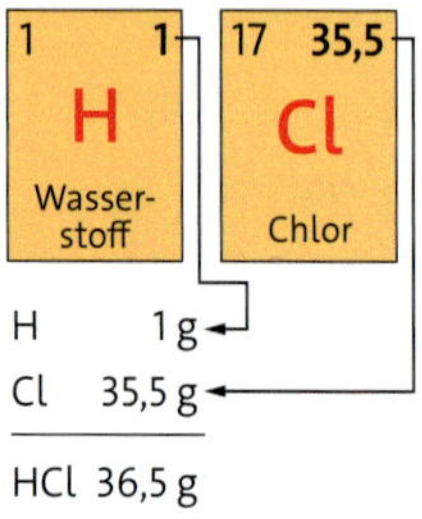

3 Masse eines Mols HCl bestimmen

Stoffmengenkonzentration • Für den Chemiker ist es häufig wichtiger zu wissen, wie viele Teilchen eines Stoffs in einem Liter Wasser gelöst sind. Diese Angabe nennt man Stoffmengenkonzentration. Sie wird in $\frac{mol}{l}$ angegeben.

Das bedeutet, in einem Liter einer Lösung mit der Konzentration von $1\,\frac{mol}{l}$ sind $6{,}022 \cdot 10^{23}$ Teilchen eines Stoffes gelöst.
Um eine solche Lösung herzustellen, kann man nicht die einzelnen Teilchen abzählen. Man weiß aber, dass 1 mol Teilchen eines Stoffs genau der Massenzahl dieser Teilchen in Gramm entspricht (molare Masse). Mithilfe des Periodensystems kann man deshalb leicht ausrechnen, wie viel Gramm man einwiegen muss, um eine Lösung mit der Konzentration von $1\,\frac{mol}{l}$ herzustellen.

Ein Beispiel • Zur Herstellung einer Salzsäure-Lösung mit der Konzentration $1\,\frac{mol}{l}$ benötigst du 1 mol Chlorwasserstoff (HCl). Mithilfe des Periodensystems kannst du berechnen, dass 1 mol HCl 36,5 g wiegt. → 3 Löst man 36,5 g HCl in Wasser und füllt diese Lösung auf einen Liter auf, so hat man eine Salzsäure-Lösung mit der Konzentration von $36{,}5\,\frac{g}{l}$ bzw. $1\,\frac{mol}{l}$.
Man sagt auch: Die Lösung ist 1-molar.

Die Stoffmengenkonzentration von Lösungen wird in $\frac{mol}{l}$ angegeben.

Aufgaben

1 Nenne zwei Möglichkeiten, um Konzentrationen von Lösungen anzugeben.

2 Erkläre die folgende Angabe: Salzsäurelösung $2\,\frac{mol}{l}$.

die Stoffmengenkonzentration
molar

Material A

Mol, molare Masse und Konzentration

1 Erkläre die Begriffe Mol, molare Masse und Stoffmengenkonzentration.

2 Berechne mithilfe des Periodensystems die molare Masse von HCl, NaOH und NH_3.

3 Ermittle die Masse von:
- 1 mol HBr
- 0,5 mol KOH
- 2 mol H_2SO_4

4 Berechne, wie viele Mol der Stoffproben vorliegen:
- 46,00 g Na
- 100,00 g NaOH
- 4,50 g H_2O

5 Gib die Konzentration in $\frac{mol}{l}$ an:
- physiologische Kochsalzlösung: 9 $\frac{g}{l}$ NaCl
- Wasser aus dem Toten Meer: 360 $\frac{g}{l}$ NaCl

6 Berechne die Masse von festem Natriumhydroxid in einem Liter der Natronlauge in Bild 4.

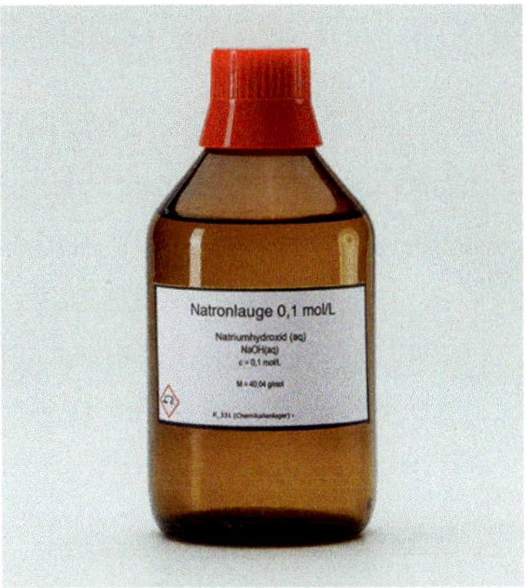

4 0,1 $\frac{mol}{l}$ NaOH-Lösung

7 0,5 mol eines Stoffes wiegen 40 g. Gib die molare Masse an.

Material B

Konzentrationsangaben

1 Die Konzentration von sauren und alkalischen Lösungen wird in $\frac{mol}{l}$ angegeben. Gib bei den folgenden Salzlösungen die Konzentration in $\frac{g}{l}$ an:
- Salzsäure-Lösung (HCl) mit der Konzentration 0,5 $\frac{mol}{l}$
- Schwefelsäure-Lösung (H_2SO_4) mit der Konzentration 2,5 $\frac{mol}{l}$
- Essigsäure-Lösung (CH_3COOH) mit der Konzentration 0,2 $\frac{mol}{l}$

2 Umgekehrt lassen sich aber auch Konzentrationsangaben von $\frac{g}{l}$ in $\frac{mol}{l}$ umrechnen.
Gib jeweils die Konzentration in $\frac{mol}{l}$ an:
- bei einer Kalkwasser-Lösung ($Ca(OH)_2$) mit der Konzentration 1 $\frac{g}{l}$
- bei einer Natriumcarbonat-Lösung (Na_2CO_3) mit der Konzentration 212 $\frac{g}{l}$
- bei einer Natriumphosphat-Lösung (Na_3PO_4) mit der Konzentration 250 $\frac{g}{l}$

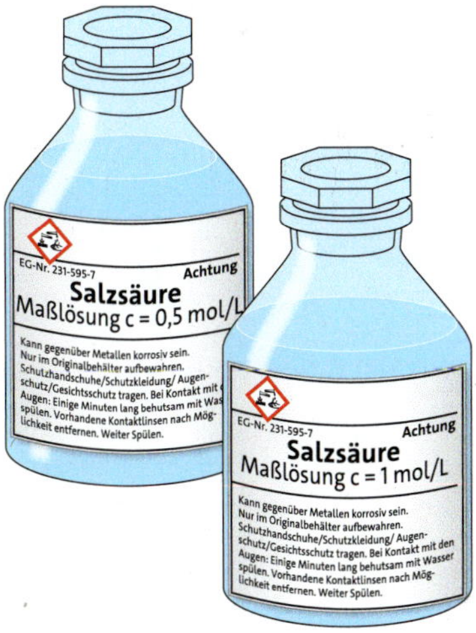

5 Säuren mit verschiedener Konzentration

Auf die Konzentration kommt es an

Erweitern und Vertiefen

Konzentrationen durch Titrationen genau bestimmen

Titrationsverfahren • Mithilfe einer Titration lässt sich die Konzentration von sauren und alkalischen Lösungen ermitteln.
Bei der Titration nutzt man die Eigenschaft, dass sich saure und alkalische Lösungen gegenseitig neutralisieren. Bei dieser Reaktion reagieren die Oxonium-Ionen (H_3O^+) der sauren Lösung mit den Hydroxid-Ionen (OH^-) der alkalischen Lösung zu Wasser. Um die Konzentration (c) einer unbekannten sauren Lösung zu bestimmen, neutralisiert man diese Lösung mit einer alkalischen Lösung bekannter Konzentration. Eine solche Lösung nennt man Maßlösung. Um zu erkennen, wann die Lösung neutral ist, gibt man einen Indikator hinzu. Möchte man z. B. die Konzentration einer unbekannten sauren Lösung bestimmen, tropft man aus einer Bürette so lange eine alkalische Maßlösung hinzu, bis der Indikator seine Farbe ändert. → 1
Aus dem Volumen (V) der verbrauchten Maßlösung, ihrer Konzentration und dem Volumen der Probelösung kann man die Konzentration der unbekannten Probe bestimmen.

Auswertung der Titration • Wenn saure und alkalische Lösung sich neutralisiert haben gilt:
$c_{\text{Säure}} \cdot V_{\text{Säure}} = c_{\text{alkal. Lösung}} \cdot V_{\text{alkal. Lösung}}$
Um die Konzentration einer unbekannten sauren Lösung zu bestimmen, löst man die Gleichung nach $c_{\text{Säure}}$ auf und setzt das Probevolumen, das Volumen der verbrauchten alkalischen Lösung und ihre Konzentration ein:

$$c_{\text{Säure}} = \frac{c_{\text{alkal. Lösung}} \cdot V_{\text{alkal. Lösung}}}{V_{\text{Säure}}}$$

Aufgaben

1 Gib an, wie man die Lösung nennt, die in die Bürette gefüllt wird.

2 10 ml Salzsäure werden mit 30 ml Natronlauge mit der Konzentration 0,5 $\frac{\text{mol}}{\text{l}}$ neutralisiert. Berechne die Säurekonzentration.

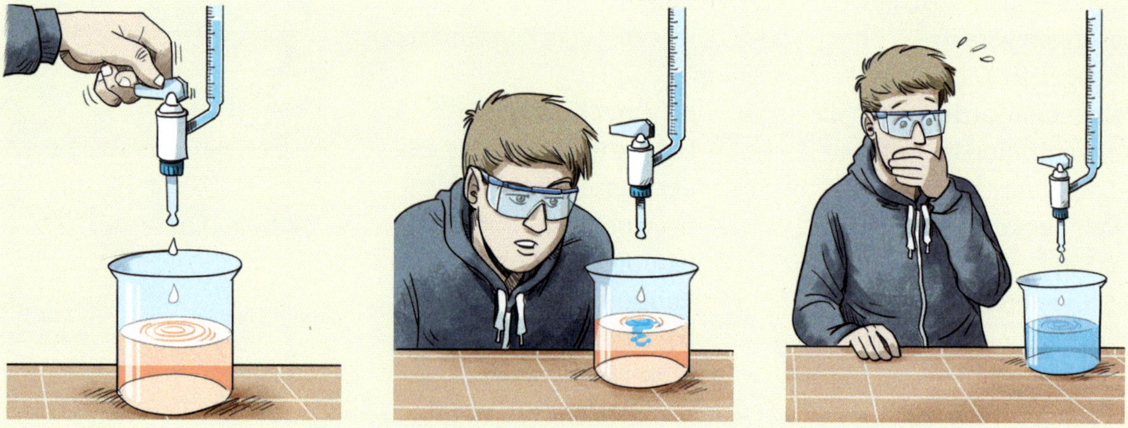

1 Titration: Zu einer Säure wird eine Lauge zugetropft – genau bis zur Neutralisation.

Eine Titration durchführen und auswerten

Im Schrank des Schullabors steht eine alte Flasche mit Salzsäure – ohne Etikett. Mit folgenden Schritten lässt sich die Konzentration der Salzsäure ermitteln:

1. Abfüllen eines genauen Volumens der zu untersuchenden Lösung Miss mit einer Pipette 10 ml der Salzsäure-Lösung ab und gib die Lösung in einen Weithals-Erlenmeyerkolben.

2. Hinzugabe des Indikators Gib zur Salzsäure einige Tropfen Phenolphthalein-Lösung.

3. Befüllen der Bürette mit der Maßlösung Fülle die Bürette mit Natronlauge (Konzentration = $0{,}1\ \frac{\text{mol}}{\text{l}}$) auf und notiere den Anfangsstand.

4. Tropfenweise Zugabe der Maßlösung bis zur Farbänderung des Indikators Tropfe vorsichtig Natronlauge in die Salzsäurelösung und schwenke dabei den Erlenmeyerkolben. Die Titration ist beendet, wenn die Farbe der Probelösung von farblos nach Pink umschlägt.

5. Ablesen des Endstands Bestimme den Verbrauch der Natronlauge. Berechne dazu die Volumendifferenz von Endstand und Ausgangsstand. Beim Ablesen ist zu beachten, dass das Auge auf der Höhe des Flüssigkeitsmeniskus ist. → 2

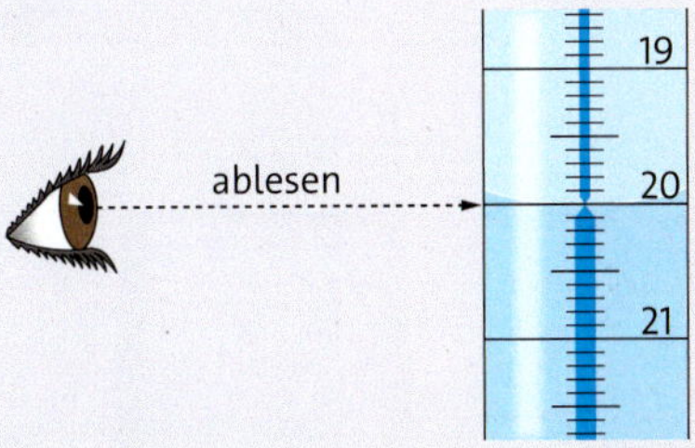

2 Ablesen des Endstands

6. Überprüfung des ermittelten Volumens durch eine zweite Titration Führe mit einer zweiten Salzsäureprobe noch mal eine Titration durch. Wiederhole dazu die Schritte 1–5.

7. Berechnung der Konzentration der untersuchten Lösung → 3

Gesucht: Konzentration der Salzsäure-Lösung $c(\text{HCl})$

Gegeben: Konzentration der Natronlauge: $0{,}1\ \frac{\text{mol}}{\text{l}}$
Probevolumen der Salzsäure: 10 ml
Verbrauch an Natronlauge: 20 ml

Lösung:

$$c(\text{HCl}) = \frac{c(\text{NaOH}) \cdot V(\text{NaOH})}{V(\text{HCl})}$$

$$c(\text{HCl}) = \frac{0{,}1\ \frac{\text{mol}}{\text{l}} \cdot 20\ \text{ml}}{10\ \text{ml}} = 0{,}2\ \frac{\text{mol}}{\text{l}}$$

Ergebnis: Die Konzentration der Salzsäure-Lösung beträgt $0{,}2\ \frac{\text{mol}}{\text{l}}$.

3 Beispielrechnung

Aufgaben

1 Zeichne und beschrifte den Versuchsaufbau für die Durchführung einer Titration.

2 Führe die Titration nach Absprache mit deiner Lehrkraft durch und berechne die Konzentration der Salzsäure-Lösung.

Nutzen und Risiken – Säuren und Laugen

1 Es gibt ungefährliche und gefährliche alkalische und saure Lösungen, die uns im Alltag begegnen.

Saure und alkalische Lösungen spielen in unserem Alltag eine große Rolle. Doch woher wissen wir, ob sie für uns gesundheitsschädlich sind oder nicht?

2 Gefahrenpiktogramm: Ätzwirkung

Nutzen im Alltag • Wir kommen im Alltag ständig mit sauren und alkalischen Lösungen in Kontakt. Viele Lebensmittel und Getränke enthalten saure Lösungen. Sie sorgen nicht nur für einen sauren Geschmack, sondern dienen auch als Konservierungsmittel. Die Reinigungswirkung vieler Putzmittel ist auf saure und alkalische Lösungen zurückzuführen. So finden wir in WC-Reinigern häufig saure Lösungen wie Essigsäure, die Kalk und Urinstein entfernen. In Backofenreinigern dagegen sind vorwiegend alkalische Lösungen enthalten wie Natronlauge, die Fett zersetzen. Auch Kosmetikartikel oder Medikamente können saure und alkalische Lösungen enthalten. In der Industrie sind sie als Ausgangsstoff für eine Vielzahl wichtiger Konsumgüter von großer Bedeutung.

Gefahren • Saure und alkalische Lösungen sind nicht ungefährlich. Je nach Art, Konzentration und pH-Wert sind sie gesundheitsschädlich und ätzend. Die Verpackungen von sauren und alkalischen Haushaltsprodukten sind in einem solchen Fall mit Gefahrenpiktogrammen gekennzeichnet. → 2 Außerdem findet man auf dem Etikett Gefahrenhinweise (H-Sätze) und Sicherheitshinweise (P-Sätze). Sie geben Auskunft darüber, was man bei der Nutzung der Haushaltschemikalie beachten muss.

Nützliche saure und alkalische Lösungen können auch gefährlich sein. Hinweise liefern die Gefahrenpiktogramme.

Aufgabe

1 Begründe, warum man vor Nutzung eines Reinigungsmittels das Etikett genau lesen sollte.

Material A

Sicherer Umgang mit einem Backofenreiniger

Ob ein Reinigungsmittel für uns Menschen gefährlich ist, kann man am Etikett erkennen. → 3

1 Gib an, zu welcher Stoffgruppe der Inhaltsstoff dieses Backofenreinigers gehört. Begründe.

2 Nenne die Gefahren, die von dem Reiniger ausgehen.

3 Ordne den verschiedenen Gefahren- und Sicherheitshinweisen die passenden H- und P-Sätze zu.

Inhaltsstoffe: Kaliumhydrid
Gefahr **UN 1950**

Gefahrenhinweis:
Extrem entzündbares Aerosol.
Behälter steht unter Druck: Kann bei Erwärmung bersten.
Kann gegenüber Metallen korrosiv sein.
Verursacht schwere Verätzungen der Haut und schwere Augenschäden.

Sicherheitshinweis:
Ist ärztlicher Rat erforderlich, Verpackung oder Etikett bereithalten. Darf nicht in die Hände von Kindern gelangen. Vor Gebrauch Etikett lesen. Von Hitze/Funken/offener Flamme/ heißen Oberflächen fernhalten. Nicht rauchen. BEI KONTAKT MIT DER HAUT (oder dem Haar): Alle beschmutzten, getränkten Kleidungsstücke sofort ausziehen. Haut mit Wasser abwaschen/ duschen. BEI KONTAKT MIT DEN AUGEN: Einige Minuten lang behutsam mit Wasser spülen. Vorhandene Kontaktlinsen nach Möglichkeit entfernen.Weiter spülen. Sofort GIFTINFORMATIONSZENTRUM/Arzt anrufen. Unter Verschluss aufbewahren. Vor Sonnenbestrahlung schützen und nicht Temperaturen von mehr als 50 °C aussetzen. Inhalt/Behälter der Problemabfallentsorgung zuführen. Behälter steht unter Druck. Auch nach Gebrauch nicht gewaltsam öffnen oder verbrennen. Nicht gegen Flamme oder gühende Gegenstände sprühen.

3 Etikett eines Backofen- und Grillreinigers

4 Gib an, welche Schutzmaßnahmen du beim Gebrauch des Reinigers treffen würdest.

5 Schreibe eine Gebrauchsanweisung für den sicheren Umgang mit diesem Reiniger.

Material B

Sicherer Umgang mit Säuren im Labor

Viele Säuren und saure Lösungen sind stark ätzend. Sie zerstören nicht nur die Kleidung, sondern verätzen auch Haut und Schleimhäute. → 4 Konzentrierte Säuren setzen häufig giftige Dämpfe frei. Beim Verdünnen von konzentrierten Säuren mit Wasser erwärmen sich die Lösungen oft sehr stark. Dabei kann überhitzte Säure herausspritzen.

1 Gib an, welche Gefahren von Säuren und sauren Lösungen ausgehen können.

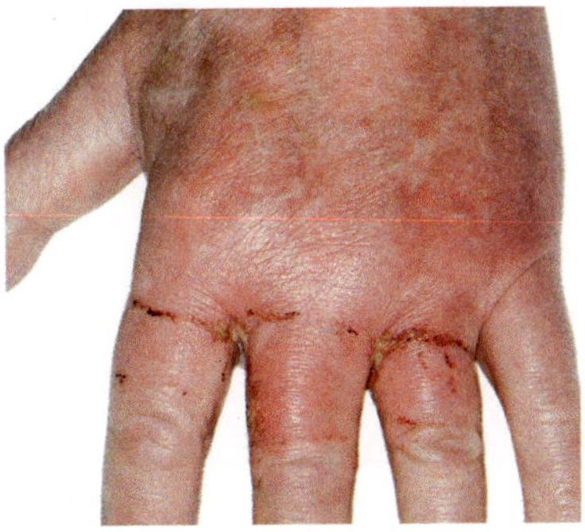

4 Verätzung der Haut durch konzentrierte Schwefelsäure

2 Nenne Schutzmaßnahmen, die du beim Umgang mit Säuren unbedingt einhalten musst.

3 Begründe, warum du beim Verdünnen einer konzentrierten Säure besonders vorsichtig sein musst.

4 „Erst das Wasser, dann die Säure, sonst geschieht das Ungeheure!"
Erkläre diese Regel.

Nutzen und Risiken – Salze

1 Kochsalz ist lebensnotwendig.

2 Blattgemüse enthält oft viel Nitrat.

Salze sind für Pflanzen, Tiere und Menschen lebenswichtig. Doch zu viel Salz kann auch schädlich sein.

Kochsalz • Unser Körper braucht täglich 3–5 g dieses wichtigen Minerals. Die Ionen des Kochsalzes regulieren unter anderem den Flüssigkeitshaushalt und den Blutdruck unseres Körpers. Sie sind außerdem für die Reizleitung in den Nerven wichtig. Zu viel Salz ist jedoch gesundheitsschädlich und kann zu Bluthochdruck und Wasseransammlungen im Gewebe führen. Deshalb empfiehlt die Weltgesundheitsorganisation, am Tag nicht mehr als 6 g Kochsalz zu essen.
Die Menge an Kochsalz, die unser Körper täglich braucht, ist außerdem davon abhängig, ob wir viel schwitzen. Denn mit dem Wasser verliert der Körper auch Salz. Leistungssportler nehmen daher spezielle Getränke zu sich, um den Salzverlust auszugleichen. Im Allgemeinen reichen aber Leitungswasser und die normale Nahrung.

Ein Multitalent • Kochsalz ist weit mehr als ein Mittel zum Würzen von Speisen. Es hilft beispielsweise, Lebensmittel haltbar zu machen. Nach Unfällen oder bei Operationen verwenden Ärzte eine 0,9%ige Kochsalzlösung gegen den Blutverlust. Sie wird „physiologische Kochsalzlösung" genannt. Als Viehsalz wird gepresstes Steinsalz in Ställen oder im Wald den Tieren angeboten. Im Winter dient Streusalz zum Auftauen von Eis und Schnee auf den Straßen. Gelangt das salzige Tauwasser jedoch in den Boden, schädigt es die Pflanzen.

Mineraldünger • Pflanzen benötigen für ihr Wachstum Stickstoff. Diesen nehmen sie meist mit dem Wasser in Form von Nitraten auf. In Äckern nimmt der Stickstoffgehalt durch häufiges Abernten der Pflanzen jedoch ab. In Mineraldüngern sind daher unter anderem oft Nitrate enthalten. → 3 Ein erhöhter Lebensmittelbedarf durch die wachsende Weltbevölkerung erfordert immer mehr Einsatz von Düngern.

Zu viel Dünger schadet • Wird zu viel gedüngt, so werden die Nitrate durch den Regen ausgewaschen. Sie gelangen so in das Grundwasser und in Flüsse und Seen. In Seen führen die düngerhaltigen Abwässer dazu, dass sich Algen sehr stark vermehren. → 4 Sterben die Algen nach einiger Zeit ab, werden sie von Bakterien abgebaut. Die Bakterien benötigen dazu Sauerstoff. Es kommt im See zum Sauerstoffmangel. Außerdem setzen Fäulnisprozesse ein, bei denen giftige Stoffe entstehen. Dadurch sterben Fische und andere tierische Lebewesen.

Nitrat im Trinkwasser • Ungefähr 74 Prozent des deutschen Trinkwassers wird aus Grundwasser gewonnen. In Regionen, in denen viel Landwirtschaft betrieben wird, gelangen Nitrate aus Mineraldüngern und Gülle in das Grundwasser und somit auch in unser Trinkwasser. Nitrate selbst sind nicht gefährlich. Sie werden aber im menschlichen Körper in gesundheitsschädliche Stoffe wie Nitrite umgewandelt. Diese Stoffe sind besonders für Säuglinge lebensgefährlich. Deshalb hat der Gesetzgeber einen Grenzwert für Nitrat im Trinkwasser vorgeschrieben. Dieser Grenzwert liegt in Deutschland bei 50 mg pro Liter.

Salze sind unverzichtbar. Kochsalz reguliert viele Vorgänge im menschlichen Körper. Nitrate sind für das Pflanzenwachstum nötig. Salze können in bestimmten Mengen gesundheits- und umweltschädlich sein.

3 Die meisten Mineraldünger enthalten viel Nitrat.

4 Düngerhaltige Abwässer führen zu einem starken Algenwachstum.

Aufgaben

1 Gib an, warum Kochsalz für den Menschen wichtig ist.

2 Erkläre, welche Rolle Nitrate in Mineraldüngern spielen.

3 Beschreibe, was passiert, wenn düngerhaltiges Abwasser in einen See gelangt. Zeichne dazu ein Flussdiagramm.

Nutzen und Risiken – Salze

Material A

Kochsalz in Lebensmitteln

Salzgehalt in Lebensmitteln (in g Salz pro 100 g)	
Kartoffeln	0,05
Karotten, gekocht	0,10
Dosenkarotten	4,00
Schweinefleisch	0,20
Fleischwurst	2,50
Emmentaler Käse	0,90
Tomate, roh	0,02
Tomatenketchup	3,00
Salzstangen	4,50
Salami	5,00
Fertigpizza	2,50
Bohnen, roh	0,01

1

1 Nenne Lebensmittel, die besonders wenig Salz enthalten. → 1

2 Nenne Folgen von zu hohem Salzkonsum. → 2

3 Vergleiche den Salzgehalt von frischen und von verarbeiteten Lebensmitteln. → 1

4 Berechne, mit wie viel Gramm eines Lebensmittels die empfohlene Tagesdosis von Salz erreicht wird:
a für Kinder bis 10 Jahren
b für Erwachsene

Salzkonsum

Zu viel Salz kann den Blutdruck erhöhen und Herzerkrankungen verursachen. Zudem erhöht sich das Risiko, an Nierenleiden oder Osteoporose zu erkranken. Mit einer salzarmen Diät würden Menschen mit Bluthochdruck weniger Medikamente benötigen. Für einen Erwachsenen reichen etwa 5 g Salz pro Tag. Kindern bis 10 Jahren genügt 1 g pro Tag, Babynahrung sollte gar nicht gesalzen sein. Schon kleine Mengen Salz können für Babys tödlich sein.

2

Material B

Nitrat im Trinkwasser

Nitrate sind gesundheitsschädlich. Deshalb sind für Trink- und Mineralwasser Grenzwerte vorgeschrieben. → 3

Materialliste: Nitratteststäbchen, Leitungswasser, verschiedene Mineralwässer, Brunnenwasser

1 Miss den Nitratgehalt der verschiedenen Wasserproben. Notiere die Ergebnisse.

2 Beurteile die Qualität der verschiedenen Wasserproben hinsichtlich des Nitratgehalts. Nutze dazu die Informationen der Tabelle. → 3

Trinkwasserverordnung	max. 50 $\frac{mg}{l}$
EU-Trinkwasserrichtlinie	max. 50 $\frac{mg}{l}$
Fischgewässer	max. 20 $\frac{mg}{l}$
Wasser für Säuglingsnahrung	max. 10 $\frac{mg}{l}$

3 Grenzwerte für den Nitratgehalt in Wasser

3 Erkläre, wie Nitrat in das Trinkwasser gelangen kann.

4 Entwickle Ideen, wie der Eintrag von Nitraten in das Trinkwasser reduziert werden kann. Tausche deine Ideen mit deinem Nachbarn aus. Bewertet eure Ideen.

Material C

Nitrate und Gesundheit

Je Kilogramm Körpergewicht empfiehlt die Weltgesundheitsorganisation WHO eine maximale Aufnahme von 3,65 mg Nitrat pro Tag.

1 ☒ Begründe, warum es für Salat je nach Jahreszeit verschiedene Grenzwerte gibt. → 5

2 ☒ Berechne, wie viel Kopfsalat du im Winter maximal essen solltest.

3 MK ☒ Lies den nebenstehenden Text und erstelle mithilfe von Internetrecherche einen Flyer der über Folgendes informiert:
- Gesundheitsgefahren durch Nitrate
- Wie kommen die Nitrate in den Salat?
- Tipps, wie man Salat zubereiten sollte

4 Mineralwasser für Babys unterliegt besonders strengen Grenzwerten.

Anbauart	Zeitraum	Grenzwert
Freiland	01.05.–31.08.	$2500\,\frac{mg}{kg}$
Glashaus/Folie	01.04.–30.09.	$3500\,\frac{mg}{kg}$
Glashaus/Folie	01.10.–31.03.	$4500\,\frac{mg}{kg}$

5 Nitrat-Grenzwerte für Kopfsalat

Belasten Nitrate die Gesundheit?

Nitrate selbst sind für unseren Körper unschädlich. Nitrat konkurriert im Blut allerdings mit dem Transport von Iodid in die Schilddrüse. Wenn das Angebot an Iodid knapp und die Nitratbelastung hoch ist, versucht die Schilddrüse, den Iodidmangel durch Vergrößerung auszugleichen. Wenn ihr dies nicht gelingt, kann es zu Iodmangel-Folgeschäden kommen.
Das größere Problem bei den Nitraten ist aber, dass sie in Folgeprodukte umgewandelt werden können: in Nitrite und in Nitrosamine. Diese Folgeprodukte sind gesundheitsschädlich.

Nitrite: Die Umwandlung von Nitraten in Nitrite geschieht z. B. während der Aufbewahrung von Lebensmitteln, durch Bakterien in unserer Mundhöhle oder im Darm. Nitrit behindert den Sauerstofftransport der roten Blutkörperchen. Dafür sind Säuglinge besonders empfindlich, sodass für sie schon kleine Mengen an Nitrit zum Ersticken führen können.
Vor allem bei Wurst und Käse werden Nitrat und Nitrit als Konservierungsstoffe verwendet. Darüber hinaus lassen sie Wurst frisch und schön rot aussehen. Zusatzstoffe müssen auf der Verpackung angegeben sein. Sie verstecken sich oft unter den Bezeichnungen E 250 Natriumnitrit, E 251 Natriumnitrat und E 252 Kaliumnitrat.

Nitrosamine: Wenn man Lebensmittel erhitzt, die Nitrite enthalten, können die Nitrite mit Eiweißen reagieren. Dabei entstehen Nitrosamine. Tierversuche deuten darauf hin, dass Nitrosamine Krebs erregen können.

Saure, alkalische und neutrale Lösungen

Zusammenfassung

Eigenschaften • Saure Lösungen haben ebenso wie alkalische Lösungen eine Reihe von gemeinsamen Eigenschaften. → 1
Die H_3O^+-Ionen sind für die gemeinsamen Eigenschaften der sauren Lösungen, die OH^--Ionen für die gemeinsamen Eigenschaften der alkalischen Lösungen verantwortlich.

Eigenschaft	Saure Lösungen	Alkalische Lösungen
Ionen in Lösung	H_3O^+	OH^-
leiten elektrischen Strom	ja	ja
Färbung Universalindikator	rot bis gelb	blau bis blaugrün
pH-Wert	< 7	> 7
reagieren mit	unedlen Metallen und Kalk	
Besonderheiten	schmecken sauer	fühlen sich seifig an

1 Eigenschaften saurer und alkalischer Lösungen

Schwefelsäure und Wasser • Konzentrierte Schwefelsäure besteht aus H_2SO_4-Molekülen. Erst wenn diese mit Wasser reagieren, entstehen die H_3O^+-Ionen der Säure. Dabei können zwei Säurerest-Ionen entstehen: HSO_4^- und SO_4^{2-}. Die aus ihnen entstehenden Salze heißen Hydrogensulfate und Sulfate.
Konzentrierte Schwefelsäure ist auch deshalb gefährlich, weil sie aus sehr vielen Stoffen Wasser zur Verdünnung abspaltet und die Stoffe dadurch völlig zerstört.

Salzsäure • Chlorwasserstoff löst sich gut in Wasser. Dabei entsteht Salzsäure. Ihre Salze sind die Chloride mit dem Säurerest-Ion Cl^-.

Neutralisation • Wenn saure und alkalische Lösungen zusammentreffen, lagern sich die H_3O^+-Ionen und die OH^--Ionen zusammen. Dabei bildet sich neutrales Wasser. Die negativ geladenen Rest-Ionen der sauren Lösung und die positiv geladenen Ionen der alkalischen Lösung bilden nach dem Eindampfen der Salzlösung ein Salz.

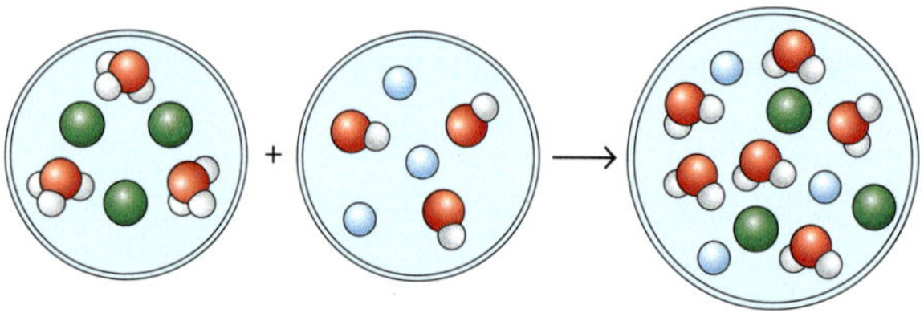

Salzsäure + Natronlauge → neutrale Natriumchlorid-Lösung
$H_3O^+ + Cl^- + Na^+ + OH^- \rightarrow 2\,H_2O + Na^+ + Cl^-$
2

Wie entstehen alkalische Lösungen? • Alkalische Lösungen bilden sich bei der Reaktion von Wasser mit Metallen oder auch mit Metalloxiden. Alkalische Lösungen entstehen außerdem beim Lösen von festen Hydroxiden in Wasser.
Beispiele:

Natrium + Wasser → Natronlauge + Wasserstoff
Calciumoxid + Wasser → Calciumlauge
Natriumhydroxid + Wasser → Natronlauge

Name der Lauge	Name des festen Hydroxids	Ionen in der Lösung
Natronlauge	Natriumhydroxid	Na^+ und OH^-
Calciumlauge (Kalkwasser)	Calciumhydroxid (Löschkalk)	Ca^{2+} und $2\,OH^-$
Kalilauge	Kaliumhydroxid (Ätzkali)	K^+ und OH^-

3 Einige wichtige Laugen

Teste dich! (Lösungen im Anhang)

1 Nenne gemeinsame Eigenschaften von sauren Lösungen.

2 Nenne gemeinsame Eigenschaften von alkalischen Lösungen.

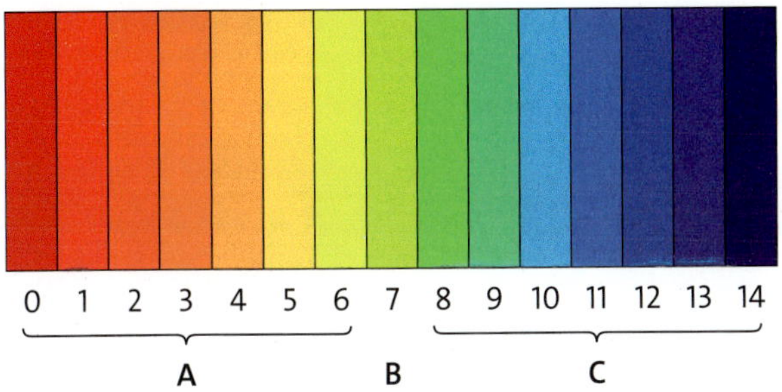

4 pH-Skala

Name der Säure	Ionen in Lösung	Name der Salze
Salzsäure	?	?
?	H_3O^+ und SO_4^{2-}	?
?	?	Hydrogen-carbonate
Essigsäure	?	?
?	H_3O^+ und HSO_4^-	?

5 Säuren und ihre Salze

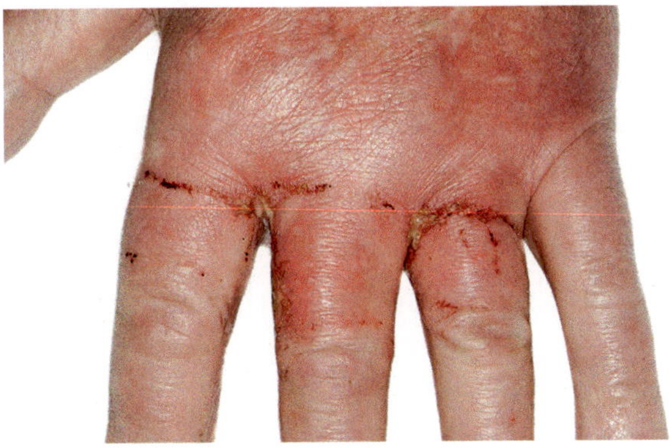

6 Verätzung der Haut durch konzentrierte Schwefelsäure

3 Welche Ionen sind für die gemeinsamen Eigenschaften von sauren Lösungen, welche für die gemeinsamen Eigenschaften von alkalischen Lösungen verantwortlich?

4 Erkläre, was der pH-Wert angibt.

5 Gib an, wofür die Buchstaben A, B und C in der Zeichnung stehen. → 4

6 Gib an, welche Säure stärker ist: konzentrierte Essigsäure (pH 2,5) oder die Magensäure (ca. pH 1,5).

7 Gib an, wie man den pH-Wert einer Lösung bestimmen kann.

8 Übertrage die Tabelle von Bild 5 in dein Heft und fülle sie aus.

9 Erkläre den Begriff Neutralisation.

10 Gib an, welche Stoffe bei einer Neutralisation entstehen.

11 Das Salz Natriumsulfat entstand bei einer Neutralisation. Gib an, welche Säure und welche Lauge reagiert haben.

12 Erkläre, warum konzentrierte Schwefelsäure schwere Verletzungen verursachen kann. → 6

13 Nenne Anwendungen von Laugen.

14 Konzentrationen:
a Erkläre die Angabe 0,5 $\frac{mol}{l}$.
b Gib an, wie viel g Natrium in einer 2-molaren Kochsalzlösung enthalten sind.

Stoffe als Energieträger

Keine Atomsorte kann eine so große Vielfalt von Verbindungen bilden wie Kohlenstoff.

Zum Heizen sind wir auf Energieträger angewiesen. Welche Energieträger gibt es?

Was ist Ethanol und welche Rolle spielt es als Treibstoff?

Erdgas

[1] Erdgas – wichtiger Energieträger, nicht nur beim Kochen

Unser Energiebedarf ist riesig. Warme Häuser, warmes Wasser und elektrische Energie rund um die Uhr. Wo kommt diese Energie her?

[2] Methan

Primärenergie • Verkehr, Industrie und Haushalte brauchen große Mengen an Energie. Der gesamte Energieverbrauch wird als Primärenergieverbrauch bezeichnet. Den größten Anteil daran tragen in Deutschland derzeit Erdöl und Erdgas. → [3]

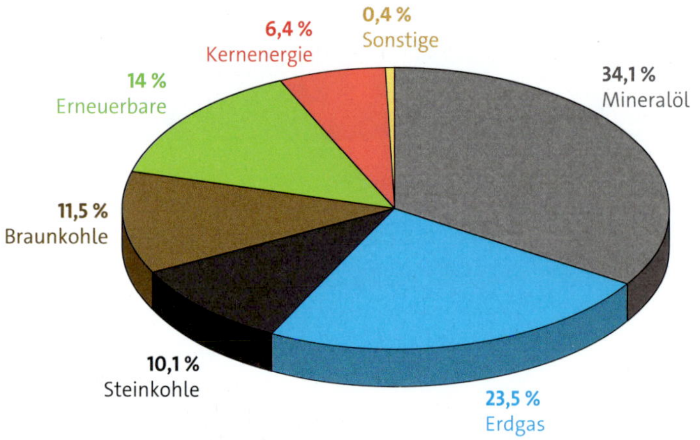

[3] Primärenergiemix in Deutschland

Erdgas und Biogas • Ein großer Teil des Energiebedarfs von Deutschland wird von gasförmigen Energieträgern gedeckt. Diese Gase bestehen zu 75 bis 99 Prozent aus Methan (CH_4). Der Rest setzt sich zusammen aus Ethan (C_2H_6), Schwefelwasserstoff (H_2S) und Stickstoff (N_2). Biogas deckt einen sehr geringen Teil des Energiebedarfs.

Erdgaslagerstätten • Erdgas findet man, wie der Name schon sagt, in der Erde. Entstanden ist es vor vielen Millionen Jahren. Auf dem Boden urzeitlicher Meere lagerten sich tote Pflanzen und Tiere ab. Nach der Überlagerung mit Schlamm zersetzten Bakterien die Stoffe. Auch Hitze und Druck unter immer dickeren Gesteinsschichten veränderten die Stoffe. Schließlich wurde das Gas aus diesen Schichten herausgepresst und stieg auf bis zu undurchlässigen Erdschichten. → [4] Ganz ähnlich ist auch Erdöl entstanden. Daher findet man diese beiden Stoffe auch immer zusammen.

die Primärenergie
das Erdgas
das Methan

Verwendung • Methan hat zwei wichtige Eigenschaften, die erklären, warum es in so großem Maß genutzt wird: Es ist leicht brennbar und die Reaktion der Verbrennung verläuft exotherm. Die frei werdende Wärme wird entweder direkt zum Heizen genutzt oder in Gaskraftwerken wird Wasser verdampft. Der Wasserdampf wird dann auf Turbinen geleitet, die einen Generator zur Stromerzeugung antreiben. Etwa 11 Prozent des Stroms in Deutschland werden derzeit so erzeugt.

Methan und Treibhauseffekt • Bei der Verbrennung von Methan entstehen Kohlenstoffdioxid und Wasser. → 5
Die Reaktionsprodukte sind dabei ungiftig. Doch ein Reaktionsprodukt, das Kohlenstoffdioxid, hat einen gewaltigen Nachteil: Durch den Ausstoß enormer Mengen dieses Gases ist es der Hauptverursacher des Klimawandels.
Methan selbst ist ebenfalls ein klimaschädliches Gas. Es wirkt um ein Vielfaches stärker als Kohlenstoffdioxid.
Allerdings enthält die Atmosphäre bis jetzt nur sehr wenig Methan. Daher halten sich seine Auswirkungen auf das Klima in Grenzen.

Erdgas und Biogas sind wichtige Energieträger. Sie bestehen hauptsächlich aus Methan.
Bei der exothermen Verbrennung entsteht das klimaschädliche Gas Kohlenstoffdioxid.

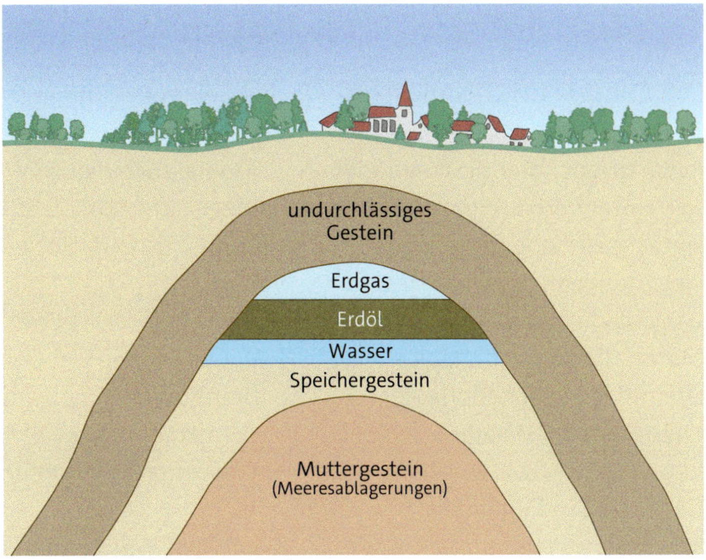

4 Erdgaslagerstätte

5

Methan	+	Sauerstoff	→	Wasser	+	Kohlenstoffdioxid
CH_4	+	$2\,O_2$	→	$2\,H_2O$	+	CO_2

Aufgaben

1 Gib an, woraus Erdgas besteht.

2 Nenne zehn Vorgänge, bei denen du im Laufe eines Tages zum Primärenergieverbrauch der Bundesrepublik Deutschland beiträgst.

3 Familie Hansen hat eine Gasheizung im Keller, die auch das Warmwasser bereitet. Erkläre, warum es immerhin ein kleiner Schritt gegen den Klimawandel ist, wenn die Hansens nur noch duschen, statt zu baden.

Erdgas

Material A

Die Energie im Gas messen

In Kartuschenbrennern befindet sich unter dem Brenner verflüssigtes Gas. Finde heraus, wie viel Energie in dem Gas steckt.

Materialliste: Becherglas, Dreifuß, Kartuschenbrenner, Thermometer, Waage

Gehe dazu in folgenden Schritten vor:

- Wiege den Kartuschenbrenner. → 1 Notiere das Ergebnis.
- Fülle 400 ml Wasser ab und miss die Temperatur. Notiere diesen Messwert.
- Erhitze das Wasser mithilfe des Kartuschenbrenners für 90 Sekunden und miss erneut die Temperatur des Wassers. Notiere auch diesen Wert.
- Wiege zum Abschluss den Brenner erneut. Notiere den Wert.

1 Gib an, wie viel Gas verbrannt wurde. Gib außerdem an, um wie viel Grad das Wasser erwärmt wurde.

2 Um 1 ml Wasser um 1 Grad zu erwärmen, braucht man 4,2 Joule Energie.

a Berechne, wie viel Energie dem Wasser zugeführt wurde.

b Berechne, wie viel Energie in 100 g Gas enthalten sind.

1

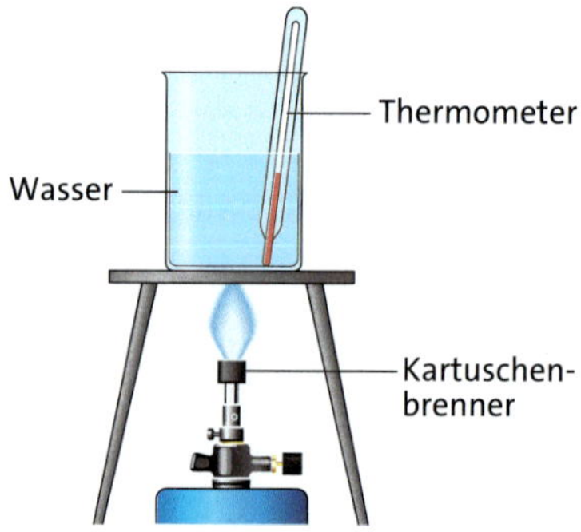

2 Erhitzen des Wassers

Material B

Biogas – wie geht das?

Biogasanlagen sollen ein Baustein der Energiewende sein.

1 Gib an, aus welchen Rohstoffen Biogas gewonnen wird.

2 Erkläre den Nutzen, der aus Biogas gezogen wird.

3 Schreibe einen Text über die Herstellung und Nutzung von Biogas.

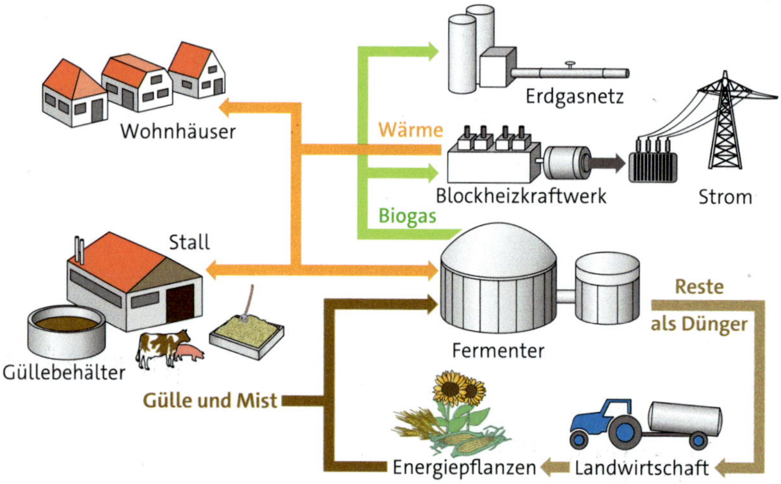

3 Biogasanlage – Aufbau und Funktion

Material C

Technologie für den Klimaschutz?

Familie Hansen hat in eine solarthermische Anlage investiert. Diese dient der Warmwasserbereitung und soll den Klimawandel bremsen.

1 ☒ Schaue dir den schematischen Aufbau der Anlage in Bild 4 an und notiere die Aufgaben folgender Bauteile: Gasheizung, Kollektor, Pufferspeicher, Pumpe, Wärmetauscher.

2 ☒ Beschreibe mit eigenen Worten das Funktionsprinzip dieser Anlage.

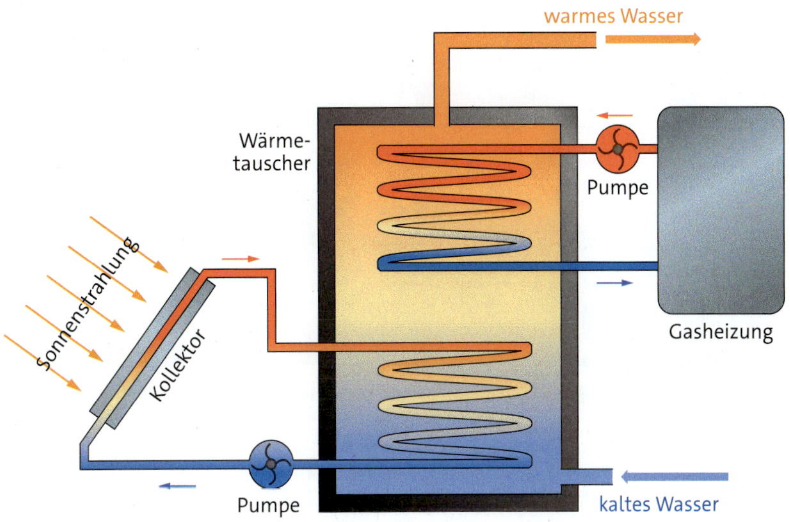

4 Warmwassererzeugung mit Erdgas und Solarthermie

3 ☒ Der Bundestag will Technologien fördern, die den Klimawandel bremsen. Gib den Abgeordneten eine begründete Empfehlung, ob solche Anlagen mit Steuergeldern gefördert werden sollten.

Material D

Biogas – ein Standbein der Energiewende?

Die aus Biogas gewonnene Energie in Deutschland steigt stetig an.

1 ☒ Beschreibe das Diagramm. → 5

2 ☒ Recherchiere im Internet Vor- und Nachteile der Biogasentwicklung.

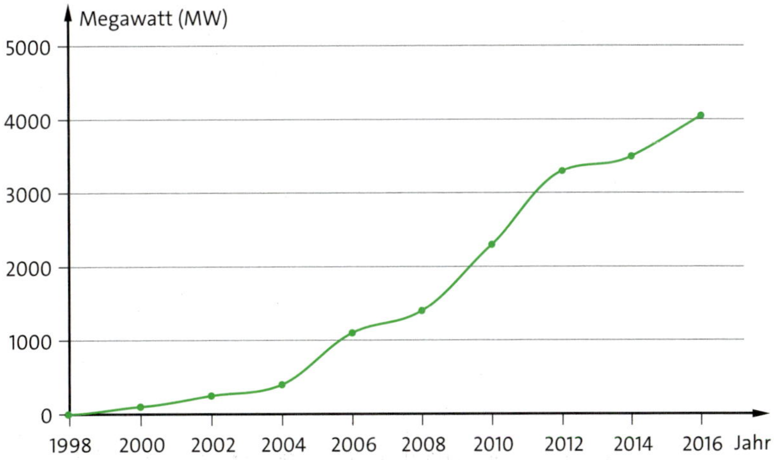

5 Entwicklung der Biogasenergiemenge in Deutschland

Methan und seine „Verwandten“

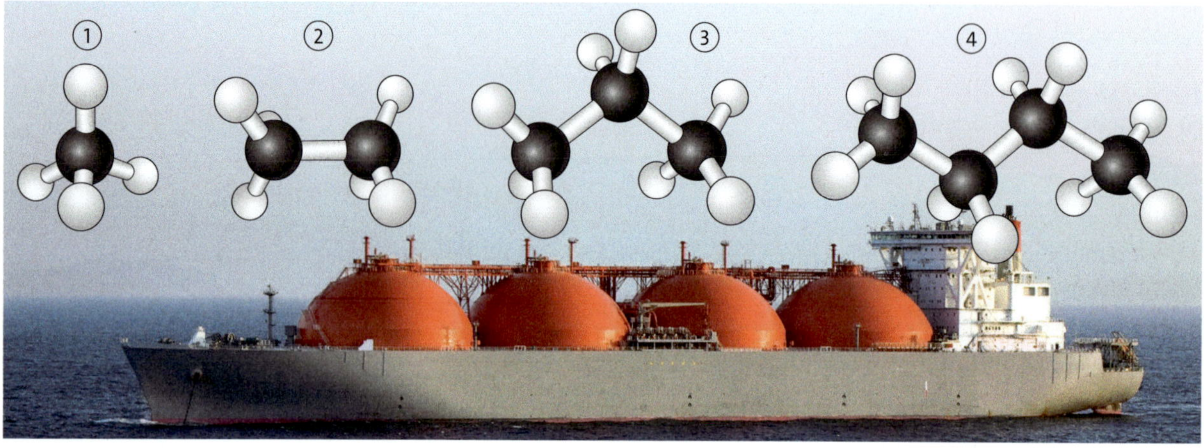

1 Die ersten vier Moleküle der Alkane; Transport von verflüssigtem Methan

Methan hat die Formel CH_4. Es gehört somit zu den Kohlenwasserstoffen.

Kohlenstoff-Atome bilden Ketten • Kohlenwasserstoffe sind Verbindungen, die aus den Elementen Kohlenstoff und Wasserstoff aufgebaut sind. Ein Methanmolekül besitzt beispielsweise ein Kohlenstoff-Atom und vier Wasserstoff-Atome. → 2 Es gibt auch Moleküle, die aus mehreren Kohlenstoff-Atomen bestehen, z. B. Ethan (C_2H_6). Die beiden Kohlenstoff-Atome sind über eine Einfachbindung miteinander verbunden. → 3 Jedes Kohlenstoff-Atom hat außerdem drei Wasserstoff-Atome als Bindungspartner. Wenn weitere Kohlenstoff-Atome hinzukommen, werden diese über Einfachbindungen verknüpft und bilden eine Kette. → 4

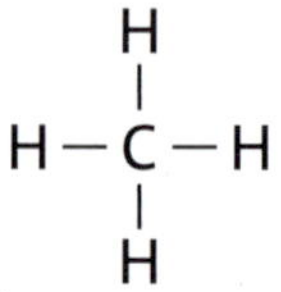

2 Methan

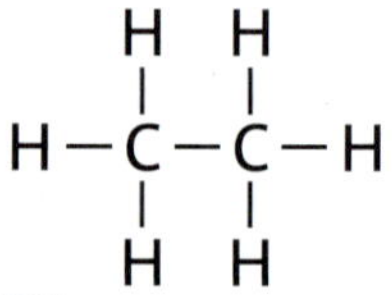

3 Ethan

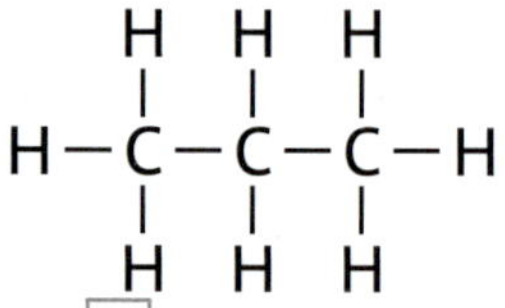

4 Propan

Alkane • Kohlenwasserstoffe, die nur Einfachbindungen enthalten, zählt man zur Stoffgruppe der Alkane. Ihre Namen enden auf -an. Manche ihrer Namen leiten sich aus dem Griechischen je nach Anzahl der Kohlenstoff-Atome ab (z. B. penta = fünf, Pentan hat fünf Kohlenstoff-Atome). Allgemein ist C_nH_{2n+2} die Summenformel der Alkane. Dabei steht n für die Anzahl der Kohlenstoff-Atome.

Homologe Reihe • Ähnlich gebaute Stoffe, z. B. die Alkane, kann man in einer homologen Reihe anordnen. Die Formel der Alkane nimmt dabei immer um eine CH_2-Einheit zu.

Kohlenwasserstoffe, die nur Einfachbindungen enthalten, nennt man Alkane.

Aufgaben

1 Erkläre den Begriff Kohlenwasserstoffe.

2 Begründe, ob der Stoff $C_{17}H_{34}$ ein Alkan ist.

der Kohlenwasserstoff
das Alkan
die homologe Reihe

Material A

Eine logische Struktur

Name	Anzahl C-Atome
Methan	1
Ethan	2
Propan	3
Butan	4
Pentan	5
Hexan	6
Heptan	7
Octan	8
Nonan	9
Decan	10

5 Homologe Reihe der Alkane

Kohlenstoff steht in der IV. Hauptgruppe des Periodensystems. Ein Kohlenstoff-Atom bildet daher vier Elektronenpaarbindungen aus, um den Edelgaszustand zu erreichen. Wasserstoff ist als Bindungspartner des Kohlenstoffs gut geeignet. Aber auch Bindungen zu anderen Kohlenstoff-Atomen sind kein Problem.

1 Begründe, warum sich die Alkane immer um eine CH_2-Einheit unterscheiden.

2 Übernimm die Tabelle von Bild 5 in dein Heft und zeichne die Strukturformeln der Alkane.
Recherchiere die Siedetemperaturen und die Aggregatzustände der Alkane. Die Siedetemperaturen findest du im Anhang des Buches.

3 Berechne die Formel der Alkane mit 12, 23 und 37 Kohlenstoff-Atomen.

Material B

Modelle bauen

1 Modelle helfen dabei, sich den Aufbau von Molekülen vorzustellen. In Bild 6 siehst du verschiedene Materialien aus dem Alltag, die man zum Modellbau nutzen kann.

a Wähle Materialien aus, die dir zum Nachbau folgender Molekülmodelle geeignet erscheinen: Methan, Butan und Heptan.
Achte darauf, für die Atome und für die Bindungen in einem Molekül jeweils immer das gleiche Material zu verwenden.

b Baue Methan noch einmal mit einem anderen Baumaterial. Denke daran, dass die Bindungen nicht unbedingt dargestellt werden müssen. Vergleiche die beiden Methanmodelle.

c Bewerte die Baumaterialien. Welche eignen sich gut, welche weniger gut zum Darstellen von Atomen und Molekülen?

6 Materialien zum Atombau

Verwandt und doch so unterschiedlich

1 Flüssiggas Butan im Feuerzeug

2 Schmieröl ist zähflüssig.

3 Kerzen aus Paraffin

Alkane sind bei Raumtemperatur gasförmig, flüssig oder fest. Das liegt an der Kettenlänge der Moleküle.

Siedetemperatur • Je größer die Kettenlänge der Alkanmoleküle, desto höher ist die Siedetemperatur. → 4 Die kurzkettigen Alkane Methan bis Butan sind bei Raumtemperatur gasförmig. Pentan bis Nonan sind dünnflüssig, während längerkettige Alkane zähflüssig sind.
Ab einer Kettenlänge von ca. 17 Kohlenstoff-Atomen sind die Alkane fest und wachsartig. Gemische aus festen Alkanen werden als Paraffine bezeichnet und als Kerzenwachs verwendet.

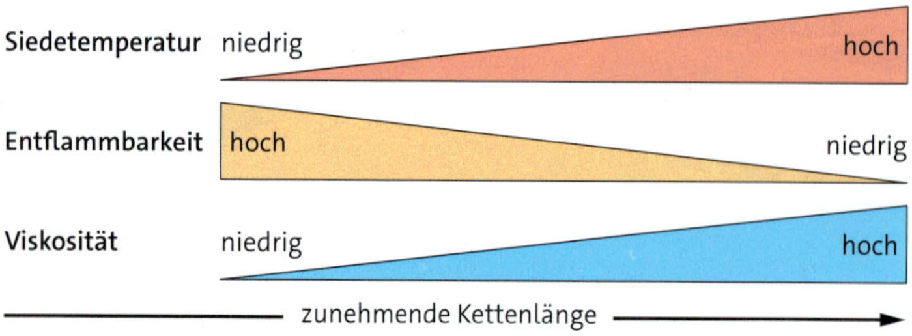

4 Einfluss der Kettenlänge auf die Stoffeigenschaften

Entflammbarkeit • Je länger die Kohlenstoffkette ist, desto schwerer lassen sich die Alkane entzünden. → 4 Längerkettige Alkane rußen beim Brennen stärker. Daher nutzt man sie weniger zur Energiegewinnung.

Viskosität • Die Viskosität beschreibt die Zähflüssigkeit eines Stoffs. Alkane mit längeren Molekülketten (ab ca. elf Kohlenstoff-Atome) sind ölig bis sehr zähflüssig. → 4 Sie werden deshalb oft als Schmierstoffe eingesetzt.

Kräfte zwischen Alkanmolekülen • Die Eigenschaften der Alkane kann man so erklären: Es gibt Anziehungskräfte zwischen den Molekülen, vor allem bei den langkettigen Alkanen. Kann es sich dabei um Dipolkräfte handeln? Dazu muss man sich die Elektronegativitätswerte anschauen:
Die Elektronegativität von Kohlenstoff liegt bei 2,5 und die von Wasserstoff bei 2,1. Der Unterschied beträgt also nur 0,4. Das bedeutet, dass die

die Viskosität
die Van-der-Waals-Kräfte

C-H-Bindung nur ganz schwach polar ist. Dipolkräfte können daher kaum eine Rolle spielen. Es muss noch andere Kräfte zwischen den Molekülen geben.

Van-der-Waals-Kräfte • Man denkt immer, dass die Elektronen in Atomen ganz gleichmäßig verteilt sind. → 5
Das ist aber nicht immer der Fall. Dadurch können für einen kurzen Moment Teilladungen im Atom oder Molekül entstehen. → 6
In diesen Momenten gibt es in den Teilchen Bereiche mit positiven und mit negativen Teilladungen. Dies führt zu Anziehungskräften zwischen den Teilchen, die nicht von Dauer sind. Diese Anziehungskräfte sind insgesamt schwach. Man nennt sie Van-der-Waals-Kräfte nach dem niederländischen Physiker Johannes Diderik van der Waals, der sie entdeckt hat.

Längere Ketten – stärkere Van-der-Waals-Kräfte • Wenn die Kettenlänge größer ist, wirken auch mehr Van-der-Waals-Kräfte zwischen den Molekülen. → 7 Langkettige Moleküle haften daher stärker aneinander.
Wenn diese Alkane verdampfen, müssen die Anziehungskräfte zwischen den Molekülen überwunden werden. Dazu ist mehr Energie nötig als bei kurzkettigen Alkanen. Deshalb sind die Siedetemperaturen deutlich höher. Auch die Viskosität und die Entflammbarkeit eines Stoffs hängen davon ab, wie stark die Van-der-Waals-Kräfte zwischen den Molekülen sind.

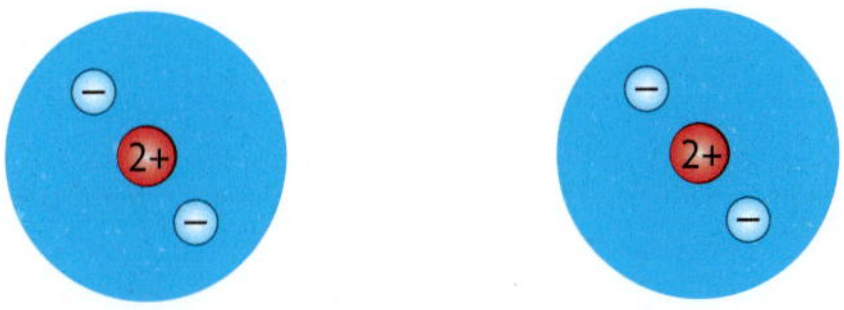

5 Zwei „normale" Helium-Atome

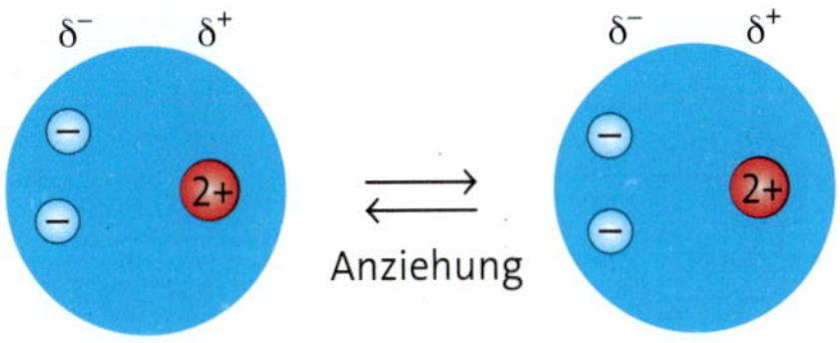

6 Zwei „verformte" Helium-Atome können sich gegenseitig anziehen.

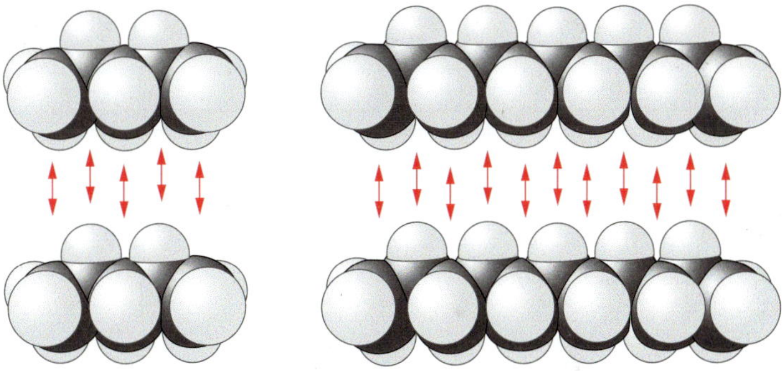
7 Je größer die Moleküle, desto mehr Van-der-Waals-Kräfte

Van-der-Waals-Kräfte sind schwache Anziehungskräfte zwischen Teilchen. Je größer die Moleküle sind, desto mehr Van-der-Waals-Kräfte gibt es.

Aufgabe

1 Eigenschaften der Alkane
a Beschreibe verschiedene Eigenschaften von Alkanen im Zusammenhang mit der Kettenlänge.
b Erkläre, warum die Eigenschaften von der Länge der Kohlenstoffkette abhängen.

Verwandt und doch so unterschiedlich

Material A

Eigenschaften zuordnen

Die Alkane weisen unterschiedliche Eigenschaften in Abhängigkeit zu ihrer Kettenlänge auf.

1 Ordne den Alkanen 1–5 die jeweilige Eigenschaften A–E zu. → 1

2 Begründe anschließend deine Zuordnung.

Alkan		Eigenschaft	
1	Hexan	A	zähflüssig, ölig
2	Decan	B	Hat den niedrigsten Siedepunkt.
3	Methan	C	Ist von den bei Raumtemperatur flüssigen Alkanen der Tabelle am zweitleichtesten zu entflammen.
4	Docosan ($C_{22}H_{46}$)	D	Hat von den bei Raumtemperatur flüssigen Alkanen der Tabelle die geringste Viskosität.
5	Dodecan ($C_{12}H_{26}$)	E	Ist bei Raumtemperatur fest.

1 Zuordnung: Alkane im Vergleich

Material B

Diagramme zeichnen

1 Stelle die in Tabelle 2 aufgelisteten Messwerte der ausgewählten Alkane in geeigneten Diagrammen dar.

Name des Alkans	Siedetemperatur	Dichte (als Flüssigkeit)
Methan	−162 °C	0,42 $\frac{g}{ml}$
Butan	−0,5 °C	0,58 $\frac{g}{ml}$
Hexan	69 °C	0,65 $\frac{g}{ml}$
Octan	126 °C	0,70 $\frac{g}{ml}$

2 Eigenschaften einiger Alkane

Material C

Lehrerversuch: Viskosität im Vergleich

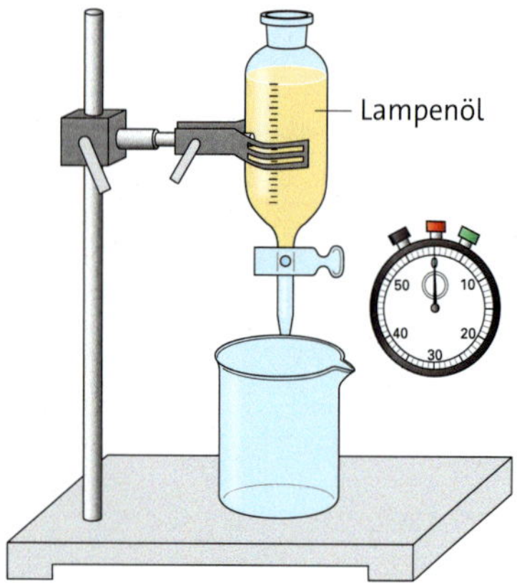

3 Versuchsaufbau

Materialliste: Tropftrichter (100 ml), 3 Bechergläser (250 ml), Stativmaterial, Stoppuhr, Lampenöl, Waschbenzin, Motorenöl, Unterlage

1 Der Trichter wird senkrecht in das Stativ eingespannt und ein Becherglas direkt daruntergestellt.

2 Die erste Stoffprobe wird bis zur oberen Markierung im Trichter eingefüllt.

3 Der Hahn wird langsam geöffnet und die Zeit gestoppt, bis die Flüssigkeit durchgelaufen ist.
Danach wird der Trichter gereinigt und der Versuch mit den anderen beiden Stoffproben wiederholt.

4 Fertige ein Protokoll zum Versuch an.

5 Vergleiche die Viskosität von Lampenöl, Waschbenzin und Motorenöl.

Material D

Richtig oder falsch?

Die Van-der-Waals-Kräfte haben Einfluss auf die Eigenschaften der Alkane.

1 In Bild 4 sind einige Aussagen über Van-der-Waals-Kräfte aufgeführt.
☒ Entscheide, welche der Aussagen richtig und welche falsch sind. Schreibe die richtigen Aussagen in dein Heft.

Van-der-Waals-Kräfte haben etwas mit elektrostatischer Anziehung zu tun.

Je länger die Kettenlänge der Alkane, desto stärker sind die Van-der-Waals-Kräfte.

Van-der-Waals-Kräfte haben ihre Ursache im Magnetismus.

Die Van-der-Waals-Kräfte sind die Ursache dafür, dass die Siedepunkte der Alkane mit der Kettenlänge steigen.

Van-der-Waals-Kräfte sind stärker als Dipolkräfte.

4

Material E

Entflammbarkeit

Alkane lassen sich unterschiedlich leicht entflammen. Dies kannst du im Experiment erfahren.

Materialliste: festes Paraffin, n-Heptan ◈ ◈ ◈ ◈, n-Nonan ◈ ◈ ◈ ◈, Paraffinöl ◈, Wasser, Becherglas, Gasbrenner, Holzspan, 4 Porzellanschalen, Spatel, Tiegelzange, 3 Tropfpipetten

1 Gib von den flüssigen Alkanen jeweils 2 ml in je eine Porzellanschale. Gib ein linsengroßes Stück vom festen Paraffin in eine weitere Porzellanschale.

2 Versuche, die Proben mithilfe des brennenden Holzspans zu entzünden. Dokumentiere, welche Proben sich entzünden lassen und bei welcher es am leichtesten geht.

3 Mit den Proben, die sich nicht entzünden ließen, machst du Folgendes: Halte die Porzellanschalen mit der Tiegelzange in ein Becherglas mit heißem Wasser. Gib acht, dass kein Wasser in die Porzellanschale gelangt. Versuche anschließend, die Proben erneut mit dem brennenden Holzspan zu entzünden. Gibt es eine Probe, die sich immer noch nicht entzünden lässt?

5 Flammenvergleich von Methan, Paraffin und Wundbenzin

4 Erhitze die Porzellanschale mit der Probe, die sich noch nicht entzünden ließ, in der Brennerflamme. Versuche sie anschließend erneut mit dem Holzspan zu entzünden.

5 ☒ Setze folgenden Satz fort: „Je länger die Kette des Alkans, desto ..."

Verzweigte Ketten

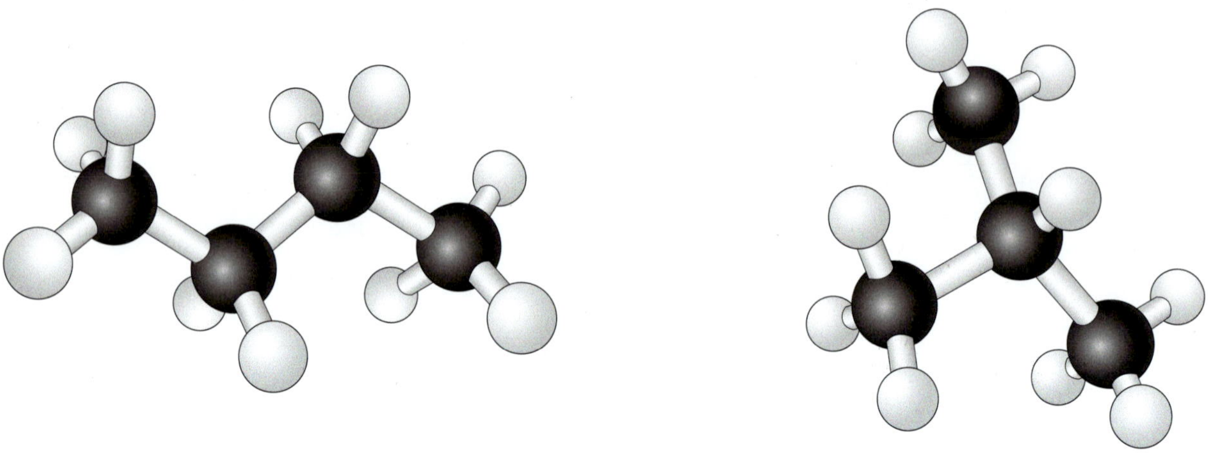

1 Zweimal Butan und doch nicht gleich?

Butan hat die Formel C_4H_{10}. Aber wenn man ein Molekül mit dieser Formel erstellen will, gibt es plötzlich zwei Möglichkeiten.

Isomerie • Für Butan lassen sich zweierlei Strukturen zeichnen. Die Summenformel ist aber für beide Moleküle gleich. → 1
Beide Moleküle bestehen aus vier Kohlenstoff- und zehn Wasserstoff-Atomen, aber der Aufbau und die Stoffeigenschaften sind verschieden. Zum Beispiel sind die Schmelz- und Siedetemperaturen nicht genau gleich. Dies nennt man Isomerie. Beide Moleküle sind Isomere des Butans.

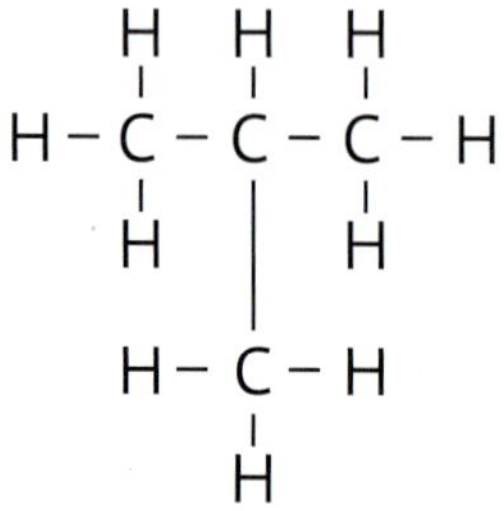

2 Isobutan

> Verbindungen, die die gleiche Formel, aber eine unterschiedliche Struktur haben, nennt man Isomere.

Nomenklatur • Um die Moleküle trotzdem unterscheiden zu können, benennt man sie unterschiedlich. Dazu gibt es bestimmte Regeln:

Wenn die Kohlenstoff-Atome des Moleküls eine unverzweigte Kette bilden, spricht man von einem n-Kohlenwasserstoff, zum Beispiel von n-Butan. Das n steht für normal bzw. für unverzweigt: Es gibt nur eine Kohlenstoffkette.
Das verzweigte Butan heißt i-Butan oder Isobutan → 2. Das i bedeutet, dass es sich um einen verzweigten Kohlenwasserstoff handelt, ein Isomer des n-Butans.
Die systematische Benennung der Kohlenwasserstoffe nennt man Nomenklatur.

> Als Nomenklatur bezeichnet man die systematische Benennung der Kohlenwasserstoffe.

Aufgaben

1 Erkläre den Begriff Isomerie.

2 Benenne und zeichne zwei Isomere von Pentan.

die Isomerie
die Nomenklatur

Methode

Kohlenwasserstoffe benennen

1. Nur das Kohlenstoffgerüst beachten. Die längste Kohlenstoffkette im Molekül suchen. Achtung: Sie kann auch um die Ecke gehen! Die Anzahl der C-Atome bestimmt den Namen des Stoffs und bildet den Stammnamen.

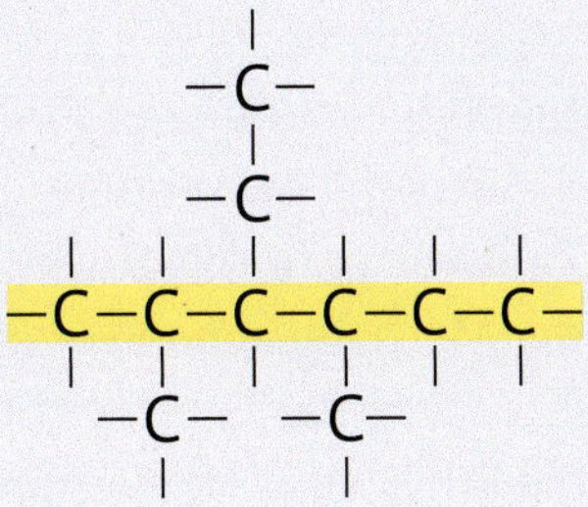

Am Beispiel:
Die längste Kette hat 6 C-Atome:
→ Hexan

2. Die Seitenketten benennen. Die Anzahl der C-Atome bestimmt den Namen der Seitenkette. Seitenketten erhalten die Endung -yl.
Die Seitenketten alphabetisch ordnen.

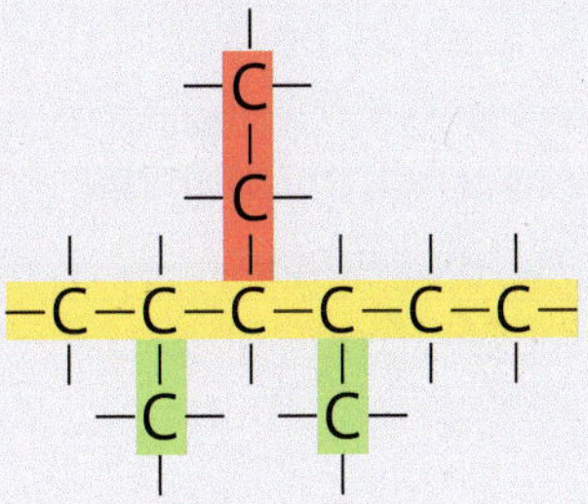

Es gibt zwei Arten von Seitenketten, die an die Hauptkette geknüpft sind:
→ Ethyl-methylhexan
(Ethyl leitet sich von Ethan ab, Methyl von Methan.)

3. Die Anzahl der Seitenketten bestimmen und mit den griechischen Zahlwörtern Di-, Tri-, Tetra- oder Penta- kennzeichnen. Die Bezeichnung der Seitenketten dem Stammnamen voranstellen.

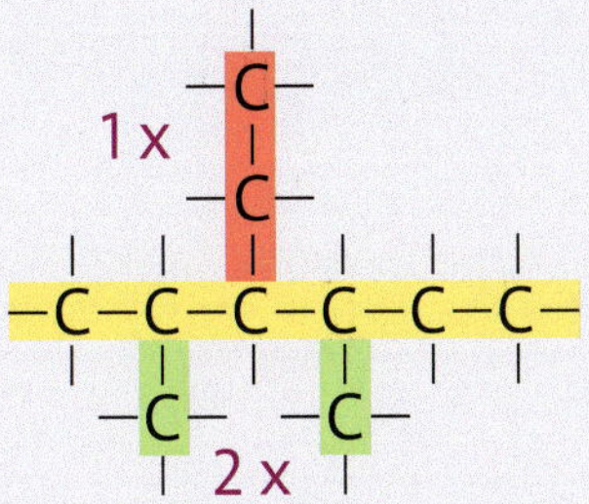

Es gibt eine Ethyl- und zwei Methylgruppen:
→ Ethyl-dimethylhexan

4. Die Hauptkette nummerieren. Die Verknüpfungsstellen der Seitenketten mit der Hauptkette mit Ziffern angeben.
Wenn es mehrere Möglichkeiten der Bezifferung gibt (z. B. indem man von links oder von rechts zählt), nimmt man die kleineren Ziffern.

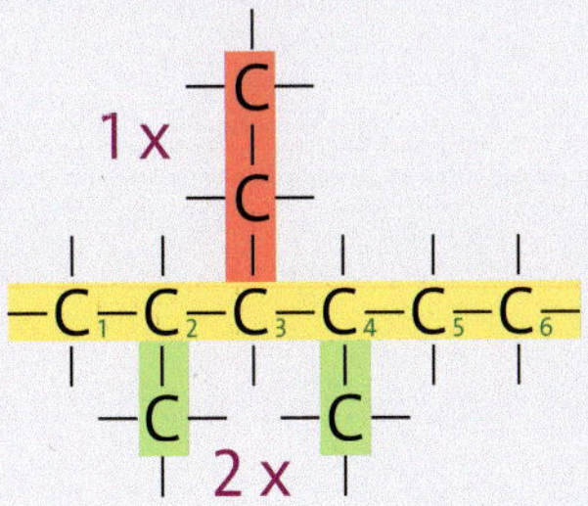

Der komplette Name lautet:
3-Ethyl-2,4-dimethylhexan

Verzweigte Ketten

Material A

Benennen – leicht gemacht

Hier kannst du die Benennung von Kohlenwasserstoffen und die Identifizierung von Isomeren üben.

1 Ordne die passenden Stammnamen den Kohlenwasserstoffen 1–6 zu: → 1

Pentan, Heptan, Octan, Nonan

Schreibe die Zuordnungen in dein Heft.

2 Seitenketten:

a Gib für jeden der Kohlenwasserstoffe an, wie viele Methylgruppen er enthält.

b Setze die passenden Zahlwörter für die Anzahl der Methylgruppen voran.

c Mache das Gleiche für die Ethyl- und Propylgruppen.

3 Ergänze bei Kohlenwasserstoff 1 und 2 die passende Position der Methylgruppe:

- ?-Methyloctan
- ?-Methylheptan

4 Ordne den Kohlenwasserstoffen 3–6 die folgenden Namen zu:

- 2,2,4-Trimethylpentan
- 3,6-Diethyl-2,4,4,6-tetramethyloctan
- 4-Methyl-5-Propylnonan
- 4-Ethyl-2,4,8-Trimethylnonan

5 Isomere:

a Gib an, bei welchen der in Bild 1 dargestellten Kohlenwasserstoffe es sich um Isomere handelt.

b Gib die Summenformel der Isomere an.

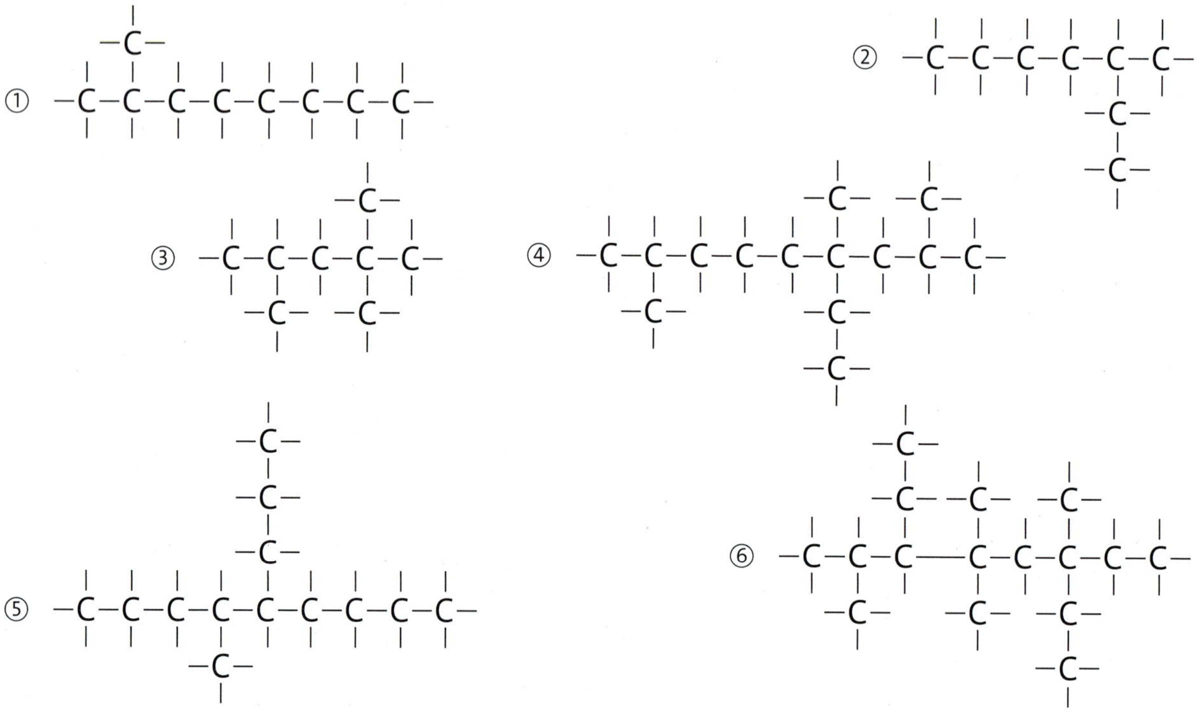

1 Verzweigte Kohlenwasserstoffe

Material B

Isomere oder nicht?

Isomere kann man sehr gut mit dem Molekülbaukasten darstellen.

1 Baue 3-Ethylhexan. Gib an, von welchem n-Alkan es ein Isomer ist.

2 Baue alle möglichen Isomere des Heptans. Wie viele gibt es?

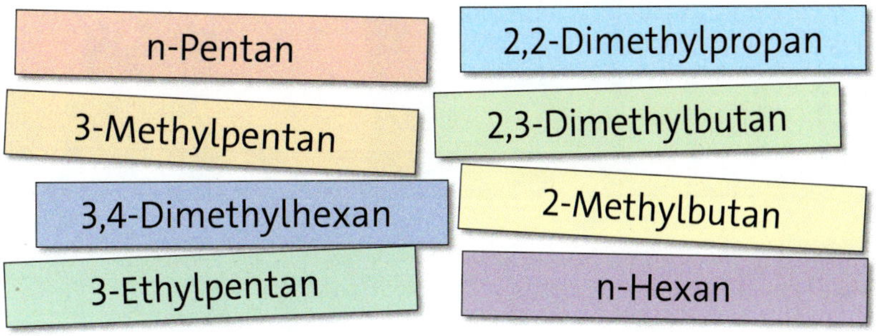

2 Isomere oder „Einzelgänger"?

3 In Bild 2 sind acht Alkane genannt. Nenne diejenigen, die isomer zueinander sind.

4 Richtig oder falsch? 3,4-Dimethylheptan ist ein Nonan-Isomer. Begründe.

Material C

Moleküle systematisch zeichnen und benennen

Gehe beim Zeichnen und beim Benennen der Kohlenwasserstoffe gemäß den Regeln auf der vorherigen Seite vor.

1 Zeichne die Strukturen folgender Moleküle:
- 2-Methylpentan
- 2,2,4-Trimethylhexan
- 3-Ethyl-2-Methylpentan
- 3-Ethyl-2,2-Dimethylpentan
- n-Nonan

2 Benenne die in Bild 3 dargestellten Moleküle.

3 Noah und Lisa streiten sich über das Molekül in Bild 4.

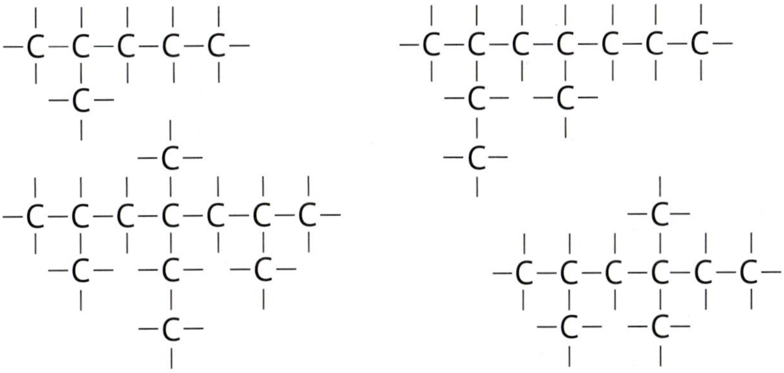

3 Die Struktur ist klar. Wie aber lautet der Name?

Noah ist sich sicher, dass es 3-Ethylbutan heißt. Lisa dagegen meint, der Name sei 3-Methylpentan. Wer hat recht? Begründe.

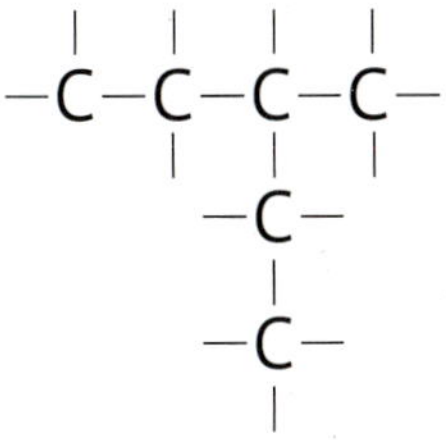

4 Noahs Molekül

4 Zeichne ein verzweigtes Alkan und versuche es eindeutig zu benennen.

Doppelt und dreifach gebunden

1 Ethan, Ethen und Ethin – wichtige Grundstoffe der chemischen Industrie

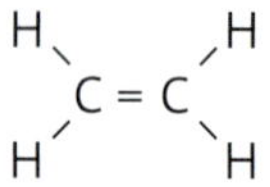

2 Ethen in Lewis-Schreibweise

H—C≡C—H

3 Ethin in Lewis-Schreibweise

4 Grüne Bananen werden mit Ethen reif.

Die Alkane haben nur Einfachbindungen. Es gibt aber auch Kohlenwasserstoffe mit Doppel- und Dreifachbindungen zwischen den Kohlenstoff-Atomen.

Alkene • Kohlenwasserstoffe mit einer doppelten Elektronenpaarbindung nennt man Alkene. Ihre Namen leiten sich von den Alkanen mit der Endsilbe -en ab. In der Lewis-Schreibweise wird die Doppelbindung mit einem doppelten Strich dargestellt. → 2
Wegen der Doppelbindung besitzen Alkene grundsätzlich zwei Wasserstoff-Atome weniger als die entsprechenden Alkane.

Alkine • Ein Kohlenstoff-Atom kann sogar bis zu drei Elektronenpaarbindungen zu einem anderen Kohlenstoff-Atom eingehen. → 3 Wenn eine C≡C-Dreifachbindung vorhanden ist, spricht man von einem Alkin. Die Namen der Alkine leiten sich ebenfalls von den Alkanen ab, allerdings mit der Endsilbe -in. Ihnen fehlen vier Wasserstoff-Atome im Vergleich zum Alkan.

Ungesättigt • Die Alkane bezeichnet man als gesättigt. Die Alkene und Alkine dagegen nennt man ungesättigt, da sich an die Doppel- bzw. Dreifachbindung noch weitere Atome, z. B. Wasserstoff-Atome, anlagern können.

Kohlenwasserstoffe, die eine Doppel- bzw. Dreifachbindung aufweisen, nennt man Alkene bzw. Alkine.

Aufgaben

1 Beschreibe die Unterschiede zwischen Alkanen, Alkenen und Alkinen.

2 Nenne den Namen des Stoffs mit der Formel C_4H_6.

3 Erkläre den Unterschied zwischen gesättigten und ungesättigten Kohlenwasserstoffen.

das Alken
das Alkin
gesättigt
ungesättigt

Material A

Homologe Reihen

Auch die Alkene und Alkine bilden homologe Reihen.

1 Fertige eine Tabelle bis Decen/Decin für die Alkine und Alkene an. Nimm Bild 5 zu Hilfe.

2 Begründe, warum es die Stoffe Methen und Methin nicht gibt.

3 Recherchiere die Siedetemperaturen der ersten vier Alkene bzw. Alkine. Was fällt dir auf? Beschreibe.

Name	Summenformel	Strukturformel
Ethen	C_2H_4	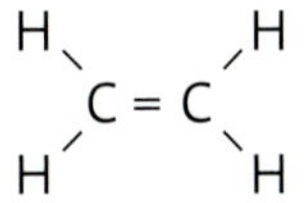
Propen	...	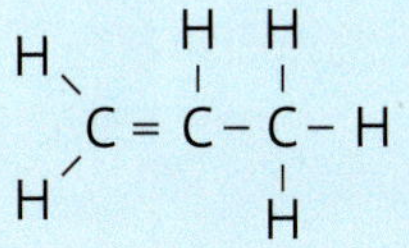
...	...	...

5 Homologe Reihe der Alkene

4 Für die Alkane gilt die allgemeine Formel C_nH_{2n+2}. Finde die allgemeine Formel für die Alkene und für die Alkine. Wähle zwei eigene Beispielstoffe und gib die Formeln an.

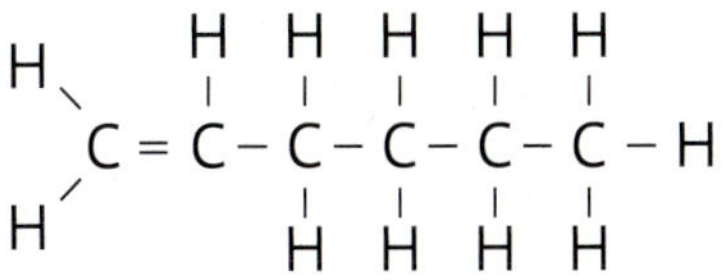

6 Struktur von Hexen

Material B

Moleküle darstellen

So viele Kohlenwasserstoffe – da kommt es darauf an, den Überblick zu bewahren.

1 Zeichne Ethan, Ethen und Ethin in Lewis-Schreibweise und vergleiche die Moleküle miteinander.

2 Zeichne das Alken Buten. Was fällt dir auf?

3 Zeichne Hepten. Wie viele Möglichkeiten gibt es?

4 Baue mithilfe eines Molekülbaukastens nacheinander folgende Kohlenwasserstoffe: Methan, Octen, Butin.

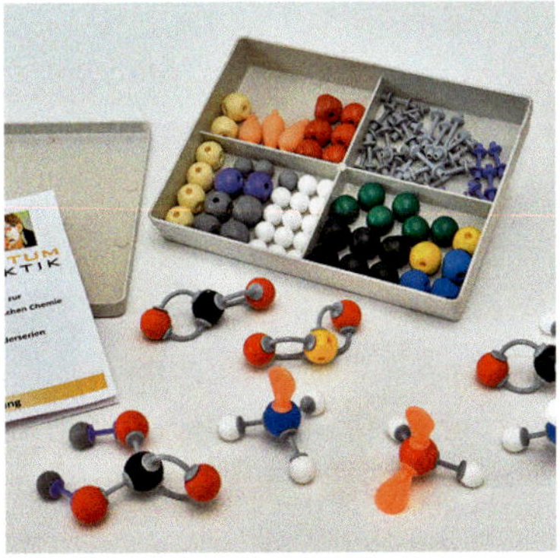

7 Molekülbaukasten

5 Baue das Molekül Octan. Lass das Molekül nun in zwei kurzkettige Moleküle zerfallen. Welche Möglichkeiten findest du?

6 Benenne den abgebildeten Kohlenwasserstoff. → 8

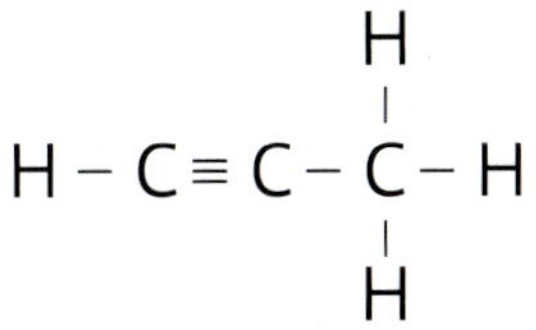

8 Wie lautet der Name dieses Kohlenwasserstoffs?

Erdöl – zu schade zum Verbrennen

1 Benzin – ein Produkt aus Erdöl

An Tankstellen gibt es verschiedene Treibstoffe. Alle werden aus Erdöl hergestellt.

Zusammensetzung • Je nachdem, wo auf der Welt das Erdöl gefördert wird, ist es anders zusammengesetzt. Es ist jedoch immer ein Gemisch verschiedener Kohlenwasserstoffe: Kurzkettige, langkettige und verzweigte Moleküle sowie Cycloverbindungen sind in unterschiedlichen Mengen darin vorhanden. Andere Stoffe wie Schwefelverbindungen sind ebenfalls im Erdöl zu finden.

Energieträger • Mit 34 Prozent hat Erdöl den größten Anteil am deutschen Primärenergieverbrauch. An der Stromerzeugung ist es aber kaum beteiligt. Wie passt das zusammen? Erdöl ist in anderen Bereichen kaum zu ersetzen. Als Heizöl und vor allem als Treibstoff für Autos, Flugzeuge und Schiffe sind Erdölprodukte vorerst noch ziemlich unverzichtbar. Der größte Teil des Erdöls wird für diese Zwecke verbrannt.

Rohstoff • Erdöl ist aber nicht nur ein Brennstoff. Es dient auch als Rohstoff für viele Alltagsprodukte: Kunststoffe, Lacke, Farben, Klebstoffe und auch viele Kosmetika, Medikamente und Kleidungsstoffe werden aus Erdöl hergestellt. → 2

Gibt es genug Erdöl? • Die Erdölreserven sind begrenzt. Schätzungen, wie lange die Vorräte noch reichen, sind schwierig. Denn der Verbrauch und das Auffinden neuer Reserven sind kaum vorhersagbar. Man geht aber zurzeit davon aus, dass die Reserven in ca. 50 Jahren aufgebraucht sein könnten.

2 Erdölprodukte

das Erdöl
der Katalysator

Verbrennung von Erdölprodukten • Bei der Verbrennung von Erdölprodukten handelt es sich um exotherme Reaktionen. Dabei entstehen immer Wasser und das klimaschädliche Gas Kohlenstoffdioxid. Es entstehen auch noch weitere Produkte, da die Verbrennung der Kraftstoffe nie komplett abläuft. Das giftige Kohlenstoffmonooxid und andere giftige Gase sind die bedeutendsten Schadstoffe. Seit Mitte der 1980er Jahre werden Kraftfahrzeuge mit Katalysatoren ausgerüstet. → 3 Diese sorgen dafür, dass über den Auspuff des Autos nahezu nur noch Kohlenstoffdioxid und Wasser an die Umgebung abgegeben werden. Das Entstehen des Treibhausgases Kohlenstoffdioxid können die Katalysatoren jedoch nicht verhindern.

Was ist ein Katalysator? • Katalysatoren sind Stoffe, die chemische Reaktionen ablaufen lassen, die ohne die Anwesenheit des Katalysators nicht ablaufen würden. Dies gelingt, indem sie die für die Reaktion notwendige Aktivierungsenergie herabsetzen. Die Katalysatoren liegen nach der Reaktion genauso vor wie vor der Reaktion. Das bedeutet, dass sie nicht ersetzt oder erneuert werden müssen. Bei Autokatalysatoren werden flüssige Edelmetallmischungen, die sogenannten Wash-Coats, auf Trägerkörper aufgebracht. Diese Trägerkörper sind wabenartig aufgebaut, damit die Oberfläche möglichst groß ist. Dadurch kommen die Abgase mit dem Katalysator gut in Kontakt.

3 Katalysatoren zur Abgasreinigung

4 Erdölablagerung am Strand

Schäden durch Erdöl • Gelangt Erdöl durch Unfälle in die Umwelt, so kann dies extreme Schädigungen für das betroffene Ökosystem bedeuten. → 4 Beispielsweise verklebt Erdöl das Gefieder von Vögeln und zerstört die isolierende Wirkung der Federn.

Erdöl ist ein bedeutender Energieträger und Rohstoff für viele Produkte. Bei der Verbrennung entsteht das klimaschädliche Kohlenstoffdioxid.

Aufgaben

1 Nenne Verwendungsmöglichkeiten des Rohstoffs Erdöl.

2 Stelle dir einen Tag ohne Erdölprodukte vor. Berichte, worauf du alles verzichten müsstest.

3 Erkläre, was ein Katalysator ist.

Erdöl – zu schade zum Verbrennen

Material A

Erdöl kann die Umwelt verschmutzen

Wenn es beim Transport von Erdöl einen Unfall gibt, kann der wertvolle Rohstoff in die Umwelt gelangen und schwere Schäden verursachen.

Materialliste: 2 Blumentöpfe mit Erde, großes Becherglas, Kressesamen, Vogelfeder, Erdöl ◈ ◈ ◈ ◈, Tropfpipette

1 Wie stark verschmutzt Öl das Wasser? Befülle dazu ein großes Becherglas mit 1 Liter Wasser. Gib nun mit der Tropfpipette tropfenweise Öl hinzu. Rühre nach jedem Tropfen um und rieche an dem Becherglas.

a Nach wie vielen Tropfen kannst du das Öl riechen?

b 1 Tropfen Öl entspricht einem Volumen von ungefähr 1 ml. Es gibt Supertanker, die bis zu 650 Millionen Liter Rohöl aufnehmen können. Rechne hoch, wie viel Liter Wasser ein solcher Tanker im Fall eines Unglücks verseuchen würde.

2 Wie wirkt sich Öl auf Seevögel aus? Befülle dazu ein Becherglas mit Wasser. Gieße nun etwas Öl darauf, sodass sich eine dünne Schicht des Öls auf dem Wasser bildet. Tauche dann eine Vogelfeder zur Hälfte in das Becherglas.

a Vergleiche und beschreibe die beiden Hälften der Vogelfeder.

b Verwende deine Beobachtungen, um die Auswirkungen eines Tankerunglücks auf die Seevögel zu beschreiben.

3 Wie wirkt sich Öl auf den Boden aus? Befülle dazu zwei kleine Blumentöpfe mit Erde. Gib in den ersten 20 ml Wasser und einige Kressesamen. In den zweiten gibst du ebenfalls Kressesamen, aber anstelle des Wassers 20 ml Öl. Vergiss nicht, die Töpfe zu beschriften. Befeuchte die beiden Töpfe in den kommenden sieben Tagen regelmäßig mit Wasser.

a Erstelle ein Beobachtungstagebuch, bei dem du an jedem Tag deine Beobachtungen notierst.

b Stelle dir vor, es gibt einen Riss in einer Pipeline und große Mengen Öl treten aus. Beschreibe die Auswirkungen auf das betroffene Gebiet.

1 Rayong Beach, Thailand, am 31. Juli 2013

2 Nach einem Ölunfall in den Niederlanden

Material B

Katalysatoren

Katalysatoren lassen Reaktionen ablaufen, die ohne sie nicht ablaufen würden.

1 Bild 3 zeigt zwei Energiediagramme der gleichen Reaktion.

a ◩ Gib an, ob es sich um eine exotherme oder endotherme Reaktion handelt.

b ☒ Begründe, welches Diagramm die Anwesenheit eines Katalysators bei der Reaktion zeigt.

2 ☒ Begründe, warum man Katalysatoren nicht von Zeit zu Zeit ersetzen muss.

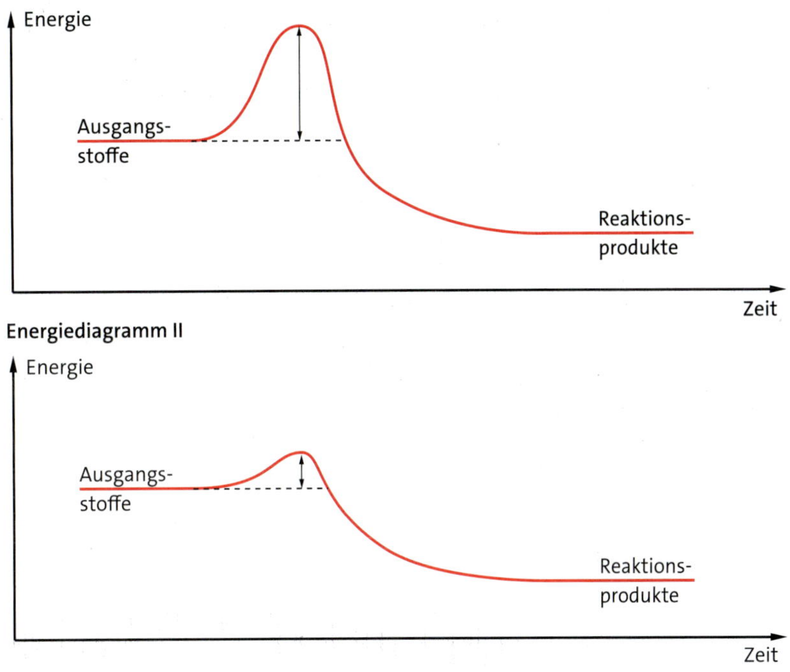

3 Zwei Energiediagramme

Material C

Wo stehen wir?

Bild 4 zeigt die Entwicklung des Primärenergieverbrauchs in Deutschland.

1 ☒ Nenne 10 Fakten, die du aus dem Diagramm entnehmen kannst.

2 ☒ Zeichne das Diagramm für die Zeit bis 2030, wie du es dir wünschst. Nenne Maßnahmen zur Realisierung.

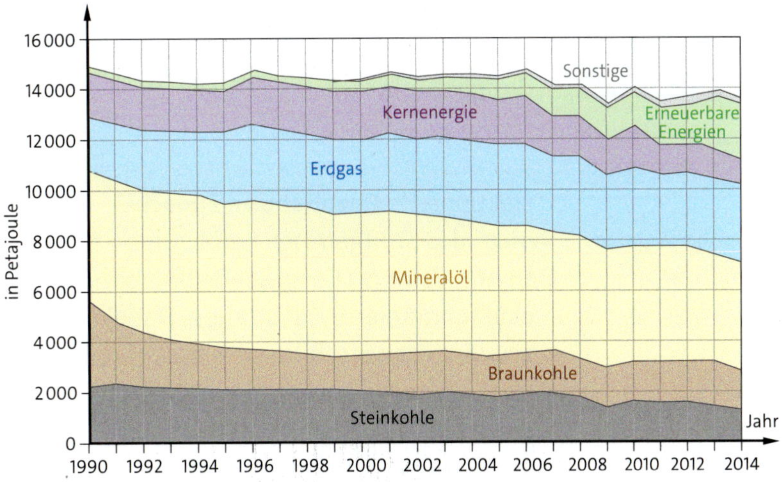

4 Primärenergieverbrauch Deutschlands 1993–2013

Aufbereitung von Erdöl

1 Raffinerien sind riesige Anlagen zur Erdölaufbereitung.

2 Öltanker

Erdöl ist ein Stoffgemisch aus verschiedenen Kohlenwasserstoffverbindungen. Um es zu verwenden, muss es in Fabriken, sogenannten Raffinerien, aufgearbeitet werden. Wie gelangt das Erdöl in diese Raffinerien und was wird dort gemacht?

Transport • Von den Förderstätten wird das Erdöl durch Rohrleitungen, sogenannte Pipelines, oder mittels riesiger Tankschiffe in die Raffinerien transportiert. → 2 3

Fraktionierte Destillation • Zunächst muss das Stoffgemisch Erdöl aufgetrennt werden. Dies geschieht durch eine fraktionierte Destillation. Dabei gewinnt man Stoffgruppen, sogenannte Fraktionen, die als Gemeinsamkeit einen ähnlichen Siedepunkt aufweisen. Dadurch erhält man zum Beispiel Kerosin, Benzin oder Schmieröle.

Cracken • Bei der fraktionierten Destillation erhält man je nach Herkunft des Erdöls unterschiedliche Mengen der verschiedenen Fraktionen. Dabei hat man zu viele langkettige Schmieröle und zu wenige kurzkettige Kohlenwasserstoffe der Benzinfraktion. Doch gerade diese werden von der Wirtschaft stark nachgefragt. Beim Cracken werden langkettige Kohlenwasserstoffe in kürzere Ketten gespalten. Dazu werden die Stoffe unter Anwesenheit von Katalysatoren erhitzt. Dadurch erhält man zum Beispiel mehr vom gewünschten Benzin.

In Raffinerien wird das Erdöl aufgearbeitet. Fraktionierte Destillation und Cracken sind dabei Verarbeitungsschritte.

3 Pipeline

Aufgaben

1 ◩ Nenne zwei Transportmöglichkeiten für Erdöl.

2 ◩ Gib an, wozu die fraktionierte Destillation dient. Erkläre, was man dabei unter Fraktionen versteht.

3 ⊠ Hat die kurzkettige Benzinfraktion oder die langkettige Schmierölfraktion einen höheren Siedepunkt? Begründe.

die Raffinerie
die Pipeline
die fraktionierte Destillation
das Cracken

Material A

Fraktionierte Destillation

1 Betrachte Bild 5. Nenne einige Verwendungsmöglichkeiten für verschiedene Stoffgruppen, die bei der fraktionierten Destillation gewonnen werden.

2 Schreibe den Text zur fraktionierten Destillation in dein Heft. → 4 Setze in die Lücken (A)–(J) die richtigen Begriffe bzw. Temperaturwerte ein.

3 Ist Benzin ein Reinstoff? Begründe deine Antwort.

Fraktionierte Destillation

Bei diesem Verfahren wird das **(A)** zunächst auf ca. 400 °C erhitzt. Dies geschieht in einem **(B)**. Daraufhin siedet ein großer Teil des Erdöls. Die Kohlenwasserstoffdämpfe steigen im Destillationsturm auf und **(C)** dabei ab. Je nach **(D)** kondensieren sie an den verschiedenen Glockenböden. Hierbei erhält man unter anderem Benzine im Siedebereich von **(E)** oder Gasöl im Siedebereich von **(F)**.

Der Rückstand, der nicht siedet, wird in einen weiteren Röhrenofen geleitet und nochmals **(G)**. Diese Erdölanteile kommen zur Vakuumdestillation. Unter stark vermindertem Druck sieden diese nun. Hier gewinnt man nach dem Kondensieren zum Beispiel **(H)** oder **(I)**. Als fester Rückstand bleibt **(J)**. Dieser Anteil findet im Straßenbau Verwendung.

4

Bitumen, Erdöl, erhitzt, kühlen, Röhrenofen, Siedepunkt, leichtes Schmieröl, schweres Schmieröl, 30–180 °C, 250–350 °C

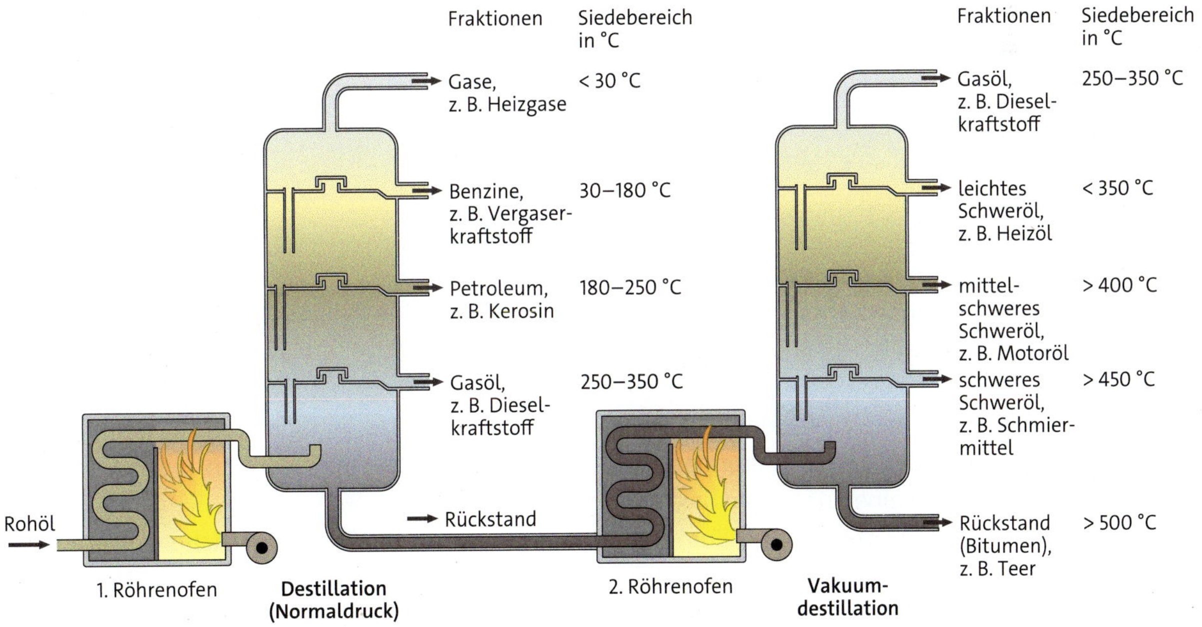

5 Anlage zur fraktionierten Destillation (Schema)

Erweitern und Vertiefen

Stickoxide – Ist der Diesel schuld?

Was sind Stickoxide? • Unter Stickoxiden versteht man die beiden Oxide des Stickstoffs: Stickstoffmonooxid (NO) und Stickstoffdioxid (NO_2). Diese werden oft auch unter der Formel NO_x zusammengefasst.

Woher kommen Stickoxide? • Stickoxide entstehen, wenn Stickstoff mit Sauerstoff reagiert. Diese beiden Stoffe sind der Hauptbestandteil der Atmosphäre.
Für diese Reaktion sind allerdings hohe Temperaturen notwendig, damit einzelne Sauerstoff- und Stickstoff-Atome entstehen. Mehrere Reaktionen sind für die Bildung von Stickoxiden verantwortlich:

$$N_2 + O \rightarrow NO + N$$
$$N + O_2 \rightarrow NO + O$$
$$2\,NO + O_2 \rightarrow 2\,NO_2$$

Da beim Dieselmotor die Verbrennungstemperatur höher ist als bei Benzinern, entstehen hier mehr Stickoxide.
Außerdem lassen sich mittels Katalysatoren, die es nur für Benzinmotoren gibt, die Stickoxide leicht abbauen.

Welche Wirkungen haben Stickoxide? • Stickoxide haben vielfältige Wirkungen auf das Atmungssystem. Zum einen reizen sie die Atemwege, weil sie sehr reaktiv sind. Zum anderen können sie Blutgefäße verengen, was zu Kreislaufbeschwerden führen kann.

1 Autoverkehr – eine der Hauptquellen für Stickoxide

Außerdem bilden Stickoxide durch chemische Reaktionen mit Luftbestandteilen auch weitere Schadstoffe. So können das atemreizende Gas Ozon (O_3), Feinstäube und auch Salpetersäure (HNO_3) entstehen.

Stickoxide entstehen bei Verbrennungsvorgängen in Automotoren. Speziell bei Dieselmotoren entstehen relativ viele Stickoxide. Stickoxide belasten das Atmungs- und Kreislaufsystem.

Aufgaben

1 NO_x – erkläre, was mit dieser Formel gemeint ist.

2 Nenne die gesundheitlichen Gefahren, die von Stickoxiden ausgehen.

3 Benziner oder Diesel – welcher dieser Motoren trägt mehr zur Stickoxidbelastung bei? Begründe deine Antwort.

Erweitern und Vertiefen

Vorsicht beim Umgang mit Diagrammen

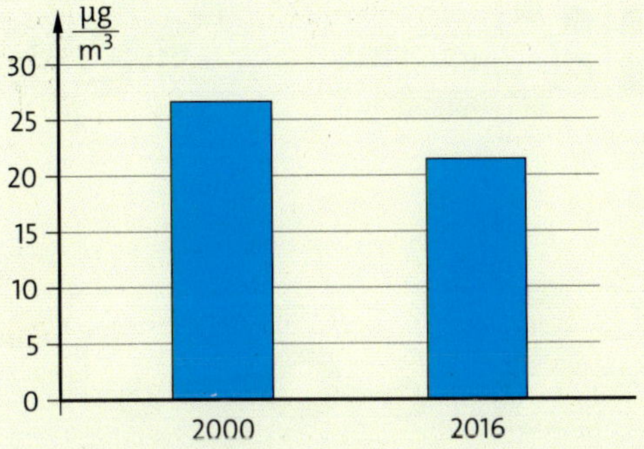

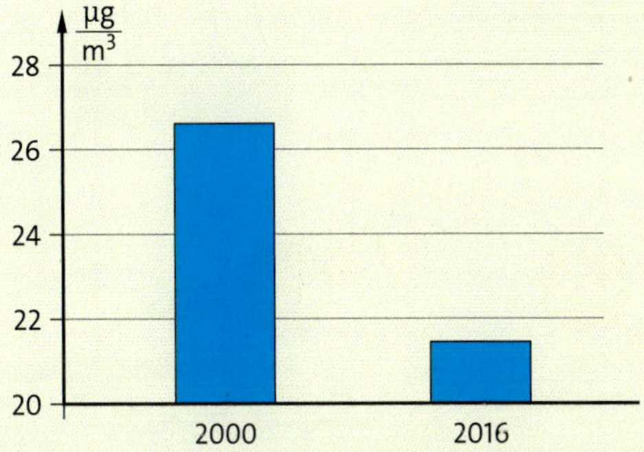

2 Zwei Diagramme zur durchschnittlichen Stickoxidbelastung in Städten in den Jahren 2000 und 2016

Genau hinschauen • Selbst wenn die Zahlen stimmen, können Diagramme leicht täuschen und Fakten verzerren. → 2
Die zwei Diagramme in Bild 2 zeigen die durchschnittliche Stickoxidbelastung in deutschen Städten in den Jahren 2000 und 2016. Während das linke Diagramm einen leichten Rückgang anzeigt, vermittelt das rechte Diagramm einen rasanten Rückgang.
Falsche Daten? Nein! Beide Diagramme sind auf Basis der gleichen Daten erstellt worden. Wo liegt der Unterschied?
Die *y*-Achse beginnt beim linken Diagramm bei 0, beim rechten startet sie bei 20. Dadurch werden Unterschiede stärker betont.

Wie liest man Diagramme? • Wir sind verleitet, uns zuerst die Balken in einem Diagramm anzuschauen. Diesen sollte aber erst der dritte Blick gelten. Zunächst sollte man schauen, was das Diagramm überhaupt abbildet. Hierfür hilft ein Blick auf die Überschrift und die Größen an den Achsen. Der zweite Blick sollte unbedingt der Skalierung gelten. Beginnt die Skala bei 0 oder ist nur ein Ausschnitt zu sehen? Nun macht es Sinn, die Länge der Balken zu betrachten. So kann man vermeiden, durch die Darstellung getäuscht zu werden.

Aufgaben

1 Hersteller von Automobilen wollen die Umweltfreundlichkeit betonen. Begründe, welches der beiden Diagramme ihnen dabei am meisten hilft. → 2

2 Beurteile das Diagramm in Bild 3. Gehe dabei wie auf dieser Seite beschrieben vor.

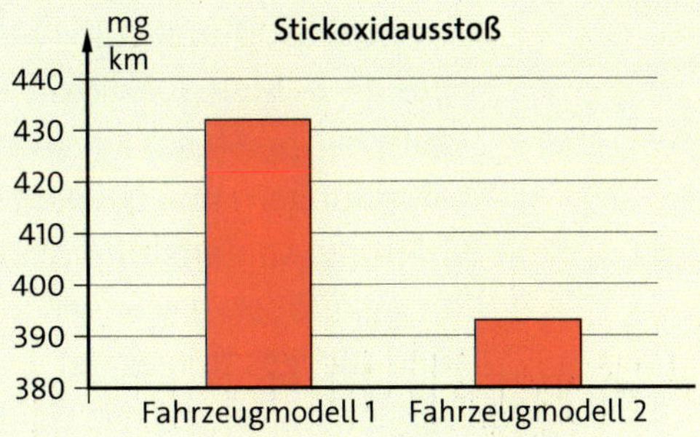

3 Zwei Fahrzeugmodelle im Vergleich

Den Treibhauseffekt besser verstehen

1 Verschiedene Quellen von Treibhausgasen (vom Menschen verursacht)

Am Treibhauseffekt ist nicht nur Kohlenstoffdioxid beteiligt. Wie wirken die einzelnen Treibhausgase?

Natürliche und anthropogene Treibhausgase • Trotz deutlich sichtbar werdender Klimafolgen werden vom Menschen immer noch zu viele Treibhausgase produziert. → 1 Die Treibhausgase fördern unterschiedlich stark die Erderwärmung. Methan (CH_4), das zum Beispiel beim Reisanbau und bei der Rinderzucht freigesetzt wird, ist ein 25-mal stärkeres Treibhausgas als Kohlenstoffdioxid. Lachgas (N_2O) ist sogar noch ein 300-mal stärkeres Treibhausgas als Kohlenstoffdioxid. Es entsteht zum Beispiel beim Einsatz von Stickstoffdüngern und bei der Massentierhaltung. Kohlenstoffdioxid wird jedoch in viel größeren Mengen als Methan und Lachgas freigesetzt. Dadurch ist Kohlenstoffdioxid das Gas mit dem größten Anteil am vom Menschen verursachten Treibhauseffekt. Dieser wird auch als anthropogener Treibhauseffekt bezeichnet.

Im Gegensatz dazu bedingen vor allem Wasserdampf und Ozon den natürlichen Treibhauseffekt. Ohne diesen wäre Leben auf der Erde nicht möglich. Es würde eine Durchschnittstemperatur von −55 °C wie auf dem Mond herrschen. Die natürlichen Treibhausgase sorgen für eine Durchschnittstemperatur von ca. 15 °C. Wasserdampf hat zwar eine noch stärkere Treibhauswirkung als Methan. Jedoch wird der Wasserdampfgehalt in der Atmosphäre kaum vom Menschen beeinflusst.

Wärmestrahlung • Wie du bereits weißt, gibt es verschiedene Arten von Wärmestrahlung. Die Wärmestrahlung kann durch Stoffe hindurchgehen (Transmission). Sie kann von ihnen absorbiert werden, was zu einer Erwärmung der Stoffe führt. Oder sie wird von ihnen reflektiert, das heißt zurückgeworfen.

anthropogen
das Absorptionsspektrum

Doch warum geht die eine Art der Wärmestrahlung durch einen Stoff hindurch, während sie von einem anderen absorbiert wird?

Absorptionsspektren natürlicher Treibhausgase • Jeder Stoff kann nur bestimmte Wellenlängenbereiche von Wärmestrahlung absorbieren. Diese Bereiche werden als Absorptionsspektrum des jeweiligen Stoffs bezeichnet. Alle Wärmestrahlungen außerhalb dieses Bereichs gehen einfach hindurch – sie transmittieren.
In Bild 3 sieht man, dass Wasserdampf in dem Bereich Wärmestrahlung absorbiert, in dem die Erde am meisten Wärme abstrahlt. → 2 3 Das macht Wasserdampf zu einem sehr starken natürlichen Treibhausgas.

Absorptionsspektren anthropogener Treibhausgase • Die durch menschliche Aktivitäten austretenden Treibhausgase wie Kohlenstoffdioxid oder Methan sorgen für eine zusätzliche Absorption und damit für eine stärkere Erwärmung. Methan ist ein extrem wirksames Treibhausgas, weil es ebenfalls wie Wasserdampf in dem Wellenlängenbereich absorbiert, in dem die Erde am intensivsten Wärme ausstrahlt. → 2 3
Man befürchtet durch den Anstieg der anthropogenen Treibhausgase einen Anstieg der Durchschnittstemperatur von zwei bis sechs Grad bis Ende dieses Jahrhunderts.

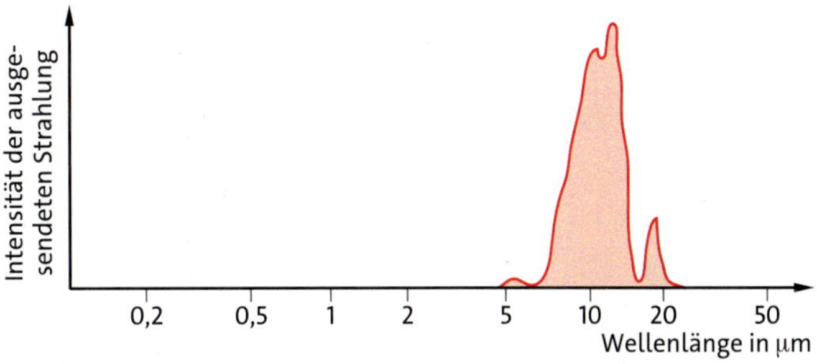

2 Wärmestrahlung der Erde

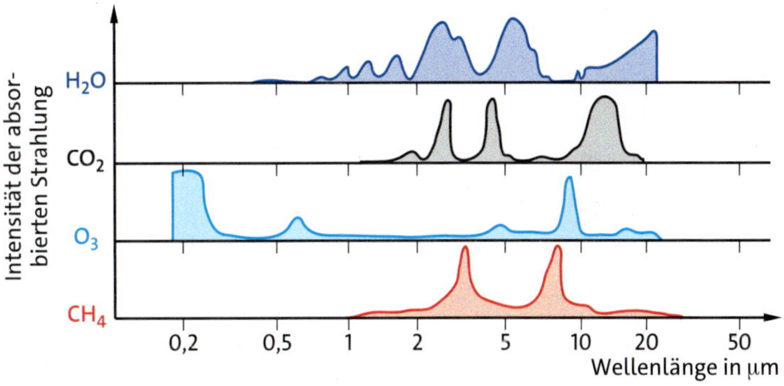

3 Absorptionsspektren verschiedener Treibhausgase

Jeder Stoff hat ein charakteristisches Absorptionsspektrum. Man unterscheidet zwischen natürlichen Treibhausgasen und anthropogenen Treibhausgasen.

Aufgaben

1 Nenne zwei natürliche und zwei anthropogene Treibhausgase.

2 Begründe, warum Methan ein stärkeres Treibhausgas als Kohlenstoffdioxid ist.

3 Erkläre, warum die Wärmestrahlung der Sonne transmittiert, wenn sie auf die Atmosphäre der Erde trifft.

Den Treibhauseffekt besser verstehen

Material A

Die verschiedenen Treibhausgase

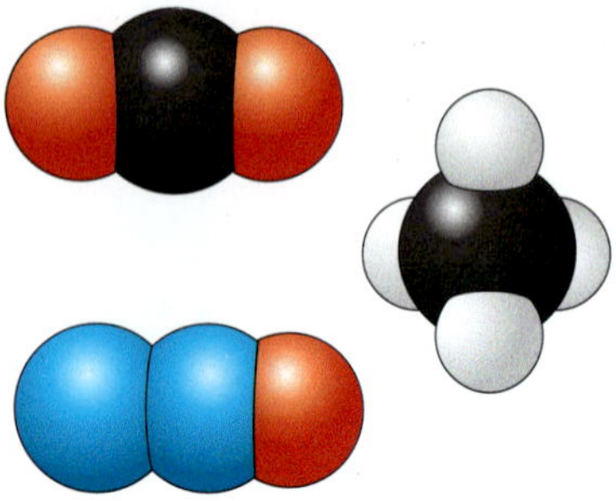

1 Kohlenstoffdioxid, Methan und Lachgas als Molekülmodelle

Teste dein Wissen zu den drei hauptverantwortlichen Treibhausgasen.

1 ☒ Übertrage die Tabelle in dein Heft. → 2 Ordne den drei Treibhausgasen die zugehörigen Begriffe zu.

Kohlenstoffdioxid	Lachgas	Methan
?	?	?

2

N_2O, Rinderzucht, Düngemittel, Autos, Reisanbau, Flugzeug, CO_2, heizen, 300-mal klimaschädlicher als Kohlenstoffdioxid, 25-mal klimaschädlicher als Kohlenstoffdioxid, Kohlekraftwerk, CH_4

Material B

Methan – Bedrohung für das Klima

Methan ist ein viel stärkeres Treibhausgas als Kohlenstoffdioxid. Die größte Quelle für anthropogenes Methan ist die Rinderzucht, da die Rinder bei der Verdauung Methan produzieren. Auch beim Anbau von Reis wird viel Methan freigesetzt. Die größten natürlichen Methanquellen sind Sumpf- und Moorgebiete. Bestimmte Bakterien produzieren bei fehlendem Sauerstoff aus organischem Material Methan. Dies ist auch bei Permafrostböden der Fall, die z. B. in Sibirien und im Norden Kanadas zu finden sind. Dabei handelt es sich um Böden, die bisher dauerhaft gefroren waren. Sie enthalten viele fossile Tier- und Pflanzenreste und sind daher große Kohlenstoffspeicher. Tauen diese Permafrostböden durch die steigenden Temperaturen auf, entstehen neben Kohlenstoffdioxid vor allem große Mengen Methan. Dies verstärkt den Klimawandel noch weiter.

3

4 Rinderzucht – eine große Methanquelle

5 Permafrostböden

1 ☒ Lies den Text. → 3 Nenne anthropogene und natürliche Methanquellen.

2 ☒ „Der Klimawandel ist ein sich selbst verstärkendes System." Erkläre diese Aussage.

Material C

Ein komplexes System

Die Erhöhung der Durchschnittstemperatur hat Effekte zur Folge, die sich direkt auf das Klima auswirken.

Materialliste: weiße und schwarze Pappe, 500-Watt-Strahler, digitales Thermometer

1 ◩ Richte den Strahler so aus, dass beide nebeneinanderliegenden Pappen gleich bestrahlt werden. Miss nach 3, 6 und 9 Minuten die Temperaturen an beiden Oberflächen.

Der Albedo-Effekt Die Albedo ist ein Maß für das Reflexionsvermögen eines Stoffes. Sie gibt an, wie viel Wärmestrahlung der Sonne reflektiert und wie viel absorbiert wird. Wird 100 % reflektiert, so ist die Albedo 1. Wird 0 % reflektiert ist die Albedo **(A)**. Helle Flächen haben eine **(B)** Albedo als dunkle Flächen. Am Nordpol trifft die Wärmestrahlung der Sonne momentan auf Eis, welches eine Albedo von 0,85 hat. Das heißt, der größte Teil der Wärmestrahlung wird **(C)**. Schmilzt das Eis, so trifft die Wärmestrahlung künftig auf Wasser, welches eine Albedo von 0,1 hat. Dann wird der größte Teil der Wärmestrahlung **(D)**. Da eine **(E)** zur Erwärmung eines Stoffes führt, wird die Erderwärmung künftig **(F)** voranschreiten.

2 ⊠ Schreibe den Text in dein Heft und ersetze die Lücken (A)–(F) durch folgende Begriffe:

absorbiert, Absorption, höhere, reflektiert, schneller, 0

Material D

Der Klimawandel – eine Erfindung?

Es gibt Klimaskeptiker, die behaupten, den von Menschen verursachten Klimawandel gäbe es nicht.

1 ⊠ Ein Argument der Klimaskeptiker ist, dass es immer wieder Winter gibt, die kälter sind als in den Vorjahren. Nimm mithilfe von Bild 6 dazu Stellung.

2 ⊠ Erkläre, warum der Temperaturanstieg in den letzten 135 Jahren eine logische Folge des menschlichen Handelns ist.

3 MK ⊠ Recherchiere im Internet nach weiteren Einwänden von Klimaskeptikern. Vergleiche ihre Aussagen mit wissenschaftlichen Fakten.

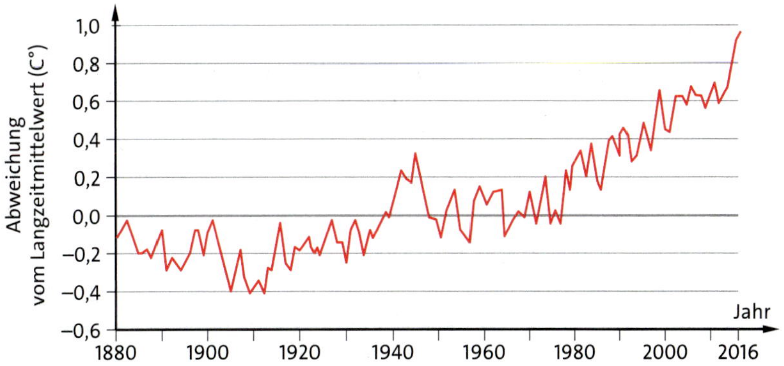

6 Temperaturen der letzten 135 Jahre

Was ist Alkohol?

1 Alkohol im Alltag – Alkohol im Labor

Im Alltag ist mit „Alkohol" meist der Trinkalkohol gemeint, der in Bier oder Wein enthalten ist. In der Chemie ist mit „Alkoholen" eine besondere Gruppe von Kohlenwasserstoffen gemeint.

Funktionelle Gruppen • In Kohlenwasserstoffen kann ein Wasserstoff-Atom durch andere Atome oder Atomgruppen ersetzt sein, z. B. durch eine Hydroxylgruppe. → 2

Kohlenwasserstoffe, die eine Hydroxylgruppe haben, gehören zur Stoffgruppe der Alkohole, oft auch Alkanole genannt. Die Hydroxylgruppe kann man auch OH-Gruppe nennen. Sie bestimmt die Eigenschaften des Alkohols. Deshalb wird sie als funktionelle Gruppe bezeichnet. Ein Alkoholmolekül kann auch mehrere Hydroxylgruppen besitzen.

Stoffe, die als funktionelle Gruppe eine oder mehrere Hydroxylgruppen haben, nennt man Alkohole.

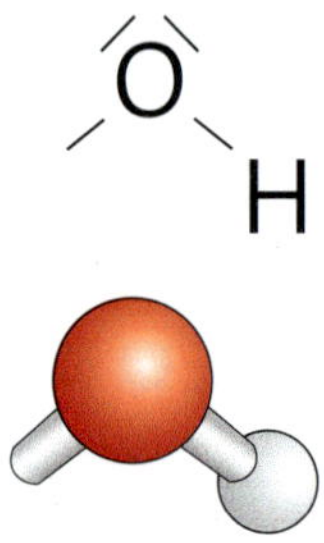

2 Hydroxylgruppe

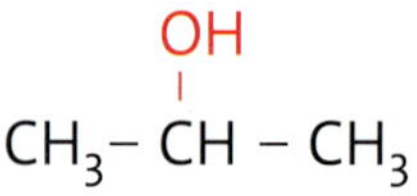

3 Ein sekundärer Alkohol

Alkanole • Die Namen der Alkanole leiten sich von den entsprechenden Alkanen mit der Endsilbe -ol ab. Butanol ist also ein Alkohol mit vier Kohlenstoff-Atomen.

Der Trinkalkohol ist Ethanol. Seine Formel lautet C_2H_5OH. Die Hydroxylgruppe steht am Ende der Formel, damit sie gut erkennbar ist. Alkohole bilden ebenfalls eine homologe Reihe.

Wertigkeit und Klassifizierung • Wenn ein Alkohol eine OH-Gruppe hat, spricht man von einem einwertigen Alkohol. Sind zwei OH-Gruppen vorhanden, ist er zweiwertig, bei drei OH-Gruppen dreiwertig usw.

Außerdem muss man sich das Kohlenstoff-Atom anschauen, an das die OH-Gruppe gebunden ist. Wenn dieses Kohlenstoff-Atom nur einen Kohlenstoffnachbarn hat, ist es ein primärer Alkohol. Wenn es zwei Kohlenstoffnachbarn besitzt, spricht man von einem sekundären, bei drei Nachbarn von einem tertiären Alkohol. → 3

die funktionelle Gruppe
die Hydroxylgruppe
das Alkanol
hydrophil
lipophil

Löslichkeit von Ethanol • Alkohole sind vielseitige Lösungsmittel. Während Alkane sich nicht in Wasser, aber hervorragend in Öl lösen, stellt man bei Ethanol fest, dass es sich in beidem gut löst.

Das liegt am Molekülbau: Die Hydroxylgruppe ist hydrophil („wasserliebend") und der Alkanrest C_2H_5– ist lipophil („fettliebend"). → 4

Um zu entscheiden, ob ein Stoff hydrophil oder lipophil ist, müssen die Bindungen betrachtet werden. Stark polare Bindungen sind hydrophil, da sie den Bindungen im Wassermolekül ähnlich sind. Unpolare Bindungen sind dagegen lipophil.

Allgemein gilt also: Wenn sich die Bindungen in Flüssigkeiten ähnlich sind (beide polar bzw. beide unpolar), lösen sich die beiden Flüssigkeiten. Wenn sie unterschiedlich polar sind, lösen sie sich nicht.

Ähnliche Flüssigkeiten lösen sich ineinander: „Gleiches löst sich in Gleichem gern."

Siedetemperatur • Ethanol siedet bei 78 °C. Das entsprechende Alkan, nämlich Ethan, siedet schon viel früher, bei –89 °C.

Dieser Unterschied kann nur an der funktionellen Gruppe liegen: Hydroxylgruppen sind durch Teilladungen am Sauerstoff-Atom und am Wasserstoff-Atom stark polar. Dadurch bilden sich – wie bei Wassermolekülen – zwischen den Ethanolmolekülen Wasserstoffbrücken aus. → 5

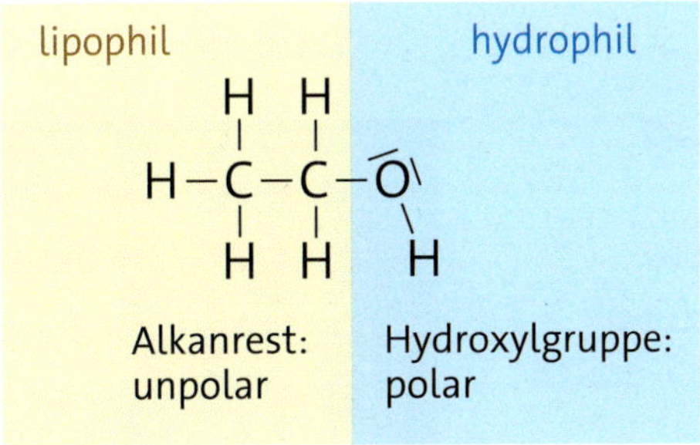

4 Löslichkeit von Ethanol

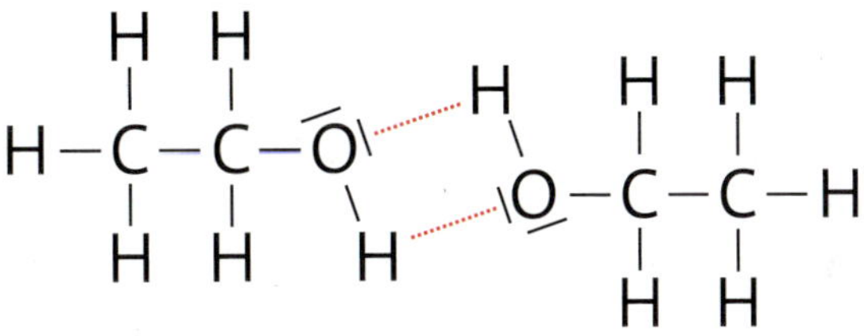

5 Wasserstoffbrücken im Ethanol

Diese halten die Moleküle zusammen. Daher siedet Ethanol nicht so einfach wie Ethan, in dem es nur die schwächeren Van-der-Waals-Kräfte gibt.

Funktionelle Gruppen bestimmen die Stoffeigenschaften, z. B. die Löslichkeit und die Siedetemperatur.

Aufgaben

1 Nenne mehrere Eigenschaften der Stoffgruppe Alkohole.

2 Erkläre, was eine funktionelle Gruppe ist.

3 Zeichne einen zweiwertigen und einen sekundären Alkohol. Worin liegen die Unterschiede?

Was ist Alkohol?

Material A

Ist Ethanol brennbar?

Um herauszufinden, ob Ethanol brennbar ist, führt man folgenden Versuch durch:

Materialliste: Ethanol, Porzellanschale, Streichhölzer, Tropfpipette, feuerfeste Unterlage, Holzspan

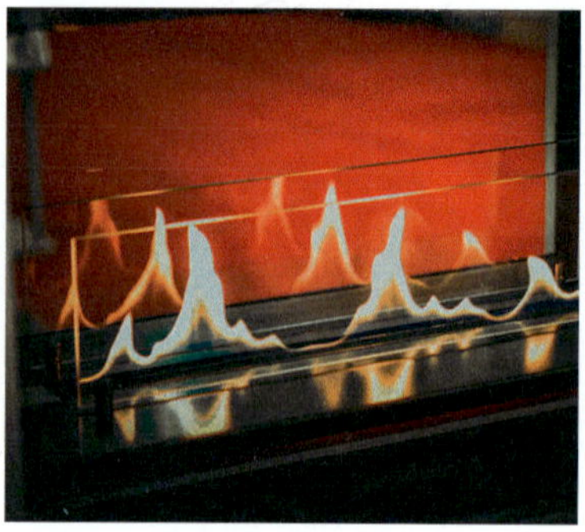

1 Ethanolkamin

2 Flambieren von Feigen

1 Stelle die Porzellanschale auf die Unterlage und gib mithilfe der Pipette ca. 5 Tropfen Ethanol in die Schale. Entzünde das Ethanol mit dem Holzspan und beobachte.

2 Kamine gibt es auch ohne Holz – nämlich die sogenannten Ethanolkamine. → 1
Erkläre die Funktionsweise dieser Kamine.

3 Brennenden Alkohol gibt es auch beim Flambieren von Speisen. → 2
Ist nach dem Flambieren noch Alkohol in der Speise? Erkläre.

Material B

Bestimmung der Siedetemperatur von Ethanol

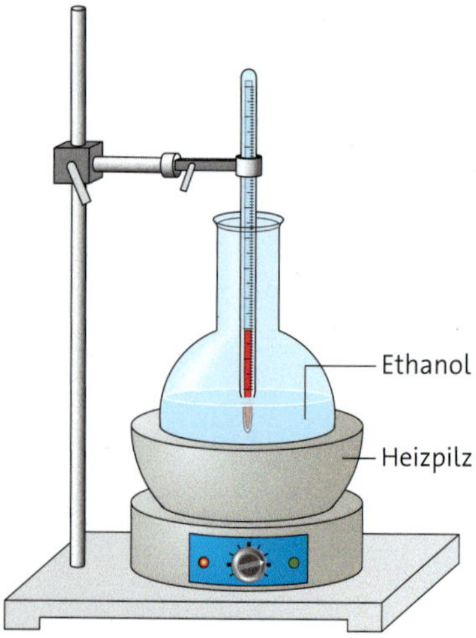

3 Versuchsaufbau

Materialliste: Ethanol, Rundkolben, Thermometer, Heizpilz, Stativ

Fülle ca. 100 ml Ethanol in den Rundkolben und befestige den Rundkolben am Stativ. Setze einen Heizpilz, den du ebenfalls am Stativ befestigst, darunter. Erhitze langsam, bis der Alkohol zu sieden beginnt. Miss die Temperatur mit dem Thermometer und notiere sie dir.

1 Erstelle ein Versuchsprotokoll.

2 Recherchiere mithilfe des Buchs den offiziellen Wert der Siedetemperatur von Ethanol und vergleiche ihn mit deinem Ergebnis.

3 Mit dem gleichen Versuchsaufbau kann man auch die Siedetemperatur von Wasser messen. Als Ergebnis erhält man allerdings einen Messwert von ca. 100 °C.
Versuche zu erklären, warum Wasser bei einer höheren Temperatur siedet als Ethanol.

Material C

Löslichkeit

Wenn man zwei Flüssigkeiten vermengt, mischen sie sich oder es bilden sich zwei getrennte Phasen. → 4

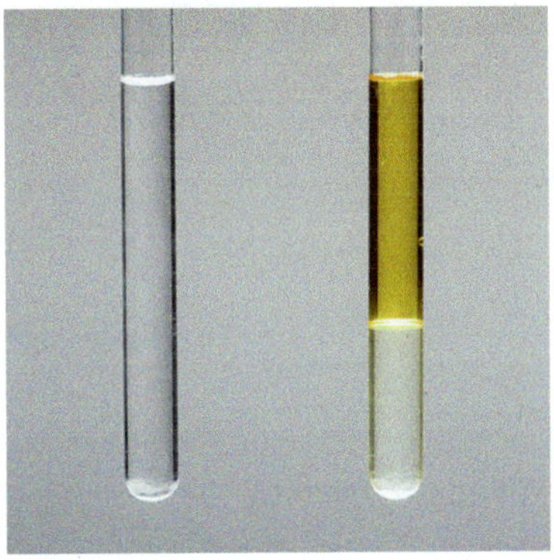

4 Mischung und Phasenbildung

Materialliste: Ethanol, Speiseöl, Wasser, 3 Reagenzgläser, 3 Stopfen, Reagenzglashalter, Pipette, Becherglas

1 Fülle (ohne Pipette!) in das erste Reagenzglas ca. 1 cm hoch Speiseöl ein. Gib genauso viel Wasser hinzu. Schüttle das Reagenzglas, indem du den Daumen auf den Stopfen hältst. Beobachte die Mischung. Gib in das zweite Reagenzglas 1 cm hoch Speiseöl und in das dritte 1 cm hoch Wasser. Füge jeweils mithilfe der Pipette die gleiche Menge Ethanol hinzu. Verschließe und schüttle.

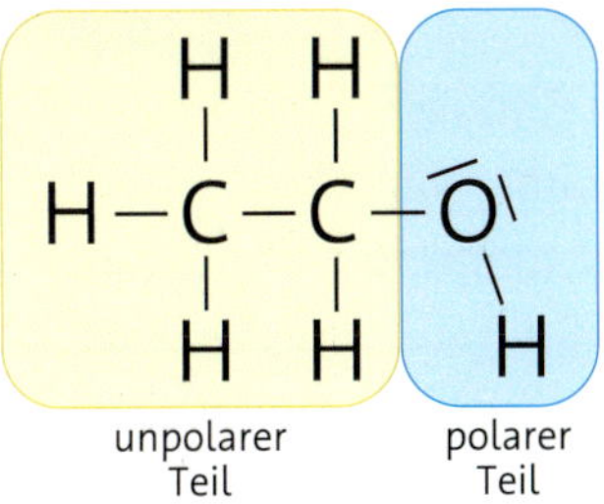

5 Ethanolmolekül

2 Notiere deine Versuchsbeobachtungen in einer Tabelle.

3 Erkläre das Lösungsverhalten von Ethanol in Wasser und in Öl.

Material D

Vorsicht vor Methanol

6 Methanol im Labor

1 Lies den Text. → 7

a Beschreibe, welche Gefahr von Methanol ausgeht.

b Erkläre, wie ein zu hoher Anteil von Methanol in Branntwein vermieden werden kann.

Das Ziel der alkoholischen Gärung ist die Entstehung von Ethanol. Dabei werden die Einfachzucker der Früchte zu Ethanol und Kohlenstoffdioxid abgebaut. In den Schalen der Früchte befinden sich auch sogenannte Pektine. Diese Pektine werden durch Enzyme abgebaut, wobei unter anderem Methanol entsteht. Methanol ist extrem giftig. Eine Menge von 5 bis 10 Millilitern führt bereits zur Erblindung und Gehirnschädigung. 20 Milliliter Methanol können schon tödlich sein. In gegorenen alkoholischen Getränken ist die Konzentration von Methanol so gering, dass eine gesundheitliche Gefährdung nicht besteht. Anders kann dies bei Branntweinen sein. Der Siedepunkt von Methanol (65 °C) ist ebenso wie der von Ethanol (78 °C) deutlich niedriger als der Siedepunkt von Wasser (100 °C). Bei nicht sorgfältiger Destillation kann es daher zu einem hohen Methanol-Anteil im Brandwein kommen, wodurch die Gefahr schwerer Vergiftungen besteht.

7

Was ist Alkohol?

Erweitern und Vertiefen

Alkohol ganz alltäglich?

Chemikalie und Genussmittel • Alkohol findet man in vielen Produkten, z. B. in Arzneimitteln, Parfüms und Putzmitteln. Am häufigsten begegnet er uns jedoch in alkoholischen Getränken. Wegen seiner berauschenden und teilweise auch entspannenden Wirkung wird er seit Jahrtausenden oft konsumiert. Die Auswirkungen auf den Körper werden dabei häufig übersehen.
In geringen Mengen gilt Alkohol als Genussmittel. In größeren Mengen wirkt er aber als Zellgift. Der Abbau im Körper dauert mehrere Stunden.

Auswirkungen • Kurzfristige Wirkungen von Alkohol, z. B. eine verringerte Sehfähigkeit, sind in Tabelle 2 dargestellt. Wie stark sich ein Schluck Alkohol auf den Promillegehalt im Blut auswirkt, ist bei jedem Menschen unterschiedlich. Dies hängt z. B. vom Körpergewicht und vom Geschlecht ab.
Wenn man oft Alkohol trinkt, kommt es zu langfristigen Wirkungen. Durch den Giftstoff werden Organe geschädigt, Gehirnzellen abgetötet und der Blutdruck erhöht, was zu einem Herzinfarkt führen kann.
Abhängigkeit ist eine weitere Gefahr. Da die Alkoholsucht ein schleichender Prozess ist, wird sie oft unterschätzt und nicht rechtzeitig bemerkt.
Alkoholabhängige sind meist zuerst psychisch abhängig. Probleme werden scheinbar durch den Alkohol gelöst. Dies führt zur körperlichen Abhängigkeit, in der ein Leben ohne Alkohol für den Abhängigen unmöglich erscheint.

1 Ohne Alkohol keine Stimmung?

Promille im Blut	Auswirkungen
0,2–0,5	Puls und Atmung beschleunigt, Blutgefäße erweitert, Wärmegefühl, verringerte Schmerzempfindung, Geschmackssinn und Sehfähigkeit etwas verringert
0,5–1,5	Selbstüberschätzung, schlechtere Muskelkoordination, eingeschränktes Reaktions- und Erinnerungsvermögen
1,5–3,0	Hemmungslosigkeit, geweitete Pupillen, rotes Gesicht, Übelkeit, Erbrechen
3,0–4,0	Alle Sinne betäubt, völlige Orientierungslosigkeit
über 4,0	Gefahr von Koma, Atemstopp und Herzstillstand

2 Auswirkungen von Alkohol

Aufgaben

1 ◩ Nenne mögliche Ursachen für den hohen Alkoholkonsum in unserer Gesellschaft.

2 ⊠ „Alkohol ist eine Droge." Nimm begründet Stellung zu dieser Aussage.

Erweitern und Vertiefen

Gewinnung von Alkohol

Gärung • Trinkalkohol (Ethanol) wird durch alkoholische Gärung hergestellt. Dabei reagieren zuckerhaltige Lösungen mithilfe von Hefe zu Ethanol und Kohlenstoffdioxid.

$C_6H_{12}O_6$	$\rightarrow$	$2\ C_2H_5OH + 2\ CO_2$
Traubenzucker	$\rightarrow$	Ethanol + Kohlenstoffdioxid

Dies geschieht unter Sauerstoffabschluss. Wenn Sauerstoff vorhanden wäre, würde der Zucker – wie in unserem Körper – in Wasser und Kohlenstoffdioxid umgewandelt.

Alkohol gewinnt man durch alkoholische Gärung.

Destillation • Bei der alkoholischen Gärung entstehen maximal 18%ige Ethanol-Lösungen. Bei einem höheren Anteil würden nämlich die Hefezellen absterben.
Um hochprozentigen Alkohol (Schnaps) zu erhalten, destilliert man Ethanol-Lösungen. → 3 Dadurch wird das Ethanol vom Wasser getrennt und der Anteil des Alkohols im Destillat erhöht sich auf bis zu 96 %.

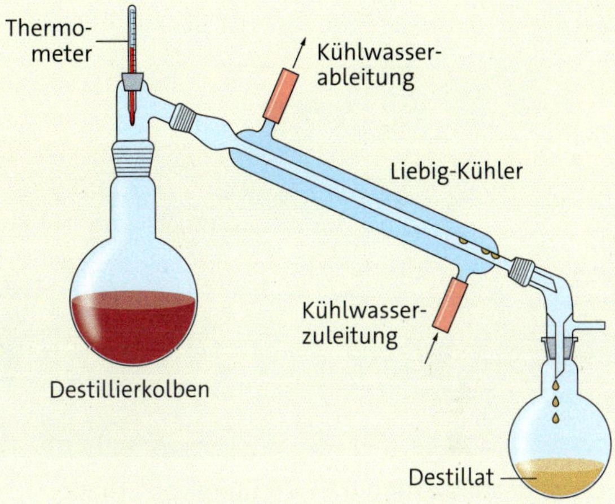

3 Die Destillation von Wein liefert Branntwein.

Aufgaben

1 Beschreibe den Vorgang der alkoholischen Gärung.

2 Wie könnte man zeigen, dass nach der Destillation wirklich fast reiner Alkohol entstanden ist? Notiere einen Vorschlag.

3 Erkläre, wie das Trennverfahren Destillation funktioniert. → 3

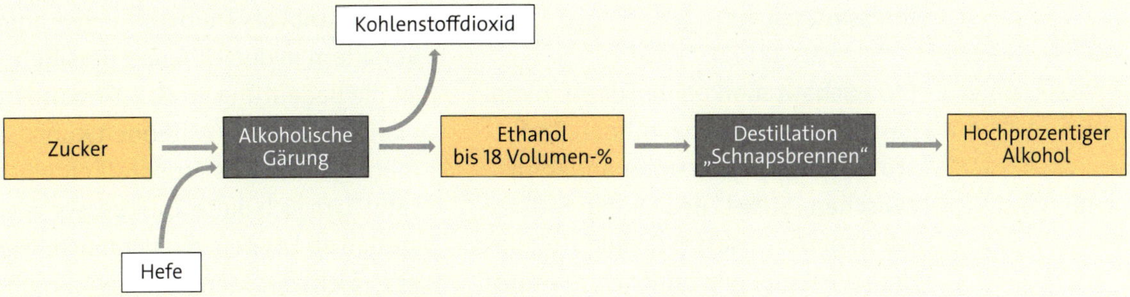

4 Vom Traubensaft zum hochprozentigen Alkohol

Alkohol als Treibstoff

1 Getreideanbau für die Herstellung von Ethanol

2 Verschiedene Treibstoffe

Das Erdöl wird in absehbarer Zeit verbraucht sein und bei der Verbrennung des Erdölprodukts Benzin entstehen klimaschädliche Gase. Wären da Treibstoffe aus nachwachsenden Pflanzen nicht die perfekte Lösung?

Ethanol als Treibstoff • Ethanol kann durch Gärung und anschließende Destillation aus stärkehaltigen Pflanzen hergestellt werden, z. B. aus Mais, Getreide und Zuckerrohr. Ethanol ist brennbar, was es als Treibstoff interessant macht.

E10 • Schaut man bei Tankstellen mal genauer auf die angebotenen Kraftstoffe, so kann man unter anderem zwischen „Super" und „Super E10" wählen. Der Zusatz E10 bedeutet, dass dem aus Erdöl gewonnenen Kraftstoff zu 10 Prozent Ethanol beigemischt wurde. Für die Motoren ist dies kein Problem. Wegen des geringeren Energiegehalts von Ethanol gegenüber Benzin ist die Reichweite zwar etwas kürzer, dafür ist dieser Kraftstoff auch etwas günstiger. Umgerüstete Motoren können auch mit E85 fahren. Dieser Kraftstoff enthält zu 85 Prozent Ethanol und nur noch einen geringen Anteil an herkömmlichem Benzin.

Bedeutung als Kraftstoff • In verschiedenen Ländern wird unterschiedlich viel Ethanol als Treibstoff verwendet. Vor allem in den USA und Brasilien ist die Bedeutung groß. 2017 wurden weltweit rund 99 Millionen Kubikmeter Ethanol als Treibstoff eingesetzt. Um sich diese Zahl besser vorstellen zu können, ein Vergleich: Dies entspricht der Menge, die am Rhein durchschnittlich in 12 Stunden an einem Beobachter vorbeifließen.

CO$_2$-neutral

Vorteile • Ethanol als Kraftstoff hat vor allem zwei Vorteile. Zum einen wachsen die Rohstoffe, nämlich Zuckerrohr, Mais oder Getreide, nach. Zum anderen wird bei der Verbrennung des Ethanols nur so viel Kohlenstoffdioxid frei, wie vorher von den Pflanzen beim Wachstum durch die Fotosynthese aufgenommen wurde. Dies bezeichnet man als CO$_2$-neutrale Verbrennung.

Nachteile • Auf den ersten Blick scheint Ethanol als Treibstoff die ideale Lösung zu sein. Allerdings zieht die Gewinnung der Rohstoffe auch Probleme nach sich. Für den Anbau der Rohstoffe für Ethanol gehen bedeutende Anbauflächen verloren, die nicht mehr für die Produktion von Lebensmitteln genutzt werden können. Der Bedarf an Lebensmitteln wird durch die wachsende Weltbevölkerung jedoch immer größer. Beim Anbau der Energiepflanzen werden außerdem Düngemittel und Pestizide verwendet, die nachteilige Auswirkungen auf die Umwelt haben können. Auch die Klimaneutralität von Ethanol ist umstritten. Für den Anbau und die Verarbeitung der Rohstoffe wird viel Energie benötigt und auch dabei werden Treibhausgase freigesetzt.

Lösungen • Forscher arbeiten an Verfahren, mit denen aus Pflanzenresten wie Stroh Ethanol gewonnen werden kann. Für die Nutzung von Pflanzenabfällen wären keine zusätzlichen Anbauflächen und auch keine zusätzlichen Düngemittel oder Pestizide notwendig. Allerdings sind diese Verfahren noch nicht so weit ausgereift, dass man damit Ethanol zu günstigen Preisen produzieren könnte.

3 Ethanol als Treibstoff hat nicht nur Vorteile

Ethanol ist eine Alternative zu herkömmlichen Treibstoffen. Es kann aus nachwachsenden Rohstoffen hergestellt werden. Für den Anbau der Rohstoffe gehen jedoch Anbauflächen für Lebensmittel verloren.

Aufgaben

1 Erkläre, was sich hinter dem Zusatz E10 und E85 bei Kraftstoffen verbirgt.

2 Nenne Vor- und Nachteile der Verwendung von Ethanol als Treibstoff.

3 Erkläre die Karikatur in Bild 3.

Alkohol als Treibstoff

Material A

Ethanol als Treibstoff

Ethanol als Treibstoff hat einige Vorteile, aber auch die Nachteile sind nicht außer Acht zu lassen.

1 Übertrage den Text in dein Heft. Ersetze die Lücken durch folgende Begriffe:

CO_2-neutral, Destillation, Erdöl, Fotosynthese, Gärung, Getreide, Mais, Lebensmittelproduktion, Zuckerrohr

Herkömmliche Treibstoffe wie Benzin oder Diesel werden aus **(A)** gewonnen. Dieser Rohstoff ist allerdings nur begrenzt vorhanden. Daher ist man bemüht, eine Alternative zu finden. Ethanol ist eine brennbare Flüssigkeit und bietet sich als Alternative an. Gewonnen wird Ethanol durch **(B)** und anschließende **(C)**. Als Rohstoffe werden stärkehaltige Pflanzen wie **(D)**, **(E)** oder **(F)** verwendet.

Bei der Verbrennung von Ethanol wird nur so viel CO_2 freigesetzt, wie zuvor beim Wachstum durch die **(G)** von den Pflanzen aufgenommen wurde. Dies bezeichnet man als **(H)**.

Für die Produktion sind allerdings Düngemittel, Pestizide und Energie notwendig. So belastet auch die Produktion von Ethanol die Umwelt.

Weiterhin muss man beachten, dass Anbauflächen benötigt werden. Diese stehen dann für die **(I)** nicht mehr zur Verfügung.

Material B

Die Regierungspartei stellt folgenden Gesetzesantrag: Zur Erhöhung des Anteils von Ethanol an Treibstoffen für Fahrzeuge soll folgendes Gesetz beschlossen werden: Die Mineralölsteuer auf Treibstoffe aus Erdöl soll um 2 Cent je Liter erhöht werden. Die dadurch gewonnenen Einnahmen sollen verwendet werden, um den Ethanolproduzenten einen Zuschuss für jeden Liter produzierten Ethanols zu zahlen.

1 Möglicher Gesetzesantrag

Gesetze können steuern

Oft sind nicht alle einer Meinung, wenn es um neue Gesetze geht. „Spielt" doch selbst mal Abgeordnete.

2 Verarbeitung der Rohstoffe aus der Landwirtschaft in Bioraffinerien

1 Eure Klasse wird in zwei Gruppen eingeteilt. Die eine Gruppe sammelt 5 Minuten Argumente für den Gesetzesantrag, die andere Gruppe sammelt Punkte, die gegen den Antrag sprechen. → 1

2 Je zwei Mitglieder jeder Gruppe werden ausgewählt und tragen in einer Debatte ihre Argumente vor.

3 Führt in eurer Klasse eine Abstimmung über den Gesetzesantrag durch.

Material C

Wie viel Energie steckt in Ethanol?

Bei der Verbrennung von Ethanol wird Energie freigesetzt. In einem Versuch kannst du herausfinden, wie viel Energie in 1 Liter Ethanol steckt. Dazu musst du wissen, dass 4,2 Joule Energie notwendig sind, um 1 g Wasser um 1 °C zu erwärmen.

Materialliste: Agraffe (alternativ Stativ), Konservendose, Messzylinder, Pipette, Uhrglas, Spiritus, Thermometer

1 Baue den Versuch wie in Bild 3 auf. Auf das Uhrglas gibst du mit einer Pipette 2 ml Ethanol (Spiritus). Die Konservendose wird mit 100 ml Wasser befüllt. Lies die Temperatur ab. Entzünde dann den Spiritus. Nachdem der Spiritus verbrannt ist, misst du erneut die Temperatur des Wassers.

2 Berechne, wie viel Energie in 1 Liter Ethanol (mindestens) stecken. Die Beispielrechnung in Bild 4 kann dir dabei helfen.

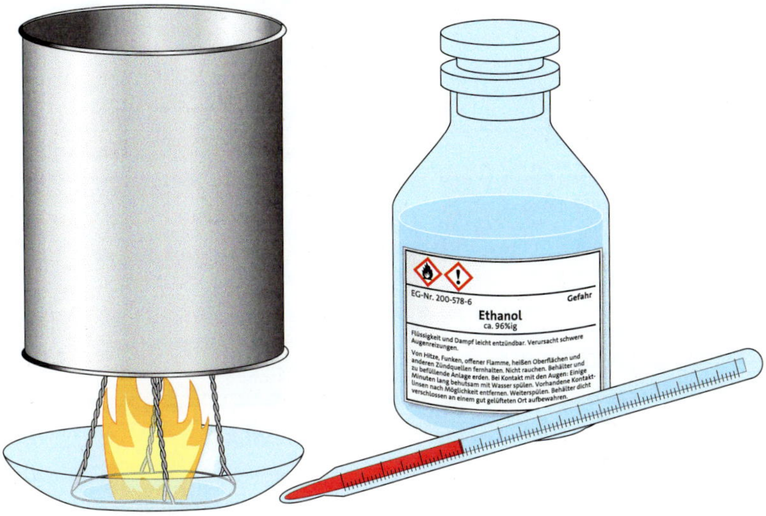

3 Versuchsaufbau zur Bestimmung des Energiegehalts von Ethanol

3 Tatsächlich steckt mehr Energie im Ethanol, als du im Versuch ermitteln konntest. Gib mögliche Fehlerquellen für den Energieverlust an.

4 Aufgrund der Wärmeverluste bei dieser Versuchsdurchführung erhält man im Schnitt lediglich 30 % des tatsächlichen Werts. Berechne auf Basis deines Versuchsergebnisses mithilfe dieser Angabe den tatsächlichen Energiegehalt von 1 Liter Ethanol. Vergleiche dein Ergebnis mit dem Literaturwert ($21{,}2\,\frac{MJ}{l}$).

Temperatur vorher: 22 °C

Temperatur nachher: 51 °C

Temperaturdifferenz: 29 °

Energiegehalt: $4{,}2\,\frac{J}{g} \cdot$ Temperaturdifferenz $\cdot$ Menge Wasser

Energiegehalt: $4{,}2\,\frac{J}{g} \cdot 29° \cdot 100\,g = 12\,180\,J$ bzw. 12,18 kJ

2 ml Ethanol ≙ 12,18 kJ

1000 ml Ethanol ≙ 6090 kJ bzw. 6,09 MJ

4 Beispielrechnung

Energieträger im Vergleich

1 Jeder Energieträger hat seine Vor- und Nachteile.

Kann man bei der Vielzahl der Energieträger sagen, welcher der beste ist?

Energieträger • Als Energieträger bezeichnet man Stoffe, die bei ihrer Umwandlung Energie freisetzen. Die verschiedenen Energieträger unterscheiden sich z. B. im CO_2-Ausstoß, in der Energiedichte und darin, ob sie nachwachsen. Die Energiedichte gibt an, wie viel Energie bei der Verbrennung von 1 kg oder 1 l des Energieträgers freigesetzt wird.

Benzin und Diesel • Diese Energieträger werden aus Erdöl gewonnen. Sie gehören daher zu den fossilen Energieträgern. Fossile Energieträger sind Stoffe, die vor Millionen von Jahren aus abgestorbenen Pflanzen und Tieren entstanden sind. Das bedeutet auch, dass sie nicht endlos zur Verfügung stehen. Bei der Verbrennung wird viel CO_2 freigesetzt. Die Energiedichte von Benzin und Diesel ist hoch.

Erdgas und Kohle • Erdgas und Kohle gehören auch zu den fossilen Energieträgern. Daher sind sie auch nicht unbegrenzt vorhanden. Wie bei allen fossilen Energieträgern ist auch bei diesen Stoffen der CO_2-Ausstoß hoch. Diese Energieträger werden hauptsächlich als Heizmittel und zur elektrischen Energiegewinnung genutzt.

Ethanol und Biodiesel • Ein Vorteil dieser als Treibstoff einsetzbaren Energieträger ist, dass sie aus nachwachsenden Pflanzen hergestellt werden. Auch der CO_2-Ausstoß bei der Verbrennung ist geringer als bei Benzin oder Diesel. Allerdings ist die Energiedichte dieser Stoffe geringer als bei Benzin und Diesel.

Holz • Holz ist ein nachwachsender Rohstoff, der CO_2-neutral verbrennt. Dies ist ein Grund, warum Holz als Heizstoff immer beliebter wird. Im Gegensatz zum Heizgas muss man allerdings einen Lagerplatz zur Verfügung haben.

Verschiedene Energieträger unterscheiden sich in ihrer Energiedichte, im CO_2-Ausstoß und darin, ob die Verfügbarkeit endlich ist.

Aufgaben

1 Erkläre den Begriff Energieträger.

2 Nenne je zwei fossile und zwei nicht fossile Energieträger.

der Energieträger
die Energiedichte
die fossilen Energieträger

Material A

Energieträger im Vergleich

Bestimmt kennst du noch Quartettspiele, bei denen man verschiedene Eigenschaften von z. B. Autos vergleicht. → 3 So lernt man spielerisch die Vor- und Nachteile verschiedener Angebote kennen.

1 Erstelle zu den Energieträgern in der Tabelle Quartettkarten. → 2 Orientiere dich dabei an Bild 4.

2 Ergänze deine Quartettkarten um die Kategorien „Vorteile" und „Nachteile".

3 Quartettkarten

Energieträger	Energiedichte $\left(\frac{kWh}{kg}\right)$	Ausstoß von CO_2 $\left(\frac{g}{kWh}\right)$	Vorräte reichen noch
Benzin	11,38	250	ca. 30 Jahre
Biodiesel	10,28	9,6	unbegrenzt
Braunkohle	5,44	449	ca. 100 Jahre
Diesel	11,94	270	ca. 30 Jahre
Ethanol	7,44	83,9	unbegrenzt
Erdgas	13,89	241	ca. 40 Jahre
Holz	5	18	unbegrenzt
Steinkohle	9,44	442	ca. 100 Jahre

2 Vergleichstabelle verschiedener Energieträger

4 Beispielquartett-Karte

Material B

Daten richtig interpretieren

1 Die Tabelle zeigt Energiedichten und Dichten verschiedener Treibstoffe. → 6

1 l Super	≙	750 g
1000 g	≙	11,86 kWh
1 g	≙	0,01186 kWh
750 g	≙	8,895 kWh

5 Beispielrechnung für Aufgabe a

a Berechne aus den Daten die Energiedichten je Liter.

Treibstoff	Dichte $\left(\frac{kg}{l}\right)$	Energiedichte $\left(\frac{kWh}{kg}\right)$
Super	0,75	11,86
Biodiesel	0,88	10,33
Diesel	0,84	11,81
Ethanol	0,79	7,44

6 Treibstoffe im Vergleich

b Begründe aufgrund deiner Berechnungen, warum beim Tanken mit „Super E10" die Reichweite geringer ist als beim Tanken mit „Super".

c Berechne, um wie viel Prozent die Reichweite abnimmt.

2 Begründe, ob es sich aus rein finanzieller Sicht lohnt, das um 2 Cent billigere „Super E10" zu tanken.

Herausforderung Energieversorgung

1 Wie schnell können erneuerbare Energien Kohle komplett ersetzen?

Die Energieversorgung der Zukunft ist eine große Herausforderung. Neben dem Ausstieg aus der Atomenergie soll auch der Kohleausstieg gelingen. Gleichzeitig soll die Energieversorgung zuverlässig gewährleistet sein. Wie kann das erreicht werden?

Windenergie • Windenergie ist derzeit mit 25,4 Prozent (1. Halbjahr 2019) die bedeutendste elektrische Energiequelle in Deutschland. Windkraft ist regenerativ und erzeugt keinen CO_2-Ausstoß. Um diese Anlagen effektiv zu betreiben, ist ein günstiger Standort notwendig. Neben dem Meer und der Küste sind Berglagen für Windräder geeignet. Ein Problem dieser Energiequelle ist der nicht konstant wehende Wind.

2 Dach mit Photovoltaik

Photovoltaik • Die Solarzellen lassen sich platzsparend auf Dächern installieren. Für ihre Herstellung ist viel Energie notwendig. Dafür produzieren sie über 20 Jahre aus Lichtenergie elektrische Energie, ohne Kohlenstoffdioxid auszustoßen. Wie bei der Windenergie liefert auch dieses System nicht konstant Energie, sondern ist stark vom Lichteinfall abhängig.

Energietransport • Der Großteil der elektrischen Energie aus regenerativen Energiequellen wird in Norddeutschland produziert. Dadurch gewinnt der Energietransport immer mehr an Bedeutung. Stromtrassen nach Süddeutschland müssen gebaut werden. Dagegen gibt es von vielen Bürgern Proteste. Eine Verlegung der Stromtrassen unter die Erde erfordert hohe Kosten.

Energiespeicher • Wind- und Sonnenstrom ist nicht konstant verfügbar. Daher wird zum Gelingen der künftigen Energieversorgung die Speicherung eine große Rolle spielen. Pumpspeicherkraftwerke sind hier die zurzeit dominierende Technologie. Druckluftspeicher, Akkus und die Umwandlung der Energie in Wasserstoff werden derzeit noch technologisch optimiert.

Beim Umstieg in der Energieversorgung auf regenerative Energien spielen der Energietransport und die Energiespeicherung eine große Rolle.

Aufgabe

1 Nenne Vor- und Nachteile von Windenergie und Photovoltaik.

Material A

Energieversorgung im Wandel

1 Erläutere mit eigenen Worten, wie sich die Stromerzeugung in den letzten 20 Jahren in Deutschland verändert hat. → 3 Beantworte dazu folgende Frage: Welche Erzeugungsart ging zurück, welche wurde deutlich ausgebaut?

2 Die Energiewende wird von vielen kritisch gesehen. Erstelle eine eigene Bewertung mit den Daten aus der Tabelle.

3 MK Recherchiere die Entwicklung des Durchschnittseinkommens und vergleiche diese mit der Strompreisentwicklung.

Jahr	Atomkraft (%)	Braunkohle (%)	Steinkohle (%)	Gas (%)	Wasser (%)	Wind (%)	Solar (%)	Biomasse (%)	Kosten je kWh (€)
2000	30,4	27,2	25,7	9,1	zusammen 7,6				0,16
2010	22,7	24,6	19,6	14,6	3,3	6,9	2,4	5,9	0,24
2018	13,4	24,3	14,1	7,5	3,3	20,4	8,6	8,4	0,30

3 Entwicklung des Strommix in Deutschland

Material B

Pumpspeicherkraftwerke

Bei einem Umstieg auf Wind- und Sonnenenergie ist es wichtig, Energie speichern zu können. Diese Aufgabe übernehmen Pumpspeicherkraftwerke.

1 Betrachte das Schema eines Pumpspeicherkraftwerks. → 4

a Erkläre, in welcher Form Energie beim Pumpspeicherkraftwerk gespeichert wird.

b Ergänze die folgenden Sätze zum Pumpspeicherkraftwerk: → 5

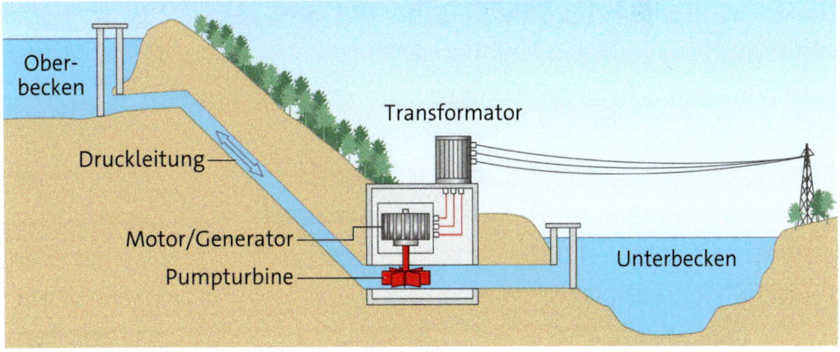

4 Pumpspeicherkraftwerk (Schema)

Produzieren Windkraftanlagen und Solarzellen mehr elektrische Energie als benötigt wird, so ...
In Zeiten, in denen mehr elektrische Energie benötigt wird, als die Kraftwerke liefern können, wird das Wasser ...
Dabei wird eine Turbine in Drehung versetzt, die ...

5

Stoffe als Energieträger

Zusammenfassung

Kohlenwasserstoffe • Sehr viele Stoffe in unserer Welt enthalten Kohlenstoff und Wasserstoff. Dies liegt an der Vierbindigkeit des Kohlenstoffs. Es können sich Ketten mit Einfach-, Zweifach- und Dreifachbindungen bilden und es gibt auch verzweigte Ketten und Ringstrukturen.
Die Benennung dieser vielfältigen Stoffe erfolgt nach festen Regeln. Dabei wird immer wieder auf die Namen der unverzweigten Kohlenwasserstoffe – die Alkane – zurückgegriffen.

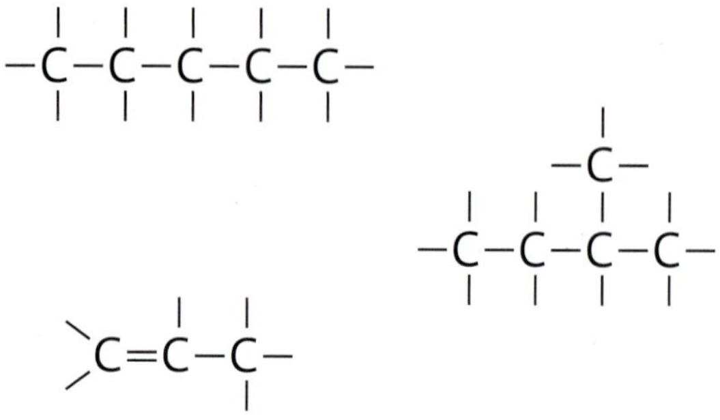

1 Einige Vertreter der vielen Kohlenwasserstoffe

Erdöl und Erdgas • Erdöl und Erdgas bestehen aus Kohlenwasserstoffen. Diese Stoffe sind wichtige Energieträger. Die Energie, die beim Verbrennen frei wird, nutzen wir zum Heizen, zur Stromgewinnung oder als Treibstoffe für Fahrzeuge.
Bei der Verbrennung entstehen als Abgase hauptsächlich Wasser und Kohlenstoffdioxid. Diese Stoffe sind zwar ungiftig, Kohlenstoffdioxid ist aber der Hauptverursacher des vom Menschen ausgelösten Treibhauseffekts.

2 Erdölprodukte sind wichtige Energieträger – aber mit Vorsicht zu „genießen".

Funktionelle Gruppen • Kohlenwasserstoffe können auch sogenannte funktionelle Gruppen enthalten. Diese verleihen dem jeweiligen Stoff typische Eigenschaften.

Alkohole • Die funktionelle Gruppe der Alkohole ist die OH-Gruppe, auch Hydroxylgruppe genannt. Sie besteht aus einem Sauerstoff- und einem Wasserstoff-Atom. Die Namen der Alkohole leiten sich aus dem entsprechenden Alkan mit der Endsilbe -ol ab. Pentanol ist beispielsweise ein Alkohol mit fünf Kohlenstoff-Atomen.

Alternativer Treibstoff • Der Alkohol Ethanol ist eine Alternative zu herkömmlichen Treibstoffen. Er kann aus nachwachsenden Rohstoffen, z. B. Mais, Getreide und Zuckerrohr, hergestellt werden. Die Verbrennung von Ethanol gilt als CO_2-neutral, da nur so viel CO_2 freigesetzt wird, wie vorher von den Pflanzen beim Wachstum durch die Fotosynthese aufgenommen wurde.

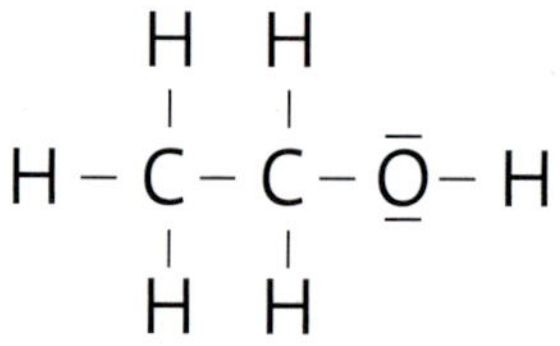

3 Ethanol

Teste dich! (Lösungen im Anhang)

1 Ergänze in deinem Heft folgende Summenformeln von Alkanen:
C_9H $C_{32}H$ $C\ H_{24}$ $C\ H_{60}$

2 Für die Benennung von Kohlenwasserstoffen gibt es genaue Regeln.

a Zeichne die Strukturformel von 4-Ethyl-2,2,3,3-Tetramethyloctan.

b Benenne den Kohlenwasserstoff aus Bild 5.

3 In Bild 4 sind zwei Isomere von Hexan abgebildet.

a Erkläre an diesem Beispiel den Begriff Isomer.

b Zeichne die Strukturformeln drei weiterer Isomere von Hexan.

4 Folgende Summenformeln gehören zu Alkenen: $C_{17}H_{34}$ $C_{29}H_{58}$ $C_{56}H_{112}$

a Gib die allgemeine Summenformel der Alkene an.

b Hier siehst du Summenformeln einiger Alkine: C_9H_{16} $C_{24}H_{46}$ $C_{55}H_{108}$
Gib die allgemeine Summenformel der Alkine an.

5 Ein Kilogramm Methan hat eine 25-mal größere Treibhauswirkung als ein Kilogramm Kohlenstoffdioxid. Trotzdem trägt Methan viel weniger zum Treibhauseffekt bei als Kohlenstoffdioxid. Erkläre diesen Widerspruch.

6 Zeichne die Lewisformeln von 1-Propanol, 2,3-Pentandiol und 3-Heptanol.

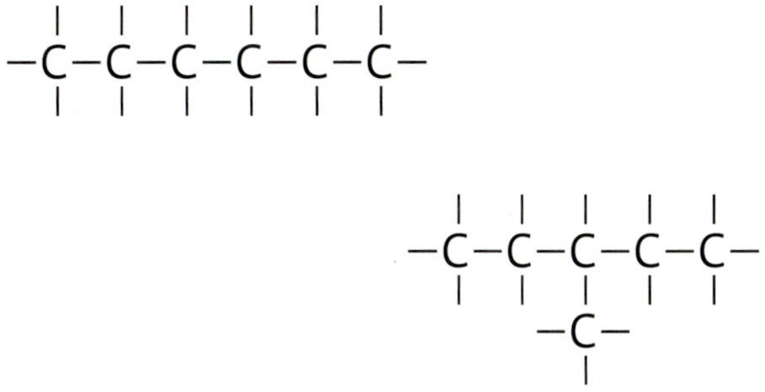

4 Zwei Isomere von Hexan

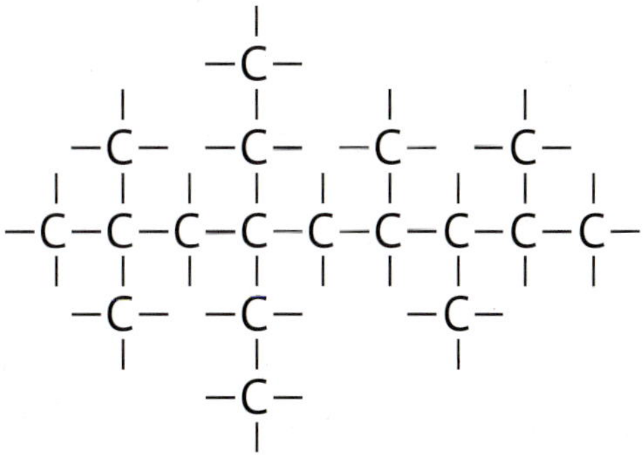

5 Kohlenwasserstoffe können verzweigte Ketten bilden.

7 Benenne die Moleküle in Bild 6.

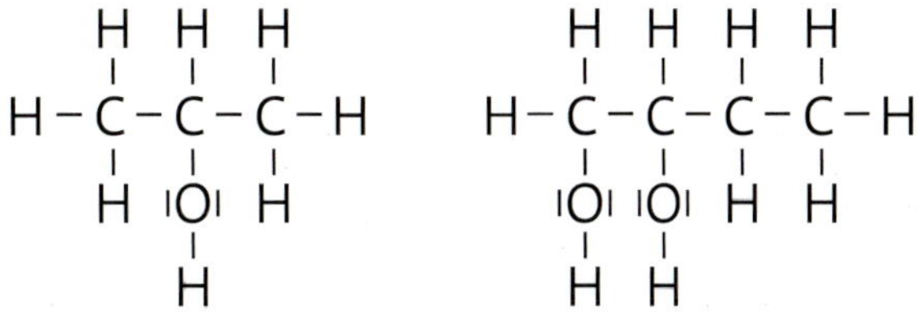

6 Alkohole

8 Zeichne einen primären, sekundären und tertiären Alkohol.

9 Erkläre die Rolle von Ethanol als alternativen Treibstoff.

Produkte der Chemie

Welche Stoffe sind in den Aromen für Fruchtgummis enthalten?

Wäsche waschen – Woche für Woche: Die Chemie macht's möglich. Aber wie werden Grasflecken, Soße, Lehm, Schweiß und Tinte von der Kleidung entfernt?

Ob als Massenware oder maßgeschneiderter technischer Werkstoff – Kunststoffe sind aus unserem Leben nicht mehr wegzudenken.

Carbonsäuren

1 Aus Wein wird Weinessig hergestellt.

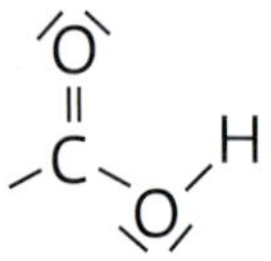

2 Carboxylgruppe

Essig wird schon seit 3000 Jahren zum Konservieren von Lebensmitteln benutzt. Wie lässt sich Essig herstellen?

Essigherstellung • Lässt man Wein längere Zeit offen stehen, schmeckt er irgendwann sauer. Dies kommt daher, dass Essigsäurebakterien in den Wein gelangen und in Gegenwart von Sauerstoff den Alkohol Ethanol in Essigsäure umwandeln. Dieser Vorgang wird als Essigsäuregärung bezeichnet.

Ethanol + Sauerstoff → Wasser + Ethansäure (Essigsäure)

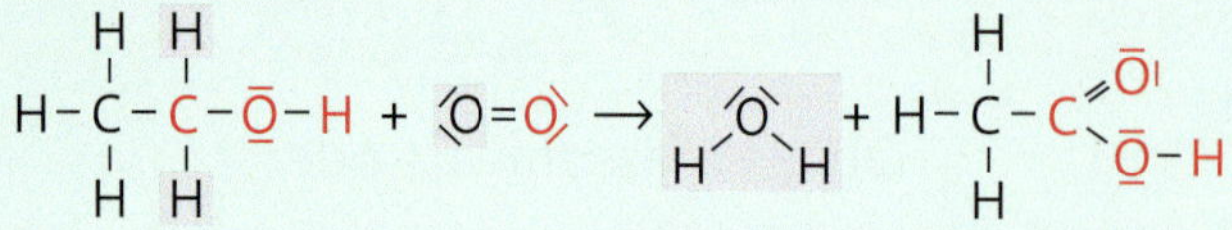

3

Essigsäure + Wasser → Acetat-Ion + Oxonium-Ion

$CH_3COOH + H_2O \rightarrow CH_3COO^- + H_3O^+$

4

Bei der Essigsäuregärung reagiert also Ethanol mit Luftsauerstoff zu Essigsäure und Wasser. → 3

Carbonsäuren • Die Essigsäure gehört zu den Carbonsäuren. Carbonsäuren bestehen aus Molekülen, die als funktionelle Gruppe mindestens eine Carboxylgruppe (–COOH) enthalten. → 2 Die Namen der Säuren leiten sich von den entsprechenden Alkanen ab. Es wird einfach die Endung -säure angehängt. Da die Essigsäure zwei Kohlenstoff-Atome besitzt, lautet ihr Name daher Ethansäure. Oft verwendet man auch Alltagsnamen. Essigsäure ist der Alltagsname für Ethansäure, da sie in verdünnter Form in Essig enthalten ist.

Saure Eigenschaften • Für die sauren Eigenschaften der Carbonsäuren ist die Carboxylgruppe verantwortlich. Aus der Carboxylgruppe kann leicht ein H^+-Ion abgespalten und auf ein Wassermole-

die Carbonsäure
die Carboxylgruppe

kül übertragen werden. Es entstehen Säurerest-Ionen und Oxonium-Ionen. Wird beispielsweise reine Essigsäure in Wasser gelöst, so reagiert sie zu Acetat-Ionen und Oxonium-Ionen. → 4

Weitere Carbonsäuren • Die einfachste Carbonsäure ist die Methansäure (HCOOH). Sie ist auch unter dem Namen Ameisensäure bekannt, da sie früher aus toten Ameisen gewonnen wurde, die diese zur Abwehr nutzen. → 6 Eine weitere bekannte Carbonsäure ist die Butansäure mit dem Alltagsnamen Buttersäure. Sie ist bekannt für ihren unangenehmen Geruch nach ranziger Butter. Viele langkettige Carbonsäuren, z. B. Palmitinsäure und Stearinsäure, sind am Aufbau von Fetten beteiligt und werden deshalb auch Fettsäuren genannt.

Löslichkeit • Die Carboxylgruppe in den Carbonsäuremolekülen ist polar, der Kohlenwasserstoffrest dagegen ist unpolar. Bei den kurzkettigen Carbonsäuremolekülen ist der unpolare Molekülteil im Vergleich zur polaren Carboxylgruppe relativ klein. Deshalb lösen sich diese Säuren gut in Wasser. → 5 Umgekehrt überwiegt bei langkettigen Carbonsäure-Molekülen der unpolare Rest. Diese Säuren lösen sich gut in Hexan und Ölen, jedoch nicht in Wasser.

Carbonsäuren entstehen aus Alkoholen durch die Reaktion mit Sauerstoff. Die funktionelle Gruppe der Carbonsäuren ist die Carboxylgruppe.

Name	Formel	Löslichkeit in Wasser Hexan
Methansäure (Ameisensäure)	HCOOH	
Ethansäure (Essigsäure)	CH_3COOH	
Butansäure (Buttersäure)	C_3H_7COOH	
Hexadecansäure (Palmitinsäure)	$C_{15}H_{31}COOH$	
Octadecansäure (Stearinsäure)	$C_{17}H_{35}COOH$	

5 Eigenschaften einiger Carbonsäuren

6 Waldameisen spritzen Methansäure.

Aufgaben

1 Beschreibe, wie man aus einem Alkohol eine Carbonsäure gewinnen kann.

2 Gib die Wort- und Symbolgleichung für die Herstellung von Buttersäure aus Butanol an.

3 Ordne folgende Stoffe nach ihrer Löslichkeit in Wasser und begründe: Butan, Ethansäure, Methansäure, Butansäure.

Carbonsäuren

Material A

Essigsäuregärung

Materialliste: Rotwein oder Weißwein, 2 Bechergläser, pH-Papier, Essigmutter

1 Fülle Rotwein bzw. Weißwein etwa 3 cm hoch in zwei Bechergläser. Gib in ein Becherglas zum Wein Essigmutter. Diese kann die Essigsäuregärung beschleunigen.

2 Prüfe den pH-Wert und den Geruch der Proben.

3 Überprüfe nach einigen Tagen erneut die Proben auf den pH-Wert und den Geruch.

4 Fertige ein Versuchsprotokoll an.

1 Essig mit Essigmutter

5 Gib die Wort- und Symbolgleichung für die stattgefundene Reaktion, ausgehend vom Ethanol, an.

Für die Entstehung von Essig ist eine Essigmutter nötig. Dies ist eine gallertartige, Fäden ziehende Masse aus Essigsäurebakterien. Sie kann sich bilden, wenn Wein oder andere leicht alkoholhaltige Flüssigkeiten längere Zeit offen stehen gelassen werden.

Material B

Konservierung mit Essig

Es gibt viele Möglichkeiten, Lebensmittel haltbar zu machen, z. B. Räuchern bei Fischen, Zuckern bei Marmelade oder Einlegen von Gemüse in Essig. → 2 Im folgenden Versuch kannst du die konservierende Wirkung von Essig testen:

Materialliste: 4 Petrischalen, Pipette, Messer, Salatgurke, Brotscheibe, Essig, Wasser

1 Gib in zwei Petrischalen jeweils ein Stück Gurke. Gib in die beiden anderen Petrischalen jeweils ein Stück frisches Brot. Tropfe auf eines der Gurkenstücke und Brotstücke einige Tropfen Essig, auf das andere einige Tropfen Wasser. Stelle die Petrischalen an einen warmen Ort.

2 Wiederhole eine Woche täglich die Befeuchtung der Proben mit Wasser bzw. Essig. Protokolliere deine Beobachtungen.

3 Begründe, warum das Experiment nicht nur mit Essig, sondern auch mit Wasser durchgeführt wird.

2 Eingelegtes Gemüse

4 Nenne mögliche Gründe, warum Essig als Konservierungsmittel wirkt.

5 Recherchiere, welche Produkte Essig zur Konservierung enthalten.

Material C

Säureeigenschaften der Carbonsäuren

Materialliste: 7 Reagenzgläser, Rotkohlsaft, Universalindikator, Kalkstein, Magnesiumband, Zinkblech, Kupferblech, Alufolie, Essigsäure (5%ig)

1 Fülle in sieben Reagenzgläser je 1 cm hoch Essigsäure ein.

2 Gib in das erste Reagenzglas einige Tropfen Rotkohlsaft und in das zweite Reagenzglas Universalindikator.

3 In das dritte Reagenzglas gibst du ein Stück Kalkstein und in die weiteren je ein Stück Magnesiumband, Zinkblech, Kupferblech und Alufolie.

4 ◩ Beobachte die Veränderungen und erstelle ein Versuchsprotokoll.

5 ⊠ Erkläre die Beobachtungen. Gib an, welche funktionelle Gruppe im Essigsäuremolekül für die saure Reaktion verantwortlich ist.

6 ⊠ Erkläre, weshalb Essigreiniger für die Entfernung von Kalkflecken auf Marmor ungeeignet sein könnte.

3 Bei Marmorflächen ist das Reinigungsmittel entscheidend.

Material D

Löslichkeit verschiedener Carbonsäuren

Materialliste: 8 Reagenzgläser mit Stopfen, Reagenzglashalter, Pipetten, Spatel, Ameisensäure, Propionsäure, Palmitinsäure, Stearinsäure, Heptan, Wasser

1 Fülle in 4 Reagenzgläser 2 ml Wasser und in 4 weitere Reagenzgläser 2 ml Heptan.

2 Gib bei der Versuchsreihe mit Wasser in das erste Reagenzglas 1 ml Ameisensäure und in das zweite 1 ml Propionsäure. In das dritte Reagenzglas gibst du eine Spatelspitze Palmitinsäure und in das vierte eine Spatelspitze Stearinsäure. Notiere deine Beobachtungen.

3 Genauso gehst du bei der Versuchsreihe mit Heptan vor.

4 ⊠ Übertrage die Tabelle in dein Heft und fülle sie aus. → 4

5 ⊠ Erkläre die unterschiedliche Löslichkeit der verschiedenen Carbonsäuren mithilfe der Molekülstrukturen.

Carbonsäure	**Löslichkeit in Wasser**	**Löslichkeit in Heptan**	**Strukturformel**
Ameisensäure	?	?	?
Propionsäure	?	?	?
Palmitinsäure	?	?	?
Stearinsäure	?	?	?

4

Ester – dufte Stoffe

1 Ananas verbreitet einen angenehmen Geruch.

2 Auch Fruchtgummis können nach Ananas riechen.

Viele Früchte wie die Ananas verbreiten einen angenehmen Geruch. Diese Duftstoffe sind oft Ester. Sie können auch künstlich hergestellt und Lebensmitteln zugesetzt werden.

Carbonsäureester • Wenn Alkohole und Carbonsäuren miteinander reagieren, entstehen neue Stoffe mit neuen Eigenschaften: die Carbonsäureester. Dabei reagiert ein Alkoholmolekül mit einem Carbonsäuremolekül zu einem Estermolekül und einem Wassermolekül. → 4 Die funktionelle Gruppe dieser Stoffgruppe ist die Estergruppe R^1-COO-R^2. → 3 R^1 und R^2 stehen für beliebige Kohlenwasserstoffreste. Ananas enthält Butansäureethylester. → 1 Dieser ist aus einem Butansäure- und einem Ethanolmolekül entstanden.

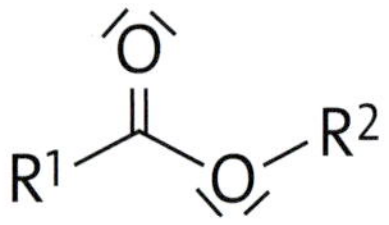

3 Funktionelle Gruppe der Ester

Eigenschaften • Ester kurzkettiger Carbonsäuren und Alkohole sind leichtflüchtig und riechen intensiv nach Früchten. Sie sind bei Raumtemperatur flüssig. Ester langkettiger Carbonsäuren und Alkohole sind bei Raumtemperatur zähflüssig oder fest. Zu ihnen gehören die Fette, Öle und Wachse. Die meisten Carbonsäureester lösen sich schlecht in Wasser, jedoch gut in Ethanol oder Ölen.

Verwendung • Erfrischend riechende Ester werden als Aromastoffe z. B. in Süßigkeiten eingesetzt. → 2 Ebenso werden Ester häufig Lebensmitteln als Konservierungsmittel zugesetzt. Einige Ester werden als Lösungsmittel für Farben, Lacke und Klebstoffe verwendet. In Nagellackentferner ist häufig

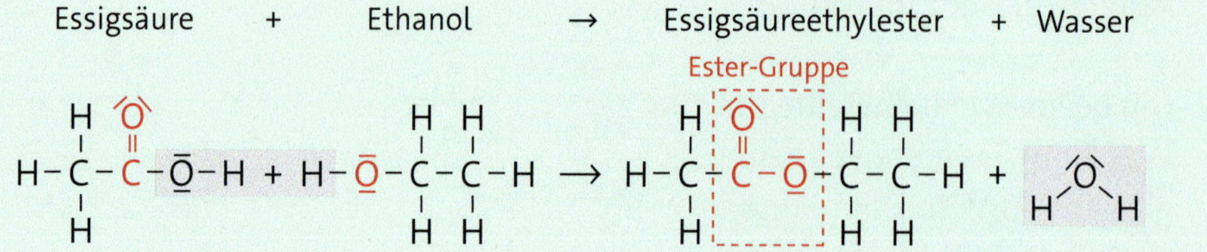

4

der Carbonsäureester
die Estergruppe
die Kondensation
die Hydrolyse

Essigsäureethylester (Ethylacetat) als Lösungsmittel enthalten. → 5
Ester lassen sich auch aus anorganischen Säuren herstellen. Der Ester aus Salpetersäure und dem Alkohol Glycerin ist der bekannte Sprengstoff Nitroglycerin. → 6
Die Ester der Phosphorsäure werden als Weichmacher in Kunststoffen eingesetzt.

Benennung der Ester • Der Name des Esters setzt sich aus dem Namen der Säure (z. B. Essigsäure) und dem Alkylrest des Alkohols (z. B. ethyl von Ethanol) zusammen. Daran wird die Endung -ester gehängt.

Veresterung • Die chemische Reaktion von einer Carbonsäure und einem Alkohol zu einem Ester wird als Veresterung bezeichnet. Da bei dieser Reaktion auch Wasser entsteht, nennt man eine solche Reaktion auch Kondensationsreaktion. Für die Veresterung werden Wärme und ein Katalysator (z. B. H^+-Ionen) benötigt. Der Katalysator beschleunigt die Reaktion, weil er die Aktivierungsenergie herabsetzt.

Esterspaltung • Ester lassen sich mit Wasser wieder in Carbonsäuren und Alkohole spalten. So entstehen zum Beispiel aus dem gut riechenden Ananasaroma mit Wasser wieder Ethanol und die übel riechende Buttersäure. Die Veresterung ist folglich umkehrbar. → 7 Da für die Esterspaltung Wasser benötigt wird, nennt man diese Reaktion auch Hydrolyse.

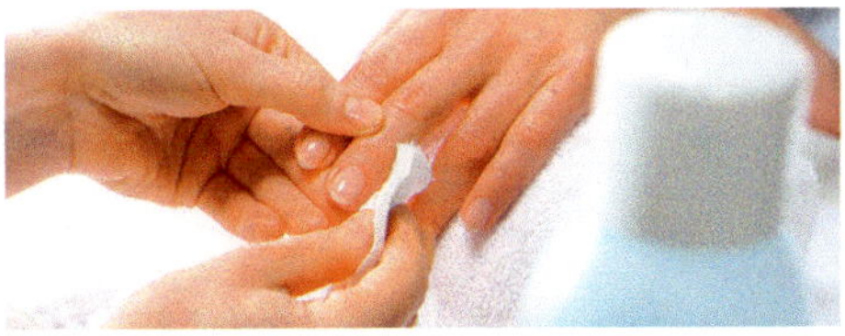

5 Essigsäureethylester im Nagellackentferner

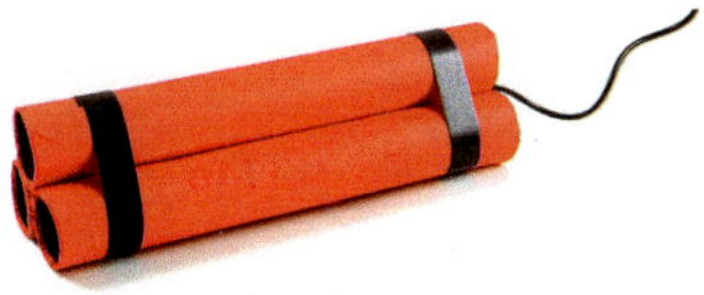

6 Nitroglycerin in Dynamit

$$\text{Carbonsäure + Alkohol} \underset{\text{Esterspaltung (Hydrolyse)}}{\overset{\text{Veresterung (Kondensation)}}{\rightleftharpoons}} \text{Carbonsäureester + Wasser}$$

7

Ester werden aus Säuren und Alkoholen hergestellt. Dabei entsteht neben dem Ester auch Wasser. Durch Wasser werden Ester wieder in Säuren und Alkohole gespalten. Die Veresterung ist somit umkehrbar.

Aufgaben

1 Gib an, aus welchen Edukten Ester hergestellt werden.

2 Bananenaroma enthält unter anderem auch Essigsäurepentylester. Nenne die Ausgangsstoffe für die Herstellung dieses Esters.

3 Gib die Reaktionsgleichung für die Spaltung des Essigsäureethylesters an. Benenne alle Produkte und Edukte.

Ester – dufte Stoffe

Material A

Formeln der Ester

1 ☒ Übertrage die Tabelle in dein Heft und notiere die fehlenden Namen und Strukturformeln. Recherchiere auch das Vorkommen der entsprechenden Ester.

Säure	**Alkohol**	**Ester**	**Vorkommen (natürlich oder künstlich)**
Ethansäure	Ethanol	Essigsäureethylester	Klebstoffe
Ethansäure	1-Pentanol	?	?
Butansäure	Methanol	?	?
Butansäure	Ethanol	?	?
Butansäure	1-Pentanol	?	?
Pentansäure	1-Pentanol	?	?

1

Material B

Synthese von Essigsäureethylester

Materialliste: Wasserkocher, Becherglas, Pipette, Reagenzglas, Reagenzglashalter, Thermometer, Ethanol, Essigsäure (5%ig), konzentrierte Schwefelsäure, destilliertes Wasser

1 Erhitze Wasser bis zum Sieden mit dem Wasserkocher. Fülle vorsichtig 150 ml heißes Wasser in das Becherglas.

2 Gib in ein Reagenzglas 2 ml Ethanol und 2 ml Essigsäure. Die Lehrkraft gibt anschließend noch 1 ml konzentrierte Schwefelsäure hinzu.

3 Stelle das Gemisch in das Becherglas mit heißem Wasser (90 °C) für mindestens 3 Minuten.

4 Füge dem Reaktionsprodukt anschließend 5 ml destilliertes Wasser hinzu. Der Ester schwimmt nun oben.

5 Rieche vorsichtig durch Fächeln mit der Hand am Reagenzglas. Beschreibe den Geruch.

6 ☒ Gib die Reaktionsgleichung an und benenne die Edukte und Produkte.

2 Klebstoffe riechen oft nach Essigsäureethylester.

Erweitern und Vertiefen

Zusatzstoffe in Lebensmitteln

3 Lebensmitteletikett

Kennzeichnung • Neben Aromastoffen werden Lebensmitteln viele weitere Zusatzstoffe zugesetzt, z. B. um ihre Farbe, ihre Haltbarkeit und den Geschmack zu beeinflussen. → 4

Viele Zusatzstoffe werden durch eine E-Nummer abgekürzt und sind in der E-Nummernliste verzeichnet. Die E-Nummer gibt den Verwendungszweck des Stoffs an.

Das richtige Maß • Bestimmte Zusatzstoffe können im Übermaß die Gesundheit beeinträchtigen. Daher wird für Zusatzstoffe ein sogenannter ADI-Wert (engl. acceptable daily intake) ausgewiesen. Dieser gibt an, wie viel von dem Zusatzstoff pro Tag verzehrt werden kann. Meist ist der ADI-Wert in Milligramm pro Kilogramm Körpergewicht bestimmt.

E-Nummer	Zusatzstoff	Wirkung	Beispiele
E 100–E 180	Farbstoffe	färben Lebensmittel	ß-Carotin in Butter und Käse
E 200–E 297	Konservierungsstoffe	verlängern die Haltbarkeit	Sorbinsäure in Fruchtjoghurt
E 300–E 385	Antioxidantien	verhindern, dass Fette ranzig und Obst/Gemüse braun werden	Ascorbinsäure in Margarine
E 400–E 495	Verdickungs- und Geliermittel	geben eine feste, dickflüssige Form	Guarkernmehl in Eiscreme
E 500–E 586	Säuerungsmittel	verleihen einen sauren Geschmack oder dienen als Backtriebmittel	Essigsäure in Salatsoße
E 682–E 650	Geschmacksverstärker	verstärken den Geschmack von Lebensmitteln	Glutamat in Chips
E 900–E 1521	Süßstoffe	verleihen einen süßen Geschmack	Aspartam in Getränken

4

Aufgaben

1 ☒ Untersuche verschiedene Etiketten von Lebensmittelverpackungen.
Bestimme die Zusatzstoffe auf den Etiketten der Verpackungen und ihre Wirkung.

2 ☒ Nenne Lebensmittel, die besonders viele Zusatzstoffe enthalten.

3 ☒ Nimm Stellung zu folgender Aussage: „Lebensmittelzusatzstoffe können ohne Bedenken verzehrt werden."

Seifen und Tenside

1 Verschiedene Wasch- und Reinigungsmittel

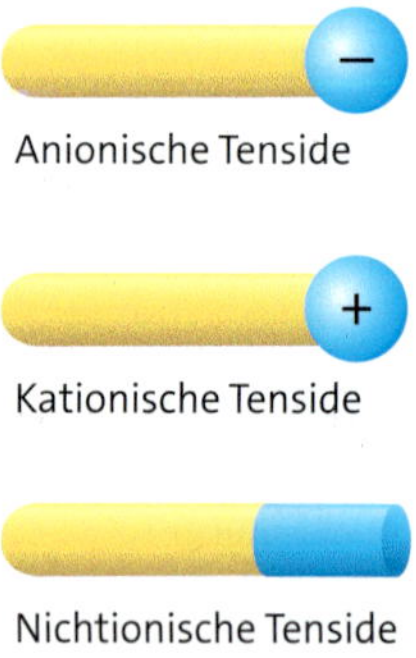

2 Tensidmoleküle

Wasch- und Reinigungsmittel gibt es in Hülle und Fülle. Wie entfernen sie Schmutz und welche Rolle spielen Tenside dabei?

Tenside • Die wichtigsten Stoffe zum Waschen und Reinigen sind Seifen und andere Tenside. Man bezeichnet sie als waschaktiv. Während man Seife meist direkt nutzt, sind andere Tenside zusammen mit weiteren Wirkstoffen in unseren Wasch- und Reinigungsmitteln enthalten.

Aufbau • Tensidmoleküle bestehen aus einer langen, unpolaren Kohlenwasserstoffkette und einem polaren „Köpfchen". Der polare Molekülteil kann kationisch (positiv geladen), anionisch (negativ geladen) oder nichtionisch aufgebaut sein. → 2 Der unpolare Molekülteil sorgt dafür, dass Tensidmoleküle fetthaltige Schmutzpartikel lösen können. Der polare Molekülteil ist für die Wasserlöslichkeit verantwortlich.

Reinigungsprozess • Viele Tensidmoleküle lagern sich mit ihrem unpolaren Teil an den fetthaltigen Schmutzpartikeln und auf der Faseroberfläche an. → 3A Sie schieben sich dabei zwischen Faser und Schmutzpartikel und lösen so den Schmutz von der Faseroberfläche. → 3B Abgelöste Schmutzpartikel werden vollständig von Tensidmolekülen umhüllt und in kleinere Teile zerteilt. → 3C Die fein zerteilten Schmutzpartikel werden mit der Waschlauge abtransportiert. → 3D

Seifen und Tenside dienen als waschaktive Substanzen in Wasch- und Reinigungsmitteln.

Aufgabe

1 Begründe, warum Tensidmoleküle einen polaren und einen unpolaren Molekülteil besitzen müssen.

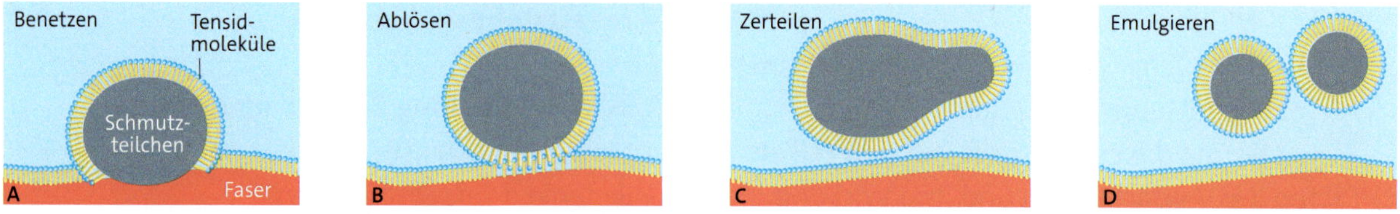

3 Der Reinigungsprozess im Modell

Material A

Wirkung von Tensiden

Seifen- und Tensidteilchen helfen zum einen, Fett- und Partikelschmutz von den Fasern der Textilien oder von Flächen abzulösen. Zum anderen können sie dabei helfen, den abgelösten Schmutz in der Waschlauge oder dem Spülwasser fein zu verteilen, sodass er ins Abwasser übergeht.

Materialliste: Kernseife, Spülmittel, Waschmittel ⚠, 6 Reagenzgläser, passende Stopfen, Pipette, Reagenzglashalter, Speiseöl, Ruß- oder Lehmpulver, Spatel

1 Fülle die Reagenzgläser jeweils mit 2 ml Wasser und stelle sie in das Reagenzglasgestell. Gib in drei der Reagenzgläser mittels Pipette jeweils 1 ml Speiseöl, in die anderen drei eine Spatelspitze Ruß oder Lehm. Nun werden die 6 Gläser mit Stopfen verschlossen und nacheinander kräftig geschüttelt.

2 Beobachte und warte 1 Minute lang. Gib dann in einen Öl- und einen Rußansatz etwas abgeschabte Kernseife, verschließe und schüttle erneut. Gib in 2 weitere Gläser einige Tropfen Spülmittel und in die letzten 2 eine Spatelportion Waschmittel. Schüttle auch diese Ansätze gut durch und beobachte.

4 Kernseife

3 Beschreibe, wie sich die Ölportion und der Ruß vor und nach der Zugabe von Tensiden im Wasser verhalten. Erkläre deine Beobachtungen.

4 Auf einer Waschmittelverpackung soll die besondere Wirkung der Tenside hervorgehoben werden. Formuliere dazu einen Werbetext.

Material B

Oberflächenspannung

Materialliste: hohes Becherglas, kleines Reagenzglas, Pipette, angefärbtes Speiseöl, Wasser, Spülmittel

1 Fülle Leitungswasser in das Becherglas. Fülle das kleine Reagenzglas randvoll mit angefärbtem Speiseöl. Stelle es vorsichtig in das Becherglas mit Wasser und beobachte.

2 Gib über dem Reagenzglas vorsichtig mit der Pipette einige Tropfen Spülmittel auf die Wasseroberfläche und beobachte.

3 Notiere deine Beobachtungen und beschreibe die Wirkung des Spülmittels.

4 Erkläre deine Beobachtung mithilfe des Aufbaus der Tensidmoleküle.

5 Versuchsaufbau

Weitere Wirkstoffe in Waschmitteln

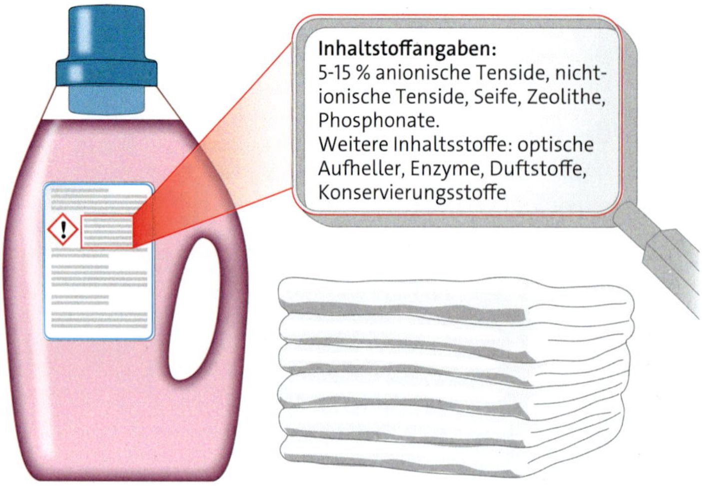

1 Waschmittel enthalten außer Tensiden weitere Wirkstoffe.

Noch bis Mitte des 20. Jahrhunderts war es ein aufwendiges Verfahren, Wäsche wieder schön sauber zu bekommen. Heute erledigen dies verschiedene Zusatzstoffe in unseren Waschmitteln.

Bleichmittel • Es gibt eine Reihe von farbigen Schmutzflecken, die von den Tensiden nicht abgelöst werden. Diese entfernt man mithilfe von aktivem Sauerstoff. Früher nutzte man dazu Luftsauerstoff und Sonnenstrahlung. Man legte die Wäsche zum Bleichen einfach auf den Rasen.
Heute kommen Stoffe wie Natriumpercarbonat, sogenannte Bleichmittel, als Waschmittelbestandteile zum Einsatz. Sie setzen unter Wärmeeinwirkung ebenfalls aktiven Sauerstoff frei. Dieser reagiert mit den Farbstoffmolekülen und entfernt so die farbigen Flecken.

Enthärter • Im Leitungswasser befinden sich gelöste Mineralsalze, die die Seifen- und Tensidwirkung erheblich stören können. So können sich zum Beispiel wasserunlösliche Kalkseife und Kalkablagerungen bilden. Diese lagern sich auf der Wäsche und in der Waschmaschine ab. Deshalb enthalten Waschmittel Zeolithe und Phosphonate als sogenannte Enthärter. Enthärter entfernen die störenden Salz-Ionen aus der Waschlauge.

Optische Aufheller • Um die Wäsche aufzuhellen und den Gelbstich darin zu entfernen, werden den Waschmitteln sogenannte optische Aufheller zugesetzt. Sie werden vom Gewebe aufgenommen und reflektieren das Licht so, dass die Wäsche weißer wirkt.

Enzyme • Enzyme sind Biokatalysatoren. Sie werden den Waschmitteln zugesetzt, um zum Beispiel nicht lösliche Essensreste von den Fasern zu lösen. Die Enzyme spalten dabei Eiweiße, Fette oder Stärke in wasserlösliche Stoffe.

Waschmittel enthalten neben den waschaktiven Substanzen auch Bleichmittel, Enthärter, optische Aufheller und Enzyme.

Aufgaben

1 Nenne Stoffe, die in Waschmitteln den Tensiden beigefügt werden.

2 Erkläre, warum Colorwaschmittel für Buntwäsche keine Bleichmittel enthalten.

Material A

Wasserhärte

Im Leitungswasser ist je nach Region mehr oder weniger gelöster Kalk enthalten. Calcium-Ionen im Wasser stören aber die Seife und andere Tenside bei der Reinigungsarbeit. Dieser Versuch zeigt anhand der Schaumbildung, wie Seifenteilchen vom Kalk im Wasser regelrecht blockiert werden.

Materialliste: Leitungswasser, Kalkwasser, stilles Mineralwasser, destilliertes Wasser, Kernseife, Waschmitteltensid, Reagenzglashalter, 8 Reagenzgläser, 2 Erlenmeyerkolben, Spatel

1 Gib kleine Späne der Kernseife in einen Erlenmeyerkolben und löse sie durch Schwenken in 20 ml destilliertem Wasser auf.

2 Mische in einem weiteren Erlenmeyerkolben 20 ml destilliertes Wasser mit 2 ml flüssigem Tensidkonzentrat.

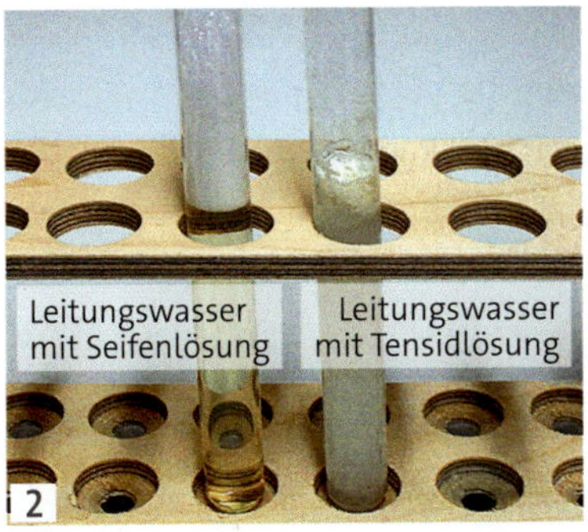

2

3 Fülle in je ein Reagenzglas zur Hälfte Kalkwasser, stilles Mineralwasser, Leitungswasser und destilliertes Wasser.

4 Gib in jedes der vier Reagenzgläser 5 Tropfen der Seifenlösung. Verschließe sie mit einem Stopfen und schüttle sie.
Prüfe, ob sich eine Schaumportion bildet und ob diese längere Zeit bleibt oder zusammenfällt.

5 Wiederhole den Versuch mit der verdünnten Tensidlösung. Beobachte erneut, ob sich Schaum bildet.

Material B

Sauerstoffbleiche

Materialliste: 8 kleine Baumwolllappen, rotes Obst, Füllertinte, grünes Gras oder Laub, Faserstiftfarbe, Seife, Messer, Spatel, Bleichmittel (Percarbonat-Peroxid-Kombination), Topf, Rührstab, Heizplatte

1 Vorbereitend werden vier Stofflappen gezielt mit jeweils einem Farbmaterial beschmutzt.

2 Gib die Stofflappen in einen Topf mit Wasser. Gib 3 Spatelportionen geschabte Seife hinzu und erhitze die Wäsche 10 Minuten lang unter Rühren, ohne dass es kocht.

3

3 Nimmt die Lappen heraus und spüle sie kurz unter kaltem Wasser ab. Beurteile das Waschergebnis.

4 Wiederhole den Versuch mit vier weiteren Lappen, wobei du dem Wasser 3 Spatelportionen Bleichmittel zusetzt. Vergleiche die Waschergebnisse.

Welt der Kunststoffe

1 Kunststoffe im Einsatz

Kunststoffe haben die Welt in den letzten 100 Jahren stark verändert. Sie sind heute in allen Lebensbereichen zu finden.

Eine Erfolgsgeschichte • Die Entwicklung der Kunststoffe begann Ende des 19. Jahrhunderts. Zu dieser Zeit wurden die natürlichen Rohstoffe knapper und man suchte nach Ersatzstoffen. So entwickelte John Wesley Hyatt bei der Suche nach einem neuen Rohstoff für Billardkugeln das Celluloid. Der erste synthetische Kunststoff, der aus Erdöl in Massen produziert wurde, war das Bakelit. Bakelit wurde 1907 von Leo Baekeland entwickelt und für Produkte des Alltags wie Telefone, Radios oder Lichtschalter eingesetzt. In den darauffolgenden Jahren wurden viele weitere Kunststoffe erfunden. Durch Veränderung der Ausgangsstoffe, Herstellungsverfahren oder Beimischungen können Kunststoffe heute für fast alle Anwendungsbereiche hergestellt werden.

Was sind Kunststoffe? • Kunststoffe sind Stoffe, die aus Makromolekülen bestehen. Makromoleküle sind sehr große Moleküle, die mehrere Tausend Atome enthalten. Kunststoffe werden meist industriell aus Erdöl hergestellt. Umgangssprachlich bezeichnet man Kunststoffe auch als Plastik.

Wozu nutzt man Kunststoffe? • Kunststoffe können fast überall eingesetzt werden. Der größte Anteil wird für die Herstellung von Verpackungsmaterial genutzt. → 1 Im Bauwesen braucht man Kunststoffe für die Herstellung von Fenstern, Böden und Dämmmaterial. Moderne Hochleistungskunststoffe werden in elektrischen Geräten, im Fahrzeugbau, in der Medizintechnik und für die Herstellung von Sportartikeln eingesetzt. Aus Kunststofffasern stellt man Funktionsbekleidung her. Und auch in Babywindeln ist ein Kunststoff enthalten, der ganz viel Wasser aufnehmen und speichern kann.

das Makromolekül
das Monomer
das Polymer
die Polymerisation

Wie stellt man Kunststoffe her? • Wenn man sich den Aufbau von Polyvinylchlorid (PVC) anschaut, erkennt man, dass immer gleiche Atomgruppen aufeinanderfolgen. → 2 Ausgangsstoff für die Herstellung eines solchen Kunststoffs sind einzelne Moleküle, die sogenannten Monomere. Beim PVC ist dies Vinylchlorid. → 3 Bei der Herstellung des Kunststoffs wird durch den Einsatz eines Katalysators die Doppelbindung gespalten und die Vinylchloridmoleküle lagern sich aneinander. → 4 Einen solchen Vorgang nennt man Polymerisation, die Produkte Polymere. Polymerisationen sind typisch für die Herstellung vieler Kunststoffe.

Wie entsorgt man Kunststoffe? • In Deutschland werden Abfälle aus Kunststoffverpackungen gesondert gesammelt und wiederverwertet. Ungefähr die Hälfte dieser Kunststoffabfälle wird in Kraftwerken oder Müllverbrennungsanlagen zur Gewinnung von Strom und Wärme verbrannt. Die andere Hälfte der Kunststoffabfälle wird zur Herstellung neuer Kunststoffprodukte benutzt. Dazu werden die Kunststoffabfälle sortiert, gereinigt und eingeschmolzen. Ein solches Verfahren nennt man werkstoffliches Recycling. Aus PET-Flaschen können dadurch wieder synthetische Fasern für Sportbekleidung gewonnen werden. → 5

Kunststoffe bestehen aus Makromolekülen. Sie werden aus einzelnen Molekülen durch Polymerisation hergestellt.

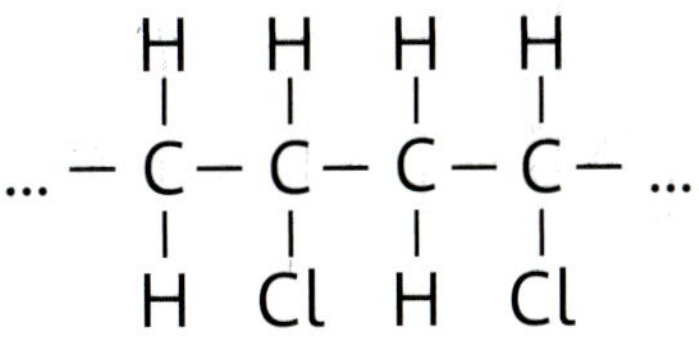

2 Polyvinylchlorid (PVC)

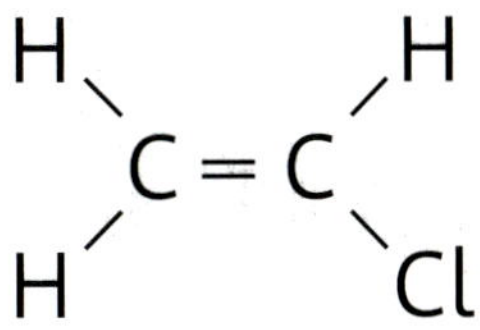

3 Vinylchlorid

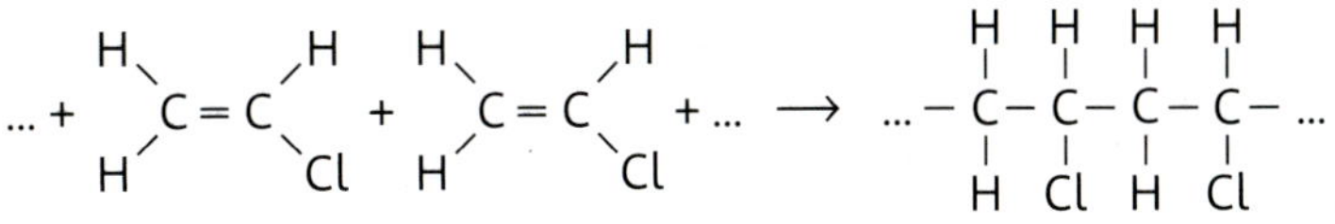

4 Reaktion von Vinylchlorid zu Polyvinylchlorid (PVC)

5 Von der Flasche zum Pulli

Aufgaben

1 Nenne den ersten Kunststoff, der großtechnisch hergestellt wurde.

2 Sieh dich im Fachraum um und gib an, welche Gegenstände aus Kunststoff bestehen.

3 Erkläre die Begriffe Monomer, Polymer und Makromolekül.

4 Beschreibe die Herstellung von PVC.

Welt der Kunststoffe

Material A

Kennzeichnung wichtiger Kunststoffe

Kunststoffe sind durch Abkürzungen und die Recyclingnummer gekennzeichnet. → 1 Die Abkürzung gibt das Makromolekül an, aus dem der Kunststoff besteht. Die Recyclingnummer dient dazu, die verschiedenen Kunststoffe in den Recyclingzentren richtig zu sortieren und optimal zu recyceln.

1 Suche auf Kunststoffverpackungen nach den Abkürzungen oder Recyclingnummern. Gib an, aus welchem Kunststoff die jeweilige Verpackung besteht.

Kunststoff	Abkürzung	Recyclingnummer
Polyethen – hohe Dichte	PE-HD	02 PE-HD
Polyethen – niedrige Dichte	PE-LD	04 PE-LD
Polystyrol	PS	06 PS
Polyvinylchlorid	PVC	03 PVC
Polyethylenterephthalat	PET	01 PET

1 Abkürzungen und Recyclingnummern verschiedener Kunststoffe

Material B

Plastiktüten aus Polyethen

Plastiktüten bestehen aus Polyethen. Polyethen wird aus Ethen hergestellt. → 2

1 Gib den Fachbegriff für die Reaktion von Ethen zu Polyethen an.

2 Zeichne einen Ausschnitt eines Polyethenmoleküls.

3 Beschreibe die Reaktion von Ethen zu Polyethen.

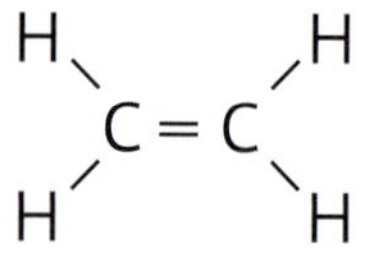

2 Ethenmolekül

Material C

Früher und heute

Goodyear erfand 1851 Gummi, den ersten technisch hergestellten Kunststoff. Dadurch konnte er die ersten Kutschen und Fahrräder mit Gummireifen ausstatten. Seitdem werden viele Gegenstände aus Kunststoff hergestellt. Fußballschuhe waren früher aus Leder, heute sind sie aus Hightechkunststoff. → 3 4

3 Fußballschuhe früher

4 Fußballschuhe heute

1 Nenne weitere Gegenstände, die früher nicht aus Kunststoff waren, aber es heute sind.

2 Gib verschiedene Vor- und Nachteile für den Einsatz von Kunststoffen an.

Material D

Herstellung eines Kunststoffs

5 Verfärbung der Schmelze

Materialliste: Becherglas, Gasbrenner, Tiegelzange, Teelichthülle, Zitronensäure

In ein Becherglas wird etwa 2 cm hoch Zitronensäure gegeben. Die Säure wird mit einem Gasbrenner so lange erhitzt, bis die Gasentwicklung geringer wird und die Schmelze sich dunkelgelb färbt.

1 Führe den Versuch wie beschrieben durch. Gieße die Schmelze mithilfe einer Tiegelzange in eine Teelichthülle. Beschreibe den entstandenen Kunststoff.

2 Tauche ein Streichholz in die Schmelze und versuche, Fäden zu ziehen. Wiederhole den Versuch nach 15 Minuten.

Material E

Plastik und Umwelt

Die Millionen Tonnen an Plastik, die jährlich produziert werden, müssen auch wieder ordnungsgemäß entsorgt werden. Plastik wird aber zum Problem, wenn es in der Natur entsorgt wird. Über Wind und Wasser wird Plastikmüll aufgrund seines geringen Gewichts schnell verbreitet. Im Meer sammeln sich daher Unmengen an Müll. Das Umweltbundesamt schätzt dies auf 80 Millionen Tonnen. Davon lagern rund 70 % auf dem Meeresgrund, 15 % schwimmen auf dem Meer und 15 % werden an die Strände gespült. Das teils zersetzte Plastik wird von Vögeln, Fischen und anderen Tieren aufgenommen, was für sie tödlich enden kann.

Häufig gelangt Plastik auch als Mikroplastik über unser Abwasser in den Wasserkreislauf. Dieses Mikroplastik kann z. B. in Kosmetik oder wetterfester Kleidung enthalten sein.

1 Beschreibe, wie Plastik ins Meer gelangt. → 6

2 Gib an, wie Mikroplastik über die Nahrungskette weitergegeben wird.

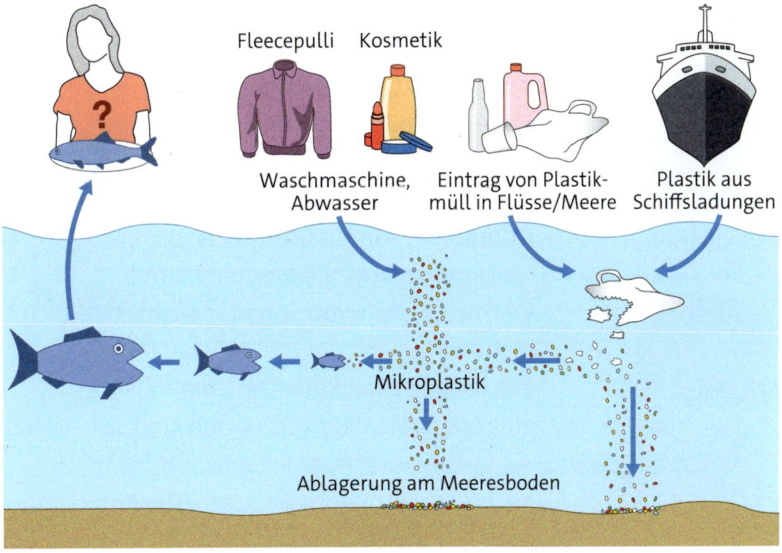

6 Plastik im Wasserkreislauf

Kunststoffe und ihre Eigenschaften

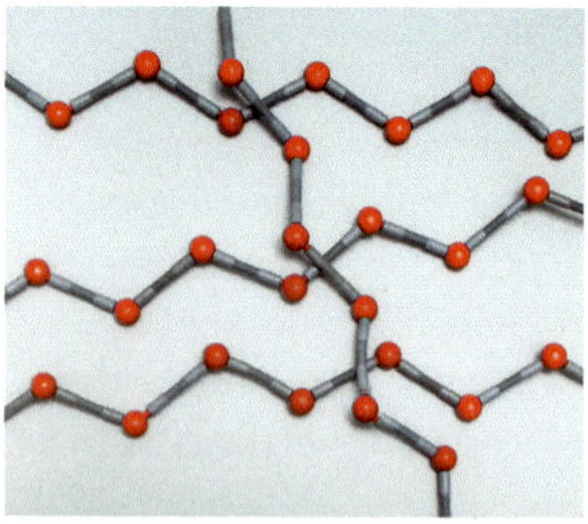

1 Modell eines Thermoplasts

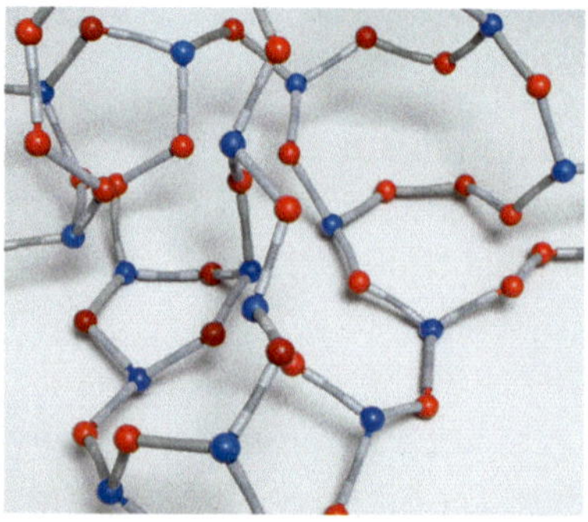

2 Modell eines Duroplasts

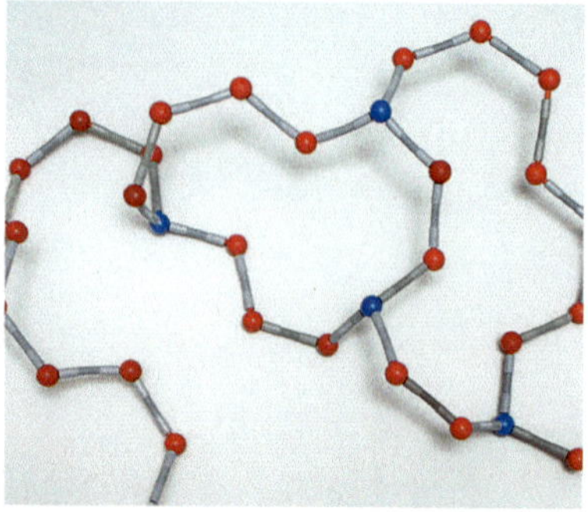

3 Modell eines Elastomers

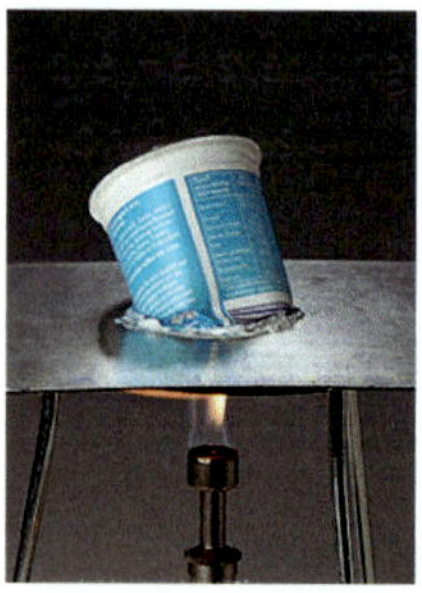

4 Ein Thermoplast

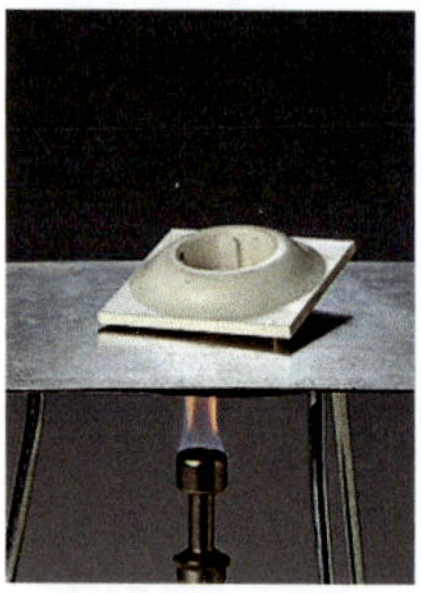

5 Ein Duroplast

6 Ein Elastomer

Aufgrund ihrer unterschiedlichen Eigenschaften lassen sich die Kunststoffe in drei Gruppen einteilen: Thermoplaste, Duroplaste und Elastomere.

Thermoplaste • sind Kunststoffe, die beim Erwärmen weich werden und sich dann verformen lassen. Sie bestehen aus langen Molekülketten, die nebeneinander liegen und nicht miteinander verbunden sind. → 1 Beim Erwärmen gleiten die Molekülketten aneinander vorbei – der Thermoplast wird weich. Wird der Thermoplast stark erhitzt, so werden die Molekülketten gespalten. Der Kunststoff wird zerstört.

Duroplaste • sind Kunststoffe, die hart und spröde sind. Sie werden beim Erwärmen nicht weich und lassen sich nicht verformen. Duroplaste bestehen aus langen Molekülketten, die miteinander netzartig verbunden sind. → 2 Die netzartige Struktur bleibt auch beim Erhitzen erhalten. Bei sehr hohen Temperaturen wird der Duroplast ebenfalls zerstört.

Elastomere • sind elastische Kunststoffe. Sie lassen sich auseinanderziehen oder zusammendrücken und gehen danach wieder in ihre ursprüngliche Form zurück. Elastomere bestehen aus langen Molekülketten, die an wenigen Stellen miteinander verbunden sind. Dadurch entsteht ein weitmaschiges Netzmolekül. → 3 Wirkt von außen eine Kraft auf das Elastomer, so werden die Maschen auseinandergezogen oder zusammengedrückt. Nach der Krafteinwirkung kehrt das Netzmolekül in seine ursprüngliche Form zurück.

Kunststoffe haben unterschiedliche mechanische und thermische Eigenschaften. Sie werden aufgrund dieser Eigenschaften in Thermoplaste, Duroplaste und Elastomere eingeteilt.

Aufgabe

1 ☑ Nenne die drei Gruppen von Kunststoffen und beschreibe ihre Eigenschaften.

der Thermoplast
der Duroplast
das Elastomer

Material A

Kunststoffe klassifizieren

Nimm Proben von:
- Polyethylenterephthalat (PET), z. B. Getränkeflasche
- Polyethen (PE), z. B. Plastiktüte
- Polypropen (PP), z. B. Joghurtbecher
- Polyamid (PA), z. B. Dübel
- Aminoplast (UF), z. B. alte Steckdose oder Lichtschalter

1 Untersuche das Verhalten beim Erwärmen. Erwärme dazu die verschiedenen Proben vorsichtig mit einem Heißluftföhn (im Abzug!).

2 ☒ Bestimme die Dichte der Kunststoffproben. Zur Verfügung hast du eine Waage, einen Messzylinder, Wasser und ein Überlaufgefäß.

3 ☒ Stelle die Ergebnisse deiner Untersuchungen übersichtlich in einer Tabelle dar.

4 ☒ Gib an, ob es sich bei den Kunststoffproben um Thermoplaste oder Duroplaste handelt. Begründe deine Meinung.

Material B

Recycling von PET-Flaschen

Getränkeflaschen bestehen aus Polyethylenterephthalat (PET). Leere PET-Flaschen werden gesammelt und zum großen Teil recycelt. Dazu werden die Flaschen nach Farben sortiert, gereinigt und zu kleinen Flakes geschreddert. Die Flakes lassen sich z. B. zu Fäden verarbeiten, aus denen dann Fleecepullover hergestellt werden.

1 ☒ Gib an, welche Produkte aus alten PET-Flaschen hergestellt werden. → 7

2 Untersuche die Möglichkeit, aus PET-Flaschen Fäden herzustellen. Führe dazu folgenden Versuch durch:

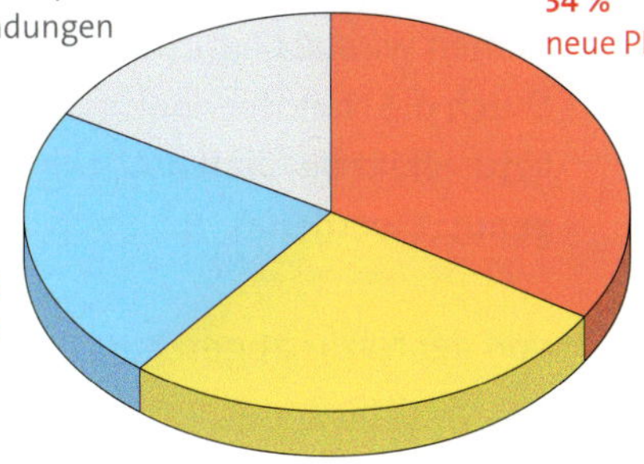

7 Anwendungsbereiche von recycelten PET-Flaschen

Materialliste: Gasbrenner, PET-Einwegflasche, Tiegelzange, Schere

Schneide einen Streifen aus der PET-Flasche. Halte ihn mit einer Tiegelzange in den heißen Luftstrom über der Brennerflamme. Drücke das geschmolzene Ende des PET-Streifens auf den Flaschenhals und ziehe einen möglichst langen Faden.

3 ☒ Beschreibe die Eigenschaften des Fadens (Dicke, Reißfestigkeit, Elastizität).

4 ☒ Gib an, zu welcher Kunststoffgruppe PET gehört. Begründe deine Einordnung.

Nanotechnologie

1 Lotuseffekt bei der Kapuzinerkresse

2 Nanoimprägnierspray

3 Lotuseffekt auf Textilien

Auf Blättern der Kapuzinerkresse perlen Wassertropfen ab und nehmen dabei Schmutzpartikel mit. Dieses Phänomen wird als Lotuseffekt bezeichnet. Durch die Nanotechnologie kann der Lotuseffekt bei vielen Alltagsprodukten genutzt werden.

Von der Natur abgeschaut • Der Lotuseffekt kommt durch winzig kleine, wasserabweisende, röhrenförmige Wachskristalle von ca. 100 nm Größe auf der Blattoberfläche zustande. Dadurch haben Wassertropfen und Schmutzteilchen wenig Kontakt zur Blattoberfläche.
Mit Nanopartikeln auf Oberflächen von Produkten lässt sich der Lotuseffekt nachahmen. Dies wird zur Herstellung von selbstreinigenden Oberflächen bei Wandfarbe, Lacken oder Gläsern genutzt.
Auch Imprägniersprays für Textilien und Schuhe nutzen den Lotuseffekt. → 2 3

4 Nanopartikel befinden sich häufig in Sonnencreme.

Was sind Nanomaterialien? • Nanomaterialien bestehen aus sehr kleinen Partikeln, die kleiner als 100 Nanometer sind. 1 Nanometer entspricht 0,000 000 001 m. Das bedeutet, dass Nanopartikel vergleichsweise aus wenigen Atomen bestehen. → 5
Im Verhältnis zu einem Meter ist ein Nanometer so groß, wie eine Haselnuss im Vergleich zur Erdkugel.
Stoffe aus Nanopartikeln haben andere physikalische und chemische Eigenschaften als die gleichen Stoffe aus größeren Partikeln. Deshalb sind sie für Forscher von großem Interesse. Ein Ziel ist, aus Nanopartikeln völlig neue Werkstoffe mit neuen Eigenschaften und kaum vorstellbar kleine Maschinen herzustellen.

Anwendungsbereiche • Nanopartikel aus Titandioxid sind in vielen Sonnencremes zu finden. → 4 Sie reflektieren die gefährliche UV-Strahlung und schützen so vor Sonnenbrand.

Zur Beschichtung von medizinischen Geräten wird oft Nanosilber eingesetzt, da es antibakteriell wirkt. Aber auch Textilien, Haushaltsgeräte und Kosmetika können Nanosilber enthalten.
In der Krebstherapie werden zunehmend Nanomedikamente eingesetzt. Durch die Nanotechnologie lassen sich Computerchips auf Millimetergröße verkleinern. So können immer kleinere und leistungsfähigere elektronische Geräte hergestellt werden.
Nanoröhren aus Kohlenstoff besitzen eine außerordentliche Stabilität. → 6
Mit diesen sogenannten Nanotubes können leichte und dennoch stabile Bauteile z. B. für die Raum- und Luftfahrttechnik hergestellt werden.

Gefahren durch Nanopartikel • Die Auswirkungen von Nanopartikeln auf Menschen und Umwelt sind noch nicht ausreichend untersucht. Sicher ist nur, dass Nanopartikel, die in die Umwelt freigesetzt werden, sich ungehindert auf der ganzen Erde ausbreiten. Sie gelangen in die Luft, setzen sich am Boden fest und reichern sich in Gewässern an.
Da Nanopartikel so winzig sind, können sie mit der Luft eingeatmet werden, über die Haut aufgenommen werden oder über die Nahrung in unseren Körper gelangen. Ob und welche Schäden sie anrichten, wird sich erst in einigen Jahren zeigen. Allerdings konnten in Laboruntersuchungen schon gesundheitsschädliche Wirkungen in Tierversuchen nachgewiesen werden.

Name	Abkürzung	Umrechnung	Beispiel
Kilometer	km	1000 m	2,5 Runden um den Sportplatz
Meter	m	1 m	Schrittlänge
Millimeter	mm	0,001 m	Stecknadelkopf
Mikrometer	µm	0,000001 m	rotes Blutkörperchen
Nanometer	nm	0,000000001 m	Zuckermolekül

5 Skala der Längenmaße

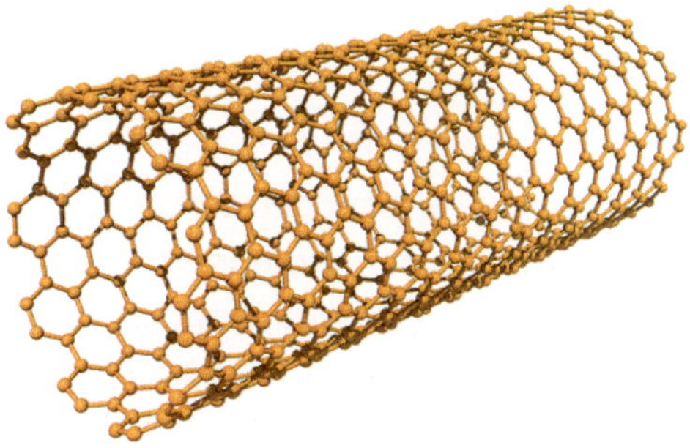

6 Nanoröhre aus Kohlenstoff – leicht und stabil

Nanopartikel sind kleiner als 100 Nanometer. Stoffe aus Nanopartikeln haben andere Eigenschaften als die gleichen Stoffe aus größeren Partikeln.

Aufgaben

1 Gib an, was man unter Nanomaterialien versteht.

2 Beschreibe, wie der Lotuseffekt zustande kommt.

3 Erkläre, warum Nanopartikel für den Menschen gesundheitsschädlich sein könnten.

Nanotechnologie

Material A

Warum sind Nanopartikel so reaktiv?

Chemische Reaktionen mit Nanopartikeln laufen sehr schnell ab, da Nanopartikel eine sehr große Oberfläche haben. Das folgende Modellexperiment erklärt, warum Nanopartikel eine riesige Oberfläche besitzen.

Materialliste: 8 Würfel

1 Baue aus 8 kleinen Würfeln einen großen Würfel. → 1 Zähle die Würfelseiten, die von außen zu sehen sind.

2 Nun wird der große Würfel wieder zerlegt. Zähle erneut alle Würfelseiten, die von außen zu sehen sind.

3 ☒ Vergleiche die Ergebnisse. Beschreibe, wie sich die Gesamtoberfläche durch das Zerteilen des großen Würfels verändert hat.

4 ☒ Vervollständige die folgenden Sätze:
- Je mehr ein Körper zerteilt wird, desto ... .
- Nanopartikel haben eine sehr große Oberfläche, weil ... .

1 Großer Würfel aus 8 kleinen Würfeln

5 ☒ Erkläre, warum diese große Oberfläche die Ursache dafür ist, dass chemische Reaktionen mit Nanopartikeln sehr schnell ablaufen.

Material B

Lotuseffekt

Materialliste: Kohlrabiblätter, Salatblätter (Kopfsalat), Pipette, Becherglas, Wasser, Lupe, Ruß

1 Tropfe mit der Pipette jeweils einen Tropfen Wasser auf das Kohlrabiblatt und das Salatblatt. Beobachte die Tropfenform mit der Lupe. Fertige zu deinen Beobachtungen eine Zeichnung an.

2 Neige anschließend die beiden Blätter und beobachte.

3 Tauche dann die Blätter in ein Becherglas mit Wasser und ziehe sie wieder heraus. Notiere deine Beobachtungen.

4 Gib etwas Ruß auf die beiden Blätter und tropfe jeweils einen Wassertropfen auf die Rußpartikel. Neige die Blätter so dass der Tropfen ablaufen kann. Notiere deine Beobachtungen.

5 ☒ Begründe, welches der beiden Blätter einen Lotuseffekt aufweist.

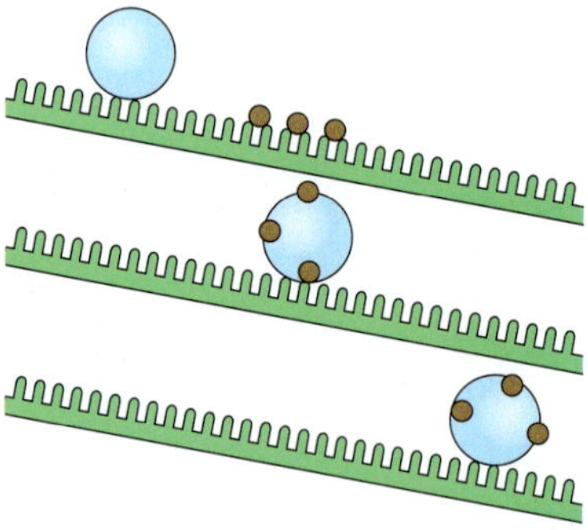

2 Blatt mit Lotuseffekt

6 ☒ Erkläre deine Versuchsbeobachtungen mithilfe von Bild 2 und den Informationen zum Lotuseffekt auf der Basisseite.

Material C

Imprägnierspray-Test

Nanoimprägniersprays werden als Nässeblocker zum Imprägnieren von Regenkleidung und Schuhen eingesetzt. Doch sind sie wirklich besser als herkömmliche Imprägniersprays?

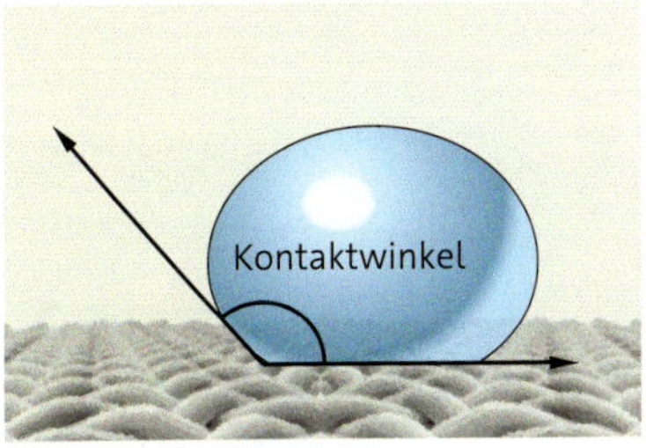

3 Kontaktwinkel

Der Kontaktwinkel zwischen Wassertropfen und imprägnierter Oberfläche kann darüber Auskunft geben. → 3 Je größer der Kontaktwinkel, desto besser die Imprägnierung.

Materialliste: Stoffstücke aus Baumwolle, verschiedene Imprägniersprays mit und ohne Nanopartikel, Pipette, Digitalkamera, Drucker, Winkelmesser

1 Imprägniere die Stoffstücke mit den verschiedenen Imprägniersprays. Gehe dabei nach Anweisung des Herstellers vor. Tropfe anschließend Wassertropfen auf die Stoffstücke. Beschreibe und skizziere deine Beobachtungen.

2 Fotografiere die Wassertropfen von der Seite. Drucke das Foto aus und bestimme mit einem Winkelmesser den Kontaktwinkel zwischen Tropfen und Stoffoberfläche.

3 Beurteile die Imprägniersprays. Ist das Nanospray besser als ein herkömmliches Imprägniermittel?

Material D

Nanosilber – pro und contra

Nanosilber tötet Keime ab und wird deshalb zur Beschichtung medizinischer Geräte eingesetzt. → 4 Aber auch Lebensmittelverpackungen, Socken und Kühlschränke werden zunehmend mit Nanosilber ausgestattet. Die Produkte werden darüber als antibakteriell und geruchshemmend beworben. Nanosilber kann in unser Abwasser gelangen. In Kläranlagen können die Reinigungsprozesse dadurch gestört werden, da man dort auf Bakterien angewiesen ist. Die Auswirkungen für Gesundheit und Ökosysteme sind noch weitgehend ungeklärt. Nanosilber ist sehr reaktiv und kann außerdem Silber-Ionen freisetzen, die für Wasserorganismen schädlich sind. Auch eine Gefahr für den Menschen ist nicht ausgeschlossen, weil kleinste Nanosilberpartikel auch Zellmembranen durchdringen können. Eine weitere Gefahr ist, dass Bakterien gegen Nanosilber resistent werden. Dadurch würde sein Einsatz in der Medizin stark beeinträchtigt werden.

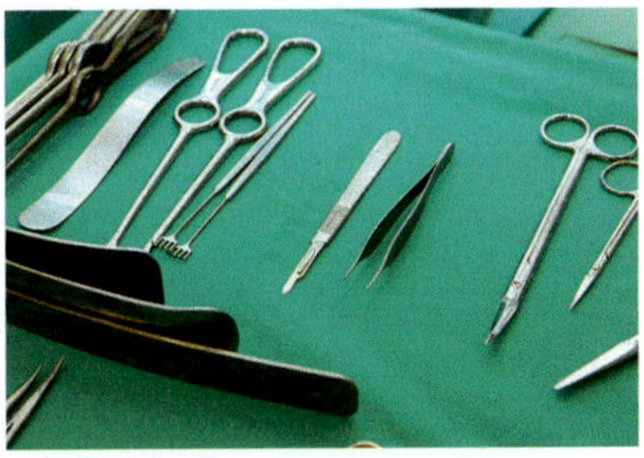

4 Chirurgisches Besteck ist häufig mit Nanosilber beschichtet.

1 Lies den Infotext. Nenne Vor- und Nachteile des Einsatzes von Nanosilber.

2 Beurteile den Einsatz von Nanosilber in Produkten des Alltags.

Produkte der Chemie

Zusammenfassung

Carbonsäuren • Die funktionelle Gruppe der Carbonsäuren ist die sogenannte Carboxylgruppe (–COOH). Der Name der Carbonsäure leitet sich vom ursprünglichen Alkan mit der Endung -säure ab, z. B. Butansäure.
Die Carboxylgruppe ist für die saure Reaktion der Carbonsäuren verantwortlich. Leitet man z. B. Essigsäure in Wasser, zerfällt sie in Säurerest-Ionen und Oxonium-Ionen (H_3O^+).

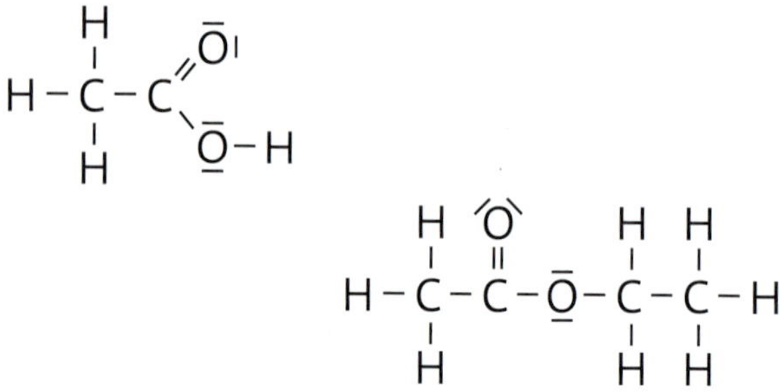

1 Essigsäure und Essigsäureethylester

Ester • Carbonsäureester entstehen bei der Reaktion von Alkoholen mit Carbonsäuren. Die funktionelle Gruppe dieser Stoffgruppe ist die Estergruppe R^1-COO-R^2. R^1 und R^2 stehen für beliebige Kohlenwasserstoffreste.
Viele Aromastoffe sind Ester. Sie sind in Früchten enthalten und werden z. B. in Süßigkeiten eingesetzt.

2 Erdbeeren enthalten Butansäuremethylester.

Tenside • Seifen und andere Tensidteilchen sind in unseren Wasch- und Reinigungsmitteln enthalten und für die Schmutzablösung verantwortlich. Tensidmoleküle besitzen einen lipophilen und hydrophilen Teil. → 3 Der fettliebende Teil kann wasserunlösliche Schmutzteilchen an sich binden, der wasserliebende Teil ist für die Wasserlöslichkeit verantwortlich.

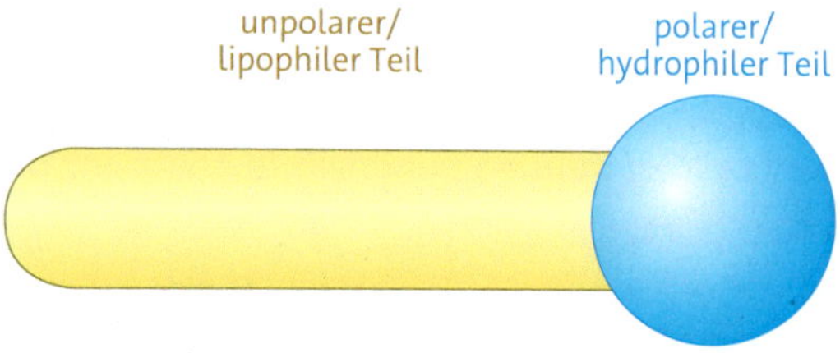

3 Tensid

Kunststoffe • Kunststoffe bestehen aus Makromolekülen und werden meist industriell aus Erdöl gewonnen. Sie lassen sich in drei Gruppen Thermoplaste, Duroplaste und Elastomere einteilen. Ein Verfahren, mit dem sich Kunststoffe herstellen lassen, ist die Polymerisation.

Nanotechnologie • Nanomaterialien bestehen aus Partikeln, die kleiner als 100 Nanometer sind. Sie haben andere physikalische und chemische Eigenschaften als die gleichen Stoffe aus größeren Partikeln. Die Nanotechnologie findet z. B. in der Medizin und bei der Entwicklung von neuen Werkstoffen Anwendung.

Teste dich! (Lösungen im Anhang)

Carbonsäuren

1 Essigsäuregärung

a Beschreibe, wie aus Ethanol Essigsäure entsteht.

b Gib die Wort- und Formelgleichung für die Reaktion an.

2 Benenne die Carbonsäuren in Bild 4.

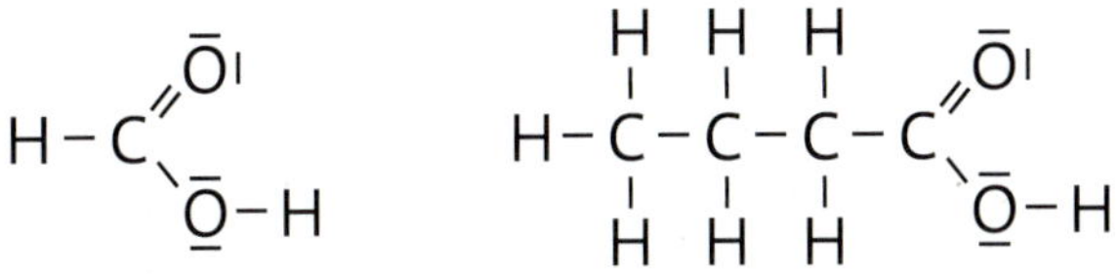

4 Carbonsäuren

3 Begründe, ob sich Hexadecansäure oder Pentansäure besser in Wasser löst.

4 Saure Reaktion

a Gib an, welcher Teil des Carbonsäuremoleküls für die saure Reaktion verantwortlich ist.

b Nenne die Ionen, die entstehen, wenn eine Carbonsäure in Wasser gegeben wird.

Ester

5 Benenne den Ester, der aus Essigsäure und Methanol hergestellt wurde.

6 Hauptbestandteil von natürlichem und künstlich hergestelltem Ananasaroma ist ein Ester mit der Formel von Bild 5.

a Übertrage die Formel in dein Heft. Markiere die Estergruppe mit einem roten Stift.

b Gib an, aus welchen Ausgangsstoffen der Ester hergestellt wird. Zeichne die Formeln der Ausgangsstoffe.

c Benenne den Ester.

d Gib die Reaktionsgleichung für die Herstellung des Esters an.

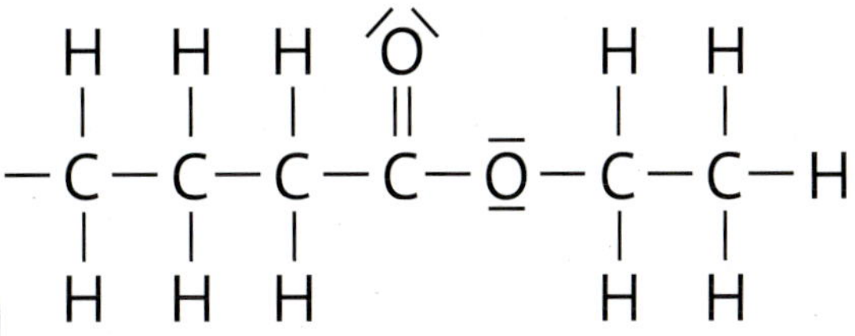

5

Tenside

7 Begründe, warum Tensidmoleküle jeweils eine unpolare und eine polare Seite besitzen müssen, um als waschaktive Substanzen wirken zu können.

8 Beschreibe, in welcher Schrittfolge Tenside Schmutz von der Textilfaser ablösen.

Kunststoffe

9 Kunststoffe werden auch Polymere genannt. Begründe.

10 Erkläre das unterschiedliche Verhalten von Duroplasten und Thermoplasten beim Erwärmen.

11 Begründe, warum man die Gehäuse von elektrischen Geräten aus Duroplasten herstellt.

Nanotechnologie

12 Nenne vier Anwendungsbereiche der Nanotechnologie.

Zum Nachschlagen

Operatoren

Keine Missverständnisse mehr bei Aufgaben

Die meisten Aufgaben in diesem Buch beginnen mit einem Verb:
- **Nenne** die fünf ...
- **Beschreibe** die Vermehrung eines ...
- **Begründe**, weshalb die ...
- **Erläutere** an einem Beispiel ...
- ...

Diese Verben geben an, was du tun sollst.

Ordne

Teile in Gruppen ein. Lege z. B. Listen an.

Aufgabe: Ordne zu, ob es sich bei den Beispielen um Reinstoffe oder Stoffgemische handelt: Milch, Mineralwasser, Apfelsaft, Müll, Waschpulver, Eisenpulver.

Lösung:
Stoffgemische: Milch, Mineralwasser, Apfelsaft, Müll, Waschpulver
Reinstoff: Eisenpulver

Beschreibe

Formuliere so genau (mit Fachwörtern), dass man sich alles vorstellen kann.

Aufgabe: Beschreibe, mit welchem Versuch du überprüfen kannst, dass es sich bei einem Gas um Kohlenstoffdioxid handelt.

Lösung: Mit der Kalkwasserprobe kann man überprüfen, ob es sich bei einem Gas um Kohlenstoffdioxid handelt.
Dafür wird ein unbekanntes Gas in klares Kalkwasser geleitet. Trübt sich die Flüssigkeit, handelt es sich bei dem Gas um Kohlenstoffdioxid.

Erläutere

Erkläre ausführlich und liefere Beispiele.

Aufgabe: Ohne Wasser – kein Leben. Erläutere die Rolle, die Wasser in unserem Leben spielt. Gehe dabei auf die Verwendung, unseren Wasserbedarf und die Funktionen im Organismus ein.

Lösung: Ohne Wasser gäbe es auf unserem Planeten kein Leben. Wasser spielt in vielen Lebensbereichen eine wichtige Rolle: Es ist Durstlöscher, wird für die tägliche Hygiene, zum Kochen und Wäschewaschen benötigt. Außerdem wird es in der Industrie und der Landwirtschaft für die Herstellung von Produkten benötigt.
Wasser ist ein wichtiger Bestandteil in jeder lebenden Zelle und erfüllt verschiedene Funktionen in unserem Körper: Es dient als Baustoff, Lösungsmittel, Transportmittel und Wärmeregulator.

Nenne

Notiere Namen oder Begriffe.

Aufgabe: Nenne die Eigenschaften von Wasserstoff.

Lösung: farb-, geruch- und geschmackloses Gas, brennbar, unterhält die Verbrennung aber nicht

Erkläre – Begründe

Notiere eine oder mehrere Ursachen.

Aufgabe: Erkläre, warum Salze spröde sind.

Lösung: Im Ionengitter führt eine winzige Verschiebung um eine Ionenschicht dazu, dass Abstoßungskräfte zwischen den Ionen ausgelöst werden. Ionen mit gleicher Ladung, die nun benachbart liegen, stoßen sich gegenseitig ab. Daher sind Salze spröde, das heißt, die Kristalle brechen bei geringem Stoß oder Druck leicht.

Berechne

Löse die Aufgabe durch eine Rechnung. Gib das Ergebnis immer mit der richtigen Einheit an.

Aufgabe: Berechne, wie viel Zucker man in einer Kanne mit 500 ml Tee bei 60 °C lösen kann.

Lösung: Bei 60 °C lösen sich in 100 ml Wasser 250 g Zucker. In 500 ml lösen sich demnach bei 60 °C:
5 · 250 g Zucker = 1250 g Zucker.

Vergleiche

Stelle Gemeinsamkeiten und Unterschiede dar.

Aufgabe: Vergleiche die Atommodelle von Dalton, Rutherford und Bohr.

Lösung: Dalton stellte sich Atome als kleine, massive Kugeln vor.
Rutherford stellte die Theorie des Kern-Hülle-Modells auf. Atome bestehen demnach aus einem sehr kleinen positiven Kern und einer großen Hülle, in der sich die negativ geladenen Elektronen befinden.
Bohr erweiterte Rutherfords Modell. Demnach befinden sich die Elektronen in der Hülle auf verschiedenen Energieniveaus, den sogenannten „Elektronenschalen".

Zeichne

Fertige ein genaues, vollständiges Bild an. Verwende zum Beispiel ein Lineal.

Aufgabe: Zeichne ein Energiediagramm für eine endotherme Reaktion.

Lösung:

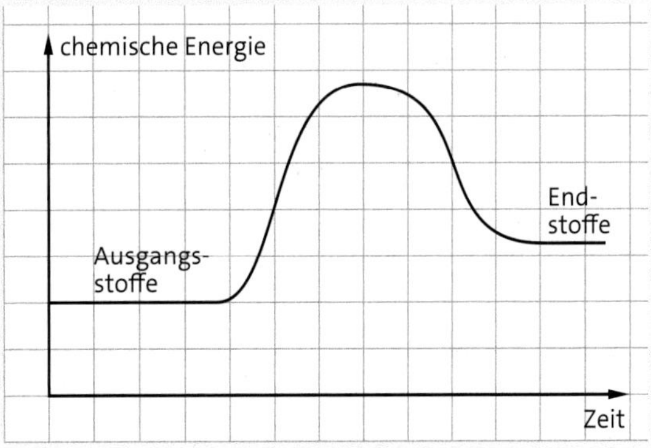

Chemikant/-in

Ausbildungsdauer: 3,5 Jahre

Erwarteter Schulabschluss: überwiegend mittlerer Schulabschluss, teilweise auch Hauptschulabschluss

Wichtige Schulfächer: Chemie, Physik, Mathematik

Ausbildungsvergütung: 850–1140 €

Art der Ausbildung: duale Ausbildung

Tätigkeiten: Chemikanten stellen aus Rohstoffen in großindustriellen Anlagen chemische Erzeugnisse wie Farben, Waschmittel oder Kosmetika her. Dazu messen sie die Rohstoffe ab, befüllen die Apparaturen, steuern und überwachen die Anlagen.
Es werden Proben entnommen und auf Qualität überprüft. Der gesamte Fertigungsablauf wird jeweils durch die Chemikanten protokolliert.
Die Durchführung kleinerer Reparaturen an den Anlagen sind ebenfalls Aufgaben der Chemikanten.

Weiterbildungsmöglichkeiten: Industriemeister oder Techniker

1 Steuerung und Überwachung von Anlagen

Chemielaborant/-in

Ausbildungsdauer: 3,5 Jahre

Erwarteter Schulabschluss: Hochschulreife oder guter mittlerer Bildungsabschluss

Wichtige Schulfächer: Chemie, Physik, Biologie, Mathematik und Englisch

Ausbildungsvergütung: 850–1140 €

Art der Ausbildung: duale Ausbildung

Tätigkeiten: Chemielaboranten untersuchen Stoffe und Produkte auf ihre Qualität.
Weiterhin stellen sie Stoffgemische her, entwickeln und optimieren Syntheseverfahren.
Es werden Messungen durchgeführt, Versuchsabläufe protokolliert und am Computer ausgewertet.
Für Chemielaboranten ist Arbeitssicherheit ein wichtiges Thema, da häufig mit gefährlichen Stoffen hantiert wird.
Exaktes Arbeiten ist eine absolute Grundvoraussetzung in diesem Beruf.

Weiterbildungsmöglichkeiten: Industriemeister oder Techniker. Unter bestimmten Voraussetzungen ist auch ohne Hochschulreife eine Studienzulassung möglich.

2 Überprüfung der Warenqualität

Chemisch-techn. Assistent/-in (CTA)

Ausbildungsdauer: 2 Jahre

Erwarteter Schulabschluss: in der Regel mittlerer Schulabschluss

Wichtige Schulfächer: Chemie, Physik, Mathematik, Informatik

Ausbildungsvergütung: –

Art der Ausbildung: Berufsfachschule

Tätigkeiten: CTAs haben sehr ähnliche Aufgaben wie Chemielaboranten. Sie untersuchen Proben von Rohstoffen oder Produkten auf ihre Qualität, setzen Versuchsreihen an und führen diese durch. Dabei werden die Ergebnisse protokolliert und teilweise mit dem Computer ausgewertet.
Chemisch-technische Assistenten stellen Stoffgemische her und entwickeln oder optimieren Syntheseverfahren. Exaktes Arbeiten und die Beachtung der Arbeitssicherheit sind unabdingbar für CTAs.

Weiterbildungsmöglichkeiten: Industriemeister oder Techniker. Unter bestimmten Voraussetzungen ist auch ohne Hochschulreife eine Studienzulassung möglich.

3 Arbeit im Labor

Pharmazeutisch-techn. Assistent/-in (PTA)

Ausbildungsdauer: 2,5 Jahre

Erwarteter Schulabschluss: in der Regel mittlerer Schulabschluss

Wichtige Schulfächer: Chemie, Biologie, Mathematik, Deutsch

Ausbildungsvergütung: schulische Ausbildung ohne Vergütung. Praktikanten erhalten 670 €.

Art der Ausbildung: Berufsfachschule und Praktikum

Tätigkeiten: PTAs stellen unter Aufsicht der Apotheker Salben und Medikamente her. Ebenfalls unter Aufsicht verkaufen sie verschreibungspflichtige Medikamente.
Der Verkauf nicht verschreibungspflichtiger Medikamente und die Beratung der Kunden zur Anwendung der Produkte gehören ebenfalls zum Tätigkeitsfeld der Pharmazeutisch-technischen Assistenten.
Einfache physikalische und chemische Arzneimittelanalysen werden von PTAs durchgeführt.

Weiterbildungsmöglichkeiten: Industriemeister Fachrichtung Chemie oder Pharmazie

4 Beschäftigung in Apotheken

Wasserstoff (H)

Wasserstoff ist bei Zimmertemperatur ein geruch- und farbloses Gas. Mit einer Dichte von $0{,}09\,\frac{g}{l}$ ist es das Element mit der geringsten Dichte überhaupt.

Aufgrund dieser Eigenschaft wurde es früher benutzt, um Luftschiffe zu füllen. Allerdings ist Wasserstoff brennbar, was 1937 zum Unglück des Zeppelins „Hindenburg" führte.

Wasserstoff wird bei −252 °C flüssig und bei −259 °C fest.

Das Wasserstoff-Atom hat die Masse von 1 u. Der Kern des Wasserstoff-Atoms enthält 1 Proton.

Lithium (Li)

Lithium ist das Metall mit der geringsten Dichte ($0{,}53\,\frac{g}{cm^3}$). Mit einem Haushaltsmesser lässt sich Lithium schneiden, wobei die Schnittkanten silbrig weiß glänzen. Dieser Glanz verschwindet an der Luft nach einigen Minuten.

Wenn man Lithium zu Wasser gibt, kann man beobachten, wie es mit dem Wasser reagiert.

Lithium schmilzt bereits bei 181 °C und wird bei 1330 °C gasförmig.

Lithium-Atome haben eine Masse von 7 u. Im Kern dieser Atome befinden sich 3 Protonen.

Helium (He)

Helium ist ein ausgesprochen reaktionsträges Gas. Es ist farb- und geruchlos. Seine Dichte ist mit $0{,}18\,\frac{g}{l}$ weitaus geringer als die von Luft.

Diese Eigenschaft in Kombination damit, dass das Gas nicht brennbar ist, macht Helium zum idealen Füllgas für Ballons.

Helium wird erst bei einer Temperatur von −269 °C flüssig. Bei normalem Druck wird es auch bei weiterer Abkülung nicht fest.

Helium-Atome haben eine Masse von 4 u. Der Kern der Helium-Atome enthält 2 Protonen.

Beryllium (Be)

Beryllium ist ein stahlgraues, sehr hartes und bei Raumtemperatur sehr sprödes Metall. Es hat eine Dichte von $1{,}85\,\frac{g}{cm^3}$ und gehört zur Gruppe der Leichtmetalle.

Wenn man es auf eine Temperatur von mindestens 1287 °C erwärmt, wird es flüssig. Erwärmt man es weiter, so kann man feststellen, dass es ab 2969 °C in den gasförmigen Zustand übergeht.

Ein Beryllium-Atom hat im Kern 4 Protonen und eine Masse von 9 u.

Bor (B)

Bor ist ein sehr hartes Element. Von allen Elementen ist nur Kohlenstoff in der Form des Diamanten härter. Bor ist ein reaktionsträger Stoff, der erst bei hohen Temperaturen mit anderen Stoffen reagiert. Die Dichte von Bor beträgt 2,46 $\frac{g}{cm^3}$.

Will man Bor in flüssiger Form vorliegen haben, so muss man es auf eine Temperatur von 2076 °C erwärmen. Die Siedetemperatur liegt bei 3930 °C.

Bei einer Masse von 11 u weisen Bor-Atome im Kern 5 Protonen auf.

Stickstoff (N)

Stickstoff ist ein farb- und geruchloses Gas mit einer Dichte von 1,25 $\frac{g}{l}$. Mit rund 78 % ist es der Hauptbestandteil unserer Atmosphäre. Da Stickstoff ein reaktionsträges Element ist, verwendet man es als Schutzgas für feuergefährliche Stoffe.

Will man flüssigen Stickstoff haben, so muss man diesen Stoff auf eine Temperatur von −196 °C bringen. Festen Stickstoff erhält man ab −210 °C.

Mit 7 Protonen im Kern beträgt die Masse eines Stickstoff-Atoms 14 u.

Kohlenstoff (C)

Kohlenstoff ist ein ausgesprochen interessantes Element. Es kommt in mehreren Formen vor: als Graphit, wie man es aus Bleistiftminen kennt (Dichte 2,26 $\frac{g}{cm^3}$), oder als Diamant (Dichte 3,51 $\frac{g}{cm^3}$) sowie in Form von Fullerenen (1,68 $\frac{g}{cm^3}$). Bei Raumtemperatur ist Kohlenstoff reaktionsträge, bei höheren Temperaturen geht er mit sehr vielen Elementen Bindungen ein.

Kohlenstoff schmilzt erst bei 3547 °C und wird bei 4827 °C gasförmig.

Mit 6 Protonen im Kern bringt es ein Kohlenstoff-Atom auf eine Masse von 12 u.

Sauerstoff (O)

Sauerstoff ist ein farb- und geruchloses Gas, mit einer Dichte von 1,43 $\frac{g}{l}$. Mit rund 21 % ist es das zweithäufigste Element unserer Atmosphäre. Für sehr viele Organismen ist Sauerstoff lebensnotwendig.

Im Handel erhält man Sauerstoff in blauen Stahlflaschen.

Will man Sauerstoff verflüssigen, so muss man diesen Stoff auf −183 °C abkühlen. Bei einer weiteren Abkühlung auf −218 °C wird Sauerstoff fest.

Ein Sauerstoff-Atom hat im Kern 8 Protonen und eine Masse von 16 u.

Fluor (F)

Das bei Raumtemperatur gasförmige, leicht gelbliche und giftige Fluor ist das reaktivste aller Elemente. Bei Raumtemperatur reagiert es mit fast allen bekannten Stoffen unter Flammenbildung. Fluor hat eine Dichte von $1{,}7\,\frac{g}{l}$.

Bei −220 °C hat Fluor seinen Schmelzpunkt und bei anschließender Erwärmung auf −188 °C wird es gasförmig.

Mit 9 Protonen im Kern weist ein Fluor-Atom eine Masse von 19 u auf.

Natrium (Na)

Natrium ist ein Feststoff. Es bildet sehr schnell eine Oxidschicht, und deshalb ist die silberweiße Farbe von Natrium nur an frischen Schnittflächen erkennbar. Aufgrund seiner hohen Reaktionsfreudigkeit mit Luft und mit Wasser wird Natrium in Paraffinöl aufbewahrt. Bei einer Atommasse von 23 u besitzt ein Natrium-Atom 11 Protonen.

Aufgrund der Dichte von $0{,}97\,\frac{g}{cm^3}$ zählt Natrium zu den Leichtmetallen.

Die Schmelztemperatur von Natrium liegt bei 98 °C und es siedet bei 890 °C.

Neon (Ne)

Das Gas Neon ist ein farbloses, geruchloses und äußerst reaktionsträges Element. Es hat eine Atommasse von 20 u und besitzt im Atomkern 10 Protonen.

Auf der Erde kann man Neon nur relativ selten finden, im Weltraum dagegen gehört es zu den drei häufigsten Elementen.

Die Schmelz- und die Siedetemperatur von Neon liegen sehr dicht beieinander. Neon schmilzt bei −249 °C und siedet bei −246 °C.

Bekannt ist Neon vor allem wegen seiner Bedeutung als Füllgas für Leuchtstoffröhren. Die Dichte dieses Gases liegt bei $0{,}90\,\frac{g}{l}$.

Magnesium (Mg)

Magnesium-Atome haben eine Atommasse von 24 u und besitzen im Atomkern jeweils 12 Protonen.

Magnesium ist ein silberweißes, festes und unedles Metall. Die Dichte dieses Metalls beträgt $1{,}74\,\frac{g}{cm^3}$, deshalb zählt man Magnesium zu den Leichtmetallen.

Nach dem Entzünden verbrennt Magnesium mit blendend weißem Licht zu einem weißen Pulver (Magnesiumoxid). Diesen Lichteffekt macht man sich u. a. bei Feuerwerken zunutze.

Magnesium siedet bei 1110 °C und seine Schmelztemperatur beträgt 650 °C.

Aluminium (Al)

Aluminium ist ein silberweißes, unedles Leichtmetall mit einer Dichte von $2{,}7\,\frac{g}{cm^3}$. Es ist ein guter Wärme- und Stromleiter und besitzt eine Atommasse von 27 u.

Aufgrund seiner geringen Dichte und der Korrosionsbeständigkeit wird Aluminium oft zur Herstellung von Auto- und Flugzeugteilen eingesetzt.

Aluminium ist das dritthäufigste Element der Erde und hat 13 Protonen in seinem Atomkern.

Bei ca. 660 °C schmilzt das Metall und die Siedetemperatur liegt bei 2470 °C.

Phosphor (P)

Phosphor ist ein Nichtmetall mit 15 Protonen in den Atomkernen. Die Atommasse beträgt 31 u.

Phosphor gibt es in verschiedenen Formen: Weißer Phosphor ist sehr giftig und hat eine Dichte von $1{,}8\,\frac{g}{cm^3}$. Die Dichte von rotem Phosphor dagegen ist mit $2{,}2\,\frac{g}{cm^3}$ etwas größer. Außerdem gibt es noch violetten und schwarzen Phosphor.

Für den Menschen von besonderer Bedeutung ist eine Phosphorverbindung, die ein Bestandteil der DNA, unser Erbinformation, ist.

Die Siedetemperatur von weißem Phosphor liegt bei 280 °C, er schmilzt bei 44 °C.

Silicium (Si)

Silicium ist ein dunkelgrauer, metallisch glänzender, fester Stoff. Er ist heutzutage ein unverzichtbarer Bestandteil von Elektrogeräten wie Fernsehern, Radios, Handys und Computern.

Bei einer Temperatur von 1410 °C beginnt dieses Halbmetall zu schmelzen und ab 2357 °C wird Silicium gasförmig.

Aufgrund seiner großen Vorkommen in zahlreichen Verbindungen ist Silicium das zweithäufigste Element der Erde. Es hat eine Dichte von $2{,}3\,\frac{g}{cm^3}$.

Mit seinen 14 Protonen im Kern hat es eine Atommasse von 28 u.

Schwefel (S)

Schwefel ist ein leuchtend gelber und geruchloser Stoff, der oft am Kraterrand von Vulkanen zu finden ist. Das Nichtmetall mit einer Dichte von $2{,}1\,\frac{g}{cm^3}$ hat eine Atommasse von 32 u.

Bei einer Temperatur von 115 °C beginnt der feste Stoff zu schmelzen, die Siedetemperatur liegt bei 445 °C.

Schwefel verbrennt mit schwachblauer Flamme zu dem stechend riechenden Gas Schwefeldioxid.

Im Atomkern eines Schwefel-Atoms befinden sich 16 Protonen.

Informationen zu den ersten 18 Elementen

Chlor (Cl)

Das gelbgrüne, stechend riechende Gas Chlor ist vor allem Schwimmbadbesuchern bekannt. Da bereits wenige Milligramm Chlor in einem Liter Wasser Krankheitserreger abtöten können, wird es zur Desinfektion in das Badewasser gegeben.

Mit einer Dichte von $3{,}22\,\frac{g}{l}$ ist Chlor ca. 2,5-mal schwerer als Luft.

Chlor ist sehr giftig, besitzt in seinem Atomkern 17 Protonen und hat eine Atommasse von 35 u.

Das Element Chlor liegt als zweiatomiges Molekül vor.

Die Siedetemperatur beträgt –35 °C, das Element schmilzt bei –102 °C.

Argon (Ar)

Argon ist ein reaktionsträges Gas, das in seinem Atomkern 18 Protonen besitzt.

Die Dichte von Argon beträgt $1{,}78\,\frac{g}{l}$.

Siede- und Schmelztemperatur des Elements liegen sehr dicht beieinander. Bei –186 °C beginnt flüssiges Argon gasförmig zu werden und bei –189 °C wird festes Argon flüssig.

Wie Neon wird auch Argon in Leuchtstoffröhren verwendet.

Argon ist in kleinen Mengen in unserer Luft enthalten und hat eine Atommasse von 40 u.

Schmelz- und Siedetemperaturen

Name	Schmelztemperatur in °C	Siedetemperatur in °C
Aluminium	660	2470
Beryllium	1287	2969
Blei	327	1751
Caesium	28	690
Eisen	1538	3000
Gold	1064	2970
Kalium	63	774
Kupfer	1085	2595
Lithium	181	1330
Magnesium	650	1100
Natrium	98	890
Nickel	1455	2730

Name	Schmelztemperatur in °C	Siedetemperatur in °C
Quecksilber	–39	357
Rubidium	39	688
Zink	420	907
Zinn	232	2620

1 Metalle

Name	Schmelztemperatur in °C	Siedetemperatur in °C
Bor	2076	3930
Silicium	1410	2630

2 Halbmetalle

Schmelz- und Siedetemperaturen

Name	Schmelztemperatur in °C	Siedetemperatur in °C
Argon	−189	−186
Chlor	−102	−35
Fluor	−220	−188
Helium	−727	−269
Kohlenstoff	3547	4827
Neon	−249	−246
Phosphor (weiß)	44	280
Sauerstoff	−218	−183
Schwefel	115	445
Stickstoff	−210	−196
Wasserstoff	−259	−252

3 Nichtmetalle

Name	Schmelztemperatur in °C	Siedetemperatur in °C
Lithiumbromid	550	1265
Kaliumchlorid	770	1413
Natriumchlorid (Kochsalz)	800	1461
Natriumfluorid	990	1704
Magnesiumoxid	2800	3600
Kaliumnitrat	334	400
Natriumsulfat	888	890
Natriumnitrat	308	380

4 Salze

Name	Schmelztemperatur in °C	Siedetemperatur in °C
Methan (Erdgas)	−183	−162
Ethan	−183	−89
Propan	−188	−42
Butan	−139	−0,5
Pentan	−130	36
Hexan	−95	69
Heptan	−91	98
Octan	−57	126
Nonan	−54	151
Decan	−30	174

5 Alkane

Name	Schmelztemperatur in °C	Siedetemperatur in °C
Ethen	−169	−104
Propen	−185,3	−48
But-1-en	−185	−6
Pent-1-en	−138	30

6 Alkene

Name	Schmelztemperatur in °C	Siedetemperatur in °C
Ethin	−81	−84
Propin	−103	−23
But-1-in	−126	8
Pent-1-in	−106	39–41

7 Alkine

Name	Schmelztemperatur in °C	Siedetemperatur in °C
Ethanol (Spiritus)	−114,5	78
2-Propanol (Isopropylalkohol)	−88	82

8 Alkohole

Name	Schmelztemperatur in °C	Siedetemperatur in °C
Methansäure (Ameisensäure)	8	101
Ethansäure (Essigsäure)	17	118
Butansäure (Palmitinsäure)	−5	163
Hexadecansäure (Palmitinsäure)	63	351
Octadecansäure (Stearinsäure)	68–70	370

9 Carbonsäuren

Endlich Chemie – neues Fach, neuer Raum – S. 27

1
- Die Versuchsanleitung vor jedem Experiment genau durchlesen.
- Immer die Schutzbrille tragen.
- Nicht im Sitzen arbeiten.
- Immer mit kleinen Mengen arbeiten.
- Alle Geräte nach dem Versuch reinigen und wieder aufräumen.

2 ätzend – verstärkt Feuer – explosiv
Gase unter Druck – organschädigend – umweltgefährlich
entzündlich – giftig – gesundheitsgefährdend

3
1. Stellschrauben für Gas- und Luftzufuhr kontrollieren und gegebenenfalls schließen.
2. Gaszufuhr über einen Schlauch mit dem Gashahn verbinden.
3. Gashahn durch gleichzeitiges Drücken und Drehen öffnen.
4. Feuerzeugflamme an den Flammenaustritt halten und Stellschraube für Gaszufuhr öffnen.
5. Stellschraube für Luftzufuhr öffnen.

4 Pipette – Messzylinder – Becherglas

5

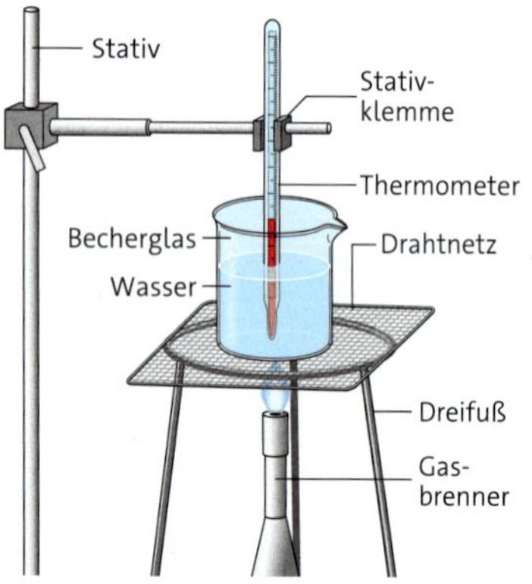

6 a

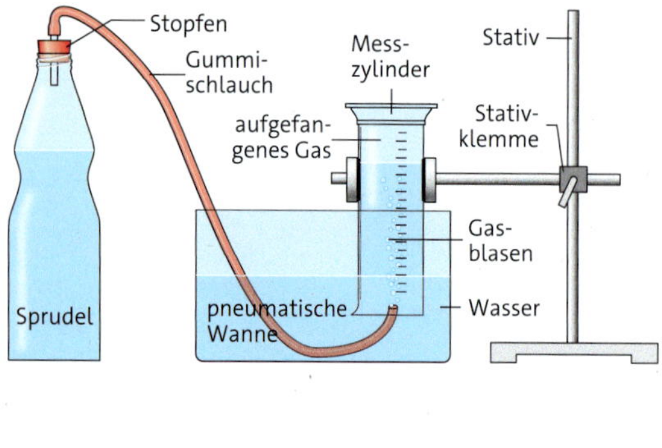

b

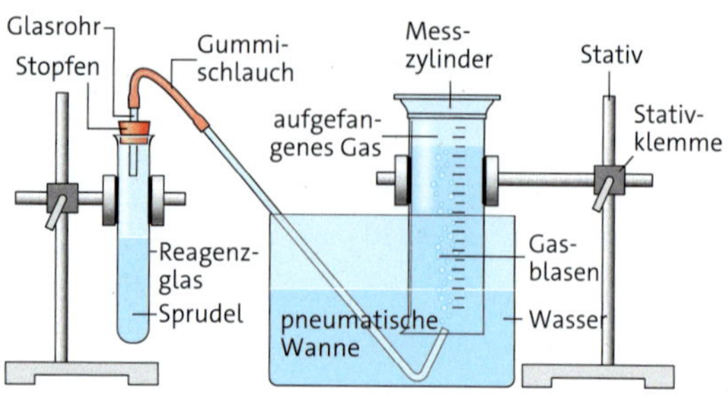

Eine Welt aus Stoffen – S. 67

1 a Metall: Aluminium | steinartiger Stoff: Glas | Kunststoff: Silikon | Naturstoff: Papier
b Kuchenformen aus Aluminium, Glas, Silikon und Papier sind zum Kuchenbacken geeignet, weil sie sich beim Erhitzen nicht verformen.

2 a *Mit den Sinnen erkennbare Stoffeigenschaften:* Farbe, Aggregatzustand, Oberfläche, Durchsichtigkeit, Glanz, Geruch, Geschmack (nicht im Labor testen!)
b *Mit Experimenten bestimmbare Stoffeigenschaften:* elektrische Leitfähigkeit, Magnetisierbarkeit, Härte, Dichte, Schmelztemperatur; Wärmeleitfähigkeit
c *Elektrische Leitfähigkeit:* Ein Lämpchen wird an eine Stromquelle angeschlossen, wobei der Stromkreis an einer Stelle unterbrochen ist. Die Lücke wird mit dem zu testenden Gegenstand geschlossen. Wenn das Lämpchen leuchtet, ist der Stoff, aus dem der Gegenstand besteht, ein elektrischer Leiter.
Magnetisierbarkeit: Man überprüft, ob der Gegenstand von einem Magneten angezogen wird.
Härte: Man überprüft, ob sich der Stoff mit einem Zahnstocher oder einem Eisennagel ritzen lässt.
Dichte: Man bestimmt die Masse und das Volumen des Gegenstands und teilt anschließend den Wert für die Masse durch den Wert für das Volumen.

3 Wasserdampf wird an einer kalten Scheibe wieder zu flüssigem Wasser – Kondensieren.
Fett wird beim Erhitzen flüssig – Schmelzen.
Wasser wird zu Wasserdampf – Verdampfen oder Verdunsten.
Das Gas Wasserstoff wird beim Einfüllen in eine Druckgasflasche flüssig – Kondensieren.
Schokolade zerfließt in der Sonne – Schmelzen.
Ein Eiswürfel wird in der Sonne zu Wasser und anschließend gasförmig – Schmelzen und Verdunsten.

4 Olivenöl hat eine Schmelztemperatur zwischen −10 °C und 20 °C. Die Schmelztemperatur von Sonnenblumenöl liegt unter −10 °C, die von Margarine oberhalb von 20 °C.

5 Ein Reinstoff besteht aus einem einzigen Stoff. Er lässt sich nicht mehr auftrennen.
Ein Stoffgemisch besteht aus mindestens zwei Reinstoffen.

6 homogen: Meerwasser (Lösung flüssig/fest), Legierung
heterogen: Rauch, Emulsion

7 a Filtrieren
b Eindampfen
c Destillieren

8

Trennverfahren	
Windsichter	Trennung von leichten und schweren Bestandteilen
Magnetabscheider	Trennung von Eisen und anderen Metallen
Schwimm-Sink-Anlage	Trennung von unterschiedlichen Kunststoffen

Chemische Reaktionen und Energie – S. 115

1 a Er hat vergessen, den Brennstoff ausreichend zu zerteilen.
b Zeitungspapier kommt nach ganz unten. Darauf verteilt man feine Holzspäne. Darüber stapelt man kleines Feuerholz und nach ganz oben kommen die dicken Holzscheite.

2 Die Eisenwolle brennt, da sie feiner zerteilt ist als ein Eisennagel. Die Eisenwolle hat eine viel größere Oberfläche. Das ermöglicht einen besseren Kontakt mit dem Sauerstoff der Luft, der für die Verbrennung benötigt wird.

3 a Holz + Sauerstoff → Kohlenstoffdioxid + Asche
b Aus dem braunen, festen Holz werden grauweiße, poröse Asche und grauer Rauch. Es hat eine Stoffumwandlung stattgefunden. Beim Verbrennen von Holz sind außerdem auch Flammen zu beobachten, die Wärme an die Umgebung abgeben. Es wird also auch Energie freigesetzt.
c Die Würstchen und der Teig verändern ihre Farbe und ihren Geschmack. Es findet eine Stoffumwandlung und damit eine chemische Reaktion statt.

4 a Die Verbrennung von Benzin ist eine chemische Reaktion. Für jede chemische Reaktion braucht man eine Aktivierungsenergie.
b Man kann das Benzin beispielsweise stark erhitzen oder mit einer Lupe Licht bündeln.

5 a Es handelt sich um eine exotherme Reaktion, da Energie frei wird.
b Durch das Knicken des Metallplättchens wird Energie zugeführt, damit die Reaktion in Gang kommt. Es handelt sich also um Aktivierungsenergie.
c Das Energiediagramm findest du auf Seite 117 im Buch (Bild 2).

Metalle – wertvoll und wichtig – S. 143

1 Verformbarkeit, Wärmeleitfähigkeit, glänzende Oberfläche, elektrische Leitfähigkeit

2 Legierungen entstehen durch Zusammenschmelzen von einem Metall mit mindestens einem weiteren Stoff.
Legierungen haben oft andere Eigenschaften als die reinen Metalle.
Stahl ist eine Eisenlegierung, die neben Eisen vor allem Kohlenstoff und andere Metalle enthält.
Blei ist ein Schwermetall mit einer hohen Dichte ($11{,}3\ \frac{g}{cm^3}$).

3 Malachit ist ein Kupfererz. Es kann in Kupferoxid umgewandelt werden. Wenn Kupferoxid zu Kupfer reagiert, nennt man dies eine Reduktion. Die umgekehrte Reaktion, also die Reaktion von Kupfer mit Sauerstoff zu Kupferoxid, nennt man eine Oxidation. Oft laufen Reduktion und Oxidation gleichzeitig ab, z. B. bei der Reaktion von Kupferoxid und Kohlenstoff zu Kupfer und Kohlenstoffdioxid. In diesem Fall wird Kupferoxid reduziert und Kohlenstoff oxidiert.

4 Kupfer ist ein edleres Metall als Zink. Es hat daher ein geringeres Bestreben, den Sauerstoff an sich zu binden, als Zink. Aluminium ist unedler als Zink. Es hat ein größeres Bestreben als Zink, mit dem Sauerstoff eine Verbindung einzugehen. Zinkoxid kann daher mit Aluminium reduziert werden.

5 Im Hochofen wird nicht nur Kohle verbrannt. Es findet vor allem auch die Reaktion von Kohlenstoffmonooxid mit Eisenoxid statt. Auch diese Reaktion ist exotherm und setzt zusätzliche Energie frei.

6 a Das Eisenoxid wird durch Aluminium zu Eisen reduziert. Dabei wird viel Energie frei.

b Beim Thermitverfahren wird flüssiges Eisen zwischen die zwei Schienenstücke gegossen. Dadurch erhält man eine glatte Nahtstelle.

7 Unedle Metalle reagieren leicht mit anderen Stoffen, wohingegen Edelmetalle kaum Reaktionen mit anderen Stoffen eingehen.

8 Eisen rostet unter Anwesenheit von Sauerstoff und Wasser.
Metalle lassen sich vor Korrosion schützen, indem man die Metalloberfläche mit einem korrosionsbeständigen Metall überzieht.

Luft und Wasser – S. 179

1 Stickstoff, Sauerstoff, Edelgase und Kohlenstoffdioxid.

2 Ruß entsteht im Verbrennungsraum von Motoren, wenn zu wenig Sauerstoff vorhanden ist. Er erhöht das Krebsrisiko.
Feinstaub entsteht bei Verbrennungsvorgängen in Verkehr und Industrie. Atemwegserkrankungen können die Folge von einer zu hohen Feinstaubbelastung sein.
Stickoxide entstehen im Verbrennungsraum von Motoren. Sie reizen die Atemwege und können zu Kreislaufbeschwerden führen.
Bodennahes Ozon entsteht aus Stickoxiden in der Luft bei intensiver Sonneneinstrahlung. Es kann die Schleimhäute und Atemwege reizen und zu einer Beeinträchtigung der Leistungsfähigkeit führen.
Kohlenstoffmonooxid entsteht bei der unvollständigen Verbrennung von fossilen Brennstoffen. Folgen von Kohlenstoffmonooxid können Kopfschmerzen, Schwindel und Übelkeit sein. In hohen Konzentrationen führt Kohlenstoffmonooxid zum Erstickungstod.
Kohlenstoffdioxid entsteht bei der vollständigen Verbrennung von fossilen Brennstoffen. Es trägt zur Erderwärmung bei (zusätzlicher Treibhauseffekt).

3 Mit der Kalkwasserprobe kann man überprüfen, ob es sich um Kohlenstoffdioxid handelt. Trübt das unbekannte Gas klares Kalkwasser, so handelt es sich um Kohlenstoffdioxid.

4 a Anstieg des Meeresspiegels, vermehrte und stärkere Stürme, je nach Ort mehr Dürren oder auch mehr Überschwemmungen
b Bevorzugt duschen, statt zu baden, da die Erwärmung des Wassers viel Energie benötigt, die auch durch Kohlekraftwerke zur Verfügung gestellt wird. Fahrgemeinschaften bilden, mit den öffentlichen Verkehrsmitteln oder mit dem Fahrrad fahren, um Abgase zu vermeiden, Hauswasser durch eine solarthermische Anlage erwärmen, da hier bei der Wassererwärmung kein Kohlenstoffdioxid entsteht.

5 Ohne Wasser gäbe es auf unserem Planeten kein Leben. Wasser spielt in vielen Lebensbereichen eine wichtige Rolle: Es ist Durstlöscher, wird für die tägliche Hygiene, zum Kochen und Wäschewaschen benötigt und ermöglicht verschiedene Freizeitbeschäftigungen. Außerdem wird es in Industrie und Landwirtschaft für die Herstellung von Lebensmitteln und anderen Produkten benötigt. Wasser ist ein wichtiger Bestandteil in jeder lebenden Zelle und erfüllt verschiedenen Funktionen in unserem Körper: Es dient als Baustoff, Lösungsmittel, Transportmittel und Wärmeregulator.

6 Vergleiche deine Lösungen mit Bild 1 auf S. 162.

7 Quellen von Wasserverschmutzung sind z. B. giftige Industrieabfälle, die in Flüssen entsorgt werden. Eine weitere Quelle sind Pestizide und Dünger, die aus der Landwirtschaft ins Grundwasser gelangen können. In der Natur entsorgter Plastikmüll kann in Gewässer gelangen. Auch Mikroplastik in Kosmetika und wetterfester Kleidung gelangt schließlich über das Abwasser in den Wasserkreislauf. Werden Medikamente im Haushalt falsch entsorgt, z. B. über Toilette oder Waschbecken, können diese ebenfalls ins Grundwasser gelangen. Weitere Quellen von Wasserverschmutzung sind Umweltkatastrophen und Schiffsunglücke.

8 Für die Herstellung einer Jeans werden ca. 11 000 l virtuelles Wasser verbraucht. Diese erstaunliche Zahl setzt sich aus allen Produktionsschritten zusammen: Anbau der Baumwolle und deren Bewässerung, Färbeprozess, Veredlung der Jeans usw.

9 Wasser lässt sich durch die Zufuhr von elektrischer Energie in seine Bestandteile Sauerstoff und Wasserstoff zerlegen. Der Hoffmannsche Zersetzungsapparat ist die passende Apparatur dafür.

10 Wasserstoff lässt sich mit der Knallgasprobe nachweisen. Dafür hält man das Reagenzglas (mit Wasserstoff) an eine offene Flamme. Ein kurzes Ploppgeräusch gilt als Nachweis für Wasserstoff.

11 Wasserstoff eignet sich als Energieträger, da er brennbar ist. Bei der Knallgasreaktion wird sehr viel Energie frei. Dadurch wird Wasserstoff beispielsweise als Raketenantrieb oder in Autos als Benzinersatz verwendet.

Die Ordnung der Elemente – Atombau und Periodensystem – S. 213

1 Dalton stellte sich Atome als kleine, massive Kugeln vor.
Rutherford stellte die Theorie des Kern-Hülle-Modells auf. Atome bestehen aus einem sehr kleinen, positiv geladenen Kern und einer großen Hülle, in der sich die negativ geladenen Elektronen befinden.
Bohr erweiterte Rutherfords Modell. Demnach befinden sich die Elektronen in der Hülle auf verschiedenen Energieniveaus, sogenannten „Elektronenschalen".

2

Element	Protonen	Neutronen	Elektronen
N	7	7	7
Pb	82	125	82
U	92	146	92

3 a 14 u
b 414 g
c 3 mol

4 a Isotope
b Die beiden Lithium-Atome in Bild 5 unterscheiden sich in ihrer Massenzahl. Dies liegt daran, dass sie eine unterschiedliche Neutronenzahl besitzen. Die beiden Atome haben jedoch die gleiche Ordnungszahl, d. h. die gleiche Anzahl an Elektronen und Protonen.

5 a Es handelt sich um ein Schwefel-Atom.
b Nein, es befindet sich nicht im Edelgaszustand, da auf der äußersten Schale nur 6 Elektronen sind. Mit 8 Elektronen wäre die äußerste Schale voll und damit im Edelgaszustand.
c Kohlenstoff: 2 Elektronen in der ersten und 4 Elektronen in der zweiten Schale
Magnesium: 2 Elektronen in der ersten, 8 Elektronen in der zweiten und 2 Elektronen in der dritten Schale
Chlor: 2 Elektronen in der ersten, 8 Elektronen in der zweiten und 7 Elektronen in der dritten Schale
d

Element	Protonen	Neutronen	Elektronen
Na	11	12	11
Br	35	45	35
Ar	18	22	18

e Calcium: 4. Periode, II. Hauptgruppe, 20 Protonen, 20 Neutronen, 20 Elektronen
Selen: 4. Periode, VI. Hauptgruppe, 34 Protonen, 45 Neutronen, 34 Elektronen
Argon: 3. Periode, VIII. Hauptgruppe, 18 Protonen, 22 Neutronen, 18 Elektronen

6

7 Die Elemente der I. Hauptgruppe, die Alkalimetalle, besitzen ein Elektron auf der äußersten Schale. Sie sind sehr reaktionsfreudige Elemente. Sie zeigen typische Verfärbungen in der Brennerflamme. Aufgrund ihrer geringen Dichte zählen sie zu den Leichtmetallen.

Die Ordnung der Elemente – Bindungsarten – S. 237

1 Beiden Atomen fehlt ein Elektron für eine volle äußerste Schale. Sie nähern sich so weit an, dass ein Teil ihrer Schalen überlappt. Von beiden Atomen befindet sich je ein Elektron in dem gemeinsamen Bereich beider Atomhüllen. Durch dieses gemeinsame Elektronenpaar hat nun jedes Wasserstoff-Atom 2 Elektronen auf der äußersten Schale.

2 Das gemeinsame Elektronenpaar und die positiv geladenen Kerne ziehen sich gegenseitig an.

3 Je nach Aufbau der Atomhülle brauchen die Atome unterschiedlich viele Elektronenpaarbindungen, um den Edelgaszustand zu erreichen. Das Sauerstoff-Atom hat 6 Elektronen auf der äußersten Schale. Ihm fehlen 2 Elektronen bis zum Edelgaszustand. Durch das Eingehen von zwei Elektronenpaarbindungen erhält das Sauerstoff-Atom eine voll besetzte äußerste Schale.
Stickstoff hat 5 Elektronen auf der äußersten Schale. Ihm fehlen 3 Elektronen bis zum Edelgaszustand. Durch das Eingehen von drei Elektronenpaarbindungen hat das Stickstoff-Atom 8 Elektronen auf der äußersten Schale.

4
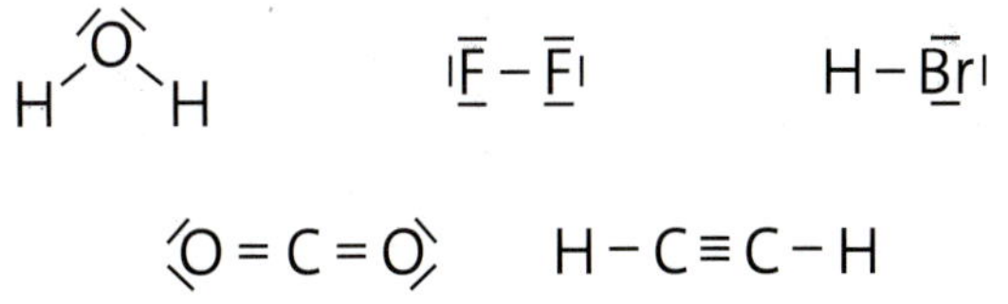

5 Die eine Atomsorte gibt ein oder mehrere Elektronen ab und erreicht damit den Edelgaszustand. Beispielsweise gibt Natrium ein Elektron ab. Seine äußere Schale existiert nicht mehr. Die weiter innen liegende volle Schale wird zur neuen Außenschale.

Die andere Atomsorte nimmt ein oder mehrere Elektronen auf und erreicht damit den Edelgaszustand. Chlor besitzt z. B. mit 7 Elektronen eine fast volle Außenschale. Durch die Aufnahme eines Elektrons erreicht es die voll besetzte Schale mit 8 Elektronen.

6 Die Elemente der V. bis VII. Hauptgruppe nehmen bei der Ionenbildung Elektronen auf, um den Edelgaszustand zu erreichen.
Sie haben daher mehr Elektronen als Protonen, wodurch die negative Ladung überwiegt.

7 Calciumfluorid, Natriumiodid, Kaliumbromid, Magnesiumchlorid

8

Summenformel	Beteiligte Ionen	Name der Ionenverbindung
$MgCl_2$	Mg^{2+} und Cl^-	Magnesiumchlorid
NaBr	Na^+ und Br^-	Natriumbromid
K_2O	K^+ und O^{2-}	Kaliumoxid
KCl	K^+ und Cl^-	Kaliumchlorid
$CaBr_2$	Ca^{2+} und Br^-	Calciumbromid
MgO	Mg^{2+} und O^{2-}	Magnesiumoxid
$AlCl_3$	Al^{3+} und Cl^-	Aluminiumchlorid

9 Die Außenelektronen der Aluminium-Atome werden nur schwach vom Kern angezogen. Sie können leicht ihren Aufenthaltsbereich verlassen. Die Elektronen können sich frei durch das Metall bewegen. Man bezeichnet sie als sogenanntes Elektronengas.

10 Metalle halten durch die Anziehung zwischen den positiv geladenen Atomrümpfen und dem negativ geladenen Elektronengas zusammen.

11 Die äußeren Elektronen der Metall-Atome sind keinem Atom mehr fest zugeordnet. Sie bewegen sich frei durch das Metall. Man bezeichnet sie daher auch als delokalisierte Elektronen.

12 Beim Verformen gleiten die im Metallgitter angeordneten Atomrümpfe aneinander vorbei. Sie bleiben dabei ständig von den Elektronen umgeben und halten daher auch in ihrer neuen Position fest zusammen.

13 Beim Erhitzen eines Metalls wird sowohl dem Atomrumpf als auch den freien Elektronen Energie zugeführt. Die Atomrümpfe schwingen stärker und stoßen die benachbarten Atomrümpfe an. So wird die Wärmeenergie über das ganze Metall weitergegeben. Die freien Elektronen nehmen die Energie in Form von zusätzlicher Bewegungsenergie auf und verteilen sie so auch weiter über das Metall.

Elektrische Energie und chemische Prozesse – S. 261

1 Bei der Oxidation handelt es sich um eine Elektronenabgabe und bei der Reduktion um eine Elektronenaufnahme.

2 Lithium, Calcium, Magnesium und Aluminium sind unedler als Zink. Sie können von Zink-Ionen oxidiert werden.
Eisen, Blei, Kupfer, Silber, Platin und Gold sind edler als Zink. Sie können daher Zink-Atome oxidieren.

3 a Alessandro Volta nutzte die Metalle Kupfer und Zink.
b Vergleiche deine Lösung mit Bild 5 auf Seite 244.
c Es könnten auch die Metalle Silber und Zinn verwendet werden, da sie ein unterschiedliches Bestreben haben, Elektronen abzugeben.
d Die angefeuchteten Textilstücke können nicht durch Scheiben aus Kunststoff ersetzt werden, da es sich bei Kunststoffen (fast) immer um Isolatoren handelt. Der erforderliche Ladungsausgleich ist also nicht möglich.

4 Zwei Metallstreifen (z. B. Zink und Kupfer), Salzlösung oder Säure

5 Zink und Mangandioxid

6 Alkaline (AA): Fernbedienung, Funkmaus
Zink-Luft-Knopfzelle: Hörgerät
Lithium-Akku: Laptop, Smartphone

7 Zink + Sauerstoff → Zinkoxid
$2\,Zn + O_2 \rightarrow 2\,ZnO$
$2\,Zn \rightarrow 2\,Zn^{2+} + 4\,e^-$
$O_2 + 4\,e^- \rightarrow 2\,O^{2-}$

8 Der Herzschrittmacher wird im Brustbereich operativ eingebracht. Da im menschlichen Gewebe keine Luft zur Verfügung steht, kann die Zink-Luft-Batterie dort nicht betrieben werden.

9 In der Batterie sind mehrere Metalle enthalten, auch Schwermetalle, die als Umweltgifte gelten. Sie dürfen nicht in den Hausmüll gegeben werden. Die Metalle werden oft aus seltenen Rohstoffen hergestellt und sollen wiedergewonnen werden.

10 Elektrolyse

11 In einer Brennstoffzelle sind die Wasserstoff-Atome Elektronendonatoren. Sie geben Elektronen ab. Die Sauerstoff-Atome sind Elektronenakzeptoren. Sie nehmen die Elektronen auf.
Oxidation: $2\ H_2 \rightarrow 4\ H^+ + 4\ e^-$
Reduktion: $O_2 + 4\ e^- \rightarrow 2\ O^{2-}$

Saure, alkalische und neutrale Lösungen – S. 305

1 Saure Lösungen ...
- reagieren mit unedlen Metallen und Kalk.
- leiten den elektrischen Strom (enthalten also Ionen).
- schmecken sauer (kein Geschmackstest!).
- färben Universalindikator rot bis gelb.

2 Alkalische Lösungen ...
- wirken ätzend.
- leiten den elektrischen Strom (enthalten also Ionen).
- fühlen sich seifig an.
- färben Universalindikator blaugrün bis blau.

3 Für die gemeinsamen Eigenschaften der sauren Lösungen sind die H_3O^+-Ionen verantwortlich, für die gemeinsamen Eigenschaften der alkalischen Lösungen die OH^--Ionen.

4 Der pH-Wert gibt die Stärke von sauren bzw. alkalischen Lösungen an.

5 A = sauer, B = neutral, C = alkalisch

6 Die Magensäure ist stärker als die Essigsäure.

7 Den pH-Wert einer Lösung kann man mit Indikatoren bestimmen.

8

Name der Säure	Ionen in Lösung	Name der Salze
Salzsäure	H_3O^+ und Cl^-	Chloride
Schwefelsäure	H_3O^+ und SO_4^{2-}	Sulfate
Kohlensäure	H_3O^+ und HCO_3^-	Hydrogencarbonate
Essigsäure	H_3O^+ und CH_3COO^-	Acetate
Schwefelsäure	H_3O^+ und HSO_4^-	Hydrogensulfate

9 Bei einer Neutralisation reagieren H_3O^+-Ionen der Säure und OH^--Ionen der Lauge zu neutralem Wasser.

10 Bei der Neutralisation entsteht eine neutrale Salzlösung. Dampft man diese ein, lagern sich die Ionen zu Ionengittern (= Salzkristallen) zusammen.

11 Dabei haben Natronlauge (Natriumlauge) und Schwefelsäure reagiert.

12 Um sich zu verdünnen, greift die konzentrierte Schwefelsäure die Haut an und zerstört sie. Dabei verdünnt sie sich mit dem entstehenden Wasser.

13 Abflussreiniger, Backofenspray, Abbeizmittel sind Anwendungen von Alkalien.

14 a $0{,}5\ \frac{mol}{l}$ bedeutet: In einem Liter sind 0,5 mol eines Stoffs gelöst.
b 46 g

Stoffe als Energieträger – S. 351

1 C_9H_{20} $C_{32}H_{66}$ $C_{11}H_{24}$ $C_{29}H_{60}$

2 a
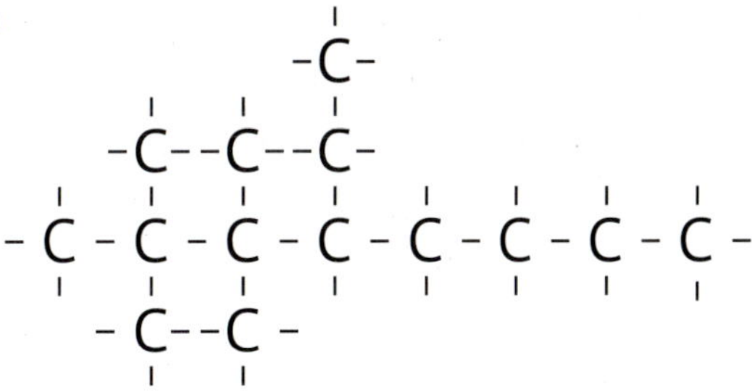

b 4,4-Diethyl-2,2,6,7,8-Pentamethylnonan

3 a Isomere sind Stoffe mit der gleichen Summenformel, aber unterschiedlicher Strukturformel. Im Beispiel haben beide Isomere die Summenformel C_6H_{14}.
b
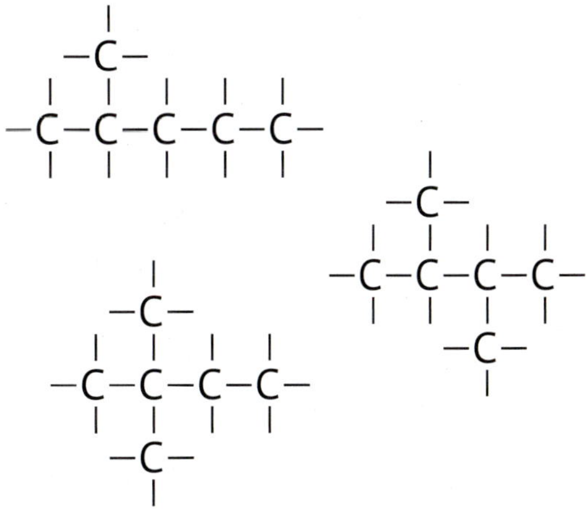

4 a C_nH_{2n}
b C_nH_{2n-2}

5 Kohlenstoffdioxid wird vom Menschen in viel größeren Mengen produziert als Methan. Es entsteht bei vielen Verbrennungsvorgängen im Verkehr, in der Industrie und in privaten Haushalten.

6

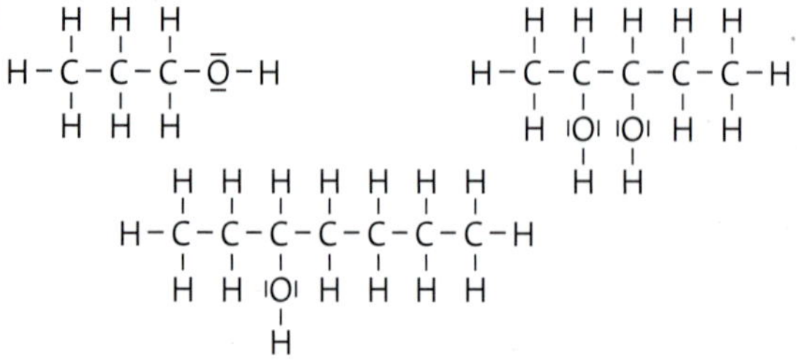

7 2-Propanol, 1,2-Butandiol

8

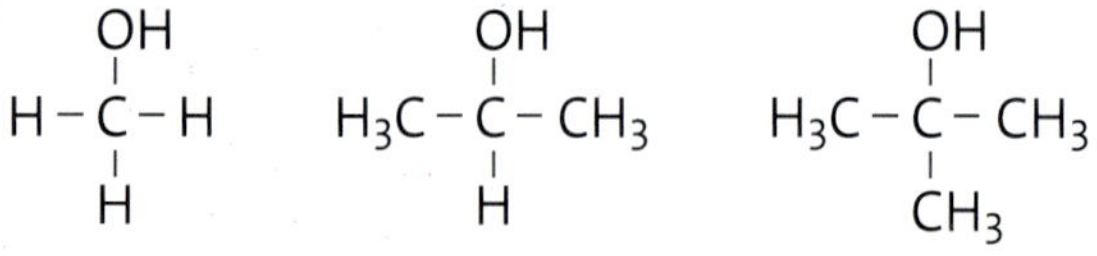

primärer Alkohol — sekundärer Alkohol — tertiärer Alkohol

9 Ethanol ist brennbar und kommt daher als Treibstoff infrage. Es kann aus nachwachsenden Rohstoffen hergestellt werden. Die Verbrennung von Ethanol gilt als CO_2-neutral.

Produkte der Chemie – S. 377

1 a Essigsäurebakterien wandeln in Gegenwart von Sauerstoff Ethanol in Ethansäure (Essigsäure) um.
b Siehe Bild 3 auf Seite 354

2 Methansäure (Ameisensäure), Butansäure (Buttersäure)

3 Pentansäure löst sich besser in Wasser als Hexadecansäure, da die Kohlenwasserstoffkette kürzer ist und so die wasserliebende Carboxylgruppe überwiegt.

4 a Die Carboxylgruppe ist für die saure Reaktion des Carbonsäuremoleküls verantwortlich.
b Säurerest-Ion und Oxonium-Ion

5 Essigsäuremethylester

6 a

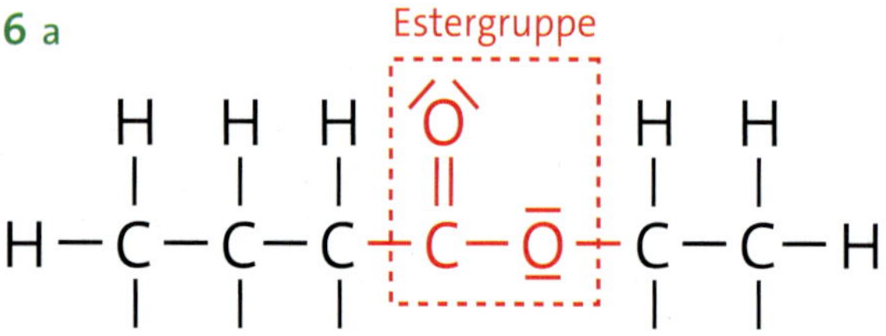

b Die Ausgangsstoffe sind Butansäure und Ethanol.
c Butansäureethylester
d

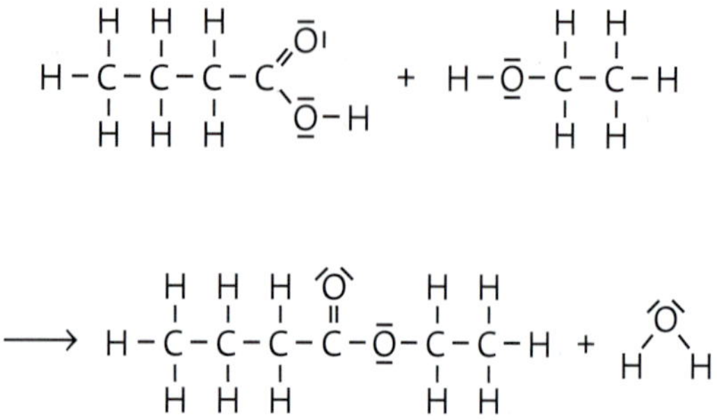

7 Der lipophile (fettliebende) Teil kann wasserunlösliche Schmutzteilchen an sich binden, der hydrophile (wasserliebende) Teil ist für die Wasserlöslichkeit verantwortlich.

8 An ein Schmutzteilchen binden sich so viele Tensidmoleküle, bis es vollständig umhüllt ist. Als Nächstes erfolgt die Ablösung des Schmutzteilchens von der Faser, dann die Zerkleinerung und schließlich die feine Verteilung.

9 Kunststoffe sind aus vielen („poly") einzelnen Molekülen (Monomeren) aufgebaut.

10 Thermoplaste bestehen aus langen Molekülketten, die nebeneinander liegen und nicht miteinander verbunden sind. Beim Erwärmen gleiten die Molekülketten aneinander vorbei. Der Kunststoff wird weich.
Duroplaste bestehen aus langen Ketten, die miteinander netzartig verbunden sind. Beim Erwärmen bleiben diese Netze erhalten. Der Kunststoff behält seine Form.

11 Duroplaste sind nicht elektrisch leitfähig (gute Isolatoren) und stabil (hart). Sie werden beim Erwärmen nicht weich und halten hohe Temperaturen aus. Dadurch sind die elektrischen Bauteile sicher verpackt. Die Menschen sind vor den Wirkungen des elektrischen Stroms geschützt.

12 Nanomedikamente in der Krebstherapie, Beschichtung von medizinischen Geräten mit Nanosilber, Nanoimprägniersprays, Nanopartikel aus Titandioxid in Sonnencremes, Nanotubes bei der Herstellung leichter und stabiler Bauteile in der Raum- und Luftfahrttechnik

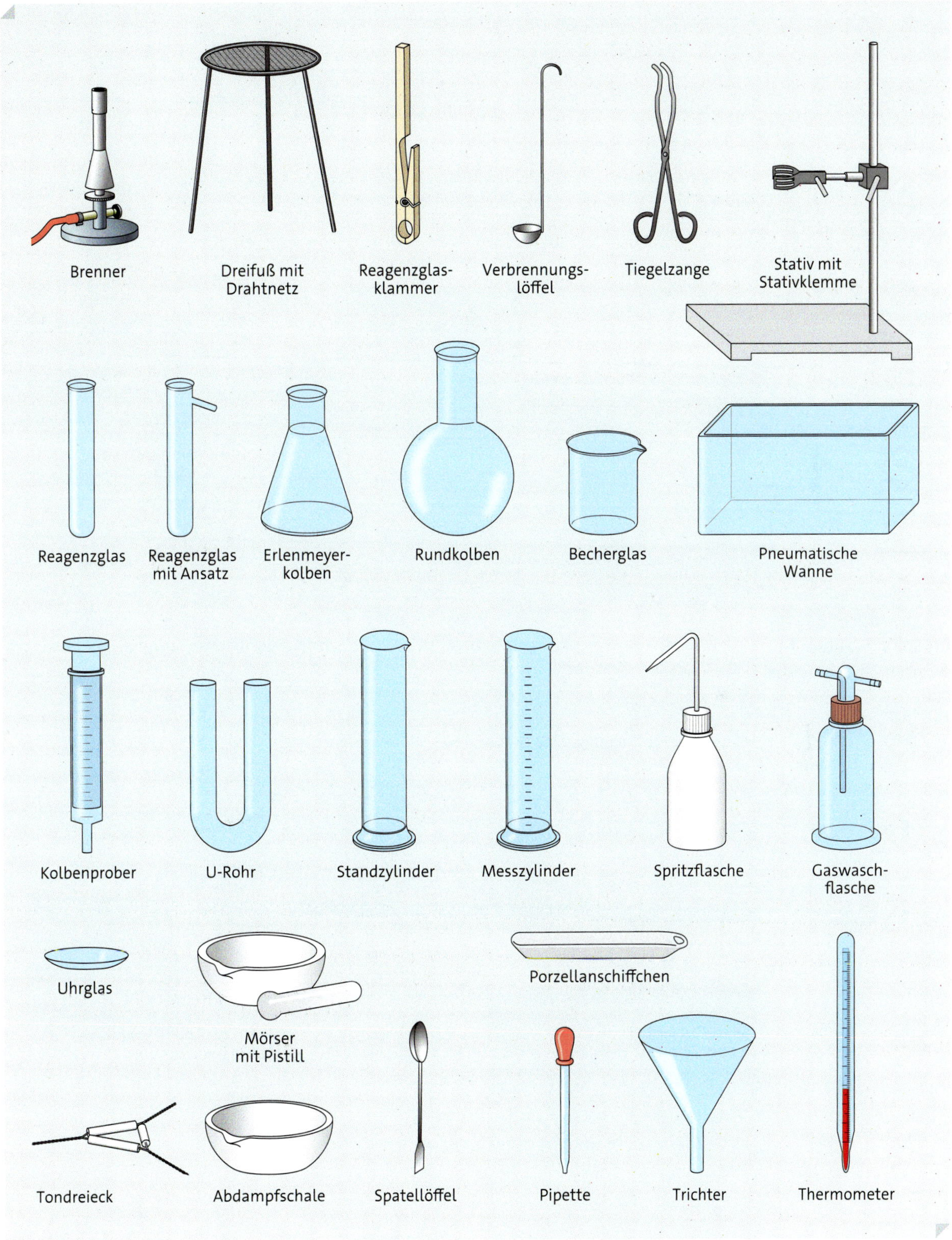
Brenner
Dreifuß mit Drahtnetz
Reagenzglas-klammer
Verbrennungs-löffel
Tiegelzange
Stativ mit Stativklemme
Reagenzglas
Reagenzglas mit Ansatz
Erlenmeyer-kolben
Rundkolben
Becherglas
Pneumatische Wanne
Kolbenprober
U-Rohr
Standzylinder
Messzylinder
Spritzflasche
Gaswasch-flasche
Uhrglas
Mörser mit Pistill
Porzellanschiffchen
Tondreieck
Abdampfschale
Spatellöffel
Pipette
Trichter
Thermometer

Einstufung von Gefahrstoffen nach der GHS-Verordnung

Gefahrenpiktogramm und Piktogrammcode		Mit dem Gefahrenpiktogramm gekennzeichnete Stoffe und Gemische	Signalwort
	GHS01	explosive und sehr gefährliche selbstzersetzliche Stoffe und Gemische sowie sehr gefährliche organische Peroxide	Gefahr oder Achtung
	GHS02	entzündbare, selbsterhitzungsfähige und gefährliche selbstzersetzliche Stoffe und Gemische, pyrophore Stoffe sowie Stoffe und Gemische, die bei Berührung mit Wasser entzündbare Gase entwickeln	Gefahr oder Achtung
	GHS02	gefährliche organische Peroxide	Gefahr oder Achtung
	GHS03	Stoffe und Gemische mit oxidierender Wirkung	Gefahr oder Achtung
	GHS04	Gase unter Druck	Achtung
	GHS05	Stoffe und Gemische, die korrosiv auf Metalle wirken	Achtung
	GHS05	Stoffe und Gemische, die schwere Verätzungen der Haut und/oder schwere Augenschäden verursachen	Gefahr
	GHS06	lebensgefährliche und giftige Stoffe und Gemische	Gefahr
	GHS07	gesundheitsschädliche Stoffe und Gemische	Achtung
	GHS07	Stoffe und Gemische, die Haut- und/oder Augenreizungen verursachen und/oder allergische Hautreaktionen, Reizungen der Atemwege und/oder Schläfrigkeit und Benommenheit verursachen können	Achtung
	GHS08	Stoffe und Gemische, die bei Verschlucken und Eindringen in die Atemwege tödlich sein können und/oder eine Gefahr für die Gesundheit darstellen. Diese Stoffe und Gemische schädigen bestimmte Organe und/oder können Krebs erzeugen, die Fruchtbarkeit beeinträchtigen, das Kind im Mutterleib schädigen und/oder genetische Defekte und/oder beim Einatmen Allergien, asthmaartige Symptome oder Atembeschwerden verursachen.	Gefahr oder Achtung
	GHS09	Stoffe und Gemische, die sehr giftig oder giftig für Wasserorganismen sind	Achtung oder –

Gefahrenhinweise, ergänzende Gefahrenmerkmale und ergänzende Kennzeichnungselemente

Gefahrenhinweise (H-Sätze)

Gefahrenhinweise für physikalische Gefahren

H200	Instabil, explosiv
H201	Explosiv, Gefahr der Massenexplosion.
H202	Explosiv; große Gefahr durch Splitter, Spreng- und Wurfstücke.
H203	Explosiv; Gefahr durch Feuer, Luftdruck oder Splitter, Spreng- und Wurfstücke.
H204	Gefahr durch Feuer oder Splitter, Spreng- und Wurfstücke.
H205	Gefahr der Massenexplosion bei Feuer.
H220	Extrem entzündbares Gas.
H221	Entzündbares Gas.
H222	Extrem entzündbares Aerosol.
H223	Entzündbares Aerosol.
H224	Flüssigkeit und Dampf extrem entzündbar.
H225	Flüssigkeit und Dampf leicht entzündbar.
H226	Flüssigkeit und Dampf entzündbar.
H228	Entzündbarer Feststoff.
H240	Erwärmung kann Explosion verursachen.
H241	Erwärmung kann Brand oder Explosion verursachen.
H242	Erwärmung kann Brand verursachen.
H250	Entzündet sich in Berührung mit Luft von selbst.
H251	Selbsterhitzungsfähig; kann in Brand geraten.
H252	In großen Mengen selbsterhitzungsfähig; kann in Brand geraten.
H260	In Berührung mit Wasser entstehen entzündbare Gase, die sich spontan entzünden können.
H261	In Berührung mit Wasser entstehen entzündbare Gase.
H270	Kann Brand verursachen oder verstärken; Oxidationsmittel.
H271	Kann Brand oder Explosion verursachen; starkes Oxidationsmittel.
H272	Kann Brand verstärken; Oxidationsmittel.
H280	Enthält Gas unter Druck; kann bei Erwärmung explodieren.
H281	Enthält tiefkaltes Gas; kann Kälteverbrennungen oder -verletzungen verursachen.
H290	Kann gegenüber Metallen korrosiv sein.

Gefahrenhinweise für Gesundheitsgefahren

H300	Lebensgefahr bei Verschlucken.
H301	Giftig bei Verschlucken.
H302	Gesundheitsschädlich bei Verschlucken.
H304	Kann bei Verschlucken und Eindringen in die Atemwege tödlich sein.
H310	Lebensgefahr bei Hautkontakt.
H311	Giftig bei Hautkontakt.
H312	Gesundheitsschädlich bei Hautkontakt.
H314	Verursacht schwere Verätzungen der Haut und schwere Augenschäden.
H315	Verursacht Hautreizungen.
H317	Kann allergische Hautreaktionen verursachen.
H318	Verursacht schwere Augenschäden.
H319	Verursacht schwere Augenreizung.
H330	Lebensgefahr bei Einatmen.
H331	Giftig bei Einatmen.
H332	Gesundheitsschädlich bei Einatmen.
H334	Kann bei Einatmen Allergie, asthmaartige Symptome oder Atembeschwerden verursachen.
H335	Kann die Atemwege reizen.
H336	Kann Schläfrigkeit und Benommenheit verursachen.
H340	Kann genetische Defekte verursachen *<Expositionsweg angeben, sofern schlüssig belegt ist, dass diese Gefahr bei keinem anderen Expositionsweg besteht>*.
H341	Kann vermutlich genetische Defekte verursachen *<Expositionsweg angeben, sofern schlüssig belegt ist, dass diese Gefahr bei keinem anderen Expositionsweg besteht>*.
H350	Kann Krebs erzeugen *<Expositionsweg angeben, sofern schlüssig belegt ist, dass diese Gefahr bei keinem anderen Expositionsweg besteht>*.
H350i	Kann beim Einatmen Krebs erzeugen.
H351	Kann vermutlich Krebs erzeugen *<Expositionsweg angeben, sofern schlüssig belegt ist, dass diese Gefahr bei keinem anderen Expositionsweg besteht>*.
H360	Kann die Fruchtbarkeit beeinträchtigen oder das Kind im Mutterleib schädigen *<konkrete Wirkung angeben, sofern bekannt>* *<Expositionsweg angeben, sofern schlüssig belegt ist, dass die Gefahr bei keinem anderen Expositionsweg besteht>*.
H360F	Kann die Fruchtbarkeit beeinträchtigen.
H360D	Kann das Kind im Mutterleib schädigen.
H360FD	Kann die Fruchtbarkeit beeinträchtigen. Kann das Kind im Mutterleib schädigen.
H360Fd	Kann die Fruchtbarkeit beeinträchtigen. Kann vermutlich das Kind im Mutterleib schädigen.
H360Df	Kann das Kind im Mutterleib schädigen. Kann vermutlich die Fruchtbarkeit beeinträchtigen.
H361	Kann vermutlich die Fruchtbarkeit beeinträchtigen oder das Kind im Mutterleib schädigen *<konkrete Wirkung angeben, sofern bekannt>* *<Expositionsweg angeben, sofern schlüssig belegt ist, dass die Gefahr bei keinem anderen Expositionsweg besteht>*.
H361f	Kann vermutlich die Fruchtbarkeit beeinträchtigen.
H361d	Kann vermutlich das Kind im Mutterleib schädigen.
H361fd	Kann vermutlich die Fruchtbarkeit beeinträchtigen. Kann vermutlich das Kind im Mutterleib schädigen.
H362	Kann Säuglinge über die Muttermilch schädigen.
H370	Schädigt die Organe *<oder alle betroffenen Organe nennen, sofern bekannt>* *<Expositionsweg angeben, sofern schlüssig belegt ist, dass diese Gefahr bei keinem anderen Expositionsweg besteht>*.
H371	Kann die Organe schädigen *<oder alle betroffenen Organe nennen, sofern bekannt>* *<Expositionsweg angeben, sofern schlüssig belegt ist, dass diese Gefahr bei keinem anderen Expositionsweg besteht>*.
H372	Schädigt die Organe *<alle betroffenen Organe nennen>* bei längerer oder wiederholter Exposition *<Expositionsweg angeben, wenn schlüssig belegt ist, dass diese Gefahr bei keinem anderen Expositionsweg besteht>*.
H373	Kann die Organe schädigen *<alle betroffenen Organe nennen, sofern bekannt>* bei längerer oder wiederholter Exposition *<Expositionsweg angeben, wenn schlüssig belegt ist, dass diese Gefahr bei keinem anderen Expositionsweg besteht>*.

Gefahrenhinweise für Umweltgefahren

H400	Sehr giftig für Wasserorganismen.
H410	Sehr giftig für Wasserorganismen mit langfristiger Wirkung.
H411	Giftig für Wasserorganismen, mit langfristiger Wirkung.
H412	Schädlich für Wasserorganismen, mit langfristiger Wirkung.
H413	Kann für Wasserorganismen schädlich sein, mit langfristiger Wirkung.

Ergänzende Gefahrenmerkmale

Physikalische Eigenschaften

EUH001	In trockenem Zustand explosionsgefährlich.
EUH006	Mit und ohne Luft explosionsfähig.
EUH014	Reagiert heftig mit Wasser.
EUH018	Kann bei Verwendung explosionsfähige/entzündbare Dampf/Luft-Gemische bilden.
EUH019	Kann explosionsfähige Peroxide bilden.
EUH044	Explosionsgefahr bei Erhitzen unter Einschluss.

Gesundheitsgefährliche Eigenschaften

EUH029	Entwickelt bei Berührung mit Wasser giftige Gase.
EUH031	Entwickelt bei Berührung mit Säure giftige Gase.
EUH032	Entwickelt bei Berührung mit Säure sehr giftige Gase.
EUH066	Wiederholter Kontakt kann zu spröder oder rissiger Haut führen.
EUH070	Giftig bei Berührung mit den Augen.
EUH071	Wirkt ätzend auf die Atemwege.

Umweltgefährliche Eigenschaften

EUH059	Die Ozonschicht schädigend.

Ergänzende Kennzeichnungselemente/Informationen über bestimmte Stoffe und Gemische

EUH201	Enthält Blei. Nicht für den Anstrich von Gegenständen verwenden, die von Kindern gekaut oder gelutscht werden könnten.
EUH201A	Achtung! Enthält Blei.
EUH202	Cyanacrylat. Gefahr. Klebt innerhalb von Sekunden Haut und Augenlider zusammen. Darf nicht in die Hände von Kindern gelangen.
EUH203	Enthält Chrom (VI). Kann allergische Reaktionen hervorrufen.
EUH204	Enthält Isocyanate. Kann allergische Reaktionen hervorrufen.
EUH205	Enthält epoxidhaltige Verbindungen. Kann allergische Reaktionen hervorrufen.
EUH206	Achtung! Nicht zusammen mit anderen Produkten verwenden, da gefährliche Gase (Chlor) freigesetzt werden können.
EUH207	Achtung! Enthält Cadmium. Bei der Verwendung entstehen gefährliche Dämpfe. Hinweise des Herstellers beachten. Sicherheitsanweisungen einhalten.
EUH208	Enthält *<Name des sensibilisierenden Stoffes>*. Kann allergische Reaktionen hervorrufen.
EUH209	Kann bei Verwendung leicht entzündbar werden.
EUH209A	Kann bei Verwendung entzündbar werden.
EUH210	Sicherheitsdatenblatt auf Anfrage erhältlich.
EUH401	Zur Vermeidung von Risiken für Mensch und Umwelt die Gebrauchsanleitung einhalten.

Sicherheitshinweise (P-Sätze)

Sicherheitshinweise – Allgemeines

P101	Ist ärztlicher Rat erforderlich, Verpackung oder Kennzeichnungsetikett bereithalten.
P102	Darf nicht in die Hände von Kindern gelangen.
P103	Vor Gebrauch Kennzeichnungsetikett lesen.

Sicherheitshinweise – Prävention

P201	Vor Gebrauch besondere Anweisungen einholen.
P202	Vor Gebrauch alle Sicherheitshinweise lesen und verstehen.
P210	Von Hitze/Funken/offener Flamme/heißen Oberflächen fernhalten. Nicht rauchen.
P211	Nicht gegen offene Flamme oder andere Zündquelle sprühen.
P220	Von Kleidung/.../brennbaren Materialien fernhalten/entfernt aufbewahren.
P221	Mischen mit brennbaren Stoffen/... unbedingt verhindern.
P222	Kontakt mit Luft nicht zulassen.
P223	Kontakt mit Wasser wegen heftiger Reaktion und möglichem Aufflammen unbedingt verhindern.
P230	Feucht halten mit ...
P231	Unter inertem Gas handhaben.
P232	Vor Feuchtigkeit schützen.
P233	Behälter dicht verschlossen halten.
P234	Nur im Originalbehälter aufbewahren.
P235	Kühl halten.
P240	Behälter und zu befüllende Anlage erden.
P241	Explosionsgeschützte elektrische Betriebsmittel/Lüftungsanlagen/Beleuchtung/... verwenden.
P242	Nur funkenfreies Werkzeug verwenden.
P243	Maßnahmen gegen elektrostatische Aufladungen treffen.
P244	Druckminderer frei von Fett und Öl halten.
P250	Nicht schleifen/stoßen/.../reiben.
P251	Behälter steht unter Druck: Nicht durchstechen oder verbrennen, auch nicht nach der Verwendung.
P260	Staub/Rauch/Gas/Nebel/Dampf/Aerosol nicht einatmen.
P261	Einatmen von Staub/Rauch/Gas/Nebel/Dampf/Aerosol vermeiden.
P262	Nicht in die Augen, auf die Haut oder auf die Kleidung gelangen lassen.
P263	Kontakt während der Schwangerschaft und der Stillzeit vermeiden.
P264	Nach Gebrauch ... gründlich waschen.
P270	Bei Gebrauch nicht essen, trinken oder rauchen.
P271	Nur im Freien oder in gut belüfteten Räumen verwenden.
P272	Kontaminierte Arbeitskleidung nicht außerhalb des Arbeitsplatzes tragen.
P273	Freisetzung in die Umwelt vermeiden.
P280	Schutzhandschuhe/Schutzkleidung/Augenschutz/Gesichtsschutz tragen.
P281	Vorgeschriebene persönliche Schutzausrüstung verwenden.
P282	Schutzhandschuhe/Gesichtsschild/Augenschutz mit Kälteisolierung tragen.
P283	Schwer entflammbare/flammhemmende Kleidung tragen.
P284	Atemschutz tragen.
P285	Bei unzureichender Belüftung Atemschutz tragen.
P231 + P232	Unter inertem Gas handhaben. Vor Feuchtigkeit schützen.
P235 + P410	Kühl halten. Vor Sonnenbestrahlung schützen.

Sicherheitshinweise – Reaktion

P301	BEI VERSCHLUCKEN:
P302	BEI BERÜHRUNG MIT DER HAUT:
P303	BEI BERÜHRUNG MIT DER HAUT (oder dem Haar):
P304	BEI EINATMEN:
P305	BEI KONTAKT MIT DEN AUGEN:
P306	BEI KONTAMINIERTER KLEIDUNG:
P307	BEI Exposition:
P308	BEI Exposition oder falls betroffen:
P309	BEI Exposition oder Unwohlsein:
P310	Sofort GIFTINFORMATIONSZENTRUM oder Arzt anrufen.
P311	GIFTINFORMATIONSZENTRUM oder Arzt anrufen.
P312	Bei Unwohlsein GIFTINFORMATIONSZENTRUM oder Arzt anrufen.
P313	Ärztlichen Rat einholen/ärztliche Hilfe hinzuziehen.
P314	Bei Unwohlsein ärztlichen Rat einholen/ärztliche Hilfe hinzuziehen.
P315	Sofort ärztlichen Rat einholen/ärztliche Hilfe hinzuziehen.
P320	Besondere Behandlung dringend erforderlich (siehe ... auf diesem Kennzeichnungsetikett).
P321	Besondere Behandlung (siehe ... auf diesem Kennzeichnungsetikett).
P322	Gezielte Maßnahmen (siehe ... auf diesem Kennzeichnungsetikett).
P330	Mund ausspülen.
P331	KEIN Erbrechen herbeiführen.
P332	Bei Hautreizung:
P333	Bei Hautreizung oder -ausschlag:
P334	In kaltes Wasser tauchen/nassen Verband anlegen.
P335	Lose Partikel von der Haut abbürsten.
P336	Vereiste Bereiche mit lauwarmem Wasser auftauen. Betroffenen Bereich nicht reiben.
P337	Bei anhaltender Augenreizung:
P338	Eventuell vorhandene Kontaktlinsen nach Möglichkeit entfernen. Weiter ausspülen.
P340	Die betroffene Person an die frische Luft bringen und in einer Position ruhig stellen, die das Atmen erleichtert.
P341	Bei Atembeschwerden an die frische Luft bringen und in einer Position ruhig stellen, die das Atmen erleichtert.
P342	Bei Symptomen der Atemwege:
P350	Behutsam mit viel Wasser und Seife waschen.
P351	Einige Minuten lang behutsam mit Wasser ausspülen.
P352	Mit viel Wasser und Seife waschen.
P353	Haut mit Wasser abwaschen/duschen.
P360	Kontaminierte Kleidung und Haut sofort mit viel Wasser abwaschen und danach Kleidung ausziehen.
P361	Alle kontaminierten Kleidungsstücke sofort ausziehen.
P362	Kontaminierte Kleidung ausziehen und vor erneutem Tragen waschen.
P363	Kontaminierte Kleidung vor erneutem Tragen waschen.
P370	Bei Brand:
P371	Bei Großbrand und großen Mengen:
P372	Explosionsgefahr bei Brand.
P373	KEINE Brandbekämpfung, wenn das Feuer explosive Stoffe/Gemische/Erzeugnisse erreicht.
P374	Brandbekämpfung mit üblichen Vorsichtsmaßnahmen aus angemessener Entfernung.
P375	Wegen Explosionsgefahr Brand aus der Entfernung bekämpfen.
P376	Undichtigkeit beseitigen, wenn gefahrlos möglich.
P377	Brand von ausströmendem Gas: Nicht löschen, bis Undichtigkeit gefahrlos beseitigt werden kann.
P378	... zum Löschen verwenden.
P380	Umgebung räumen.
P381	Alle Zündquellen entfernen, wenn gefahrlos möglich.
P390	Verschüttete Mengen aufnehmen, um Materialschäden zu vermeiden.
P391	Verschüttete Mengen aufnehmen.
P301 + P310	BEI VERSCHLUCKEN: Sofort GIFTINFORMATIONSZENTRUM oder Arzt anrufen.
P301 + P312	BEI VERSCHLUCKEN: Bei Unwohlsein GIFTINFORMATIONSZENTRUM oder Arzt anrufen.
P301 + P330 + P331	BEI VERSCHLUCKEN: Mund ausspülen. KEIN Erbrechen herbeiführen.
P302 + P334	BEI KONTAKT MIT DER HAUT: In kaltes Wasser tauchen/nassen Verband anlegen.
P302 + P350	BEI KONTAKT MIT DER HAUT: Behutsam mit viel Wasser und Seife waschen.
P302 + P352	BEI KONTAKT MIT DER HAUT: Mit viel Wasser und Seife waschen.
P303 + P361 + P353	BEI KONTAKT MIT DER HAUT (oder dem Haar): Alle kontaminierten Kleidungsstücke sofort ausziehen. Haut mit Wasser abwaschen/duschen.
P304 + P340	BEI EINATMEN: An die frische Luft bringen und in einer Position ruhig stellen, die das Atmen erleichtert.
P304 + P341	BEI EINATMEN: Bei Atembeschwerden an die frische Luft bringen und in einer Position ruhig stellen, die das Atmen erleichtert.
P305 + P351 + P338	BEI KONTAKT MIT DEN AUGEN: Einige Minuten lang behutsam mit Wasser spülen. Vorhandene Kontaktlinsen nach Möglichkeit entfernen. Weiter spülen.
P306 + P360	BEI KONTAKT MIT DER KLEIDUNG: Kontaminierte Kleidung und Haut sofort mit viel Wasser abwaschen und danach Kleidung ausziehen.
P307 + P311	BEI Exposition: GIFTINFORMATIONSZENTRUM oder Arzt anrufen.
P308 + P313	BEI Exposition oder falls betroffen: Ärztlichen Rat einholen/ärztliche Hilfe hinzuziehen.
P309 + P311	BEI Exposition oder Unwohlsein: GIFTINFORMATIONSZENTRUM oder Arzt anrufen.
P332 + P313	Bei Hautreizung: Ärztlichen Rat einholen/ärztliche Hilfe hinzuziehen.
P333 + P313	Bei Hautreizung oder -ausschlag: Ärztlichen Rat einholen/ärztliche Hilfe hinzuziehen.
P335 + P334	Lose Partikel von der Haut abbürsten. In kaltes Wasser tauchen/nassen Verband anlegen.
P337 + P313	Bei anhaltender Augenreizung: Ärztlichen Rat einholen/ärztliche Hilfe hinzuziehen.
P342 + P311	Bei Symptomen der Atemwege: GIFTINFORMATIONSZENTRUM oder Arzt anrufen.
P370 + P376	Bei Brand: Undichtigkeit beseitigen, wenn gefahrlos möglich.
P370 + P378	Bei Brand: ... zum Löschen verwenden.
P370 + P380	Bei Brand: Umgebung räumen.
P370 + P380 + P375	Bei Brand: Umgebung räumen. Wegen Explosionsgefahr Brand aus der Entfernung bekämpfen.
P371 + P380 + P375	Bei Großbrand und großen Mengen: Umgebung räumen. Wegen Explosionsgefahr Brand aus der Entfernung bekämpfen.

Sicherheitshinweise – Aufbewahrung	
P401	... aufbewahren.
P402	An einem trockenen Ort aufbewahren.
P403	An einem gut belüfteten Ort aufbewahren.
P404	In einem geschlossenen Behälter aufbewahren.
P405	Unter Verschluss aufbewahren.
P406	In korrosionsbeständigem/... Behälter mit korrosionsbeständiger Auskleidung aufbewahren.
P407	Luftspalt zwischen Stapeln/Paletten lassen.
P410	Vor Sonnenbestrahlung schützen.
P411	Bei Temperaturen von nicht mehr als ... °C aufbewahren.
P412	Nicht Temperaturen von mehr als 50 °C aussetzen.
P413	Schüttgut in Mengen von mehr als ... kg bei Temperaturen von nicht mehr als ... °C aufbewahren.
P420	Von anderen Materialien entfernt aufbewahren.
P422	Inhalt in/unter ... aufbewahren.
P402 + P404	In einem geschlossenen Behälter an einem trockenen Ort aufbewahren.
P403 + P233	Behälter dicht verschlossen an einem gut belüfteten Ort aufbewahren.
P403 + P235	Kühl an einem gut belüfteten Ort aufbewahren.
P410 + P403	Vor Sonnenbestrahlung geschützt an einem gut belüfteten Ort aufbewahren.
P410 + P412	Vor Sonnenbestrahlung schützen und nicht Temperaturen von mehr als 50 °C aussetzen.
P411 + P235	Kühl und bei Temperaturen von nicht mehr als ... °C aufbewahren.

Sicherheitshinweise – Entsorgung	
P501	Inhalt/Behälter ... zuführen.

Entsorgungsratschläge (E-Sätze)

E 1	Verdünnen, in den Ausguss geben (WGK 0 bzw. 1)
E 2	Neutralisieren, in den Ausguss geben
E 3	In den Hausmüll geben, gegebenenfalls im Polyethylenbeutel (Stäube)
E 4	Als Sulfid fällen
E 5	Mit Calcium-Ionen fällen, dann E 1 oder E 3
E 6	Nicht in den Hausmüll geben
E 7	Im Abzug entsorgen
E 8	Der Sondermüllbeseitigung zuführen (Adresse zu erfragen bei der Kreis- oder Stadtverwaltung), Abfallschlüssel beachten
E 9	Unter größter Vorsicht in kleinsten Portionen reagieren lassen (z. B. offen im Freien verbrennen)
E 10	In gekennzeichneten Behältern sammeln: 1. „Organische Abfälle – halogenhaltig" 2. „Organische Abfälle – halogenfrei" dann E 8
E 11	Als Hydroxid fällen (pH = 8), den Niederschlag zu E 8
E 12	Nicht in die Kanalisation gelangen lassen
E 13	Aus der Lösung mit unedlem Metall (z. B. Eisen) als Metall abscheiden (E 14, E 3)
E 14	Recycling-geeignet (Redestillation oder einem Recyclingunternehmen zuführen)
E 15	Mit Wasser vorsichtig umsetzen, frei werdende Gase absorbieren oder ins Freie ableiten
E 16	Entsprechend den speziellen Ratschlägen für die Beseitigungsgruppen beseitigen

Entsorgung von Chemikalienabfällen

Nach dem Experimentieren werden die Reste in die dafür vorgesehenen Sammelbehälter gegeben:

nicht gefährliche und wasserlösliche Chemikalien	nicht gefährliche und feste Chemikalien	Säuren und Laugen	giftige anorganische Chemikalien	halogenfreie organische Chemikalien	halogenhaltige organische Chemikalien
z. B. Natriumchlorid, Natriumcarbonat, Wasserstoffperoxidlösung	z. B. Eisen, Indikatorpapier	z. B. Salzsäure, Natronlauge	z. B. Kupfersulfat	z. B. Petroleumbenzin, Methanol	z. B. Trichlormethan

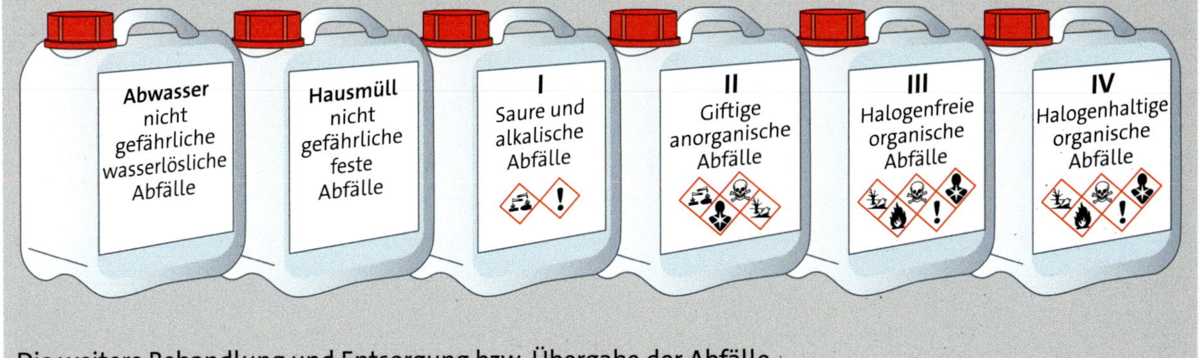

Die weitere Behandlung und Entsorgung bzw. Übergabe der Abfälle zur Sondermüllentsorgung erfolgt durch die Lehrerin bzw. den Lehrer.

Gefahrstoffliste

Gefahrstoff	Signalwort	Piktogrammcode	H-Sätze und EUH-Sätze	E-Sätze
Aceton (Propanon)	Gefahr	GHS02 GHS07	H225 H319 H336 EUH066	1-10-14
Aluminium, Grieß	Gefahr	GHS02	H261 H228	6-9
Aluminium, Pulver (stabilisiert)	Achtung	GHS02	H261 H228	6-9
Aluminiumbromid, wasserfrei	Gefahr	GHS05 GHS07	H302 H314 EUH014	2
Aluminiumchlorid, wasserfrei	Gefahr	GHS05	H314 H318 EUH014	2
Aluminiumiodid	Gefahr	GHS05 GHS07	H314 H317 EUH014	2
Ameisensäure (Methansäure) $w \geq 90\,\%$ $10\,\% \leq w < 90\,\%$ $2\,\% \leq w < 10\,\%$	 Gefahr Gefahr Achtung	 GHS05 GHS05 GHS07	 H314 H314 H315 H319	 1-10 1-10 1-10
Ammoniak, wasserfrei	Gefahr	GHS04 GHS06 GHS05 GHS09	H221 H331 H314 H400 H280 EUH071	2-7
Ammoniaklösung $10\,\% \leq w < 25\,\%$	 Gefahr Achtung	 GHS05 GHS07 GHS09	 H314 H335 H400	 2
$5\,\% \leq w < 10\,\%$	Gefahr Achtung	GHS05 GHS07	H314 H335 H412	2
Ammoniumchlorid	Achtung	GHS07	H302 H319	2
Bariumchlorid	Gefahr	GHS06	H301 H332	1-3
Bariumchloridlösung $3\,\% \leq w < 25\,\%$	Achtung	GHS07 GHS08	H302 H315 H332 H370 H372	1
Bariumhydroxid	Gefahr	GHS05 GHS07	H302 H314 H318	1-3
Bariumhydroxid-8-Wasser	Gefahr	GHS05 GHS07	H302 H314 H318	1-3
Bariumoxid	Gefahr	GHS06 GHS05	H301 H332 H314	1-3
Benzoesäure	Gefahr	GHS05 GHS08	H315 H318 H372	10-12
Benzol	Gefahr	GHS02 GHS08 GHS07	H225 H350 H340 H372 H304 H319 H315 H412	10-12
Blei (bioverfügbar)	Gefahr	GHS07 GHS08 GHS09	H302 H332 H360FD H362 H373 H410	8
Blei(II)-acetat	Gefahr	GHS08 GHS09	H360Df H373 H410 H400	8-14
Brennspiritus (Ethanol)	Gefahr	GHS02 GHS07	H225 H319	1-10
Brom	Gefahr	GHS06 GHS05 GHS09	H330 H314 H400	16
Bromthymolblaulösung (ethanolisch, $w = 0{,}1\,\%$)	Achtung	GHS02	H226	10
Bromwasserstoff	Gefahr	GHS06 GHS05 GHS04	H331 H314 H280	2
n-Butan	Gefahr	GHS02 GHS04	H220 H280	2
Butan-1-ol	Gefahr	GHS02 GHS05 GHS07	H226 H302 H335 H315 H318 H336	7
Butansäure (Buttersäure)	Gefahr	GHS05 GHS07	H314 H302 H318	10
Calcium	Gefahr	GHS02	H261 EUH014	15
Calciumcarbid	Gefahr	GHS02 GHS05 GHS07	H260 H315 H318 H335	15-16
Calciumchlorid	Achtung	GHS07	H319	1
Calciumhydroxid	Gefahr	GHS05 GHS07	H315 H318 H335	2
Calciumoxid	Gefahr	GHS05 GHS07	H315 H318 H335	2
Chlor	Gefahr	GHS06 GHS03 GHS04 GHS09	H270 H280 H330 H315 H319 H335 H400	16
Chlorethan (Ethylchlorid)	Gefahr	GHS02 GHS04 GHS08	H220 H280 H351 H412	16
Chlormethan (Methylchlorid)	Gefahr	GHS02 GHS04 GHS08	H220 H280 H351 H361 H373	7-12
Chlorwasser, gesättigt $w \approx 0{,}7\,\%$	Achtung	GHS07	H332	16

w: Massenanteil

Gefahrstoff	Signalwort	Piktogrammcode	H-Sätze und EUH-Sätze	E-Sätze
Chlorwasserstoff	Gefahr	GHS04 GHS06 GHS05	H331 H314 H280	2
Citronensäure	Achtung	GHS07	H319	3
Cyclohexan	Gefahr	GHS02 GHS08 GHS07 GHS09	H225 H304 H315 H336 H410 H400	10-12
Dibenzoylperoxid	Gefahr	GHS01 GHS02 GHS07 GHS09	H241 H319 H317 H400 H410	10-12
Diethylether (Ether)	Gefahr	GHS02 GHS07	H224 H302 H336 EUH019 EUH066	9-10-12
Eisen(III)-chlorid	Gefahr	GHS05 GHS07	H290 H302 H315 H318	2
Eisen(II)-sulfat	Achtung	GHS07	H302 H319 H315	2
Eisen(II)-sulfatlösung $w \geq 25\,\%$	Achtung	GHS07	H302 H319 H315	2
Essigessenz	Gefahr	GHS05	H314 H290	2-10
Essigsäure (Ethansäure) $w \geq 90\,\%$ $25\,\% \leq w < 90\,\%$ $10\,\% \leq w < 25\,\%$	 Gefahr Gefahr Achtung	 GHS05 GHS05 GHS07	 H314 H314 H319 H315	 2-10 2-10 2-10
Essigsäureethylester (Ethylacetat)	Gefahr	GHS02 GHS07 GHS02	H225 H319 H336 EUH066	10-12
Ethan	Gefahr	GHS02 GHS04	H220 H280	7
Ethanal (Acetaldehyd)	Gefahr	GHS02 GHS08 GHS07	H224 H319 H335 H341 H350	9-10-12-16
Ethanallösung (Acetaldehydlösung) $w \geq 10\,\%$	Achtung	GHS08 GHS07 GHS02	H351 H319 H335 H225	9-10-12-16
Ethanol (Brennspiritus)	Gefahr	GHS02 GHS07	H225 H319	1-10
Ethen (Ethylen)	Gefahr	GHS02 GHS04 GHS07	H220 H280 H336	7
Ethin (Acetylen)	Gefahr	GHS02 GHS04	H220 H230 H280	7
Fehling'sche Lösung II	Gefahr	GHS05	H314	2
Formaldehydlösung s. Methanallösung				
n-**H**eptan	Gefahr	GHS02 GHS08 GHS07 GHS09	H225 H304 H315 H336 H400 H410	10-12
n-Hexan	Gefahr	GHS02 GHS08 GHS07 GHS09	H225 H361f H304 H373 H315 H336 H411	10-12
Hex-1-en	Gefahr	GHS02 GHS08	H225 H304 EUH066	10-12
Hex-1-in	Gefahr	GHS02 GHS08 GHS07	H225 H304 H315 H319 H335	10-12
Iod	Achtung	GHS08 GHS07 GHS09	H332 H312 H315 H319 H335 H372 H400	1-16
Iodwasserstoff	Gefahr	GHS04 GHS05	H314	1
Isobutanol (2-Methylpropan-1-ol)	Gefahr	GHS02 GHS05 GHS07	H226 H315 H318 H335 H336	10
Kalium	Gefahr	GHS02 GHS05	H260 H314 EUH014	6-12-16
Kaliumcarbonat	Achtung	GHS07	H319 H315 H335	1
Kaliumhydroxid (Ätzkali)	Gefahr	GHS05 GHS07	H290 H302 H314	2
Kaliumhydroxidlösung (Kalilauge) $w \geq 5\,\%$ $2\,\% \leq w < 5\,\%$ $0{,}5\,\% \leq w < 2\,\%$	 Gefahr Gefahr Achtung	 GHS05 GHS05 GHS07	 H314 H314 H319 H315	 2 2 2
Kaliumnitrat	Achtung	GHS03	H272	1
Kaliumnitrit	Gefahr	GHS03 GHS06 GHS09	H272 H301 H400	1-16
Kaliumpermanganat	Gefahr	GHS03 GHS05 GHS07 GHS08 GHS09	H272 H302 H314 H318 H361D H373 H400 H410	1-6
Kaliumpermanganatlösung $w \geq 25\,\%$	Gefahr	GHS07 GHS09	H302 H410	1-6
Kohlenstoffmonooxid	Gefahr	GHS02 GHS04 GHS06 GHS08	H220 H360D H331 H372	7

Gefahrstoffliste

Gefahrstoff	Signal- wort	Pikto- gramm- code	H-Sätze und EUH-Sätze	E-Sätze
Kupferacetat	Gefahr	GHS05 GHS07 GHS09	H302 H314 H400 H410	11
Kupfer(II)-chlorid	Gefahr	GHS05 GHS07 GHS09	H302 H312 H315 H318 H410	11
Kupfer(II)-chloridlösung $3\,\% \leq w < 25\,\%$	Achtung	GHS07	H302	11
Kupfer(I)-oxid	Gefahr	GHS05 GHS07 GHS09	H302 H332 H318 H400 H410	8-16
Kupfer(II)-oxid	Achtung	GHS07 GHS09	H302 H400 H410	8-16
Kupfer(II)-sulfat, wasserfrei	Achtung	GHS05 GHS07 GHS09	H302 H318 H400 H410	11
Kupfer(II)-sulfat-5-Wasser	Gefahr	GHS05 GHS07 GHS09	H302 H318 H400 H418	11
Kupfer(II)-sulfatlösung $w \geq 25\,\%$	Achtung	GHS09	H400 H410	11
Lithium	Gefahr	GHS02 GHS05	H260 H314 EUH014	15-1
Lithiumchlorid	Achtung	GHS07	H302 H319 H315	1
Magnesium, Pulver (phlegmatisiert)	Gefahr	GHS02	H228 H261 H252	3
Magnesium, Späne	Gefahr	GHS02	H228 H261 H252	3
Mangan(IV)-oxid (Braunstein)	Gefahr	GHS07 GHS08	H332 H302 H373	3
Methan	Gefahr	GHS02 GHS04	H220 H280	7
Methanol	Gefahr	GHS02 GHS06 GHS08	H225 H331 H311 H301 H370	1-10
Methansäure s. Ameisensäure				
Methansäuremethylester (Methylformiat)	Gefahr	GHS02 GHS07	H224 H332 H302 H319 H335	10-12
Natrium	Gefahr	GHS02 GHS05	H260 H314 EUH014	6-12-16
Natriumcarbonat	Achtung	GHS07	H319	1
Natriumhydroxid (Ätznatron)	Gefahr	GHS05	H290 H314	2
Natriumhydroxidlösung (Natronlauge) $w \geq 5\,\%$ $2\,\% \leq w < 5\,\%$ $0{,}5\,\% \leq w < 2\,\%$	 Gefahr Gefahr Achtung	 GHS05 GHS05 GHS07	 H314 H314 H315 H319	 2 2 1
Natriumnitrat	Achtung	GHS03 GHS07	H272 H319	1
Nikotin	Gefahr	GHS06 GHS09	H300 H310 H330 H411	10-16
n-Octan	Gefahr	GHS02 GHS08 GHS07 GHS09	H225 H304 H315 H336 H400 H410	10-12
Oxalsäure	Gefahr	GHS05 GHS07	H302 H312 H318	5
Oxalsäurelösung $w \geq 5\,\%$	Achtung	GHS07	H312 H302	5
Ozon	Gefahr	GHS03 GHS06 GHS09	H270 H330 H315 H319 H335 H400	7
n-Pentan	Gefahr	GHS02 GHS08 GHS07 GHS09	H225 H304 H336 H411 EUH066	10-12
Pentan-1-ol	Gefahr	GHS02 GHS05 GHS07	H226 H315 H318 H332 H335	10-14
Petrolether	Gefahr	GHS02 GHS08 GHS07 GHS09	H225 H304 H315 H336 H361f H373 H411	10-12
Phenolphthaleinlösung (ethanolisch, $w > 1\,\%$)	Gefahr	GHS08	H350	1-10
Phosphor, rot	Gefahr	GHS02	H228 H412	6-9
Phosphor(V)-oxid	Gefahr	GHS05	H314	2
Phosphorsäure $w \geq 25\,\%$ $10\,\% \leq w < 25\,\%$	 Gefahr Achtung	 GHS05 GHS07	 H314 H319 H315	 2 1
Propan	Gefahr	GHS02 GHS04	H220 H280	7
Propan-1-ol	Gefahr	GHS02 GHS05 GHS07	H225 H318 H336	10
Propan-2-ol	Gefahr	GHS02 GHS07	H225 H319 H336	10
Propansäure (Propionsäure) $10\,\% \leq w < 25\,\%$	Achtung	GHS07	H319 H315 H335	2

Gefahrstoff	Signalwort	Piktogrammcode	H-Sätze und EUH-Sätze	E-Sätze
Rohöl (synthetisch)	Gefahr	GHS02 GHS08 GHS07 GHS09	H224 H304 H315 H319 H336 H351 H411 EUH066	10-12
Salpetersäure $w \geq 65\,\%$	Gefahr	GHS03 GHS05	H272 H314	2
$20\,\% \leq w < 65\,\%$	Gefahr	GHS05	H314	2
$5\,\% \leq w < 20\,\%$	Gefahr	GHS05	H314	2
Salzsäure $w \geq 25\,\%$	Gefahr	GHS05 GHS07	H314 H335	2
$10\,\% \leq w < 25\,\%$	Achtung	GHS07	H315 H319 H335	2
Sauerstoff	Gefahr	GHS03 GHS04	H270 H280	
Schwefel	Achtung	GHS07	H315	3
Schwefeldioxid	Gefahr	GHS04 GHS06 GHS05	H331 H314 H280	7
Schwefelsäure $w \geq 15\,\%$	Gefahr	GHS05	H314	2
$5\,\% \leq w < 15\,\%$	Achtung	GHS07	H319 H315	2
Schwefelwasserstoff	Gefahr	GHS02 GHS04 GHS06 GHS09	H220 H330 H335 H400	2-7
Schweflige Säure $5\,\% \leq w \leq 6\,\%$	Gefahr	GHS05	H314	2
Silbernitrat	Gefahr	GHS03 GHS05 GHS09	H272 H290 H314 H410	12-13-14
Silbernitratlösung $5\,\% \leq w \leq 10\,\%$	Gefahr	GHS05 GHS09	H290 H314 H318 H400 H410	12-13-14
Silberoxid	Gefahr	GHS03 GHS05 GHS09	H271 H318 H400 H410	12-13-14
Stickstoffdioxid	Gefahr	GHS04 GHS03 GHS06 GHS05	H270 H280 H330 H314	7
Stickstoffmonooxid	Gefahr	GHS03 GHS04 GHS05 GHS06	H270 H280 H330 H314	7
Wasserstoff	Gefahr	GHS02 GHS04	H220 H280	7
Zink, Pulver, Staub (stabilisiert)	Achtung	GHS09	H410	3
Zinkchlorid	Gefahr	GHS05 GHS07 GHS09	H302 H314 H400 H410	1-11
Zinkchloridlösung $5\,\% \leq w < 10\,\%$	Achtung	GHS07	H319 H315	1-11
Zinkoxid	Achtung	GHS09	H410	3
Zinksulfat, wasserfrei	Gefahr	GHS05 GHS07 GHS09	H302 H318 H410	1-11
Zinn(II)-chlorid	Gefahr	GHS05 GHS07 GHS08	H290 H302 H314 H318 H317 H332 H335 H373 H412	1-11

Bildquellenverzeichnis

Illustrationen: Cornelsen: S. 15/Gefahrensymbol | Cornelsen/Detlef Seidensticker: S. 13/3, 14/1, 18/1, 18/2, 18/3, 22/3, 23/5, 23/7, 24/1, 24/2, 25/5, 35/3, 35/4, 36/2, 37/3, 37/5, 47/3, 49/3, 51/3, 52/2, 53/3, 56/2, 56/3, 57/5, 59/3, 60/1, 60/2, 64/1, 64/3, 89/4, 90/2, 90/3, 91/4, 91/5, 92/2, 94/2, 95/7, 99/3, 101/3,101/4, 101/5, 101/6, 103/2, 104/1, 104/2, 105/4, 107/8, 110/2, 113/2, 113/3, 114/6, 120/4, 121/7, 125/4, 125/5, 125/6, 128/2, 130/3, 133/3, 133/4, 136/1, 137/4, 137/5, 137/6, 140/2, 141/4, 142/1, 143/4, 146/2, 147/4, 148/1, 149/3, 151/3, 154/1 Früher, 154/1 Heute, 155/2, 156/1, 156/2, 157/3, 158/2, 159/3, 161/4, 162/1, 163/2, 164/1, 164/2, 165/5, 166/2, 168/1, 168/2, 169/3, 169/6, 171/2, 171/3, 173/2, 173/3, 173/4, 174/1, 174/2, 175/3, 177/3, 177/4, 178/1, 178/3, 178/4, 179/5, 179/6, 183/4, 183/5, 184/1 re., 185/4 li., 185/4 re., 185/5, 185/6, 186/1, 187/4, 190/2, 190/3, 191/6, 192/1, 192/1, 192/1, 193/3, 193/4, 194/1, 197/3, 197/4, 198/1, 198/1, 200/1, 202/1, 203/3, 204/1, 204/2, 204/3, 204/4, 205/5, 205/7, 211/4, 212/1, 212/2, 212/3, 213/4, 213/5, 213/6, 215/3, 215/4, 216/2, 216/3, 217/4, 217/5, 217/6, 217/7, 218/2, 219/3, 219/4, 220/2, 221/3, 222/2, 222/3, 223/5, 223/6, 224/2, 225/3, 225/4, 226/1, 226/2, 228/2, 229/3, 230/1, 230/2, 230/3, 231/4, 231/5, 232/2, 232/3, 232/4, 233/5, 233/6, 235/3, 235/4, 235/5, 236/li., 236/mi., 236/re., 241/6, 242/1, 243/2, 243/3, 244/5, 246/1, 247/4 re., 249/4, 249/5, 251/6, 251/7, 253/7, 253/8, 254/1, 257/3, 259/5, 259/6, 259/7, 260/1, 260/2, 265/2, 266/2, 267/3, 267/4, 269/4, 269/5, 269/6, 270/1, 270/2, 272/2, 272/3, 273/4, 273/5, 274/2, 275/6, 276/1, 276/2, 277/3, 277/4, 278/1, 278/2, 279/3, 279/4, 280/1, 283/6, 283/7, 286/3, 287/5, 289/3, 291/3, 291/4, 292/1, 293/4, 294/3, 295/5, 297/2, 299/3, 304/2, 305/4, 308/2, 308/3, 309/4, 310/1, 310/2, 310/3, 311/4, 311/5, 312/1 Moleküle, 312/2, 312/3, 312/4, 314/4, 315/5, 315/6, 315/7, 316/3, 318/1, 318/2, 319/1., 319/2., 319/3., 319/4., 320/1, 321/2, 321/3, 321/4, 322/1 Moleküle, 322/2, 322/3, 323/5 Ethen, 323/5 Propen, 323/6, 323/8, 324/2, 327/3, 327/4, 329/5, 331/2, 331/3, 332/1, 333/2, 333/3, 334/1, 335/6, 336/2, 336/3, 337/4, 337/5, 338/3, 339/5, 341/3, 341/4, 345/3, 347/3, 347/4, 349/4, 350/1, 350/3, 351/4, 351/5, 351/6, 354/2, 354/3, 355/5, 358/3, 358/4, 362/2, 362/3, 363/5, 364/1, 367/2, 367/3, 367/4, 368/1, 368/2, 369/6, 371/7, 374/2, 375/3, 376/1, 376/3, 377/4, 377/5, 379, 388/5, 388/6a, 388/6b, 391/4, 391/6, 393/2, 393/3b, 394/6, 394/6a, 394/6d, 394/8, 395, 399 | Cornelsen/Gregor Mecklenburg: S. 90/1 | Cornelsen/Laura Carleton: S. 131/5, 190/1, 234/2 | Cornelsen/Matthias Pflügner: S. 12/1, 16/1, 20/1, 32/1, 65/4, 96/1, 96/2, 96/3, 98/1, 99/4, 100/2, 106/1, 115/7, 148/2, 176/2, 188/1, 194/2+3, 296/1 | Cornelsen/Peter Hesse, Nachahmung durch: Detlef Seidensticker: S. 165/4, 227/5 | Cornelsen/Rainer Götze: S. 48/1, 59/4, 59/5, 61/4, 71/3, 72/1, 72/2, 73/3, 73/4, 75/2, 76/1, 76/3, 78/1, 78/2A, 78/2B, 78/2C, 78/2D, 78/2E, 78/2F, 78/2G, 79/4, 79/5, 81/4, 82/1, 82/2, 83/3, 83/4, 84/1, 84/2, 84/3, 84/4, 85/3, 85/5, 85/6, 95/8, 114/1, 152/1, 155/3, 159/4, 159/5, 161/3, 221/4 | Cornelsen/Robert Fontner-Forget, diGraph: S. 378 | Cornelsen/Volker Minkus: S. 369/5 | Der Grüne Punkt - DS. - Duales System Holding GmbH & Co. KG: S. 62/2 | Frank Speth, Norddt. Künstler: S. 343/3 | mauritius images/alamy stock photo/Georgios Kollidas: S. 94/1, 182/2 | mauritius images/alamy stock photo/Oprea Nicolae: S. 244/2 | mauritius images/Science Photo Library: S. 160/2 | mauritius images/Science Source: S. 94/4 | PEFC Deutschland e.V.: S. 2/un. li. | Shutterstock.com/Ivan Kireiev: S. 181/li. | Shutterstock.com/Michael Rosskothen: S. 214/2 | sofarobotnik: S. I, IV, 1, 2 | **Gefahrensymbole/-piktogramme:** Atelier G/Marina Goldberg: S. 249, 267, 270, 316, 317, 326 | Cornelsen/VDL: S. 15, 17, 26, 27, 37, 61, 84, 124, 131, 137, 148, 156, 174, 177, 183, 207, 229, 231, 243, 249, 251, 266, 267, 270, 274, 279, 281, 283, 288, 289, 292, 293, 297, 298, 316, 317, 326, 338, 339, 345, 360, 363, 365, 396 | **Collagen:** Shutterstock.com/Peter Gudella: S. 94/3 | **Fotos:** S. I/stock.adobe.com/Jürgen Fälchle; S. I/Shutterstock.com/SUWIT NGAOKAEW; S. 3/Eine Welt aus Stoffen/StockFood/Moore, Hilary; S. 3/Endlich Chemie - neues Fach, neuer Raum/stock.adobe.com/contrastwerkstatt; S. 3/Chemische Reaktionen und Energie/Shutterstock.com/AndreyUG; S. 4/Luft und Wasser/stock.adobe.com/viperagp; S. 4/Metalle - wertvoll und wichtig/Shutterstock/Yuangeng Zhang; S. 5/Die Ordnung der Elemente/Shutterstock/Maxx-Studio; S. 6/Elektrische Energie und chemische Prozesse/Shutterstock/Daniel Krason; S. 6/Stoffe als Energieträger/Shutterstock/MichaelJay-Berlin; S. 6/Saure, alkalische und neutrale Lösungen/Shutterstock.com/Jag_cz; S. 7/Produkte der Chemie/stock.adobe.com/tunedin; S. 8/Endlich Chemie - neues Fach, neuer Raum/stock.adobe.com/contrastwerkstatt; S. 9/re./mauritius images/Juice Images; S. 9/li./Shutterstock/ggw1962; S. 10/2/Imago Stock & People GmbH/Niehoff; S. 10/1/Shutterstock.com/Rocksweeper; S. 11/3 Batterien/stock.adobe.com/PhotoSG; S. 11/3 Medikamente/stock.adobe.com/Zerbor; S. 11/3 Kosmetika/Shutterstock.com/5 second Studio; S. 11/3 Backwaren/Shutterstock.com/vm2002; S. 11/3 Waschmittel/Shutterstock.com/s-ts; S. 11/3 Sportschuhe/Shutterstock.com/tale; S. 11/5/akg-images; S. 13/2 li./Cornelsen/Volker Döring; S. 13/2 re./picture alliance/ZB; S. 14/2/Science Photo Library/MARTYN F. CHILLMAID; S. 17/3 li./

Bildquellenverzeichnis

Cornelsen/Volker Döring (Bearbeitung durch Detlef Seidensticker); S. 17/3 re./Cornelsen/Volker Döring (Bearbeitung durch Detlef Seidensticker); S. 17/2/Science Photo Library; S. 18/4/Shutterstock.com/jeab05; S. 19/6/Cornelsen/Volker Döring; S. 19/6/Cornelsen/Volker Döring; S. 19/6/Cornelsen/Volker Döring; S. 22/1/stock.adobe.com/sumire8; S. 22/2/Cornelsen/ Volker Minkus; S. 22/4/Cornelsen/Volker Minkus; S. 23/6/Cornelsen/ Volker Minkus minkusimages.de; S. 25/3/stock.adobe.com/Monkey Business; S. 25/4/Cornelsen/ Volker Minkus; S. 26/3/Cornelsen/Volker Döring; S. 27/6/Cornelsen/Volker Döring; S. 28/StockFood/Moore, Hilary; S. 29/re./stock.adobe.com/Nik; S. 29/li./stock.adobe.com/Bernd Kröger; S. 30/3/mauritius images/alamy stock photo/Ed Lefkowicz; S. 30/2/Cornelsen/Stephan Röhl; S. 30/1/Shutterstock.com/BMJ; S. 31/5/Cornelsen/Peter Slaby; S. 31/4/Cornelsen/Peter Slaby; S. 33/3/stock.adobe.com/monropic; S. 33/2/stock.adobe.com/PhotoSG; S. 33/4/dpa Picture-Alliance/ZB - Fotoreport/ZB; S. 34/1/stock.adobe.com/DanBu.Berlin; S. 35/2/Shutterstock.com/Elena Elisseeva; S. 36/1/Cornelsen/Stephan Röhl; S. 38/1/Cornelsen/Peter Slaby, Spangenberg; S. 39/3/Shutterstock/Alhovik; S. 39/4 re./Shutterstock.com/Jeremys78; S. 39/4 li./Shutterstock/Jezper; S. 40/1/Shutterstock.com/Vadim Sadovski; S. 41/2/Cornelsen/Peter Slaby, Spangenberg; S. 42/1/stock.adobe.com/Andrey Popov; S. 42/2/Shutterstock.com/Room 76; S. 43/3/Imago Stock & People GmbH/imagebroker/saurer; S. 43/4/stock.adobe.com/Jacques Jacobsz/jfjacobsz; S. 43/5/Shutterstock/Suphaksorn Thongwongboot; S. 44/1/Cornelsen/Stephan Röhl; S. 44/2/Shutterstock.com/nanantachoke; S. 46/2/LOOK-foto/Konrad Wothe; S. 46/1A/Cornelsen/Peter Slaby, Spangenberg; S. 46/1B/Shutterstock.com/Gouvi; S. 48/2 Heliumgas/Shutterstock.com/jakkapan; S. 48/2 Spiritus/mauritius images/Westend61; S. 48/2 Aluminium/stock.adobe.com/stockphoto-graf; S. 49/4/stock.adobe.com/mat; S. 50/2/stock.adobe.com/by-studio; S. 50/1/Shutterstock.com/baibaz; S. 51/5/Shutterstock.com/Neil Podoll; S. 51/4/Shutterstock.com/mycteria; S. 54/2/Shutterstock.com/Liliya Kandrashevich; S. 54/1/Shutterstock.com/whitemaple; S. 55/4 un./Science Photo Library/MICHAEL SZOENYI; S. 55/4 ob./Science Photo Library/Hayson, Phillip; S. 55/3/Science Photo Library/Hutchings, Richard; S. 56/1/Shutterstock.com/Natursports; S. 57/4/Shutterstock.com/Melica; S. 58/2/Shutterstock.com/Charlie Bard; S. 58/1/Shutterstock.com/Maya Kruchankova; S. 59/6/StockFood/Lehmann, Herbert; S. 61/5/Cornelsen/Stephan Röhl; S. 61/3/Shutterstock.com/Africa Studio; S. 62/1/mauritius images/imageBroker/action press/Michael Dietrich; S. 63/3/Imago Stock & People GmbH/Karina Hessland; S. 66/1/stock.adobe.com/Zerbor; S. 66/2/stock.adobe.com/monticellllo; S. 67/3 (4. Bild v. li.)/stock.adobe.com/Daniela Stärk; S. 67/3 (3. Bild v. li.)/stock.adobe.com/exclusive-design; S. 67/3 (2. Bild v. li.)/stock.adobe.com/TwilightArtPictures; S. 67/3 (1. Bild v. li.)/stock.adobe.com/PhotoSG; S. 68/Shutterstock.com/AndreyUG; S. 69/re./dpa Picture-Alliance/Andrea Warnecke; S. 69/li./StockFood/seasons.agency/Neubauer, Mathias; S. 70/2 ob./Shutterstock.com/humbak; S. 70/1/Shutterstock.com/Roman Samborskyi; S. 70/2 un./Shutterstock.com/MarcelClemens; S. 74/1/Shutterstock/Dariush M; S. 75/4/Shutterstock.com/Africa Studio; S. 75/3/Science Photo Library/MICHAEL DONNE; S. 75/5/stock.adobe.com/AA+W; S. 77/D/Shutterstock/Romrodphoto; S. 77/F/mauritius images/imageBroker/F1online/Imagebroker RM/Jochen Tack; S. 77/B/stock.adobe.com/Klaus Eppele; S. 77/E/Shutterstock/Kondor83; S. 77/A/stock.adobe.com/sima; S. 77/C/Shutterstock.com/My Portfolio; S. 79/3/stock.adobe.com/Stefan Müller; S. 80/1/stock.adobe.com/visualpower; S. 80/2/stock.adobe.com/seeyou | c. steps; S. 80/3/mauritius images/alamy stock photo/www.BibleLandPictures.com; S. 86/1/Shutterstock.com/Sukharevskyy Dmytro/Sukharevskyy Dmytro (nevodka); S. 86/3/Shutterstock.com/olavs; S. 86/2/Shutterstock.com/schankz; S. 87/4B/Cornelsen/Volker Minkus; S. 87/4C/Cornelsen/Volker Minkus; S. 87/4A/Cornelsen/Volker Minkus; S. 88/3/Cornelsen/ Volker Minkus; S. 88/2/Shutterstock/bluesnote; S. 88/1/Shutterstock.com/schankz; S. 89/3/stock.adobe.com/Couperfield; S. 92/1/mauritius images/Science Source; S. 93/3/Cornelsen/ Volker Minkus; S. 94/5/interfoto e.k./SuperStock/Stock Montage; S. 95/6/mauritius images/Memento; S. 97/5/stock.adobe.com/jfergusonphotos; S. 97/4/Shutterstock/hkeita; S. 99/2 Spielzeugauto/Shutterstock.com/James Steidl; S. 99/2 Kreisel/Shutterstock.com/kai keisuke; S. 99/2 Wäscheklammer/Shutterstock.com/Denis Tabler; S. 99/2 Wanduhr/Shutterstock.com/Marc Dietrich; S. 99/2 Thermoflasche/Shutterstock.com/Dudaeva; S. 99/2 Holzschleuder/Shutterstock.com/Photo smile; S. 99/2 Sanduhr/Shutterstock.com/Leigh Prather; S. 100/1/stock.adobe.com/Foto-Ruhrgebiet; S. 102/1/Shutterstock.com/Stasique; S. 103/3/stock.adobe.com/Holger Schultz; S. 105/3e/Cornelsen/ Volker Minkus; S. 105/3d/Cornelsen/ Volker Minkus; S. 105/3c/Cornelsen/ Volker Minkus; S. 105/3b/Cornelsen/ Volker Minkus; S. 105/3a/Cornelsen/Volker Minkus; S. 106/2/stock.adobe.com/chris32m; S. 107/3/stock.adobe.com/Cpro; S. 107/5/stock.adobe.com/Bildwerk; S. 107/7/mauritius images/Science Source/GIPhotoStock; S. 107/6/Shutterstock.com/Zhou Eka; S. 107/4/stock.adobe.com/Laila; S. 108/1 re./Shutterstock.com/Maridav; S. 108/1 li./Shutterstock.com/Warren Goldswain; S. 110/1/Shutterstock.com/Crdjan; S. 111/4 re./Cornelsen/Volker Minkus, Isernhagen; S. 111/4 li./Cornelsen/Volker Minkus, Isernhagen; S. 111/3/Cornelsen/Volker Minkus, Isernhagen; S. 111/5/Cornelsen/Stephan Röhl; S. 112/1 li./stock.adobe.com/Twenty20; S. 112/1 re./Shutterstock.com/WDG Photo; S. 114/2/stock.adobe.com/Klaus Eppele; S. 114/3/Shutterstock/Kondor83; S. 114/4/Shutterstock.com/My Portfolio; S. 114/5/stock.adobe.com/Fotolia/Michael Tieck; S. 115/8/Cornelsen/Volker Minkus; S. 115/9/Shutterstock.com/Klaus Hertz-Ladiges; S. 115/10/mauritius images/Stefan Klein; S. 116/Shutterstock/Yuangeng Zhang; S. 117/re./Shutterstock/studioVin; S. 117/li./Shutterstock/tcly; S. 118/Shutterstock/Phil McDonald; S. 119/3/Shutterstock.com/Andrey N Bannov; S. 119/2/Shutterstock.com/ronfromyork; S. 120/2/mauritius images/Stella; S. 120/1/mauritius images/Stella/; S. 121/6/stock.adobe.com/stockphoto-graf; S. 122/1/Shutterstock.com/EcoPrint; S. 122/2/stock.adobe.com/Terry Davis/farbled_01; S. 123/4/Cornelsen/Stephan Röhl; S. 123/3/Shutterstock/Reika; S. 124/1/Cornelsen/Volker Minkus, Isernhagen; S. 124/3/Science Photo Library/Andrew Lambert Photography; S. 124/2/Shutterstock.com/Bjoern Wylezich; S. 126/2/Shutterstock.com/Mark Oleksiy/Oleksiy Mark; S. 126/1/bpk/Museum für Vor- und Frühgeschichte, SMB/Claudia Plamp; S. 126/3/Shutterstock.com/Allocricetulus; S. 127/6/Shutterstock.com/Kapuska; S. 127/7/Cornelsen/Stephan Röhl; S. 129/4/Cornelsen/Peter Slaby; S. 129/3/Cornelsen/Peter Slaby; S. 130/1/stock.adobe.com/OlegDoroshin; S. 130/2/mauritius images/Prisma; S. 131/4/Science Photo Library/Giphotostock; S. 132/1/mauritius images/alamy stock photo/philipus; S. 133/2/Shutterstock.com/Georgios Alexandris; S. 134/1/Shutterstock/Anton Gvozdikov; S. 135/2/Shutterstock/Gurov Vladimir; S. 136/3/Shutterstock.com/Voyagerix; S. 136/2/Shutterstock.com/Vladimir Gjorgiev; S. 138/2/Panther Media GmbH/Jens Brüggemann; S. 138/1/Shutterstock/Goodluz; S. 139/5/stock.adobe.com/Zerbor; S. 139/4/Shutterstock/Skynavin; S. 139/3/Shutterstock/ES. Professional; S. 140/1/Shutterstock.com/maryolyna; S. 143/3/Shutterstock.com/Africa Studio; S. 144/stock.adobe.com/viperagp; S. 145/re./Shutterstock/Jackthumm; S. 145/li./Shutterstock.com/Juraj Kovac; S. 146/1/stock.adobe.com/Rawf8; S. 146/3/mauritius images/alamy stock photo/Kondor83; S. 147/5/stock.adobe.com/Uwe Moser, Finkenweg 8, 70806 Kornwestheim/Uwe; S. 149/4/mauritius images/alamy stock photo/sciencephotos; S. 150/1/stock.adobe.com/Tom Bayer; S. 150/2/stock.adobe.com/tunedin; S. 151/4/dpa Picture-Alliance/imageBROKER/Jochen Tack; S. 152/4/stock.adobe.com/Lev Kropotov;/Lev; S. 152/5/Shutterstock.com/Lesnyay; S. 153/7/Shutterstock.com/damiangretka; S. 153/8/mauritius images/Westend61; S. 158/1 Trinkflasche/Shutterstock.com/ES. Professional; S. 158/1 Nudeln/Shutterstock.com/Morenovel; S. 158/1 Wischmopp/mauritius images/alamy stock photo/Jochen Tack; S. 158/1 Dusche/stock.adobe.com/contrastwerkstatt; S. 163/3/mauritius images/Michael Rosenfeld/Science Faction; S. 166/1/Imago Stock & People GmbH/ITAR-TASS. S. 167/4/Imago Stock & People GmbH/JOKER; S. 167/3/mauritius images/alamy stock photo/Louisiana Governors Office; S. 169/5/dpa Picture-Alliance/REUTERS. S. 170/1/stock.adobe.com/Thomas Leiss; S. 172/1 mi./Shutterstock.com/photoDiod; S. 172/1 li./Shutterstock.com/Chanon naprom; S. 172/1 re./Shutterstock.com/sebra; S. 176/1/Shutterstock.com/Everett Historical; S. 178/2/Shutterstock.com/ssuaphotos; S. 180/Shutterstock/Maxx-Studio; S. 181/re./Shutterstock/alice-photo; S. 182/3/akg-images/IAM; S. 182/1/mauritius images/alamy stock photo/Art Directors & TRIP; S. 184/3/akg/Science Photo Library; S. 184/2/mauritius images/United Archives/World History Archive; S. 184/1 li./Shutterstock/diogoppr; S. 188/2/Cornelsen/Stephan Röhl; S. 189/3/bpk/adoc-photos; S. 190/4/Cornelsen/Volker Döring; S. 192/2/bpk; S. 195/4/Shutterstock.com/waldru; S. 195/5/Shutterstock/Iaroslav Neliubov; S. 196/2/Shutterstock.com/MarcelClemens; S. 196/1 Kupfer/Shutterstock.com/Only Fabrizio; S. 196/1 Kohlenstoff/Shutterstock/Fablok; S. 196/1 Schwefel/Shutterstock.com/wasanajai; S. 200/2/INTERFOTO/Sammlung Rauch; S. 200/3/akg/Science Photo Library; S. 201/4/akg-images/Science Photo Library; S. 206/3/mauritius images/alamy stock photo/Phil Degginger; S. 206/2/Science Photo Library/Degginger, E.; S. 206/1/Science Photo Library/Dotta, Alexandre; S. 207/4 Kalium/Cornelsen/Volker Minkus; S. 207/4 Natrium/Cornelsen/Volker Minkus; S. 207/4 Lithium/Cornelsen/Volker Minkus; S. 208/2/Cornelsen/Volker Döring; S. 208/1/mauritius images/alamy stock photo/sciencephotos; S. 209/4/stock.adobe.com/Colibri; S. 210/2/StockFood/Living4Media/Arcaid Images; S. 210/1/stock.adobe.com/Ivan Kurmyshov; S. 211/3/Shutterstock.com/Dubova; S. 214/1/Shutterstock.com/Everett Historical; S. 216/1/mauritius images/Shestock; S. 220/1/Cornelsen/Volker Döring; S. 222/1/Cornelsen/Volker Döring; S. 224/1/Cornelsen/Stephan Röhl; S. 227/4/Shutterstock/Albert Russ; S. 227/3/Imago Stock & People GmbH/blickwinkel; S. 228/1 re./Shutterstock/Jiri Vaclavek; S. 228/1 mi./Shutterstock/Nneirda; S. 228/1 li./Shutterstock/Renata Sedmakova; S. 229/4/Cornelsen/ Volker Minkus; S. 231/6/Science Photo Library/Degginger, E.; S. 232/1/Imago Stock & People GmbH/imagebroker; S. 234/1/Shutterstock.com/anastasiya adamovich; S. 237/3/Shutterstock.com/napocska; S. 238/Shutterstock/Daniel Krason; S. 239/li./mauritius images/Pixtal; S. 239/re./Shutterstock.com/Naypong Studio; S. 240/1/Science Photo Library/MARTYN F. CHILLMAID; S. 241/5/sciencephotolibrary/Degginger, E.; S. 241/5/sciencephotolibrary/Degginger, E.; S. 244/1/sciencephotolibrary/Â/COLLECTION ABECASIS. S. 244/3/stock.adobe.com/PhotoSG; S. 244/4/stock.adobe.com/gio_tto; S. 245/6 li./mi./Shutterstock.com/Potapov Alexander; S. 245/6 re./Cornelsen/Stephan Röhl; S. 245/7/Cornelsen/Volker Minkus; S. 246/3/mauritius images/alamy stock photo/East Fence Images; S. 247/4 li./Cornelsen/ Volker Minkus; S. 248/1 li./Shutterstock.com/Smileus; S. 248/1 re./stock.adobe.com/kaipungyai; S. 250/2/Cornelsen/ Volker Minkus minkusimages.de; S. 250/1/Shutterstock.com/andras_csontos; S. 251/5/Cornelsen/ Volker Minkus minkusimages.de; S. 252/2/stock.adobe.com/Coprid; S. 252/1/stock.adobe.com/jevanto.com/Jevanto Productions; S. 252/3/Cornelsen/ Volker Minkus; S. 252/4/Cornelsen/ Volker Minkus; S. 255/3/stock.adobe.com/Bildwerk; S. 256/1/Shutterstock.com/wk1003mike; S. 257/2/Cornelsen/Zeynep Arghan; S. 258/1/Imago Stock & People GmbH/Florian Schuh; S. 261/3/Shutterstock.com/Eldred Lim; S. 262/Shutterstock.com/Jag_cz; S. 263/li./Shutterstock/Karl Allgaeuer; S. 263/re./sciencephotolibrary/Dotta, Alexandre; S. 264/mi./stock.adobe.com/cirquedesprit; S. 264/li./Shutterstock.com/Rabbitmindphoto; S. 264/re./stock.adobe.com/ChenPG; S. 265/3/mauritius images/Science Source; S. 266/1/Shutterstock/Fotana; S. 268/2/Cornelsen/Volker Döring; S. 268/1/stock.adobe.com/Volker Z; S. 271/3/stock.adobe.com/Rainer Schmittchen; S. 272/1/Shutterstock.com/Nickolay Vinokurov; S. 275/5/Imago Stock & People GmbH/CHROMORANGE; S. 281/3/Cornelsen/ Volker Minkus; S. 281/4/mauritius images/Science Source/; S. 282/1 li./stock.adobe.com/bluedesign; S. 282/1 re./stock.adobe.com/LianeM; S. 283/5/Cornelsen/ Volker Minkus; S. 283/4/Cornelsen/ Volker Minkus; S. 284/3/Shutterstock.com/Kasa1982; S. 284/2/Shutterstock/KAMONRAT; S. 284/1/Shutterstock.com/Jan Kaliciak; S. 286/1/Cornelsen/Volker Döring; S. 286/2/ClipDealer GmbH/c-ts; S. 287/6/Cornelsen/Volker Minkus; S. 288/2/Cornelsen/Stephan Röhl; S. 290/1/Shutterstock.com/gameanna; S. 290/2 li./Cornelsen/Volker Döring, Hohen Neuendorf; S. 290/2 re./Cornelsen/Volker Döring; S. 291/5/Cornelsen/Volker Döring; S. 292/3/Shutterstock/Image Point Fr; S. 294/1/stock.adobe.com/Roman Ivaschenko; S. 294/2/Cornelsen/Volker Minkus; S. 295/4/Cornelsen/Volker Minkus; S. 298/1 (1. Bild v. li.)/Shutterstock.com/ifong; S. 298/1 (2. Bild v. li.)/Shutterstock.com/Bernd Schmidt; S. 298/1 (3. Bild v. li.)/ClipDealer GmbH/c-ts; S. 298/1 (4. Bild v. li.)/dpa Picture-Alliance/dpa Themendie/dpa Themendienst/Christin Klose; S. 299/4/Science Photo Library/DR P. MARAZZI; S. 300/2/Shutterstock/Smileus; S. 300/1/Shutterstock/Melica; S. 301/3/Shutterstock.com/Singkham; S. 301/4/stock.adobe.com/Boris; S. 303/4/Shutterstock/AlohaHawaii; S. 305/6/Science Photo Library/DR P. MARAZZI; S. 306/Shutterstock/MichaelJayBerlin; S. 307/li./stock.adobe.com/Evgen; S. 307/re./dpa Picture-Alliance/PHOTOPQR/MAXPPP/LE P; S. 308/1 re./Shutterstock.com/Chepko Danil Vitalevich; S. 308/1 li./Shutterstock.com/INSAGO; S. 312/1 Schiff/Shutterstock/Oleksandr Kalinichenko; S. 313/6/Cornelsen/Stephan Röhl; S. 314/1/Shutterstock.com/Tong Nawarit; S. 314/2/Imago Stock & People GmbH/Geisser; S. 314/3/stock.adobe.com/visualpower; S. 317/5/Cornelsen/ Volker Minkus; S. 322/1 Industrie/Shutterstock/TTstudio; S. 322/4/stock.adobe.com/Kaesler Media; S. 323/7/Quantum Didaktik oHG; S. 324/1/Shutterstock/Rob Wilson; S. 325/3/dpa Picture-Alliance/picture-alliance/dpa - Bildarchiv/ dpa; S. 325/4/Shutterstock.com/Korelidou Mila; S. 326/2/Shutterstock.com/wim claes; S. 326/1/Shutterstock.com/kajornyot; S. 328/2/Shutterstock.com/Igor Karasi; S. 328/3/mauritius images/alamy stock photo/All Canada Photos; S. 328/1/Shutterstock.com/Christian Lagerek; S. 330/1/Shutterstock.com/Ody_Stocker; S. 334/5/stock.adobe.com/Stockdonkey; S. 334/4/stock.adobe.com/Uwe Moser/Uwe; S. 336/1 Alkohol im Labor/Cornelsen/ Volker Minkus; S. 336/1 Alkohol im Alltag/Shutterstock/Shaiith; S. 338/1/Shutterstock.com/MarinaGrigorivna; S. 338/2/stock.adobe.com/Jörg Lantelme; S. 339/6/stock.adobe.com/mewaji; S. 339/4/Cornelsen/Volker Minkus, Isernhagen; S. 340/1/Shutterstock/Kzenon; S. 342/2/mauritius images/Stefan Kiefer; S. 342/1/stock.adobe.com/Richard Hamilton Smith/Designpics; S. 344/2/Shutterstock.com/FUN FUN PHOTO; S. 346/1 ob. re./stock.adobe.com/SC-Photo; S. 346/1 un. re./stock.adobe.com/by-studio; S. 346/1 un. li./stock.adobe.com/Winai Tepsuttinun; S. 346/1 ob. li./Imago Stock & People GmbH/Martin Bäuml Fotodesign; S. 348/1/stock.adobe.com/Elisabeth; S. 348/2/Shutterstock.com/Markus Gann; S. 350/2/Shutterstock/r.classen; S. 352/stock.adobe.com/tunedin; S. 353/re./Shutterstock.com/KieferPix; S. 353/li./Shutterstock.com/TanyaRozhnovskaya; S. 354/1 re./mauritius images/alamy stock photo/S.E.A. Photo; S. 354/1 li./stock.adobe.com/Floydine; S. 355/6/dpa Picture-Alliance/Minden Pictures/Minden Pictur; S. 356/2/Shutterstock.com/zarzamora; S. 356/1/Shutterstock.com/sasimoto; S. 357/3/Shutterstock.com/New Africa; S. 358/2/mauritius images/alamy stock photo/ping han; S. 358/1/Shutterstock.com/Maks Narodenko; S. 359/5/stock.adobe.com/Robert Przybysz; S. 359/6/Shutterstock.com/Andrey Burmakin; S. 360/2/Shutterstock.com/Daniel_Santos; S. 361/3/interfoto/Neon 2; S. 362/1/Credit: Holger Burmeister / Alamy Stock Photo; S. 363/4/mauritius images/Michael Weber; S. 365/2/Cornelsen/Peter Slaby; S. 365/3/Cornelsen/Peter Slaby; S. 366/1 li./Shutterstock.com/Billion Photos; S. 366/1 mi./mauritius images/Radius Images; S. 366/1 re./mauritius images/alamy stock photo/Realimage; S. 367/5 re./stock.adobe.com/BEAUTYofLIFE; S. 367/5 li./stock.adobe.com/akf; S. 368/3/interfoto e.k./Mary Evans/Courtesy of The Land of Lost Content Collection; S. 368/4/Shutterstock.com/Alexander Mak; S. 370/5/Cornelsen/Volker Döring; S. 370/4/Cornelsen/Volker Döring; S. 370/3/Cornelsen/Volker Döring; S. 370/2/Cornelsen/Volker Döring; S. 370/6/Shutterstock.com/Africa Studio; S. 370/1/Cornelsen/Volker Döring; S. 372/1/stock.adobe.com/haitaucher39; S. 372/2/Imago Stock & People GmbH/blickwinkel; S. 372/3/Shutterstock.com/grafvision; S. 372/4/Shutterstock.com; S. 373/6/Shutterstock.com/ogwen; S. 374/1/Cornelsen/Stephan Röhl; S. 375/4/mauritius images/alamy stock photo/Peter Widmann; S. 376/2/Shutterstock.com/KatyaPulina; S. 380/1/ddp images/360° CREATIVE/Maximilian Stock Ltd.; S. 380/2/mauritius images/WLADIMIR BULGAR/Science Photo Library/Science Photo Library / WLADIMIR BULGAR; S. 381/4/ddp images/Robert Kneschke/360° CREATIVE/Shots; S. 381/3/ClipDealer GmbH/Alexander Raths

Hinweis: Fett gedruckte Begriffe sind Lernwörter.

Periodensystem der Elemente

- Metall
- Halbmetall
- Nichtmetall

schwarz = Feststoff
weiß = Flüssigkeit
rot = Gas
hellblau = künstliches Element
* = radioaktives Element

[1] = Gruppennummerierung IUPAC (1989): Gruppennummern 1 bis 18

Periode	1[1] I. Hauptgruppe	2 II. Hauptgruppe	3 III. Nebengruppe	4 IV. Nebengruppe	5 V. Nebengruppe	6 VI. Nebengruppe	7 VII. Nebengruppe	8 VIII. Nebengruppe	9 VIII. Nebengrupp
1	1 1,008 2,1 H Wasserstoff								
2	3 6,94 1,0 Li Lithium	4 9,01 1,5 Be Beryllium							
3	11 22,99 0,9 Na Natrium	12 24,31 1,2 Mg Magnesium							
4	19 39,10 0,8 K Kalium	20 40,08 1,0 Ca Calcium	21 44,96 1,3 Sc Scandium	22 47,88 1,5 Ti Titan	23 50,94 1,6 V Vanadium	24 51,996 1,6 Cr Chrom	25 54,94 1,5 Mn Mangan	26 55,85 1,8 Fe Eisen	27 58,9 1,8 C Cobalt
5	37 85,47 0,8 Rb Rubidium	38 87,62 1,0 Sr Strontium	39 88,91 1,3 Y Yttrium	40 91,22 1,4 Zr Zirconium	41 92,91 1,6 Nb Niob	42 95,94 1,8 Mo Molybdän	43 [98] 1,9 Tc* Technetium	44 101,07 2,2 Ru Ruthenium	45 102,9 2,2 R Rhodium
6	55 132,91 0,7 Cs Caesium	56 137,33 0,9 Ba Barium	57 138,91 1,1 La ● Lanthan	72 178,49 1,3 Hf Hafnium	73 180,95 1,5 Ta Tantal	74 183,84 1,7 W Wolfram	75 186,21 1,9 Re Rhenium	76 190,23 2,2 Os Osmium	77 192,2 2,2 Iridium
7	87 [223] 0,7 Fr* Francium	88 226,03 0,9 Ra* Radium	89 227,03 1,1 Ac* ●● Actinium	104 [261] Rf* Rutherfordium	105 [262] Db* Dubnium	106 [266] Sg* Seaborgium	107 [264] Bh* Bohrium	108 [277] Hs* Hassium	109 [26 Mt Meitnerium

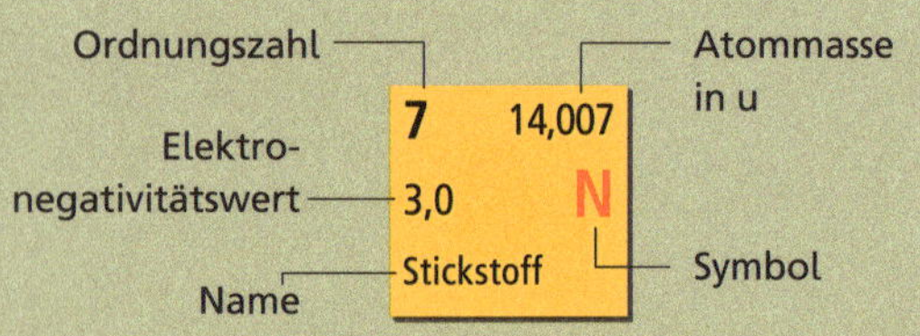

Die Atommassen in eckigen Klammern beziehen sich auf das längstlebige gegenwärtig bekannte Isotop des betreffenden Elements.

● Elemente der Lanthanreihe (Lanthanoide)

Periode					
6	58 140,12 1,1 Ce Cer	59 140,91 1,1 Pr Praseodym	60 144,24 1,2 Nd Neodym	61 [145] 1,2 Pm* Promethium	62 150,3 1,2 Sr Samarium

●● Elemente der Actiniumreihe (Actinoide)

Periode					
7	90 232,04 1,3 Th* Thorium	91 231,04 1,5 Pa* Protactinium	92 238,03 1,7 U* Uran	93 [237] 1,3 Np* Neptunium	94 [24 1,3 Pu Plutonium